Weltkonzernabschlußpolitik
deutscher Bankkonzerne

Europäische Hochschulschriften
Publications Universitaires Européennes
European University Studies

Reihe V
Volks- und Betriebswirtschaft

Série V Series V
Sciences économiques, gestion d'entreprise
Economics and Management

Bd./Vol. 2479

PETER LANG
Frankfurt am Main · Berlin · Bern · New York · Paris · Wien

Peter Felden

Weltkonzernabschlußpolitik deutscher Bankkonzerne

PETER LANG
Europäischer Verlag der Wissenschaften

Die Deutsche Bibliothek - CIP-Einheitsaufnahme

Felden, Peter:

Weltkonzernabschlußpolitik deutscher Bankkonzerne / Peter Felden. - Frankfurt am Main ; Berlin ; Bern ; New York ; Paris ; Wien : Lang, 1999
(Europäische Hochschulschriften : Reihe 5, Volks- und Betriebswirtschaft ; Bd. 2479)
Zugl.: Köln, Univ., Diss., 1999
ISBN 3-631-35095-3

D 38
ISSN 0531-7339
ISBN 3-631-35095-3

Bis zur Unendlichkeit ... und noch viel weiter!!!

Vorwort

Die vorliegende Arbeit wurde im Wintersemester 1998/99 von der Wirtschafts- und Sozialwissenschaftlichen Fakultät der Universität zu Köln als Dissertation angenommen. Sie entstand am Lehrstuhl für Bankbetriebslehre von Herrn Prof. Dr. H. E. Büschgen. Bei ihm bedanke ich mich für die Möglichkeit, daß ich über ein Thema aus der bankbetrieblichen Rechnungslegung promovieren konnte. Neben meinem Doktorvater danke ich auch Herrn Prof. Dr. T. Hartmann-Wendels für die Übernahme des Korreferates. Mein Dank geht zudem an alle diejenigen in Wissenschaft und Praxis, die mich durch das Erteilen von Auskünften, die umfangreiche Zusendung und Bereitstellung von Unterlagen sowie die Mithilfe bei der Literaturrecherche wesentlich unterstützten.
Wichtig bei der Abfassung eines doch sehr umfangreichen Textes ist es, nicht den Mut und die Hoffnung zu verlieren. Danken möchte ich deshalb allen meinen Freunden, die mir das Durchhalten erleichterten. In diesem Sinne geht ein besonderer Dank an meinen Freund Dr. Harald Kohlmann für seine Unterstützung in zahlreichen deprimierenden und schwierigen Stunden. Dem Anlaß entsprechend, möchte ich mich bei ihm auch nochmals für das überaus gelungene "Dissertationsgemälde" bedanken.
Im Zusammenhang mit der Fertigstellung der Dissertation gilt ein weiteres besonderes Dankeschön meinem Bruder Bernd, der sehr viel Zeit geopfert und wertvolle Korrekturarbeit geleistet hat, sowie Anja Beckers und Ellen Merk. Sehr zu danken habe ich außerdem Dr. Patrick Kohlmann für seine Hilfeleistungen während meiner gesamten Dissertationsphase sowie dem Team der Agentur Beverly für die Zurverfügungstellung ihres technisch-organisatorischen Netzwerks.
Herzlich danken möchte ich schließlich meiner ganzen Familie, die mir viel Zuwendung entgegenbrachte. In diesem Kontext will ich meinen Eltern einen besonders herzlichen Dank aussprechen für ihre überaus vielfältige Unterstützung während meiner gesamten Ausbildung. Ihnen ist dieses Buch gewidmet.

Köln, im März 1999 Peter Felden

Inhaltsverzeichnis

Abbildungsverzeichnis

Tabellenverzeichnis

Anhangsverzeichnis

Abkürzungsverzeichnis

A.	Aktiva, auch Aktivseite
a.A.	anderer Ansicht
ABl. EG	Amtsblatt der Europäischen Gemeinschaften
Abs.	Absatz
Abt.	Abteilung
AG	Aktiengesellschaft, auch Die Aktiengegesellschaft (Zeitschrift)
AktG	Aktiengesetz
Anm.	Anmerkung
Art.	Artikel
Aufl.	Auflage
BB	Betriebs-Berater (Zeitschrift)
BBankG	Gesetz über die Deutsche Bundesbank
BBK	Buchführung, Bilanz, Kostenrechnung (Zeitschrift, Loseblattsammlung)
B.Bl.	Betriebswirtschaftliche Blätter (Zeitschrift)
Bd.	Band
bearb.	bearbeitet
BFA	Bankenfachausschuß
BFuP	Betriebswirtschaftliche Forschung und Praxis (Zeitschrift)
BGB	Bürgerliches Gesetzbuch
BGBl.	Bundesgesetzblatt
BGH	Bundesgerichtshof
BRD	Bundesrepublik Deutschland
bspw.	beispielsweise
bzgl.	bezüglich
bzw.	beziehungsweise
ca.	circa

C&L	Coopers & Lybrand
c.p.	ceteris paribus
DB	Der Betrieb (Zeitschrift)
DBW	Die Betriebswirtschaft (Zeitschrift)
ders.	derselbe
d.h.	das heißt
dies.	dieselbe, auch dieselben
Diss.	Dissertation
DM	Deutsche Mark
DStR	Deutsches Steuerrecht (Zeitschrift)
d.V.	der Verfasser
DVFA/SG	Deutsche Vereinigung für Finanzanalyse und Anlageberatung e.V./Schmalenbach-Gesellschaft - Deutsche Gesellschaft für Betriebswirtschaft e.V.
EG	Europäische Gemeinschaften
EGHGB	Einführungsgesetz zum Handelsgesetzbuch
EStG	Einkommensteuergesetz
EU	Europäische Union
e.V.	eingetragener Verein
EWG	Europäische Wirtschaftsgemeinschaft
f.	folgende
F	Framework for the Preparation and Presentation of Financial Statements
FASB	Financial Accounting Standards Board
F.A.Z.	Frankfurter Allgemeine Zeitung
ff.	fortfolgende
Fn.	Fußnote
GEFIU	Gesellschaft für Finanzwirtschaft in der Unternehmensführung e.V.

GewStG	Gewerbesteuergesetz
GmbH	Gesellschaft mit beschränkter Haftung
GmbHG	Gesetz betreffend die Gesellschaften mit beschränkter Haftung
GoB	Grundsätze ordnungsmäßiger Buchführung
GuV	Gewinn- und Verlustrechnung
H.	Heft
HdJ	Handbuch des Jahresabschlusses in Einzeldarstellungen
HFA	Hauptfachausschuß des Instituts der Wirtschaftsprüfer in Deutschland e.V.
HGB	Handelsgesetzbuch
h.M.	herrschende(r) Meinung
Hrsg.	Herausgeber
IAS	International Accounting Standard(s)
IASC	International Accounting Standards Committee
i.d.R.	in der Regel
IDW	Institut der Wirtschaftsprüfer in Deutschland e.V.
IOSCO	International Organization of Securities Commissions
i.V.m.	in Verbindung mit
Jg.	Jahrgang
Kap.	Kapitel
KapAEG	Kapitalaufnahmeerleichterungsgesetz
KGaA	Kommanditgesellschaft auf Aktien
KonBefrV	Konzernabschlußbefreiungsverordnung
KonTraG	Gesetz zur Kontrolle und Transparenz im Unternehmensbereich
KStG	Körperschaftsteuergesetz
KWG	Gesetz über das Kreditwesen

m.E.	meines Erachtens
Mio. DM	Millionen Deutsche Mark
m.w.N.	mit weiteren Nachweisen
NJW	Neue Juristische Wochenschrift (Zeitschrift)
No.	Number
Nr.	Nummer(n)
ÖBA	Österreichisches Bankarchiv (Zeitschrift)
o.g.	oben genannten
o.Jg.	ohne Jahrgang
o.V.	ohne Verfasser
P.	Passiva, auch Passivseite
P	Preface to the Statements of International Accounting Standards
Pos.	Posten, auch Position
PublG	Gesetz über die Rechnungslegung von bestimmten Unternehmen und Konzernen (Publizitätsgesetz)
RechKredV	Verordnung über die Rechnungslegung der Kreditinstitute
RefE	Referentenentwurf
RegE	Regierungsentwurf
RIW	Recht der Internationalen Wirtschaft (Zeitschrift)
Rdn./Rdnr.	Randnummer
Rn.	Randnummer
Rz.	Randziffer
S.	Seite
SABI	Sonderausschuß Bilanzrichtlinien-Gesetz des Instituts der Wirtschaftsprüfer in Deutschland e.V.
SEC	Securities and Exchange Commission

SFAS	Statement of Financial Accounting Standards
sog.	sogenannte, auch sogenanntes
Sp.	Spalte
StB	Der Steuerberater (Zeitschrift)
StGB	Strafgesetzbuch
StuW	Steuer und Wirtschaft (Zeitschrift)
TDM	Tausend Deutsche Mark
Tz.	Textziffer
u.a.	unter anderem
U.E.C.	Union Européenne des Experts Comptables, Economiques et Financiers
US/USA	United States/United States of America
US-GAAP	United States-Generally Accepted Accounting Principles
usw.	und so weiter
u.U.	unter Umständen
v.	von
Verf.	Verfasser
vgl.	vergleiche
WiSt	Wirtschaftswissenschaftliches Studium (Zeitschrift)
WISU	Das Wirtschaftsstudium (Zeitschrift)
WM	Wertpapier-Mitteilungen (Zeitschrift)
WP-Handbuch	Wirtschaftsprüfer-Handbuch
WPg	Die Wirtschaftsprüfung (Zeitschrift)
WPK-Mitt.	Wirtschaftsprüferkammer-Mitteilungen (Zeitschrift)
z.B.	zum Beispiel
ZBB	Zeitschrift für Bankrecht und Bankwirtschaft
ZfB	Zeitschrift für Betriebswirtschaft

ZfbF	Schmalenbachs Zeitschrift für betriebswirtschaftliche Forschung
ZfgK	Zeitschrift für das gesamte Kreditwesen
ZGR	Zeitschrift für Unternehmens- und Gesellschaftsrecht
ZKA	Zentraler Kreditausschuß

Erstes Kapitel

Einführung

1 Problemstellung, Ziel und Vorgehensweise der Untersuchung

Mit dem Inkrafttreten des Bankbilanzrichtlinie-Gesetzes hat sich für den Großteil der deutschen Bankkonzerne eine Vielzahl von für diese Branche zum Teil grundlegend neuen Vorschriften ergeben. Die Anwendung der neuen Regelungen verursachte erhebliche Umstellungen im externen Rechnungswesen der Bankkonzerne. Die im Mittelpunkt dieser Arbeit stehenden deutschen Kreditinstitute in der Rechtsform einer Kapitalgesellschaft, welche Mutterunternehmen eines Bankkonzerns sind, mußten für das nach dem 31. Dezember 1992 beginnende Geschäftsjahr erstmals nach den handelsrechtlichen Bestimmungen der §§ 340i, 340j HGB sowie der Bestimmung des § 37 RechKredV einen Bankkonzernabschluß erstellen.[1] Eine wesentliche darin enthaltene Neuerung bewirkte für Bankkonzerne die Verpflichtung, nach dem in § 340i Abs. 1 Satz 1 HGB i.V.m. § 294 Abs. 1 HGB verankerten Weltabschlußprinzip einen Weltkonzernabschluß offenlegen zu müssen. Ferner ermöglichte die Aufhebung des Maßgeblichkeitsgrundsatzes der Einzelabschlüsse, den Bankkonzernabschluß als eigenständigen Abschluß der zu einer wirtschaftlichen Einheit zusammengefaßten Bankkonzernunternehmen anzusehen. Infolge der mit der Transformation der Bankbilanzrichtlinie verbundenen vielfältigen Änderungen in zentralen Bereichen der Bankkonzernrechnungslegung hat die Bedeutung des Bankkonzernabschlusses gegenüber dem bankbetrieblichen Einzelabschluß zugenommen;[2] die Bankkonzernberichterstattung steht seit diesem Zeitpunkt im Vordergrund.[3]

Darüber hinaus ist zu beobachten, daß mit den zunehmend wachsenden nationalen wie auch internationalen Verflechtungstendenzen der deutschen

1 Derzeit erstellen insgesamt 44 deutsche Kreditinstitute, die Mutterunternehmen eines Bankkonzerns sind, einen Bankkonzernabschluß. Hierzu sowie zur Systematisierung der deutschen Bankkonzerne siehe Anhang 1 und 2.

2 Vgl. Coenenberg, Jahresabschluß, S. 421.

3 Vgl. o.V., Großbanken, S. 407.

Bankkonzerne gleichfalls die Anforderungen an eine konsolidierte Rechnungslegung steigen: denn bei großen Bankkonzernen, die eine Vielzahl von Unternehmen integrieren, sind die Jahresabschlüsse der einzelnen zum Bankkonzern gehörenden Bankkonzernunternehmen - auch wenn man sie nebeneinanderstellt - für den gesamten Bankkonzern oftmals nicht in hinreichendem Maße aussagekräftig.[4] Zur Beurteilung der wirtschaftlichen Verhältnisse des Bankkonzernverbundes ist der Weltkonzernabschluß deutscher Bankkonzerne folglich eine wichtige, im Vergleich zu den Einzelabschlüssen regelmäßig bevorzugte Informationsquelle, auf dessen Basis sich im allgemeinen aufschlußreiche Informationen zur Vermögens-, Finanz- und Ertragslage des Bankkonzerns gewinnen lassen.

Unter der Prämisse, daß der Bankkonzernabschluß verstärkt in den Mittelpunkt des Interesses rückt, erhält demzufolge ebenso die bewußte Beeinflussung der konsolidierten Rechnungslegung einen immer größer werdenden Stellenwert.

Die vorliegende Arbeit versucht dahingehend, einen Beitrag zur Erforschung der Weltkonzernabschlußpolitik deutscher Bankkonzerne zu leisten. Primäres Anliegen ist dabei, dem bankkonzernabschlußpolitischen Entscheidungsträger[5] die Möglichkeiten zur legalen Beeinflussung der zu publizierenden Bankkonzernrechnungslegungsdaten aufzuzeigen. Die Darlegung und Untersuchung der im Rahmen der Bankkonzernabschlußpolitik zur Verfügung stehenden Maßnahmen soll insofern veranschaulichen, in welchen Bereichen und mit welchen Mitteln eine Einflußnahme auf den Aussagegehalt des Bankkonzernabschlusses genommen werden kann. Gegenstand der Untersuchung ist sonach die Analyse der Instrumente der Weltkonzernabschlußpolitik deutscher Bankkonzerne auf der Grundlage des deutschen Bankkonzernrechnungslegungsrechts.

---

4 Vgl. Busse von Colbe/Ordelheide, Konzernabschlüsse, S. 16; Scheld, Konzernbilanzpolitik, S. 3, m.w.N.

5 Entscheidungsträger der Bankkonzernabschlußpolitik sind grundsätzlich alle an der Erstellung des Bankkonzernabschlusses Beteiligte, die mittels dieser Beteiligung Einfluß auf den Inhalt und die Darstellung des Bankkonzernabschlusses nehmen können; vgl. Heinhold, Bilanzpolitik, Sp. 526; Weber, Möglichkeiten, Rn. 166.

Bei der Erstellung der Ausarbeitung fiel auf, daß sich die Literatur in den vergangenen Jahren vergleichsweise wenig mit der Problematik der Bankkonzernabschlußpolitik befaßt hat. Die bisher veröffentlichten Untersuchungen zur Konzernabschlußpolitik beschränken sich fast ausschließlich auf die Betrachtung nichtbankbetrieblicher Konzernabschlüsse. Dies ist um so bemerkenswerter, da abschlußpolitische Überlegungen in keiner Wirtschaftsbranche eine so gewichtige Rolle spielen wie gerade im Bereich des Bankgewerbes.[6] Speziell für Bankkonzerne ist bei der Aufstellung ihrer Abschlüsse festzuhalten, daß sie sich vergleichsweise durch einen höheren Grad an abschlußpolitischem Gestaltungswillen auszeichnen. Bankkonzerne denken und agieren grundsätzlich wesentlich abschlußbewußter als Konzerne anderer Branchen.[7] Folglich ist das nach Ablauf des Bankkonzerngeschäftsjahres zu vermittelnde Bild der Vermögens-, Finanz- und Ertragslage eines Bankkonzerns regelmäßig das Ergebnis bewußter bankkonzernabschlußpolitischer Überlegungen.

Verstärkt wird dieser Sachverhalt ferner dadurch, daß die Weltkonzernabschlüsse deutscher Bankkonzerne aufgrund der besonderen Vertrauensempfindlichkeit des Bankgewerbes und der damit einhergehenden exzeptionellen Stellung der Bankkonzerne in der Volkswirtschaft,[8] gemeinhin im Zentrum des öffentlichen Informationsinteresses stehen. Da den konsolidierten Abschlüssen demnach auch in dieser Hinsicht eine besondere Beachtung zuteil wird und die Bankkonzerne mit der Veröffentlichung ihrer Bankkonzernabschlüsse daneben "über ein ausgezeichnetes Instrument zur Präsentation der Geschäftstätigkeit eines abgelaufenen Jahres"[9] verfügen, kann hierin ein weiteres Motiv gesehen werden, der Bankkonzernabschlußpolitik besondere Aufmerksamkeit zu widmen.

Vor dem Hintergrund der Impulse, die von der Globalisierung der Märkte ausgehen, befindet sich die Bankkonzernabschlußerstellung deutscher Bankkon-

6 Vgl. Birck/Meyer, Bankbilanz, 3. Teillieferung, S. VII 3; Wegener, Gestaltungsmöglichkeiten, S. 434; Wittstock, "Window-dressing", S. 206.
7 Vgl. Birck/Meyer, Bankbilanz, 3. Teillieferung, S. VII 3.
8 Vgl. Klein/Partsch, Bedeutung, S. 940 f.
9 Meyer, Bankbilanz, S. 19. Vgl. ebenso Wegener, Gestaltungsmöglichkeiten, S. 434 f.; Wittstock, "Window-dressing", S. 206.

zerne derzeit allerdings erneut im Umbruch. Dies liegt insbesondere darin begründet, daß mit dem damit verbundenen zunehmend nachzukommenden Informationsbedarf, auf der anderen Seite gleichfalls die Forderung nach weltweit einheitlichen und vergleichbaren (Bank-) Konzernabschlüssen einhergeht. Infolge dieser Entwicklung werden im Rahmen der vorliegenden Untersuchung ebenso die Grundzüge einer Rechnungslegung nach internationalen Normen sowie deren Auswirkungen im Hinblick auf das bankkonzernabschlußpolitische Instrumentarium zu betrachten sein.

Die Arbeit gliedert sich in fünf Kapitel. Im Anschluß an dieses Kapitel, in welchem neben den terminologischen Abgrenzungen noch die dieser Ausarbeitung zugrundeliegenden Rechnungslegungsvorschriften behandelt werden, erfolgt im zweiten Kapitel die Darlegung der Grundlagen der Weltkonzernabschlußpolitik deutscher Bankkonzerne. Gegenstand des zweiten Kapitels ist als erstes die Darstellung der Zwecke einer konsolidierten Rechnungslegung, da diese sowohl für die danach anschließende Betrachtung der externen Bankkonzernabschlußadressaten als auch für die Ableitung der Ziele der Weltkonzernabschlußpolitik deutscher Bankkonzerne von Bedeutung sind. In einem weiteren Schritt werden dann die bankkonzernabschlußpolitischen Instrumente systematisiert und im Anschluß daran die Grenzen der Bankkonzernabschlußpolitik aufgezeigt. Nachfolgend ist abzuleiten, welche Kriterien zur Beurteilung des Instrumentariums der Bankkonzernabschlußpolitik heranzuziehen sind. In einem letzten Schritt gilt es dann, kurz die Objekte, an welchen die bankkonzernabschlußpolitischen Instrumente ansetzen, herauszustellen.

Im dritten Kapitel wird dem derzeitigen internationalen Harmonisierungsprozeß der externen Berichterstattung deutscher Bankkonzerne Rechnung getragen, denn mit der Verabschiedung des neuen Kapitalaufnahmeerleichterungsgesetzes können deutsche Bankkonzerne nach internationalen Normen Rechnung legen, ohne zusätzlich einen den handelsrechtlichen Vorschriften entsprechenden Bankkonzernabschluß erstellen zu müssen. Im Mittelpunkt dieses Kapitels stehen daher Ausführungen zu den Grundzügen der Harmonisierungsvorgänge sowie der Bankkonzernrechnungslegung nach International Accounting Standards.

Kernpunkt der Arbeit bildet das vierte Kapitel, welches sich mit dem Instrumentalbereich der Weltkonzernabschlußpolitik deutscher Bankkonzerne beschäftigt. Hier erfolgt die Analyse der zur Verfügung stehenden bankkonzernabschlußpolitischen Instrumente sowie deren Einflußmöglichkeiten auf ausgewählte Bankkonzernabschlußgrößen. Die Struktur des vierten Kapitels orientiert sich vornehmlich an der Mehrstufigkeit der Bankkonzernabschlußerstellung.
Ausgangspunkt ist die Untersuchung des Konsolidierungskreises als Gestaltungsobjekt der Bankkonzernabschlußpolitik. Die jeweiligen Einzelabschlüsse der zum Konsolidierungskreis gehörenden Bankkonzernunternehmen bilden die Grundlage für die Erstellung eines Bankkonzernabschlusses. Im wesentlichen wird aus dem Blickwinkel der Bankkonzernabschlußpolitik zu klären sein, welche Unternehmen eines Bankkonzerns in einem Bankkonzernabschluß einbezogen werden müssen, für welche ein Konsolidierungsverbot gilt und für welche ein Konsolidierungswahlrecht in Anspruch genommen werden kann.
Daran anschließend kann die Betrachtung der Einzelabschlüsse von den in den Konsolidierungskreis aufgenommenen Bankkonzernunternehmen relativ kurz erfolgen, da sie grundsätzlich nur mittelbare Gestaltungsobjekte der Weltkonzernabschlußpolitik deutscher Bankkonzerne sind. Zudem ist dieser Bereich allgemein der Einzelabschlußpolitik zuzurechnen.
Darauf aufbauend werden die Handelsbilanzen II als Gestaltungsobjekte untersucht. Im Rahmen ihrer Ableitung sind die einzubeziehenden Einzelabschlüsse konsolidierungsfähig zu machen. Bankkonzernabschlußpolitische Maßnahmen setzen hierfür an den Vorschriften zur Vereinheitlichung der Abschlußstichtage, Gliederungen, Bilanzansätze, Bewertungen sowie - bei Einbeziehung von Bankkonzernunternehmen mit Sitz im Ausland - der Währungen an.
Anschließend werden die Gestaltungsmaßnahmen auf Konsolidierungsebene als Objekt der Weltkonzernabschlußpolitik deutscher Bankkonzerne analysiert.

Die Konsolidierungsebene umfaßt generell den Bereich der Vollkonsolidierung, der Quotenkonsolidierung sowie der Konsolidierung nach der Equity-Methode. Das Gewicht wird in dieser Arbeit auf die Untersuchung der im Rahmen der Vollkonsolidierung einzubeziehenden Bankkonzerntochterunternehmen gelegt. Ansatzpunkte der bankkonzernabschlußpolitischen Analyse der Vollkonsolidierung sind die einzelnen Konsolidierungsschritte der Kapitalkonsolidierung, der Schuldenkonsolidierung, der Zwischenergebniseliminierung, der Aufwands- und Ertragskonsolidierung sowie der Steuerabgrenzung. Die Betrachtung der Quotenkonsolidierung und der Konsolidierung nach der Equity-Methode erfolgt vorrangig hinsichtlich weiterer sowie von der Vollkonsolidierung abweichenden abschlußpolitischen Beeinflussungsmöglichkeiten.
Im Anschluß daran findet die Betrachtung des Bankkonzernanhangs als Objekt der Bankkonzernabschlußpolitik statt.
Die Untersuchung der vorliegenden Ausarbeitung beschränkt sich auf die Weltkonzernabschlußpolitik deutscher Bankkonzerne. Der Bankkonzernlagebericht ist hingegen nicht integrativer Bestandteil der Einheit Bankkonzernabschluß, sondern wird zusätzlich zu diesem aufgestellt. Per definitionem ist er demnach nicht Gegenstand der Themenstellung. Insofern werden mögliche Gestaltungsansätze des Bankkonzernlageberichts als Objekt der Weltkonzernlageberichtspolitik deutscher Bankkonzerne im Rahmen eines Exkurses dargelegt.
Nach jedem Hauptabschnitt des vierten Kapitels werden daneben die einzelnen bankkonzernabschlußpolitischen Maßnahmen aus dem Blickwinkel einer Bankkonzernrechnungslegung nach den Vorschriften des International Accounting Standards Committee betrachtet. Den Abschluß der jeweiligen Hauptabschnitte bilden Zusammenfassungen bezogen auf die einzelnen bankkonzernabschlußpolitischen Maßnahmen sowie deren Vorhandensein im Rahmen einer Rechnungslegung nach den International Accounting Standards.

Das abschließende fünfte Kapitel der Arbeit hat eine Schlußbetrachtung zum Inhalt.

2 Die der Untersuchung zugrundeliegenden Rechnungslegungsvorschriften

Auf dem Weg zur schrittweisen Annäherung der Rechnungslegungsvorschriften in den Mitgliedstaaten der Europäischen Gemeinschaften war die am 08. Dezember 1986 vom Rat der Europäischen Gemeinschaften verabschiedete Richtlinie über den Jahresabschluß und den konsolidierten Abschluß von Banken und anderen Finanzinstituten (Bankbilanzrichtlinie)[10] von den EG-Mitgliedstaaten bis zum 31. Dezember 1990 in nationales Recht zu transformieren.

Die Bankbilanzrichtlinie stellte eine Ergänzung der Vierten[11] und Siebenten[12] EG-Richtlinie dar, welche bereits mit dem durch das am 01. Januar 1986 in Kraft getretene Bilanzrichtlinien-Gesetz[13] in deutsches Recht umgesetzt worden waren.

Damit galten, sofern in der Bankbilanzrichtlinie für die Rechnungslegung der Kreditinstitute nichts anderes bestimmt wurde, ebenfalls die für Nichtbanken erlassenen allgemeinen Vorschriften für den Einzel- und den Konzernabschluß. Auf diese Weise ergänzte und veränderte die Bankbilanzrichtlinie die Vierte und Siebente Richtlinie lediglich um branchenspezifische Besonderheiten. Die Bankbilanzrichtlinie stellt demzufolge kein unabhängiges Regelungs-

---

10 Vgl. Richtlinie des Rates der Europäischen Gemeinschaften vom 31. Dezember 1986 über den Jahresabschluß und den konsolidierten Abschluß von Banken und anderen Finanzinstituten (86/635/EWG), ABl. EG Nr. L 372, S. 1 ff.; berichtigt durch Veröffentlichung im ABl. EG Nr. L 316 vom 23. November 1988, S. 51 f. Vgl. zur Bankbilanzrichtlinie ferner Bauer, EG-Bankbilanzrichtlinie, S. 861 ff.; Betz, Bankbilanzrichtlinie, S. 3 ff.; Bieg, Auswirkungen, S. 3 ff.; Biener, Bankbilanzrichtlinie, S. 40 ff.; Christian/Waschbusch, Auswirkungen, S. 2335 ff.; IDW, Transformation, S. 525 ff.; Nolte, Grundzüge, S. 561 ff.; Rixen, Bankbilanzierung, S. 78 ff.; ders., EG-Bankbilanzrichtlinie, S. 638 ff.; ZKA, Transformation, S. 452 ff.

11 Vgl. Vierte Richtlinie des Rates der Europäischen Gemeinschaften vom 25. Juli 1978 auf Grund von Artikel 54 Absatz 3 Buchstabe g) des Vertrages über den Jahresabschluß von Gesellschaften bestimmter Rechtsformen (78/660/EWG), ABl. EG Nr. L 222 vom 14. August 1978, S. 11 ff.

12 Vgl. Siebente Richtlinie des Rates der Europäischen Gemeinschaften vom 13. Juni 1983 auf Grund von Artikel 54 Absatz 3 Buchstabe g) des Vertrages über den konsolidierten Abschluß (83/349/EWG), ABl. EG Nr. L 193 vom 18. Juli 1983, S. 1 ff.

13 Vgl. Gesetz zur Durchführung der Vierten, Siebenten und Achten Richtlinie des Rates der Europäischen Gemeinschaften zur Koordinierung des Gesellschaftsrechts (Bilanzrichtlinien-Gesetz - BiRiLiG) vom 19. Dezember 1985, BGBl. I 1985, S. 2355 ff.

system dar, sondern bildet vielmehr mit der Vierten und Siebenten Richtlinie materiell eine Einheit.[14]

Um den Banken eine gleichzeitige Umstellung von Jahres- und Bankkonzernabschluß auf das neue Recht zu ermöglichen, sah der Gesetzgeber vor, daß die Vorschriften mit Ausnahme der die Fristengliederung betreffende Regelung[15] erst für das nach dem 31. Dezember 1992 beginnende Geschäftsjahr anzuwenden waren.[16]

Damit war dem dringenden Anliegen der Kreditwirtschaft entsprochen worden, den Instituten eine zweimalige Anpassung ihrer Rechnungslegung zu ersparen. Nach Art. 30 Abs. 4 EGHGB war jedoch eine vorzeitige freiwillige Anwendung der neuen Bankkonzernrechnungslegungsvorschriften möglich gewesen.

Die Transformation der Bankbilanzrichtlinie erfolgte durch Aufhebung und durch Änderung bestehender Gesetze. Dies geschah schwerpunktmäßig durch Streichung der "Besonderen Vorschriften über die Rechnungslegung"[17] für Banken und Bankkonzerne und durch Erweiterung des Dritten Buches des Handelsgesetzbuches um einen ergänzende Vorschriften für Kreditinstitute umfassenden Vierten Abschnitt mit den §§ 340 bis 340o HGB sowie durch Neu- und Zusammenfassung der geltenden Formblattvorschriften und Bilanzierungsrichtlinien in einer ergänzenden Rechtsverordnung. Eine wichtige hierin enthaltene Vorschrift war in der Erweiterung des § 330 HGB zu sehen, mit der der Bundesminister der Justiz am 10. Februar 1992 eine neue "Verord-

---

14 Vgl. Bauer, EG-Bankbilanzrichtlinie, S. 861; Betz, Bankbilanzrichtlinie, S. 3; Treuarbeit AG (Hrsg.), Bankbilanzierung, S. 23.

15 Die in § 340d HGB kodifizierte Vorschrift zur Fristengliederung ist erst ab 01. Januar 1998 in Kraft getreten; vgl. Art. 14 Abs. 2 Bankbilanzrichtlinie-Gesetz und § 39 Abs. 2 RechKredV i.V.m. § 9 RechKredV.

16 Vgl. Art. 12 Bankbilanzrichtlinie-Gesetz. Damit ergaben sich spätestens ab dem 01. Januar 1993 Umstellungserfordernisse für den Bankkonzernabschluß der Kreditinstitute durch die "zwingend anzuwendenden Vorschriften der Siebten EG-Richtlinie, welche aufgrund des Bilanzrichtlinien-Gesetzes ihren Niederschlag in den §§ 290 ff. HGB gefunden haben"; Rixen, Änderung, S. 842.

17 Hierbei wurden, mit Ausnahme des § 26 KWG, alle Paragraphen gestrichen; insbesondere auch die bis dahin für Bankkonzerne geltende Vorschrift des § 25b KWG "Konzernabschluß und Konzernlagebericht".

nung über die Rechnungslegung der Kreditinstitute (RechKredV)"[18] erlassen hatte.[19]

Aus dieser neuen Gesetzeskonzeption ergibt sich im Vergleich zum alten Recht der Vorteil, daß die für Banken und Bankkonzerne geltenden Rechnungslegungsvorschriften nun ausschließlich im Handelsgesetzbuch und in der RechKredV geregelt sind.[20]

Die Bestimmungen, insbesondere des Gesetzes über das Kreditwesen sowie weitere bankenaufsichtsrechtliche Regelungen und bankspezifische Rechtsnormenkomplexe, verfolgen im Kern jeweils Ziele außerhalb der bankkonzernbetrieblichen Rechnungslegung[21] und stehen demgemäß außerhalb der hier zugrundeliegenden Rechnungslegungsvorschriften.

Die folgende Abbildung faßt die Konzeption im Hinblick auf die gegenwärtig relevanten deutschen Rechnungslegungsvorschriften für inländische Bankkonzerne zusammen:[22]

---

18 Vgl. BGBl. I 1992, S. 203 ff.; geändert durch die Erste Verordnung zur Änderung der RechKredV vom 18. Juni 1993, BGBl. I 1993, S. 924. Die Verordnung dient neben der Umsetzung der Bankbilanzrichtlinie gleichfalls der Umsetzung der Richtlinie 89/117/EWG des Rates der Europäischen Gemeinschaften vom 13. Februar 1989 über die Pflichten der in einem Mitgliedstaat eingerichteten Zweigniederlassungen von Kreditinstituten und Finanzinstituten mit Sitz außerhalb dieses Mitgliedstaats zur Offenlegung von Jahresabschlußunterlagen, ABl. EG Nr. L 44, S. 40.

19 Vgl. Ruffert, Verordnung, S. 122.

20 Vgl. Büschgen, Bankbetriebslehre, S. 662.

21 Vgl. Krumnow/Sprißler/Bellavite-Hövermann/Kemmer/Steinbrücker, Einführung, Rn. 34.

22 Vgl. hierzu auch Prahl/Naumann, Bankkonzernrechnungslegung, S. 235; Treuarbeit AG (Hrsg.), Bankbilanzierung, S. 32. Auffällig bei der Gesetzessystematik zur Bankkonzernrechnungslegung ist allerdings eine bestehende, wenngleich vermutlich ungewollte Regelungslücke. Obschon für die nichtbankbetriebliche Konzernrechnungslegung § 298 Abs. 1 HGB - sofern die Eigenart des Konzernabschlusses keine Abweichung bedingt - auf entsprechende Anwendung der für alle Kaufleute geltenden Vorschriften verweist, wird diese Norm mit § 340i Abs. 2 Satz 2 HGB für Bankkonzerne explizit ausgeschlossen. Hingegen findet sich für die Rechnungslegung der Bankkonzerne allerdings auch an anderer Stelle im Gesetz kein Verweis auf die Beachtung der für alle Kaufleute geltenden Vorschriften. Lediglich § 340i Abs. 2 Satz 1 HGB i.V.m. § 340a Abs. 2 HGB enthält Vorschriften aus dem Ersten Abschnitt des Dritten Buches des Handelsgesetzbuches, welche nicht anzuwenden sind. Zweifellos dürften indes auch die Kaufmannsvorschriften zu beachten sein. Entsprechend der Normenhierarchie der Bankkonzernrechnungslegung kommen sie hingegen erst zum Zuge, wenn die bankkonzernspezifischen Vorschriften nicht Platz greifen; vgl. auch Krumnow/Sprißler/Bellavite-Hövermann/Kemmer/Steinbrücker, Einführung, Rn. 33.

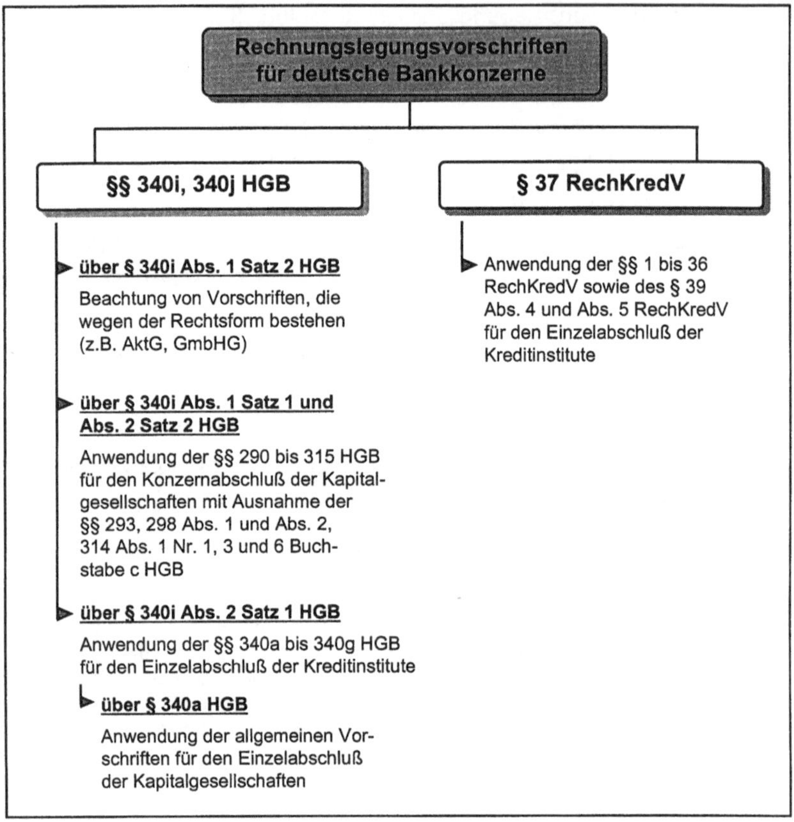

Abbildung 1: Rechnungslegungsvorschriften für deutsche Bankkonzerne

3 Terminologische Abgrenzungen

3.1 Der Weltkonzernabschluß deutscher Bankkonzerne

Die Pflicht für einen deutschen Bankkonzern zur Aufstellung eines Bankkonzernabschlusses besteht grundsätzlich dann, wenn ein sog. Bankkonzernmut-

ter-Tochter-Verhältnis besteht.[23] Die Bestimmungen hierfür legt der Gesetzgeber in § 340i Abs. 1 Satz 1 HGB i.V.m. § 290 HGB fest. Danach begründet sich ein solches Verhältnis entweder durch das Konzept der einheitlichen Leitung gemäß § 340i Abs. 1 Satz 1 HGB i.V.m. § 290 Abs. 1 HGB oder durch das Control-Konzept gemäß § 340i Abs. 1 Satz 1 HGB i.V.m. § 290 Abs. 2 HGB.[24] Beide Konzepte müssen jedoch nicht gleichzeitig vorliegen, sondern können unabhängig voneinander zur Aufstellungspflicht eines Bankkonzernabschlusses führen.
Als Besonderheit für Bankkonzerne ist zu berücksichtigen, daß eine Befreiung der Pflicht zur Aufstellung eines Bankkonzernabschlusses in Abhängigkeit der Rechtsform sowie der Größe des Bankkonzerns nicht in Anspruch genommen werden darf.[25] Ergänzend umfaßt die Pflicht zur Aufstellung eines Bankkonzernabschlusses nach § 340i Abs. 3 HGB auch solche Mutterunternehmen, "deren einziger Zweck darin besteht, Beteiligungen an Tochterunternehmen zu erwerben sowie die Verwaltung und Verwertung dieser Beteiligungen wahrzunehmen, sofern diese Tochterunternehmen ausschließlich oder überwiegend Kreditinstitute sind".[26]

§ 340i Abs. 1 Satz 1 HGB i.V.m. § 290 HGB führt hingegen lediglich Tatbestände auf, die einen Bankkonzern gesetzlich verpflichten, einen Bankkonzernabschluß zu erstellen. Eine eigenständige Definition des Begriffs "Konzern" bzw. "Bankkonzern" enthält das Handelsgesetzbuch dagegen nicht.[27] Da die Normen des Aktiengesetzes weiterhin Gültigkeit besitzen, gilt für alle

---

23 Ein Verzeichnis deutscher Bankkonzernmutterunternehmen, die konsolidierte Abschlüsse erstellen, befindet sich in Anhang 2.

24 Vgl. zu beiden Konzepten die Ausführungen in Gliederungspunkt 2.3.2 im vierten Kapitel. Sofern die Pflicht zur Aufstellung eines Bankkonzernabschlusses besteht, sind die einzelnen Unternehmen des Bankkonzerns freilich nicht von ihrer Verpflichtung entbunden, selbständig einen Einzelabschluß zu erstellen.

25 Dies ergibt sich aus dem Wortlaut des § 340i Abs. 1 Satz 1 HGB sowie aus § 340i Abs. 2 Satz 2 HGB, in dem die Anwendung des § 293 HGB explizit ausgeschlossen wird.

26 Hierbei handelt es sich um sog. "Banken-Holdings". Da sich für deren Mutterunternehmen - sofern sie zur Aufstellung eines Bankkonzernabschlusses verpflichtet sind - i.d.R. keine Abweichungen oder Besonderheiten der zu beachtenden Bankkonzernrechnungslegungsvorschriften ergeben, wird im weiteren Verlauf dieser Arbeit nicht explizit auf diesen Unternehmenstyp abgestellt.

27 Vgl. Baetge/Thiele, Pflicht, S. 503.

Anwendungsbereiche *außerhalb der Rechnungslegung* die in § 18 AktG explizit enthaltene Konzerndefinition.[28] Davon ausgehend lassen sich Konzerne und Konzernunternehmen wie nachstehend bestimmen: "Sind ein herrschendes und ein oder mehrere abhängige Unternehmen unter der einheitlichen Leitung des herrschenden Unternehmens zusammengefaßt, so bilden sie einen Konzern; die einzelnen Unternehmen sind Konzernunternehmen".[29] Handelt es sich bei dem herrschenden Unternehmen um ein Kreditinstitut liegt folgerichtig ein Bankkonzern vor. In Anlehnung an *Adler/Düring/Schmaltz* werden daher im weiteren Verlauf dieser Arbeit die Begriffe "Bankkonzern", "Bankkonzernunternehmen", "Bankkonzernabschluß" usw. auch dann verwendet, "wenn zwar kein (Bank-; d.V.) Konzernverhältnis im Sinne der gesetzlichen Definition des § 18 AktG vorliegt, jedoch die Gesamtheit der Unternehmen zu bezeichnen ist, die in einem konsolidierten Abschluß einbezogen werden sollen".[30]

In § 340i Abs. 1 Satz 1 HGB i.V.m. § 294 Abs. 1 Halbsatz 1 HGB ist das sog. Weltabschlußprinzip festgeschrieben. Danach müssen in einen Bankkonzernabschluß grundsätzlich nicht nur sämtliche inländische, sondern zusätzlich alle ausländische Bankkonzernunternehmen einbezogen werden. Sofern Auslandsunternehmen vorliegen, sind deutsche Bankkonzerne verpflichtet einen Weltkonzernabschluß aufzustellen.[31]

---

28 Vgl. Scholz, "Konzern", S. 297.

29 § 18 Abs. 1 Satz 1 AktG. Begriffskonstitutives Merkmal ist nach dem Wortlaut allein die einheitliche Leitung. Vgl. zum Konzernbegriff und zu möglichen Konzernarten Adler/Düring/Schmaltz, Kommentierung § 18 AktG, Tz. 5 ff.; Everling, Konzernrechnungslegung, S. 21 ff.; IDW (Hrsg.), WP-Handbuch, R, Tz. 159 ff.; Schubert, Konzern, Rn. 1 ff.; Schubert/Küting, Unternehmungszusammenschlüsse, S. 239 ff.

30 Adler/Düring/Schmaltz, Kommentierung § 290, Tz. 5.

31 Der Begriff des "Weltkonzernabschlusses" ist nicht ganz redundanzfrei, da das Weltabschlußprinzip im oben definierten Sinn einen Bankkonzern voraussetzt und umgekehrt der Bankkonzernabschluß das Weltabschlußprinzip beinhaltet. Hinter dieser Begriffswahl steht aber die Intention, die Thematik dieser Arbeit hervorzuheben und eindeutig zu umschließen. In Literatur und Praxis haben sich zudem weitere Begriffsbildungen für den gleichen Sachverhalt herausgebildet. So finden sich für den Terminus des Weltkonzernabschlusses bspw. die inhaltlich verwandten Begriffe "Weltbilanz", "Weltabschluß", "Weltkonzernbilanz", "internationaler Konzernabschluß" und "weltweite Konzernrechnungslegung". Die folgenden Ausführungen sollen sich hingegen auf die synonyme Verwendung der Termini "Weltkonzernabschluß deutscher Bankkonzerne" und "Bankkonzernabschluß" beschränken. An dieser Stelle ist ferner darauf hinzuweisen, daß die Be-

Der Weltkonzernabschluß deutscher Bankkonzerne im Sinne des § 340i Abs. 1 Satz 1 HGB i.V.m. § 297 Abs. 1 HGB besteht aus Bankkonzernbilanz, Bankkonzern-GuV und Bankkonzernanhang, die eine Einheit bilden.[32] Obgleich der Bankkonzernlagebericht gemäß § 340i Abs. 1 Satz 1 HGB i.V.m. § 315 HGB die Aufgabe des Bankkonzernabschlusses zur Vermittlung ein den tatsächlichen Verhältnissen entsprechendes Bild über die Vermögens-, Finanz- und Ertragslage des Bankkonzerns[33] komplettiert, ist er diesem nicht zuzurechnen. Entsprechend der Thematik dieser Arbeit unterliegt die Beeinflussung des Bankkonzernlageberichts nicht der Weltkonzernabschlußpolitik deutscher Bankkonzerne.

Ebenfalls ist von dem Begriff des "Bankkonzernabschlusses" und dessen Vorschriften, das für Bankkonzerne im Sinne des Bankenaufsichtsrechts auf konsolidierter Basis vorzunehmende bankenaufsichtsrechtliche Konsolidierungs- bzw. Zusammenfassungsverfahren gemäß § 10a KWG und § 13a KWG abzugrenzen. Hierbei handelt es sich um zwei völlig unterschiedliche gesetzliche Regelkreise zur Konsolidierung.[34]

Der Bankkonzernabschluß ist so aufzustellen, als ob die einbezogenen Bankkonzernunternehmen insgesamt ein einziges Unternehmen wären. Mit der Fassung des § 340i Abs. 1 Satz 1 HGB i.V.m. § 297 Abs. 3 Satz 1 HGB hat der Gesetzgeber die Anwendung der Einheitstheorie festgelegt. Grundgedanke ist, daß Mutter- und Tochterunternehmen eines Bankkonzerns - ungeachtet ihrer rechtlichen Selbständigkeit - eine wirtschaftliche Einheit bilden.

---

griffe "Kreditinstitut" und "Bank" im Rahmen dieser Ausarbeitung desgleichen synonym gebraucht werden.

32 Mit dem am 01. Mai 1998 in Kraft getretenen Gesetz zur Kontrolle und Transparenz im Unternehmensbereich ist allerdings gleichfalls eine Änderung des § 297 Abs. 1 HGB einhergegangen; vgl. BGBl. I 1998, S. 786 ff. Nach der geänderten Fassung wird künftig der Bankkonzernanhang von börsennotierten Bankkonzernmutterunternehmen um eine Kapitalflußrechnung sowie um eine Segmentberichterstattung zu erweitern sein; vgl. Art. 2 Nr. 4 KonTraG. Der neue § 297 Abs. 1 HGB ist danach spätestens auf das nach dem 31. Dezember 1998 beginnende Bankkonzerngeschäftsjahr anzuwenden; vgl. Art. 12 KonTraG.

33 Vgl. § 340i Abs. 1 Satz 1 HGB i.V.m. § 297 Abs. 2 Satz 2 HGB.

34 Vgl. Büschgen, Bankbetriebslehre, S. 21; ders., Finanzmanagement, S. 531 ff.; Krumnow/Sprißler/Bellavite-Hövermann/Kemmer/Steinbrücker, Kommentierung § 340i, j HGB, Rn. 5; Reuß, Diskussion, S. 507; Schierenbeck/Hölscher, Konzernabschluß, S. 45 ff.; Süchting, Bankmanagement, S. 179, Fn. 92.

Hieraus resultiert, daß die einfache Aufaddierung der Einzelabschlüsse zur Erstellung eines Bankkonzernabschlusses nicht ausreichend ist, sondern bestimmte Konsolidierungsvorgänge vorgenommen werden müssen.[35]

3.2 Die Weltkonzernabschlußpolitik deutscher Bankkonzerne

Darauf aufbauend soll nachfolgend der Begriff der "Weltkonzernabschlußpolitik deutscher Bankkonzerne" abgegrenzt werden. Allerdings hat sich für den Sachverhalt der Konzernabschlußpolitik bis zum heutigen Tage weder in der Literatur noch in der Praxis eine einheitliche und eigenständige Begriffsdefinition herausgebildet. In der bisherigen, zu dieser Thematik veröffentlichten, betriebswirtschaftlichen Literatur wird hinsichtlich der Begriffsabgrenzung demnach auch versucht, sich an den für die Bilanzpolitik auf Einzelabschlußebene vorgenommenen Definitionen zu orientieren,[36] da diese schon langjährig Bestandteil des betriebswirtschaftlichen Begriffsapparates sind.[37] Vor diesem Hintergrund sind auch - soweit ersichtlich - die bis dato vorliegenden Begriffsbestimmungen für die Konzernabschlußpolitik zu betrachten.

In einem ersten Abgrenzungsversuch geht *Meyer* in seinen Betrachtungen zunächst von den Zwecken der Konzernbilanzpolitik aus und konstatiert hierzu: "Zweck der Konzern-Bilanzpolitik ist die Steuerung der Aussagekraft

35 Vgl. Coenenberg, Jahresabschluß, S. 423. Zu den Konsolidierungsvorgängen vgl. Gliederungspunkt 5 im vierten Kapitel.

36 Vgl. zu definitorischen Überlegungen die Einzelabschlußpolitik betreffend bspw. Baetge/ Ballwieser, Probleme, S. 512; Bauer, Grundlagen, S. 94; Bieg, Ziele, S. 97; Birck, Bilanzpolitik, S. 81; Birck/Meyer, Bankbilanz, 3. Teillieferung, S. VII 5; Bouffier, Bilanzpolitik, Sp. 1145 f.; Clemm, Bilanzpolitik, S. 358; Faißt, Bilanzpolitik, S. 195; Fischer/Haller, Bilanzpolitik, S. 36; Forster, Bilanzpolitik, S. 32; Freidank, Zielsetzungen, S. 337; Gräfer, Ziele, S. 353; Harder, Bilanzpolitik, S. 65; Hauschildt, Bilanzanalyse, S. 659; Heinhold, Bilanzpolitik, Sp. 525 f.; ders., Wesen, S. 388; Hilke, Bilanzpolitik, S. 9; Hoch, Bilanzpolitik, S. 129; Kerth/Wolf, Bilanzanalyse, S. 296 und S. 298; Klein/Partsch, Bedeutung, S. 940; Küting/Kaiser, Bilanzpolitik, S. 2; Küting/Weber, Bilanzanalyse, S. 389; Kußmaul/ Lutz, Grundlagen, S. 344; Mellerowicz, Unternehmenspolitik, S. 190; Meyer, Bankbilanz, S. 24; Packmohr, Bilanzpolitik, S. 1; Pfleger, Praxis 1991, Rdnr. 2; Piltz, Bilanzpolitik, S. 3; Pougin, Bilanzpolitik, S. 6; Schulte, Bilanzpolitik, S. 8; Schulze zur Wiesch, Bilanzpolitik, S. 61; Sieben/Barion/Maltry, Bilanzpolitik, Sp. 230; Sielaff, Bilanzpolitik, S. 232; Waschbusch, Jahresabschlußpolitik, S. 21 ff.; Wöhe, Bilanzierung, S. 56. Infolge der Parallelitäten wird im weiteren Verlauf dieser Arbeit ebenso teilweise die Literatur zur Einzelabschlußpolitik herangezogen.

37 So auch Klein, Konzernbilanzpolitik, S. 17 ff.

konsolidierter Bilanzen und konsolidierter Gewinn- und Verlust-Rechnungen sowie der Konzerngeschäftsberichte entsprechend den Zielen der Konzernleitung durch die Gestaltung des materiellen Inhalts und des formalen Aufbaus".[38] Eine daran anschließende Definition der Konzernbilanzpolitik geht auf *Clemm/Wenzel* zurück: "Bilanzpolitik ist die zweck-orientierte ("politische") Gestaltung der gesetzlich und/oder satzungsmäßig geforderten Rechnungs- und Rechenschaftslegung durch Unternehmensleitungen gegenüber Unternehmenseignern (Gesellschafter), Gläubigern, Arbeitnehmer, dem Fiskus u.a. Adressaten, und dies vor allem im Rahmen legaler Möglichkeiten".[39] *Klein* definiert darauffolgend Konzernbilanzpolitik als "die zielorientierte Ausgestaltung des Konzernabschlusses mittels Einsatzes der bei der Aufstellung des Konzernabschlusses existenten Aktionsparameter".[40] In gleicher Weise nimmt *Scheld* seine Begriffsabgrenzung vor und definiert Konzernabschlußpolitik "als die bewußte und im Hinblick auf die Konzernziele zweckorientierte Beeinflussung des Konzernabschlusses im Rahmen des rechtlich Zulässigen".[41] Ebenso versteht *Stein* in seinen Ausführungen unter Konzernbilanzpolitik kurz die zielgerichtete Gestaltung des Konzernabschlusses.[42] *Scheren* versucht in einer weitergehenden Abgrenzung ferner den Aspekt der sachverhaltsgestaltenden Maßnahmen einzubeziehen: "Konzernabschlußpolitik ist die Zusammenfassung aller Maßnahmen im Laufe des Geschäftsjahres sowie bei der Aufstellung des Konzernabschlusses zu seiner zielorientierten Beeinflussung und Gestaltung. Hierbei können, im Rahmen der Legalität, alle durch den Gesetzgeber eingeräumten Bilanzierungs-, Konsolidierungs- und Bewertungswahlrechte und Ermessensspielräume sowie die Möglichkeiten der Sachverhaltsgestaltung Berücksichtigung finden".[43] *Greth* berücksichtigt schließlich

---

38 Meyer, Konzern-Bilanzpolitik, S. 472. Seinen Ausführungen liegt dabei das AktG 1965 zugrunde.

39 Clemm/Wenzel, Konzernbilanzpolitik, S. 341. Wenngleich die Autoren bei ihrer Begriffsabgrenzung von "Bilanzpolitik" sprechen, sind deren Ausführungen ebenso auf die Konzernbilanzpolitik zu beziehen; vgl. ebenda, S. 342.

40 Klein, Konzernbilanzpolitik, S. 19.

41 Scheld, Konzernbilanzpolitik, S. 33.

42 Vgl. Stein, Ziele, S. 973 f.

43 Scheren, Konzernabschlußpolitik, S. 25; vgl. ferner ders., Möglichkeiten, Rn. 82.

verhaltenstheoretische Aspekte[44] in seiner Begriffsbestimmung: "Konzernbilanzpolitik im weitesten Sinne sind alle legalen Maßnahmen im Verlauf eines Geschäftsjahres und bei der Aufstellung von Konzernabschluß und Konzernlagebericht zur bewußten Gestaltung dieser Informationsträger mit dem Ziel, die Informationsinteressenten zu einem gewünschten Verhalten zu bewegen".[45]

Aus den bisher vorliegenden Definitionen wird ersichtlich, daß die überwiegende Anzahl der Autoren den Gestaltungsgesichtspunkt der Konzernbilanzpolitik in den Vordergrund stellen. Die hier zugrunde zu legende Begriffsabgrenzung soll demgemäß auch dieser praktisch-normativen Gewichtung[46] gerecht werden.

Sonach wird in dieser Arbeit unter der Weltkonzernabschlußpolitik deutscher Bankkonzerne die bewußte und zweckorientierte Beeinflussung der nach § 340i Abs. 1 Satz 1 HGB i.V.m. § 297 Abs. 1 HGB zu publizierenden Rechnungslegungsdaten[47] verstanden.

Es verbleibt darauf hinzuweisen, daß sich die Bankkonzernabschlußpolitik nach h.M. nicht über gesetzliche Bankkonzernrechnungslegungsvorschriften

---

44 Vgl. zu den modelltheoretischen Grundlagen der Bilanzpolitik Sieben/Barion/Maltry, Bilanzpolitik, Sp. 232.

45 Greth, Konzernbilanzpolitik, S. 8; im Original mit Hervorhebung.

46 Vgl. Fn. 44.

47 Damit werden alle Komponenten des Weltkonzernabschlusses deutscher Bankkonzerne erfaßt. Der üblicherweise verwendete Terminus der "Konzernbilanzpolitik" erweist sich für die Gestaltung des Bankkonzernabschlusses als nicht umfassend genug, da dieser nur eine Teilkomponente, die Konzernbilanz, des Konzernabschlusses darstellt. Aus diesem Grunde ist der Begriff von dem sachlich richtigen und hier zu verwendenden Begriff der "Weltkonzernabschluß- bzw. Bankkonzernabschlußpolitik" abzugrenzen. Vgl. ebenso Bitz/Schneeloch/Wittstock, Jahresabschluß, S. 438 ff.; Busse von Colbe, Konzernabschluß, Sp. 1163 f.; Pfleger, Praxis 1991, Rdnr. 3; Scheren, Konzernabschlußpolitik, S. 9 f.; Selchert/Karsten, Konzernabschlußpolitik, S. 837 ff.; Waschbusch, Jahresabschlußpolitik, S. 27 f. Abzugrenzen ist weiterhin die Auffassung Freidanks, Rechnungslegungspolitik, S. 6, der noch einen Schritt weiter geht und den Begriff der "Bilanzpolitik" - bezogen auf Einzelabschlüsse, Zwischenabschlüsse, Konzernabschlüsse usw. - durch den komplexen Begriff der "Rechnungslegungspolitik" ersetzt.

hinwegsetzen darf.[48] Unrichtige und unvollständige Darstellungen - rechtswidrig insbesondere gemäß den §§ 340m bis 340o HGB, des § 38 Abs. 2 RechKredV und des § 56 Abs. 1 Nr. 5 KWG - in Form von Verschleierungen, Manipulationen oder Fälschungen sind somit nicht Bestandteil der Weltkonzernabschlußpolitik deutscher Bankkonzerne.[49]

---

48 Vgl. bspw. Mellerowicz, Unternehmenspolitik, S. 190 f.; Neth, Berechnung, S. 12; Wöhe, Bilanzierung, S. 59.

49 Die tatbestandsmäßige Abgrenzung zwischen Verschleierungen, Manipulationen und Fälschungen ist im Gesetz nicht klar kodifiziert. Allerdings ist diese Abgrenzung wenig bedeutsam, da nach geltendem Recht alle Tatbestände grundsätzlich gleich bestraft werden können. Vgl. zur Interpretation der Begriffe auch Marker, Bilanzfälschung, S. 11 ff. Birck/Meyer, Bankbilanz, 3. Teillieferung, S. VII 8, sprechen in diesem Zusammenhang allgemein von Bilanzdelikten. Obwohl der Bankkonzern kein eigenständiges Rechtssubjekt ist, können zudem u.U. die strafrechtlichen Vorschriften der §§ 263, 264a, 265b, 266, 267, 269 f. und 283 ff. StGB in Betracht kommen; vgl. hierzu Maul, Bußgeldvorschriften, Rn. 1626 ff. und Rn. 1708 f.

Zweites Kapitel

Grundlagen der Weltkonzernabschlußpolitik deutscher Bankkonzerne

1 Mögliche Zwecke der Bankkonzernrechnungslegung

Die Zwecke[50] der Bankkonzernrechnungslegung können aus den Vorschriften zur Aufstellung eines Bankkonzernabschlusses abgeleitet werden. Wenngleich der Gesetzgeber dem Bankkonzernabschluß eine hohe Bedeutung einräumt, hat er nach den derzeitigen Vorschriften nur subsidiäre Bedeutung.[51] Der Bankkonzernabschluß ersetzt nicht den Einzelabschluß des Bankkonzernmutterunternehmens und die der anderen Bankkonzernunternehmen, sondern hat als (noch) ergänzendes Instrument die wirtschaftlichen Aktivitäten des Bankkonzerns als Einheit darzulegen und die durch die Bankkonzernzugehörigkeit verursachten Aussagedefizite der Einzelabschlüsse auszugleichen.[52] Anders als der Einzelabschluß stellt der Bankkonzernabschluß weder eine Grundlage für die Ermittlung des zu versteuernden Ergebnisses[53] noch eine Gewinnverwendungsgrundlage dar.

Steuersubjekte sind de jure lediglich die in den Bankkonzernabschluß eingezogenen Einzelabschlüsse der Bankkonzernunternehmen. Aufgrund deren rechtlicher Selbständigkeit erfolgt die steuerrechtliche Behandlung der einzelnen Bankkonzernunternehmen üblicherweise nach den Vorschriften für Kapi-

---

50 Die ebenfalls im Schrifttum anzutreffenden Begriffe der "Funktion" oder "Aufgabe" werden, wenngleich sie gemäß betriebswirtschaftlicher Definitionen teils unterschiedlichen Inhalts sind, im folgenden synonym gebraucht. Die Unterschiede sind im Rahmen dieser Untersuchung ohne Bedeutung.

51 Vgl. Weber, Praxis, S. 6.

52 Vgl. Büschgen, Bankbetriebslehre, S. 728; Coenenberg, Jahresabschluß, S. 422; Wysocki/Wohlgemuth, Konzernrechnungslegung, S. 3. Baetge, Konzernbilanzen, S. 28 ff.; Klein, Zwecke, Rn. 871 ff. und Schruff, Einflüsse, S. 43 ff., bezeichnen dies als Kompensation von Mängeln des Einzelabschlusses und leiten damit eine eigenständige Funktion des Bankkonzernabschlusses ab. Der Kompensationszweck kann hingegen als integratives Element einer weit gefaßten Informationsfunktion angesehen werden.

53 Allerdings ist eine Steuerbemessungsfunktion für den Bankkonzernabschluß dann zu erwarten, wenn die Konzernbesteuerungsrichtlinie vom 23. Juli 1990 in deutsches Recht transformiert werden sollte; vgl. Richtlinie des Rates der Europäischen Gemeinschaften über das gemeinsame Steuersystem der Mutter- und Tochtergesellschaft verschiedener Mitgliedstaaten (90/435/EWG), ABl. EG Nr. L 225 vom 28. August 1990, S. 6.

talgesellschaften und Personenunternehmen.[54] Allerdings bestehen - ungeachtet der Maßgeblichkeit der Einzelbilanzen für die Besteuerung - mit der Anwendung der Vorschriften für die Organschaft[55] und seit 01. Januar 1977 auch mit dem in den §§ 27 ff. KStG kodifizierten Anrechnungsverfahren der auf ausgeschüttete Gewinne entfallenden Körperschaftssteuer Ansätze für eine steuerrechtliche Anerkennung des Bankkonzerns als wirtschaftliche Einheit.[56]

Ebenso bildet der Bankkonzernabschluß in Deutschland formalrechtlich keine Grundlage der Bemessung der Höhe der Gewinnausschüttung oder der Gewinnthesaurierung. *Busse von Colbe* charakterisiert dies als einen unbefriedigenden, fast schizophrenen Zustand.[57] Mit der Diskussion um den § 58 Abs. 2 AktG über die Verwendung des Jahresüberschusses[58] und die Möglichkeit mittels Ausschüttungsverzicht von aus Bankkonzernsicht nicht erwirtschafteten Gewinnen, die Höhe der Gewinnverwendung im Bankkonzernabschluß zu beeinflussen,[59] kann allerdings festgehalten werden, daß dem Bankkonzernabschluß zumindest eine faktische Ausschüttungsbemessungsfunktion zukommt. Die faktisch vorhandene Ausschüttungsbemessungsfunktion wird auch dadurch deutlich, daß viele Bankkonzerne bestrebt sind, das Bankkonzernergebnis in der Höhe des Einzelabschlußergebnisses der Bankkonzernmutterunternehmung auszuweisen. Die Erwartungen der Abschlußadressaten[60] orientieren sich zunehmend am Bankkonzernergebnis. Demzufolge

---

54 Vgl. Wöhe, Überblick, Rn. 156.

55 Verpflichtet sich gemäß § 14 KStG eine Kapitalgesellschaft mit Geschäftsleitung und Sitz im Inland (Organgesellschaft) durch einen Gewinnabführungsvertrag, ihren ganzen Gewinn an ein anderes inländisches gewerbliches Unternehmen (Organträger) abzuführen, so ist das Einkommen der Organgesellschaft dem Organträger zuzurechnen, wenn die Organgesellschaft finanziell, wirtschaftlich und organisatorisch in das andere inländische Unternehmen eingegliedert ist. Zu weiteren Einzelheiten vgl. das Zweite Kapitel im Zweiten Teil des Körperschaftsteuergesetzes.

56 Vgl. Busse von Colbe/Ordelheide, Konzernabschlüsse, S. 24; Harms/Küting, Perspektiven, S. 449; Theisen, Konzern, S. 393 ff.; Wöhe, Bilanzierung, S. 944 f.; ders., Überblick, Rn. 158 ff.

57 Vgl. Busse von Colbe, Bemessungsgrundlage, S. 63.

58 Vgl. hierzu Kohl, Kompetenz, S. 13 ff.

59 Vgl. Budde/Lust, Kommentierung § 297, Anm. 1.

60 Vgl. zu den Erwartungen der Adressaten auch die Ausführungen des folgenden Gliederungspunkts in diesem Kapitel.

kann eine mit dem Bankkonzernabschlußergebnis inkompatible Ausschüttungsbemessung realiter zu einem erhöhten Begründungszwang führen.[61] Unter diesem Aspekt verwundert es nicht, daß gemeinhin eine Konformität der ausgewiesenen Ergebnisse des Bankkonzerns und der des Mutterunternehmens zu beobachten ist.[62]

Nach geltendem deutschen Recht hat der Bankkonzernabschluß primär eine Informationsfunktion.[63] Der Bankkonzernabschluß dient gemäß § 340i Abs. 1 Satz 1 HGB i.V.m. § 297 Abs. 2 Satz 2 HGB der Vermittlung von Informationen über die Vermögens-, Finanz- und Ertragslage des Bankkonzerns.
Hierbei ist die wirtschaftliche Lage nach § 340i Abs. 1 Satz 1 HGB i.V.m. § 297 Abs. 3 Satz 1 HGB so darzustellen, als ob alle in den Bankkonzernabschluß einbezogenen Unternehmen insgesamt ein einziges Unternehmen wären. Es handelt sich insofern um die Darstellung rechtlich selbständiger Unternehmen unter der wirtschaftlichen Einheit Bankkonzern.[64] Der Bankkonzernabschluß kann deshalb als "Quasi-Einzelabschluß" angesehen werden.[65] Die Einzelabschlüsse behalten aber weiterhin ihre volle Bedeutung, da nur sie Einblicke in die Vermögens-, Finanz- und Ertragslage der einzelnen Bankkonzernunternehmen geben können.
Dennoch kommt gerade bei stark international ausgerichteten und verflochtenen Bankkonzernen, dem Bankkonzernabschluß gegenüber den Einzelab-

---

61 Vgl. Busse von Colbe/Ordelheide, Konzernabschlüsse, S. 23; Dümpel, Grundsatz, S. 277 f.; Hartle, Grundlagen, C 10, Rz. 13; Küting, Plädoyer, S. 492; Küting/Hayn, Konzernabschluß, S. 666; Stein, Rechnungswesen, S. 29. Nach Krag/Müller, Zweckmäßigkeit, S. 309, stellt der (Bank-) Konzernabschluß zumindest "ein "moralisches" Korrektiv für die Bemessung der Ausschüttung der Obergesellschaft dar".

62 Vgl. Krumnow/Sprißler/Bellavite-Hövermann/Kemmer/Steinbrücker, Kommentierung § 340i, j HGB, Rn. 3.

63 In der Literatur wird als Zweck der Bankkonzernrechnungslegung de lege lata noch teilweise der der Rechenschaft genannt. Leffson, Grundsätze, S. 64, bezeichnet dies als Pflicht zur "Offenlegung der Verwendung anvertrauten Kapitals". Die Norm, die dieser Rechenschaftspflicht zugrunde liegt, ergibt sich für Bankkonzerne ebenfalls aus dem Wortlaut des § 340i Abs. 1 Satz 1 HGB i.V.m. § 297 Abs. 2 HGB. Daher wird der Rechenschaftszweck als Teil der Informationsfunktion verstanden. Zudem ist eine eindeutige Abgrenzung beider Funktionen nicht möglich; vgl. hierzu auch Klein, Zwecke, Rn. 868.

64 Vgl. Coenenberg, Jahresabschluß, S. 421; Klein, Zwecke, Rn. 878; Kußmaul, Grundzüge, S. 235.

65 Vgl. Friedrich, Problematik, S. 26; Münstermann, Bilanzen, S. 43.

schlüssen eine ungleich höhere Bedeutung zu.[66] Im Rahmen der anhaltenden Globalisierung und den damit verbundenen weiter zunehmenden Auslandsengagements, wird der Stellenwert der Weltkonzernabschlüsse deutscher Bankkonzerne als Informationsinstrument auch in Zukunft noch ansteigen.

Zusammenfassend läßt sich feststellen, daß ungeachtet (noch) fehlender gesetzlicher Ausschüttungs- und Steuerbemessungsfunktion, Großunternehmen den Konzernabschluß als ihren Hauptabschluß betrachten.[67] Diese allgemein für Unternehmen aller Branchen getroffene Feststellung *Kütings* trifft insbesondere auch für deutsche Bankkonzerne zu. Bei den Bankkonzernen steht seit der Einführung der neuen Rechnungslegungsvorschriften die Bankkonzernberichterstattung im Vordergrund.
Somit hat sich das Verhältnis zwischen Bankkonzernabschluß und den zugrundeliegenden Einzelabschlüssen erheblich verschoben. Der Bankkonzernabschluß ist folglich "in besonderem Maße geeignet, den Interessenten im Hinblick auf ihre Entscheidungen nützliche Informationen zu vermitteln".[68]

Sonach stellt sich die Frage, wem gegenüber entsprechende Informationen vermittelt werden sollen, wer überhaupt an einem Bankkonzernabschluß interessiert und damit zum Adressatenkreis der bankkonzernbetrieblichen Rechnungslegung zu zählen ist und welche Informationen erforderlich sind.

66 Vgl. Bernhard, Konzerne, S. 18; Busse von Colbe, Bemessungsgrundlage, S. 63; Kenn, EG-Richtlinie, S. 189; Krumnow, Bankenrechnungslegung, S. 514.

67 Vgl. Küting, Bilanzrecht, S. 148.

68 Busse von Colbe/Ordelheide, Konzernabschlüsse, S. 19; im Original mit Hervorhebung.

2 Der Weltkonzernabschluß deutscher Bankkonzerne als Informationsinstrument externer Bankkonzernabschlußadressaten

2.1 Überblick

Die Bankkonzernabschlußadressaten beurteilen die Vermögens-, Finanz- und Ertragslage des Bankkonzerns primär auf Grundlage des Bankkonzernabschlusses.[69]

Als Abschlußadressaten sind im allgemeinen alle Personen und Institutionen in Betracht zu ziehen, die mit dem Bankkonzern in Verbindung stehen oder mit diesem in Verbindung treten wollen. Mithin entspricht diese Auffassung der Koalitionstheorie.[70] Die koalitionstheoretischen Ansätze gehen davon aus, daß tatsächliche oder potentielle Interessengruppen bzw. Koalitionsmitglieder in der Koalition verbleiben oder dieser beitreten, sofern die an den Bankkonzern gerichteten Erwartungen ihren Vorstellungen entsprechen. Für ihre Entscheidung zum Verbleib oder Eintritt in die Koalition benötigen sie hingegen regelmäßig Informationen über den Erreichungsgrad ihrer Erwartungen.[71] Da die tatsächlichen und potentiellen Koalitionsmitglieder eines Bankkonzerns einen umfassenden, heterogenen Adressatenkreis repräsentieren, können hieraus u.U. stark divergierende Informationserwartungen an die einzelnen Weltkonzernabschlüsse deutscher Bankkonzerne resultieren. Gleichwohl werden nicht alle divergierenden Informationsinteressen in einem einzigen konsolidierten Abschluß berücksichtigt werden können, so daß dieser demzufolge nur eine Kompromißlösung darstellen kann.[72] Dennoch sollte im Zuge der Bankkonzernabschlußerstellung versucht werden, die Informationserwartungen möglichst aller Adressaten zu befriedigen.

69 Vgl. Jonas, Konzernabschluß, S. 71; Kußmaul, Kennzahlen, S. 148; Wöhe, Bilanzierung, S. 300.

70 Vgl. Büschgen, Bankbetriebslehre, S. 657 f. Zur Theorie der Unternehmung als Koalition verschiedener Interessensgruppen vgl. Coenenberg, Jahresabschluß, S. 745 f.; Cyert/ March, theory, S. 26 ff.; Kupsch, Unternehmungsziele, S. 11 f.; Macharzina, Unternehmensführung, S. 8 f.; Vogt, Jahresabschluß, S. 43 ff.

71 Vgl. Coenenberg, Jahresabschluß, S. 745 f.; Kremkow, Grundlagen, S. 72.

72 Vgl. Büschgen, Bankbetriebslehre, S. 658; Emmerich, Grundfragen, S. 121 f.; Gerke/ Philipp, Bankbilanzen, S. 21.

In Anlehnung an *Coenenberg* läßt sich der Bankkonzernabschluß zusammenfassend als externes Informationsinstrument interpretieren, das den Koalitionspartnern Informationen über den Erreichungsgrad ihrer Erwartungen, die sie mit ihrer Teilnahme am Bankkonzern verknüpfen, bereitstellen soll.[73]
Allerdings ist bereits schon an dieser Stelle darauf zu verweisen, daß - soweit ersichtlich - weder empirisch fundierte Kenntnisse über die tatsächlichen Informationsinteressen der Bankkonzernabschlußadressaten noch über die Nutzung des Bankkonzernabschlusses als Informationsmedium vorliegen.

Nachstehend wird ein Überblick über die Informationsbedarfe der wichtigsten an dem Bankkonzernabschluß interessierten bankkonzernexternen[74] Adressaten[75] gegeben.

2.2 Anteilseigner

Zu einer der bedeutsamsten externen Adressatengruppen des Bankkonzernabschlusses zählen die gegenwärtigen und potentiellen Anteilseigner.[76]
Der Anspruch der gegenwärtigen Anteilseigner auf eine konsolidierte Rechenschaftslegung erklärt sich aus ihrer direkten Beteiligung an den einzelnen

---

73 Vgl. Coenenberg, Jahresabschluß, S. 746. Vgl. weiterhin Kremkow, Grundlagen, S. 72; Volk, Jahresabschluß, S. 58 f.

74 Adressaten des bankkonzerninternen Bereichs erhalten ihre Informationen grundsätzlich aus dem internen Bankkonzernrechnungswesen, das nach außen nicht veröffentlicht wird und primär der operativen Steuerung des Bankkonzerns dient; vgl. Jonas, Konzernabschluß, S. 67 ff. und S. 410. Externe Adressaten können auf interne Basisunterlagen zur Erstellung des Bankkonzernabschlusses im allgemeinen nicht zugreifen; vgl. Sieben/Haase, Jahresabschlußrechnung, S. 53.

75 Strenggenommen zählen zu dem Kreis der Bankkonzernabschlußadressaten nach § 340i Abs. 1 Satz 2 HGB i.V.m. § 337 Abs. 1 und Abs. 2 AktG nur der Vorstand, der Aufsichtsrat und die Aktionäre des Bankkonzernmutterunternehmens sowie nach § 340i Abs. 1 Satz 2 HGB i.V.m. § 26 Abs. 3 Satz 1 KWG die Bankenaufsicht, da nur gegenüber diesen Gruppen eine gesetzlich geregelte Pflicht zur Offenlegung besteht. Da aber i.d.R. jeder an einem Bankkonzernabschluß Interessierte die Möglichkeit zur Einsichtnahme hat, wird ein Bilanzinteressent zum Bilanzadressat. In diesem Sinne sind Adressaten alle Personen und Institutionen, die einen Einblick in die Vermögens-, Finanz- und Ertragslage des Bankkonzerns nehmen (wollen).

76 Vgl. Gerke/Philipp, Bankbilanzen, S. 25; Klein, Konzernbilanzpolitik, S. 63; Werthmöller, Rechnungslegung, S. 44. Diese sind hingegen nur dann dem externen Adressatenkreis zu subsumieren, sofern zwischen Bankkonzernorganen und Anteilseigner eine funktionale Trennung existiert; vgl. Freericks, Bilanzierungsfähigkeit, S. 26.

Bankkonzernunternehmen und der hierdurch bedingten indirekten Beteiligung am Bankkonzern.[77] Im Mittelpunkt des Interesses der gegenwärtigen Anteilseigner steht die Erhaltung ihres eingesetzten Kapitals. Zudem sind ihre Zielvorstellungen "auf die Erzielung eines ihren individuellen Präferenzen möglichst entsprechenden, aus Ausschüttungen und Vermögensvermehrungen resultierenden Einkommensstromes gerichtet".[78] Darüber hinaus dienen die Informationen über die Vermögens-, Finanz- und Ertragslage des Bankkonzerns als Basis ihrer Anlageentscheidungen, d.h. Zukauf, Verkauf oder Halten von Anteilen. Der Bankkonzernabschluß versucht zur Deckung des Informationsbedarfs ein umfassendes Bild über die gesamte Struktur des Bankkonzerns darzulegen. Anhand dessen läßt sich die wirtschaftliche Lage der einzelnen Bankkonzernunternehmen im gesamten Bankkonzernverbund unter risiko- und zukunftsbezogenen Aspekten besser beurteilen.

Für die potentiellen Anteilseigner läßt sich in gleicher Weise argumentieren. Auch sie sind im Rahmen ihrer Anlagenentscheidungen, d.h. Kaufen oder Nichtkaufen von Anteilen, auf Informationen über die wirtschaftliche Situation des gesamten Bankkonzernverbundes angewiesen. Dabei dient den potentiellen Anteilseignern ebenfalls die Beurteilung der Vermögens-, Finanz- und Ertragslage vorrangig als Grundlage ihrer Investitionsentscheidungen.[79]

Indessen kann bei den einzelnen aktuellen Anteilseignern das Interesse an spezifischen Bankkonzernabschlußinformationen durchaus verschieden ausgeprägt sein, denn die Gruppe der Anteilseigner ist im allgemeinen durch eine inhomogene Struktur mit unterschiedlichen Informationsschwerpunkten gekennzeichnet. Es ist davon auszugehen, daß Anteilseigner des Bankkonzernmutterunternehmens mit bedeutendem Aktienbesitz insgesamt ein geringeres Interesse am Bankkonzernabschluß erkennen lassen. Ihnen stehen aufgrund ihrer Stellung, bspw. ihrer Vertretung in Aufsichtsgremien oder ihrer Geschäftsführungskontakte, i.d.R. Möglichkeiten zur Verfügung, über die veröffentlichten Daten hinaus detaillierteres Informationsmaterial zu beziehen. Mit

77 Vgl. Scheld, Konzernbilanzpolitik, S. 56 f.
78 Coenenberg, Jahresabschluß, S. 746. Vgl. hierzu auch Emmerich, Grundfragen, S. 118.
79 Vgl. Scheld, Konzernbilanzpolitik, S. 58.

zunehmender Informationstiefe verliert demgemäß der Bankkonzernabschluß an Bedeutung.[80] Das Interesse von Minderheitsgesellschaftern des Mutterunternehmens am Bankkonzernabschluß ist infolge der begrenzteren Informationsbeschaffungsmöglichkeiten dementgegen wesentlich höher einzustufen.
Es ist ferner davon auszugehen, daß für die Anteilseigner des Mutterunternehmens der Posten "Beteiligung" aus dem Einzelabschluß des Mutterunternehmens im Bankkonzernabschluß von vergleichsweise größerer Relevanz ist, da nur so der eigentliche Anteilswert für die Anteilseigner ersichtlich wird. Darüber hinaus wird aufgrund der Tatsache, daß wirtschaftliche Probleme von Bankkonzernunternehmen, insbesondere von Tochterunternehmen, die Vermögens-, Finanz- und Ertragslage des Bankkonzernmutterunternehmens durchaus beeinträchtigen können, "der Erfolg des Mutterunternehmens sekundär und der des (Bank-; d.V.) Konzerns erhält entscheidende Bedeutung".[81]
Demgegenüber bietet der Bankkonzernabschluß den Anteilseignern von Tochterunternehmen die Möglichkeit, insbesondere die Ergebnisausweise der einzelnen Bankkonzerntochterunternehmen auf ihre Angemessenheit hin zu überprüfen, da eine im Vergleich zum Bankkonzern geringere Ertragskraft der Tochterunternehmen bspw. ein Indiz für eine Ergebnisverlagerungspolitik zugunsten des Bankkonzernmutterunternehmens sein kann.[82]

2.3 Gläubiger

"Im Adressatenkreis der bankbetrieblichen Konzernrechnungslegung nehmen die Gläubiger eine herausragende Stellung ein, weil die Kapitalstruktur der Banken (-konzerne; d.V.) branchentypisch eine Fremdfinanzierungsquote aufweist, die wesentlich höher ist als bei anderen Wirtschaftsunternehmen".[83] Wenngleich die Zusammensetzung des Gläubigerkreises keine homogene Gruppe darstellt,[84] richtet sich das primäre Interesse dieser Adressaten i.d.R.

---

80 Vgl. Klein, Konzernbilanzpolitik, S. 66; Scheld, Konzernbilanzpolitik, S. 57; Scheren, Konzernabschlußpolitik, S. 41; Volk, Jahresabschluß, S. 46.

81 Greth, Konzernbilanzpolitik, S. 67; Schindler, Kapitalkonsolidierung, S. 52.

82 Vgl. Schindler, Kapitalkonsolidierung, S. 54.

83 Werthmöller, Rechnungslegung, S. 48.

84 Zum Kreis der Gläubiger zählen bspw. in- und ausländische Kreditinstitute, Groß-, Mittel- und Kleinunternehmen, staatliche Stellen sowie private Haushalte.

auf die gegenwärtige und zukünftige Zahlungsfähigkeit der einlagen- und kreditnehmenden Bankkonzernunternehmen, um sicherzustellen, daß diese den vertraglichen Zins- und Tilgungszahlungsverpflichtungen nachkommen können.[85]
Im allgemeinen besteht eine Rechtsbeziehung lediglich zwischen den Gläubigern und dem Bankkonzernunternehmen, welchem die Mittel unmittelbar zur Verfügung gestellt worden sind. Gleichwohl kann mittels Gewinn- und Verlustübernahmeverträgen, Kreditbürgschaften oder Patronatserklärungen die Haftung für Verbindlichkeiten aus Einlagen oder anderen Schuldverhältnissen auf andere Unternehmen des Bankkonzerns übergehen.[86]
Obschon die Bankenaufsicht eine gläubigerschützende Kontrollfunktion ausübt, besteht insofern ein spezielles Informationsinteresse der Gläubiger an der Finanz- und Liquiditätslage des Bankkonzerns, um damit letztlich die Risikosituation ihres Bankkonzernunternehmens im Bankkonzernverbund nachhaltig bewerten zu können.[87]
Bei der Gruppe der Gläubiger richtet sich der Bankkonzernabschluß in aller Regel vornehmlich an Großgläubiger,[88] die im Insolvenzfall im besonderen Maße betroffen wären.[89] Infolgedessen ist deren Entscheidung zur Erhaltung und Ausdehnung von Geschäftsbeziehungen maßgebend vom Standing und der Gesamtbeurteilung des Bankkonzerns abhängig. Überdies spielt in Anbetracht des ausgeprägten Interbankgeschäfts die Vermögens-, Finanz- und Ertragslage der jeweiligen Bankkonzernunternehmen eine besondere Rolle, da sie als Grundlage zur Beurteilung der Geldmarktfähigkeit herangezogen wer-

85 Vgl. Scheren, Konzernabschlußpolitik, S. 43; Scheld, Konzernbilanzpolitik, S. 60.

86 Vgl. Greth, Konzernbilanzpolitik, S. 68 f.; Klein, Konzernbilanzpolitik, S. 71 f.; Werthmöller, Rechnungslegung, S. 49 f.

87 Vgl. Friedrich, Problematik, S. 26; Klein, Konzernbilanzpolitik, S. 70; Lorson, Arten, S. 317; Wittgen, Bilanzgestaltung, S. 726; Wysocki/Wohlgemuth, Konzernrechnungslegung, S. 4.

88 Kleineinleger werden regelmäßig nicht an einem Bankkonzernabschluß interessiert sein, da sie grundsätzlich zu einer sachgerechten Bankkonzernabschlußanalyse weder in der Lage noch willens sind; vgl. Gerke/Philipp, Bankbilanzen, S. 24.

89 So sichert bspw. der Einlagensicherungsfonds des privaten Bankgewerbes die Verbindlichkeiten gegenüber Nichtbankunternehmen, wobei die Sicherungsgrenze je Gläubiger auf 30% des haftenden Eigenkapitals im Sinne von § 10a KWG des entsprechenden Kreditinstituts festgelegt ist. Ein Rechtsanspruch auf Leistungen aus dem Einlagensicherungsfonds besteht indes nicht. Vgl. zu Einlagensicherung und Einlagensicherungssysteme Büschgen, Bankbetriebslehre, S. 794 ff.

den kann. Zudem werden interbankgeschäftsbezogene Kredite in großem Umfang i.d.R. ohne jegliche Sicherheitsleistung vergeben.[90] Das Informationsinteresse an einer soliden wirtschaftlichen Lage der jeweiligen Institute ist dementsprechend offenkundig. Die Veröffentlichung von soliden ökonomischen Daten soll daneben auch potentielle Gläubiger zu einer Aufnahme von Geschäftsbeziehungen mit dem Bankkonzern bzw. mit dessen Unternehmen beeinflussen.

Festzuhalten bleibt, daß die durch den Bankkonzernabschluß vermittelten Informationen - auch als Ergänzung zu den jeweiligen Einzelabschlüssen - bei dem Adressatenkreis der Gläubiger grundsätzlich Beachtung finden.

2.4 Arbeitnehmer

Das Interesse der Arbeitnehmer ist grundsätzlich auf die Sicherung ihrer Arbeitsplätze, die Erhaltung von Sozialleistungen sowie die Verbesserung ihrer Verdienst- und Aufstiegschancen gerichtet.[91] Obwohl der Bankkonzernabschluß für die Gruppe der Arbeitnehmer nicht von originärer Bedeutung ist,[92] wird er die Informationsbasis erweitern und Aufschluß über deren Interessengebiete geben können. In diesem Sinne bietet sich für den Adressatenkreis der Arbeitnehmer ebenso die zusätzliche Erstellung von Sozialbilanzen im Rahmen der Bankkonzernlageberichterstattung an, "wobei jedoch angemerkt werden muß, daß gerade in diesem Rechenwerk die Gestaltungsspielräume bei der Datenaufbereitung und Datenauswahl extrem hoch sind".[93]

2.5 Kreditnehmer

Der für die Kreditnehmer relevante Informationsbedarf (Zins, Gebühren, Sicherheiten usw.) wird, mit Ausnahme des Interesses an der Erhaltung der

---

90 Vgl. Bäsch, Jahresabschlußanalyse, S. 55; Werthmöller, Rechnungslegung, S. 51.

91 Vgl. Clemm, Bilanzpolitik, S. 359; Emmerich, Grundfragen, S. 119; Freericks, Bilanzierungsfähigkeit, S. 31; Gerke/Philipp, Bankbilanzen, S. 26; Jonas, Konzernabschluß, S. 74; Kremkow, Grundlagen, S. 87; Lorson, Arten, S. 317; Scheibe-Lange, Vorstellungen, S. 643 f.; Schindler, Kapitalkonsolidierung, S. 56.

92 "Die Arbeitnehmervertreter verfügen grundsätzlich über sehr viel detailliertere und aussagekräftigere als die im veröffentlichten (Bankkonzern-; d.V.) Jahresabschluß enthaltenen Informationen"; Volk, Jahresabschluß, S. 49.

93 Gerke/Philipp, Bankbilanzen, S. 26.

Kreditquelle,[94] nicht durch die konsolidierte Berichterstattung gedeckt, so daß der Bankkonzernabschluß in dieser Hinsicht keine wesentliche Beachtung finden wird.

2.6 Konkurrenten

Aufgrund der gesetzlich fixierten Publizitätsvorschriften erlangen auch die am Markt auftretenden unmittelbaren und mittelbaren Mitbewerber Einblick in die Berichterstattung des rechnungslegenden Bankkonzerns.[95] Das Interesse der Konkurrenten zielt auf Informationen ab, die sie in die Lage versetzen, ihre eigene Wettbewerbsfähigkeit einzuschätzen und ihre Marktposition zu sichern oder diese zum Schaden der Konkurrenzunternehmen zu vergrößern.[96] Hierzu zählen bspw. Informationen über die wirtschaftlichen Verhältnisse, im einzelnen solche über die Finanzstärke und Ertragskraft des mit ihnen konkurrierenden Bankkonzerns.[97] Allerdings muß in Anlehnung an *Schneeloch* davon ausgegangen werden, daß der Bankkonzernabschluß prinzipiell keine weiteren von Konkurrenten verwendbaren Informationen offenlegt, insbesondere keine bankkonzerninternen Einzelheiten mit berechtigtem Geheimhaltungsinteresse.[98] Insofern können die Mitbewerber aus den konsolidierten Abschlüssen kaum bedeutend neue und nützliche Informationen beziehen, so daß die Bankkonzernabschlüsse in dieser Hinsicht ebenfalls keine wesentliche Beachtung finden werden.[99]

---

94 Vgl. Kremkow, Grundlagen, S. 89.

95 Es ist anzumerken, daß diese Adressatengruppe regelmäßig koalitionsextern und demzufolge aus koalitionstheoretischer Sicht grundsätzlich nicht Bestandteil der Koalition ist.

96 Vgl. Büschgen, Ordnung, S. 1168; ders., Wettbewerb, S. 1; Krayenbühl, Konkurrenzbeobachtung, S. 961; Moxter, Einfluß, S. 4 ff.; Schneeloch, Vermeidung, S. 808. In diesem Zusammenhang ist jedoch zu beachten, daß "ein globales Urteil über die tatsächliche Wettbewerbsintensität im deutschen Bankgewerbe .. indes kaum formuliert werden (kann; d.V.), weil sich die Marktbeziehungen vor allem der Universalbanken (-konzerne; d.V.) über eine große Zahl von Leistungsarten und Kundengruppen in einem räumlich mehr oder weniger ausgedehnten Bereich erstrecken"; Büschgen, Bankbetriebslehre, S. 282.

97 Vgl. Scheld, Konzernbilanzpolitik, S. 64 f.

98 Vgl. Schneeloch, Vermeidung, S. 809.

99 Vgl. Klein, Konzernbilanzpolitik, S. 79; Oppermann, Weltbilanz, S. 2204.

2.7 Kooperationspartner

Aus geschäfts- und risikopolitischen Überlegungen kann sich in Einzelfällen eine Kooperation als vorteilhaft erweisen. Zudem ist gerade auf internationaler Ebene die Teilnahme an Kooperationen im Bereich des Emissions- und Kreditgeschäfts ein wichtiger Maßstab für das Image und Standing eines Bankkonzerns.[100]

Die Bildung von Kooperationen bedingt grundsätzlich zwischen den Kooperationspartnern einen wechselseitigen Informationsaustausch. Um mögliche Probleme mit Rückwirkungen auf die eigene Vermögens-, Finanz- und Ertragslage vorhersehen und vermeiden zu können, sind die Partner an Unterlagen interessiert, die es ihnen erlauben, einen möglichst detaillierten und umfangreichen Einblick in die wirtschaftliche Lage des zur Kooperationsbildung in Frage kommenden Bankkonzerns zu erhalten.[101] Wenngleich der Bankkonzernabschluß zur Informationsversorgung der jeweiligen potentiellen sowie auch der gegenwärtigen Kooperationspartner beiträgt, ist davon auszugehen, daß die entsprechenden Partner zur Befriedigung ihrer Informationsinteressen über die veröffentlichten Informationen hinaus mit Hintergrundinformationen zu versorgen sein werden. Mit zunehmender Berichtstiefe nimmt der Einfluß und die Bedeutung des Bankkonzernabschlusses ab.

2.8 Fiskus

Der Bankkonzernabschluß hat - wie bereits dargelegt - bis dato keine gesetzliche Ausschüttungs- und Steuerbemessungsfunktion, so daß das Interesse des Fiskus am Weltkonzernabschluß deutscher Bankkonzerne in der Bundesrepublik Deutschland grundsätzlich nur von untergeordneter Bedeutung ist.[102] Allerdings ist seitens des Fiskus ein Interesse an der Entwicklung und dem Fortbestand der einzelnen Unternehmen des Bankkonzerns zu vermuten, da über deren Ertragskraft entsprechende Steuereinnahmen zu erzielen sind. Ein

---

100 Vgl. Büschgen, Bankbetriebslehre, S. 481.

101 Vgl. Werthmöller, Rechnungslegung, S. 53.

102 Gleicher Auffassung Klein, Konzernbilanzpolitik, S. 80; Scheren, Konzernabschlußpolitik, S. 48; Volk, Jahresabschluß, S. 50. Es bleibt anzumerken, daß auch diese Adressatengruppe des Bankkonzernabschlusses regelmäßig koalitionsextern und demzufolge aus koalitionstheoretischer Sicht grundsätzlich nicht Bestandteil der Koalition ist.

originäres Informationsinteresse an einem konsolidierten Abschluß läßt sich daraus indessen nicht unmittelbar ableiten.

2.9 Bankkonzernaufsicht

Insbesondere das Bundesaufsichtsamt für das Kreditwesen sowie die Deutsche Bundesbank zeigen ein Informationsinteresse an der Finanz-, Vermögens- und Ertragslage des Bankkonzernabschlusses, damit sie die ihnen gesetzlich übertragenen gesamtwirtschaftlichen und ordnungspolitischen Aufgaben erfüllen können.[103]

Danach hat das Bundesaufsichtsamt "Mißständen im Kreditwesen entgegenzuwirken, die die Sicherheit der den Kreditinstituten anvertrauten Vermögenswerte gefährden, die ordnungsmäßige Durchführung der Bankgeschäfte beeinträchtigen oder erhebliche Nachteile für die Gesamtwirtschaft herbeiführen können".[104]
Die Deutsche Bundesbank regelt dagegen primär den Geldumlauf sowie die Kreditversorgung der Wirtschaft mit dem Ziel, für eine sichere und stabile Währung zu sorgen.[105]

Um diesen Aufgaben entsprechen zu können, bedarf es indessen umfangreicherer Informationen[106] als diese in den Weltkonzernabschlüssen deutscher Bankkonzerne bereitgestellt werden. Folglich dienen die Bankkonzernab-

---

103 Dabei sind gemäß § 340i Abs. 1 Satz 2 HGB i.V.m. § 26 Abs. 3 Satz 1 KWG Unterlagen über den Bankkonzernabschluß sowie den Bankkonzernlagebericht *unverzüglich* dem Bundesaufsichtsamt für das Kreditwesen und der Deutschen Bundesbank einzureichen.

104 § 6 Abs. 2 KWG.

105 Vgl. § 3 BBankG.

106 Hierbei handelt es sich um weitere verpflichtende Angaben, die jeder deutsche Bankkonzern bei der Deutschen Bundesbank und dem Bundesaufsichtsamt für das Kreditwesen einzureichen hat bzw. auf Anforderung übermitteln muß. Rechtsgrundlage dafür bilden insbesondere § 18 BBankG, § 10a Abs. 4 Satz 2 KWG, § 13a Abs. 4 Satz 1 KWG, § 24 KWG, § 25 Abs. 1 und Abs. 2 KWG, § 44 Abs. 1 KWG und § 44a KWG. Die Veröffentlichungen sind im allgemeinen den Aufsichtsbehörden vorbehalten und stellen regelmäßig auf Einzelangaben und Auskünfte zur Überwachung bestimmter Restriktionsvorschriften ab.

schlüsse als eher sekundäre Informationsquellen.[107] Gleichwohl tragen sie neben den erforderlichen spezifischen Angabe- und Anzeigepflichten zu einer Komplettierung der Informationsbedürfnisse des Bundesaufsichtsamtes sowie der Deutschen Bundesbank bei.

2.10 "Interessierte Öffentlichkeit"

Der Begriff der sog. "interessierten Öffentlichkeit" dient als Bezeichnung für eine grundsätzlich nicht einzugrenzende und stark heterogen strukturierte Adressatengruppe, welche in permanenter koalitionsexterner Beziehung zum Bankkonzern steht. Da hierzu Wirtschaftsverbände, Verbände des Kreditgewerbes, Regierungen, Gewerkschaften, Kammern, Finanzbehörden, Forschungsinstitute oder Arbeitgeber- und Arbeitnehmerverbände gezählt werden,[108] ist es i.d.R. unmöglich, alle gewünschten Informationen der "interessierten Öffentlichkeit" in einem Bankkonzernabschluß bereitzustellen. Ohnehin sind nicht alle Informationsinteressen abschließend zu determinieren. Zudem werden einzelne Mitglieder der "interessierten Öffentlichkeit" nicht konstant, sondern vielmehr nur sporadisch ein Informationsinteresse bekunden. Aufmerksamkeit finden in diesem Kontext hauptsächlich spektakuläre, hoch spekulative oder verlustreiche Ereignisse des abgelaufenen Bankkonzerngeschäftsjahres.[109]

Gleichwohl lassen sich zwei Interessensfelder herausstellen, die für die "interessierte Öffentlichkeit" generell von größerer Bedeutung sind.[110] Wie auch für die anderen Adressatengruppen findet die Wirtschaftskraft der Bankkonzerne besondere Beachtung. Dies kann damit begründet werden, daß zwischen der Bankwirtschaft und den übrigen Wirtschaftsbereichen vielfältige Verflechtungen bestehen und infolgedessen "Schwierigkeiten im Bankensektor eine weitaus höhere Breitenwirkung zeitigen als vergleichbare Tatbestände in anderen Branchen".[111] Daneben steht der Anteilsbesitz der Bankkonzerne und die

---

107 Vgl. Büschgen, Bankbetriebslehre, S. 658.

108 Vgl. Klein, Konzernbilanzpolitik, S. 80 f.; Oppermann, Weltbilanz, S. 2204; Volk, Jahresabschluß, S. 57.

109 Vgl. Gerke/Philipp, Bankbilanzen, S. 27; Werthmöller, Rechnungslegung, S. 59.

110 Vgl. im folgenden Werthmöller, Rechnungslegung, S. 59 f.

111 Büschgen, Bankbetriebslehre, S. 181.

damit einhergehende Diskussion über die Macht der Banken regelmäßig im Mittelpunkt des öffentlichen Interesses. Die Informationsbedürfnisse der "interessierten Öffentlichkeit" über die Wirtschaftskraft und kapitalmäßigen Verflechtungen lassen insofern ein Interesse an den Weltkonzernabschlüssen deutscher Bankkonzerne vermuten.
Eine Sonderstellung innerhalb der "interessierten Öffentlichkeit" nehmen ferner die Wirtschaftspresse[112] und Ratingagenturen ein. Da diese mit ihren Veröffentlichungen das Meinungsbild über einen Bankkonzern u.U. entscheidend formen können, stellt deren Informationsvermittlung und -verbreitung einen wesentlichen Einflußfaktor auf das Verhalten grundsätzlich aller Adressaten dar.

Es ist generell festzustellen, daß die "interessierte Öffentlichkeit" insgesamt eine kollektive Kontrolle über das gesamtwirtschaftliche sowie spezifische Wirtschaftsgebahren der Bankkonzerne ausüben kann.[113] Insofern sollten bei der Erstellung des Bankkonzernabschlusses die Informationsinteressen dieser Adressatengruppe nicht unberücksichtigt gelassen werden.

3 Ziele der Weltkonzernabschlußpolitik deutscher Bankkonzerne

3.1 Überblick sowie Ableitung des bankkonzernabschlußpolitischen Zielsystems

Weltkonzernabschlußpolitik deutscher Bankkonzerne kann nur im Hinblick auf entsprechende Ziele sinnvoll betrieben werden. Ziele stellen grundsätzlich "Aussagen über erwünschte Zustände dar, die als Ergebnis von Verhaltensweisen eintreten sollen".[114] Da dem Bankkonzernabschluß de lege lata ausschließlich eine Informationsfunktion gegenüber seinen Adressaten zukommt, müssen sich die bankkonzernabschlußpolitischen Ziele i.d.R. an dieser Funktion orientieren. Insofern ist nachfolgend zu bestimmen, welche Ziele verfolgt

112 Vgl. Emmerich, Grundfragen, S. 119; Klein, Konzernbilanzpolitik, S. 81; Sielaff, Bilanzpolitik, S. 249.
113 Vgl. Lorson, Arten, S. 318.
114 Kupsch, Unternehmungsziele, S. 15. Vgl. ebenso Andrä, Zielhierarchie, S. 17.

werden können und wie die Ziele der Bankkonzernabschlußpolitik in das Zielsystem der Bankkonzerne einzuordnen sind.[115]

Die bankkonzernabschlußpolitischen Ziele resultieren aus der Synthese nachstehender Überlegungen. Als integrierter Bestandteil der Bankkonzernpolitik verfolgt die Bankkonzernabschlußpolitik keine originären Ziele.[116] Vielmehr sind die bankkonzernabschlußpolitischen Ziele an dem Zielsystem eines jeden Bankkonzerns auszurichten: Ausgangspunkt sind daher stets die allgemeinen Bankkonzernziele.[117] Sonach sind die mit der Bankkonzernabschlußpolitik intendierten Ziele grundsätzlich nicht Selbstzweck, sondern als Mittel zur Steigerung der Zielerfüllung übergeordneter bankkonzernpolitischer Ziele zu verstehen.[118] Aufgrund dessen ist die Bankkonzernabschlußpolitik eine derivative Politik und besitzt dienenden Charakter gegenüber den Zielen der ihr

115 Hierbei ist grundsätzlich zu beachten, daß zielgerichtete Bankkonzernabschlußpolitik nur dann zweckgemäß ist, wenn die angestrebten Ziele die Voraussetzungen der Operationalität, Vollständigkeit und Koordinierbarkeit erfüllen. Zudem müssen die Ziele innerhalb eines Zielsystems kompatibel sein. Da es zu diesen allgemeinen Zielkriterien eine Vielzahl von Abhandlungen gibt und deren Erörterung im Rahmen dieser Arbeit überdies nicht von grundlegender Bedeutung ist, kann an dieser Stelle auf die nachfolgenden Literaturangaben verwiesen werden. Vgl. Andrä, Zielhierarchie, S. 90 ff.; Bamberg/Coenenberg, Entscheidungslehre, S. 28 ff.; Bauer, Grundlagen, S. 107 ff.; Berthel, Unternehmungssteuerung, S. 23 ff. und S. 66 ff.; Bidlingmaier/Schneider, Ziele, Sp. 4731 ff.; Heinen, Zielsystem, S. 94 ff. und S. 115 ff.; Waschbusch, Jahresabschlußpolitik, S. 76.

116 Mit Ausnahme von möglichen managementeigenen Zielen, die hier nicht weiter verfolgt werden sollen.

117 Die Gesamtheit aller Ziele läßt sich als Zielsystem eines Bankkonzerns auffassen. Obschon die Zielsysteme einzelner Bankkonzerne aufgrund der Vielzahl möglicher Ziele unterschiedlicher Ausprägung sein können, werden die Oberziele bei marktwirtschaftlich tätigen Bankkonzernen, neben der Existenzsicherung, von dem Gewinnziel dominiert. Als weitere Oberziele sind bspw. Sicherheits-, Liquiditäts-, Standing- oder gemeinwohlorientierte Ziele zu nennen; vgl. hierzu sowie zu den einzelunternehmerischen Zielannahmen der neueren Bankbetriebslehre Büschgen, Bankbetriebslehre, S. 448 ff. Vgl. ferner Christians, Zahlungsverkehrsinstrumente, S. 32 ff.; Freidank, Zielsetzungen, S. 337; Hagenmüller/Jacob, Bankbetrieb, S. 225 ff.; Heinen, Zielsystem, S. 37 ff. und S. 59 ff.; Herrhausen, Zielvorstellungen, S. 355 f.; Kolbeck, Planung, S. 65 ff.; Küting/Kaiser, Bilanzpolitik, S. 6; Süchting, Bankmanagement, S. 313 ff.

118 Vgl. Bouffier, Bilanzpolitik, Sp. 1145; Harder, Bilanzpolitik, S. 52; Heinhold, Bilanzpolitik, Sp. 526 f.; ders., Wesen, S. 389; Müller, Jahresabschluß, S. 131; Sieben/Barion/Maltry, Bilanzpolitik, Sp. 230; Stein, Rechnungswesen, S. 27.

sachlich vorgelagerten Teilpolitiken.[119] Den Zielen der Bankkonzernabschlußpolitik kommt folglich ein Instrumentalcharakter zu.

Der Bankkonzernabschluß kann entsprechend seiner Informationsfunktion Auswirkungen auf die Publizitäts- und die Finanzlage haben. Dies bedeutet, daß mittels der Bankkonzernabschlußpolitik die vorgelagerte Publizitäts- und Finanzpolitik des Bankkonzerns beeinflußt werden kann.[120] Demnach dient die Bankkonzernabschlußpolitik der Erreichung übergeordneter publizitäts- und finanzpolitischer Ziele.[121]
Die Bankkonzernabschlußpolitik ist deshalb an der Zielsetzung dieser beiden Teilpolitiken auszurichten.

Infolgedessen sind in einem ersten Schritt mögliche Ziele der Publizitäts- und Finanzpolitik zu bestimmen. Diese Zielvorgaben sind dann anschließend auf der Ebene der Weltkonzernabschlußpolitik deutscher Bankkonzerne bankkonzernabschlußpolitisch zu operationalisieren.

Die Publizitätspolitik hat die Aufgabe, die aktuellen und potentiellen Bankkonzernabschlußadressaten über den Stand und die Entwicklung des Bankkonzerns in bezug auf seine Vermögens-, Finanz- und Ertragslage zu informieren.[122] Die Publizitätspolitik setzt an der Überlegung an, daß eine Veröffentlichung dieser Daten als Grundlage für die Entscheidungen externer Adres-

---

119 Vgl. Mellerowicz, Unternehmenspolitik, S. 197.

120 Vgl. Bieg, Ziele, S. 98; Freidank, Zielsetzungen, S. 337; Neth, Berechnung, S. 13 ff.; Sandig, Bilanzpolitik, Sp. 232 ff.; Scheren, Konzernabschlußpolitik, S. 22; Waschbusch, Jahresabschlußpolitik, S. 46 ff. und S. 78 ff.; ders., Ziele, S. 236; Wöhe, Bilanzierung, S. 54. Infolge von Überschneidungen und Interdependenzen zwischen der Publizitäts- und Finanzpolitik ist eine eindeutige Trennung der beiden Teilpolitiken jedoch nicht möglich.

121 In der Zielhierarchie stellen diese Ziele wiederum nur Zwischenziele zur Erreichung der Oberziele dar; vgl. Bieg, Ziele, S. 98. Heinhold, Bilanzpolitik, Sp. 527 ff., unterscheidet neben den publizitäts- und finanzpolitischen Zielbereichen noch den Bereich der informationspolitischen Ziele. Infolge des engen Zusammenhangs sowie der starken Korrelation zwischen den publizitäts- und informationspolitischen Zielen wird dieser Unterteilung hingegen nicht gefolgt.

122 Vgl. Freidank, Zielsetzungen, S. 339. Vgl. ebenso Waschbusch, Jahresabschlußpolitik, S. 101.

saten dient.[123] Über die Vermittlung einer als positiv zu betrachtenden wirtschaftlichen Lage versucht die Publizitätspolitik bei den Adressaten letztlich eine nachhaltig positive Einstellung gegenüber dem Bankkonzern zu schaffen bzw. zu verfestigen. Insbesondere kommt es auch darauf an, das Vertrauen der Adressaten in die Stabilität und Krisenfestigkeit des Bankkonzerns allgemein zu stärken.[124] Insofern kann die Beeinflussung externer Adressaten als zentrales Ziel der Publizitätspolitik herausgestellt werden. Die Einstellungsbeeinflussung soll schließlich die Koalitionsteilnehmer zu Reaktionen bewegen, die für den Bankkonzern vorteilhaft sind.[125]

So sollen bspw. Gläubiger veranlaßt werden, entsprechende Geschäftsbeziehungen einzugeben, beizubehalten oder zu erweitern, Anteilseigner bestärkt werden, Anteile zu erwerben bzw. nicht zu veräußern, Arbeitnehmer den Eindruck erhalten, daß ihre Arbeitsplätze ungefährdet sind oder Kooperationspartner gewonnen werden, um das Emissions- oder Auslandsgeschäft zu intensivieren.[126] Andererseits kann in Ausnahmefällen die wirtschaftliche Situation des Bankkonzerns in der Weise dargestellt werden, daß die tatsächliche Vermögens-, Finanz- und Ertragslage in einer vergleichsweise bescheideneren Größenordnung ausgewiesen wird, bspw. zu dem Zweck, Minderheiten zur Abgabe ihrer mittelbar gehaltenen Anteile zu verleiten oder Verhandlungen mit Arbeitnehmern zu Sparmaßnahmen und zum Abbau von Sozialleistungen zu beeinflussen.[127]

Grundlage der publizitätspolitischen Aufgabenerfüllung ist der zu veröffentlichende Bankkonzernabschluß.[128] Auf diese Weise wird der konsolidierte Abschluß zu einer tragenden Säule der Public Relations.[129]

---

123 Vgl. Kußmaul/Lutz, Grundlagen, S. 345.

124 Vgl. Heinhold, Bilanzpolitik, Sp. 530.

125 Vgl. Bieg, Ziele, S. 98; Birck, Bilanzpolitik, S. 87; Freidank, Zielsetzungen, S. 339; Waschbusch, Jahresabschlußpolitik, S. 101 f.; Wittgen, Bilanzgestaltung, S. 726.

126 Vgl. Hauschildt, Bilanzanalyse, S. 660; Peemöller, Bilanzanalyse, S. 171.

127 Vgl. Packmohr, Bilanzpolitik, S. 40.

128 In diesem Zusammenhang läßt sich der Bankkonzernabschluß auch als "Visitenkarte" des Bankkonzerns charakterisieren; vgl. Küting/Kaiser, Bilanzpolitik, S. 7; Meyer, Bankbilanz, S. 39; Müller, Jahresabschluß, S. 139.

129 Vgl. Küting/Kaiser, Bilanzpolitik, S. 7; Küting/Weber, Bilanzierung, S. 12. Allgemein zu den bankbetrieblichen Public Relations vgl. Büschgen, Bankmarketing, S. 264 ff. Da sich die Abschlüsse als Mittel der Public Relations besonders gut eignen, wählt Jäger,

Die Ziele der Finanzpolitik orientieren sich hingegen grundsätzlich an der Sicherstellung der Zahlungsfähigkeit des Bankkonzerns in jeder betrieblichen Situation und zu jedem Zeitpunkt, an der Vermeidung von Substanz- und Kapitalverlusten, an der optimalen Strukturierung des Kapitals sowie an der Erfüllung sonstiger finanzieller Anforderungen, die durch Maßnahmen im Bereich anderer Teilpolitiken ausgelöst werden.[130]
Infolge der informationsvermittelnden Funktion des Bankkonzernabschlusses, kommt der Bankkonzernabschlußpolitik lediglich eine mittelbare Einflußnahme auf die Finanzpolitik zu: Im Hinblick auf die Schaffung eines akquisitorischen Bankkonzernabschlußbildes[131] versucht die Bankkonzernabschlußpolitik durch entsprechende Beeinflussung der Vermögens-, Finanz- und Ertragslage vorwiegend die Außenfinanzierungsmöglichkeiten[132] zu steuern. Denn das mittels des Bankkonzernabschlusses zu erzielende positive Bild des Bankkonzerns kann sich auf den Außenfinanzierungsmärkten, sowohl auf den Geld- und Kapitalmärkten als auch bei den Primäreinlagen, als ein bedeutender Wettbewerbsfaktor herausstellen.[133] Je besser daher die Darstellung einer soliden wirtschaftlichen Situation gelingt, um so eher können gewünschte Verhaltensweisen der Fremdkapitalgeber eintreten.[134] Im einzelnen lassen sich damit bspw. folgende finanzpolitische Zielsetzungen verwirklichen: Sicherstellung und Verbesserung externer Finanzierungsmöglichkeiten sowie Steuerung des Außenfinanzierungsvolumens.

Damit bleibt festzuhalten, daß der Bankkonzernabschluß unmittelbar zur Erreichung der publizitätspolitischen und mittelbar zur Erreichung der finanzpolitischen Ziele beitragen kann, indem durch seine (beabsichtigte) Informations-

---

Bankenpublizität, S. 48, im Rahmen der Einzelabschlußpolitik den Begriff der "publizitätsorientierten Jahresabschlußgestaltung".

130 Vgl. Freidank, Zielsetzungen, S. 339; Klein/Partsch, Bedeutung, S. 943; Waschbusch, Jahresabschlußpolitik, S. 106.

131 Vgl. Eilenberger, Rechnungswesen, S. 56; Küting/Weber, Bilanzierung, S. 9; Wittgen, Bilanzgestaltung, S. 726.

132 Vgl. Freidank, Zielsetzungen, S. 338; Scheren, Konzernabschlußpolitik, S. 23. Zum Zusammenhang von Bilanzpolitik und Finanzierung vgl. weiterhin Hauschildt, Bilanzpolitik, Sp. 190 ff.

133 Vgl. Klein/Partsch, Bedeutung, S. 943.

134 Vgl. Freidank, Zielsetzungen, S. 338; Küting/Kaiser, Bilanzpolitik, S. 7; Küting/Weber, Bilanzierung, S. 9.

wirkung das Verhalten der Bankkonzernabschlußadressaten entsprechend publizitäts- und finanzzieloptimal beeinflußt wird. Da dem Bankkonzernabschluß die Rolle des Informationsträgers zukommt, versucht die Bankkonzernabschlußpolitik mittels entsprechender Maßnahmen folglich die im Rahmen der Bankkonzernpolitik gewünschten Informationswirkungen zur Verhaltensbeeinflussung umzusetzen.

Bevor es nun gilt, konkrete bankkonzernabschlußpolitische Zielgrößen abzuleiten, sind nachfolgend noch zwei Grundziele zu betrachten, welche - abweichend von der Konzernabschlußgestaltung anderer Wirtschaftszweige - im Rahmen der Weltkonzernabschlußpolitik deutscher Bankkonzerne Beachtung finden können.

3.2 Kontinuitäts- und Konformitätsziel als mögliche Grundziele

Banken stehen überwiegend aufgrund ihrer speziellen volkswirtschaftlichen Stellung im exzeptionellen Blickfeld der Öffentlichkeit, was zur Folge hat, daß sie im besonderen Maße auf das Vertrauen der Öffentlichkeit angewiesen sind.[135] Ihre Einzelabschlüsse werden von den Abschlußadressaten nicht nur isoliert betrachtet, sondern mit früher publizierten eigenen und mit den von konkurrierenden Banken[136] veröffentlichten Abschlüssen verglichen.[137] Daraus folgend konstatiert *Birck*, daß die Gestaltung der Einzelabschlußpolitik deutscher Banken von zwei sich gegenseitig überdeckenden und ergänzenden Grundzielen eindeutig beherrscht wird. Es handelt sich um das Kontinuitäts- sowie das Konformitätsziel.[138]

---

135 Die breite Masse der Einleger besitzt eine hohe Reagibilität, so daß im Falle ungünstiger Entwicklungen die wirtschaftlichen Bindungen an eine Bank - abgesehen von persönlichen Präferenzen - leicht substituiert werden können; vgl. Meyer, Bankbilanz, S. 30.

136 Dabei sind nicht die Abschlüsse aller Banken gleich relevant. Vielmehr kommt nur solchen Einzelabschlüssen der Konkurrenten eine Bedeutung zu, die der Bank in bezug auf Art, Größe, Geschäftsbereich und -struktur ähneln.

137 Vgl. Wittgen, Bilanzgestaltung, S. 728.

138 Vgl. Birck, Maßnahmen, S. 440. Vgl. weiterhin Bäsch, Jahresabschlußanalyse, S. 127; Birck/Meyer, Bankbilanz, 3. Teillieferung, S. VII 14; Faißt, Bilanzpolitik, S. 197; Klein/ Partsch, Bedeutung, S. 944; Malt, Zusammenhang, S. 311 ff.; Meyer, Bankbilanz, S. 29; Wegener, Gestaltungsmöglichkeiten, S. 435. Das Kontinuitätsziel wird auch als Sta-

Unter dem **Kontinuitätsziel** wird - im Hinblick auf den Einzelabschluß deutscher Banken - das Streben nach der Wiedergabe einer möglichst stetigen, aufwärtsgerichteten Geschäftsentwicklung im Zeitablauf verstanden.[139] Das gesamte Erscheinungsbild des Einzelabschlusses wird in der Weise zu gestalten sein, daß in der Entwicklung des Geschäftsjahres keine abrupten Sprünge evident werden, die in den Augen der Abschlußadressaten die nachhaltige Solidität des Bankunternehmens in Frage stellen könnten.[140]
Insofern ist die Marktstellung einer Bank im hohen Maße vom Bilanzbild und dessen Veränderungen abhängig, da Außenstehenden andere Beurteilungsmöglichkeiten als die der Einzelabschlüsse kaum zugänglich sind.[141] Die Einzelabschlüsse dienen somit unmittelbar der Beurteilung des Verlaufs der wirtschaftlichen Lage eines Kreditinstituts. Daher können die verschiedenen Abschlüsse ebenso in wesentlichen Fragen zur Aufrechterhaltung, Erweiterung oder Beendigung von Bankbeziehungen als Entscheidungsgrundlage herangezogen werden.[142]

Neben dem primär an den eigenen Verhältnissen orientierten Kontinuitätsziel haben die Banken im Rahmen des **Konformitätsziels** die Entwicklung gruppenverwandter Kreditinstitute zu beachten. Als Hilfsgröße zur Beurteilung der wirtschaftlichen Stellung der einzelnen Bank innerhalb einer solchen Bankengruppe wird der Gruppenstandard herangezogen.[143] Da interessierte Abschlußadressaten insbesondere dann zu einem positiven Urteil über die Lage der Bank kommen, wenn diese nicht in negativer Weise vom Gruppenstandard abweicht, werden die Banken bemüht sein, ihr Bilanzbild denjenigen konkurrierender Institute anzupassen.[144] Dieses Ziel nach Anpassung der

---

bilitätsziel bzw. Ziel der Trendverstetigung, das Konformitätsziel auch als Konformitätsstreben bezeichnet.

139 Vgl. Wegener, Gestaltungsmöglichkeiten, S. 435.

140 Vgl. Birck, Maßnahmen, S. 440; Meyer, Bankbilanz, S. 30 f.

141 Vgl. Malt, Zusammenhang, S. 309.

142 Vgl. Wittgen, Bilanzgestaltung, S. 726.

143 Vgl. Malt, Zusammenhang, S. 311 f., der zudem Kriterien für die Einteilung in Bankengruppen festlegt und darauf hinweist, daß "die Ermittlung eines Gruppenstandards als Maßstab der Ergebnispolitik .. auf der Verwendung relativer Größen" basiert, "da absolute Zahlen infolge der unterschiedlichen Geschäftsvolumina der einzelnen Banken keinen Orientierungs- und Aussagewert besitzen".

144 Vgl. Wittgen, Bilanzgestaltung, S. 728.

Verhältnisse an den Durchschnitt der anderen Banken - soweit sie der gleichen oder zumindest vergleichbaren Bankengruppe angehören - wird als Konformitätsziel bezeichnet.[145]

Im allgemeinen sind die Kontinuitäts- und Konformitätsziele nicht immer eindeutig abgrenzbar. Vielmehr fließen die beiden Ziele ineinander über und beeinflussen sich wechselseitig.[146]

"Da die Kontinuitäts- und Konformitätszielsetzungen insbesondere der Standing-Pflege dienen und damit das für die Tätigkeit der Kreditinstitute unabdingbare Anliegen nach Erhaltung und Festigung des Vertrauens der Kundschaft bzw. der gesamten Öffentlichkeit unterstützen, ist es auch nicht überraschend, wenn der Trend zum Gruppenverhalten, selbst wenn dieser immer wieder als irrationale und sich selbst aufschaukelnde Erscheinung bezeichnet wird, im Bankenbereich intensiver spürbar ist als in anderen Unternehmensbranchen".[147]
Fraglich ist, ob diese beiden Grundziele ebenfalls für die Weltkonzernabschlußpolitik deutscher Bankkonzerne von Bedeutung sind.

Grundsätzlich wird die Übernahme des **Kontinuitätsziels auf Bankkonzernebene** auch im Rahmen der Weltkonzernabschlußpolitik deutscher Bankkonzerne möglich sein. Um das Vertrauen der Abschlußadressaten in die Solidität des Bankkonzerns zu stärken, erscheint die langfristige Verstetigung der aus dem Bankkonzernabschluß ersichtlichen Geschäftsentwicklung als eine geeignete und mittels der Bankkonzernabschlußpolitik durchführbare Maßnahme.

---

145 Vgl. Birck/Meyer, Bankbilanz, 3. Teillieferung, S. VII 16. Vereinzelt wird sich auch von diesem Ziel zugunsten eines Superioritätsstreben gelöst, d.h. dem Streben nach "Übertreffung" der Bilanzbilder konkurrierender Banken; vgl. hierzu Eilenberger, Rechnungswesen, S. 57; Wittgen, Bilanzgestaltung, S. 728.

146 Vgl. Birck, Maßnahmen, S. 440; Birck/Meyer, Bankbilanz, 3. Teillieferung, S. VII 16; Klein/Partsch, Bedeutung, S. 944.

147 Klein/Partsch, Bedeutung, S. 944 f.; im Original teilweise mit Hervorhebung. Vgl. ebenso Meyer, Bankbilanz, S. 35 f. Hingegen hat Jäger, Bankenpublizität, passim, bei seiner Untersuchung über die Bankenpublizität nahezu keine Belege für die tatsächliche Existenz einer an den beiden Grundzielen ausgerichteten Jahresabschlußpolitik gefunden.

Allerdings ist es gerade für Bankkonzerne charakteristisch, daß sich die Bankkonzernstrukturen der einzelnen Rechnungslegungsperioden zum Teil (erheblich) ändern können, indem Unternehmen aus dem Konsolidierungskreis ausscheiden oder neu aufgenommen werden. In dieser Hinsicht stellt sich die effektive Verfolgung des Kontinuitätsziels zumindest als problematisch dar. Festzuhalten ist gleichwohl, daß die eigene nachhaltige Solidität der Bankkonzerne aus positiven Interdependenzen der Größen der Vergangenheit zu denen der Gegenwart und den geplanten Werten der Zukunft resultiert.

Im Rahmen des **Konformitätsziels auf Bankkonzernebene** ist der Frage nachzugehen, ob Bankkonzernabschlüsse gruppenverwandter Bankkonzerne im Hinblick auf ihre ökonomischen Verhältnisse überhaupt noch vergleichbar sind. Vor dem Hintergrund des Globalisierungsprozesses und dem damit verbundenen Strukturwandel des internationalen Bankkonzerngeschäfts sowie der Wandlungen in der Wettbewerbsstruktur der nationalen und internationalen Finanz- und Kapitalmärkte verfolgen die einzelnen Bankkonzerne zunehmend differenziertere leistungspolitische Strategien. Ebenso sind unterschiedliche Ausprägungen in der Expansionspolitik deutscher Bankkonzerne zu erkennen. Darüber hinaus werden Quervergleiche von handelsrechtlichen Bankkonzernabschlüssen zu nicht nach deutschen Rechnungslegungsvorschriften erstellten Bankkonzernabschlüssen[148] weiter erschwert.
In Anbetracht dieser Gegebenheiten wird der Trend zum Konformismus der Bankkonzernabschlüsse nur noch bedingt möglich sein. Wenngleich die bankkonzerngeschäftspolitischen Grundsätze stärker als in der Vergangenheit voneinander abweichen,[149] erfolgt dennoch regelmäßig eine Gegenüberstellung der einzelnen Bankkonzernabschlüsse mit denen der am in- und ausländischen Markt konkurrierenden Bankkonzerne.[150] In diesem Zusammenhang wäre das Eingeständnis einer vergleichsweisen Volumenverringerung, "selbst wenn damit nur einzelne Teilbereiche der Geschäftstätigkeit einer (Konzern-;

148 Vgl. hierzu auch das dritte Kapitel.
149 Vgl. Hansen, Konzernabschlüsse, S. R 187.
150 Vgl. bspw. Hansen, Konzernabschlüsse, S. R 187 ff.; Kaven, Konzepte, S. 744 ff.; o.V., Bankenjahr, S. 15; o.V., Erfolgserlebnisse, S. 345 ff.

d.V.) Bank betroffen wären, schlagzeilenträchtig im negativen Sinn".[151] Deshalb sollten Konformitätszielsetzungen auch auf Bankkonzernebene zumindest ansatzweise berücksichtigt werden.

Insgesamt wird man aber zu dem Schluß kommen müssen, daß die Beachtung und Verfolgung des Kontinuitäts- und Konformitätsziels nur bedingt sinnvoll sein wird, so daß im weiteren Verlauf dieser Arbeit auf die im Rahmen der Einzelabschlußpolitik zu berücksichtigenden beiden Grundziele nicht weiter explizit eingegangen wird. Nachfolgend sind deshalb die relevanten Zielgrößen der Bankkonzernabschlußpolitik herauszustellen.

3.3 Ableitung der bankkonzernabschlußpolitischen Zielgrößen

Ausgangspunkt der bankkonzernabschlußpolitischen Zielgrößenermittlung ist der Bankkonzernabschluß in seiner Funktion als Informationsträger, der in unmittelbarer Beziehung zu den Adressaten steht. Insofern beruhen alle bankkonzernabschlußpolitischen Überlegungen auf den Erkenntnissen und Eindrücken, welche die Bankkonzernabschlußadressaten aus dem ihnen vorgelegten Bankkonzernabschluß gewinnen sollen. Denn die Bankkonzernabschlußpolitik versucht die publizitäts- und finanzpolitische Zielsetzungen durch die Beeinflussung externer Adressaten umzusetzen. Dementsprechend hat der Bankkonzernabschluß primär solchen Aspekten Rechnung zu tragen, die entsprechend seiner Funktion bei den verschiedenen Abschlußempfängern besondere Beachtung finden.[152] Allerdings kann das Interesse der verschiedenen Adressatengruppen am Bankkonzernabschluß u.U. teilweise recht divergent sein. Da aber im Rahmen dieser Arbeit nicht auf alle einzelnen Informationsinteressen abgestellt werden kann, ist von einem übergeordneten, gemeinsamen Informationsbedarf der aufgeführten Adressaten auszugehen. Gemäß den bisherigen Ausführungen, kann als gemeinsamer Nenner für die Informationsbedarfe in erster Linie die ökonomische Situation des Bankkonzerns angesehen werden. Daraus folgt für die Bankkonzernabschlußpolitik, daß eine beabsichtigte Beeinflussung der Bankkonzernabschlußadressaten im

151 Klein/Partsch, Bedeutung, S. 944; im Original teilweise mit Hervorhebung.
152 Vgl. Kloock, Bilanzpolitik, S. 144; Kofahl, Bilanzierungspolitik, S. 543 f.

Sinne der Erreichung publizitäts- und finanzpolitischer Zielsetzungen, eine Beeinflussung der im Bankkonzernabschluß darzustellenden Vermögens-, Finanz- und Ertragslage bedingt.
Die aufgeführten Begriffe zur wirtschaftlichen Lage des Bankkonzerns sind hingegen wenig operational. In der Theorie und Praxis wird der Terminus der Vermögens-, der Finanz- und der Ertragslage insofern auch durch konkrete abschlußpolitische Kennziffern substituiert. Eine zentrale Bedeutung kommt hierbei den absoluten Kennzahlen[153] der Bankkonzernbilanzstruktur, insbesondere der Bankkonzernbilanzsumme sowie dem Bankkonzerneigenkapital und dem Bankkonzernergebnis zu.[154] Von Interesse ist in diesem Zusammenhang gleichfalls der Umfang der zusätzlichen quantitativen und/oder qualitativen Angaben im Bankkonzernanhang.[155]
Die genannten Größen werden von den Bankkonzernabschlußadressaten im allgemeinen als Entscheidungsgrundlage herangezogen und haben sich demzufolge als vorrangige bankkonzernabschlußpolitische Zielbereiche herausgebildet. Es ist sonach unmittelbar einsichtig, daß eine im Rahmen der Weltkonzernabschlußpolitik deutscher Bankkonzerne beabsichtigte Beeinflussung der Bankkonzernabschlußadressaten eine Beeinflussung der genannten Größen bedingt.[156]

Im Ergebnis ist zu konstatieren, daß bankkonzernabschlußpolitisches Handeln insbesondere auf die bewußte Beeinflussung der angeführten Zielgrößen gerichtet ist. Die Bestimmungsgründe für die Gestaltung der Zielgrößen sind hingegen vorwiegend publizitäts- und finanzpolitisch determiniert.[157]

---

153 Die Frage, ob absolute Zahlen ebenfalls als Kennzahlen zu betrachten sind, ist aus bilanzanalytischer Sicht umstritten; vgl. Merkle, Formeln, S. 325 f. Im Rahmen dieser Arbeit hat diese Problematik hingegen keine Bedeutung.

154 Siehe hierzu auch Anhang 3.

155 Vgl. zur Herausstellung dieser Kennziffern auch Scheld, Konzernbilanzpolitik, S. 73 f., m.w.N.; Scheren, Konzernabschlußpolitik, S. 108 f.; Stein, Ziele, S. 979. Hinsichtlich des bankbetrieblichen Einzelabschlusses vgl. Klein/Partsch, Bedeutung, S. 945; Waschbusch, Ziele, S. 237 f.

156 Vgl. Klein, Konzernbilanzpolitik, S. 58.

157 Vgl. hinsichtlich des bankbetrieblichen Einzelabschlusses Waschbusch, Ziele, S. 239.

In diesem Kontext ist allerdings noch darauf hinzuweisen, daß es bisher - soweit ersichtlich - keine gesicherten empirischen Erkenntnisse darüber gibt, ob und in welchem Ausmaß sich bankkonzernabschlußpolitische Maßnahmen zur Beeinflussung der Vermögens-, Finanz- und Ertragslage bei den Abschlußadressaten in für den Bankkonzern relevanter Meinungsbildung umschlagen.[158] Da insbesondere auch der empirische Nachweis der tatsächlichen Informationsinteressen der Bankkonzernabschlußadressaten fehlt, ist eine Untersuchung der Weltkonzernabschlußpolitik deutscher Bankkonzerne auf der Basis eines verhaltenstheoretischen Ansatzes nicht befriedigend realisierbar. Welche Verhaltensweisen bei den unterschiedlichen Koalitionsteilnehmern letztlich ausgelöst werden, stellt somit eine empirische Frage dar, die sich im Rahmen dieser Untersuchung nicht ohne weiteres beantworten läßt.[159]

Die Ableitung der entsprechend der Thematik dieser Arbeit zu fokussierenden bankkonzernabschlußpolitischen Zielgrößen läßt sich abschließend wie folgt abbilden:

---

158 Vgl. Klein, Konzernbilanzpolitik, S. 56; Scheren, Konzernabschlußpolitik, S. 27; Steudter, Entscheidungsmodelle, S. 45; Weber, Möglichkeiten, Rn. 164. Hingegen finden sich empirische Ergebnisse zu Informationswirkungen der Einzelabschlußpolitik auf das Verhalten der Koalitionsteilnehmer; vgl. hierzu die Zusammenfassung von Freidank, Rechnungslegungspolitik, S. 66 ff. sowie die dort angegebene Literatur. Im Gegensatz dazu untersucht Pellens, Informationswert, S. 1 ff., den Informationswert von konsolidierten Abschlüssen aus Sicht der Adressaten. Der empirischen Untersuchung liegen allerdings die aktienrechtlichen Rechnungslegungsvorschriften von 1965 zugrunde. Zudem wird die Nützlichkeit konsolidierter Rechnungslegungsdaten lediglich aus dem Blickwinkel der Anteilseigner der Konzernobergesellschaft analysiert; vgl. ebenda, S. 107. Den gleichen Weg beschreitet ferner Schulte, Rechnungslegung, S. 1 ff., der in seiner empirischen Untersuchung überprüft, inwieweit den indes nach Handelsrecht aufgestellten Konzernabschlüssen aus Sicht der Anteilseigner börsennotierter Konzernspitzen ein Informationswert zukommt. Greth, Konzernbilanzpolitik, S. 1 ff., versucht wiederum das Verhalten der Bilanzierenden im Hinblick auf die Nutzung der Gestaltungsmöglichkeiten des Konzernbilanzrechts empirisch zu erklären.

159 Wie eingangs festgelegt, steht die praktisch-normative Gewichtung im Mittelpunkt der Arbeit; vgl. Gliederungspunkt 3.2 im ersten Kapitel.

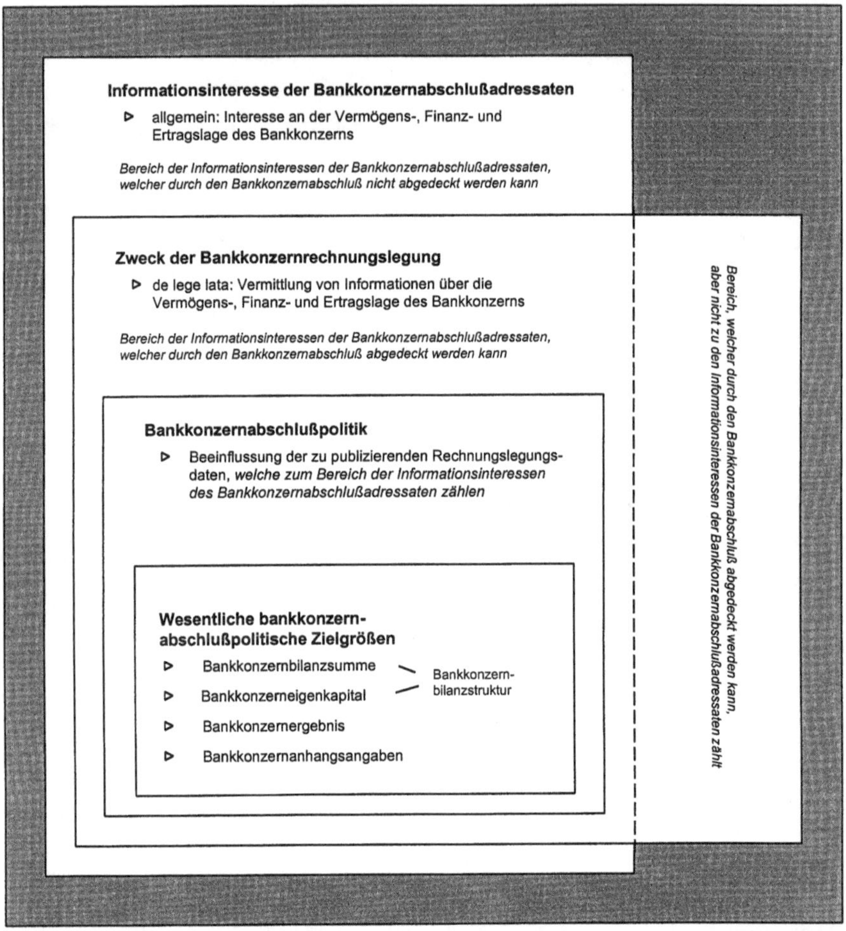

Abbildung 2: Die wesentlichen bankkonzernabschlußpolitischen Zielgrößen[160]

3.4 Beeinflussung der wesentlichen bankkonzernabschlußpolitischen Zielgrößen

Gegenstand der Weltkonzernabschlußpolitik deutscher Bankkonzerne ist die Beeinflussung der bankkonzernabschlußpolitischen Zielgrößen. Die Gestal-

160 In Anlehnung an die Übersicht von Scheld, Konzernbilanzpolitik, S. 72.

tung der Zielgrößen ist i.d.R. darauf gerichtet, insgesamt ein positiveres Bild der Finanz-, Vermögens- und Ertragslage des Bankkonzerns darzulegen, als dies im Rahmen der eigentlichen Bankkonzerngeschäftspolitik wirklich nachhaltig gelingt.[161] Demgegenüber ist zu komplettieren, daß mittels der Bankkonzernabschlußpolitik ebenfalls darauf abgestellt werden kann, die - den Abschlußadressaten ersichtlichen - Ergebnisse bankkonzerngeschäftspolitischen Handelns in bescheidenerem Maße darzulegen als dies tatsächlich der Fall ist. Im Rahmen der Weltkonzernabschlußpolitik deutscher Bankkonzerne werden folglich vor allem die Grundtendenzen der Bankkonzernabschlußaussage so angepaßt, daß sie den Vorstellungen des rechnungslegenden Bankkonzerns zur Zielerreichung am ehesten entsprechen.[162] Insofern ist die bankkonzernabschlußpolitische Ausrichtung grundsätzlich bei jedem neu aufzustellenden konsolidierten Abschluß nach Maßgabe der jeweiligen bankkonzerngeschäftlichen Entwicklung zu überprüfen und gegebenenfalls erneut festzulegen.[163] Dabei ist der Wunsch nach abschlußpolitischer Einflußnahme im allgemeinen um so höher, je stärker die Entwicklung der wirtschaftlichen Lage von dem erwünschten Anspruchsniveau im Einzelfall abweicht.[164]

3.4.1 Beeinflussung der Bankkonzernbilanzstruktur

Vor dem Hintergrund der Erreichung übergeordneter publizitäts- und finanzpolitischer Zielsetzungen ist die Bankkonzernbilanzstruktur derart zu gestalten, daß ihr Aussagewert im Sinne der beabsichtigten Abschlußpolitik des Bankkonzerns liegt. Grundsätzlich lassen sich folgende bankkonzernabschlußpolitischen Ansatzpunkte zur Bilanzstrukturgestaltung unterscheiden:

(1) Gestaltung der Bankkonzernbilanzsumme,

---

161 Vgl. Birck, Maßnahmen, S. 441. Ob dabei der Beeinflussung der Vermögens-, der Finanz- oder der Ertragslage eine höhere Bedeutung zukommt, bleibt der Entscheidung im Einzelfall überlassen.
162 Vgl. Hauschildt, Bilanzanalyse, Sp. 660; Scheld, Konzernbilanzpolitik, S. 78.
163 Vgl. Jäger, Bankenpublizität, S. 54.
164 Vgl. Hauschildt, Bilanzanalyse, Sp. 660.

(2) Gestaltung der Bankkonzernvermögens- und Bankkonzernfinanzstruktur,[165]

(3) Bereinigung optisch unerwünschter Bankkonzernbilanzpositionen.

Besonderes Augenmerk wird auf das Abbild einer publizitätsorientierten Entwicklung der Bankkonzernbilanzsumme gelegt. Denn ein wesentlicher Aspekt in der Veröffentlichung der Bankkonzernabschlüsse ist das Aufzeigen der Tatsache, daß es dem Bankkonzern gelungen ist, seine Bilanzsumme in einem "angemessenen" Ausmaß zu erweitern.[166] Besagtes liegt darin begründet, daß die Bankkonzernbilanzgröße, gemessen an den Vorjahreszahlen oder den Bankkonzernbilanzen der Mitbewerber, regelmäßig als Indikator für die Leistungsfähigkeit und für das Wachstum eines Bankkonzerns gewertet wird.[167] Daneben gilt sie auch als Statussymbol.[168] Zudem ist die Größe i.d.R. gleichfalls Grundlage für das nationale sowie internationale "Bankranking".[169] Davon ausgehend, daß ein stetiges und gleichmäßiges Wachstum der Bankkonzernbilanzsumme für die Imagepflege eines Bankkonzerns in der Öffentlichkeit von nicht zu unterschätzender Bedeutung ist,[170] kann eine selbst nach intensiviertem bankkonzerngeschäftlichen Engagement verbleibende unbefriedigende Expansionsrate mittels bankkonzernabschlußpolitischer Maßnahmen korrigiert werden.

Im Rahmen der zweckorientierten Gestaltung der Vermögens- und Finanzstruktur richtet sich die Bankkonzernabschlußpolitik grundsätzlich auf die Erhaltung und Erreichung bestimmter publizitätsorientierter absoluter Kennzahlen zum Anlage- oder Umlaufvermögen sowie zum Eigen- oder Fremdkapital. Besondere Bedeutung erlangen darüber hinaus Vorgaben zu anvisierten

---

165 Die Gestaltung schließt i.d.R. ebenfalls die Beeinflussung der Kapital- und Liquiditätsstruktur des Bankkonzerns mit ein. Die Einteilung in lediglich Vermögens- und Finanzstruktur wird in dieser Form gewählt, da sie mit dem Gesetzeswortlaut des § 340i Abs. 1 Satz 1 HGB i.V.m. § 297 Abs. 2 Satz 2 HGB konform geht.

166 Vgl. Scheld, Konzernbilanzpolitik, S. 88.

167 Vgl. Klein/Partsch, Bedeutung, S. 945; Müller, Jahresabschluß, S. 134.

168 Vgl. Birck/Meyer, Bankbilanz, 1. Teillieferung, S. II 11.

169 Vgl. bspw. Kuck, Kreditinstitute, S. 506 f.; Müller, Jahresabschluß, S. 134; o.V., Bank, S. 17; o.V., Fusionskarussell, S. 23; o.V., Unternehmen, S. B 2.

170 Vgl. Birck, Maßnahmen, S. 442.

Bankkonzernbilanzrelationen,[171] welche ihren Ausdruck oftmals in abgeleiteten Finanzierungs- und Dispositionsregeln finden.[172] Obwohl die Aussagefähigkeit derartiger Strukturnormen und Verhältniszahlen nicht unumstritten ist,[173] kommt dem Ausweis bestimmter Relationen immer dann eine Bedeutung zu, sofern ein Bankkonzern gleichfalls anhand derartiger Regeln beurteilt wird. Eine bedeutsame Werbe- und Repräsentationsfunktion erlangt in diesem Kontext die Darlegung einer "adäquaten" Eigenkapitalquote.[174] Darüber hinaus kann eine angemessene Höhe und Struktur des ausgewiesenen Eigenkapitals als Anzeichen für die Sicherheit des betreffenden Bankkonzerns gewertet werden.[175] Daneben wird in Vergleichen und Gegenüberstellungen der Bankkonzernbilanzen - soweit sie sich sinnvoll durchführen lassen - oftmals ebenso der Liquiditätsausweis hervorgehoben.[176]

Grundsätzlich ist bei der Darstellung der Bankkonzernbilanzstruktur außerdem die Bereinigung optisch unerwünschter Bankkonzernbilanzpositionen zu berücksichtigen. Eine Elimination ist für solche Positionen in Betracht zu ziehen, die bspw. aufgrund ihrer Risikobehaftung oder ihres Abweichens vom manifestierten Standard der Konkurrenten, das Bankkonzernbilanzbild (erheblich)

---

171 Zu Bilanzstrukturzahlen wie Anlagenintensität, Investitionsquote, Liquiditätsgrad, Anlagedeckung, Eigenkapitalquote, Fremdkapitalquote oder Verschuldungsgrad der vermögens- und finanzwirtschaftlichen Bilanzanalyse vgl. Bieg, Ziele, S. 100 ff.; Burger, Jahresabschlußanalyse, S. 64 ff.; Coenenberg, Jahresabschluß, S. 587 ff.; Kerth/Wolf, Bilanzanalyse, S. 116 ff.; Küting/Weber, Bilanzanalyse, S. 76 ff.; Kußmaul, Kennzahlen, S. 195 ff.; Nahlik, Praxis, S. 159 ff.; Wöhe, Bilanzierung, S. 855 ff.

172 Vgl. Gräfer, Ziele, S. 354 f.; Kußmaul, Kennzahlen, S. 197; Nahlik, Instrumente, S. 39; Pfleger, Praxis 1988, Rdnr. 6; Scheld, Konzernbilanzpolitik, S. 87. Süchting, Bankmanagement, S. 177, konstatiert hierzu, "daß Bilanzanalysen externer Interessengruppen stark durch das Denken in Bilanzstrukturen und Finanzierungsregeln geprägt werden". Diskutierte Finanzierungs- und Dispositionsregeln sind bspw. die goldene Bilanzregel, die Verschuldungsregel, die goldene Finanzregel, die goldene Bankregel oder die Bodensatztheorie; vgl. hierzu Bieg, Finanzierungsregeln, S. 491 ff.; Büschgen, Bankbetriebslehre, S. 787 ff.; Kerth/Wolf, Bilanzanalyse, S. 135 ff.; Mellerowicz, Unternehmenspolitik, S. 202 ff.; Wöhe, Bilanzierung, S. 861 ff.

173 Vgl. Scheld, Konzernbilanzpolitik, S. 87, m.w.N. In diesem Zusammenhang konstatiert Peemöller, Bilanzanalyse, S. 279, daß es eine ideale Kennzahl der Bilanzanalyse nicht gibt.

174 Vgl. Kolbeck, Planung, S. 104.

175 Vgl. Müller, Jahresabschluß, S. 133.

176 Vgl. bspw. o.V., Übernahmephantasien, S. 21.

verschlechtern würden.[177] Im Rahmen der Konsolidierung wird hingegen eine Bereinigung derartiger Positionen nur begrenzt möglich sein, da gemeinhin alle Positionen aus den zu konsolidierenden Einzelabschlüssen unter Aufrechnung bankkonzerninterner Transaktionen zusammengefaßt werden müssen und dementsprechend Eingang in den Bankkonzernabschluß finden.
Da in dieser Arbeit das Interesse auf die grundlegenden bankkonzernabschlußpolitischen Zielgrößen gerichtet werden soll, wird nachfolgend aus der Vielzahl der Bankkonzernbilanzstrukturgrößen vornehmlich auf die Beeinflussungsmöglichkeiten der Bankkonzernbilanzsumme sowie des Bankkonzerneigenkapitals abgestellt.

3.4.2 Beeinflussung der Bankkonzernertragslage

Im Mittelpunkt bei der Erstellung der vorzulegenden Weltkonzernabschlüsse deutscher Bankkonzerne steht ferner die Regulierung der Bankkonzernertragslage.
Eine wesentliche abschlußpolitische Zielgröße ist hierbei das Bankkonzernergebnis.[178] Unter dem Bankkonzernergebnis soll in dieser Ausarbeitung grundsätzlich der Bankkonzernjahresüberschuß bzw. -fehlbetrag verstanden werden. Der Betrachtung des Bankkonzernbilanzgewinns bzw. -verlusts kommt im Rahmen der Weltkonzernabschlußpolitik deutscher Bankkonzerne daneben im allgemeinen nur eine vergleichsweise untergeordnete Bedeutung zu. Der Bankkonzernbilanzgewinn bzw. -verlust resultiert im Zuge der Erfolgs- bzw. Ergebnisverwendungsrechnung aus dem Bankkonzernjahresüberschuß bzw. -fehlbetrag, korrigiert um den Gewinn- bzw. Verlustvortrag aus dem Vorjahr, um die Bewegungen innerhalb der Kapital- und Gewinnrücklagen, um die Genußrechtskapitalveränderungen sowie um die anderen Gesellschaftern zustehenden Gewinn- oder Verlustanteilen.[179] Allerdings dient der Bankkonzernab-

---

177 Vgl. Birck, Maßnahmen, S. 442; Birck/Meyer, Bankbilanz, 3. Teillieferung, S. VII 26 f. Andererseits ist ebenfalls eine Herausstellung günstiger Positionsinhalte oder Sachverhalte in Betracht zu ziehen.

178 Dabei verwendet Schierenbeck, Bankmanagement, S. 756, die Begriffe "Beeinflussung des Erfolgsausweises" und "Stille-Reserve-Politik" - in bezug auf den bankbetrieblichen Einzelabschluß - synonym.

179 Vgl. Formblatt 2 bzw. Formblatt 3 RechKredV über § 37 RechKredV i.V.m. § 2 Abs. 1 Satz 1 RechKredV und § 340i Abs. 2 Satz 1 HGB i.V.m. § 340a Abs. 2 Satz 2 HGB

schluß im Vergleich zum Einzelabschluß nicht als Grundlage der Gewinnverwendung. Deshalb kann die Ergebnisverwendungsrechnung auf Bankkonzernebene "immer nur fiktiven Charakter haben, zumal die dort ausgewiesenen Beträge nicht notwendigerweise für Ausschüttungen zur Verfügung stehen".[180] Dem Ausweis des Bankkonzernbilanzgewinns bzw. -verlusts fehlt demnach der Realitätsbezug, so daß das Bankkonzernbilanzergebnis vielmehr eine hypothetische Größe darstellt.[181] Als Größe für den Erfolgsausweis der gesamten Bankkonzerntätigkeit ist demgemäß das Bankkonzernjahresergebnis besser geeignet als das Bankkonzernbilanzergebnis.

Grundsätzlich wird der Ausweis einer möglichst kontinuierlichen positiven und im Zeitablauf weniger stark schwankenden Entwicklung des Bankkonzernergebnisses angestrebt. Die bankkonzernpolitische Zielsetzung orientiert sich infolgedessen an der Verstetigung des Ergebnisausweises. *Spremann/Bamberg* führen in diesem Zusammenhang an, daß Maßnahmen der Ergebnisregulierung, falls sie nicht sporadisch, sondern regelmäßig durchgeführt werden, dazu geeignet sind, den Ausweis des Bankkonzernergebnisses auf lange Sicht zu glätten.[182] Dadurch ergibt sich nach außen die Darlegung einer stabilen wirtschaftlichen Situation des Bankkonzerns, was letztlich auch der Reputation der Geschäftsleitung dienlich sein kann.[183]

Weiterhin können im Rahmen der Darstellung der Bankkonzernertragslage bestimmte Rentabilitätsgrößen, insbesondere die Eigenkapital-, Fremdkapital-, Gesamtkapital- und Umsatzrentabilität sowie sonstige Ergebnisgrößen, insbe-

---

sowie § 340i Abs. 1 Satz 1 HGB i.V.m. § 307 Abs. 2 HGB. Zu den Formblättern siehe die Anhänge 6 und 7.

180 IDW (Hrsg.), WP-Handbuch, M, Tz. 556. Vgl. ferner Budde/Lust, Kommentierung § 298, Anm. 45; Scheld, Konzernbilanzpolitik, S. 137; Schildbach, Konzernabschluß, S. 326; Wysocki/Wohlgemuth, Konzernrechnungslegung, S. 294.

181 Vgl. Küting/Weber, Konzernabschluß, S. 408.

182 Die Analyse ihrer Untersuchung von Auswirkungen vorgenommener Glättungsmaßnahmen auf Unternehmenswerte zeigte dabei, daß sich eine Ergebnisverstetigung im Zeitablauf positiv auf den Börsenkurs der betreffenden Unternehmen auswirkte; vgl. Spremann/Bamberg, Bilanzpolitik, S. 1204 ff. Vgl. hierzu ferner Fischer/Haller, Bilanzpolitik, S. 36 ff.; Halbinger, Erfolgsausweispolitik, S. 73 ff.; Schmidt, Bilanzpolitik, S. 58 ff.

183 Vgl. Pfleger, Praxis 1991, Rdnr. 16.

sondere das Betriebs-, Finanz- oder DVFA/SG-Ergebnis, zu den bankkonzernabschlußpolitisch zu beeinflussenden Werten zählen,[184] sofern die Beurteilung des betreffenden Bankkonzerns an diesen Rendite- und Ergebnisgrößen ausgerichtet wird.

Aufgrund der vergleichsweise herausragenden Bedeutung des Bankkonzernergebnisses soll allerdings in der nachfolgenden Untersuchung dieser Zielgröße besondere Beachtung zuteil werden.

3.4.3 Beeinflussung des Bankkonzernanhangs

Die fakultativen sowie verpflichtenden Angaben, Begründungen und Erläuterungen im Bankkonzernanhang komplettieren zusammen mit der Bankkonzernbilanz und der Bankkonzern-GuV die Vermittlung des in § 340i Abs. 1 Satz 1 HGB i.V.m. § 297 Abs. 2 Satz 2 HGB geforderten Bildes.
Dies kann indessen dazu führen, daß bestimmte abschlußpolitische Einflüsse auf die Vermögens-, Finanz- und Ertragslage des Bankkonzerns teilweise, vollständig oder zumindest tendenziell erkennbar werden. Dementsprechend versucht die Bankkonzernabschlußpolitik, Umfang, Darstellung und Intensität solcher Berichtspflichten zu beeinflussen, die aus Bankkonzernsicht als unerwünscht angesehen werden.[185]
Des weiteren kann aufgrund der vielen bankkonzernabschlußpolitisch nutzbaren Wahlrechte zur Berichterstattung der Umfang der quantitativen und/oder qualitativen Angaben erheblich variieren.

4 Systematisierung der bankkonzernabschlußpolitischen Instrumente

4.1 Überblick

Unabdingbare Prämisse zur Beeinflussung bankkonzernabschlußpolitischer Zielgrößen ist die Existenz eines Gestaltungsrahmens. Denn wären sämtliche kodifizierten Rechnungslegungsvorschriften zwingend, wäre für eine Bank-

---

184 Vgl. Scheren, Konzernabschlußpolitik, S. 36.
185 Vgl. zu den Berichterstattungspflichten im Bankkonzernanhang § 340i Abs. 1 Satz 1 HGB i.V.m. den §§ 313 und 314 HGB.

konzernabschlußpolitik kein Raum.[186] Erst durch den Umstand, daß der Gesetzgeber bestimmte Wahlrechte und Spielräume einräumt, ist eine Bankkonzernabschlußpolitik im Sinne einer Gestaltung des Bankkonzernabschlusses zur Realisierung der bankkonzernpolitischen Ziele möglich.[187]
Folgt man der Auffassung *Waschbuschs*, so ist eine an den Zielen des Bankkonzerns ausgerichtete aktive handelsrechtliche Bankkonzernabschlußpolitik die natürliche Folge der dispositiv ausgestalteten Bankkonzernrechnungslegungsvorschriften.[188]
Nachfolgend werden die Maßnahmen bzw. Instrumente vorgestellt, welche für die Beeinflussung des Bankkonzernabschlusses im Rahmen der Bankkonzernabschlußpolitik grundsätzlich zur Verfügung stehen. Es ist jedoch bereits an dieser Stelle darauf zu verweisen, daß angesichts ihrer großen Anzahl eine vollständige Erfassung und Analyse aller bankkonzernabschlußpolitisch zur Verfügung stehenden Instrumente nicht möglich ist. Hingegen können sie, entsprechend des Zeitpunkt ihrer Anwendung, systematisiert werden.[189] Einen Überblick gibt Abbildung 3:

---

186 Vgl. Sieben/Haase, Jahresabschlußrechnung, S. 53; Wöhe, Steuerbilanzpolitik, S. 217 f. Es soll jedoch darauf hingewiesen werden, daß sich diese Betrachtung der genannten Autoren vornehmlich auf die nach Beendigung des Geschäftsjahres zu treffenden abschlußpolitischen Maßnahmen bezieht, denn selbst wenn alle Rechnungslegungsvorschriften gesetzlich eindeutig determiniert und zwingend wären, könnte eine Abschlußpolitik mittels der vor Ablauf des Geschäftsjahres zu treffenden Sachverhaltsgestaltungen zumindest teilweise erfolgen.

187 Vgl. Sielaff, Bilanzpolitik, S. 230; Stein, Ziele, S. 981 f.; Wöhe, Steuerbilanzpolitik, S. 218.

188 Vgl. Waschbusch, Jahresabschlußpolitik, S. 197. Vgl. hierzu auch Pougin, Bilanzpolitik, S. 6.

189 Zu deren Systematisierung auf der Ebene der Einzelabschlußpolitik vgl. Bieg, Instrumente, S. 178 f.; Küting/Kaiser, Bilanzpolitik, S. 10 f.; Küting/Weber, Bilanzierung, S. 19 f.; Kußmaul/Lutz, Instrumente, S. 399 f.; Pfleger, Praxis 1991, Rdnr. 21 f.; Weber, Möglichkeiten, Rn. 170.

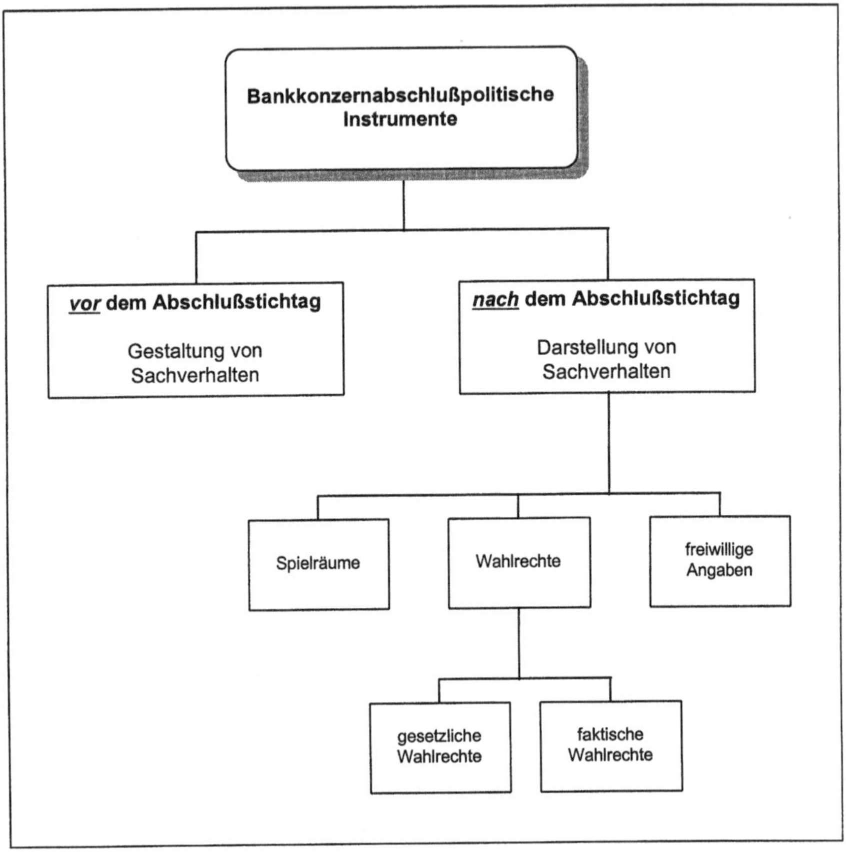

Abbildung 3: Systematisierung der bankkonzernabschlußpolitischen Instrumente

Ebenfalls kann an dieser Stelle auf eine tiefgreifende Darstellung der Gestaltungsmittel verzichtet werden, da hierzu eine Vielzahl von Abhandlungen vorliegen[190] und es nicht Aufgabe der vorliegenden Untersuchung sein kann, erneut auf eine grundsätzlich abgeschlossene Diskussion einzugehen.

190 Vgl. hierzu die Quellenangaben der nachfolgenden Ausführungen.

4.2 Gestaltung von Sachverhalten

Die Gestaltung von Sachverhalten setzt vor dem Abschlußstichtag an und zielt regelmäßig auf die bewußte Gestaltung der in den Bankkonzernabschluß einzubeziehenden Einzelabschlüsse ab. Zu der Sachverhaltsgestaltung gehören deshalb alle Maßnahmen, die während des Geschäftsjahres ausschließlich oder überwiegend die Bilanzen der einzelnen Bankkonzernunternehmen beeinflussen können.[191] Insofern betrifft der Bereich der Gestaltung von Sachverhalten die Realebene unternehmerischen Handelns.[192] "Bei den sachverhaltsgestaltenden Maßnahmen steht häufig der Wunsch im Vordergrund, das der Bilanzierung und Bewertung zugrundeliegende Mengengerüst zu beeinflussen, um damit die Voraussetzungen für eine Inanspruchnahme anderer bilanzpolitischer Instrumente zu schaffen, die im Zuge der Jahresabschlußerstellung eingesetzt werden sollen".[193]
Da die Gestaltungsmöglichkeiten von Sachverhalten ausschließlich den Einzelabschluß betreffen, kann mit ihnen die Beeinflussung des Bankkonzernabschlusses nur mittelbar über die einzubeziehenden Einzelabschlüsse der Bankkonzernunternehmen erfolgen. Aufgrund dessen ist die Sachverhaltsgestaltung kein eigenständiges Gestaltungsmittel der Bankkonzernabschlußpolitik[194] und daher dem Maßnahmenspektrum nur indirekt zuzurechnen.

4.3 Darstellung von Sachverhalten

Die nach Ablauf des Bankkonzerngeschäftsjahres ansetzenden sachverhaltsdarstellenden bzw. sachverhaltsabbildenden Maßnahmen versuchen die be-

191 Vgl. hierzu sowie zu möglichen Maßnahmen Bieg, Instrumente, S. 178 ff., S. 216 ff. und S. 252 ff.; Birck/Meyer, Bankbilanz, 3. Teillieferung, S. VII 20 ff. und S. VII 79 ff.; Bitz/Schneeloch/Wittstock, Jahresabschluß, S. 481 ff.; Heinhold, Bilanzpolitik, Sp. 534 f.; ders., Instrumente, S. 450 f.; Küting/Kaiser, Bilanzpolitik, S. 10; Kußmaul/Lutz, Instrumente, S. 399 f.; Nahlik, Praxis, S. 204 f.; Packmohr, Bilanzpolitik, S. 13 ff.; Pfleger, Praxis 1991, Rdnr. 32 ff.; Schulze zur Wiesch, Bilanzpolitik, S. 61 ff.; Waschbusch, Jahresabschlußpolitik, S. 254 ff.; Wysocki, Bilanzpolitik, S. 49 f. Selchert/Ortmann, Bilanzpolitik, S. 694, grenzen die Sachverhaltsgestaltung hingegen von den bilanzpolitischen Gestaltungsmöglichkeiten ab und ordnen sie dem allgemeinen unternehmenspolitischen Maßnahmenspektrum zu.

192 Vgl. Weber, Möglichkeiten, Rn. 170.

193 Küting/Kaiser, Bilanzpolitik, S. 10; Küting/Weber, Bilanzierung, S. 21.

194 Vgl. Weber, Möglichkeiten, Rn. 171; im Ergebnis wohl ebenso Heinhold, Bilanzpolitik, Sp. 539 f.; Sielaff, Bilanzpolitik, S. 248; Stein, Ziele, S. 974.

reits durch die geschäftlichen Aktivitäten eines Bankkonzernunternehmens geschaffenen realen Vorgänge und Tatsachen zu beeinflussen.[195] Da sich die Maßnahmen auf bereits realisierte Sachverhalte beziehen, hat der Bereich der Sachverhaltsdarstellung die Abschluß- bzw. Abbildungsebene zum Gegenstand. Die Sachverhaltsdarstellung unterscheidet sich sonach grundlegend von der Sachverhaltsgestaltung.[196] Gegenstand sachverhaltsdarstellender Instrumente ist die Inanspruchnahme von Spielräumen, Wahlrechten sowie freiwilligen Angaben.

4.3.1 Spielräume

Spielräume sind gesetzlich nicht ausdrücklich beabsichtigt. Dennoch bestehen sie regelmäßig aufgrund fehlender spezifischer Rechtsnormen oder aufgrund der Auslegung unbestimmter Rechtsbegriffe.[197] Damit lassen die Spielräume "im Rahmen des pflichtmäßigen Ermessens eine auf den Einzelfall bezogene und durch ihn begründete Entscheidung zu".[198]
Die konkrete Interpretation der Gesetzeslücken und der unbestimmten

195 Vgl. Küting/Kaiser, Bilanzpolitik, S. 12; Küting/Weber, Bilanzierung, S. 22; Kußmaul/ Lutz, Instrumente, S. 400.

196 An dieser Stelle ist allerdings darauf hinzuweisen, daß in der Literatur und Praxis die Begriffe der "Gestaltung" und "Beeinflussung" i.d.R. synonym verwendet werden. Weber, Möglichkeiten, Rn. 170, spricht in diesem Zusammenhang bspw. auch von der Gestaltung der Darstellung eines Sachverhalts. Wird im weiteren Verlauf dieser Arbeit insofern von Gestaltung gesprochen, ist damit immer nur eine (beabsichtigte) Beeinflussung in Hinsicht auf die Abschluß- und Abbildungsebene gemeint.

197 Vgl. Bauer, Grundlagen, S. 72 f.; Marettek, Ermessensspielräume, S. 515; Pfleger, Praxis 1991, Rdnr. 26; Selchert/Karsten, Konzernabschlußpolitik, S. 840; Selchert/Ortmann, Bilanzpolitik, S. 694. Vgl. zu einer Aufstellung unbestimmter Rechtsbegriffe Leffson/Rückle/Großfeld (Hrsg.), Handwörterbuch, S. 29 ff.

198 Selchert/Ortmann, Bilanzpolitik, S. 694. Um den subjektiven Charakter des pflichtmäßigen Ermessens der Spielräume stärker hervorzuheben, wird synonym ebenso der Begriff der "Ermessensspielräume" bzw. "Interpretationsspielräume" gebraucht; vgl. Marettek, Ermessensspielräume, S. 519; Selchert/Karsten, Konzernabschlußpolitik, S. 840; Siegel, Wahlrecht, S. 419. Pfleger, Praxis 1991, Rdnr. 25 f., spricht in diesem Zusammenhang von Individualspielräumen.

Rechtsbegriffe obliegt dabei der Fachliteratur, den Stellungnahmen,[199] der Rechtsprechung sowie der Bilanzierungspraxis.[200]
Angesichts der Existenz einer Vielzahl möglicher Sonder- und Spezialfälle, können die im Rahmen der Bankkonzernabschlußpolitik nutzbaren Spielräume nur unvollständig aufgezählt und untersucht werden.[201]

4.3.2 Wahlrechte

Bei den Wahlrechten handelt es sich um gesetzlich vorgegebene Gestaltungsmittel, "wenn an einen gegebenen Tatbestand mindestens zwei eindeutig bestimmte Rechtsfolgen anknüpfen, die sich gegenseitig ausschließen, und wenn der zur Rechnungslegung Verpflichtende entscheidet, welche von ihnen eintritt."[202] Mit den gesetzlichen Wahlrechten werden dem bankkonzernabschlußpolitischen Entscheidungsträger folglich eindeutig erkennbare und eindeutig normierte sachverhaltsdarstellende Alternativen anheimgestellt.
Von den gesetzlichen Wahlrechten sind ferner die faktischen Wahlrechte abzugrenzen. Diese Wahlrechte sind zwar nicht explizit im Gesetz kodifiziert, können aber aus interpretationserforderlichen Regelungen sowie aus bestehenden Regelungslücken abgeleitet werden.[203] Daher ist die Realisierbarkeit faktischer Wahlrechte an die Existenz von Spielräumen gebunden. Bei der Auslegung der faktischen Wahlrechte sind wiederum die diskutierten und entwickelten Vorgehensweisen der Fachliteratur und Praxis heranzuziehen.

---

199 Insbesondere ist hier auf Stellungnahmen des IDW oder internationaler Organisationen wie FASB oder IASC abzustellen; vgl. Klein, Konzernbilanzpolitik, S. 92. In Zukunft werden auch die Stellungnahmen des Ende März 1998 gegründeten Deutschen Rechnungslegungs Standards Committees zu beachten sein. Die Bedeutung von Stellungnahmen äußert sich darin, daß rechtlich betrachtet durch "Stellungnahmen zwar keine verbindlichen Normen geschaffen" werden, "doch muß in berufsgerichtlichen Verfahren oder Regreßfällen damit gerechnet werden, daß die Gerichte sich der insoweit niedergelegten Berufsauffassung anschließen"; Forster/Gross, Probleme, S. 52.

200 Vgl. Kußmaul/Lutz, Instrumente, S. 401.

201 Gleicher Auffassung Bauer, Grundlagen, S. 77; Klein, Konzernbilanzpolitik, S. 93; Scheren, Konzernabschlußpolitik, S. 108.

202 Bauer, Grundlagen, S. 66. Vgl. ebenso Pfleger, Praxis 1991, Rdnr. 24.

203 Vgl. Küting/Kaiser, Bilanzpolitik, S. 12; Kußmaul/Lutz, Instrumente, S. 401; Packmohr, Bilanzpolitik, S. 100; Selchert/Karsten, Konzernabschlußpolitik, S. 839 f. Dabei lassen sich die Grenzen zwischen faktischen Wahlrechten und Spielräumen nicht immer eindeutig ziehen. Deshalb werden die faktischen Wahlrechte teilweise ebenfalls den Spielräumen zugeordnet.

4.3.3 Freiwillige Angaben

Schließlich zählen auch die freiwilligen Angaben zu den Maßnahmen der Bankkonzernabschlußpolitik. Hierzu sind alle auf den Bankkonzernabschluß bezogenen Informationen zu zählen, die über die gesetzlichen Verpflichtungen hinaus offengelegt werden. Neben der damit verbundenen Möglichkeit, spezielle Informationsbedürfnisse einzelner Abschlußadressatengruppen gezielt befriedigen zu können, lassen sich insbesondere die gesetzlichen Angabepflichten in ihrer Wirkung verändern.[204] Aus diesem Grunde ist auch dieses Gestaltungsmittel fester Bestandteil der Bankkonzernabschlußpolitik.

5 Grenzen der Weltkonzernabschlußpolitik deutscher Bankkonzerne

5.1 Überblick

Entsprechend ihrer Definition darf sich die Weltkonzernabschlußpolitik deutscher Bankkonzerne nicht über gesetzliche Bankkonzernrechnungslegungsvorschriften hinwegsetzen. Obwohl im Einzelfall eine scharfe Trennung zwischen legalem und illegalem Handeln nicht immer möglich erscheint, hört die Weltkonzernabschlußpolitik deutscher Bankkonzerne regelmäßig dort auf, wo der Tatbestand der Fälschung des Bankkonzernabschlusses beginnen würde.[205] Aufgrund dessen beinhaltet die Bankkonzernabschlußpolitik keine uneingeschränkten Freiräume,[206] sondern ist vielmehr an kodifizierten sowie abgeleiteten Konsolidierungsgrundsätzen auszurichten. Die Grundsätze dienen dabei regelmäßig der Gewährleistung zur Vermittlung des in § 340i Abs. 1 Satz 1 HGB i.V.m. § 297 Abs. 2 Satz 2 HGB geforderten Bildes des Bankkonzerns.

---

204 Vgl. Stein, Rechnungswesen, S. 34; ders. Ziele, S. 982.

205 Vgl. Birck/Meyer, Bankbilanz, 3. Teillieferung, S. VII 8; Wöhe, Bilanzierung, S. 59; ders., Steuerbilanzpolitik, S. 218.

206 Vgl. Hauschildt, Bilanzanalyse, S. 661; Weber, Möglichkeiten, Rn. 187.

Im folgenden erübrigt sich eine umfassende Darstellung der handelsrechtlichen Konsolidierungsgrundsätze, weil hierzu im Fachschrifttum bereits eine Vielzahl an umfangreichen Ausführungen vorliegen.[207]

Im Rahmen der Bankkonzernabschlußerstellung sind ebenfalls die allgemeinen Grundsätze der bankbetrieblichen Rechnungslegung für den Einzelabschluß zu beachten, soweit die Eigenart des Bankkonzernabschlusses keine Abweichung bedingt.[208] Da diese Grundsätze der Einzelabschlußerstellung zuzurechnen sind, wird im weiteren Verlauf dieser Arbeit auf deren Darstellung verzichtet.

5.2 Konsolidierungsgrundsätze

Der in § 340i Abs. 1 Satz 1 HGB i.V.m. § 297 Abs. 2 Satz 1 HGB kodifizierte **Grundsatz der Klarheit und Übersichtlichkeit** fordert, daß generell alle Positionen der Bankkonzernbilanz und der Bankkonzern-GuV eindeutig und sachgerecht bezeichnet sowie alle Angaben im Bankkonzernanhang eindeutig und sachgerecht formuliert werden sollen.[209]

Mit § 340i Abs. 1 Satz 1 HGB i.V.m. § 297 Abs. 2 Satz 2 HGB hat der Gesetzgeber für den Bankkonzernabschluß weiterhin eine **Generalnorm** kodifiziert, nach der der Abschluß unter Beachtung der GoB[210] ein den tatsächlichen

---

207 Vgl. hierzu die Quellenangaben der nachfolgenden Ausführungen.

208 Vgl. § 340i Abs. 2 Satz 1 HGB.

209 Vgl. Adler/Düring/Schmaltz, Kommentierung § 297, Tz. 8; Baetge/Kirsch, Kommentierung § 297, Rn. 8; Budde/Lust, Kommentierung § 297, Anm. 6 ff. Nach Leffson, Grundsätze, S. 210 f., fordert hingegen der Grundsatz der Richtigkeit und nicht der der Klarheit und Übersichtlichkeit, daß eine Bezeichnung auch sachgerecht zutreffe.

210 Zu den GoB vgl. Adler/Düring/Schmaltz, Kommentierung § 243, Tz. 2 ff.; dies., Kommentierung § 264, Tz. 86; Baetge/Fey/Fey, Kommentierung § 243, Rn. 1 ff.; Ballwieser, Grundsätze, S. 3 ff.; Budde/Raff, Kommentierung § 243, Anm. 1 ff.; Coenenberg, Jahresabschluß, S. 34 ff.; Kruse, Grundsätze, S. 1 ff.; Leffson, Grundsätze, S. 17 ff.; Schülen, Grundsätze, S. 71 ff. Da das System der GoB aus den Zwecken der handelsrechtlichen Einzelabschlüsse entwickelt worden ist, kann der Gesetzgeber mit dem Hinweis auf die GoB nur die für den Konzernabschluß relevanten GoB gemeint haben. Diese GoB müssen jedoch durch spezielle, nur die Konsolidierung und Konzernrechnungslegung betreffende Grundsätze ergänzt werden. Zusammen lassen sich diese deshalb als Grundsätze ordnungsmäßiger Konzernrechnungslegung bezeichnen; vgl. hierzu Baetge, Konzernbilanzen, S. 50 und S. 55 ff.; Baetge/Kirsch, Kommentierung §

Verhältnissen entsprechendes Bild der Vermögens-, Finanz- und Ertragslage des Bankkonzerns zu vermitteln hat.[211] Ist diese Informationsvermittlung aufgrund besonderer Umstände nicht gegeben, sind zusätzliche Angaben im Bankkonzernanhang offenzulegen.[212]
Diesem allgemeinen Grundsatz kommt indessen lediglich eine subsidiäre Funktion zu, da die im Widerspruch zur Generalnorm stehenden Einzelvorschriften nicht verdrängt werden, sondern nach der Regel "lex specialis derogat legi generali" Vorrang besitzen. Sonach dürfen die Einzelvorschriften grundsätzlich nicht verletzt werden.[213] Vielmehr ist die Generalnorm zu Zwecken der Interpretation von Einzelvorschriften sowie zur Schließung von Gesetzeslücken heranzuziehen.[214] Gleichwohl schränkt die Generalnorm die kodifizierten Wahlrechte des bankkonzernabschlußpolitischen Entscheidungsträgers nicht in dem Sinne ein, daß sie seine Interpretationsspielräume von Grund auf einengen.[215]

§ 340i Abs. 1 Satz 1 HGB i.V.m. § 297 Abs. 3 Satz 1 HGB kodifiziert für den Bankkonzernabschluß explizit den **Einheitsgrundsatz**. Danach ist die ökonomische Situation sämtlicher einbezogenen Unternehmen im Bankkonzernabschluß so darzustellen, als ob diese Unternehmen insgesamt ein einziges Unternehmen wären. Damit baut die Bankkonzernrechnungslegung auf der

---

297, Rn. 55 ff.; Serve, Notwendigkeit, S. 659; Steinbach, Grundsätze, S. 7 ff.; Wysocki, Buch, S. 177 ff. Der Frage, in welchem Maße die allgemeinen GoB auch für die Aufstellung von Einzelabschlüssen im Bankenbereich zutreffen, sind Birck/Meyer, Bankbilanz, 5. Teillieferung, S. V 19 ff. und Krag, Grundsätze, S. 34 ff., nachgegangen, wobei als Ergebnis festzuhalten ist, daß es neben den allgemeinen GoB zusätzlich noch bankspezifische Bilanzierungs- und Bewertungsgrundsätze gibt. Die Autoren vertreten daher die Meinung - im Rahmen der Erstellung bankbetrieblicher Einzelabschlüsse - insgesamt speziell von Grundsätzen ordnungsmäßiger Bankbilanzierung zu sprechen.

211 Zum Inhalt der Generalnorm vgl. Baetge/Kirsch, Kommentierung § 297, Rn. 30 ff.; Großfeld, Generalnorm, S. 192 ff.

212 Vgl. § 340i Abs. 1 Satz 1 HGB i.V.m. § 297 Abs. 2 Satz 3 HGB.

213 Die Generalnorm orientiert sich allgemein an dem englischen Grundsatz des "true and fair view". Hingegen hat der Gesetzgeber das "overriding principle", nach dem von den Einzelvorschriften zugunsten der Generalnorm abzuweichen ist, nicht übernommen; vgl. hierzu Baetge/Kirsch, Kommentierung § 297, Rn. 29.

214 Vgl. Adler/Düring/Schmaltz, Kommentierung § 297, Tz. 15; Budde/Lust, Kommentierung § 297, Anm. 15; Scholtissek, view, S. 968.

215 Vgl. Baetge/Kirsch, Kommentierung § 297, Rn. 25; Leffson, Bild, S. 104.

Einheitstheorie auf.[216] Folglich konkretisiert der Grundsatz die wirtschaftliche Einheit des Bankkonzerns.[217]
Der Einheitsgrundsatz ist für den Bankkonzernabschluß von zentraler Bedeutung: als Grundlage und Leitlinie der Konsolidierungsvorschriften stellt er die Conditio sine qua non der Konsolidierung dar.[218]

Um die Vergleichbarkeit der Bankkonzernabschlüsse im Zeitablauf zu gewährleisten, sind die im Bankkonzernabschluß angewandten Konsolidierungsmethoden nach dem **Grundsatz der Stetigkeit der Konsolidierungsmethoden** gemäß § 340i Abs. 1 Satz 1 HGB i.V.m. § 297 Abs. 3 Satz 2 HGB grundsätzlich beizubehalten.[219]
Hingegen hat der Gesetzgeber offengelassen, was konkret den Konsolidierungsmethoden zu subsumieren ist. Allgemein zählen hierzu alle Maßnahmen zur Entwicklung eines Bankkonzernabschlusses aus den Einzelabschlüssen. Dabei ist ungeregelt, ob neben der Kapitalkonsolidierung, der Schuldenkonsolidierung, der Zwischenergebniseliminierung, der Aufwands- und Ertragskonsolidierung sowie der Quotenkonsolidierung, etwa gleichfalls die Abgrenzung des Konsolidierungskreises in Betracht zu ziehen ist.[220]

---

216 Grundsätzlich steht dieser Aussage auch nicht entgegen, "daß das Gesetz bei der Behandlung einiger Einzelfragen nicht immer bzw. nicht in vollem Umfang der Einheitstheorie gefolgt ist (z.B. Quotenkonsolidierung). Diese Abweichungen sind keine bewußte Abkehr von der Einheitstheorie, sondern im wesentlichen das Ergebnis politischer Kompromisse"; IDW (Hrsg.), WP-Handbuch, M, Tz. 8.

217 Strittig ist indessen, ob aus der Einheitstheorie, neben der wirtschaftlichen Einheit, ebenfalls die Fiktion der rechtlichen Einheit der im Bankkonzern zusammengefaßten Unternehmen folgt. Entgegen dieser Problematik wird die wirtschaftliche Einheit für die Erfüllung des Gesetzeszweckes allerdings als ausreichend betrachtet; vgl. hierzu Adler/Düring/Schmaltz, Kommentierung § 297, Tz. 40; Budde/Lust, Kommentierung § 297, Anm. 14.

218 Vgl. Adler/Düring/Schmaltz, Kommentierung § 297, Tz. 42; Baetge/Kirsch, Kommentierung § 297, Rn. 72; Scheld, Konzernbilanzpolitik, S. 105 f.

219 Abweichungen hiervon sind nach § 340i Abs. 1 Satz 1 HGB i.V.m. § 297 Abs. 3 Satz 3 HGB nur in Ausnahmefällen zulässig. Deshalb ist die Formulierung "Konsolidierungsmethoden *sollen* beibehalten werden" in § 340i Abs. 1 Satz 1 HGB i.V.m. § 297 Abs. 3 Satz 2 HGB als "*müssen*" zu interpretieren; vgl. Adler/Düring/Schmaltz, Kommentierung § 297, Tz. 45; Albrecht, Kommentierung § 297, Rz. 14; Baetge/Kirsch, Kommentierung § 297, Rn. 74.

220 Vgl. zur Diskussion der Abgrenzung der Konsolidierungsmethoden Adler/Düring/Schmaltz, Kommentierung § 297, Tz. 49; Baetge/Kirsch, Kommentierung § 297, Rn. 78; Budde/Lust, Kommentierung § 297, Anm. 22; Hartle, Grundlagen, C 10, Rz. 192.

Entsprechend der Gesetzesformulierung fordert der Grundsatz der Stetigkeit der Konsolidierungsmethoden, daß die Methoden im Zeitablauf auf unveränderte Sachverhalte beizubehalten sind (zeitliche Stetigkeit). Zudem sind sie in einem Zeitpunkt für alle einbezogenen Bankkonzernunternehmen bei gleichartigen Sachverhalten einheitlich anzuwenden (sachliche Stetigkeit). Wenngleich sich die sachliche Stetigkeit nicht direkt aus dem Gesetzeswortlaut zum Stetigkeitsgrundsatz ergibt, ist sie dennoch im Hinblick auf die Beachtung der Generalnorm und des Einheitsgrundsatzes anzuwenden.[221]
Unter diesem Aspekt ist ebenfalls davon auszugehen, daß bei Vorliegen gleichartiger Sachverhalte alle für die Konsolidierungsmethoden kodifizierten und faktischen Konsolidierungswahlrechte grundsätzlich einheitlich auszuüben sind. Hingegen kann die Abgrenzung gleichartiger Sachverhalte im Einzelfall problematisch sein.[222]

§ 340i Abs. 1 Satz 1 HGB i.V.m. § 300 Abs. 2 HGB enthält den **Grundsatz der Vollständigkeit**. Demzufolge ist sicherzustellen, daß sämtliche Bankkonzernunternehmen, die den Bankkonzern konstituieren, in den Bankkonzernabschluß einbezogen werden.[223] Da dies indessen nicht ausreicht, um die tatsächliche Vermögens-, Finanz- und Ertragslage des Bankkonzerns im Bankkonzernabschluß darzustellen, ist ferner zu gewährleisten, daß alle Vermögensgegenstände, Schulden und Rechnungsabgrenzungsposten sowie Aufwendungen und Erträge der einzubeziehenden Bankkonzernunternehmen - unabhängig von ihrer Berücksichtigung in den Einzelabschlüssen - vollständig aufgenommen werden.

Der **Grundsatz der Wesentlichkeit und Wirtschaftlichkeit** ist im Gesetz nicht explizit kodifiziert. Seine Anwendung ist dagegen in einzelnen Vorschrif-

---

221 Vgl. Adler/Düring/Schmaltz, Kommentierung § 297, Tz. 47; Busse von Colbe/Ordelheide, Konzernabschlüsse, S. 39; Baetge/Kirsch, Kommentierung § 297, Rn. 80; Budde/Lust, Kommentierung § 297, Anm. 23; IDW (Hrsg.), WP-Handbuch, M, Tz. 11; Treuhand-Vereinigung AG (Hrsg.), Rechnungslegung, S. 75 f.

222 Vgl. hierzu Adler/Düring/Schmaltz, Kommentierung § 297, Tz. 48; Budde/Lust, Kommentierung § 297, Anm. 23; IDW (Hrsg.), WP-Handbuch, M, Tz. 11; Klein, Konzernbilanzpolitik, S. 117 ff.; Schulz, Stetigkeitsgrundsatz, S. 363 f.

223 Vgl. Busse von Colbe/Ordelheide, Konzernabschlüsse, S. 27; Coenenberg, Jahresabschluß, S. 423; Dietl, Ausübung, S. 23 f.; Förschle, Kommentierung § 300, Anm. 46.

ten zur Konsolidierung mit Formulierungen wie "von untergeordneter Bedeutung" oder "unverhältnismäßig hoch" implizit geregelt.[224]
Der Grundsatz der Wesentlichkeit soll dazu beitragen, daß nur solche Informationen im Bankkonzernabschluß Berücksichtigung finden, die für die Vermittlung eines den tatsächlichen Verhältnissen entsprechenden Bildes der Vermögens-, Finanz- und Ertragslage von Bedeutung sind.[225] Damit sind im Sinne des Grundsatzes der Klarheit und Übersichtlichkeit unbedeutende Informationen zu vernachlässigen. Ergänzend hierzu regelt der Wirtschaftlichkeitsgrundsatz, daß eine Pflicht zur vollständigen Informationsvermittlung "nur insoweit besteht, als die durch weitere Angaben zu gewinnenden, genaueren Aussagen noch in einem angemessenen Verhältnis zu den entstehenden Mehrarbeiten und Aufwendungen stehen".[226]
Andererseits gibt es für die Abgrenzung der Wesentlichkeit und Wirtschaftlichkeit keine kodifizierten operationalen Kriterien. Infolge fehlender Standardisierung kann deren Beurteilung nicht nach allgemeingültigen Grundsätzen erfolgen. Vielmehr wird regelmäßig auf die Situation des jeweiligen Einzelfalls abzustellen sein.[227]

6 Kriterien zur Beurteilung bankkonzernabschlußpolitischer Instrumente

Die Instrumente der Bankkonzernabschlußpolitik dienen der Beeinflussung der bankkonzernabschlußpolitischen Zielgrößen. Bevor jedoch die einzelnen In-

---

224 Vgl. zu einer Aufstellung der Einzelvorschriften Budde/Lust, Kommentierung § 297, Anm. 18; Hartle, Grundlagen, C 10, Rz. 252 ff.; Klein, Konzernbilanzpolitik, S. 97 ff.; Schildbach, Konzernabschluß, S. 70; Treuhand-Vereinigung AG (Hrsg.), Rechnungslegung, S. 77.

225 Der Grundsatz der Wesentlichkeit entspricht dem angelsächsischen Grundsatz der Materiality; vgl. hierzu Leffson, Grundsätze, S. 182; Lück, Materiality, S. 13 und S. 44.

226 Budde/Lust, Kommentierung § 297, Anm. 19. Vgl. ebenso Arbeitskreis "Externe Unternehmensrechnung" der Schmalenbach-Gesellschaft - Deutsche Gesellschaft für Betriebswirtschaft e.V., Aufstellung, S. 35 f.; Dietl, Ausübung, S. 28; Ossadnik, Materiality, S. 33; Reinhard, Kommentierung § 305, Rn. 8; Treuhand-Vereinigung AG (Hrsg.), Rechnungslegung, S. 78.

227 Vgl. Baetge/Kirsch, Kommentierung § 297, Rn. 68; Coenenberg, Jahresabschluß, S. 425; Hartle, Grundlagen, C 10, Rz. 270; Trützschler, Konsolidierungsgrundsätze, Rn. 965; Scheld, Konzernbilanzpolitik, S. 124. Vgl. ferner zur Herleitung von Wesentlichkeitsmaßstäben Ossadnik, Materiality, S. 45 ff.

strumente im vierten Kapitel ermittelt und analysiert werden, sind Kriterien festzulegen, die für die Beurteilung der Instrumente notwendig erscheinen. Die Frage nach den Kriterien ist damit ebenso die Frage nach den charakteristischen Attributen der bankkonzernabschlußpolitischen Instrumente.
Für die Beurteilung der Instrumente sind insbesondere nachfolgend darzulegende Kriterien in Betracht zu ziehen.

6.1 Wirkung

Von wesentlicher Bedeutung für die Beurteilung der zur Verfügung stehenden bankkonzernabschlußpolitischen Instrumente ist das Kriterium der Wirkung. In diesem Zusammenhang sind jedoch nicht nur die Kenntnisse der Möglichkeiten zur Ausnutzung von Gestaltungsmaßnahmen für den Einsatz bankkonzernabschlußpolitischer Mittel wichtig. Überdies müssen auch die verschiedenen Auswirkungen bekannt sein, die die bankkonzernabschlußpolitischen Maßnahmen hervorrufen (können).[228] Da sich das Kriterium der Wirkung aus verschiedenen Komponenten zusammensetzt,[229] bedarf es im folgenden deren näheren Bestimmung.

- **Wirkungsexistenz und Wirkungsweise**: Wesentlich für die Beurteilung und den Einsatz der zur Verfügung stehenden Instrumente der Weltkonzernabschlußpolitik deutscher Bankkonzerne ist deren Möglichkeit zur Beeinflussung des Bankkonzernabschlusses. Damit kann die Wirkungsexistenz von bankkonzernabschlußpolitischen Instrumenten in dieser Arbeit allgemein als Grundvoraussetzung für die Verfügbarkeit und Inanspruchnahme der Instrumente angesehen werden. Grundsätzlich lassen sich zwei nicht ganz überschneidungsfreie Wirkungsgruppen von abschlußpolitischen Mitteln unterscheiden:[230]

---

228 Vgl. Harder, Bilanzpolitik, S. 140.

229 An dieser Stelle kann auf die Darlegung des Aspekts der Wirkungsbreite verzichtet werden, da dieser auf die Einflußnahme anderer Rechenwerke (z.B. Steuerbilanz, Vermögensaufstellung, betriebsinterne Ergebnisrechnung) abzielt und im Rahmen der Bankkonzernabschlußpolitik folglich im allgemeinen keine Beachtung findet. Vgl. zur Wirkungsbreite Bauer, Grundlagen, S. 205 ff.; Pfleger, Praxis 1991, Rdnr. 54 ff.

230 Vgl. Hoch, Bilanzpolitik, S. 129; Klein, Konzernbilanzpolitik, S. 159 ff.; Pfleger, Praxis 1991, Rdnr. 21 f.; Scheren, Konzernabschlußpolitik, S. 94 f.; Waschbusch, Jahresabschlußpolitik, S. 238 ff.; Wöhe, Bilanzierung, S. 61.

Unter materiellen Instrumenten sind Maßnahmen zu verstehen, die sich quantitativ auf den Bankkonzernjahresüberschuß bzw. -fehlbetrag auswirken und somit ergebniswirksam sind oder die sich quantitativ auf die Bilanz-, GuV- oder Anhangsposten - ohne jedoch das Bankkonzernjahresergebnis zu tangieren - auswirken und somit strukturwirksam sind.
Formelle Instrumente wirken sich andererseits auf die äußere Form und die Darstellung der Vermögens-, Finanz- und Ertragslage im Bankkonzernabschluß aus. Eine materielle Veränderung der Abschlußinhalte läßt sich mit ihnen nicht erzielen.
Im Zusammenhang mit den Überlegungen zu den Kriterien der Wirkungsexistenz und Wirkungsweise soll an dieser Stelle nochmals darauf hingewiesen werden, daß das Augenmerk im Rahmen dieser Ausarbeitung primär auf die Beeinflussung der wesentlichen absoluten Kennziffern des Bankkonzernabschlusses gerichtet ist. Eine Untersuchung von Kennzahlen als Relationsgrößen unterbleibt. Für die Entscheidung dieser Auswahl läßt sich ferner anführen, daß grundsätzlich keine universell gültigen Kriterien zur Aufstellung und Interpretation von relativen Kennzahlen existieren. Zudem ist aufgrund der denkbaren Kombinationsmöglichkeiten absoluter Größen, die Anzahl relativer Kennzahlen beliebig erweiterbar. Die Analyse von Auswirkungen der einzelnen Instrumente auf frei gewählte Kennzahlen hätte überdies den Charakter einer spezifisch fallbezogenen Darstellung.[231]

- **Wirkungsrichtung**: Der Aspekt der Wirkungsrichtung zeigt an, ob die Inanspruchnahme einer (materiellen) abschlußpolitischen Maßnahme das Bankkonzernergebnis bzw. einen auf die Struktur Einfluß nehmenden Rechnungslegungsposten erhöht oder vermindert. Die Bestimmung der jeweiligen Wirkungsrichtung der Maßnahmen ist allerdings nicht unproblematisch, da deren Darstellung ausschließlich von der jeweiligen Vergleichsbasis abhängig ist. Eine bestimmte Wirkungsrichtung kann den bankkonzernabschlußpolitischen Instrumenten insoweit nicht allgemein-

231 Gleicher Auffassung Scheld, Konzernbilanzpolitik, S. 140 f.; Scheren, Konzernabschlußpolitik, S. 111.

gültig zugeordnet werden.[232] Dennoch soll das Aufzeigen der Wirkungsrichtung im Rahmen der vorliegenden Untersuchung nicht grundsätzlich unberücksichtigt bleiben.
Zu bedenken gilt ferner, daß abschlußpolitische Maßnahmen neben den beabsichtigten Wirkungen in der Realisationsperiode auch aufgrund der durch die Bindung der Bankkonzernabschlußidentität hervorgerufenen Verkettung aufeinanderfolgender Bankkonzernabschlüsse zu Sekundärwirkungen in den Folgeperioden führen können.[233] Im allgemeinen ist daher bei der Inanspruchnahme bankkonzernabschlußpolitischer Instrumente ebenfalls zu beachten - sofern sich die Instrumente nicht nur im Geschäftsjahr der Ausübung auswirken -, ob mit Wirkungen in den Folgeperioden zu rechnen ist. Zu differenzieren sind dabei einerseits gleichgerichtete Sekundäreffekte, die in den Folgejahren eine unveränderte Wirkungsrichtung haben und andererseits gegenteilige Sekundäreffekte, welche in den Folgejahren aufgrund der sog. Zweischneidigkeit des Bankkonzernabschlusses eine im Vergleich zu den Effekten der Realisationsperiode entgegengesetzte Wirkung erzeugen.[234] So können bankkonzernabschlußpolitische Instrumente in den Anfangsperioden zu Ergebnisminderungen führen und sich in den Folgeperioden hingegen ergebnismehrend auswirken et vice versa. Wiederum in Abhängigkeit der jeweiligen Vergleichsbasen sowie der fehlenden Kenntnis einzelfallbedingter Datenkonstellationen kann eine Analyse der Sekundärwirkungen jedoch nur sehr vereinzelt bei den zu untersuchenden bankkonzernabschlußpolitischen Maßnahmen erfolgen.

- **Wirkungsumfang**: Die quantitativen Auswirkungen des abschlußpolitischen Instrumentariums auf die Bankkonzernbilanzstruktur, das Bankkonzernergebnis und den Bankkonzernanhang wird durch den Aspekt des Wirkungsumfangs beurteilt. Im einzelnen werden mit diesem Kriterium die betragsmäßigen Änderungen der jeweiligen Bilanz-, GuV- oder Anhangsposten untersucht. Wenngleich dieser Aspekt für die Weltkonzernab-

232 Vgl. Bauer, Grundlagen, S. 201 f.; Klein, Konzernbilanzpolitik, S. 162 ff.; Scheren, Konzernabschlußpolitik, S. 110.
233 Vgl. Harder, Bilanzpolitik, S. 141; Wittgen, Bilanzgestaltung, S. 730 f.
234 Vgl. Harder, Bilanzpolitik, S. 142; Küting/Kaiser, Bilanzpolitik, S. 8; Küting/Weber, Bilanzierung, S. 18 f.; Pfleger, Praxis 1988, Rdnr. 174.

schlußpolitik deutscher Bankkonzerne von großer Bedeutung ist, können im Zuge der Anwendung der bankkonzernabschlußpolitischen Instrumente keine allgemeingültigen quantitativen Angaben zur Beurteilung des Wirkungsumfangs auf die Bilanz, die GuV und den Anhang gemacht werden, da der konkrete Wirkungsumfang unmittelbar vom Wert des betroffenen Objekts und insofern vom Einzelfall abhängig ist.[235] Gleichwohl wird stellenweise versucht, eine Gewichtung des jeweiligen Wirkungsumfangs vorzunehmen.

- **Wirkungsbeginn**: Das Kriterium des Wirkungsbeginns erfaßt die Periode, in welcher die beabsichtigte Wirkung einer bankkonzernabschlußpolitischen Maßnahme eintritt.[236]

- **Wirkungsdauer**: Unter dem Aspekt der Wirkungsdauer ist die Länge des Zeitraums zu verstehen, innerhalb der sich eine bankkonzernabschlußpolitische Maßnahme auswirkt oder nach deren Ablauf aufgrund der Zweischneidigkeit des Bankkonzernabschlusses die ergebnis- bzw. strukturwirksame Gegenwirkung eintritt. Je nach ihrer Wirkungsdauer können die Einflüsse auf den Bankkonzernabschluß kurzfristig (1 Jahr), mittelfristig (2 bis einschließlich 5 Jahre) oder langfristig (mehr als 5 Jahre) sein.
  Allerdings ist auch hier zu beachten, daß der Aspekt der Wirkungsdauer nicht nur von der Inanspruchnahme einer jeweiligen bankkonzernabschlußpolitischen Maßnahme determiniert ist, sondern ebenso von dem konkreten Gestaltungsobjekt im Einzelfall beeinflußt wird. Infolgedessen sind allgemeingültige Aussagen über die Wirkungsdauer einzelner bankkonzernabschlußpolitischer Instrumente nicht möglich.[237]

6.2 Erkennbarkeit

Das Merkmal der Erkennbarkeit betrifft die Frage, inwieweit der Einsatz bankkonzernabschlußpolitischer Instrumente durch die Adressaten überhaupt er-

235 Vgl. Bauer, Grundlagen, S. 204; Klein, Konzernbilanzpolitik, S. 135; Scheld, Konzernbilanzpolitik, S. 141.
236 Vgl. Scheld, Konzernbilanzpolitik, S. 142.
237 Vgl. Bauer, Grundlagen, S. 225.

kennbar ist und betragsmäßig oder wenigstens der Tendenz nach nachvollzogen werden kann.
Nicht erkennbar sind solche abschlußpolitischen Instrumente, bei denen die Bankkonzernabschlußadressaten ihre Anwendung in Art und Ausmaß auf die Vermögens-, Finanz- und Ertragslage des Bankkonzerns nicht identifizieren können. Betragsmäßig erkennbare Instrumente sind dadurch gekennzeichnet, daß ihre Inanspruchnahme seitens der Bankkonzernabschlußinteressenten eindeutige oder zumindest in Bandbreiten abschätzbare Schlüsse zulassen, welche Konsequenzen diese auf die wirtschaftliche Lage des Bankkonzerns haben. Als tendenziell erkennbare Instrumente lassen sich schließlich solche bezeichnen, bei denen zwar nicht die betragsmäßige Wirkung, wohl aber deren Wirkungsrichtung erkennbar ist.[238]

Entscheidend für die Erkennbarkeit bankkonzernabschlußpolitischer Maßnahmen ist in diesem Zusammenhang die Art bzw. Qualität sowie der Umfang der Berichterstattung, da der Gesetzgeber an die Berichtspflichten im Bankkonzernanhang unterschiedliche Anforderungen stellt. Im einzelnen lassen sich folgende kodifizierte Formen der Berichterstattung mit unterschiedlichen Informationsausprägungen differenzieren:[239]

- **Angabe**: bloße Nennung der betroffenen Sachverhalte in quantitativer und/oder verbaler Form.
- **Ausweis**: quantitative Nennung von Beträgen.
- **Aufgliederung**: quantitative Segmentierung einer Größe in einzelne Teilbeträge, um dessen Zusammensetzung offenzulegen.

---

238 Vgl. Klein, Konzernbilanzpolitik, S. 138. Vgl. hierzu auch Kußmaul/Lutz, Instrumente, S. 402; Pfleger, Praxis 1991, Rdnr. 91 ff.

239 Vgl. zur Aufteilung und zum Inhalt der Begriffe Adler/Düring/Schmaltz, Kommentierung § 313, Tz. 24; Dietl, Ausübung, S. 101; Ellrott, Kommentierung § 284, Anm. 36; Gzuk, Konzernanhang, C 600, Rz. 2; IDW (Hrsg.), WP-Handbuch, F, Tz. 442; Scheld, Konzernbilanzpolitik, S. 151; Schildbach, Konzernabschluß, S. 342 f.; Selchert/Karsten, Inhalt, S. 1890. Eine exakte Abgrenzung der jeweiligen Formen der Berichterstattung ist nicht in allen Einzelfällen möglich, so daß Überschneidungen und Unschärfen nicht gänzlich vermieden werden können. Im Zweifel wird die Generalnorm des § 340i Abs. 1 Satz 1 HGB i.V.m. § 297 Abs. 2 Satz 2 HGB zu beachten sein.

- **Erläuterung**: verbale Kommentierung eines Sachverhalts, so daß dessen Inhalt und/oder Charakter und/oder Zustandekommen erkennbar wird.
- **Darstellung**: Nennung der jeweils anzugebenden Sachverhalte in quantitativer und/oder verbaler Form, verbunden mit einer Aufgliederung oder Erläuterung.
- **Begründung**: verbale Offenlegung der Überlegungen, Argumentationen und Motive, welche kausal für das Zustandekommen eines bestimmten Sachverhalts verantwortlich sind und dessen Überprüfung ermöglichen.

Insgesamt gilt, daß die Weltkonzernabschlußpolitik deutscher Bankkonzerne allgemein um so wirkungsvoller betrieben werden kann, je weniger hierüber berichtet und dem Bankkonzernabschlußadressaten bekannt wird et vice versa.[240] Insofern kommt dem Aspekt der Erkennbarkeit bankkonzernabschlußpolitischer Maßnahmen bei der Auswahl der anzuwendenden Instrumente eine entscheidende Rolle zu. Denn eine ersichtliche Bankkonzernabschlußpolitik kann nicht nur die beabsichtigten Ziele konterkarieren, sondern auch die Adressaten zu möglicherweise scharfen, für den Bankkonzern nachteiligen Reaktionen veranlassen, da diese befürchten können, die sichtbaren bankkonzernabschlußpolitischen Maßnahmen seien nur ein kleiner Bereich der insgesamt vorgenommenen Sachverhaltsdarstellungen im Bankkonzernabschluß.[241] Damit verfehlt eine identifizier- und nachvollziehbare Bankkonzernabschlußpolitik i.d.R. die gewünschten Auswirkungen.

6.3 Flexibilität

Von Bedeutung für den Einsatz geeigneter bankkonzernabschlußpolitischer Maßnahmen ist weiterhin die Kenntnis, in welcher Weise diese bei ihrer Auswahl ausgeübt werden können. Hier gilt, daß beweglich zu handhabende, flexible Instrumente für die Weltkonzernabschlußpolitik deutscher Bankkonzerne

---

240 Vgl. Baetge/Ballwieser, Probleme, S. 526; Clemm/Wenzel, Konzernbilanzpolitik, S. 342; Küting/Weber, Bilanzierung, S. 18. In diesem Kontext bemerkt Pfleger, daß es in Ausnahmefällen andererseits auch angebracht sein kann, "ganz bewußt die erkennbaren (bankkonzernabschlußpolitischen; d.V.) Mittel einzusetzen, weil eine bestimmte Signalwirkung hervorgerufen werden soll"; Pfleger, Praxis 1991, Rdnr. 95.

241 Vgl. Klein, Konzernbilanzpolitik, S. 139.

grundsätzlich von größerer Bedeutung sind als solche, die in ihrer Ausübung Restriktionen unterworfen sind.

Die Betrachtung des abschlußpolitischen Instrumentariums unter diesem Gesichtspunkt wird durch das Kriterium der Flexibilität erfaßt. In diesem Kontext umschließt das Kriterium in Anlehnung an die Definition der Flexibilität von *Börner/Krawitz*[242] folgende Aspekte:

- **sachliche Flexibilität bzw. Flexibilität in bezug auf analoge Fälle**: Die Flexibilität in sachlicher Hinsicht beschreibt der Aspekt der Bindungswirkung. Der Aspekt berücksichtigt, inwieweit der Einsatz eines Instruments die Entscheidungsautonomie in vergleichbaren Fällen beschränkt. Im allgemeinen resultieren Bindungswirkungen aus dem Grundsatz der Stetigkeit.[243]

  Eine bankkonzernabschlußpolitische Maßnahme ist dann als sachlich flexibel anzusehen, wenn seine Ausübung in der gleichen Rechnungslegungsperiode ohne Konsequenzen auf gleichgelagerte Fälle bleibt. Sachlich flexiblen Maßnahmen führen demgemäß zu keinerlei Bindungswirkungen. Im Gegensatz dazu sind sachlich inflexible Maßnahmen dadurch gekennzeichnet, daß sie die Freiheit der Weltkonzernabschlußpolitik deutscher Bankkonzerne in bezug auf die Inanspruchnahme und Ausübung der Instrumente erheblich einschränken können. Denn mit einer einmal getroffenen abschlußpolitischen Entscheidung wird dem rechnungslegenden Entscheidungsträger eine Bindung für gleichartige eintretende Fälle auferlegt, die eine auf abschlußpolitische Motive zurückgehende abweichende Anwendung in der Bilanzierungs-, Bewertungs- und Gestaltungsweise grundsätzlich ausschließt.[244]

  Es ist offenkundig, daß infolge der grundsätzlichen Bindung an eine einmal getroffene Entscheidung, der bankkonzernabschlußpolitische Wert der

---

242 Vgl. Börner/Krawitz, Steuerbilanzpolitik, S. 106 ff.

243 Vgl. Bauer, Grundlagen, S. 215 ff.; Klein, Konzernbilanzpolitik, S. 140; Küting/Weber, Bilanzierung, S. 19; Kußmaul/Lutz, Instrumente, S. 403; Pfleger, Praxis 1991, Rdnr. 64. Vgl. hierzu auch Gliederungspunkt 5.2 in diesem Kapitel.

244 Vgl. Harder, Bilanzpolitik, S. 135 f., der in seinen Ausführungen hingegen die Begriffe der "variablen" und "fixen Mittel" verwendet.

sachlich inflexiblen Maßnahmen für die Weltkonzernabschlußpolitik deutscher Bankkonzerne von geringerer Bedeutung ist.

- **zeitliche Flexibilität**: Mit der Flexibilität in zeitlicher Hinsicht wird der Ausübungszeitpunkt bankkonzernabschlußpolitischer Maßnahmen angesprochen.

  Eine Maßnahme ist als zeitlich flexibel zu bezeichnen, wenn ihre Ausübung in bezug auf Einsatzbeginn und Einsatzende nicht an einen bestimmten Abschlußstichtag gebunden ist und zu einem späteren Zeitpunkt in Anspruch genommen werden kann. Dies bedeutet, daß in den nachfolgenden Rechnungslegungsperioden eine zeitlich flexible Maßnahme bei dem zu beurteilenden Tatbestand erneut zur Verfügung steht und danach auch abweichend als in der Vorperiode ausgeübt werden kann.[245] Zeitlich inflexibel sind hingegen solche abschlußpolitischen Maßnahmen, die nur zu einem bestimmten Stichtag ausgeübt werden können und danach für den betroffenen Sachverhalt nicht mehr zur Disposition stehen.[246]

  Für den Einsatz der in der Rechnungslegungsperiode zur Verfügung stehenden Beeinflussungsmöglichkeiten zu einem späteren Abschlußstichtag wird in der Literatur synonym auch der Begriff der "Aufschiebbarkeit" verwendet.[247]

- **quantitative Flexibilität**: Die Flexibilität in quantitativer Hinsicht beschreibt schließlich der Aspekt der Teilbarkeit und bezieht sich damit auf den Wirkungsumfang der bankkonzernabschlußpolitischen Gestaltungsmöglichkeiten. Eine quantitativ flexible Maßnahme ermöglicht den Ansatz nur eines Teils des gesamten bankkonzernabschlußpolitischen Potentials.

  Abschlußpolitische Maßnahmen sind demnach als teilbar einzustufen, wenn sich ihr Wirkungsumfang dosieren läßt und sie somit die Auswahl von mehr als zwei im Bankkonzernabschluß anzusetzenden Werten zulassen. Eine Nichtteilbarkeit liegt in solchen Fällen vor, bei denen nur zwischen zwei alternativen Werten gewählt werden kann: einerseits der Wert

245 Vgl. Klein, Konzernbilanzpolitik, S. 141.
246 Vgl. Bauer, Grundlagen, S. 219; Börner/Krawitz, Steuerbilanzpolitik, S. 110 f.; Klein, Konzernbilanzpolitik, S. 142; Pfleger, Praxis 1991, Rdnr. 65.
247 Vgl. Bauer, Grundlagen, S. 218; Küting/Weber, Bilanzierung, S. 19; Packmohr, Bilanzpolitik, S. 107; Pfleger, Praxis 1991, Rdnr. 65.

bei Inanspruchnahme der entsprechenden Maßnahme und andererseits der Wert bei Nichtinanspruchnahme derselben.[248]

6.4 Durchsetzbarkeit

Ein weiteres bankkonzernabschlußpolitisches Kriterium für die Beurteilung der zur Verfügung stehenden Instrumente ist die Durchsetzbarkeit der Gestaltungsmaßnahmen. Die Wahrscheinlichkeit ihrer Anerkennung von seiten der Prüfungsorgane[249] ist entscheidend für ihre jeweilige Auswahl. Hier gilt, daß die Weltkonzernabschlußpolitik deutscher Bankkonzerne nur dann als sinnvoll zu beurteilen ist, sofern der Einsatz bankkonzernabschlußpolitischer Maßnahmen seitens des Abschlußprüfers als rechtlich zulässig erachtet wird. Hinsichtlich ihrer Durchsetzbarkeit bei den gesetzlich festgeschriebenen Wahlrechten besteht im Schrifttum wie in der Praxis weitgehend Konsens, so daß die Inanspruchnahme dieser Wahlrechte i.d.R. als sicher durchsetzbar angesehen werden können. Hingegen ist bei der Ausnutzung von interpretationsbedürftigen faktischen Wahlrechten und Spielräumen zum Teil mit einem mehr oder weniger hohen Realisierungsrisiko zu rechnen. Problematisch ist die Beurteilung des Risikos. Da die Grenzen zwischen der rechtlichen Zulässig- und Unzulässigkeit von abschlußpolitischen Gestaltungsmaßnahmen im Einzelfall oftmals schwer bestimm- und abgrenzbar sind, wird deren Ausnutzung und Vereinbarkeit mit den geltenden Vorschriften gegenüber dem Abschlußprüfer von entsprechenden bankkonzernindividuellen Interpretationen und Begründungen abhängig sein. Die Plausibilität der bankkonzernabschlußpolitischen Maßnahmen und deren Anerkennung hängt im Ergebnis somit "nicht selten vom Argumentations- und Verhandlungsgeschick der beiden Parteien ab".[250]

---

248 Vgl. Börner/Krawitz, Steuerbilanzpolitik, S. 112; Pfleger, Praxis 1991, Rdnr. 67.

249 Nach § 340k Abs. 1 Satz 1 Halbsatz 1 HGB i.V.m. § 316 Abs. 2 HGB ist der Bankkonzernabschluß durch einen Abschlußprüfer zu prüfen. Als Abschlußprüfer kommen gemäß § 340k Abs. 1 Satz 1 HGB i.V.m. § 319 Abs. 1 Satz 1 HGB grundsätzlich nur Wirtschaftsprüfer und Wirtschaftsprüfungsgesellschaften in Betracht. Abweichungen hiervon regelt der Gesetzgeber für Bankkonzernmutterunternehmen in der Rechtsform der Genossenschaft und des rechtsfähigen wirtschaftlichen Vereins sowie für Sparkassen in § 340k Abs. 2 und 3 HGB.

250 Scheld, Konzernbilanzpolitik, S. 156. Vgl. ferner Pfleger, Praxis 1991, Rdnr. 98 f. Bei dennoch vorliegenden Meinungsverschiedenheiten zwischen dem Bankkonzernabschlußprüfer und der Kapitalgesellschaft, die in ihrer Funktion als Mutterunternehmen

Nur in den Fällen, in denen nach der Ansicht des Autors die rechtliche Durchsetzbarkeit der abschlußpolitischen Maßnahmen umstritten ist, soll im weiteren Verlauf darauf hingewiesen bzw. eingegangen werden.

6.5 Wirtschaftlichkeit

Der Zeit- und Arbeitseinsatz zur Erstellung der gesetzlich vorgeschriebenen Weltkonzernabschlüsse deutscher Bankkonzerne verursacht Kosten.
Dabei darf nicht übersehen werden, daß generell bei jeder einzelnen Entscheidung über den Einsatz und die Inanspruchnahme der bankkonzernabschlußpolitischen Instrumente direkt oder indirekt zusätzliche Aufwendungen in unterschiedlichem Ausmaß entstehen können. Insofern hat die Bankkonzernabschlußpolitik auch aus betriebswirtschaftlicher Perspektive die Prinzipien der Wirtschaftlichkeit unter Kosten-/Nutzen-Aspekten zu beachten.[251] Für die Weltkonzernabschlußpolitik deutscher Bankkonzerne gilt, daß die Vorteile aus dem Einsatz der abschlußpolitischen Maßnahmen um so höher zu gewichten sind, je weniger daraus resultierende pekuniäre Aufwendungen verursacht werden.
Demzufolge erscheint es notwendig, im Rahmen der Bankkonzernabschlußpolitik ebenso der Frage nachzugehen, welche Kosten bei den vorgesehenen bankkonzernabschlußpolitischen Maßnahmen entstehen (können). Hingegen ist zu konstatieren, daß Angaben zu den tatsächlich anfallenden Aufwendungen durch die Inanspruchnahme bestimmter abschlußpolitischer Instrumente im allgemeinen nicht quantifizierbar sind. Vielmehr sind diese von der Kenntnis der Datenkonstellation im Einzelfall sowie von der organisatorischen und strukturellen Ausgestaltung des Bankkonzerns abhängig. Infolge fehlender Möglichkeiten, generalisierende Aussagen über das Ausmaß der Kostenbela-

---

den Bankkonzernabschluß erstellt hat, über die Auslegung und Anwendung der kodifizierten Vorschriften sowie über die gesellschaftsvertraglichen und/oder satzungsmäßigen Bestimmungen entscheidet auf Antrag des Abschlußprüfers oder der gesetzlichen Vertreter der Kapitalgesellschaft dann ausschließlich das Landgericht; vgl. § 340k Abs. 1 Satz 1 Halbsatz 1 HGB i.V.m. § 324 Abs. 1 HGB.

251 Vgl. Pfleger, Praxis 1991, Rdnr. 105.

stung gewinnen zu können,[252] muß im weiteren Verlauf dieser Ausarbeitung auf die Beachtung dieses Kriteriums verzichtet werden.

7 Die Objekte der Weltkonzernabschlußpolitik deutscher Bankkonzerne

Als Objekte der Weltkonzernabschlußpolitik deutscher Bankkonzerne sind im folgenden die bankkonzernabschlußpolitischen Ansatzpunkte zu verstehen. Diese lassen sich aus dem organisatorischen und zeitlichen Ablauf der Bankkonzernabschlußerstellung ableiten.[253] Die Ansatzpunkte ergeben sich dabei auf fünf Ebenen der Bankkonzernrechnungslegung. "Ergebnis der Rechnungslegung jeder Ebene sind die Objekte, die als eigenständige Informationsbereitstellungsinstrumente im Fall der Veröffentlichung direkt den (Bank-; d.V.) Konzernabschlußadressaten zur Verfügung stehen bzw. im Fall der Nicht-Publizierung nur internen Zwecken dienen und als Bindeglied zu einem Abschluß auf höherer Ebene fungieren".[254]
Entsprechend der Erstellung des Bankkonzernabschlusses lassen sich danach folgende Objekte unterscheiden, an denen bankkonzernabschlußpolitische Maßnahmen ansetzen können:

(1) der Konsolidierungskreis als notwendige Voraussetzung der Bankkonzernabschlußerstellung zur Abgrenzung der Unternehmen des Bankkonzerns, welche mit ihren Einzelabschlüssen in den Bankkonzernabschluß einzubeziehen sind,

(2) die jeweiligen Einzelabschlüsse der zu konsolidierenden Bankkonzernunternehmen,

(3) die daraus für die Rechnungslegungszwecke abgeleiteten Handelsbilanzen II der betroffenen Bankkonzernunternehmen,

(4) der im Rahmen der Konsolidierung zu erstellende Bankkonzernabschluß und

252 Gleicher Auffassung Klein, Konzernbilanzpolitik, S. 144; Scheld, Konzernbilanzpolitik, S. 154.
253 Vgl. Küting/Weber, Bilanzierung, S. 30.
254 Scheld, Konzernbilanzpolitik, S. 90. Vgl. hierzu ebenso Greth, Konzernbilanzpolitik, S. 10; Küting/Weber, Bilanzierung, S. 30; Scheren, Konzernabschlußpolitik, S. 61 ff.; ders., Möglichkeiten, Rn. 105 ff.; Steudter, Entscheidungsmodelle, S. 67 ff.

(5) der Bankkonzernanhang.

Dieser Mehrstufigkeit der Bankkonzernabschlußpolitik wird auch im vierten Kapitel der vorliegenden Arbeit Rechnung getragen.

Nicht zu den Objekten der Bankkonzernabschlußpolitik wird indes der Bankkonzernlagebericht gezählt. Da dieser dennoch einen Bestandteil der Bankkonzernrechnungslegung darstellt, werden mögliche bankkonzernlageberichtspolitische Ansatzpunkte nach der Analyse zum weltkonzernabschlußpolitischen Instrumentarium deutscher Bankkonzerne im Rahmen eines Exkurses aufgezeigt.

Drittes Kapitel

Internationalisierung der Rechnungslegung deutscher Bankkonzerne

1 Die Bedeutung der Harmonisierung für die Rechnungslegung deutscher Bankkonzerne

1.1 Die zunehmende internationale Ausrichtung der Rechnungslegung vor dem Hintergrund der Globalisierung der Märkte

Ungeachtet der erst vor wenigen Jahren transformierten Europäischen Richtlinien zur Bankkonzernrechnungslegung, befindet sich die deutsche Rechnungslegungslandschaft abermals vor einer tiefgreifenden Veränderung.[255] Wesentliches Motiv dieser Entwicklung ist die zunehmende Globalisierung der Wirtschaft und die damit verbundene Globalisierung der Finanzaktivitäten. Vor diesem Hintergrund sehen sich auch deutsche Bankkonzerne stärker zur Inanspruchnahme des internationalen und insbesondere des US-amerikanischen Kapitalmarkts veranlaßt. Als Voraussetzung für eine erfolgreiche Teilnahme wird jedoch verstärkt die Darlegung international vergleichbarer Rechnungslegungsdaten gefordert. Zudem werden von den "global players"[256] aussagefähigere und entscheidungsrelevantere Informationen verlangt, als diese der Pflichtumfang eines nach handelsrechtlichen Vorschriften erstellter (Bank-) Konzernabschluß bieten kann.[257] Diesen Anforderungen genügen grundsätzlich neben den United States-Generally Accepted Accounting Principles (US-GAAP) die vom International Accounting Standards Committee (IASC) herausgegebenen International Accounting Standards (IAS).[258] Eine auf Grund-

---

255 Busse von Colbe, Anpassung, S. 373; ders., Kapitalgesellschaften, S. 551, spricht hierbei von einem "Paradigmenwechsel für die Rechnungslegung". Dies dokumentiert sich gleichermaßen in der exponentiell zunehmenden Zahl der Veröffentlichungen zu dieser Thematik; vgl. Risse, Standard-Setting, S. 830, m.w.N.

256 Büschgen, Finanzmanagement, S. 509; Liener, Unternehmen, S. 270; Ordelheide, Internationalisierung, S. 545.

257 Vgl. GEFIU, Möglichkeiten, S. 1137; Goebel/Fuchs, Anwendung, S. 1521; Hayn, Standards, S. 713 f.; Küting/Hayn, Unterschiede, S. 1601.

258 Vgl. hierzu IASC (Hrsg.), Standards 1997, S. 1 ff. Die nachfolgenden Ausführungen basieren gleichfalls - unter Zuhilfenahme der englischen Originalausgabe; vgl. IASC

lage dieser Vorschriften erfolgte Berichterstattung soll inländischen Bankkonzernen zu verbesserten Kapitalbeschaffungs-[259] und Refinanzierungsmöglichkeiten an den internationalen Primär- und Sekundärmärkten verhelfen.[260] Damit kann gleichfalls eine Förderung der Expansionsziele der Bankkonzerne einhergehen. Günstigere internationale Rahmenbedingungen sollen insofern die Chancen für eine Ausweitung des internationalen Bankkonzerngeschäfts erhöhen. Schließlich kann ebenso die Möglichkeit zur verbesserten Selbstdarstellung des Bankkonzerns in Betracht kommen, da mit der Anwendung der US-GAAP bzw. IAS zugleich eine zusätzliche Ebene für die Kommunikation mit der internationalen Öffentlichkeit geschaffen werden kann.[261] Inländische Konzerne aller Branchen dürften die US-GAAP bzw. IAS hingegen nur in der Weise anwenden, soweit diese - infolge der für deutsche Konzerne verpflichtenden Veröffentlichung eines handelsrechtlichen Konzernabschlusses - zwei Abschlüsse offenlegten: einer nach nationalem und einer nach ausländischem bzw. internationalem Recht.[262] Dementsprechend verstärkte die zunehmende globale Ausrichtung der Konzerne aller Branchen den Druck auf den deutschen Gesetzgeber, die externe Konzernrechnungslegung an die sich ändernden Rahmenbedingungen anzupassen.

1.2 Das Kapitalaufnahmeerleichterungsgesetz

Um den weltweiten Harmonisierungsbestrebungen Rechnung zu tragen, hat die Bundesregierung das Kapitalaufnahmeerleichterungsgesetz (KapAEG) auf Basis der Beschlußempfehlung und des Berichtes des Rechtsausschusses (6.

(Hrsg.), International Accounting Standards, S. 1 ff. - auf dieser Fassung des Normenwerks.

259 Zu den Vorteilen globaler Kapitalbeschaffung vgl. Büschgen, Kapitalbeschaffung, S. 21 ff.

260 Folgerichtig lautet die Überschrift eines Aufsatzes von Küting/Hayn, Konzernabschluß, S. 662: "Der internationale Konzernabschluß als Eintrittskarte zum weltweiten Kapitalmarkt". Vgl. ferner Glaum/Mandler, Rechnungslegung, S. 38 ff.; Rohardt, Publizität, S. 214.

261 Vgl. Rohardt, Publizität, S. 214.

262 Vgl. Krumnow, Bilanzierung, S. 5; ders., Konzerne, S. 18. Alternativen zu den Parallelabschlüssen stellten grundsätzlich auch der "duale Konzernabschluß" und die "qualitative Reconciliation" dar. Vgl. hierzu Goebel, Möglichkeiten, S. 1037 f.; Goebel/Fuchs, Anwendung, S. 1521 f.

Ausschuß)[263] verabschiedet.[264] Das seit dem 24. April 1998 in Kraft getretene KapAEG hat im Handelsrecht eine Änderung des § 264, § 291, § 292 sowie der darauf beruhenden KonBefrV,[265] § 331, § 340a und § 341a HGB vorgenommen.[266] Danach hat der § 292 HGB, neben weiteren Modifikationen, als bedeutendste Veränderung einen neuen Buchstaben a mit der Überschrift "Befreiung von der Aufstellungspflicht" erhalten, der nicht nur auf Konzernabschlüsse von Konzernmutterunternehmen mit Sitz in einem Staat, der nicht Mitglied der Europäischen Wirtschaftsgemeinschaft ist, angewendet werden darf. Der verabschiedeten Neufassung zufolge braucht ein börsennotiertes Unternehmen, das Mutterunternehmen eines Konzerns ist, einen Konzernabschluß und einen Konzernlagebericht nicht aufzustellen, sofern es einen den Anforderungen des § 292a Abs. 2 HGB entsprechenden Konzernabschluß und Konzernlagebericht aufstellt und ihn in deutscher Sprache und Deutscher Mark nach den §§ 325 und 328 HGB offenlegt.[267]

Ziel der Einfügung des neuen § 292a HGB ist es, auf nationaler Ebene die Voraussetzungen für die Anwendung IAS- oder US-GAAP-konformer Konzernabschlüsse zu schaffen. Mit den neuen Regelungen soll dementsprechend allen deutschen Bankkonzernen, die an einer sowohl inländischen als auch ausländischen Börse notiert sind, erlaubt werden, in Deutschland einen nach IAS oder US-GAAP aufgestellten Bankkonzernabschluß anstelle des

---

263 Zum verabschiedeten Entwurf des KapAEG auf Basis der Fassung des Rechtsausschusses vgl. Deutscher Bundestag, Drucksache 13/9909, S. 1 ff. Zur Begründung des Entwurfs vgl. ferner Deutscher Bundestag, Drucksache 13/7141, S. 7 ff. Weiterhin zum KapAEG vgl. Buhleier/Helmschrott, Weg, S. 775 ff.; Ordelheide, Internationalisierung, S. 545; Strobel, Neuerungen, S. 1601 ff.

264 Vgl. Gesetz zur Verbesserung der Wettbewerbsfähigkeit deutscher Konzerne an Kapitalmärkten und zur Erleichterung der Aufnahme von Gesellschafterdarlehen (Kapitalaufnahmeerleichterungsgesetz - KapAEG) vom 20. April 1998; BGBl. I 1998, S. 707 ff.

265 Vgl. Verordnung über befreiende Konzernabschlüsse und Konzernlageberichte von Mutterunternehmen mit Sitz in einem Staat, der nicht Mitglied der Europäischen Wirtschaftsgemeinschaft ist, zur Durchführung des Artikels 11 der Siebenten Richtlinie 83/349/EWG des Rates der Europäischen Gemeinschaften vom 13. Juni 1983 (Konzernabschlußbefreiungsverordnung - KonBefrV). In Kraft getreten am 15. November 1991; BGBl. I 1991, S. 2122 ff. Zuletzt geändert durch Verordnung vom 09. Juni 1993; BGBl. I 1993, S. 916. Die Geltung der KonBefrV ist mit Ablauf des 31. Dezember 1996 außer Kraft getreten.

266 Vgl. Art. 1 KapAEG.

267 Vgl. § 292a Abs. 1 Satz 1 HGB.

handelsrechtlichen Abschlusses vorlegen zu dürfen.[268] Dies wird gestattet, sofern das Bankkonzernmutterunternehmen und seine Tochterunternehmen in den befreienden Bankkonzernabschluß unbeschadet des § 340i Abs. 1 Satz 1 HGB i.V.m. den §§ 295 und 296 HGB[269] einbezogen worden sind, der befreiende Bankkonzernabschluß nach international anerkannten Rechnungslegungsgrundsätzen erstellt worden ist und in Einklang mit den EU-Richtlinien steht, seine Aussagekraft mit einem nach handelsrechtlichen Vorschriften aufgestellten Bankkonzernabschluß gleichwertig ist,[270] der Bankkonzernanhang die entsprechende Bezeichnung der angewandten Rechnungslegungsgrundsätze sowie Erläuterungen zu Abweichungen von der handelsrechtlichen Rechnungslegung enthält und die Erfüllung der Bedingungen für die Befreiung von einem Abschlußprüfer bestätigt worden sind.[271] Zudem ist bei der Veröffentlichung der befreienden Unterlagen explizit darauf hinzuweisen, das es sich um einen nicht nach deutschen Vorschriften erstellten Bankkonzernabschluß handelt.[272]

Das neue Gesetz ist unmittelbar am Tag nach seiner Verkündung in Kraft getreten.[273] Auf diese Weise wurde sichergestellt, daß die Befreiungsmöglichkeit des § 340i Abs. 1 Satz 1 HGB i.V.m. § 292a HGB zum frühestmöglichen Zeit-

---

268 Vgl. Deutscher Bundestag, Drucksache 13/9909, S. 16.

269 Vgl. zu den §§ 295 und 296 HGB die Gliederungspunkte 2.3.3 und 2.3.4 im vierten Kapitel.

270 Besagtes wird grundsätzlich pauschal bei Anwendung der IAS oder US-GAAP der Fall sein. Zur Verträglichkeit ausländischer Bilanzstandards mit den EU-Richtlinien sowie dem HGB vgl. die Ergebnisse des von der EU-Kommission eingesetzten Kontaktausschusses für Richtlinien der Rechnungslegung, Dokument DE-XV/7003/96, Rev. 2 vom 01. April 1996 (Eine Überprüfung der Konformität der Internationalen Rechnungslegungsgrundsätze (IAS) mit den europäischen Richtlinien der Rechnungslegung). Aufgrund der Verwandtschaft mit den IAS gilt das Ergebnis, daß die IAS weitgehend richtlinienkompatibel sind, auch für die US-GAAP. Vgl. hierzu auch Deutscher Bundestag, Drucksache 13/7141, S. 8 f. Zur EU- und HGB-Kompatibilität vgl. ferner GEFIU, Möglichkeiten, S. 1137 ff. und S. 1185 ff.; Goebel, HGB, S. 2489 ff.; dies., Konzernrechnungslegung, S. 2463 f.; Grund, Entwicklung, S. 1294 ff.; Kühnberger, Bedeutung, S. 570 f.; Risse, Abschluss, S. 93 ff.; Strobel, Neuerungen, S. 1603 ff. Allerdings sieht Biener, IAS, S. 113 f., verfassungsrechtliche Bedenken zu den IAS, da diese - auf dem derzeitigen Stand der Diskussion - noch unvollständig sind und von einer privaten Organisation festgelegt werden.

271 Vgl. § 340i Abs. 1 Satz 1 HGB i.V.m. § 292a Abs. 2 HGB.

272 Vgl. § 340i Abs. 1 Satz 1 HGB i.V.m. § 292a Abs. 1 Satz 2 HGB.

273 Vgl. Art. 3 Satz 1 KapAEG.

punkt in Anspruch genommen werden konnte.[274] Allerdings ist die Befreiungsregel zeitlich befristet. Sie tritt am 31. Dezember 2004 außer Kraft und ist letztmalig auf Geschäftsjahre anzuwenden, die zu diesem Zeitpunkt enden.[275] Insofern verdeutlicht der Gesetzgeber mit dieser Regelung, daß es sich bei dem verabschiedeten Gesetz nur um eine Zwischenlösung handelt; künftig wird daher eine Anpassung der deutschen (Bank-) Konzernrechnungslegungsvorschriften an internationale Rechnungslegungsstandards unabdingbar sein.[276]

2 Die Rechnungslegung nach den Bestimmungen des IASC

2.1 Überblick

Wenngleich sich die US-GAAP für große deutsche Konzerne als Trendsetter erwiesen haben,[277] zeichnet sich immer mehr ab, daß im Zuge der internationalen Harmonisierung der Rechnungslegungsvorschriften allgemein und insbesondere im Bereich der Bankkonzernrechnungslegung den IAS eine Schlüsselfunktion zukommen wird. *Baukmann/Mandler* führen diese Entwicklung vorwiegend auf die vergleichsweise deutlich geringere Regelungsdichte der IAS, auf die Möglichkeit der Mitgestaltung an den IAS von seiten deutscher Berufsorganisationen sowie auf das Entgegenkommen der Securities and Exchange Commission (SEC), die nach IAS aufgestellten Abschlüsse als den US-GAAP-Abschlüssen gleichwertig anzuerkennen, zurück.[278] Infolge-

---

274 Vgl. Deutscher Bundestag, Drucksache 13/9909, S. 19. Damit wurde der Auffassung des Gesetzgebers Rechnung getragen, wonach ein Abwarten, bis im Jahre 1999 die aufgrund einer Vereinbarung zwischen der internationalen Organisation der Börsenaufsichtsbehörden (IOSCO) und IASC "abgestimmten internationalen Rechnungslegungsstandards vorliegen, auf deren Grundlage sodann auf der ganzen Welt von Börsen Konzernabschlüsse anerkannt werden sollen ... (ausscheidet; d.V.), da der Regelungsbedarf bereits heute besteht"; Deutscher Bundestag, Drucksache 13/7141, S. 2. Ebenfalls wäre eine Überarbeitung der deutschen Konzernrechnungslegungsvorschriften aus Zeitgründen nicht zweckgemäß gewesen.

275 Vgl. Art. 3 Satz 2 KapAEG.

276 Vgl. Deutscher Bundestag, Drucksache 13/9909, S. 12.

277 Vgl. Busse von Colbe, Kapitalgesellschaften, S. 551. Wesentliche Bedeutung an dieser Entwicklung kam hierbei der Daimler-Benz AG mit ihrer Notierung an der New Yorker Börse zu.

278 Vgl. Baukmann/Mandler, Standards, S. 2.

dessen ist zu erwarten, daß sich die Verwendung der vom IASC verabschiedeten Normen zum Weltstandard der Rechnungslegung herausbildet.[279]
In diesem Zusammenhang bleibt weiterhin darauf hinzuweisen, daß auch bereits der größte deutsche Bankkonzern, die Deutsche Bank AG, seit Anfang 1996 jährlich einen Bankkonzernabschluß unter Anwendung der Rechnungslegungsvorschriften des IASC vorlegt.[280] Die Entscheidung zugunsten der Übernahme der Bestimmungen des IASC resultierte insbesondere aus der Überlegung, die deutsche Rechnungslegung nicht durch die Inanspruchnahme einer anderen nationalen Rechnungslegung - wie die US-amerikanische - zu ersetzen. Insofern strebt die Deutsche Bank AG mit diesem Entschluß "weniger eine andere Form nationaler als eine "echte" internationale Vergleichbarkeit an. Hätte sie die US-Richtlinie befolgt, dann hätte sie eine Bilanzierungsübereinstimmung mit amerikanischen Banken gewonnen, aber um den Preis, daß darunter die Vergleichbarkeit mit europäischen Instituten zum Teil gelitten hätte".[281] Zudem sind nach der Verabschiedung des KapAEG und der damit einhergehenden Möglichkeit zur Aufstellung eines IAS- oder US-GAAP-Abschlusses als befreiender Bankkonzernabschluß - soweit ersichtlich - zwei weitere deutsche Bankkonzerne dem Vorbild der Deutschen Bank AG gefolgt. Erstmals hat sowohl die Commerzbank AG als auch die Trinkaus & Burkhardt KGaA ihren Bankkonzernabschluß für das Geschäftsjahr 1997 nach den IASC-Richtlinien erstellt. Obschon alle anderen deutschen Bankkonzerne zum derzeitigen Stand ihre Bankkonzernabschlüsse weiterhin nach deutschem Recht publizieren, ist davon auszugehen, daß die deutschen Bankkonzerne im Falle der Inanspruchnahme der "Öffnungsklausel"[282] des § 340i Abs. 1 Satz 1 HGB i.V.m. § 292a HGB dem Vorbild der Deutschen Bank AG folgen und damit dem Normenwerk des IASC Vorzug gewähren werden. Demzufolge

---

279 Vgl. Goebel, Möglichkeiten, S. 1037; dies., Konzernrechnungslegung, S. 2457; Goebel/Fuchs, Anwendung, S. 1521; IDW (Hrsg.), WP-Handbuch, M, Tz. 104; Krumnow, Bilanzierung, S. 5; ders., IAS-Rechnungslegung, S. 397. Zu einem anderen Ergebnis - die US-GAAP seien der Rechnungslegungsstandard der Zukunft - kommt eine empirische Studie von Förschle/Glaum/Mandler, US-GAAP, S. 405 ff. Vgl. dazu ebenso Eisolt, Überlegungen, S. 1132.

280 Vgl. Deutsche Bank AG, Geschäftsbericht, S. 1 ff. Der Abschluß nach HGB wurde daraufhin von der Deutschen Bank AG nur noch auf Anforderung versandt.

281 Krumnow, IAS-Rechnungslegung, S. 397.

282 Wollmert/Oser, IAS-Abschluß, Tz. 21; im Original mit Hervorhebung.

scheint die Richtung, daß sich die IAS gleichfalls für international tätige deutsche Bankkonzerne zur gängigen Rechnungslegungsnorm entwickeln, festgelegt.
Angesichts dieser Entwicklungen sind die nachfolgenden Ausführungen auf eine Rechnungslegung nach den Bestimmungen des IASC gerichtet.

2.2 Das IASC und seine Standards

2.2.1 Zielsetzung und Struktur des IASC

Das IASC ist ein unabhängiger privatrechtlicher Zusammenschluß von sich mit der externen Rechnungslegung befassenden Berufsverbänden aus verschiedenen Ländern. Auf Initiative englischer Accountants und Chartered Accountants wurde das Committee am 29. Juni 1973 in London von 10 Wirtschaftsprüferorganisationen gegründet, welche sich mit Problemen im Zusammenhang mit der Vereinheitlichung der Rechnungslegung beschäftigten.[283]
Seitdem ist die Mitgliederzahl des IASC stark gewachsen. Gegenwärtig sind im IASC 119 Mitglieder und 6 assoziierte Mitglieder aus 88 Ländern vertreten.[284] Zum Kreis der im IASC vertretenden berufsständischen Organisationen zählen nicht nur Wirtschaftsprüfer, sondern ebenso rechnungslegende Unternehmen sowie internationale Finanzanalysten. Deutsche Mitglieder im IASC sind das IDW und die Wirtschaftsprüferkammer.[285]
Nach der derzeit gültigen Satzung werden die Geschäfte des IASC vom Board geführt, dem Delegierte von Mitgliedsorganisationen aus 13 Ländern, darunter auch Deutschland, sowie bis zu vier an Rechnungslegungsfragen interessierte Organisationen angehören.[286] Vertreter des FASB, der IOSCO und der EU-Kommission haben Beobachterstatus.[287] Jedes im Board vertretene Mitglied hat eine Stimme. Entscheidungen werden, sofern nichts Gegensätzliches vor-

283 Vgl. Born, Rechnungslegung, S. 35; Hayn, Standards, S. 715; Kleekämper, Aktivitäten, S. 102 f.; ders., Rechnungslegung, S. 45; Rost, Harmonisierungsprozeß, S. 113 f.
284 Stand Januar 1997; vgl. IASC (Hrsg.), Standards 1997, S. 23.
285 Vgl. Bellavite-Hövermann/Prahl, Bankbilanzierung, S. 11; KPMG Deutsche Treuhand-Gesellschaft (Hrsg.), Standards, S. 13; Rost, Harmonisierungsprozeß, S. 113 f.
286 Vgl. P.1.
287 Vgl. IASC (Hrsg.), Standards 1997, S. 24. Zu einer Übersicht über das Beziehungsgeflecht des IASC vgl. ferner Haller, Rolle, S. 1299.

geschrieben ist (ein neuer IAS bedarf zu seiner Verabschiedung bspw. mindestens 75% der Stimmen), mit einfacher Mehrheit herbeigeführt. In Anbetracht der sich in der Minderheit befindenden Mitgliedsorganisationen mit kontinentaleuropäischer Rechnungslegungstradition dominiert im Board der anglo-amerikanische Einfluß.[288]

Das IASC ist die einzige Institution, welches sich unabhängig von nationalen Interessen und politischen Einflüssen zur Aufgabe gemacht hat, ein weltweites Grundverständnis in Fragen der Rechnungslegung zu erwirken.[289] Insofern lassen sich folgende Zielsetzungen des IASC ableiten:[290]

- im Interesse der Öffentlichkeit Rechnungslegungsstandards zu formulieren und zu veröffentlichen, welche bei der Erstellung und Präsentation von Abschlüssen beachtet werden sollen sowie deren weltweite Anerkennung und Einhaltung zu fördern und
- allgemein an der Verbesserung und Harmonisierung der Regulierungen, der Rechnungslegungsstandards und der Prozesse, die im Zusammenhang mit der Erstellung und Präsentation von Abschlüssen stehen, zu arbeiten.

Die internationale Zusammensetzung und der mehrstufige Entwicklungsprozeß zur Ausarbeitung von Vorschriften[291] sollen hierbei gewährleisten, daß die vom IASC kodifizierten Normen qualitativ hochwertig und international verständlich sind. Das IASC kann folglich zu einer der bedeutendsten Organisationen gezählt werden, das sich mit der weltweiten Harmonisierung der externen Rechnungslegung befaßt.[292]

---

288 Vgl. Bellavite-Hövermann/Prahl, Bankbilanzierung, S. 14; Kleekämper, Rechnungslegung, S. 46; Kleekämper/Kuhlewind, Organisation, Tz. 32 ff.; KPMG Deutsche Treuhand-Gesellschaft (Hrsg.), Standards, S. 15.

289 Vgl. Menn, Übernahme, S. 127.

290 Vgl. P.2.

291 Zum Entwicklungsprozeß eines IAS vgl. IASC (Hrsg.), Standards 1997, S. 26 f. Vgl. ferner die Tabelle 49 von Pellens, Rechnungslegung, S. 390 f. sowie die Abbildung 2 von Risse, Standard-Setting, S. 833.

292 Vgl. Bellavite-Hövermann/Prahl, Bankbilanzierung, S. 11.

2.2.2 Konzeption der IASC-Rechnungslegung

Den IASC-Vorschriften zur Rechnungslegung liegt ein zweistufiges Regelwerk zugrunde: das "Framework for the Preparation and Presentation of Financial Statements" sowie die einzelnen Standards.[293] Dem vorangestellt ist ein "Preface to Statements of International Accounting Standards". Das Preface bzw. Vorwort geht vorwiegend auf die Zielsetzungen, Rechnungslegungsgrundsätze sowie Arbeitsweisen des IASC ein und erläutert zudem den Anwendungsbereich der IAS.[294] Da die Stellung des Vorworts innerhalb des IASC-Normensystems bisher allerdings weder näher beschrieben noch beim IASC selbst präzise definiert wird, kommt dem Preface infolge fehlender rechtssystematischer Einordnung im allgemeinen keine Bedeutung zu.[295]

Als Rahmenkonzept für eine Rechnungslegung nach den IASC-Vorschriften gilt hingegen das im Juli 1989 vom IASC verabschiedete Framework.[296] Das Framework stellt die Grundlage zur Entwicklung künftiger sowie Auslegung und Überarbeitung bestehender IAS dar.[297] "Es gewährleistet die Konsistenz der IAS und dient insofern als Koordinationsinstrument".[298] Insbesondere werden im einzelnen die Bestandteile der Berichterstattung nach IAS,[299] die verfolgten Ziele der IAS-Anwendung,[300] die den IAS zugrundeliegenden Prämissen,[301] die qualitativen Anforderungen an die IAS-Rechnungslegung,[302] die Posten des IAS-Abschlusses[303] sowie grundlegende Bilanz- und Bewertungs-

---

293 Vgl. Wollmert/Achleitner, Konzeption, Tz. 7.

294 Vgl. P.2 ff.

295 Vgl. Risse, Abschluss, S. 95 f.; Wollmert/Achleitner, Grundlagen, S. 209; dies., Konzeption, Tz. 7.

296 Vgl. Born, Rechnungslegung, S. 44; Glaum/Mandler, Rechnungslegung, S. 124; Risse, Abschluss, S. 96. Bürge/Ohlund, Standards, S. 165 und Kirsch, Standards, S. 581, charakterisieren das Framework als Grundsatzpapier bzw. Grundsatzsystem. Wollmert/Achleitner, Grundlagen, S. 209; dies., Konzeption, Tz. 8, bezeichnen das Framework als theoretischen Unterbau. Haller, Rolle, S. 1301, faßt es hingegen "als "quasi theoretische", konzeptionelle Grundlage zur deduktiven Ableitung von IAS" auf.

297 Vgl. F.1.

298 KPMG Deutsche Treuhand-Gesellschaft (Hrsg.), Standards, S. 18.

299 Vgl. F.7.

300 Vgl. F.12 ff.

301 Vgl. F.22 f.

302 Vgl. F.24 ff.

303 Vgl. F.47 ff.

vorschriften geregelt.[304] Darüber hinaus werden verschiedene Kapital- und Kapitalerhaltungskonzepte erörtert.[305]
Die IAS regeln demgegenüber Einzelfragen der Rechnungslegung, wobei sich jeder IAS grundsätzlich mit einem abgegrenzten Problemkomplex befaßt.[306] Derzeit umfaßt das Normensystem des IASC 31 in Kraft befindliche IAS. Allerdings unterscheidet das IASC nicht immer explizit zwischen Vorschriften, die einerseits nur für die Erstellung des Einzelabschlusses relevant sind und andererseits nur für den Konzernabschluß Geltung besitzen. Infolgedessen haben die IAS - von Teilbereichen in einzelnen Vorschriften abgesehen - sowohl für den Einzel- als auch für den Konzernabschluß Gültigkeit.[307] Überdies ist hervorzuheben, daß nur ein IAS als lex specialis bankspezifische Rechnungslegungsnormen beinhaltet.[308] Die Spezialvorschrift geht bei Bankkonzernen den übrigen Standards vor.[309]

In Anbetracht der teilweise fehlenden Trennschärfe zwischen den einzelnen IAS und dem Framework, kann es indessen verschiedentlich zu Konflikt- und Überschneidungsfällen innerhalb des IASC-Normensystems kommen. Hinsichtlich derartiger Situationen ist in F.2 eindeutig kodifiziert, daß das Framework weder die Rechtswirkung eines Rechnungslegungsstandards besitzt noch als overriding principle zu den IAS aufzufassen ist. Folglich hat die Beachtung der einzelnen IAS in Konflikt- und Überschneidungsfällen Vorrang.[310]

---

304 Vgl. F.82 ff.
305 Vgl. F.102 ff.
306 Vgl. KPMG Deutsche Treuhand-Gesellschaft (Hrsg.), Standards, S. 18.
307 Vgl. Hayn, Standards, S. 718.
308 Vgl. IAS 30 "Disclosures in the Financial Statements of Banks and Similar Financial Institutions".
309 Vgl. Bellavite-Hövermann/Prahl, Bankbilanzierung, S. 21.
310 Vgl. Bellavite-Hövermann/Prahl, Bankbilanzierung, S. 18; KPMG Deutsche Treuhand-Gesellschaft (Hrsg.), Standards, S. 18; Pellens, Rechnungslegung, S. 405 f.; Wollmert/Achleitner, Konzeption, Tz. 11. Es ist aber davon auszugehen, daß mögliche Konflikte und Überschneidungen in Zukunft immer seltener auftreten werden, da das IASC die noch zu entwickelnden sowie die bereits bestehenden und noch zu überarbeitenden Normen entsprechend abstimmen wird.

2.2.3 Zwecke und Adressaten der Bankkonzernrechnungslegung nach IAS

Die Rechnungslegung nach der Konzeption des IASC dient der Vermittlung von Informationen über die Vermögens-, Finanz- und Ertragslage und deren Veränderungen sowie über die Leistungsfähigkeit eines Unternehmens, um damit einem breiten Spektrum von Nutzern derartiger Informationen beim Treffen ihrer wirtschaftlichen Entscheidungen helfen zu können.[311] Insofern hat der nach den Normen des IASC aufgestellte Bankkonzernabschluß ausschließlich eine Informationsfunktion gegenüber seinen Adressaten. Dem Bankkonzernabschluß kommt daher weder eine Ausschüttungs- noch eine Steuerbemessungsfunktion zu.[312]
Adressaten einer Rechnungslegung nach den IASC-Vorschriften sind gegenwärtige und potentielle Investoren, Arbeitnehmer, Kreditgeber, Lieferanten und andere Kreditoren, Kunden, Regierungen und ihre Behörden sowie die Öffentlichkeit.[313] Als weitere Adressaten sind Gewerkschaften, Finanzanalysten, Statistiker, Ökonomen und Steuerbehörden zu nennen.[314] Wenngleich die verlangten Informationen demzufolge einer Vielzahl von Adressaten zugute kommen sollen, ist die anglo-amerikanisch geprägte Bankkonzernrechnungslegung nach den Richtlinien des IASC vorrangig auf die Interessen der Gruppe der Investoren gerichtet.[315] Diese Ausrichtung belegen auch die Ausführungen in F.10, wonach die Informationsinteressen der meisten anderen Adressaten mit denen der Investoren grundsätzlich gleichgesetzt werden.

Nach Auffassung des IASC soll eine Bankkonzernrechnungslegung nach IAS letztlich gegenwärtige und potentielle Investoren mit entscheidungsrelevanten, vergleichsfähigen Daten auf der Suche nach der für sie günstigsten Kapitalanlage unterstützen.[316]

---

311 Vgl. F.12.
312 Vgl. KPMG Deutsche Treuhand-Gesellschaft (Hrsg.), Standards, S. 25; Küting/Weber, Konzernabschluß, S. 449; Wollmert/Achleitner, Konzeption, Tz. 5.
313 Vgl. F.9.
314 Vgl. IAS 1.11.
315 Vgl. Goebel, Konzernrechnungslegung, S. 2458; Hayn, Standards, S. 719; KPMG Deutsche Treuhand-Gesellschaft (Hrsg.), Standards, S. 25.
316 Vgl. Kleekämper, Rechnungslegung, S. 49.

3 Der IAS-Abschluß als befreiender Bankkonzernabschluß

Mit der Verabschiedung des KapAEG hat der Gesetzgeber einen Wendepunkt in der externen Rechnungslegung deutscher Bankkonzerne markiert. Die Bankkonzerne können den neuen Vorschriften zufolge nach internationalen Normen Rechnung legen, ohne zusätzlich einen den handelsrechtlichen Bestimmungen entsprechenden Bankkonzernabschluß erstellen zu müssen. Demgemäß stehen den inländischen Bankkonzernen für die Ausrichtung ihrer konsolidierten Rechnungslegung damit grundsätzlich folgende beiden Handlungsalternativen zur Verfügung:[317]

(1) Die deutschen Bankkonzerne können ihre Bankkonzernabschlüsse nach IAS jeweils unter Beachtung der zwingenden Regelungen der EU-Richtlinien aufstellen und mit befreiender Wirkung auch in Deutschland verwenden. Auf die Erstellung eines handelsrechtlichen Bankkonzernabschlusses kann somit verzichtet werden.

(2) Die deutschen Bankkonzerne können, wie bisher, in unveränderter Form ihren handelsrechtlichen Bankkonzernabschluß aufstellen, müssen aber weiterhin damit rechnen, an bestimmten ausländischen Märkten nur eingeschränkte oder keine Kapitalbeschaffungs- und Refinanzierungsmöglichkeiten zu besitzen.

Vor diesem Hintergrund ist allerdings der grundlegenden Frage nachzugehen, ob allen einen Bankkonzernabschluß erstellenden deutschen Bankkonzernmutterunternehmen die Möglichkeit offensteht, einen Abschluß nach den Vorschriften des IASC als - von der Pflicht zur handelsrechtlichen Bankkonzernrechnungslegung - befreienden Bankkonzernabschluß zu publizieren. Die zentrale Befreiungsvoraussetzung[318] wird in diesem Kontext das vom Gesetzgeber in § 340i Abs. 1 Satz 1 HGB i.V.m. § 292a Abs. 1 Satz 1 HGB kodifizierte Merkmal des börsennotierten Unternehmens, welches Mutterunternehmen eines Bankkonzerns ist, sein.

---

317 Vgl. Deutscher Bundestag, Drucksache 13/7141, S. 9.

318 Zu weiteren Befreiungsvoraussetzungen vgl. Gliederungspunkt 1.2 in diesem Kapitel.

Ein Mutterunternehmen ist nach der neuen Vorschrift weiterhin jedes Unternehmen im Sinne des § 340i Abs. 1 Satz 1 HGB i.V.m. § 290 HGB sowie des § 340i Abs. 3 HGB. Die Befreiungsregel kann hingegen nur in Anspruch genommen werden, sofern das Bankkonzernmutterunternehmen zudem an einer inländischen oder ausländischen Börse notiert ist.[319] Als börsennotiert sind alle Gesellschaften zu betrachten, "deren Aktien an einem Markt gehandelt werden, der von staatlich anerkannten Stellen geregelt und überwacht wird, regelmäßig stattfindet und für das Publikum mittelbar oder unmittelbar zugänglich ist".[320] Gerade das Tatbestandsmerkmal der Börsennotierung wird von einer Vielzahl der in Anhang 2 aufgeführten, einen konsolidierenden Abschluß erstellenden deutschen Bankkonzernmutterunternehmen nicht erfüllt. Demzufolge kommt die handelsrechtliche Öffnungsklausel für die Aufstellung eines befreienden Bankkonzernabschlusses nicht für alle Bankkonzerne in Betracht.

Darüber hinaus gilt zu bedenken, daß die Entscheidung zugunsten erstgenannter Alternative und damit zugunsten einer Implementierung internationaler Rechnungslegungsnormen im allgemeinen zu einer erhöhten Transparenz der Bankkonzernabschlüsse führt. Grundsätzlich kann unterstellt werden, daß der Bankkonzernabschluß nach den Vorschriften des IASC im Vergleich zu den handelsrechtlichen Abschlüssen sowohl ein klareres Bild der Vermögens-, Finanz- und Ertragslage des Bankkonzerns darlegt als auch erheblich mehr quantitative und qualitative Informationen aufweist.[321] Im Ergebnis zeichnet sich die Darlegung eines nach IASC-Bestimmungen aufgestellten Bankkonzernabschlusses insofern durch größere Informationsoffenheit und vergleichsweise geringere eigenverantwortlichen Steuerungsmöglichkeiten bei der Bereitstellung und Beeinflussung von zu publizierenden Rechnungslegungsdaten aus. Auch dieses wird im Rahmen einer Entscheidung zur Aufstel-

---

319 Vgl. Deutscher Bundestag, Drucksache 13/7141, S. 16.

320 Vgl. Art. 1 Nr. 1 Buchstabe c) KonTraG. Hierzu zählt nach Auffassung des Gesetzgebers auch der "Neue Markt"; vgl. Deutscher Bundestag, Drucksache 13/7141, S. 16.

321 Vgl. Goebel/Fuchs, Anwendung, S. 1522.

lung eines befreienden Bankkonzernabschlusses berücksichtigt werden müssen.[322]

Wenngleich beide zur Diskussion stehenden Normensysteme auf die Vermittlung von Informationen zur Vermögens-, Finanz- und Ertragslage abzielen, darf ferner nicht übersehen werden, daß die Anwendung der Vorschriften des IASC im allgemeinen auch eine Verschiebung von der in Deutschland dominierenden gläubigerschutzorientierten Rechnungslegung zu einer kapitalmarktorientierten, vorrangig den Investitionsentscheidungen und kurzfristigen Gewinninteressen dienenden externen Berichterstattung bedingt. Im Mittelpunkt der internationalen Rechnungslegung steht daher die Informationsversorgung der Akteure an den globalen Kapitalmärkten nach dem Grundsatz des Anteilseignerschutzes auf der Basis einer entscheidungsrelevanteren Bilanzierung.[323] Der Gläubigerschutz verliert demzufolge an Bedeutung.[324]

Festzuhalten gilt weiterhin, daß bei der Aufstellung von IAS-Abschlüssen noch eine Anzahl von (Detail-) Problemen ungelöst und das Regelungswerk des IASC somit noch nicht ganz abgeschlossen ist.

Eine entscheidende Frage wird überdies lauten, ob und inwiefern deutsche Bankkonzerne, welchen die Möglichkeit zur Erfüllung der Befreiungstatbestände offensteht, insgesamt gewillt sind, tradierte Rechnungslegungsgrundsätze zugunsten des IASC-Konzepts aufzugeben.

Da dennoch davon auszugehen ist, daß - neben den drei erwähnten Bankkonzernen - weitere, vorwiegend dem Kreditbankenbereich zuzuordnenden Mutterunternehmen dem Abschluß nach den Vorschriften des IASC als befrei-

---

322 Biener, Öffnung, S. 117, konstatiert in diesem Zusammenhang, "daß der Umfang der Publizitätsanforderungen ... nach IAS so erheblich ist, daß auch große börsennotierte Aktiengesellschaften hierzu nur ausnahmsweise bereit sein werden".

323 Vgl. Biener, Möglichkeiten, S. 15 f.; Bormann, Harmonisierung, S. 41 f.; Busse von Colbe, Anpassung, S. 373 ff.; GEFIU, Möglichkeiten, S. 1137; Glaum/Mandler, Rechnungslegung, S. 85 ff.; Goebel, Konzernrechnungslegung, S. 2458; Krumnow, Bilanzierung, S. 5; ders., Konzerne, S. 18; Liener, Unternehmen, S. 271 f.; Schruff, Vereinheitlichung, S. 406 f.; Wollmert/Achleitner, Konzeption, Tz. 4 f.

324 Vgl. Krumnow, Konzerne, S. 18.

enden Bankkonzernabschluß künftig eine immer größere Rolle zumessen werden, wird auf die internationalen Rechnungslegungsnormen jeweils nach Abhandlung der bankkonzernabschlußpolitischen Instrumente eingegangen. Augenmerk wird hierbei insbesondere auf die Beurteilung des Instrumentariums der Bankkonzernabschlußpolitik nach deutschem Recht aus dem Blickwinkel der Bankkonzernrechnungslegung nach den Vorschriften des IASC gelegt werden.

Viertes Kapitel

Analyse des Instrumentariums der Weltkonzernabschlußpolitik deutscher Bankkonzerne

1 Überblick

Als Instrumentarium der Weltkonzernabschlußpolitik deutscher Bankkonzerne läßt sich im allgemeinen die Gesamtheit aller der im konkreten Einzelfall zur Verfügung stehenden Instrumente bzw. Maßnahmen auffassen, die zur Beeinflussung der bankkonzernabschlußpolitischen Zielgrößen in Anspruch genommen werden können. Die grundsätzlich verfügbaren Instrumente sollen nachfolgend ermittelt und analysiert werden. Es verbleibt an dieser Stelle aber nochmals darauf zu verweisen, daß das zu erarbeitende Instrumentarium bankkonzernabschlußpolitischer Maßnahmen infolge möglichenfalls vorhandener Sonder- und Spezialfälle nicht abschließend sein kann. Des weiteren werden die einzelnen Instrumente nicht für alle Bankkonzerne von gleicher Bedeutung sein. Vielmehr ist davon auszugehen, daß die vorhandenen Instrumente entsprechend den jeweiligen bankkonzernindividuellen Präferenzen und Strukturen in unterschiedlichem Ausmaß und Umfang zum Einsatz gelangen werden.

Die folgende Systematik der Untersuchung soll dabei grundsätzlich der im Gliederungspunkt 7 im zweiten Kapitel dargelegten Mehrstufigkeit sowie dem Aufbau der zugrundeliegenden gesetzlichen Vorschriften Rechnung tragen.

Jeweils am Ende der Hauptabschnitte werden die einzelnen bankkonzernabschlußpolitischen Instrumente aus dem Blickwinkel einer Rechnungslegung nach den Vorschriften des IASC betrachtet.

Daran anschließend werden die Ergebnisse der Untersuchung zusammengefaßt und tabellarisch dargestellt.[325] Hierbei wird die Möglichkeit der Einflußnahme auf die Bankkonzernbilanzsumme, das bilanzielle Bankkonzerneigenkapital sowie das Bankkonzernjahresergebnis mittels der Instrumente der Weltkonzernabschlußpolitik deutscher Bankkonzerne nochmals im Überblick

325 Die Darstellungsweise erfolgt in Anlehnung an die Tabelle 1 von Klein/Partsch, Bedeutung, S. 946 sowie die Übersichten von Scheren, Möglichkeiten, passim; ders., Konzernabschlußpolitik, passim.

dargelegt. Zudem wird die Existenz der Wirkungen der verschiedenen Maßnahmen aus der Sicht einer Bankkonzernabschlußerstellung nach IAS aufgezeigt. Daneben findet die Erkennbarkeit der Maßnahmen für externe Abschlußadressaten gleichfalls entsprechende Berücksichtigung.

2 Der Konsolidierungskreis als Objekt der Weltkonzernabschlußpolitik deutscher Bankkonzerne

2.1 Einführung

Bevor überhaupt ein Bankkonzernabschluß erstellt werden kann, ist der Kreis der in die Konsolidierung einzubeziehenden Bankkonzernunternehmen abzugrenzen. Hierbei geht es im wesentlichen um die Frage, welche Einzelabschlüsse von Unternehmen des Bankkonzerns in den Weltkonzernabschluß des Bankkonzernmutterunternehmens einzubeziehen sind.

Die Darstellung der wirtschaftlichen Lage des Bankkonzerns hängt erheblich von den im Konsolidierungskreis[326] aufgenommenen Bankkonzernunternehmen ab:[327] Denn sofern die Möglichkeit besteht, ein Bankkonzernunternehmen nicht dem Konsolidierungskreis zuzurechnen, werden dem bankkonzernabschlußpolitischen Entscheidungsträger weitgehende Spielräume anheimgestellt, extern nicht ersichtliche Gewinne und Verluste zu verbergen. Zudem stellt der Kreis der einzubeziehenden Bankkonzernunternehmen die Geschäftsbereiche und Länder dar, in denen der Bankkonzern tätig ist und spiegelt insbesondere auch die für den gesamten Bankkonzern inhärenten Risiken[328] wieder.[329]

---

326 Der Gesetzgeber verwendet den Terminus des "Konsolidierungskreises" lediglich für einzubeziehende Tochterunternehmen. Dieser engen Abgrenzung des (Voll-) Konsolidierungskreises wird im weiteren Verlauf dieser Arbeit nicht entsprochen. Vielmehr werden dem Konsolidierungskreis nicht nur Bankkonzerntochterunternehmen, sondern auch alle zu berücksichtigenden Gemeinschaftsunternehmen und assoziierte Unternehmen des Bankkonzerns zugerechnet. Demzufolge wird eine Abgrenzung des Konsolidierungskreises im weiteren Sinn unterstellt.

327 Vgl. Scheren, Konzernabschlußpolitik, S. 142; Staks, Aussagefähigkeit, Rn. 219; Werthmöller, Rechnungslegung, S. 85.

328 Zu möglichen Risiken und Problemen bei international tätigen Banken vgl. Büschgen, Finanzmanagement, S. 284 ff.

329 Vgl. Krehl, Konzernbilanzanalyse, S. 356.

Der Informationsgehalt über die gesamte wirtschaftliche Lage sowie über die gesamte Struktur des Bankkonzerns wird demgemäß entscheidend von der Gestaltung des Konsolidierungskreises bestimmt.
Im folgenden werden die Möglichkeiten zur Beeinflussung des Konsolidierungskreises diskutiert. Dies geschieht vor dem Hintergrund der nach der Stufenkonzeption des HGB zur Konsolidierung in Betracht kommenden Bankkonzernunternehmen.

2.2 Die handelsrechtliche Stufenkonzeption

Während das AktG 1965 nur die unter der einheitlichen Leitung des Bankkonzerns stehenden und folglich der Vollkonsolidierung unterliegenden Tochterunternehmen kannte, liegt der Bankkonzernrechnungslegung nach handelsrechtlichen Vorschriften das sog. Stufenkonzept zugrunde. Danach wird von einem stufenweisen Übergang vom Kern der Unternehmensgruppe zur Umwelt ausgegangen, der durch verschiedene Intensitäten der Einflußnahme der Bankkonzernobergesellschaft auf andere Unternehmen gekennzeichnet ist.[330] Aufgrund dessen werden verschiedene Stufen der Integration von den in den Bankkonzernabschluß einzubeziehenden Bankkonzernunternehmen unterschieden.
Die erste Stufe und damit der Kern der Unternehmensgruppe bilden die voll zu konsolidierenden Tochterunternehmen, auf die das Bankkonzernmutterunternehmen den größten Einfluß nehmen kann. Die zweite Stufe stellen die unter gemeinsamer Führung mit einem oder mehreren Dritten stehenden und regelmäßig quotal zu konsolidierenden Gemeinschaftsunternehmen dar. Über die dritte Stufe der assoziierten Unternehmen, die die Ausübung einer maßgeblichen Einflußnahme zulassen und i.d.R. nach der Equity-Methode zu bewerten sind, wird schließlich die letzte Übergangsstufe zur Umwelt erreicht.

330 Vgl. Busse von Colbe/Chmielewicz, Bilanzrichtlinien-Gesetz, S. 326; Lück, Rechnungslegung, S. 62; Ordelheide, Konzern, S. 297 f. Die Stufenkonzeption darf hierbei nicht mit den Schritten zur Aufstellung des Bankkonzernabschlusses verwechselt werden.

Diese Stufe bilden einfache Beteiligungsunternehmen,[331] deren Anteile ohne Ausübung eines maßgeblichen Einflusses gehalten werden.[332]

331 Darunter sind grundsätzlich Anteile im Sinne von § 271 Abs. 1 HGB zu verstehen. Die Anteile an diesen Unternehmen werden im Bankkonzernabschluß nicht besonders konsolidiert, sondern vielmehr nur mit den Anschaffungskosten bewertet und abgebildet. Auf eine weitere Darstellung im Rahmen der Bankkonzernabschlußpolitik kann deshalb verzichtet werden.

332 Vgl. zur Stufenkonzeption Baetge, Konzernbilanzen, S. 105 f.; Busse von Colbe/Chmielewicz, Bilanzrichtlinien-Gesetz, S. 326 f.; Busse von Colbe/Ordelheide, Konzernabschlüsse, S. 46 f.; Fliess, Konzernabschluß, S. 55 ff.; Krawitz, Abgrenzung, S. 343 ff.; Krumnow/Sprißler/Bellavite-Hövermann/Kemmer/Steinbrücker, Kommentierung § 340i, j HGB, Rn. 8; Ordelheide, Konzern, S. 298 f.; ders., Rechnungswesen, S. 310. Im Zusammenhang mit der Stufenkonzeption sprechen Baetge/Thiele, Abgrenzung, S. 513, davon, daß das HGB nicht nur einen, sondern mehrere Konsolidierungskreise festschreibt. Ferner ist anzumerken, daß die auf die verschiedenen Bankkonzernunternehmenstypen anzuwendenden Konsolidierungsmethoden den 'Normalfall' darstellen.

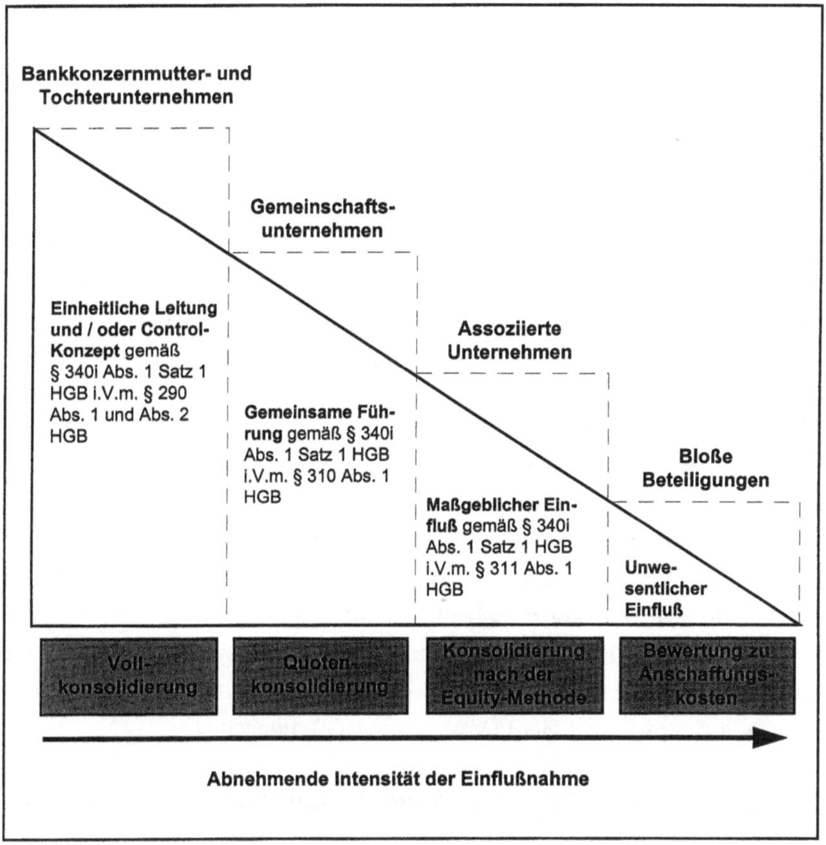

Abbildung 4: Das handelsrechtliche Stufenkonzept[333]

333 In Anlehnung an die Abbildung von Krumnow/Sprißler/Bellavite-Hövermann/Kemmer/Steinbrücker, Kommentierung § 340i, j HGB, Rn. 8; Prahl/Naumann, Bankkonzernrechnungslegung, S. 237; Steudter, Entscheidungsmodelle, S. 94.

2.3 Die Einbeziehung von vollständig zu konsolidierenden Tochterunternehmen

2.3.1 Überblick sowie die rechtsformspezifischen Vorschriften für deutsche Bankkonzerne

Eine wesentliche Vorschrift zur Abgrenzung des Konsolidierungskreises hat der Gesetzgeber in § 340i Abs. 1 Satz 1 HGB i.V.m. § 294 Abs. 1 Halbsatz 1 HGB kodifiziert, wonach das Bankkonzernmutterunternehmen und alle Tochterunternehmen in den Bankkonzernabschluß einzubeziehen sind. Grundvoraussetzung für die Einbeziehung ist indessen die Existenz eines Bankkonzernmutter-Tochter-Verhältnisses im Sinne des § 340i Abs. 1 Satz 1 HGB i.V.m. § 290 HGB. Diese Gesetzesvorschrift trifft somit eine Vorauswahl bzgl. der in den Bankkonzernabschluß einzubeziehenden Unternehmen.[334] Ist ein solches Mutter-Tochter-Verhältnis einmal festgestellt, so müssen im Rahmen der Vollkonsolidierung die entsprechenden Unternehmen ohne Rücksicht auf deren Sitz in den Bankkonzernabschluß einbezogen werden.[335] Abweichungen hiervon sind nur in den Fällen eines Konsolidierungsverbotes nach § 340i Abs. 1 Satz 1 HGB i.V.m. § 295 HGB bzw. eines Konsolidierungswahlrechts nach § 340i Abs. 1 Satz 1 HGB i.V.m. § 296 HGB möglich.

2.3.2 Maßnahmen auf der Ebene der Einbeziehungspflicht von Tochterunternehmen

Die Einbeziehungspflicht von Tochterunternehmen ist anhand der Vorschriften zur Aufstellung eines Bankkonzernabschlusses zu prüfen.
Die Verpflichtung zur Aufstellung eines Bankkonzernabschlusses ist an die Voraussetzung eines Bankkonzernmutter-Tochter-Verhältnisses gebunden, welchem mit der Regelung des § 340i Abs. 1 Satz 1 HGB i.V.m. § 290 HGB zwei theoretisch sehr unterschiedliche Konzepte zugrunde liegen. § 340i Abs.

---

334 Vgl. Sahner/Kammers, Kommentierung § 294, Rn. 10; Siebourg, Aufstellung, S. 55.

335 Unzulässig ist hingegen, Unternehmen, die nicht unter die Anwendung des § 340i Abs. 1 Satz 1 HGB i.V.m. § 290 HGB fallen und somit auch nicht im Rahmen der Vollkonsolidierung erfaßt werden, freiwillig in den Vollkonsolidierungskreis aufzunehmen; vgl. Budde/Seif, Kommentierung § 294, Anm. 12.

1 Satz 1 HGB i.V.m. § 290 Abs. 1 HGB beinhaltet das sog. Konzept der einheitlichen Leitung und § 340i Abs. 1 Satz 1 HGB i.V.m. § 290 Abs. 2 HGB das sog. Control-Konzept. Sind bereits die Voraussetzungen eines der beiden Konzepte erfüllt, führt dies unmittelbar zur Aufstellungspflicht.[336] Beide Konzepte bestehen daher nebeneinander, wenngleich sich in der Mehrzahl der Fälle eine Pflicht zur Aufstellung nach beiden Konzepten ergeben wird.[337] Dies bedeutet wiederum, daß die Verpflichtung zur Einbeziehung eines Tochterunternehmens nur dann nicht eintritt, wenn weder die Voraussetzungen des Konzepts der einheitlichen Leitung noch die des Control-Konzepts erfüllt sind. Je nach beabsichtigter bankkonzernabschlußpolitischer Wirkung kann hierbei versucht werden den Kreis der gemäß § 340i Abs. 1 Satz 1 HGB i.V.m. § 294 Abs. 1 Halbsatz 1 HGB zur Konsolidierung in Betracht kommenden Tochterunternehmen entsprechend zu vergrößern bzw. zu verkleinern.

Nach dem **Konzept der einheitlichen Leitung** hat ein Bankkonzern mit einem deutschen Bankkonzernmutterunternehmen in der Rechtsform einer Kapitalgesellschaft dann einen Bankkonzernabschluß aufzustellen, wenn

(1) mindestens ein Tochterunternehmen unter der einheitlichen Leitung des Bankkonzernmutterunternehmens steht und

(2) das Bankkonzernmutterunternehmen an diesem bzw. diesen Tochterunternehmen eine Beteiligung gemäß § 271 Abs. 1 HGB besitzt.[338]

---

336 Vgl. Baetge/Thiele, Pflicht, S. 504; Küting/Weber, Konzernabschluß, S. 66; Odenwald, Aufstellungspflichten, C 200, Rz. 15; Schildbach, Konzernabschluß, S. 74; Treuhand-Vereinigung AG (Hrsg.), Rechnungslegung, S. 21. Greift die Aufstellungspflicht, haben die gesetzlichen Vertreter des bankkonzernrechnungslegungspflichtigen Mutterunternehmens gemäß § 340i Abs. 1 Satz 1 HGB i.V.m. § 290 Abs. 1 Halbsatz 2 HGB den Bankkonzernabschluß innerhalb der ersten fünf Monate des Bankkonzerngeschäftsjahres aufzustellen. Wenngleich in § 340i Abs. 1 Satz 1 HGB i.V.m. § 290 Abs. 2 HGB explizit keine Aufstellungsfrist kodifiziert wurde, findet die Fünf-Monatsfrist beim Control-Konzept gleichermaßen Anwendung; vgl. Adler/Düring/Schmaltz, Kommentierung § 290, Tz. 157. Insofern gilt die Drei-Monatsfrist des § 26 Abs. 1 Satz 1 KWG ausschließlich für Kreditinstitute die einen Einzelabschluß aufstellen.

337 Vgl. IDW, Stellungnahme SABI 1/1988, S. 340; Maas/Schruff, Konzernabschluß, S. 202.

338 Vgl. § 340i Abs. 1 Satz 1 HGB i.V.m. § 290 Abs. 1 HGB.

Dem § 340i Abs. 1 Satz 1 HGB i.V.m. § 290 Abs. 1 HGB "liegt die einheitliche Leitung als dem nach deutschem Rechtsverständnis für den (Bank-; d.V.) Konzern wesensbestimmendem Merkmal zugrunde".[339]

Der Gesetzgeber hat insofern mit dieser Vorschrift vom Grundsatz her die Regelung des AktG 1965[340] übernommen und auf diese Weise von dem Mitgliedstaatenwahlrecht des Art. 1 Abs. 2 Buchstabe b der Siebenten EG-Richtlinie Gebrauch gemacht. Damit wurde an dem im AktG 1965 kodifizierten Terminus der "einheitlichen Leitung" bewußt festgehalten.[341] Allerdings ist in beiden Gesetzen keine eindeutige Begriffsbestimmung enthalten. Gemeinhin ist die einheitliche Leitung dann gegeben, wenn die Bankkonzernleitung die Geschäftspolitik der Bankkonzernunternehmen sowie sonstige grundsätzliche Fragen ihrer Geschäftsführung aufeinander abstimmt.[342] Entscheidend ist, daß die einheitliche Leitung tatsächlich ausgeübt wird; eine bloße theoretische Möglichkeit der Ausübung ist nicht ausreichend.[343] Zudem bedarf es, obschon eine Mindestdauer für das Bestehen der einheitlichen Leitung nicht vorgesehen ist, einer bestimmten nachhaltigen Beeinflussung des zur Diskussion stehenden Tochterunternehmens.[344]

---

339 Schnicke/Kilgert, Kommentierung § 290, Anm. 5; im Original teilweise mit Hervorhebung. Vgl. ebenso Niehus, Konzernrechnungslegung, S. 278; Siebourg, Kommentierung § 290, Rn. 16.

340 Vgl. §§ 18 und 329 Abs. 1 AktG 1965.

341 Vgl. zu den Änderungen des AktG Art. 2 Bilanzrichtlinien-Gesetz sowie Art. 2 Bankbilanzrichtlinie-Gesetz. Vgl. hierzu ferner Adler/Düring/Schmaltz, Kommentierung § 290, Tz. 14; Baetge/Thiele, Pflicht, S. 505; Biener/Berneke, Bilanzrichtlinien-Gesetz, S. 290; Busse von Colbe/Ordelheide, Konzernabschlüsse, S. 79; Haeger/Zündorf, Abgrenzung, S. 1841; IDW (Hrsg.), WP-Handbuch, M, Tz. 14 und Tz. 17; Maas/Schruff, Konzernabschluß, S. 202; Siebourg, Kommentierung § 290, Rn. 79.

342 Vgl. Kropff, Aktiengesetz, S. 33. Der Autor führt weiter aus, daß diese Abstimmung kein Weisungsrecht voraussetzt. "Sie kann sich vielmehr auch in der lockeren Form gemeinsamer Beratungen vollziehen oder aus einer personellen Verflechtung der Verwaltung ergeben. Eine gesetzliche Festlegung der an die einheitliche Leitung zu stellenden Anforderungen erscheint aber angesichts der vielfältigen Formen, die die Wirtschaft für die Konzernleitung herausgebildet hat, nicht möglich". Zu den Mindestanforderungen hierfür vgl. Bender, Bankenbeteiligungen, S. 73 ff.; Früh/Reinke, Konzernabschluß, S. 55 f.; Odenwald, Aufstellungspflichten, C 200, Rz. 30 ff.; Siebourg, Kommentierung § 290, Rn. 18 ff.

343 Vgl. Bender, Bankenbeteiligungen, S. 75; Früh/Reinke, Konzernabschluß, S. 55; Göttgens/Schmelzeisen, Bankbilanzrichtlinie-Gesetz, S. 81; Odenwald, Aufstellungspflichten, C 200, Rz. 8; Schildbach, Konzernabschluß, S. 78; Schnicke/Kilgert, Kommentierung § 290, Anm. 21; Siebourg, Kommentierung § 290, Rn. 18.

344 Vgl. Siebourg, Kommentierung § 290, Rn. 18.

Mangels fest umrissener Abgrenzungskriterien sowie aufgrund der vielen denkbaren Formen der einheitlichen Leitung beinhaltet der Rechtsbegriff einen nicht unwesentlichen bankkonzernabschlußpolitisch nutzbaren Interpretationsspielraum.[345] Ob eine nachhaltige, tatsächlich ausgeübte einheitliche Leitung vorliegt, bleibt letztlich eine Frage des Einzelfalls.

Weiterhin muß nach § 340i Abs. 1 Satz 1 HGB i.V.m. § 290 Abs. 1 HGB eine Beteiligung im Sinne des § 271 Abs. 1 HGB vorliegen.[346] Als Voraussetzung zum Bestehen eines Beteiligungsverhältnisses gilt, daß die entsprechenden Anteile an anderen Unternehmen dazu bestimmt sind, dem eigenen Geschäftsbetrieb mittels der Herstellung einer dauernden Verbindung zu diesen Unternehmen zu dienen.[347] Hierbei hat der Gesetzgeber zur Zweckbestimmung der Anteile Attribute zur Abgrenzung herangezogen, deren Unbestimmtheit und fehlenden Operationalität wiederum einen Auslegungsspielraum eröffnen.[348]
Ferner wird eine Beteiligungsabsicht gemäß § 271 Abs. 1 Satz 3 HGB im Zweifel schon dann vermutet, wenn dem Bankkonzernmutterunternehmen mehr als 20% des Nennkapitals an einer Kapitalgesellschaft gehören.[349] Die Beteiligungsvermutung gilt unabhängig von der Branche des Tochterunternehmens.[350] Das Mutterunternehmen wird indes mit Hinweis auf das kurzfristige Halten solcher Anteile aus Spekulations- oder Sanierungsgründen die

345 Gleicher Auffassung Klein, Konzernbilanzpolitik, S. 185; Küting, Konzernrechnungslegung, S. 8016; Scheld, Konzernbilanzpolitik, S. 163; Strobel, Begriff, S. 245; im Ergebnis wohl auch Dusemond, Aufstellungspflicht, S. 2036 sowie Sahner/Kammers, Abgrenzung, S. 2150. Vgl. ferner zur Vermutung und zur Widerlegung der Vermutung der einheitlichen Leitung Siebourg, Kommentierung § 290, Rn. 29 ff.

346 Die Beteiligung muß dem Bankkonzernmutterunternehmen 'gehören'. Dabei ist nicht auf formal rechtliche Eigentumsverhältnisse, sondern auf die wirtschaftliche Zugehörigkeit der Beteiligung zum Mutterunternehmen abzustellen; vgl. Adler/Düring/Schmaltz, Kommentierung § 290, Tz. 26; IDW (Hrsg.), WP-Handbuch, M, Tz. 30.

347 Vgl. § 271 Abs. 1 Satz 1 HGB über § 340i Abs. 1 Satz 1 HGB i.V.m. § 290 Abs. 1 HGB.

348 Zur Interpretation der Charakteristika "dem eigenen Geschäftsbetrieb dienen" und "Dauerhaftigkeit" vgl. Adler/Düring/Schmaltz, Kommentierung § 271, Tz. 12 ff.; Biener/Berneke, Bilanzrichtlinien-Gesetz, S. 185; Küting/Köthner/Zündorf, Kommentierung § 311, Rn. 9 f.; Schnicke/Gutike, Kommentierung § 271, Anm. 16 ff.

349 Zur Berechnung der Anteile, die dem Bankkonzernmutterunternehmen gehören vgl. § 271 Abs. 1 Satz 4 HGB i.V.m. § 16 Abs. 2 und Abs. 4 AktG sowie Adler/Düring/Schmaltz, Kommentierung § 271, Tz. 24; Siebourg, Kommentierung § 290, Rn. 60 ff.

350 Vgl. Bieg, Beteiligungsposition, S. 99.

Vermutung entkräften können. Zudem wird ebenso der Verweis auf eine fehlende Möglichkeit der Einflußnahme - gerade im Hinblick auf branchenfremde Unternehmen - ausreichen können.[351]

Da eine Aufstellungspflicht aufgrund der Gesetzesformulierung des § 340i Abs. 1 Satz 1 HGB i.V.m. § 290 Abs. 1 HGB nur bei kumulativer Erfüllung beider Voraussetzungen besteht,[352] ergibt sich aus bankkonzernabschlußpolitischer Perspektive die Folgerung, daß nur ein Tatbestand erfüllt sein darf, sofern die Einbeziehung eines Tochterunternehmens unterbleiben soll.

Unabhängig davon, ob die Voraussetzungen des Konzepts der einheitlichen Leitung kumulativ erfüllt sind, kann ein Bankkonzernmutterunternehmen nach dem **Control-Konzept**[353] zur Aufstellung eines Bankkonzernabschlusses verpflichtet sein, wenn ihr bei einem Tochterunternehmen

(1) die Mehrheit der Stimmrechte der Gesellschafter zusteht oder

(2) das Recht der Bestellung oder Abberufung der Mehrheit der Mitglieder des Verwaltungs-, Leitungs- oder Aufsichtsorgans bei einem bestehenden Gesellschafterverhältnis zusteht oder

(3) das Recht der Ausübung eines beherrschenden Einflusses aufgrund eines mit diesem Tochterunternehmen geschlossenen Beherrschungsvertrags oder aufgrund einer Satzungsbestimmung dieses Tochterunternehmens zusteht.[354]

Bereits das alternative Vorliegen eines dieser bankkonzernkonstitutiven Rechtspositionen begründet unmittelbar die Konsolidierungspflicht. Entschei-

---

351 Vgl. hierzu Hahn, Konzernabschluß, S. 590; Schnicke/Gutike, Kommentierung § 271, Anm. 25.

352 Vgl. Küting, Konzernrechnungslegung, S. 8016.

353 "Obwohl das Control-Konzept erst in Abs. 2 des § 290 HGB (über § 340i Abs. 1 Satz 1 HGB; d.V.) geregelt wird, ist es im neuen (Bank-; d.V.) Konzernbilanzrecht das Grundkonzept für die Verpflichtung zur (Bank-; d.V) Konzernrechnungslegung. Der über § 290 Abs. 2 HGB hinausgehende Anwendungsbereich für das Konzept der einheitlichen Leitung wird vor allem bei Gemeinschaftsunternehmen mit hälftigem Anteilsbesitz und Minderheitsbeteiligung liegen"; Siebourg, Aufstellung, S. 42.

354 Vgl. § 340i Abs. 1 Satz 1 HGB i.V.m. § 290 Abs. 2 HGB.

dend ist hierbei allein das formale Bestehen einer rechtlich abgesicherten Möglichkeit der Beherrschung.[355]

Die Rechtspositionen, die eine Beherrschungsmöglichkeit begründen, sind in § 340i Abs. 1 Satz 1 HGB i.V.m. § 290 Abs. 2 HGB abschließend definiert. Voraussetzung für die Pflicht zur Aufstellung ist, daß die jeweiligen Positionen dem Bankkonzernmutterunternehmen zustehen müssen.

Stehen dem Mutterunternehmen gemäß § 340i Abs. 1 Satz 1 HGB i.V.m. § 290 Abs. 2 Nr. 1 HGB die Mehrheit der Stimmrechte zu, begründet dies eine Verpflichtung zur Bankkonzernrechnungslegung.[356] Die Höhe des Kapitalanteils ist dafür nicht entscheidend, da der Gesetzgeber mit dieser Regelung ausschließlich auf die Stimmrechtsmehrheit abstellt. Aus diesem Grunde kann ebenso bei einer Kapitalbeteiligung von weniger als 50% und dem Bestehen von Mehrstimmrechten gemäß § 340i Abs. 1 Satz 2 HGB i.V.m. § 12 Abs. 2 Satz 2 AktG eine Stimmrechtsmehrheit gegeben sein.[357] Desgleichen bedingt eine Kapitalbeteiligung des Bankkonzernmutterunternehmens an einem Tochterunternehmen von mehr als 50% nicht direkt die Mehrheit der Stimmrechte. Bestimmte aktienrechtliche Vorschriften, Satzungsbestimmungen sowie Gesellschaftsverträge können auch hier dazu führen, daß die Höhe der

---

355 Vgl. Adler/Düring/Schmaltz, Kommentierung § 290, Tz. 28 f.; Albrecht, Kommentierung § 290, Rz. 15; Baetge, Konzernbilanzen, S. 80; Haeger/Zündorf, Abgrenzung, S. 1841; IDW (Hrsg.), WP-Handbuch, M, Tz. 13; Krumnow/Sprißler/Bellavite-Hövermann/Kemmer/Steinbrücker, Kommentierung § 340i, j HGB, Rn. 18 f.; Niehus, Konzernrechnungslegung, S. 278; Sahner/Kammers, Zugehörigkeit, S. 1841; Siebourg, Kommentierung § 290, Rn. 66.

356 Die Berechnung der Stimmrechtsmehrheit regelt der § 340i Abs. 1 Satz 1 HGB i.V.m. § 290 Abs. 4 HGB. Die Vorschrift entspricht weitgehend dem § 16 Abs. 3 AktG. "Jedoch sind im Gegensatz zu § 16 Abs. 3 i.V.m. § 16 Abs. 2 Satz 3 AktG von der Gesamtzahl aller Stimmrechte auch die Stimmrechte aus eigenen Anteilen, die "einem seiner Tochterunternehmen" gehören, abzuziehen"; Maas/Schruff, Konzernabschluß, S. 204.

357 Für Aktiengesellschaften ist diese Form der Stimmrechte allerdings nur in Ausnahmefällen erlaubt. Im allgemeinen sind sie unzulässig; vgl. § 340i Abs. 1 Satz 2 HGB i.V.m. § 12 Abs. 2 Satz 1 AktG. Mit der Verabschiedung des Gesetzes zur Kontrolle und Transparenz im Unternehmensbereich wurde hingegen auch die Ausübung von Mehrstimmrechten in Ausnahmefällen verboten; vgl. Art. 1 Nr. 3 KonTraG. Bestehende Mehrstimmrechte erlöschen nach den neuen Regelungen spätestens am 01. Juni 2003; vgl. Art. 11 Nr. 1 KonTraG.

Kapitalbeteiligung und die der Stimmrechte abweicht.[358] Zu nennen sind in diesem Kontext die Bestimmungen des § 340i Abs. 1 Satz 2 HGB i.V.m. § 12 Abs. 1 Satz 2 AktG, wonach die Ausgabe stimmrechtloser Vorzugsaktien erlaubt werden kann, die Bestimmungen des § 340i Abs. 1 Satz 2 HGB i.V.m. § 20 Abs. 7 AktG, wonach die Stimmrechtsausübung bei der Unterlassung bestimmter Mitteilungspflichten gehindert werden kann, die Bestimmungen des § 340i Abs. 1 Satz 2 HGB i.V.m. § 134 Abs. 1 Satz 2 AktG, wonach die Festsetzung eines Höchstbetrags der Stimmrechte vorgenommen werden kann[359] sowie die Bestimmungen des § 340i Abs. 1 Satz 2 HGB i.V.m. § 328 AktG, wonach die Rechte beim Bestehen wechselseitiger Beteiligungen beschränkt werden können. Ferner sind entsprechende Begrenzungen der Stimmrechte mittels schuldrechtlicher Vereinbarungen in Form von Entherrschungs- oder Stimmrechtsbindungsverträgen möglich. Im Schrifttum wird hierzu allerdings noch kontrovers diskutiert, ob sich ein Bankkonzernmutterunternehmen der Mehrheit der Stimmrechte mit Hilfe des Abschlusses von letztgenannten Vereinbarungen auch tatsächlich begeben kann, so daß in derartigen Fällen die Frage nach der Existenz eines Mutter-Tochter-Verhältnisses nicht eindeutig zu beantworten ist.[360]

Die vorgenannten Möglichkeiten zur Beeinflussung der Zahl der Stimmrechte lassen erkennen, daß diese ebenfalls im Rahmen der Weltkonzernabschlußpolitik deutscher Bankkonzerne als Ansatzpunkte zur Umgehung der rechnerischen Stimmrechtsmehrheit genutzt werden können.

Ferner kann von einer Mehrheit der Stimmrechte auch nur dann gesprochen werden, wenn diese rechtlich abgesichert ist. Faktische Mehrheitsverhältnisse,

---

358 Vgl. Schildbach, Konzernabschluß, S. 79; Schnicke/Kilgert, Kommentierung § 290, Anm. 42.

359 Mit der Einführung des Gesetzes zur Kontrolle und Transparenz im Unternehmensbereich wurde auch der § 134 Abs. 1 Satz 2 AktG geändert. Künftig ist diese Form der Stimmrechtsbeschränkung nur noch bei nichtbörsennotierten Gesellschaften zulässig; vgl. Art. 1 Nr. 20 KonTraG. "Für Höchststimmrechte bei börsennotierten Gesellschaften, die vor dem 1. Mai 1998 von der Satzung bestimmt sind, gelten die Sätze 2 bis 5 des § 134 Abs. 1 des Aktiengesetzes in der vor dem 1. Mai 1998 geltenden Fassung bis zum 1. Juni 2000 fort"; Art. 11 Nr. 1 KonTraG.

360 Vgl. hierzu Biener/Berneke, Bilanzrichtlinien-Gesetz, S. 287; IDW, Stellungnahme SABI 1/1988, S. 341; IDW (Hrsg.), WP-Handbuch, M, Tz. 34; Niehus, Konzernrechnungslegung, S. 279; Odenwald, Aufstellungspflichten, C 200, Rz. 57 f.; Schnicke/Kilgert, Kommentierung § 290, Anm. 46; Siebourg, Kommentierung § 290, Rn. 73.

wie eine nachhaltige Hauptversammlungspräsenzmehrheit, genügen der Voraussetzung des § 340i Abs. 1 Satz 1 HGB i.V.m. § 290 Abs. 2 Nr. 1 HGB nicht.[361]

Die Verpflichtung zur Bankkonzernrechnungslegung begründet sich weiterhin aus dem Recht des Mutterunternehmens, bei einem Tochterunternehmen die Mehrheit der Mitglieder der in § 340i Abs. 1 Satz 1 HGB i.V.m. § 290 Abs. 2 Nr. 2 HGB genannten Organen zu bestellen oder abzuberufen, sofern das Bankkonzernmutterunternehmen gleichzeitig Gesellschafter ist.[362] Die Gesellschafterstellung ist nicht zwingend mit einer kapitalmäßigen Beteiligung verbunden.[363] Überdies wird es bereits als ausreichend betrachtet, wenn das Recht der personellen Einflußnahme lediglich für eines der Organe gilt.[364] Die Möglichkeit der personellen Einflußnahme muß hingegen rechtlich gesichert sein und darf nicht auf rein faktischen Verhältnissen beruhen.[365]
Zur Vermeidung der Konsolidierung aufgrund bestehender Bestellungs- und Abberufungsrechte wird insbesondere eine entsprechende vertragliche Ausgestaltung dergestalt in Betracht kommen, daß auf die mehrheitlichen Rechte verzichtet wird oder diese Dritten übertragen werden.[366]

---

361 Vgl. Adler/Düring/Schmaltz, Kommentierung § 290, Tz. 34; Albrecht, Kommentierung § 290, Rz. 16; Busse von Colbe/Ordelheide, Konzernabschlüsse, S. 82; IDW, Stellungnahme SABI 1/1988, S. 341; Maas/Schruff, Konzernabschluß, S. 203 f.; Odenwald, Aufstellungspflichten, C 200, Rz. 53; Siebourg, Kommentierung § 290, Rn. 71. Sofern hingegen die nachhaltige Präsenzmehrheit zur Ausübung einer einheitlichen Leitung führt, kommt § 340i Abs. 1 Satz 1 HGB i.V.m. § 290 Abs. 1 HGB zur Anwendung; vgl. Schnicke/Kilgert, Kommentierung § 290, Anm. 41.

362 § 340i Abs. 1 Satz 1 HGB i.V.m. § 290 Abs. 2 Nr. 2 HGB ist nicht auf deutsche Kapitalgesellschaften beschränkt. Ebenfalls ist es unbedeutend, ob es sich bei derartigen Organen um gesetzlich vorgeschriebene oder durch Satzung oder Gesellschaftsvertrag vorgesehene handelt; vgl. Adler/Düring/Schmaltz, Kommentierung § 290, Tz. 45; Schnicke/Kilgert, Kommentierung § 290, Anm. 52.

363 Vgl. Adler/Düring/Schmaltz, Kommentierung § 290, Tz. 49; Biener/Schatzmann, Konzern-Rechnungslegung, S. 6; IDW (Hrsg.), WP-Handbuch, M, Tz. 43; Siebourg, Kommentierung § 290, Rn. 89.

364 Vgl. IDW, Stellungnahme SABI 1/1988, S. 341.

365 Vgl. IDW (Hrsg.), WP-Handbuch, M, Tz. 43; Küting/Weber, Konzernabschluß, S. 74.

366 Gleicher Auffassung Scheld, Konzernbilanzpolitik, S. 167; Scheren, Konzernabschlußpolitik, S. 156.

Schließlich verbindet § 340i Abs. 1 Satz 1 HGB i.V.m. § 290 Abs. 2 Nr. 3 HGB die Pflicht zur Aufstellung eines Bankkonzernabschlusses mit der rechtlich abgesicherten Möglichkeit des Mutterunternehmens, einen beherrschenden Einfluß auf ein Tochterunternehmen ausüben zu können. Die Möglichkeit der Einflußnahme muß auf einem Beherrschungsvertrag oder einer Satzungsbestimmung beruhen.[367] Daneben ist weder der Abschluß eines Gewinnabführungs- bzw. Verlustübernahmevertrages noch das Vorliegen einer Beteiligung notwendig.[368]
Zur Vermeidung der Aufstellungspflicht im Rahmen der Bankkonzernabschlußpolitik wird vorwiegend nur die Aufkündigung des Beherrschungsvertrages sowie die entsprechende Änderung der Satzungsbestimmung in Frage kommen.[369] Hierbei kommt es entscheidend darauf an, daß insbesondere Weisungsrechte des Bankkonzernmutterunternehmens in bezug auf die Geschäftsführung des Tochterunternehmens aufgelöst bzw. entsprechend vertraglich modifiziert werden, so daß die Leitungsmacht als nicht mehr unterstellt zu erachten ist.[370]

Mit der Kodifizierung beider Konzepte hat der Gesetzgeber den bankkonzernabschlußpolitischen Spielraum bei der Einbeziehung von Tochterunternehmen allerdings entschärft. Die Möglichkeiten zur Umgehung der Einbeziehungspflicht sind sonach als eher gering einzustufen. Insbesondere werden Anteile an Nichtbankunternehmen, die dem Bankkonzernmutterunternehmen eines der genannten drei Kriterien des Control-Konzepts zustehen lassen, als

---

367 "Die Begriffsmerkmale eines Beherrschungsvertrags sind für Unternehmen aller Rechtsformen entsprechend § 291 AktG zu bestimmen. Im übrigen bezieht sich der Wortlaut mit dem Begriff "Satzungsbestimmungen" nur auf Aktiengesellschaften"; IDW, Stellungnahme SABI 1/1988, S. 341. Vgl. auch Baetge/Thiele, Pflicht, S. 507 f. Insofern gibt es hier für die in dieser Arbeit zur Diskussion stehenden Bankkonzerne keine Besonderheiten.

368 Vgl. Adler/Düring/Schmaltz, Kommentierung § 290, Tz. 61; Biener/Berneke, Bilanzrichtlinien-Gesetz, S. 288; Krumnow/Sprißler/Bellavite-Hövermann/Kemmer/Steinbrücker, Kommentierung § 340i, j HGB, Rn. 23; Odenwald, Aufstellungspflichten, C 200, Rz. 67.

369 Vgl. Scheld, Konzernbilanzpolitik, S. 167.

370 Vgl. hierzu Adler/Düring/Schmaltz, Kommentierung § 290, Tz. 52 ff.; IDW (Hrsg.), WP-Handbuch, M, Tz. 45 und R, Tz. 250 ff.; Schnicke/Kilgert, Kommentierung § 290, Anm. 59 f.

Tochterunternehmen einzubeziehen sein. Der Nachweis hingegen, daß aufgrund der Branchenverschiedenheit eine tatsächlich auszuübende einheitliche Leitung nicht möglich ist, bedingt ebenfalls keine Befreiung von dieser Verpflichtung.

Mit der Umgehung der Einbeziehungspflicht von Tochterunternehmen in den Bankkonzernabschluß besteht jedoch die Möglichkeit, deutliche Volumeneffekte in der Bankkonzernbilanz und in der Bankkonzern-GuV zu erzielen. Tendenziell verkürzt sich die Bankkonzernbilanzsumme. Allerdings können die Auswirkungen in Abhängigkeit der zugrundeliegenden Datenkonstellationen des jeweils zur Diskussion stehenden Tochterunternehmens stark variieren, so daß sich spezielle Aussagen über die Veränderung der einzelnen Posten grundsätzlich nicht machen lassen. Mithin läßt sich im allgemeinen eine Ergebniswirksamkeit realisieren. Allgemeingültige Aussagen über die Wirkungsrichtung sind in diesem Kontext indessen ebenfalls nicht möglich, da hierzu wiederum die Datenkonstellation im Einzelfall maßgebend ist. Entsprechendes gilt für Angaben zu möglichen Sekundärwirkungen. Die Maßnahmen sind grundsätzlich als zeitlich inflexibel und nicht teilbar zu betrachten.

Wenngleich die Vorschrift des § 340i Abs. 1 Satz 1 HGB i.V.m. § 313 Abs. 2 Nr. 4 Satz 1 HGB auch bestimmte Ausführungen über nicht einbezogene Tochterunternehmen im Bankkonzernanhang verlangt,[371] sind die bankkonzernabschlußpolitischen Maßnahmen zur Umgehung der Einbeziehungspflicht tendenziell nicht nachvollziehbar.

Nachfolgend werden die Kriterien, welche eine Einbeziehung von Tochterunternehmen in den Bankkonzernabschluß bedingen, nochmals in einer Abbildung dargestellt:

---

371 Zu Ausnahmeregelungen hiervon vgl. § 340i Abs. 1 Satz 1 HGB i.V.m. § 313 Abs. 2 Nr. 4 Satz 2 und Satz 3 HGB sowie § 340i Abs. 1 Satz 1 HGB i.V.m. § 313 Abs. 3 HGB.

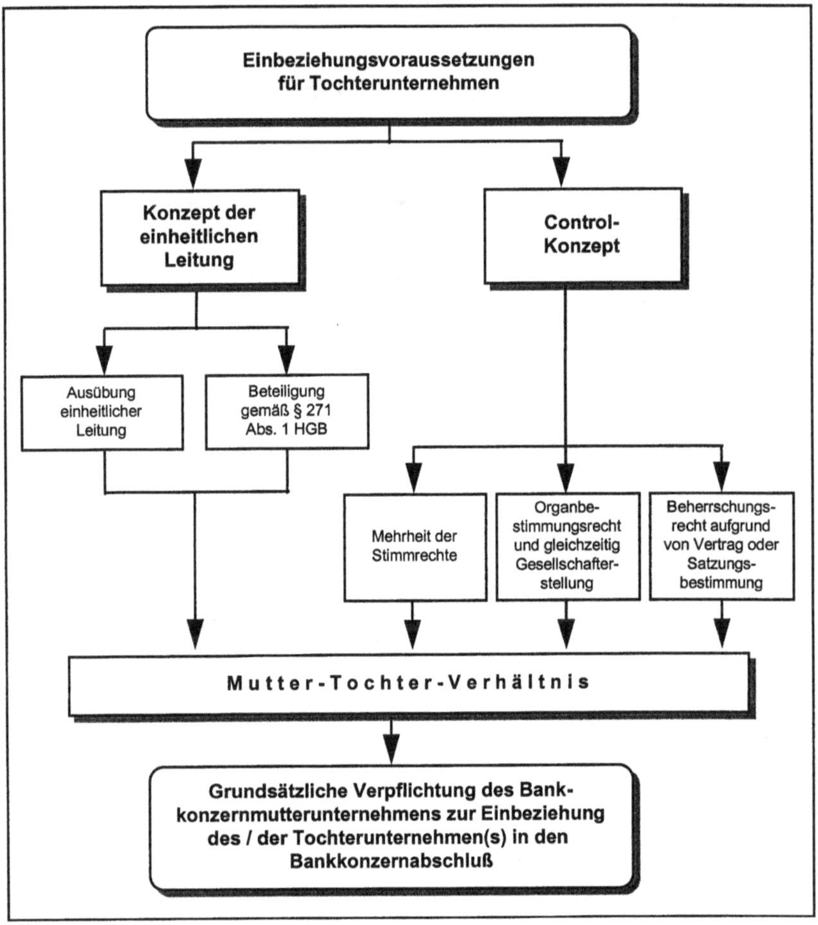

Abbildung 5: Einbeziehungspflicht von Tochterunternehmen in den Bankkonzernabschluß

2.3.3 Maßnahmen auf der Ebene des Einbeziehungsverbots von Tochterunternehmen

Ein Einbeziehungsverbot nach § 340i Abs. 1 Satz 1 HGB i.V.m. § 295 Abs. 1 HGB ist für ein Tochterunternehmen dann gegeben, wenn dessen Tätigkeit von der Tätigkeit der in den Bankkonzernabschluß einbezogenen Unternehmen so unterschiedlich ist, daß seine Einbeziehung die Vermittlung ein den tatsächlichen Verhältnissen entsprechendes Bild der wirtschaftlichen Lage nicht zuläßt und dies auch nicht durch entsprechende Angaben im Bankkonzernanhang geheilt werden kann.[372] Eine Einschränkung erfährt diese Vorschrift hingegen dadurch, daß das Konsolidierungsverbot nicht allein schon deshalb zur Anwendung kommt, weil die in den Bankkonzernabschluß einbezogenen Unternehmen unterschiedlichen Wirtschaftszweigen zuzurechnen sind oder weil diese Unternehmen Dienstleistungen unterschiedlicher Art erbringen oder unterschiedliche Erzeugnisse produzieren oder mit unterschiedlichen Erzeugnissen Handel treiben.[373] Wenngleich die Vollkonsolidierung von branchenfremden Tochterunternehmen im Abschluß eines Bankkonzerns als nicht wünschenswert erachtet wird,[374] sind solche Unternehmen dennoch grundsätzlich konsolidierungspflichtig.[375]

Nach h.M. ist die Vorschrift restriktiv auszulegen, da das in § 340i Abs. 1 Satz 1 HGB i.V.m. § 297 Abs. 2 Satz 2 HGB geforderte Bild des Bankkonzerns im Grunde nur dann vermittelt werden kann, wenn alle Tochterunternehmen von Bedeutung, unabhängig von ihrer jeweiligen Tätigkeit, in den Bankkonzernabschluß einbezogen werden.[376] Aufgrund dessen degeneriert der § 340i Abs. 1

---

372 Vgl. Budde/Seif, Kommentierung § 295, Anm. 1. Tochterunternehmen von sog. Mischkonzernen (theoretisch besteht die Möglichkeit, daß ein Kreditinstitut Mutterunternehmen eines Mischkonzerns ist), bei denen kein Geschäftszweig überwiegt, fallen hierbei grundsätzlich nicht unter das Konsolidierungsverbot, da sich die heterogene Struktur solcher Konzerne ebenfalls in ihren Konzernabschlüssen niederschlagen soll; vgl. Adler/Düring/Schmaltz, Kommentierung § 295, Tz. 12 f.; Wysocki/Wohlgemuth, Konzernrechnungslegung, S. 51.

373 Vgl. § 340i Abs. 1 Satz 1 HGB i.V.m. § 295 Abs. 2 HGB.

374 Vgl. Biener, Konzernrechnungslegung, S. 4.

375 Vgl. Albers, Bank-Konzernabschluß, S. 148 f.; Christian/Waschbusch, Auswirkungen, S. 2338.

376 Vgl. Busse von Colbe/Ordelheide, Konzernabschlüsse, S. 88 f.; Coenenberg, Jahresabschluß, S. 438; IDW, Stellungnahme SABI 1/1988, S. 342; Niehus, Heterogenität, S. 869 f.; Sahner/Kammers, Kommentierung § 295, Rn. 7; Staks, Aussagefähigkeit, Rn. 220; Wysocki, Konzernabschluß, S. 279. "Das Einbeziehungsverbot des (§ 340i Abs. 1 Satz 1 HGB i.V.m.; d.V.) § 295 (HGB; d.V.) kann nur insoweit zur Anwendung kommen, als aus der Sicht des (Bank-; d.V.) Konzerns die negativen Auswirkungen einer Einbeziehung diejenigen einer Nichteinbeziehung übersteigen"; Budde/Seif, Kommentierung § 295, Anm. 6.

Satz 1 HGB i.V.m. § 295 Abs. 1 HGB zu einer Ausnahmevorschrift.[377] Gleichwohl ergeben sich bei der Auslegung dieser Vorschrift Ermessensspielräume, bestimmte Tochterunternehmen unter das Konsolidierungsverbot fallen lassen zu können.[378]
So heißt es in einer Drucksache des *Deutschen Bundestages*, "daß Konzerne, die überwiegend in grundsätzlich verschiedenen Bereichen, nämlich im Bereich der Kredit- oder der Versicherungswirtschaft oder der Industrie, tätig sind, nicht in einem einzigen Konzernabschluß zusammengefaßt werden dürfen, weil die Vermischung die Aussagekraft hinsichtlich der konzerntypischen Tätigkeit beeinträchtigen würde".[379] Diese Auffassung vertreten auch *Biener/Schatzmann*. Danach dürften Industriebeteiligungen von Bankkonzernen regelmäßig der Vorschrift des § 340i Abs. 1 Satz 1 HGB i.V.m. § 295 HGB unterliegen.[380] In Anbetracht dieser Interpretation wird die Ausnahmeregelung aufgeweicht werden können.

Üben Tochterunternehmen eines Bankkonzerns hingegen eine Tätigkeit aus, die eine unmittelbare Verlängerung der Banktätigkeit oder eine Hilfstätigkeit für das Bankkonzernmutterunternehmen darstellt, wird ein Konsolidierungsverbot nicht in Betracht zu ziehen sein.[381] Die spezifischen Vorschriften enthalten jedoch keine abschließende Definition darüber, was unter einer unmittelbaren Verlängerung der Banktätigkeit oder einer Hilfstätigkeit zu verstehen ist.
Vor dem Hintergrund der vielfältigen Arten banknaher Tätigkeiten[382] hat der Gesetzgeber vielmehr nur Beispiele für Tätigkeiten von Bankkonzerntochterunternehmen genannt, die nicht die Möglichkeit des Einbeziehungsverbotes

377 Vgl. Adler/Düring/Schmaltz, Kommentierung § 295, Tz. 9.
378 Vgl. Klein, Konzernbilanzpolitik, S. 203; Scheren, Möglichkeiten, Rn. 130. Budde/Seif, Kommentierung § 295, Anm. 5, sprechen in diesem Zusammenhang von der Erforderlichkeit einer Interessenabwägung und laut IDW (Hrsg.), WP-Handbuch, M, Tz. 156, bleibt die Frage offen, wann ein Anwendungsfall gemäß § 340i Abs. 1 Satz 1 HGB i.V.m. § 295 Abs. 1 und Abs. 2 HGB vorliegt.
379 Deutscher Bundestag, Drucksache 10/4268, S. 114.
380 Vgl. Biener/Schatzmann, Konzern-Rechnungslegung, S. 27. A.A. Albers, Bank-Konzernabschluß, S. 149.
381 Vgl. § 340j Abs. 1 HGB mit Verweis auf § 295 Abs. 1 HGB.
382 Vgl. Christian/Waschbusch, Auswirkungen, S. 2338.

in Anspruch nehmen können. Einzubeziehen sind demnach im allgemeinen Bausparkassen und Kapitalanlagegesellschaften, Leasing- und Factoringgesellschaften, Verwaltungen von Investmentfonds oder von Rechenzentren sowie Treuhandgesellschaften oder auch Gebäudeverwaltungsgesellschaften.[383] Die fehlende abschließende Enumeration eröffnet andererseits wiederum bankkonzernabschlußpolitische Spielräume.

Ferner ist im Zuge der Ausweitung von Allfinanz-Strategien die Abgrenzung von Unternehmen zur Verlängerung der Banktätigkeit recht weit zu fassen, so daß gemeinhin von der Möglichkeit Gebrauch gemacht werden kann, Versicherungsunternehmen als Tochterunternehmen in den Vollkonsolidierungskreis mit einzubeziehen.[384] Die bis dato fehlende Rechtssicherheit läßt für diese Fälle hingegen keine generellen Aussagen über den Anwendungsbereich des Konsolidierungsverbotes zu. Im Ergebnis entsteht damit ein abschlußpolitisch nutzbares Wahlrecht für die Einbeziehung von Versicherungsunternehmen.

Die im Rahmen der Bankkonzernabschlußpolitik zu erzielende Ausdehnung des Konsolidierungsverbotes auf Tochterunternehmen des Bankkonzerns ist insgesamt als regelmäßig struktur- und ergebniswirksam einzustufen. Die Wirkungsweise entspricht dabei grundsätzlich derjenigen zur Umgehung der Einbeziehungspflicht von Tochterunternehmen.[385]

---

383 Somit i.d.R. hauptsächlich Institute im Sinne des § 1 Abs. 1 und Abs. 3 KWG. Vgl. Bundesverband deutscher Banken, Bankkonzernbilanzierung, S. 13; Deutscher Bundestag, Drucksache 11/6275, S. 25. Aber auch ausgelagerte Hilfstätigkeiten wie Fuhrpark-, Kantine- oder Druckereibetriebe führen nach Grewe, Kommentierung § 340i/j, Rz. 20, nicht zur Möglichkeit einer Inanspruchnahme des Einbeziehungsverbotes.

384 Vgl. Brackert, Grundsatzfragen, S. 76 f.; IDW (Hrsg.), WP-Handbuch, J, Tz. 270; Köllhofer/Sprißler, Informationswesen, S. 886; Prahl, Vorschriften, S. 444; Schwartze, Neuregelung, S. 23. Ähnlich äußert sich auch der Bundesverband deutscher Banken, Bankkonzernbilanzierung, S. 13, der die Einbeziehung für den Fall einer kontinuierlichen Ausweitung von Allfinanz-Strategien bejaht. Zwar spricht sich Wolff, Konzernrechnungslegung, S. 101, dagegen zu einer Nichteinbeziehung von Versicherungsunternehmen aus, kann aber dieses nur "im Prinzip" verneinen.

385 Vgl. Gliederungspunkt 2.3.2 in diesem Kapitel.

Wird ein Tochterunternehmen von der Vollkonsolidierung ausgeschlossen, kann demgegenüber gemäß § 340i Abs. 1 Satz 1 HGB i.V.m. § 295 Abs. 1 letzter Halbsatz HGB auch eine Einbeziehung nach der Equity-Methode in Frage kommen. Dessenungeachtet bleiben Auswirkungen bei Nichtvollkonsolidierung auf die Bankkonzernbilanzstruktur und das Bankkonzernergebnis bestehen, wenn auch - bei Konsolidierung nach der Equity-Methode - in modifizierter Form.[386]

Die Anwendung des § 340i Abs. 1 Satz 1 HGB i.V.m. § 295 Abs. 1 HGB muß im Bankkonzernanhang angegeben und begründet werden.[387] Sofern der entsprechende Abschluß des nicht einbezogenen Tochterunternehmens nicht offengelegt wird, verlangt die Vorschrift des § 340i Abs. 1 Satz 1 HGB i.V.m. § 295 Abs. 3 Satz 2 HGB, daß dieser gemeinsam mit dem Bankkonzernabschluß zum Handelsregister einzureichen ist. Die Nichteinbeziehung eines Tochterunternehmens aufgrund des Verbotes der Einbeziehung ist folglich zumindest der Tendenz nach erkennbar.

2.3.4 Maßnahmen auf der Ebene der Einbeziehungswahlrechte von Tochterunternehmen

§ 340i Abs. 1 Satz 1 HGB i.V.m. § 296 Abs. 1 und Abs. 2 HGB regelt für Bankkonzerne vier Tatbestände, die ein Einbeziehungswahlrecht von Tochterunternehmen begründen können.
Sofern ein Tochterunternehmen in Ausübung eines der nachfolgend zu erörternden Wahlrechte nicht konsolidiert wird, entspricht die Wirkung auf den Bankkonzernabschluß generell derjenigen der unter Gliederungspunkt 2.3.2 in diesem Kapitel aufgeführten bankkonzernabschlußpolitischen Maßnahmen. Die Wahlrechte sind im allgemeinen als eingeschränkt sachlich und zeitlich flexibel einzustufen.

386 Zur Einbeziehung von Tochterunternehmen als assoziierte Unternehmen vgl. auch Gliederungspunkt 2.5.3 in diesem Kapitel.
387 Vgl. § 340i Abs. 1 Satz 1 HGB i.V.m. § 295 Abs. 3 Satz 1 HGB.

2.3.4.1 Wahlrechte aufgrund von Beschränkungen in der Rechtsausübung

Sofern die Ausübung der Rechte des Bankkonzernmutterunternehmens durch erhebliche und andauernde Beschränkungen in bezug auf das Vermögen oder die Geschäftsführung eines einzubeziehenden Tochterunternehmens nachhaltig beeinträchtigt wird, besteht im Rahmen der Bankkonzernabschlußerstellung ein Konsolidierungswahlrecht.[388]

Das kodifizierte Wahlrecht wird grundsätzlich dann in Betracht zu ziehen sein, wenn eine einheitliche Leitung im Sinne des § 340i Abs. 1 Satz 1 HGB i.V.m. § 290 Abs. 1 HGB in den entsprechenden Fällen seitens des Mutterunternehmens nicht mehr ausgeübt werden kann. Insofern ist diese Regelung im Zusammenhang mit dem Control-Konzept zu sehen.[389]

Spielraum besteht insbesondere in der Auslegung der "erheblichen Beschränkung", da der Gesetzgeber diesen Rechtsbegriff nicht weiter operational definiert hat.[390]

Für die Ausübung des Wahlrechts kommt es entscheidend darauf an, daß die Rechte des Bankkonzernmutterunternehmens rechtlich nachhaltig beeinträchtigt werden.[391] Die Beschränkungen müssen sich auf Vermögens- oder Geschäftsführungsrechte beziehen.

Wesentliche Bedeutung kommt dem Wahlrecht gerade für international tätige Bankkonzerne ferner dann zu, wenn bei ausländischen Tochtergesellschaften Vermögensrechte des Bankkonzernmutterunternehmens aufgrund der wirtschaftlichen und politischen Verhältnisse in ausländischen Staaten tatsächlich beeinträchtigt sind.[392]

---

388 Vgl. § 340i Abs. 1 Satz 1 HGB i.V.m. § 296 Abs. 1 Nr. 1 HGB.

389 Vgl. Klein, Konzernbilanzpolitik, S. 210; Krawitz, Abgrenzung, S. 348; Treuhand-Vereinigung AG (Hrsg.), Rechnungslegung, S. 55; Wysocki, Konzernabschluß, S. 280; Wysocki/Wohlgemuth, Konzernrechnungslegung, S. 52.

390 Vgl. Sahner/Kammers, Abgrenzung, S. 2211.

391 Vgl. Budde/Seif, Kommentierung § 296, Anm. 10; Odenwald, Konsolidierungskreis, C 210, Rz. 55.

392 Vgl. Adler/Düring/Schmaltz, Kommentierung § 296, Tz. 11; IDW (Hrsg.), WP-Handbuch, M, Tz. 169; Krumnow/Sprißler/Bellavite-Hövermann/Kemmer/Steinbrücker, Kommentierung § 340i, j HGB, Rn. 44; Maas/Schruff, Konzernabschluß, S. 209; Treuhand-Vereinigung AG (Hrsg.), Rechnungslegung, S. 58. Als Beispiele für solche Beschränkungen (sog. Länderrisiken) sind insbesondere Verstaatlichungen sowie Beschränkungen im Kapitaltransfer und der Konvertierbarkeit von Währungen zu nennen. Allerdings ist hier-

Weitere Anwendungsfälle für Beschränkungen der Vermögensrechte bestehen bspw. bei gemeinnützigen betrieblichen Einrichtungen - sofern deren Vermögensverwendung satzungsmäßig vorgeschrieben ist[393] -, bei Eröffnung von Konkursverfahren oder bei Betätigungsbeschränkungen für Ausländer in entsprechenden Gesellschaftsorganen.
Beschränkungen von Geschäftsführungsrechten zielen auf die Beeinträchtigung von Einstimmigkeits-, Mehrheits- oder Vetoklauseln in Unternehmensverträgen sowie auf Entherrschungsverträge ab.[394]
An dieses Wahlrecht sind jedoch sehr strenge Maßstäbe anzulegen. Temporäre sowie geringfügige Beeinträchtigungen sind hierbei kein hinreichender Grund.[395] Die Kriterien der andauernden und nachhaltigen Beschränkung sind dahingehend auszulegen, daß diese wenigstens über ein Bankkonzerngeschäftsjahr bestanden haben und zum Zeitpunkt der Abschlußerstellung nicht aufgehoben wurden.[396] Für das Bankkonzernmutterunternehmen darf außerdem keine Möglichkeit bestehen, die Vermögenswerte des Tochterunternehmens zu kontrollieren oder andere Rechte im Sinne des Control-Konzepts auszuüben.[397]

Insoweit erscheint es sinnvoll, die Einbeziehung eines Tochterunternehmens in den Konsolidierungskreis gemäß § 340i Abs. 1 Satz 1 HGB i.V.m. § 296 Abs. 1 Nr. 1 HGB in das Ermessen der jeweils rechnungslegenden Entschei-

---

bei zu beachten, daß ein Einbeziehungswahlrecht grundsätzlich nicht zur Anwendung kommen darf, wenn ungeachtet einsetzender oder bestehender Transferbeschränkungen, z.B. ein Gewinntransfer von Beginn an nicht beabsichtigt war, sondern dieser in voller Höhe in das ausländische Tochterunternehmen reinvestiert wird; vgl. Arbeitskreis "Externe Unternehmensrechnung" der Schmalenbach-Gesellschaft - Deutsche Gesellschaft für Betriebswirtschaft e.V., Aufstellung, S. 30. Solche Länderrisiken haben für Bankkonzerne vergleichsweise nicht zuletzt deshalb eine höhere Tragweite, da diese oftmals derartige Risiken zusätzlich für Nichtbankkonzerne übernehmen; vgl. hierzu Büschgen, Finanzmanagement, S. 284 ff.

393 Dies sind z.B. Wohnungsunternehmen oder Unterstützungskassen, wobei zu beachten ist, daß infolge unterschiedlicher Tätigkeiten gemäß § 340i Abs. 1 Satz 1 HGB i.V.m. § 295 Abs. 1 HGB das Einbeziehungsverbot zur Anwendung kommen kann.

394 Vgl. Adler/Düring/Schmaltz, Kommentierung § 296, Tz. 8 und Tz. 12; Albrecht, Kommentierung § 296, Rz. 7; Budde/Seif, Kommentierung § 296, Anm. 12.

395 Vgl. Biener/Schatzmann, Konzern-Rechnungslegung, S. 25; IDW (Hrsg.), WP-Handbuch, M, Tz. 171; Wysocki/Wohlgemuth, Konzernrechnungslegung, S. 53.

396 Vgl. Albrecht, Kommentierung § 296, Rz. 8; Küting/Weber, Konzernabschluß, S. 97.

397 Vgl. Budde/Seif, Kommentierung § 296, Anm. 13.

dungsträger zu stellen, da im allgemeinen nur diese über die relevanten Informationen zur Beurteilung des Sachverhalts verfügen dürften.[398]
Andererseits wird dieser Gestaltungsspielraum aufgrund seiner Erkennbarkeit stark eingeschränkt, da im Fall der Wahlrechtsausübung zusätzlich ein gesetzlicher Begründungszwang besteht.[399]

2.3.4.2 Wahlrechte aufgrund unverhältnismäßig hoher Kosten oder Verzögerungen

Sind die erforderlichen Angaben für die Aufstellung des Bankkonzernabschlusses nur mit unverhältnismäßig hohen Kosten oder Verzögerungen zu erhalten, brauchen Tochterunternehmen nicht in den Bankkonzernabschluß einbezogen zu werden.[400]
Dieses auf Wirtschaftlichkeitsüberlegungen basierende Wahlrecht impliziert einen Gestaltungsspielraum bzgl. der inoperationalen Eigenschaft "unverhältnismäßig hoch", da der Gesetzgeber hier anhand von starren Zahlen kein valides Abgrenzungskriterium kodifizieren konnte.[401]
Nach h.M. sind indessen strenge Anforderungen an eine Ausübung des Wahlrechts zu stellen, so daß eine Anwendung grundsätzlich nur bei bestimmten Ausnahmefällen in Betracht zu ziehen ist.[402] Reine Wirtschaftlichkeitsüberlegungen, mangelhafte Rechnungslegung der betreffenden Tochterunternehmen sowie ineffiziente Organisationsstrukturen innerhalb eines Bankkonzerns lassen ein Einbeziehungswahlrecht nicht begründen.[403]

---

398 Vgl. Treuhand-Vereinigung AG (Hrsg.), Rechnungslegung, S. 56.
399 Vgl. § 340i Abs. 1 Satz 1 HGB i.V.m. § 296 Abs. 3 HGB sowie § 340i Abs. 1 Satz 1 HGB i.V.m. § 313 Abs. 2 Nr. 1 Satz 2 HGB.
400 Vgl. § 340i Abs. 1 Satz 1 HGB i.V.m. § 296 Abs. 1 Nr. 2 HGB.
401 Was entsprechend in der Literatur kritisiert wird; vgl. IDW, 2. Stellungnahme, S. 191; Groß/Schruff/Wysocki, Konzernabschluß, S. 86; Sahner/Kammers, Abgrenzung, S. 2212.
402 Vgl. IDW (Hrsg.), WP-Handbuch, M, Tz. 173; Küting/Weber, Konzernabschluß, S. 97; Maas/Schruff, Konzernabschluß, S. 209; Piltz, Bilanzpolitik, S. 8; Schruff, Einflüsse, S. 143; Treuhand-Vereinigung AG (Hrsg.), Rechnungslegung, S. 59; Wysocki/Wohlgemuth, Konzernrechnungslegung, S. 56. Gerade im Hinblick auf heutige Informationstechnologien wird die Nichteinbeziehung eines Tochterunternehmens aufgrund unverhältnismäßig hoher zeitlicher Verzögerungen nur sehr schwer begründbar sein; vgl. IDW, Stellungnahme SABI 1/1988, S. 343; Zwingmann, Einbeziehung, S. 1549.
403 Vgl. Heydemann/Koenen, Abgrenzung, S. 2255 f.

Ausnahmefälle können dann gegeben sein, wenn die Kosten "in einem deutlich erkennbaren Mißverhältnis zu den Kosten für die Aufstellung des (Bank-; d.V.) Konzernabschlusses insgesamt und der sich aus der Einbeziehung dieses Unternehmens in den (Bank-; d.V.) Konzernabschluß ergebenden Verbesserung der Aussagekraft des (Bank-; d.V.) Konzernabschlusses stehen".[404] Weiterhin resultieren sie u.U. aus Verzögerungen infolge außergewöhnlicher Ereignisse, wie Zusammenbrüche der Datenverarbeitung, Streiks, Naturkatastrophen oder aufgrund nicht zeitgerechter Umstellungen des Rechnungswesens von neu, im Laufe des Geschäftsjahres erworbenen Tochterunternehmen.[405]

Der bestehende Gestaltungsspielraum ist allerdings als zeitlich inflexibel anzusehen und wird sich regelmäßig nur einmalig auf den Bankkonzernabschluß auswirken können, da die Inanspruchnahme des Wahlrechts auf keinen Fall zu einem dauernden Konsolidierungsausschluß des Tochterunternehmens führen darf.[406] Zudem ist die Wahlrechtsausübung erkennbar. Die Begründungspflicht basiert gleichfalls auf den im vorstehenden Gliederungspunkt genannten Vorschriften.

2.3.4.3 Wahlrechte aufgrund der Absicht der Weiterveräußerung und von Sanierungsfällen bei Kreditinstituten

Ein kodifiziertes Wahlrecht besteht ebenfalls für solche Tochterunternehmen, deren Anteile ausschließlich zum Zwecke der Weiterveräußerung gehalten werden.[407]

Grundsätzlich kann sich das Wahlrecht nur auf Tochterunternehmen beziehen, welche ausschließlich nach dem Control-Konzept gemäß § 340i Abs. 1 Satz 1 HGB i.V.m. § 290 Abs. 2 HGB zu konsolidieren wären, da für das Kon-

---

404 Biener/Schatzmann, Konzern-Rechnungslegung, S. 26.

405 Vgl. Biener/Berneke, Bilanzrichtlinien-Gesetz, S. 317; Busse von Colbe/Ordelheide, Konzernabschlüsse, S. 91; IDW (Hrsg.), WP-Handbuch, M, Tz. 173; Maas/Schruff, Konzernabschluß, S. 209; Treuhand-Vereinigung AG (Hrsg.), Rechnungslegung, S. 60. Kritisch hierzu Zwingmann, Einbeziehung, S. 1549.

406 Vgl. Arbeitskreis "Externe Unternehmensrechnung" der Schmalenbach-Gesellschaft - Deutsche Gesellschaft für Betriebswirtschaft e.V., Aufstellung, S. 31; Sahner/Kammers, Kommentierung § 296, Rn. 18; Wysocki, Konzernabschluß, S. 280. Jedoch ist auch hierfür noch kein bestimmter Zeitraum festgelegt worden.

407 Vgl. § 340i Abs. 1 Satz 1 HGB i.V.m. § 296 Abs. 1 Nr. 3 HGB.

zept der einheitlichen Leitung gemäß § 340i Abs. 1 Satz 1 HGB i.V.m. § 290 Abs. 1 HGB die Voraussetzung einer dauernden Verbindung als Definitionskriterium einer Beteiligung nach § 271 Abs. 1 HGB nicht gegeben ist.[408] Damit scheidet auch bei Nichteinbeziehung des Tochterunternehmens nach § 340i Abs. 1 Satz 1 HGB i.V.m. § 296 Abs. 1 Nr. 3 HGB dessen Einbeziehung nach der Equity-Methode aus.[409]

In Anbetracht fehlender eindeutiger Abgrenzungskriterien kann die Zweckbestimmung der Weiterveräußerung zur Prüfung der Wahlrechtsvoraussetzungen nur anhand von einzelfallbezogenen Indizien erfolgen.[410] Allgemein sollte die Veräußerung jedoch intensiv betrieben werden[411] und innerhalb eines bestimmten Zeitraums abgeschlossen sein, da ansonsten Zweifel an einer tatsächlichen Weiterveräußerungsabsicht bestehen können.[412] *Wysocki/Wohlgemuth* schlagen hierbei eine Frist von ca. drei Jahren vor.[413] Gleichwohl ist eine Weiterveräußerungsabsicht nur schwer falsifizierbar, so daß die Ausdehnung des Zeitraums der Veräußerungsabsicht[414] eine über Jahre gezielte Ergebnisverlagerung auf die betreffenden nicht konsolidierten Tochterunternehmen ermöglicht.[415]

---

408 Vgl. Albrecht, Kommentierung § 296, Rz. 14; Sahner/Kammers, Kommentierung § 296, Rn. 21; Treuhand-Vereinigung AG (Hrsg.), Rechnungslegung, S. 61.

409 Vgl. § 340i Abs. 1 Satz 1 HGB i.V.m. § 311 Abs. 1 HGB, da auch hier ein maßgeblicher Einfluß auf ein nicht einbezogenes Unternehmen, an dem das Mutterunternehmen nach § 271 Abs. 1 HGB beteiligt ist, vorliegen muß. Das fehlende Kriterium der Dauerhaftigkeit kommt daher auch hier zur Anwendung.

410 Vgl. Küting, Konzernrechnungslegung, S. 8022; Lück, Rechnungslegung, S. 67.

411 Hierbei ist der ernsthafte Wille des Bilanzierenden zur Veräußerungsabsicht maßgebend. Verkaufsverhandlungen oder die Beauftragung eines Maklers können als mögliche Hinweise angesehen werden; vgl. Albrecht, Kommentierung § 296, Rz. 19; Busse von Colbe/Ordelheide, Konzernabschlüsse, S. 92; IDW, Stellungnahme SABI 1/1988, S. 343.

412 Vgl. Budde/Seif, Kommentierung § 296, Anm. 33; Gräfer/Scheld, Konzernrechnungslegung, S. 34; Maas/Schruff, Konzernabschluß, S. 209.

413 Vgl. Wysocki/Wohlgemuth, Konzernrechnungslegung, S. 57. Da dies letztlich auch nur einen Richtwert darstellt, wird der Gestaltungsspielraum hierdurch im allgemeinen nicht weiter eingeschränkt.

414 Dies läßt sich bspw. mittels überzogenen Kaufpreisforderungen erreichen.

415 Vgl. Sahner/Kammers, Abgrenzung, S. 2211. Die Autoren gehen sogar von einem denkbaren Fall aus, bei dem die Ausübung des Konsolidierungswahlrechts selbst dann aufrecht erhalten werden könnte, wenn die Anteile des Tochterunternehmens tatsächlich überhaupt nicht von dem Bankkonzernmutterunternehmen veräußert würden.

Besondere Bedeutung erlangt das Wahlrecht und dessen Gestaltungsspielraum allerdings für Bankkonzerne und deren Tochterunternehmen. Einerseits kann eine Weiterveräußerungsabsicht und somit eine Wahlrechtsausübung dann begründet sein, wenn das einzubeziehende Tochterunternehmen ein Kreditinstitut ist, dessen Anteile im Rahmen einer finanziellen Stützungsaktion zur Sanierung oder Rettung übernommen wurden[416] und andererseits, wenn Kreditinstitute vorübergehend Anteile anderer Unternehmen zur Kapitalmarktplazierung erwerben.[417] Beide Tatbestände erfüllen i.d.R. die Voraussetzungen des § 340i Abs. 1 Satz 1 HGB i.V.m. § 296 Abs. 1 Nr. 3 HGB.[418] Insofern bestehen weitreichende Möglichkeiten die Bankkonzernbilanzstruktur sowie das Bankkonzernergebnis zu beeinflussen.

Dabei können insbesondere aufgrund der nach § 340j Abs. 2 HGB nicht konsolidierten Kreditinstitute negative Auswirkungen auf das Bankkonzernjahresergebnis vermieden werden.

Für den Fall einer finanziellen Stützungsaktion besteht jedoch eine Einschränkung des Spielraums dahingehend, daß nach § 340j Abs. 2 Halbsatz 4 HGB der Jahresabschluß des betreffenden Tochterunternehmens dem Bankkonzernabschluß beizufügen und weiterhin im Bankkonzernanhang über die Art und die Bedingungen der finanziellen Stützungsaktion zu berichten ist. Die Begründungspflicht des § 340i Abs. 1 Satz 1 HGB i.V.m. § 296 Abs. 3 HGB behält daneben weiterhin seine Geltung.

2.3.4.4 Wahlrechte aufgrund von Tochterunternehmen mit untergeordneter Bedeutung

Ein viertes Konsolidierungswahlrecht besteht schließlich für ein Tochterunternehmen, wenn seine Einbeziehung für die Verpflichtung, ein den tatsächlichen Verhältnissen entsprechendes Bild der Vermögens-, Finanz- und Ertragslage des Bankkonzerns zu vermitteln, von untergeordneter Bedeutung ist. Entspre-

---

416 Vgl. § 340j Abs. 2 HGB mit Verweis auf § 296 Abs. 1 Nr. 3 HGB.

417 Vgl. Küting/Weber, Konzernabschluß, S. 98; Sahner/Kammers, Kommentierung § 296, Rn. 22; ähnlich auch IDW (Hrsg.), WP-Handbuch, M, Tz. 174, daß die Anwendung der Wahlrechtsausübung als in erster Linie für Kreditinstitute geltend ansieht.

418 Vgl. Krumnow/Sprißler/Bellavite-Hövermann/Kemmer/Steinbrücker, Kommentierung § 340i, j HGB, Rn. 52; Sahner/Kammers, Kommentierung § 296, Rn. 22.

chen mehrere Tochterunternehmen dieser Voraussetzung, ist deren Einbeziehung in den Bankkonzernabschluß dann geboten, wenn sie in ihrer Gesamtheit nicht von untergeordneter Bedeutung sind.[419] § 340i Abs. 1 Satz 1 HGB i.V.m. § 296 Abs. 2 HGB stellt in dieser Hinsicht eine Konkretisierung des Grundsatzes der Wesentlichkeit dar.[420]

Wiederum hat der Gesetzgeber an dieser Stelle keine allgemeingültigen Kriterien für eine Wesentlichkeitsgrenze kodifiziert, so daß auch dieses Wahlrecht auf der Interpretation eines unbestimmten Rechtsbegriffs basiert. Wenig hilfreich bei der Auslegung der untergeordneten Bedeutung ist in diesem Kontext die im Ausland teilweise vorgesehene Orientierung an starren Verhältniszahlen. Derartige Vorgehensweisen stoßen im Schrifttum grundsätzlich auf Ablehnung.[421] Vielmehr sollte bei der Beurteilung der Bedeutung eines Tochterunternehmens auf dessen strategische Funktion im Bankkonzern abgestellt werden.[422] Entscheidend wird bei der Gesetzauslegung aber regelmäßig die wirtschaftliche Bedeutung des in Frage stehenden Tochterunternehmens bzw. aller in Frage stehenden Tochterunternehmen für den Bankkonzern sein.[423]

---

419 Vgl. § 340i Abs. 1 Satz 1 HGB i.V.m. § 296 Abs. 2 HGB. Die Gesamtheitsbetrachtung in § 296 Abs. 2 Satz 2 HGB wurde vom Gesetzgeber mit der Absicht kodifiziert, möglichen (bankkonzernabschlußpolitischen) Mißbräuchen vorzubeugen; vgl. Prahl/Naumann, Bankkonzernrechnungslegung, S. 239. Vgl. hierzu ferner Selchert/Baukmann, Bedeutung, S. 1331 f.

420 Vgl. Biener, Rechnungslegung, S. 105; Biener/Berneke, Bilanzrichtlinien-Gesetz, S. 318; Piltz, Bilanzpolitik, S. 8; Odenwald, Konsolidierungskreis, C 210, Rz. 86.

421 Vgl. Bundesverband deutscher Banken, Bankkonzernbilanzierung, S. 14. Adler/Düring/Schmaltz, Kommentierung § 296, Tz. 31, stellen dabei fest, daß die Kodifizierung starrer Verhältniszahlen keine generell anwendbaren Abgrenzungskriterien darstellen können, da diese ansonsten der vom Gesetz vorgesehenen flexiblen Regelung widersprechen und zu Zufallsergebnissen führen können. Möhlmann/Diethard, Operationalisierung, S. 205 ff., müssen bei dem Versuch der Determination von Meßkonzepten zur Feststellung und Beurteilung der "untergeordneten Bedeutung" konstatieren, "daß eine wissenschaftliche Erarbeitung von in jedem Fall gültigen Kriterien nicht gelingen kann"; ebenda, S. 211 und daß der Terminus insofern erhebliche Interpretationsspielräume enthält. Ebenso bezeichnet Küting, Abgrenzung, S. 430, - hier im übertragenen Sinne zu § 329 Abs. 2 AktG 1965 - den Begriff der "untergeordneten Bedeutung" als schwer interpretierbar und wenig praktikabel, womit er seine Forderung nach ersatzloser Streichung des Ausdrucks begründet. Ebenfalls kritisch Zwingmann, Einbeziehung, S. 1550 f.

422 Vgl. Bundesverband deutscher Banken, Bankkonzernbilanzierung, S. 14; Grewe, Kommentierung § 340i/j, Rz. 29; Krumnow/Sprißler/Bellavite-Hövermann/Kemmer/Steinbrücker, Kommentierung § 340i, j HGB, Rn. 54.

423 Vgl. Albrecht, Kommentierung § 296, Rz. 22.

Das Fehlen von Kriterien darüber, wann ein Sachverhalt eindeutig als von untergeordneter Bedeutung eingestuft werden kann, lassen seine Überprüfung und Beurteilung insofern nur im Hinblick auf die Datenkonstellation im konkreten Einzelfall zu.[424] Damit ist festzuhalten, daß die Operationalisierungsprobleme der untergeordneten Bedeutung Konsolidierungsspielräume eröffnen, welche sich zur Beeinflussung der Weltkonzernabschlüsse deutscher Bankkonzerne nicht unwesentlich nutzen lassen.[425] Zudem ist eine Einreichung der entsprechenden Jahresabschlüsse nicht konsolidierter Tochterunternehmen zum Bankkonzernabschluß nicht erforderlich.[426] Die Anwendung des Wahlrechts nach § 340i Abs. 1 Satz 1 HGB i.V.m. § 296 Abs. 3 HGB muß jedoch im Bankkonzernanhang begründet werden. Hingegen kann die bloße Feststellung der untergeordneten Bedeutung im Anhang als Begründung bereits ausreichend sein.[427] Somit ist eine externe Kontrollmöglichkeit grundsätzlich nur eingeschränkt gegeben.

2.4 Die Einbeziehung von Gemeinschaftsunternehmen

2.4.1 Überblick sowie die rechtsformspezifischen Vorschriften für deutsche Bankkonzerne

Mit der Umsetzung des Artikels 32 der Siebenten EG-Richtlinie besteht für den Bankkonzernabschluß ein Wahlrecht der anteilmäßigen Konsolidierung von Gemeinschaftsunternehmen. Nach § 340i Abs. 1 Satz 1 HGB i.V.m. § 310 Abs. 1 HGB liegt ein Gemeinschaftsunternehmen dann vor, wenn ein in den

424 Vgl. Klein, Konzernbilanzpolitik, S. 214.

425 In der Konsolidierungspraxis der Bankkonzerne stellt sich der Verzicht auf Einbeziehung von Tochterunternehmen aufgrund untergeordneter Bedeutung als eines der am häufigsten angewandten Wahlrechte dar. Nahezu alle Bankkonzerne begründen den Einbeziehungsverzicht mit der Geringfügigkeit aller betroffenen Tochterunternehmen an der addierten Bankkonzernbilanzsumme. Ihr Anteil an der Bilanzsumme wird dabei in den Geschäftsberichten i.d.R. in Prozent angegeben. Niehus, "Materiality", S. 13, regt in diesem Zusammenhang an, bei einem Anteil von 0 bis 5% von untergeordneter Bedeutung auszugehen, von 5 bis 10% die Entscheidung im Einzelfall zu treffen und von über 10% grundsätzlich nicht mehr von einer untergeordneten Bedeutung zu sprechen.

426 Vgl. IDW (Hrsg.), WP-Handbuch, M, Tz. 180.

427 Vgl. Albrecht, Kommentierung § 296, Rz. 27; Budde/Seif, Kommentierung § 296, Anm. 51; Selchert/Baukmann, Bedeutung, S. 1328. Daneben sind bestimmte Angabepflichten des § 340i Abs. 1 Satz 1 HGB i.V.m. § 313 Abs. 2 Nr. 1 Satz 2 HGB zu beachten.

Bankkonzernabschluß einbezogenes Mutter- oder Tochterunternehmen dieses Unternehmen gemeinsam mit einem oder mehreren nicht in den Bankkonzernabschluß einbezogenen Unternehmen führt.[428] Konstitutives Merkmal ist die tatsächlich ausgeübte gemeinsame Führung, nach der alle beteiligten Unternehmen zusammenwirken müssen, damit eine in ihrem Interesse liegende Geschäftsführung gewährleistet wird.[429] Keinem dieser Unternehmen darf deshalb eine einheitliche Leitung gemäß § 340i Abs. 1 Satz 1 HGB i.V.m. § 290 Abs. 1 HGB, noch eine Einflußnahme oder Beherrschung nach dem Control-Konzept gemäß § 340i Abs. 1 Satz 1 HGB i.V.m. § 290 Abs. 2 HGB zustehen, da andernfalls die Voraussetzungen der Vollkonsolidierung eines Tochterunternehmens vorliegen würden und eine anteilmäßige Konsolidierung dementsprechend nicht mehr zulässig wäre.[430]

2.4.2 Maßnahmen bei der Einbeziehung von Gemeinschaftsunternehmen

Gerade für Bankkonzerne kann dieser Punkt der Analyse zur Bankkonzernabschlußgestaltung von Relevanz sein, da sich im Rahmen ihrer internationalen Expansionspolitik die Bildung von Gemeinschaftsunternehmen als vorteilhafte und geeignete Alternative darstellen kann.[431] Weiterhin lassen die Publizitäts-

---

428 In der Literatur haben sich zahlreiche Termini für den Begriff der Gemeinschaftsunternehmen herausgebildet, wobei sich der des "joint ventures" durchgesetzt hat; vgl. hierzu Zündorf, Begriff, S. 1911; ders., Quotenkonsolidierung, S. 6 f. Vgl. weiterhin, speziell für den Bankenbereich, Brosset, Bankverflechtungen, S. 3 ff. Zu "joint ventures" als Organisationsentscheidung international tätiger Banken vgl. Büschgen, Finanzmanagement, S. 516.

429 Vgl. Adler/Düring/Schmaltz, Kommentierung § 310, Tz. 21; Budde/Suhrbier, Kommentierung § 310, Anm. 15; Eisele/Rentschler, Gemeinschaftsunternehmen, S. 310 f.; Sigle, Kommentierung § 310, Rn. 24. Zu beachten ist, daß nach h.M. die Zahl der Unternehmen, bei der eine tatsächlich ausgeübte gemeinsame Führung noch angenommen werden kann, begrenzt ist. Eine konkrete Begrenzung ist indessen im Gesetz nicht explizit geregelt; vgl. Budde/Suhrbier, Kommentierung § 310, Anm. 26.

430 Vgl. Biener/Berneke, Bilanzrichtlinien-Gesetz, S. 365; Budde/Suhrbier, Kommentierung § 310, Anm. 5; IDW (Hrsg.), WP-Handbuch, M, Tz. 70; Sigle, Kommentierung § 310, Rn. 7; Scherrer, Kommentierung § 310, Rz. 11.

431 In diesem Kontext geht es im wesentlichen um die steigenden Kreditbedürfnisse international tätiger Unternehmen, um die wachsende Größe von Projektfinanzierungen, um Know-how-Nutzung sowie um Kosten- und Risikoüberlegungen; vgl. Brosset, Bankverflechtungen, S. 19 ff. und S. 61 ff.; Eisele/Rentschler, Gemeinschaftsunternehmen, S. 309 f.; Schubert/Küting, Unternehmungszusammenschlüsse, S. 225 f.

vorschriften für externe Abschlußadressaten keine Beurteilung darüber zu, wie viele Partner an den betreffenden Unternehmen beteiligt sind und in welcher Form diese auf dessen Unternehmenspolitik Einfluß nehmen können.[432]

Der Tatbestand der tatsächlich ausgeübten gemeinsamen Führung wird im Gesetz nicht näher definiert. Es fehlt folglich an der Vorgabe von Kriterien, nach denen die Frage nach dem Bestehen eines Gemeinschaftsunternehmens zweifelsfrei beantwortet werden kann. Grundsätzlich liegt eine tatsächliche Führung aber nicht vor, solange es sich nur um eine reine Finanzbeteiligung handelt, bei der die Ausübung von mitgliedschaftlichen Rechten beschränkt wird. Ferner müssen wesentliche Fragen der Unternehmenspolitik, insbesondere der Finanz- und Investitionsplanung, gemeinsam und einstimmig entschieden werden. Hierauf wird mittels entsprechender Vertragsgestaltungen und -absprachen Einfluß genommen werden können.[433] Die Entscheidungen dürfen allerdings nicht nur einmalig ausgeübt werden, sondern müssen auf Dauer erfolgen, um den Voraussetzungen der gemeinsamen Führung zu genügen.[434] Als Anhaltspunkt der Gemeinsamkeit in der Führung wird zudem oftmals die Beteiligungsquote an dem zur Diskussion stehenden Unternehmen herangezogen. Im allgemeinen zeigt sich bei paritätischen Beteiligungsquoten - Prototyp eines paritätischen Gemeinschaftsunternehmen ist ein

432 Siehe hierzu die speziellen Angaben für Gemeinschaftsunternehmen im Bankkonzernanhang nach § 340i Abs. 1 Satz 1 HGB i.V.m. den §§ 313 Abs. 2 Nr. 3 und 314 Abs. 1 Nr. 4 letzter Halbsatz HGB.

433 Vgl. Arbeitskreis "Externe Unternehmensrechnung" der Schmalenbach-Gesellschaft - Deutsche Gesellschaft für Betriebswirtschaft e.V., Aufstellung, S. 125; Budde/Suhrbier, Kommentierung § 310, Anm. 15.

434 Vgl. Hoffmann-Becking/Rellermeyer, Gemeinschaftsunternehmen, S. 216; Nordmeyer, Einbeziehung, S. 309. Rolfes, Gemeinschaftsunternehmen, S. 31, charakterisiert in diesem Zusammenhang das Kriterium der Dauerhaftigkeit der Zusammenarbeit als einen "von vornherein nicht näher begrenzten Zeitraum". Baetge, Konzernbilanzen, S. 359 f. und Sigle, Quotenkonsolidierung, S. 324, plädieren demgegenüber für die analoge Anwendung des § 2a Satz 1 GewStG. Danach würden Gesellschaftsunternehmen, die in Form einer Arbeitsgemeinschaft kooperieren, dann als Gemeinschaftsunternehmen gelten, wenn sie über drei Jahre aktiv sind. Allerdings hat der Gesetzgeber in einer Neufassung dieser Vorschrift vom 21. Dezember 1993, welche über § 36 Abs. 1a GewStG erstmals für den Erhebungszeitraum 1995 anzuwenden ist, auf die Festlegung einer Zeitspanne für die Kooperationsdauer verzichtet; vgl. BGBl. I 1993, S. 2310.

Beteiligungsverhältnis von 50:50[435] - auch die gleichartige Ausrichtung der Leitungsbefugnisse.[436]

Von Bedeutung für den Bankkonzernabschluß ist weiterhin das in § 340i Abs. 1 Satz 1 HGB i.V.m. § 310 Abs. 1 Halbsatz 1 HGB kodifizierte Unabhängigkeitskriterium[437] der beteiligten Unternehmen. Voraussetzung ist, daß ein in den Bankkonzernabschluß einbezogenes Unternehmen ein anderes Unternehmen gemeinsam mit einem oder mehreren **nicht** in den Bankkonzernabschluß einbezogenen Unternehmen führt.[438] Das Unabhängigkeitskriterium ist demzufolge erfüllt, wenn die beteiligten Unternehmen nicht alle demselben Bankkonzern angehören. Hierbei besteht allerdings eine Gesetzeslücke mit weitreichenden bankkonzernabschlußpolitischen Konsequenzen: Fraglich ist, ob das Unabhängigkeitskriterium nur auf bankkonzernfremde Dritte oder zusätzlich auch auf Bankkonzerntochterunternehmen, die nach den §§ 295 und 296 HGB über § 340i Abs. 1 Satz 1 HGB nicht in den Bankkonzernabschluß einbezogen wurden, Anwendung findet. Dies hätte zur Folge, daß Tochterunternehmen eines Bankkonzerns, wegen ihrer Nichteinbeziehung in den Konsolidierungskreis, Gemeinschaftsunternehmen führen dürften. Aufgrund der Gesetzeslage kann dies bejaht werden.[439] Für diesen Fall wäre der Bankkon-

---

435 Vgl. Schubert/Küting, Unternehmungszusammenschlüsse, S. 219.

436 Vgl. Budde/Suhrbier, Kommentierung § 310, Anm. 25. Dies ist jedoch keine zwingende Voraussetzung, denn die gemeinsame Führung bleibt auch beim Vorliegen von nicht paritätischen Beteiligungsverhältnissen wie bspw. 30:30:20:20 gewahrt, solange die wesentlichen Fragen der Unternehmenspolitik einstimmig beschlossen werden. Der Bundesverband deutscher Banken, Bankkonzernbilanzierung, S. 17, sieht für die bankkonzerngeschäftliche Praxis das Bestehen gemeinsamer Führung von Gemeinschaftsunternehmen hingegen als eher selten anzutreffend an. Der Verband begründet dies damit, daß "die bankgeschäftlichen Aktivitäten in der Regel über einen Kreis von in Mehrheitsbesitz (Stimmrechtsmehrheit) stehenden und damit vollkonsolidierten Banktöchtern, Spezialinstituten und Hilfsgesellschaften betrieben werden".

437 Vgl. Schindler, Kapitalkonsolidierung, S. 265.

438 Vgl. § 340i Abs. 1 Satz 1 HGB i.V.m. § 310 Abs. 1 Halbsatz 1 HGB.

439 So auch Scherrer, Kommentierung § 310, Rz. 11; Schindler, Kapitalkonsolidierung, S. 265. A.A. Budde/Suhrbier, Kommentierung § 310, Anm. 37. Die Ansicht der letztgenannten Autoren geht auch konform mit dem Bericht des Rechtsausschusses und der Regierungsbegründung; vgl. Biener/Berneke, Bilanzrichtlinien-Gesetz, S. 366. Budde/Suhrbier plädieren weiterhin für eine Vollkonsolidierung, da sich aus der o.g. Konstellation ein mehrheitlicher Anteilsbesitz des Bankkonzerns an dem einzubeziehenden Unternehmen ergibt. Aber auch mit einem unparitätischen, über 50% liegenden Kapitalanteil kann ein Gemeinschaftsunternehmen bestehen; vgl. Biener, Konzernrechnungslegung, S. 12. Weiterhin ist für den Art. 32 der Siebenten EG-Richtlinie nicht die

zern zudem in der Lage, einen indirekten beherrschenden Einfluß[440] auf das Gemeinschaftsunternehmen auszuüben.
Auswirkungen auf den Bankkonzernabschluß ergeben sich ferner aus dem Verzicht der Wahlrechtsausübung zur anteilmäßigen Einbeziehung von Gemeinschaftsunternehmen.[441] Hierbei muß das Unternehmen grundsätzlich nach der Equity-Methode gemäß § 340i Abs. 1 Satz 1 HGB i.V.m. den §§ 311 und 312 HGB in den Konsolidierungskreis einbezogen werden.[442] Darüber hinaus besteht für die nach der Equity-Methode zu konsolidierenden Gemeinschaftsunternehmen dann zusätzlich das Wahlrecht des § 340i Abs. 1 Satz 1 HGB i.V.m. § 311 Abs. 2 HGB, wenn die Beteiligungen an den Gemeinschaftsunternehmen für die Vermittlung eines den tatsächlichen Verhältnissen entsprechenden Bildes der wirtschaftlichen Lage des Bankkonzerns von untergeordneter Bedeutung sind. Die entsprechenden Gemeinschaftsunternehmen können danach als bloße Beteiligung lediglich mit ihren Anschaffungskosten in dem Bankkonzernabschluß bilanziert werden.[443]
Wenngleich der Gesetzgeber mit der Quotenkonsolidierung ausschließlich eine Alternative zur Konsolidierung nach der Equity-Methode und nicht zur Vollkonsolidierung zulassen wollte,[444] besteht schließlich in bestimmten Fällen eine Wahlmöglichkeit zwischen der Quoten- und der Vollkonsolidierung. Voraussetzung dafür ist, daß das Gemeinschaftsunternehmen unter "gemeinschaftlicher einheitlicher Leitung" der Gesellschafter steht. Keinem Gesellschafter darf bei dieser Form der Leitung ein entscheidendes Übergewicht zustehen. Demzufolge liegt sowohl der Tatbestand der gemeinsamen Führung im Sinne des § 340i Abs. 1 Satz 1 HGB i.V.m. § 310 Abs. 1 HGB als auch der

---

Bankkonzernzugehörigkeit, sondern die Wahlrechtsausübung zur Einbeziehung in den Konsolidierungskreis entscheidend. Letztlich ist der Gesetzgeber hier aufgefordert, Rechtsklarheit zu schaffen.

440 Aufgrund der einheitlichen Leitung und/oder des beherrschenden Einflusses des Bankkonzernmutterunternehmens in bezug auf seine Tochterunternehmen.

441 Vgl. Harms/Knischewski, Quotenkonsolidierung, S. 1353 ff.; Herrnberger, Quotenkonsolidierung, C 500, Rz. 46 ff.; Klein, Konzernbilanzpolitik, S. 374 ff.; Scheren, Konzernabschlußpolitik, S. 324 ff.; Zündorf, Quotenkonsolidierung, S. 202 ff.

442 Vgl. IDW, Stellungnahme HFA 1/1993, S. 444; IDW (Hrsg.), WP-Handbuch, M, Tz. 72 f.

443 Vgl. zur Konkretisierung der bankkonzernabschlußpolitischen Möglichkeiten die Gliederungspunkte 2.5.2.3 und 5.3.2 in diesem Kapitel.

444 Vgl. Biener/Berneke, Bilanzrichtlinien-Gesetz, S. 366; Sigle, Kommentierung § 310, Rn. 21.

der einheitlichen Leitung gemäß § 340i Abs. 1 Satz 1 HGB i.V.m. § 290 Abs. 1 HGB vor.[445]

Die erörterten Wahlmöglichkeiten werden jedoch insofern eingeschränkt, nachdem die einmal gewählte Konsolidierungsmethode gemäß dem Grundsatz der Stetigkeit beizubehalten ist.[446] Gleichwohl lassen sich mit den bankkonzernabschlußpolitisch nutzbaren Wahlmöglichkeiten deutliche Volumeneffekte in der Bankkonzernbilanz und Bankkonzern-GuV erzielen.[447]

2.5 Die Einbeziehung von assoziierten Unternehmen

2.5.1 Überblick sowie die rechtsformspezifischen Vorschriften für deutsche Bankkonzerne

Bedeutung für den Bankkonzernabschluß ist ferner der Einbeziehung von assoziierten Unternehmen nach der Equity-Methode zuzumessen,[448] da die Umsetzung des Artikels 33 Abs. 1 der Siebenten EG-Richtlinie für Bankkonzernbeteiligungen an assoziierten Unternehmen die Anwendung der Equity-Methode im Weltkonzernabschluß deutscher Bankkonzerne vorgeschrieben hat. Die Vorschriften zur Abgrenzung assoziierter Unternehmen ergeben sich für Bankkonzerne aus § 340i Abs. 1 Satz 1 HGB i.V.m. § 311 HGB. Hiernach liegt ein assoziiertes Unternehmen vor, wenn von einem in den Bankkonzernabschluß einbezogenen Unternehmen ein maßgeblicher Einfluß auf die Geschäfts- und Finanzpolitik eines nicht konsolidierten Unternehmens, an dem das einbezogene Unternehmen gemäß § 271 Abs. 1 HGB beteiligt ist, ausgeübt wird.[449] Neben dem Bestehen einer Beteiligung ist die tatsächliche Aus-

445 Vgl. Herrnberger, Quotenkonsolidierung, C 500, Rz. 6; Hoffmann-Becking/Rellermeyer, Gemeinschaftsunternehmen, S. 216. A.A. Adler/Düring/Schmaltz, Kommentierung § 290, Tz. 95 ff., insbesondere Tz. 108 f. Vgl. hierzu auch Nordmeyer, Einbeziehung, S. 307 f., der dabei keine Wahlmöglichkeit, sondern vielmehr eine grundsätzliche Verpflichtung zur Vollkonsolidierung sieht. Vgl. ferner Gliederungspunkt 5.3.3.1 in diesem Kapitel.

446 Vgl. § 340i Abs. 1 Satz 1 HGB i.V.m. § 297 Abs. 3 Satz 2 HGB.

447 Vgl. hierzu die Gliederungspunkte 5.3.2 und 5.3.3.1 in diesem Kapitel.

448 Vgl. Bundesverband deutscher Banken, Bankkonzernbilanzierung, S. 17. Zur Equity-Methode vgl. Gliederungspunkt 5.2 in diesem Kapitel.

449 Vgl. § 340i Abs. 1 Satz 1 HGB i.V.m. § 311 Abs. 1 Halbsatz 1 HGB.

übung eines maßgeblichen Einflusses das grundlegende Tatbestandsmerkmal zur Abgrenzung assoziierter Unternehmen,[450] welches dann vermutet wird, wenn das beteiligte Unternehmen mindestens den fünften Teil der Stimmrechte innehat.[451]

Zum Konsolidierungs- bzw. Assoziierungskreis sind dementsprechend nachstehende Kategorien von Bankkonzernbeteiligungen zu zählen:[452]

- Assoziierte Unternehmen gemäß § 340i Abs. 1 Satz 1 HGB i.V.m. § 311 Abs. 1 HGB; folglich Beteiligungen, an denen der Bankkonzern einen Stimmrechtsanteil zwischen 20% und 50% hat sowie Beteiligungen, an denen der Bankkonzern einen Stimmrechtsanteil von weniger als 20% hat, jedoch die Ausübung eines maßgeblichen Einflusses nachgewiesen werden kann;
- Beteiligungen an Tochterunternehmen nach § 340i Abs. 1 Satz 1 HGB i.V.m. § 290 HGB, die aufgrund der §§ 295 und 296 HGB über § 340i Abs. 1 Satz 1 HGB[453] nicht in den Konsolidierungskreis einbezogen wurden;
- Beteiligungen an Gemeinschaftsunternehmen, die aufgrund der Wahlrechtsausübung des § 340i Abs. 1 Satz 1 HGB i.V.m. § 310 Abs. 1 HGB nicht anteilmäßig konsolidiert wurden.

---

450 Vgl. Emmerich/Sonnenschein, Konzernrecht, S. 554; IDW (Hrsg.), WP-Handbuch, M, Tz. 434; Schäfer, Bilanzierung, S. 205.

451 Vgl. § 340i Abs. 1 Satz 1 HGB i.V.m. § 311 Abs. 1 Satz 2 HGB.

452 Vgl. Hahn, Konzernabschluß, S. 589 ff.; IDW (Hrsg.), WP-Handbuch, M, Tz. 443; Jonas, Konzernabschluß, S. 251; Kenn, EG-Richtlinien, S. 192; Küting/Köthner/Zündorf, Kommentierung § 311, Rn. 96; Küting/Zündorf, Praxis, S. 872 f.; Maas/Schruff, Konzernabschluß, S. 244; Prahl/Naumann, Bankkonzernrechnungslegung, S. 244; Sahner/Häger, Zwischenerfolgseliminierung, S. 1780.

453 Während in § 340i Abs. 1 Satz 1 HGB i.V.m. § 295 Abs. 1 letzter Halbsatz HGB, für nicht einbezogene Tochterunternehmen, die Prüfung zur Anwendung der Equity-Methode ausdrücklich kodifiziert ist, fehlt für § 340i Abs. 1 Satz 1 HGB i.V.m. § 296 HGB eine entsprechende Regelung. Man wird dennoch "davon ausgehen müssen, daß die Anwendung der Equity-Konsolidierung, die vom Gesetz für Tochterunternehmen, für die ein Konsolidierungsverbot gilt, explizit nicht ausgeschlossen ist, erst recht für solche Tochterunternehmen anwendbar ist, die in Ausübung eines Konsolidierungswahlrechts nicht in den (Bank-; d.V.) Konzernabschluß einbezogen werden"; IDW (Hrsg.), WP-Handbuch, M, Tz. 181. Vgl. ebenso GEFIU, Probleme, Bd. I, S. 49. Dennoch besteht keine Verpflichtung zu ihrer Anwendung; vgl. Müller, Equity-Bewertung, C 510, Rz. 20.

Im folgenden soll untersucht werden, inwieweit der Assoziierungskreis bei der Einbeziehung der angeführten Beteiligungen beeinflußt werden kann.

2.5.2 Maßnahmen bei der Einbeziehung von assoziierten Unternehmen

Grundvoraussetzung für die Einbeziehung eines Unternehmens in den Bankkonzernabschluß nach der Equity-Methode ist, daß sich es bei dem Unternehmen um ein assoziiertes Unternehmen im Sinne des § 340i Abs. 1 Satz 1 HGB i.V.m. § 311 Abs. 1 Satz 1 HGB handelt. Sind die dort kodifizierten Voraussetzungen nicht erfüllt, besteht auch keine Möglichkeit das entsprechende Unternehmen freiwillig nach der Equity-Methode einzubeziehen. Im allgemeinen sind derartige Beteiligungen dann mit ihren Anschaffungskosten in den Bankkonzernabschluß einzustellen.[454] Deshalb bestehen je nach Bilanzierungsart nicht unerhebliche Möglichkeiten zur Beeinflussung der wirtschaftlichen Situation des Bankkonzerns. Dies resultiert insbesondere daraus, daß - im Gegensatz zur Anschaffungskostenmethode - bei der Anwendung der Equity-Methode der Beteiligungswertansatz i.d.R. um die anteiligen Jahresüberschüsse bzw. -fehlbeträge des assoziierten Unternehmens ergebniswirksam fortgeschrieben wird[455] und sich auf diese Weise auch entsprechende Auswirkungen auf das Bankkonzerneigenkapital und die Bankkonzernbilanzsumme erzielen lassen.

Bankkonzernabschlußpolitische Aktionen setzen im folgenden an den in § 340i Abs. 1 Satz 1 HGB i.V.m. § 311 Abs. 1 Satz 1 HGB kodifizierten Eigenschaften von assoziierten Unternehmen an.

2.5.2.1 Maßgeblicher Einfluß

Nach § 340i Abs. 1 Satz 1 HGB i.V.m. § 311 Abs. 1 Satz 1 HGB muß von dem in den Bankkonzernabschluß einbezogenen Unternehmen auf das nicht einbezogene Unternehmen ein maßgeblicher Einfluß ausgeübt werden. Obwohl

454 Vgl. IDW (Hrsg.), WP-Handbuch, M, Tz. 432. Zu Gemeinsamkeiten und Unterschieden von Anschaffungskosten- und Equity-Methode vgl. Fricke, Rechnungslegung, S. 41 ff.

455 Vgl. Klein, Konzernbilanzpolitik, S. 358.

diesem Kriterium eine entscheidende Bedeutung zukommt, ist es wegen fehlender Legaldefinition nur schwer operationalisierbar.[456]
Grundsätzlich muß der Bankkonzern an wichtigen Fragen der Geschäfts- und Finanzpolitik[457] des Unternehmens, an dem die Beteiligung besteht, mitwirken, wobei hier jeweils für den Einzelfall die Maßgeblichkeit der Einflußnahme in Relation zur gesamten Unternehmenspolitik zu überprüfen ist. Darüber hinaus muß der maßgebliche Einfluß auf die Geschäfts- und Finanzpolitik faktisch ausgeübt werden und auf Dauer angelegt sein.[458]
Um eine willkürliche Auslegung des § 340i Abs. 1 Satz 1 HGB i.V.m. § 311 Abs. 1 Satz 1 HGB zu vermeiden, hat der Gesetzgeber in § 340i Abs. 1 Satz 1 HGB i.V.m. § 311 Abs. 1 Satz 2 HGB eine Assoziierungsvermutung kodifiziert, nach der von einem maßgeblichen Einfluß auszugehen ist, sobald ein Bankkonzernunternehmen an einem anderen Unternehmen mindestens den fünften Teil der Stimmrechte innehat.[459] Generell werden hierbei aber bankkonzer-

---

456 Vgl. Scheren, Konzernabschlußpolitik, S. 291 f., m.w.N. Der Gesetzgeber wird hingegen bewußt auf eine Definition verzichtet haben, weil anhand normierter Gesetzesvorgaben sämtliche im Wirtschaftsleben bestehende Formen der maßgeblichen Einflußnahme nicht erfaßt werden können; vgl. Deutscher Bundestag, Drucksache 7/5221, S. 10.

457 Im allgemeinen stellt Finanzpolitik per definitionem einen integralen Bestandteil der Geschäftspolitik dar. Der Gesetzgeber unterscheidet allerdings noch Finanzierungsbereiche, die nicht unter die geschäftspolitischen Maßnahmen fallen; vgl. Biener/Berneke, Bilanzrichtlinien-Gesetz, S. 368. Zu Indikatoren und Kriterien für das Vorliegen wichtiger Fragen der Geschäfts- und Finanzpolitik vgl. Budde/Raff, Kommentierung § 311, Anm. 15; Busse von Colbe, Equitymethode, S. 253; Havermann, Rechnungslegung, S. 54 f.; Küting/Köthner/Zündorf, Kommentierung § 311, Rn. 26 ff.; Müller, Equity-Bewertung, C 510, Rz. 31 ff.; Schäfer, Bilanzierung, S. 209 ff.; Scherrer, Kommentierung § 311, Rz. 13 f.

458 Vgl. Budde/Raff, Kommentierung § 311, Anm. 15; Hahn, Konzernabschluß, S. 591; IDW (Hrsg.), WP-Handbuch, M, Tz. 442. Dennoch besteht die Problematik bei der Feststellung eines maßgeblichen Einflusses weiterhin darin, daß konkretisierende Merkmale der Geschäfts- und Finanzpolitik lediglich die Möglichkeit der Einflußnahme belegen, aber nicht ausreichen, um die gesetzlich geforderte tatsächliche Ausübung nachzuweisen.

459 Vgl. Budde/Raff, Kommentierung § 311, Anm. 16; Emmerich/Sonnenschein, Konzernrecht, S. 554; Maas/Schruff, Konzernabschluß, S. 244. Interessanterweise vermutet der Gesetzgeber hier einen maßgeblichen Einfluß ab 20% Stimmrechtsanteil, obwohl damit noch keine Sperrminorität (ab 25% Stimmrechtsanteil plus ein Stimmrecht) besessen wird. Die 20%-Grenze wurde aber mit Blick auf die Verhältnisse der Depotstimmrechte in den europäischen Mitgliedstaaten gewählt, da dort, wegen überwiegend fehlendem Vollmachtsstimmrecht der Banken, eine Beteiligung von 20% oftmals schon eine Hauptversammlungsmehrheit und insofern einen maßgeblichen Einfluß gewährleisten

nindividuelle Begründungen die Vermutung widerlegen und die Wirkung der Vorschrift entkräften können.[460] Allerdings wird sich für Bankkonzerne die Widerlegung einer Assoziierungsvermutung bei Beteiligungen an Kredit- und Finanzinstituten sehr schwierig gestalten. Im allgemeinen werden derartige Beteiligungen aktiv in die strategische Ausrichtung der Bankkonzerne eingebunden.[461]

Zudem ist insbesondere die Frage von Bedeutung, inwieweit die Equity-Methode auf Beteiligungen der Bankkonzerne an Nichtbankunternehmen, die prima facie die Assoziierungsvermutung erfüllen, überhaupt anwendbar ist. Bankkonzerne halten Nichtbankbeteiligungen gemeinhin als rentable und inflationsgestützte Vermögensanlage und beziehen diese dementsprechend nicht funktional in ihre Bankkonzernstrategie ein. I.d.R. sind sie auch nicht in der Lage unternehmerische Entscheidungen in branchenfremden Unternehmen zu treffen.[462] Zwar spricht eine Branchenverschiedenheit weder für noch gegen die Vermutung unternehmerischer Einflußnahme,[463] doch wird gegen die Einbeziehung branchenfremder Unternehmen in den Assoziierungskreis plädiert, da diese Unternehmen im Hinblick auf ihre Produkt- und Absatzpolitik eine Autonomie genießen, "die mit einem maßgeblichen Einfluß nicht kompatibel ist".[464]

Dagegen ist es für die Anwendung der Equity-Methode nicht erforderlich, daß sich der maßgebliche Einfluß auf alle Bereiche der Geschäfts- und Finanzpoli-

---

kann; vgl. Biener, Rechnungslegung, S. 115. Allerdings konstatiert Havermann, Methoden, S. 422, daß dieser 20%-Grenze aufgrund der widerlegbaren Assoziierungsvermutung keine absolute Bedeutung zukommt.

460 Vgl. Arbeitskreis "Externe Unternehmensrechnung" der Schmalenbach-Gesellschaft - Deutsche Gesellschaft für Betriebswirtschaft e.V., Aufstellung, S. 132; Budde/Raff, Kommentierung § 311, Anm. 17; Enke, Bilanzierung, S. 38 f.; Hahn, Konzernabschluß, S. 591; Küting/Köthner/Zündorf, Kommentierung § 311, Rn. 77 ff.; Müller, Equity-Bewertung, C 510, Rz. 55; Schäfer, Bilanzierung, S. 222 f.; Schildbach, Überlegungen, S. 164.

461 Vgl. Bundesverband deutscher Banken, Bankkonzernbilanzierung, S. 18; Prahl/Naumann, Bankkonzernrechnungslegung, S. 244 f. Die Begründung der Widerlegung der Vermutung muß überdies im Zweifelsfall auch einer gerichtlichen Nachprüfung standhalten können; vgl. Budde/Raff, Kommentierung § 311, Anm. 17.

462 Vgl. Köllhofer, Beteiligungen, S. 15 ff.; Prahl/Naumann, Bankkonzernrechnungslegung, S. 245; Werthmöller, Rechnungslegung, S. 105.

463 Vgl. BGH, II ZR 119/86, S. 347.

464 Prahl/Naumann, Bankkonzernrechnungslegung, S. 245; im Original mit Hervorhebung. Vgl. auch Krumnow, Bankenrechnungslegung, S. 514.

tik erstreckt.[465] M.E. wird man davon ausgehen müssen, daß sich Bankkonzerne aufgrund ihres Know-hows zumindest an Grundsatzfragen der Investitions- und Finanzpolitik maßgeblich beteiligen (können).[466] Infolgedessen wird man nicht generell die tatsächliche Ausübung einer maßgeblichen Einflußnahme auf branchenfremde Unternehmen verneinen können.[467]

Im Gegensatz dazu ist bei Beteiligungen des banknahen Bereichs grundsätzlich von einem maßgeblichen Einfluß auf die Geschäfts- und Finanzpolitik auszugehen.[468]

Für den Fall der Beteiligungen mit einem Stimmrechtsanteil kleiner als 20% greift die Assoziierungsvermutung hingegen nicht. Dies impliziert aber nicht, daß unterhalb dieser Grenze keine maßgebliche Einflußnahme und demgemäß kein assoziiertes Unternehmen vorliegen kann.[469] Der abschlußpolitische Spielraum besteht hier vielmehr umgekehrt in dem Nachweis der Existenz eines maßgeblichen Einflusses sowie in dessen tatsächlicher Ausübung.
Abschließend ist festzuhalten, daß der maßgebliche Einfluß infolge einer geringeren Intensität der Einflußnahme hinter der gemeinsamen Führung sowie der einheitlichen Leitung und der Beherrschung steht. Die Abgrenzungen sind dagegen oftmals fließend und dementsprechend nicht immer eindeutig trennbar.[470] De facto kann dem Bankkonzern für diese Grenzbereiche ein bankkon-

---

465 Vgl. Emmerich/Sonnenschein, Konzernrecht, S. 555; IDW (Hrsg.), WP-Handbuch, M, Tz. 440; Küting/Köthner/Zündorf, Kommentierung § 311, Rn. 25.

466 Vgl. hierzu auch Girke/Kopplin, Beteiligungspolitik, S. 64, im Rahmen einer Untersuchung zur Beteiligungspolitik der Westdeutschen Landesbank im Nichtbankensektor. Vgl. ferner Reifner, Reform, S. 94; Schimann, Bilanzierung, S. 397. Engels, Bankenbeteiligung, S. 45, verneint eine "gewisse Kontrollmacht" ebenfalls nicht. Stein, Beteiligungen, S. 756, affirmiert zugleich ein hohes Potential an Einflußmöglichkeiten seitens großer Banken, welches aufgrund enger finanzieller Beziehungen nicht unwesentlich verstärkt wird.

467 Wobei hier wiederum jeweils für den Einzelfall die Maßgeblichkeit der Einflußnahme in Relation zur gesamten Unternehmenspolitik zu überprüfen ist sowie deren Dauer und Intensität.

468 Vgl. Bundesverband deutscher Banken, Bankkonzernbilanzierung, S. 18.

469 Vgl. Adler/Düring/Schmaltz, Kommentierung § 311, Tz. 39; Enke, Bilanzierung, S. 38; Küting/Köthner/Zündorf, Kommentierung § 311, Rn. 75; Niehus/Scholz, Kommentierung § 311, Rdn. 10.

470 Vgl. Bühner/Hille, Anwendungsprobleme, S. 262; Harms/Küting, Equity-Accounting, S. 2151; Havermann, Bilanzierung, S. 239; Krawitz, Abgrenzung, S. 342; Niehus/Scholz,

zernabschlußpolitisch nutzbares Wahlrecht zwischen der Konsolidierung nach der Equity-Methode und der Quotenkonsolidierung sowie im Extremfall zwischen der Equity-Methode und der Vollkonsolidierung zukommen. Die hieraus resultierenden unterschiedlichen bilanziellen Wirkungsweisen sind u.U. mit erheblichen Einflüssen auf das Bankkonzernergebnis und die Bankkonzernbilanzstruktur verbunden. Allerdings können über die Wirkungsrichtung dieses faktischen Wahlrechts keine allgemeinen Angaben gemacht werden.

2.5.2.2 Beteiligungstatbestand nach § 271 Abs. 1 HGB

Für die Einordnung eines Unternehmens als assoziiertes Unternehmen ist das Bestehen eines Beteiligungsverhältnisses gemäß § 271 Abs. 1 HGB zwingend erforderlich.[471] Dabei ist auch hier der Beteiligungstatbestand gegeben, wenn ein dauerhafter Anteilsbesitz hergestellt wird und dieser dem eigenen Geschäftsbetrieb dient.

Die kodifizierten unbestimmten Rechtsbegriffe lassen indessen für Bankkonzerne einen Interpretationsspielraum bei der Bestimmung von Beteiligungen zu.[472]

Interessant ist an dieser Stelle vor allem das Kriterium "dem eigenen Geschäftsbetrieb dienen", denn fraglich ist, inwieweit Bankkonzernbeteiligungen an branchenfremden assoziierten Unternehmen diese Voraussetzung erfüllen können. *Adler/Düring/Schmalz* konstatieren hierzu, daß Branchenverschiedenheit nicht direkt das Fehlen dieses Kriteriums bejaht,[473] mit der Folge, auch bestimmte Beteiligungen an assoziierten Nichtbankunternehmen in den Bankkonzernabschluß einbeziehen zu können.

Kommentierung § 311, Rdn. 8; Sahner/Gersenich, Unternehmen, S. 182 f.; Treuhand-Vereinigung AG (Hrsg.), Rechnungslegung, S. 213.

471 Vgl. § 340i Abs. 1 Satz 1 HGB i.V.m. § 311 Abs. 1 Satz 1 HGB. Demnach werden, mit Ausnahme des § 340i Abs. 1 Satz 1 HGB i.V.m. § 312 Abs. 6 Satz 2 HGB, nur unmittelbare Beteiligungen an assoziierten Unternehmen in den Bankkonzernabschluß einbezogen.

472 Vgl. zu den unbestimmten Rechtsbegriffen Bieg, Beteiligungsposition, S. 93 ff.; ders., Kommentierung § 271, Rn. 14 ff.; Küting/Köthner/Zündorf, Kommentierung § 311, Rn. 8 ff. Unstrittig ist im allgemeinen, daß zum Vorliegen einer Beteiligung die Absicht der unternehmerischen Einflußnahme nicht gegeben sein muß; vgl. Deutscher Bundesrat, Drucksache 257/83, S. 81.

473 Vgl. Adler/Düring/Schmaltz, Kommentierung § 271, Tz. 16.

Andererseits ist eine Bankkonzernbeteiligung nicht schon deshalb anzunehmen, wenn der dauerhafte Anteilsbesitz dem eigenen Geschäftsbetrieb dient.[474] Dies kann für Bankkonzerne dann gegeben sein, sofern die Anteile ausschließlich aufgrund volks- und betriebswirtschaftlicher Erwägungen oder im Interesse Dritter gehalten werden.[475]

Zur Abgrenzung des Beteiligungstatbestands an assoziierten Unternehmen hat der Gesetzgeber gleichfalls eine Beteiligungsvermutung kodifiziert, die nach § 271 Abs. 1 Satz 3 HGB für Nennbeträge gilt, welche insgesamt 20% des Nennkapitals überschreiten.[476] Allerdings kann auch diese Vermutung widerlegt werden, sofern die abschlußpolitischen Entscheidungsträger des Bankkonzerns im Rahmen ihrer Argumentation die genannten Kriterien als nicht erfüllt begründen.[477]

Insgesamt ergibt sich somit für den Bankkonzern die abschlußpolitische Möglichkeit, über die Widerlegung des Beteiligungstatbestands, die Existenz eines assoziierten Unternehmens auszuschließen.

2.5.2.3 Untergeordnete Bedeutung

Eine Beteiligung an einem assoziierten Unternehmen braucht nicht in den Assoziierungskreis aufgenommen und nach der Equity-Methode konsolidiert werden, sofern sie für die Vermittlung eines den tatsächlichen Verhältnissen entsprechenden Bildes der Vermögens-, Finanz- und Ertragslage des Bankkonzerns von untergeordneter Bedeutung ist.[478]
Die Voraussetzung zur Wahlrechtsausübung wird in Analogie zu dem Konsolidierungswahlrecht des § 340i Abs. 1 Satz 1 HGB i.V.m. § 296 Abs. 2 HGB im

474 Vgl. Adler/Düring/Schmaltz, Kommentierung § 271, Tz. 15.
475 Vgl. Spieth, Fragen, S. 87.
476 Die Beteiligungsvermutung ist indes von der Assoziierungsvermutung zu trennen, da sich letztere auf die Anteile der Stimmrechte bezieht.
477 Vgl. Küting/Köthner/Zündorf, Kommentierung § 311, Rn. 12; Schnicke/Gutike, Kommentierung § 271, Anm. 24 ff.
478 Vgl. § 340i Abs. 1 Satz 1 HGB i.V.m. § 311 Abs. 2 HGB.

wesentlichen von der Auslegung des unbestimmten Rechtsbegriffs "untergeordnete Bedeutung" abhängen.[479]

Unklar ist aber, inwieweit mehrere assoziierte Unternehmen von jeweils untergeordneter Bedeutung im Bankkonzernabschluß zu konsolidieren sind, falls sie insgesamt nicht mehr von untergeordneter Bedeutung sind. Divergent zu dem Konsolidierungswahlrecht des § 340i Abs. 1 Satz 1 HGB i.V.m. § 296 Abs. 2 Satz 2 HGB enthält der § 340i Abs. 1 Satz 1 HGB i.V.m. § 311 Abs. 2 HGB hierfür keine regelnden Vorschriften. Obwohl *Küting/Köthner/Zündorf* für einen solchen Fall im Ergebnis von einem Konsolidierungsgebot ausgehen,[480] wird der bankkonzernabschlußpolitische Ermessensspielraum nicht grundlegend eingeschränkt. Die differenzierte Gesetzesbetrachtung sowie die wörtliche Auslegung des Gesetzestextes lassen eine notwendige verpflichtende Prüfung der Gesamtbeurteilung aller assoziierter Unternehmen von untergeordneter Bedeutung nicht erkennen.[481]

Fallen Beteiligungen an assoziierten Unternehmen infolge ihrer untergeordneten Bedeutung unter das Wahlrecht des § 340i Abs. 1 Satz 1 HGB i.V.m. § 311 Abs. 2 HGB, so sind diese bei einer Wahlrechtsausübung dann nur mit ihren Anschaffungskosten in der Bankkonzernbilanz einzustellen. Insofern führt auch das Wahlrecht zum Verzicht auf die Anwendung der Equity-Methode i.d.R. zu Veränderungen im Bankkonzernergebnis.

Dennoch ist die abschlußpolitische Nutzbarmachung dieses Wahlrechts als begrenzt anzusehen, da dessen Inanspruchnahme aufgrund des § 340i Abs. 1 Satz 1 HGB i.V.m. § 313 Abs. 2 Nr. 2 Satz 2 HGB tendenziell erkennbar ist. Die Wirkungsrichtung der Beeinflussung läßt sich hingegen nicht nachvollzie-

---

479 Vgl. hierzu Gliederungspunkt 2.3.4.4 in diesem Kapitel.

480 Vgl. Küting/Köthner/Zündorf, Kommentierung § 311, Rn. 115. Vgl. ferner Sahner/Gersenich, Unternehmen, S. 193.

481 Vgl. Arbeitskreis "Externe Unternehmensrechnung" der Schmalenbach-Gesellschaft - Deutsche Gesellschaft für Betriebswirtschaft e.V., Aufstellung, S. 133 f.; Busse von Colbe/Ordelheide, Konzernabschlüsse, S. 478; Müller, Equity-Bewertung, C 510, Rz. 65. Wird dennoch eine Gesamtbetrachtung durchgeführt, sollte das Wahlrecht der untergeordneten Bedeutung hingegen "tendenziell großzügig angewendet werden"; Budde/Raff, Kommentierung § 311, Anm. 20.

hen. Überdies ist das Wahlrecht als sachlich sowie eingeschränkt zeitlich flexibel zu betrachten.[482]

2.5.3 Maßnahmen bei der Einbeziehung von Tochterunternehmen als assoziierte Unternehmen

Bankkonzernabschlußpolitisches Aktionspotential ergibt sich weiterhin aus der Frage, ob auch Bankkonzerntochterunternehmen im Sinne des § 340i Abs. 1 Satz 1 HGB i.V.m. § 290 HGB, die aufgrund der §§ 295 und 296 HGB über § 340i Abs. 1 Satz 1 HGB nicht in den Bankkonzernabschluß einbezogen wurden, als assoziierte Unternehmen bilanziert werden können bzw. müssen.[483]
Für den Fall des Einbeziehungsverbots von Tochterunternehmen aufgrund des § 340i Abs. 1 Satz 1 HGB i.V.m. § 295 HGB wird die Anwendung der Equity-Methode grundsätzlich geboten sein, da die Ausübung der einheitlichen Leitung nach § 340i Abs. 1 Satz 1 HGB i.V.m. § 290 Abs. 1 HGB und/oder die des beherrschenden Einflusses nach § 340i Abs. 1 Satz 1 HGB i.V.m. § 290 Abs. 2 Nr. 3 HGB auch immer zugleich die Existenz eines maßgeblichen Einflusses einschließt.[484] Die Voraussetzungen des § 340i Abs. 1 Satz 1 HGB i.V.m. § 290 Abs. 2 Nr. 1 und Nr. 2 HGB werden regelmäßig einzelfallabhängig zu überprüfen sein. Letztlich besteht hierbei für den Bankkonzern aber nur ein geringer Interpretationsspielraum.[485]
Von größerer bankkonzernabschlußpolitischer Relevanz sind indessen solche Tochterunternehmen, die aufgrund der Ausübung des Einbeziehungswahlrechts gemäß § 340i Abs. 1 Satz 1 HGB i.V.m. § 296 HGB nicht vollkonsolidiert werden. Deren wahlweise Nichteinbeziehung infolge von Beschränkungen in der Rechtsausübung nach § 340i Abs. 1 Satz 1 HGB i.V.m. § 296 Abs.

---

482 Vgl. Klein, Konzernbilanzpolitik, S. 360.
483 Vgl. Busse von Colbe, Equitymethode, S. 254; Wysocki, Equity-Methode, S. 116.
484 Vgl. Adler/Düring/Schmaltz, Kommentierung § 311, Tz. 59 f.; IDW (Hrsg.), WP-Handbuch, M, Tz. 162; Küting/Köthner/Zündorf, Kommentierung § 311, Rn. 102; Sahner/Kammers, Kommentierung § 295, Rn. 16; Treuhand-Vereinigung AG (Hrsg.), Rechnungslegung, S. 213.
485 Interessant für Bankkonzerne ist an dieser Stelle allerdings, daß auch branchenfremde Bankkonzerntochterunternehmen, die aufgrund ihrer unterschiedlichen Tätigkeiten gemäß § 340i Abs. 1 Satz 1 HGB i.V.m. § 295 Abs. 1 Satz 1 HGB nicht konsolidiert werden, dennoch - sofern die Voraussetzungen eines Assoziierungsverhältnisses vorliegen - nach der Equity-Methode einbezogen werden können.

1 Nr. 1 HGB, von unverhältnismäßig hohen Kosten oder Verzögerungen nach § 340i Abs. 1 Satz 1 HGB i.V.m. § 296 Abs. 1 Nr. 2 HGB, einer Absicht der Weiterveräußerung sowie von Sanierungsfällen bei Kreditinstituten nach § 340i Abs. 1 Satz 1 HGB i.V.m. § 296 Abs. 1 Nr. 3 HGB oder einer untergeordneten Bedeutung von Tochterunternehmen nach § 340i Abs. 1 Satz 1 HGB i.V.m. § 296 Abs. 2 Satz 1 HGB, begründet allerdings nicht unmittelbar die Aufnahme in den Assoziierungskreis. Vielmehr ist hier die Existenz eines maßgeblichen Einflusses sowie dessen tatsächliche Ausübung nachzuweisen.[486] Wird dieser im Rahmen der bankkonzernabschlußpolitischen Argumentationen festgestellt, ergibt sich daraus für den Bankkonzern de facto eine Wahlmöglichkeit zwischen der Anwendung der Vollkonsolidierung und der Equity-Methode. Liegt hingegen kein maßgeblicher Einfluß vor, ist eine freiwillige Einbeziehung der Tochterunternehmen in den Assoziierungskreis nicht möglich.[487]

Läßt sich im konkreten Einzelfall die Anwendung beider Methoden bestimmen, hat die Konsolidierung nach der Equity-Methode im Vergleich zur Vollkonsolidierung tendenziell einen verkürzten Ausweis der Bankkonzernbilanzsumme sowie eine Verringerung des Bankkonzerneigenkapitals zur Folge. Ferner kann festgestellt werden, daß bei Vorhandensein von Minderheitsgesellschaftern in den Folgeperioden ein unterschiedliches Bankkonzernergebnis ausgewiesen wird, da im Rahmen der Equity-Methode der Jahresüberschuß bzw. -fehlbetrag lediglich entsprechend den Anteilen jährlich fortgeschrieben wird,

486 Vgl. Busse von Colbe, Equitymethode, S. 254 f.; IDW (Hrsg.), WP-Handbuch, M, Tz. 181; Kirsch, Equity-Methode, S. 38 ff. Hingegen wird man für den Fall des § 340i Abs. 1 Satz 1 HGB i.V.m. § 296 Abs. 1 Nr. 3 HGB regelmäßig nicht von einer Anwendung der Equity-Methode ausgehen müssen, da sich die Kriterien der Weiterveräußerung mit denen der Beteiligung sowie der Dauerhaftigkeit des § 340i Abs. 1 Satz 1 HGB i.V.m. § 311 Abs. 1 HGB gegenseitig ausschließen. Der Gestaltungsspielraum würde darüber hinaus wegen § 340j Abs. 2 Halbsatz 4 HGB zusätzlich eingeschränkt. Auch für den Fall des § 340i Abs. 1 Satz 1 HGB i.V.m. § 296 Abs. 2 Satz 1 HGB wird man davon ausgehen müssen, daß ein für die Vollkonsolidierung unwesentliches Unternehmen, auch für die Einbeziehung nach der Equity-Methode von untergeordneter Bedeutung ist; vgl. Küting/Zündorf, Praxis, S. 873. Allerdings weist Kirsch, Equity-Methode, S. 43, auf Ausnahmefälle hin.

487 Vgl. IDW (Hrsg.), WP-Handbuch, M, Tz. 182; Küting/Köthner/Zündorf, Kommentierung § 311, Rn. 107.

währenddessen bei der Konsolidierung von Tochterunternehmen auch das auf die Fremdanteile entfallende Jahresergebnis im Bankkonzernergebnis enthalten ist. Dementsprechend ist das Ergebnis im Bankkonzern bei Anwendung der Equity-Methode tendenziell von geringer Größe.
Eine mögliche Einschränkung der bankkonzernabschlußpolitischen Maßnahmen im Hinblick auf die Erkennbarkeit resultiert i.d.R. aus der Informationspflicht des § 340i Abs. 1 Satz 1 HGB i.V.m. § 296 Abs. 3 HGB sowie des § 340i Abs. 1 Satz 1 HGB i.V.m. § 313 Abs. 2 Nr. 1 und Nr. 2 HGB. Zudem ist das Wahlrecht eingeschränkt zeitlich flexibel.

2.5.4 Maßnahmen bei der Einbeziehung von Gemeinschaftsunternehmen als assoziierte Unternehmen

Wird ungeachtet des Vorliegens der Voraussetzungen auf die Inanspruchnahme des Wahlrechts zur Anwendung der anteilmäßigen Konsolidierung gemäß § 340i Abs. 1 Satz 1 HGB i.V.m. § 310 Abs. 1 HGB verzichtet, muß das Gemeinschaftsunternehmen im Zuge der Anwendung der Equity-Methode in den Bankkonzernabschluß einbezogen werden, sofern hierbei die konstitutiven Merkmale eines assoziierten Unternehmens gegeben sind.[488] Obschon der § 340i Abs. 1 Satz 1 HGB i.V.m. § 310 Abs. 1 HGB explizit keine Beteiligung im Sinne des § 271 Abs. 1 HGB vorschreibt, wird man dieses Merkmal als erfüllt ansehen müssen, "weil gerade durch das im Rahmen des **gemeinsamen Unternehmenszweckes** vertretene Eigeninteresse das Beteiligungsvorhaben von Anfang an unbestritten und auf Dauer angelegt ist".[489] Unstrittig ist auch das Vorliegen eines maßgeblichen Einflusses, da die gemeinsame Leitung von Gemeinschaftsunternehmen durch einen stärkeren Grad der Einflußnahme gekennzeichnet ist. Demnach wird man im allgemeinen davon ausgehen können, daß Gemeinschaftsunternehmen auch regelmäßig assoziierte Unternehmen sind.[490]

---

488 Vgl. Biener/Berneke, Bilanzrichtlinien-Gesetz, S. 365; Eisele/Rentschler, Gemeinschaftsunternehmen, S. 312; Treuhand-Vereinigung AG (Hrsg.), Rechnungslegung, S. 161.
489 Budde/Suhrbier, Kommentierung § 310, Anm. 20.
490 Hierzu sowie zu einer möglichen, wenn auch in der Wirtschaftspraxis eher unüblichen Ausnahme vgl. Zündorf, Quotenkonsolidierung, S. 18 f.

Infolge dieses Methodenwahlrechts hat der Gesetzgeber ein abschlußpolitisches Instrument geschaffen, daß mit (erheblichen) Konsequenzen für die Darstellung der Vermögens-, Finanz- und Ertragslage im Bankkonzernabschluß verbunden sein kann.[491] Von bankkonzernabschlußpolitischem Interesse ist darüber hinaus, daß keine weitergehenden Publizitätspflichten zur Methodenwahl im Bankkonzernanhang verlangt werden.[492]

2.6 Die bankkonzernabschlußpolitischen Maßnahmen aus dem Blickwinkel einer Bankkonzernrechnungslegung nach IAS

Im Rahmen einer Rechnungslegung nach IAS hat gleichfalls grundsätzlich jedes Bankkonzernmutterunternehmen einen Bankkonzernabschluß zu erstellen.[493]

In den Bankkonzernabschluß sind im allgemeinen alle in- und ausländischen Tochterunternehmen einzubeziehen.[494] Grundvoraussetzung für die Einbeziehung ist die Existenz eines Bankkonzernmutter-Tochter-Verhältnisses im Sinne des IAS 27.12 i.V.m. IAS 27.7. Im Gegensatz zu den handelsrechtlichen Vorschriften beruhen die Regelungen des IASC zur Definition eines Mutter-Tochter-Verhältnisses ausschließlich auf dem Control-Konzept, wonach gemäß IAS 27.6 die Möglichkeit eines Bankkonzernmutterunternehmens, beherrschenden Einfluß auf die Finanz- und Geschäftspolitik eines Tochterunternehmens auszuüben, maßgebend ist. Hierbei wird eine Beherrschung widerlegbar angenommen, wenn ein Bankkonzernmutterunternehmen mehr als die Hälfte der Stimmrechtsanteile eines Tochterunternehmens hält.[495] Darüber hinaus liegt eine Beherrschung unwiderlegbar vor, wenn das Bankkonzernmutterunternehmen höchstens die Hälfte der Stimmrechtsanteile an einem Tochterunternehmen hält und

491 Vgl. hierzu die Ausführungen in Gliederungspunkt 5.3.2 in diesem Kapitel.

492 Vgl. Krumnow/Sprißler/Bellavite-Hövermann/Kemmer/Steinbrücker, Kommentierung § 340i, j HGB, Rn. 172.

493 Vgl. IAS 27.7 Satz 1. Ausnahmen von der generellen Verpflichtung zur Aufstellung eines Bankkonzernabschlusses ergeben sich im Falle eines mehrstufigen Bankkonzerns; vgl. IAS 27.7 Satz 2 i.V.m. IAS 27.8.

494 Vgl. IAS 27.11.

495 Vgl. IAS 27.12 Satz 2. Eine Beherrschung gilt als widerlegt, "wenn klar gezeigt werden kann, daß der Besitz von mehr als 50% der Stimmrechte eines Unternehmens keinen beherrschenden Einfluß begründet"; Baetge/Schulze, Kommentierung IAS 27, Tz. 25.

- die Möglichkeit besitzt, infolge einer vertraglichen Vereinbarung mit anderen Anteilseignern über mehr als die Hälfte der Stimmrechtsanteile zu verfügen;
- die Möglichkeit besitzt, infolge eines Beherrschungsvertrags oder einer Satzungsbestimmung einen beherrschenden Einfluß auszuüben;
- die Möglichkeit besitzt, die Mehrheit der Mitglieder des Verwaltungs- oder Leitungsorgans zu bestellen oder abzuberufen, oder
- die Möglichkeit besitzt, bei Versammlungen des Verwaltungs- oder Leitungsorgans die Mehrheit der Stimmen zu beeinflussen.[496]

Die aufgeführten Kriterien zur Konkretisierung einer Beherrschung verdeutlichen, daß die das Control-Konzept nach IAS kennzeichnenden Rechte weitgehend mit denen der handelsrechtlichen Vorschriften übereinstimmen.[497] Insofern stehen auch die konstatierten bankkonzernabschlußpolitischen Maßnahmen zur Herbeiführung bzw. zur Vermeidung der Konsolidierung von Tochterunternehmen im Rahmen der Control-Konzeption nach IAS zur Verfügung. Allerdings ist zu beachten, daß nach den IASC-Regelungen bereits bei nur faktisch gesicherten Controlmöglichkeiten von der Existenz eines Bankkonzernmutter-Tochter-Verhältnisses auszugehen ist. Die Möglichkeit zur Beherrschung muß folglich nicht zwingend rechtlich abgesichert sein.[498]

Die Normen des IASC lassen ferner Ausnahmen von der Einbeziehungspflicht von Tochterunternehmen zu, welche sich jedoch teilweise von den handelsrechtlichen Ausnahmeregelungen unterscheiden. Die folgende Aufstellung gibt einen Überblick über die Ausnahmen von der Pflicht zur Vollkonsolidierung von Tochterunternehmen nach IAS und HGB.

---

496 Vgl. IAS 27.12 Satz 3.

497 Vgl. Baukmann/Mandler, Standards, S. 21; IDW (Hrsg.), Rechnungslegung, S. 255 f. Dies liegt darin begründet, daß die Abfassung der Control-Konzeption nach IAS 27 den Regelungen der 7. EG-Richtlinie angenähert wurde; vgl. Baetge/Schulze, Kommentierung IAS 27, Tz. 24.

498 Vgl. Baetge/Schulze, Kommentierung IAS 27, Tz. 47 ff.

Tabelle 1: Einbeziehungspflichten, -verbote und -wahlrechte von Tochterunternehmen nach IAS und HGB

Vollkonsolidierung von	IAS	HGB
Tochterunternehmen mit abweichender Geschäftstätigkeit	Einbeziehungspflicht (IAS 27.14)	Einbeziehungsverbot
Tochterunternehmen, deren Anteile ausschließlich zum Zweck der Weiterveräußerung gehalten werden	Einbeziehungsverbot (IAS 27.13a)[499]	Einbeziehungswahlrecht
Tochterunternehmen, die unter erheblichen und langfristigen Beschränkungen tätig sind und die Rechte des Mutterunternehmens beeinträchtigen	Einbeziehungsverbot bei Beschränkungen des Finanzmitteltransfers (IAS 27.13b)	Einbeziehungswahlrecht
Tochterunternehmen, bei welchen die erforderlichen Informationen nicht ohne unverhältnismäßig hohen Kosten oder Verzögerungen zu beschaffen sind	Einbeziehungswahlrecht (F.43 f.)[500]	Einbeziehungswahlrecht
Tochterunternehmen von untergeordneter Bedeutung	Einbeziehungswahlrecht (P.12 i.V.m. F.29 f.)	Einbeziehungswahlrecht

Wenngleich der Ausschluß von Tochterunternehmen aus dem Vollkonsolidierungskreis aufgrund abweichender Geschäftstätigkeit gemäß IAS 27.14 als unzulässig gilt und IAS 27.13b bei Beschränkungen des Finanzmitteltransfers an das Bankkonzernmutterunternehmen ein Einbeziehungsverbot von Tochterunternehmen vorsieht, lassen sich dennoch eine Anzahl der in den spezifi-

499 Baetge/Schulze, Kommentierung IAS 27, Tz. 78, stellen in diesem Zusammenhang heraus, daß Anteilserwerbe zum Zwecke der Sanierung oder zur Kapitalmarktplazierung sowie treuhänderische Erwerbe gleichfalls unter das Konsolidierungsverbot des IAS 27.13a fallen.

500 Das IDW (Hrsg.), Rechnungslegung, S. 265, hält hingegen eine wahlweise Nichteinbeziehung wegen unverhältnismäßiger Kosten oder Verzögerungen als mit den IAS nicht vereinbar und spricht sich insofern für eine grundsätzliche Einbeziehungspflicht derartiger Tochterunternehmen aus. Förschle/Kroner/Mandler, Rechnungslegung, S. 154, stellen in ihrer Untersuchung indes nur auf die Kosten der Konsolidierung ab und konstatieren desgleichen, daß hohe Kosten keine Befreiung von der Konsolidierungspflicht rechtfertigen. Baukmann/Mandler, Standards, S. 27, weisen andererseits für die Einbeziehung von Tochterunternehmen, deren Angaben nicht ohne unverhältnismäßig hohe Kosten zu erhalten sind, auf einen Ermessensspielraum hin und konstatieren eine Einbeziehungspflicht nur für solche Unternehmen, deren Angaben nicht ohne Verzögerungen zu bekommen sind. Baetge/Schulze, Kommentierung IAS 27, Tz. 91 ff., gehen schließlich in beiden Fällen von einem Einbeziehungswahlrecht aus.

schen handelsrechtlichen Vorschriften enthaltenen bankkonzernabschlußpolitischen Möglichkeiten analog ebenso zur Beeinflussung des Konsolidierungskreises nach IAS nutzen. Denn auch das IASC hat in seinen Vorschriften zu den Ausschlußkriterien des IAS 27.13b nicht weiter festgelegt, welche Zeitspanne als langfristig und welche Beschränkung als erheblich angesehen werden kann. Gleichfalls liegen nach den Bestimmungen des IASC keine eindeutigen Abgrenzungskriterien vor, wie die Weiterveräußerungsabsicht des IAS 27.13a nachzuweisen ist und in welchem Zeitraum noch von dem ausschließlichen Zweck einer Weiterveräußerung ausgegangen werden kann. Desgleichen gilt für die Konkretisierung der untergeordneten Bedeutung. Welche quantitative Größenordnung hier zugrunde zu legen ist, wird weder im Framework noch in den einzelnen Standards präzisiert.[501] Insofern kann auch in diesem Zusammenhang auf die Auslegung der untergeordneten Bedeutung im Rahmen der handelsrechtlichen Vorschriften Bezug genommen werden.[502] Entsprechendes gilt für die Interpretation des timeliness- und cost-benefit-Prinzips des F.43 f.
Die Gründe für die Nichteinbeziehung eines Tochterunternehmens sind im Bankkonzernabschluß anzugeben.[503]

Neben den Tochterunternehmen sind in den Bankkonzernabschluß nach IAS grundsätzlich ebenfalls die Gemeinschaftsunternehmen und assoziierten Unternehmen einzubeziehen.
Für die Konsolidierung als Gemeinschaftsunternehmen kommen allerdings nur die jointly controlled entities in Betracht,[504] welche durch die vertragliche Vereinbarung zweier oder mehrerer Partner, ein Vorhaben unter gemeinsamer Führung zu verwirklichen, entstanden sind und sich als Unternehmen durch eine eigene Rechtspersönlichkeit auszeichnen.[505] Ein wesentliches konstituie-

---

501 F.30 Satz 1 bestimmt lediglich, daß Informationen wesentlich sind, "wenn ihr Weglassen oder ihre fehlerhafte Darstellung die auf der Basis des Abschlusses getroffenen wirtschaftlichen Entscheidungen der Adressaten beeinflussen könnten".
502 Vgl. Achleitner/Wollmert/van Hulle, Grundlagen, Tz. 12.
503 Vgl. IAS 27.32b/i.
504 Vgl. IAS 31.25.
505 Vgl. IAS 31.19 sowie IDW (Hrsg.), Rechnungslegung, S. 314; KPMG Deutsche Treuhand-Gesellschaft (Hrsg.), Standards, S. 141; Küting/Weber, Konzernabschluß, S. 480.

rendes Merkmal der jointly controlled entities, die gemeinsame Führung, wird in IAS 31.2 als "die vereinbarte Teilhabe an der Führung einer wirtschaftlichen Geschäftstätigkeit" definiert.
IAS 28 regelt die Einbeziehung von assoziierten Unternehmen. Danach ist ein assoziiertes Unternehmen ein Unternehmen, auf welches das beteiligte Unternehmen einen maßgeblichen Einfluß ausüben kann und welches weder Tochterunternehmen noch Gemeinschaftsunternehmen ist. Ein maßgeblicher Einfluß ist dann gegeben, wenn die Möglichkeit besteht, an den finanz- und geschäftspolitischen Entscheidungen des Beteiligungsunternehmens teilzunehmen, ohne es jedoch beherrschen zu können.[506]
Entsprechend der handelsrechtlichen Stufenkonzeption nimmt der Einfluß des Bankkonzernmutterunternehmens auf Tochterunternehmen, Gemeinschaftsunternehmen und assoziierte Unternehmen stufenweise ab. Desgleichen kann sich die Abgrenzung der einzelnen Formen der Einflußnahme als schwierig erweisen, da die Übergänge im allgemeinen fließend sind. Der Interpretationsspielraum ist hingegen im Vergleich zu den handelsrechtlichen Vorschriften stärker eingeschränkt, da die Regelungen des IASC weitergehende Indikatoren, Merkmale und Beispiele zur Bestimmung der Intensität der Einflußnahme beinhalten.[507] Zudem kennt der IAS 28 nicht die Kriterien für eine Beteiligung im Sinne des § 271 Abs. 1 HGB,[508] so daß die in dieser Vorschrift enthaltenen bankkonzernabschlußpolitischen Spielräume im Rahmen einer Rechnungslegung nach IAS demzufolge nicht zur Nutzbarmachung gelangen können. Indes bleibt auch nach den IASC-Vorschriften die speziell für Bankkonzerne auftretende Problematik der Einbeziehung assoziierter Beteiligungen des Nichtbankenbereichs weiterhin bestehen.[509] Die Auslegungsspielräume, die sich insbesondere im Rahmen der Untersuchung der maßgeblichen Einflußnahme auf die Geschäfts- und Finanzpolitik von Industrieunternehmen eröffnen, werden insofern prinzipiell nicht begrenzt.

---

506 Vgl. IAS 28.3.
507 Vgl. hierzu insbesondere IAS 27.12, IAS 28.5 und IAS 31.20 f. Vgl. ferner die Ausführungen von Baetge/Bruns, Kommentierung IAS 28, Tz. 24 ff.; Kleber, Kommentierung IAS 31, Tz. 13 f. und Tz. 54 ff.
508 Vgl. Baetge/Bruns, Kommentierung IAS 28, Tz. 185.
509 Vgl. zu dieser Problematik Bellavite-Hövermann/Prahl, Bankbilanzierung, S. 77 f.; Krumnow, Kommentierung IAS 30, Tz. 36 f.

Analog zu den Bestimmungen des deutschen Gesetzgeber ist davon auszugehen, daß auf die Einbeziehung von Gemeinschaftsunternehmen und assoziierten Unternehmen wahlweise verzichtet werden kann, sofern diese im Sinne des P.12 i.V.m. F.29 f. für den gesamten Bankkonzernabschluß von untergeordneter Bedeutung sind.

Schließlich können Gemeinschaftsunternehmen im Einklang mit den deutschen Regelungen ebenso wahlweise anteilmäßig konsolidiert oder nach der Equity-Methode bilanziert werden.[510]

2.7 Zusammenfassung der bankkonzernabschlußpolitischen Maßnahmen, deren Wirkungen auf die Zielgrößen und deren Existenz im Rahmen einer Rechnungslegung nach IAS

Grundsätzlich kann eine Beeinflussung des Konsolidierungskreises als Objekt der Weltkonzernabschlußpolitik deutscher Bankkonzerne mittels der Ausnutzung faktischer und gesetzlich kodifizierter Wahlrechte, der Auslegung unbestimmter Rechtsbegriffe sowie der Nutzbarmachung von Gesetzeslücken erfolgen. In diesem Rahmen ist mit sämtlichen dargelegten und dem rechnungslegenden Entscheidungsträger zur Verfügung stehen bankkonzernabschlußpolitischen Maßnahmen auf alle die in dieser Arbeit untersuchten Kennzahlen des Bankkonzernabschlusses eine Einflußnahme zu erzielen. Allerdings sind die möglichen Maßnahmen, mit Ausnahme der in das Ermessen des Entscheidungsträgers gestellten Spielräume bei der Einbeziehungspflicht von Tochterunternehmen und der Einbeziehung assoziierter Unternehmen sowie bei dem anheimgestellten Wahlrecht zur Einbeziehung von Gemeinschaftsunternehmen als assoziierte Unternehmen, weitgehendst erkennbar.
Wenngleich zum Teil in ihrer Wirksamkeit vergleichsweise eingeschränkt, ist ferner festzustellen, daß einzelne bankkonzernabschlußpolitische Beeinflussungsmöglichkeiten ebenso analog im Rahmen einer Rechnungslegung nach den Vorschriften des IASC vorhanden sind.

---

510 Vgl. IAS 31.25; IAS 31.32.

Nachfolgend werden die Untersuchungsergebnisse im Überblick tabellarisch dargestellt.

Tabelle 2: Bankkonzernabschlußpolitische Maßnahmen im Rahmen der Abgrenzung des Konsolidierungskreises

mögliche Maßnahmen	Zielgrößen											
	Bankkonzernbilanzsumme		(bilanzielles) Bankkonzerneigenkapital: Bilanzergebnis		(bilanzielles) Bankkonzerneigenkapital: Gewinnrücklagen		(bilanzielles) Bankkonzerneigenkapital: sonstige Eigenkapitalposten		Bankkonzernjahresergebnis		Erkennbarkeit im Bankkonzernanhang	
	HGB	IAS	HGB	IAS	HGB	IAS	HGB	IAS	HGB	IAS	HGB	IAS
Spielräume bei der Einbeziehungspflicht von Tochterunternehmen bzgl.												
• einheitlicher Leitung	x		x		x		x		x			
• Beteiligungskriterium	x		x		x		x		x			
• Stimmrechtsmehrheit	x	(x[a])	x	(x[a])	x	(x[a])	x	(x[a])	x	(x[a])		(x[a])
• Leitungsgremienmehrheit	x	(x[a])	x	(x[a])	x	(x[a])	x	(x[a])	x	(x[a])		(x[a])
• vertraglicher Beherrschung/Satzungsbestimmung	x	(x[a])	x	(x[a])	x	(x[a])	x	(x[a])	x	(x[a])		(x[a])
Spielräume beim Einbeziehungsverbot von Tochterunternehmen	x		x		x		x		x		x	
Einbeziehungswahlrechte von Tochterunternehmen aufgrund												
• Beschränkungen der Rechtsausübung	x		x		x		x		x		x	
• Unverhältnismäßigkeit von Kosten und Verzögerungen	x	x[a]	x	x[a]	x	x[a]	x	x[a]	x	x[a]	x	x[a]
• Weiterveräußerungsabsicht und Sanierungsfällen	x		x		x		x		x		x	
• Bestimmung der Wesentlichkeitsgrenze	x	x[a]	x	x[a]	x	x[a]	x	x[a]	x	x[a]	(x)	x[a]
Spielräume bei der Einbeziehung von Gemeinschaftsunternehmen	x	(x[a])	x	(x[a])	x	(x[a])	x	(x[a])	x	(x[a])	(x)	
Spielräume bei der Einbeziehung von assoziierten Unternehmen bzgl.												
• maßgeblichem Einfluß	x	(x[a])	x	(x[a])	x	(x[a])	x	(x[a])	x	(x[a])		
• Beteiligungskriterium	x		x		x		x		x			
• Bestimmung der Wesentlichkeitsgrenze	x	x[a]	x	x[a]	x	x[a]	x	x[a]	x	x[a]	(x)	

mögliche Maßnahmen	Zielgrößen											
	Bankkonzernbilanzsumme		(bilanzielles) Bankkonzerneigenkapital						Bankkonzernjahresergebnis		Erkennbarkeit im Bankkonzernanhang	
			Bilanzergebnis		Gewinnrücklagen		sonstige Eigenkapitalposten					
	HGB	IAS	HGB	IAS	HGB	IAS	HGB	IAS	HGB	IAS	HGB	IAS
Spielräume bei der Einbeziehung von Tochterunternehmen als assoziierte Unternehmen	x		x		x		x		x		x	
Wahlrecht bei der Einbeziehung von Gemeinschaftsunternehmen als assoziierte Unternehmen	x	x^a	x	x^a	x	x^a	x	x^a	x	x^a		

Legende: x = Wirkung vorhanden bzw. Erkennbarkeit gegeben; (x) = Erkennbarkeit eingeschränkt gegeben; x^a = Wirkung analog vorhanden bzw. Erkennbarkeit gegeben; (x^a) = Wirkung analog vorhanden, aber vergleichsweise eingeschränkt bzw. Erkennbarkeit eingeschränkt gegeben

3 Die Einzelabschlüsse als Objekte der Weltkonzernabschlußpolitik deutscher Bankkonzerne

Ausgangspunkt und notwendige Basis zur Erstellung eines Bankkonzernabschlusses sind sämtliche in- und ausländische Einzelabschlüsse der zum Konsolidierungskreis gehörenden Bankkonzernunternehmen. Sonach können sich alle ausgeführten abschlußpolitischen Maßnahmen auf Einzelabschlußebene auch auf den zu erstellenden Bankkonzernabschluß auswirken und u.U. nicht mehr rückgängig gemacht werden. Vor diesem Hintergrund stellt sich die Frage nach der Möglichkeit der Gestaltung der Einzelabschlüsse im Zuge der Bankkonzernabschlußpolitik.

Die Abschaffung des aktienrechtlichen Maßgeblichkeitsprinzips der Einzelabschlüsse[511] hat eine weitgehende Verselbständigung der Bankkonzernrechnungslegung zur Konsequenz. Den originären Einzelabschlüssen kommt infolgedessen als Objekt für die Weltkonzernabschlußpolitik deutscher Bank-

511 Vgl. Arbeitskreis "Externe Unternehmensrechnung" der Schmalenbach-Gesellschaft - Deutsche Gesellschaft für Betriebswirtschaft e.V., Aufstellung, S. 37; IDW, Stellungnahme HFA 3/1988, S. 483; Lederle, Vereinheitlichung, C 300, Rz. 7; Selchert/Karsten, Konzernabschlußpolitik, S. 839; Weirich, Bewertung, S. 78. In Analogie hierzu spricht Trützschler, Kommentierung § 300, Rn. 17, von dem Maßgeblichkeitsprinzip des Bankkonzernabschlusses für die in den Bankkonzernabschluß einzubeziehenden Einzelabschlüsse. Zum Maßgeblichkeitsprinzip nach § 331 Abs. 1 Nr. 1 AktG 1965 vgl. Dümpel, Grundsatz, S. 112 ff.; Harms/Küting, Einheitlichkeit, S. 105 ff., m.w.N.

konzerne nur noch eine untergeordnete Bedeutung zu.[512] Dennoch besteht die bankkonzernabschlußpolitische Möglichkeit, bestimmte Sachverhaltsgestaltungen, als einzelabschlußorientierte Gestaltung von Geschäftsvorfällen vor dem Bilanzstichtag, auszuüben.[513] Voraussetzung dafür ist nach *Scheren* eine straffe zentrale Bankkonzernführung.[514] Mit wachsender Größe und steigendem Internationalisierungsgrad der Bankkonzerne ist allerdings davon auszugehen, daß eine derartige organisatorische Ausgestaltung zunehmend schwieriger und komplexer wird. Zudem wird die Möglichkeit zur Einflußnahme auf eine einzelabschlußorientierte Sachverhaltsgestaltung im Rahmen der Bankkonzernabschlußpolitik mit der Beteiligungsquote an den jeweiligen Bankkonzernunternehmen korrelieren. Da diese Maßnahmen ferner eine Beeinflussung der Gewinnausschüttungs- und Steuerbemessungsgrundlage der Einzelabschlüsse zur Folge haben, wird eine konträr zur Unternehmenspolitik der einzelnen Bankkonzernunternehmen laufende bankkonzernabschlußpolitisch motivierte Einzelabschlußgestaltung ebenfalls auf Widerstand treffen können. Nach *Klein* ist es "daher sehr zweifelhaft, ob Sachverhaltsgestaltungen im (Bank-; d.V.) Konzern überhaupt zur Gestaltung des (Bank-; d.V.) Konzernabschlusses durchgeführt werden oder ob diese nicht viel eher aus Gründen der Steuer- oder Ausschüttungspolitik getätigt werden".[515]

Selbst *Scheren*, als Befürworter der Nutzbarmachung dieses Instrumentariums, konstatiert, daß die Möglichkeit der Einzelabschlußbeeinflussung häufig in der Kompetenz der einzelnen (Bank-) Konzernunternehmen liegt. Die eigentliche Bankkonzernabschlußpolitik setzt aus diesem Grunde im allgemeinen erst auf der Handelsbilanz II-Ebene an.[516]

Bei der Diskussion um eine bankkonzernabschlußpolitische Sachverhaltsgestaltung auf Einzelabschlußebene ist letztlich ebenfalls in Betracht zu ziehen,

512 Vgl. Clemm/Wenzel, Konzernbilanzpolitik, S. 347 f.; Steudter, Entscheidungsmodelle, S. 70; Weber, Möglichkeiten, Rn. 165 und Rn. 167.

513 Vgl. Küting/Weber, Bilanzierung, S. 30; Scheld, Konzernbilanzpolitik, S. 90 f. und S. 657 ff.; Scheren, Konzernabschlußpolitik, S. 111 ff.; Steudter, Entscheidungsmodelle, S 70.

514 Vgl. Scheren, Konzernabschlußpolitik, S. 111; ders., Möglichkeiten, Rn. 114.

515 Klein, Konzernbilanzpolitik, S. 8.

516 Vgl. Scheren, Konzernabschlußpolitik, S. 55.

daß intendierte gestaltungsspezifische Auswirkungen im Rahmen der Konsolidierungsmaßnahmen u.U. eliminiert oder kompensiert werden.[517]
Insofern sind derartige Maßnahmen gemeinhin als ein Instrument der Einzelabschlußpolitik und nicht als eigenständiges Instrument der Bankkonzernabschlußpolitik einzustufen. Die möglichen Auswirkungen der Gestaltung von Sachverhalten auf den Bankkonzernabschluß ergeben sich folglich nur mittelbar über die zu konsolidierenden Einzelabschlüsse.

4 Die Handelsbilanzen II als Objekte der Weltkonzernabschlußpolitik deutscher Bankkonzerne

4.1 Überblick sowie die rechtsformspezifischen Vorschriften für Bankkonzerne

Der Bankkonzernabschluß resultiert nicht aus einer separaten Bankkonzernbuchführung,[518] sondern wird grundsätzlich - unter Aufrechnung bankkonzerninterner Transaktionen - durch Zusammenfassung des Einzelabschlusses der Bankkonzernmutter mit den Einzelabschlüssen der zu konsolidierenden in- und ausländischen Bankkonzernunternehmen erstellt. In konsequenter Umsetzung der Einheitstheorie hat die Bilanzierung und Bewertung im Bankkonzernabschluß dabei nach einheitlichen, durch das Recht des Bankkonzernmutterunternehmens determinierten Grundsätzen zu erfolgen. Dieses Recht basiert auf § 340i Abs. 1 Satz 1 HGB i.V.m. § 300 Abs. 2 Satz 2 HGB sowie auf § 340i Abs. 1 Satz 1 HGB i.V.m. § 308 Abs. 1 Satz 2 HGB.

---

517 Vgl. Clemm/Wenzel, Konzernbilanzpolitik, S. 346; Meyer, Konzern-Bilanzpolitik, S. 474 f.; Scheld, Konzernbilanzpolitik, S. 91.

518 Vgl. Coenenberg, Konzernbilanz, S. 59. Unter einer Bankkonzernbuchführung sind alle Unterlagen und Aufzeichnungen zu verstehen, "die der Aufstellung des (Bank-; d.V.) Konzernabschlusses dienen und die zum Nachweis der einzelnen Arbeitsgänge von der Hereinnahme der Einzelabschlüsse bis zur Erstellung des (Bank-; d.V.) Konzernabschlusses notwendig und zweckmäßig sind"; Arbeitskreis "Weltbilanz" des IDW, Einbeziehung, S. 156. Entgegen der wachsenden Bedeutung des Bankkonzernabschlusses, wird eine eigenständige Bankkonzernbuchführung als prinzipiell nicht erforderlich angesehen; vgl. IDW (Hrsg.), WP-Handbuch, M, Tz. 188. Dennoch wird auf deren Notwendigkeit hingewiesen; vgl. dazu Havermann, Handelsbilanz, S. 197; Otte, Notwendigkeit, S. 661 ff.; Pelka, Konzernbuchführung, passim; Ruhnke, Konzernbuchführung, passim.

Soweit die Bilanzansatz- und Bewertungsvorschriften der originären Einzelabschlüsse nicht dem Recht des Bankkonzernmutterunternehmens genügen, sind diese in einer Ergänzungsrechnung, der sog. Handelsbilanz II, herzustellen bzw. konsolidierungsfähig zu machen.[519] Damit kommt das aktienrechtliche Maßgeblichkeitsprinzip der Einzelabschlüsse für den Bankkonzernabschluß nicht mehr zur Anwendung.

Die nach dem Recht der Bankkonzernmutter zulässigen Bilanzansatz- und Bewertungswahlrechte dürfen unabhängig von ihrer Ausübung in den Einzelabschlüssen der in den Bankkonzern einbezogenen Unternehmen ausgeübt werden.[520]

Diese Regelung ermöglicht eine von den Einzelabschlüssen losgelöste, eigenständige, bilanzierungs- und bewertungszielkonforme Bankkonzernabschlußpolitik.[521]

---

519 Vgl. Adler/Düring/Schmaltz, Vorbemerkungen zu §§ 290-315, Tz. 43 ff.; Baumann/Seeberg, Konzernabschluß, Sp. 1022; Busse von Colbe/Ordelheide, Konzernabschlüsse, S. 33 und S. 96; Coenenberg, Konzernbilanz, S. 59 f.; Ferk, Abschlußprüfung, S. 337; Frings, Handelsbilanz, S. 1 f.; Gebhardt/Bergmann, Konzernabschlüsse, Abt. V/7, Rn. 70 ff.; IDW, Stellungnahme HFA 3/1988, S. 483; Küting/Zündorf, Handelsbilanz, S. 348 f.; Nahlik, Konzernbilanzrecht, S. 457. Havermann, Handelsbilanz, S. 187, bezeichnet die Handelsbilanz II dabei als Bindeglied zwischen den Einzelabschlüssen und dem Bankkonzernabschluß. Langer, Steuern, S. 59, konstatiert in diesem Zusammenhang, daß die Handelsbilanz II kein weiterer Einzelabschluß ist, sondern "lediglich eine Technik, die es gestattet, diese (Anpassungs-; d.V.) Maßnahmen auf die Arbeitsebene der Tochterunternehmen zu verlagern". Als bloßes Konsolidierungs- sowie Informationsinstrument bedarf es demnach weder einer Feststellung noch einer Offenlegung; vgl. Ferk, Abschlußprüfung, S. 337; Havermann, Handelsbilanz, S. 188. Lederle, Vereinheitlichung, C 300, Rz. 9 ff., betrachtet die Handelsbilanz II als eigenen Abschluß der jeweiligen einzubeziehenden Unternehmen und grenzt sie von den Ergänzungsrechnungen ab.

520 Vgl. § 340i Abs. 1 Satz 1 HGB i.V.m. § 300 Abs. 2 Satz 2 HGB und § 308 Abs. 1 Satz 2 HGB.

521 (Bank-) Konzernabschlußpolitische Spielräume konstatieren Adler/Düring/Schmaltz, Kommentierung § 300, Tz. 17; Baumann/Seeberg, Konzernabschluß, Sp. 1022; Busse von Colbe/Ordelheide, Konzernabschlüsse, S. 95 f.; Clemm/Wenzel, Konzernbilanzpolitik, S. 348; Dusemond, Bilanzierung, S. 539; Früh/Reinke, Konzernabschluß, S. 122 und S. 141; Göttgens/Schmelzeisen, Bankbilanzrichtlinie-Gesetz, S. 86 f.; IDW (Hrsg.), WP-Handbuch, M, Tz. 238; Küting, Herausforderung, S. 3; Lederle, Vereinheitlichung, C 300, Rz. 16; Lück, Rechnungslegung, S. 78; Pfleger, Praxis 1988, Rdnr. 167; Piltz, Bilanzpolitik, S. 7; Scheren, Konzernabschlußpolitik, S. 117; Theisen, Konzern, S. 378; Waschbusch, Jahresabschlußpolitik, S. 39; Weirich, Bewertung, S. 78. Für Klein, Konzernbilanzpolitik, S. 242, "stellt die Bilanzierung und Bewertung einen zentralen Bereich der Konzernabschlußpolitik dar".

Neben den durch das Bankkonzernmutterunternehmen determinierten Bilanzansatz- und Bewertungsvorschriften, ist im Rahmen der Handelsbilanz II-Erstellung gleichermaßen die Gliederung der Bankkonzernbilanz sowie die der Bankkonzern-GuV nach Maßgabe der Einheitstheorie anzupassen.[522] Anpassungsvorgänge resultieren ferner aus der Vereinheitlichung des Abschlußstichtags. Sind aufgrund des Weltabschlußprinzips ausländische Bankkonzernunternehmen zu konsolidieren, müssen deren Einzelabschlüsse überdies zusätzlich auf die Währung der Bankkonzernmutter umgerechnet werden.[523] Nachfolgend werden die Arbeitsschritte zur Anpassung der Einzelabschlüsse in einer Grafik dargestellt. Die daraus abgeleiteten Handelsbilanzen II stellen dann die Grundlage für die weitere Konsolidierung bzw. für die Erstellung des Bankkonzernabschlusses dar.

522 Vgl. Adler/Düring/Schmaltz, Vorbemerkungen zu §§ 290-315, Tz. 34; Frings, Handelsbilanz, S. 2; Früh/Reinke, Konzernabschluß, S. 120; Krumnow/Sprißler/Bellavite-Hövermann/Kemmer/Steinbrücker, Kommentierung § 340i, j HGB, Rn. 69; Lederle, Vereinheitlichung, C 300, Rz. 7.

523 Die Währungsumrechnung wird vielfach als eigenständiger Punkt im Rahmen der Bankkonzernabschlußerstellung diskutiert. Da sie hingegen auch zur Vorbereitung der Einzelabschlüsse für die weiteren Konsolidierungsmaßnahmen dient, wird sie in dieser Arbeit den Vorgängen zur Ableitung der Handelsbilanz II subsumiert.

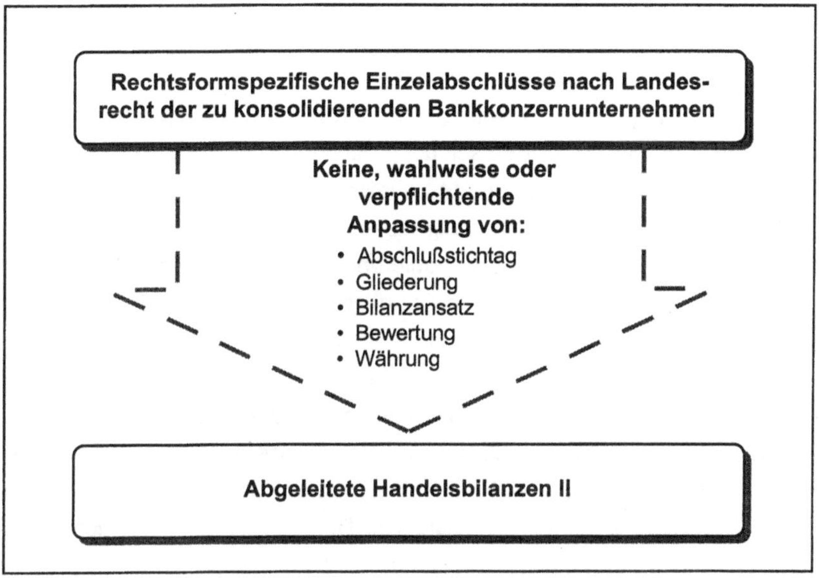

Abbildung 6: Erstellung der Handelsbilanzen II

4.2 Maßnahmen bei der Anpassung der Abschlußstichtage

4.2.1 Wahl des Bankkonzernabschlußstichtags

Der Grundsatz der Stichtagseinheitlichkeit resultiert aus der in § 340i Abs. 1 Satz 1 HGB i.V.m. § 297 Abs. 3 Satz 1 HGB geforderten Darstellung des Bankkonzernabschlusses.

Gemäß § 340i Abs. 1 Satz 1 HGB i.V.m. § 299 Abs. 1 Halbsatz 1 HGB kommen für die Festlegung des Bankkonzernabschlußstichtags drei Alternativen in Betracht:

(1) Stichtag des Jahresabschlusses des Bankkonzernmutterunternehmens,

(2) Stichtag der Jahresabschlüsse der bedeutendsten einbezogenen Bankkonzernunternehmen oder

(3) Stichtag der Jahresabschlüsse der Mehrzahl der einbezogenen Bankkonzernunternehmen.

Alle drei Wahlmöglichkeiten sind als formal gleichberechtigt anzusehen,[524] wenngleich der Bankkonzernabschluß jedoch prinzipiell auf den Abschlußstichtag des Bankkonzernmutterunternehmens aufgestellt werden sollte.[525] Mit der Aufstellung des Bankkonzernabschlusses auf einen abweichenden Stichtag eröffnet die Gesetzesformulierung bankkonzernabschlußpolitische Ansatzpunkte hinsichtlich der Beurteilung der "Bedeutung" sowie der Festlegung der "Mehrzahl" der einbezogenen Bankkonzernunternehmen. Allgemeingültige Abgrenzungskriterien lassen sich hierzu grundsätzlich nicht fixieren, so daß im konkreten Fall Interpretationsspielräume offenbleiben.[526] Überdies wird der Abschlußstichtag eines Bankkonzernunternehmens gewählt werden können, welches nicht Tochterunternehmen im Sinne des § 340i Abs. 1 Satz 1 HGB i.V.m. § 290 HGB ist. Der Wortlaut, den Stichtag der "einbezogenen Unternehmen" zugrunde zu legen, läßt gleichfalls die Abschlußstichtage einbezogener Gemeinschaftsunternehmen in Betracht kommen.[527]

Die Wahl des Stichtags kann u.U. die Darstellung der Vermögens-, Finanz- und Ertragslage des Bankkonzerns maßgeblich beeinflussen. Dies ergibt sich daraus, daß die in den Bankkonzernabschluß zu übernehmenden Abschlußposten der einzubeziehenden Unternehmen an alternativen Bankkonzernab-

---

524 Vgl. Küting, Konzernrechnungslegung, S. 8015; Lange, Wahl, S. 775; Trützschler, Kommentierung § 299, Rn. 10. Die Auflistung der Wahlrechte ist abschließend. Sollten alle Stichtage der Jahresabschlüsse auf ein Datum zusammenfallen, besteht kein weiteres Wahlrecht; vgl. Lange, Vereinheitlichung, C 320, Rz. 16.

525 Vgl. Biener/Berneke, Bilanzrichtlinien-Gesetz, S. 324, die sich zugleich gegen eine freie Wahl des Abschlußstichtags aussprechen.

526 Vgl. zur Auslegung der "Bedeutung" und "Mehrzahl" Adler/Düring/Schmaltz, Kommentierung § 299, Tz. 8 ff.; Budde/Lust, Kommentierung § 299, Anm. 6; Harms/Küting, Konsolidierung, S. 434; Lange, Wahl, S. 776; ders., Vereinheitlichung, C 320, Rz. 19 ff.; Trützschler, Kommentierung § 299, Rn. 14 ff.

527 Die Stichtage assoziierter Unternehmen haben infolge der Regelung des § 340i Abs. 1 Satz 1 HGB i.V.m. § 312 Abs. 6 Satz 1 HGB keine Bedeutung; vgl. Adler/Düring/Schmaltz, Kommentierung § 299, Tz. 20 f.; Budde/Lust, Kommentierung § 299, Anm. 1; Lange, Vereinheitlichung, C 320, Rz. 165 f.

schlußstichtagen in unterschiedlicher Höhe vorliegen werden.[528] Je größer sich die Abweichungen infolge einer zeitlichen Verschiebung der Stichtage auf die Abschlußdaten auswirken, desto stärker werden die entsprechenden Auswirkungen auf das Bankkonzernergebnis und die Bankkonzernbilanzstruktur sein können. Aussagen über die Wirkungsrichtung in der Realisationsperiode sowie in den Folgeperioden sind bei der Wahl alternativer Abschlußstichtage jedoch nur anhand des Einzelfalls möglich.
Im Hinblick auf die Vergleichbarkeit aufeinanderfolgender Bankkonzernabschlüsse im Zeitablauf, sollte der einmal gewählte Abschlußstichtag beibehalten werden. Sind andererseits Abweichungen sachlich zu begründen, bestehen keine Bedenken, das Bankkonzerngeschäftsjahr auf einen anderen Abschlußtermin festzulegen. Dies läßt sich insbesondere durch eine wesentliche Veränderung des Konsolidierungskreises erzielen.[529] Ein Ansatzpunkt hierzu wird dem bankkonzernabschlußpolitischen Entscheidungsträger mit der Inanspruchnahme der Einbeziehungswahlrechte anheimgestellt.[530] Daneben ist das Wahlrecht als eingeschränkt zeitlich flexibel zu beurteilen.

Die Wahl eines vom Abschlußstichtag des Bankkonzernmutterunternehmens abweichenden Bankkonzernabschlußstichtags bedingt indessen eine Angabe- und Begründungspflicht im Bankkonzernanhang.[531] Betragsmäßige Auswirkungen sind hingegen nicht offenzulegen.

4.2.2 Wahlrecht zur Aufstellung von Zwischenabschlüssen

Wird die erforderliche Einheitlichkeit der Abschlußstichtage nicht für alle Bankkonzernunternehmen erreicht, haben die jeweiligen Unternehmen einen auf

528 Vgl. Klein, Konzernbilanzpolitik, S. 215 f.; Scheren, Konzernabschlußpolitik, S. 354; Steudter, Entscheidungsmodelle, S. 124 f.

529 Vgl. Adler/Düring/Schmaltz, Kommentierung § 299, Tz. 13 f.; Budde/Lust, Kommentierung § 299, Anm. 7; Lange, Wahl, S. 777.

530 Vgl. zur Beeinflussung des Konsolidierungskreises Gliederungspunkt 2.3.4 in diesem Kapitel.

531 Vgl. § 340i Abs. 1 Satz 1 HGB i.V.m. § 299 Abs. 1 Halbsatz 2 HGB. Zum Umfang der Berichtspflichten vgl. Albrecht, Kommentierung § 299, Rz. 11; Budde/Lust, Kommentierung § 299, Anm. 9; Lange, Vereinheitlichung, C 320, Rz. 23; Trützschler, Kommentierung § 299, Rn. 17.

den Bankkonzernabschlußstichtag abzielenden Zwischenabschluß[532] aufzustellen. Hiervon kann wahlweise abgesehen werden, sofern die Stichtage der betroffenen Bankkonzernunternehmen nicht mehr als drei Monate vor dem Stichtag des Bankkonzernabschlusses liegen.[533] Damit hat der Gesetzgeber ausschließlich ein zeitliches Abgrenzungskriterium kodifiziert. Die wirtschaftliche Bedeutung eines Bankkonzernunternehmens ist für die Ausübung des Wahlrechts zur Aufstellung eines Zwischenabschlusses innerhalb der Drei-Monats-Frist ohne Relevanz.[534]

Durch die Einbeziehung von Bankkonzernunternehmen auf der Basis von Einzelabschlüssen mit divergierenden Abschlußstichtagen ergeben sich bankkonzernabschlußpolitisch nutzbare Spielräume, welche die Vermögens-, Finanz- und Ertragslage des Bankkonzerns nachhaltig beeinflussen können. Danach lassen sich mittels einer bewußten Steuerung von bankkonzerninternen Geschäftsvorgängen, Liquiditätsverlagerungen bzw. -doppelausweise im Bankkonzernabschluß erzielen.[535] Zudem wurde vom Gesetzgeber nicht hinreichend ausgeführt, wie sich der Konsolidierungsprozeß der Kapitalkonsolidierung, der Schuldenkonsolidierung, der Zwischenergebniseliminierung sowie der Aufwands- und Ertragskonsolidierung aufgrund der stichtagsbezogenen Phasenverschiebung bei bankkonzerninternen Geschäftsbeziehungen zu vollziehen hat.[536] Es ist i.d.R. davon auszugehen, daß mit den Konsolidierungsmaßnahmen struktur- und ergebniswirksame Einflußnahmen erzielt werden können.

---

532 Der Zwischenabschluß ist kein Abschluß minderer Qualität. Für seine Aufstellung gelten die GoB, die handelsrechtlichen Vorschriften für den Einzelabschluß sowie die handelsrechtlichen Bilanzierungs- und Bewertungsvorschriften des Bankkonzerns gemäß § 340i Abs. 1 Satz 1 HGB i.V.m. den §§ 300 und 308 HGB; vgl. IDW, Stellungnahme HFA 4/1988, S. 682; IDW (Hrsg.), WP-Handbuch, M, Tz. 525.

533 Vgl. § 340i Abs. 1 Satz 1 HGB i.V.m. § 299 Abs. 2 Satz 2 HGB. Wird der Interimszeitraum überschritten, ist die Aufstellung eines Zwischenabschlusses verpflichtend.

534 Vgl. Adler/Düring/Schmaltz, Kommentierung § 299, Tz. 58; Bud de/Lust, Kommentierung § 299, Anm. 19; Hartle, Grundlagen, C 10, Rz. 132 f.; Lange, Vereinheitlichung, C 320, Rz. 32. A.A. Albrecht, Kommentierung § 299, Rz. 15.

535 Vgl. Baetge, Konzernbilanzen, S. 135; Harms/Küting, Konsolidierung, S. 436; Küting/Weber, Konzernabschluß, S. 112; Trützschler, Kommentierung § 299, Rn. 33.

536 Vgl. hierzu Adler/Düring/Schmaltz, Kommentierung § 299, Tz. 83 ff.; Harms/Küting, Konsolidierung, S. 436 ff.; Lange, Vereinheitlichung, C 320, Rz. 75 ff.; Maas/Schruff, Stichtage, S. 3 f.

Die Wirkungsrichtung kann allerdings nur für den konkreten Einzelfall festgestellt werden.

Der Verzicht zur Aufstellung eines Zwischenabschlusses innerhalb der Drei-Monats-Frist bedingt, daß Vorgänge von besonderer Bedeutung für die wirtschaftliche Lage eines in den Bankkonzernabschluß einbezogenen Unternehmens, die zwischen dem Abschlußstichtag dieses Bankkonzernunternehmens und dem Abschlußstichtag des Bankkonzernabschlusses eingetreten sind, in der Bankkonzernbilanz und der Bankkonzern-GuV berücksichtigt oder im Bankkonzernanhang angegeben werden müssen.[537]
Einerseits lassen aber fehlende operationale Kriterien der "Vorgänge von besonderer Bedeutung" einen Interpretationsspielraum offen.[538] Andererseits liegt es im Ermessen des Bankkonzernmutterunternehmens, solche Vorgänge entweder in der Bankkonzernbilanz und der Bankkonzern-GuV oder im Bankkonzernanhang zu erfassen. Hierzu fehlen hingegen eindeutige gesetzliche Ausführungen, wie bedeutende Geschäftsvorgänge in der Bankkonzernbilanz und der Bankkonzern-GuV konsolidierungstechnisch nachzubuchen sind.[539]
Des weiteren werden die Anhangsangaben im Vergleich zum Bilanz- und GuV-Ausweis - entgegen geforderter Gleichwertigkeit[540] - grundsätzlich von minderer Aussagequalität sein.[541]
Das Wahlrecht zur Aufstellung eines Zwischenabschlusses innerhalb des Drei-Monats-Zeitraums kann für jedes einzubeziehende Bankkonzernunternehmen mit entsprechend abweichendem Abschlußstichtag neu ausgeübt werden. Allerdings ist es eingeschränkt zeitlich flexibel.

---

537 Vgl. § 340i Abs. 1 Satz 1 HGB i.V.m. § 299 Abs. 3 HGB.

538 Vgl. zur Problematik der Kriterienabgrenzung Adler/Düring/Schmaltz, Kommentierung § 299, Tz. 71 ff.; Budde/Lust, Kommentierung § 299, Anm. 23; IDW, Stellungnahme HFA 4/1988, S. 682; Trützschler, Kommentierung § 299, Rn. 39 f.

539 Vgl. Budde/Lust, Kommentierung § 299, Anm. 24 ff.; Harms/Küting, Konsolidierung, S. 435; IDW (Hrsg.), WP-Handbuch, M, Tz. 547; Lange, Vereinheitlichung, C 320, Rz. 55; Maas/Schruff, Stichtage, S. 3.

540 Vgl. Budde/Lust, Kommentierung § 299, Anm. 27; Harms/Küting, Konsolidierung, S. 435; IDW, Stellungnahme HFA 4/1988, S. 683; IDW (Hrsg.), WP-Handbuch, M, Tz. 549; Trützschler, Kommentierung § 299, Rn. 46.

541 Vgl. Adler/Düring/Schmaltz, Kommentierung § 299, Tz. 76.

4.3 Maßnahmen bei der Anpassung der Gliederung

Maßgeblich für die Gliederung ist die von dem Bankkonzernmutterunternehmen festgelegte Gliederung der Bankkonzernbilanz sowie der Bankkonzern-GuV.

Auf die Bankkonzernbilanz ist gemäß § 37 RechKredV i.V.m. § 2 Abs. 1 Satz 1 RechKredV sowie § 340i Abs. 2 Satz 1 HGB i.V.m. § 340a Abs. 2 Satz 2 HGB das Gliederungsschema des Formblattes 1 aufzuwenden.[542] Die Bankkonzern-GuV kann nach § 37 RechKredV i.V.m. § 2 Abs. 1 Satz 1 RechKredV sowohl in Kontoform (Formblatt 2) als auch in Staffelform (Formblatt 3) aufgestellt werden.[543]

Bei der Aufstellung der Bankkonzernbilanz sowie der Bankkonzern-GuV sind Umgliederungen unvermeidlich, sofern die in den Konsolidierungskreis einbezogenen Unternehmen ihre Einzelabschlüsse nach divergierenden Gliederungsvorschriften und Gliederungsschemata aufstellen. Dies wird regelmäßig bei in- und ausländischen Nichtbankunternehmen sowie bei ausländischen Kreditinstituten zu erwarten sein.

Nichtbankgeschäftliche Aktivitäten sowie Abweichungen bei Auslandsbanken werden dabei generell nicht den Posten der bankspezifischen Gliederung zugeordnet, sondern - nach Maßgabe der abweichenden Gliederungsvorschriften - den in den Formblättern zu ergänzenden Positionen. Sind die Positionen im Bankkonzernabschluß dagegen von untergeordneter Bedeutung, kann auf einen gesonderten Ausweis verzichtet werden.[544]

Aufgrund unterschiedlicher Vorschriften können einzelne einzubeziehende Posten trotz ähnlicher oder identischer Bezeichnung aus Bankkonzernsicht unterschiedlichen Inhalts sein.[545] Bei den mit der Einstellung dieser Posten in

---

542 Zu den Vorschriften für die einzelnen Posten der Bankkonzernbilanz vgl. die §§ 12 ff. RechKredV über § 37 RechKredV. Zum Gliederungsschema siehe Anhang 4 und 5.

543 Zu den Vorschriften für die einzelnen Posten der Bankkonzern-GuV vgl. die §§ 28 ff. RechKredV über § 37 RechKredV. Zu den beiden Gliederungsschemata siehe Anhang 6 und 7.

544 Vgl. Adler/Düring/Schmaltz, Kommentierung § 298, Tz. 205 f.; Budde/Lust, Kommentierung § 298, Anm. 49; IDW (Hrsg.), WP-Handbuch, J, Tz. 275.

545 Vgl. Albers, Bank-Konzernabschluß, S. 90; Gebhardt/Bergmann, Konzernabschlüsse, Abt. V/7, Rn. 144; Lederle, Vereinheitlichung, C 300, Rz. 47; Werthmöller, Rechnungslegung, S. 126.

den Bankkonzernabschluß verbundenen immanenten Problemen,[546] besteht ein gewisser Ermessensspielraum, diese Posten unverändert zu übernehmen oder ihren Abweichungen zufolge ganz oder teilweise umzugliedern.
Wenngleich die Umgliederungen möglicherweise bestimmte Kennzahlen zur Struktur des Bankkonzernabschlusses beeinflussen können, ist deren bankkonzernabschlußpolitische Relevanz als weitgehend unbedeutend einzustufen.

4.4 Maßnahmen bei der Anpassung des Bilanzansatzes

4.4.1 Grundlagen

Aus dem Grundgedanken der Einheitstheorie ergibt sich, daß für alle in den Bankkonzernabschluß aufzunehmenden Vermögensgegenstände, Schulden, Rechnungsabgrenzungsposten, Bilanzierungshilfen und Sonderposten der zu konsolidierenden Tochterunternehmen einheitliche Bilanzierungsvorschriften gelten, falls sie nach dem Recht des Bankkonzernmutterunternehmens bilanzierungsfähig sind oder die Eigenart des Bankkonzernabschlusses keine Abweichungen bedingt.[547] Die Bilanzposten der einzubeziehenden Tochterunternehmen sind hingegen unabhängig von ihrem Ansatz in den Einzelabschlüssen dieser Unternehmen aufzunehmen.[548]
In diesem Zusammenhang sind einerseits diejenigen Positionen, die nach dem Recht des Bankkonzernmutterunternehmens mit einem Bilanzansatzverbot belegt sind, zu eliminieren, andererseits diejenigen nicht in den Einzelabschlüssen enthaltenen Positionen, die nach dem Recht des Bankkonzernmutterunternehmens einem Bilanzansatzgebot unterliegen, in den Bankkonzernabschluß aufzunehmen.[549] Bilanzansatzwahlrechte, die nach dem für das Mutterunternehmen geltenden Recht bestehen, dürfen für die Zwecke der Bankkonzernabschlußerstellung gemäß § 340i Abs. 1 Satz 1 HGB i.V.m. § 300 Abs. 2 Satz 2 HGB abweichend ausgeübt werden.

546 Vgl. Havermann, Handelsbilanz, S. 189.
547 Vgl. § 340i Abs. 1 Satz 1 HGB i.V.m. § 300 Abs. 1 Satz 2 HGB.
548 Vgl. § 340i Abs. 1 Satz 1 HGB i.V.m. § 300 Abs. 2 Satz 1 Halbsatz 1 HGB.
549 Vgl. § 340i Abs. 1 Satz 1 HGB i.V.m. § 300 Abs. 2 Satz 1 Halbsatz 2 HGB.

4.4.2 Bilanzansatzwahlrechte

Der Gesetzgeber hat nur für relativ wenige Posten der Aktiv- und Passivseite Bilanzansatzwahlrechte vorgesehen, so daß es "in der Regel nicht zu schwerwiegenden Abweichungen zwischen Bilanzansatz in den Einzelabschlüssen und den in den (Bank-; d.V.) Konzernabschluß einzubeziehenden Handelsbilanzen II kommen"[550] wird. Ungeachtet ihrer damit eher eingeschränkten bankkonzernabschlußpolitischen Bedeutung,[551] stellen sie gleichwohl ein Instrument zur Feinsteuerung dar: Denn die Bilanzansatzwahlrechte dürfen unabhängig von ihrer Berücksichtigung auch in dem zugrundeliegenden Einzelabschluß des Bankkonzernmutterunternehmens gleichermaßen neu ausgeübt werden. Ferner können die Wahlrechte bei gleichartigen Sachverhalten unterschiedlich ausgeübt werden.[552] Überdies findet bei ihnen das Stetigkeitsgebot zur gleichgerichteten Inanspruchnahme keine Anwendung.[553]

Die Bilanzansatzwahlrechte führen in der Realisationsperiode hinsichtlich ihrer Ausübung auf der Aktivseite des Bankkonzernabschlusses tendenziell zu einer Verbesserung des Bankkonzernergebnisses, auf der Passivseite tendenziell zu dessen Verschlechterung.[554] Entsprechende Auswirkungen sind mit der Inanspruchnahme der Wahlrechte auf die Bankkonzernbilanzstruktur verbunden.

---

550 Lederle, Vereinheitlichung, C 300, Rz. 65. Vgl. ebenso Ordelheide, Bilanzansatz, S. 511 f.

551 Vgl. Piltz, Bilanzpolitik, S. 12.

552 Vgl. Adler/Düring/Schmaltz, Kommentierung § 300, Tz. 19; Lederle, Vereinheitlichung, C 300, Rz. 60; Niehus/Scholz, Kommentierung § 300, Rdn. 19; Scheren, Konzernabschlußpolitik, S. 122; Scherrer, Kommentierung § 300, Rz. 32. Der Arbeitskreis "Externe Unternehmensrechnung" der Schmalenbach-Gesellschaft - Deutsche Gesellschaft für Betriebswirtschaft e.V., Aufstellung, S. 42, empfiehlt - im Sinne der Einheitstheorie - einheitlich zu verfahren.

553 Vgl. Adler/Düring/Schmaltz, Kommentierung § 300, Tz. 20; Coenenberg, Konzernbilanz, S. 61; Forster, Bilanzpolitik, S. 36; Gebhardt/Bergmann, Konzernabschlüsse, Abt. V/7, Rn. 88; Lederle, Vereinheitlichung, C 300, Rz. 67; Trützschler, Kommentierung § 300, Rn. 36; Weirich, Bewertung, S. 79; Wysocki/Wohlgemuth, Konzernabschlüsse, S. 16.

554 Vgl. Greth, Konzernbilanzpolitik, S. 132 ff.; Klein, Konzernbilanzpolitik, S. 251. Vgl. ferner zu Auswirkungen ausgewählter Ansatzwahlrechte auf einzelne Bilanzkennzahlen Früh/Reinke, Konzernabschluß, S. 126 ff.

Nachfolgend werden die wesentlichen Bilanzansatzwahlrechte der Aktiv- und Passivseite für Bankkonzerne im Überblick in zwei entsprechenden Tabellen dargestellt.[555]

Tabelle 3: Bilanzansatzwahlrechte der Aktivseite im Rahmen der Erstellung der Handelsbilanz II

Aktivierungswahlrechte	Rechtsgrundlage	Anmerkungen
Aufwendungen für die Ingangsetzung und Erweiterung des Geschäftsbetriebs	§ 340a Abs. 1 HGB i.V.m. § 269 HGB über § 340i Abs. 2 Satz 1 HGB	Die Inanspruchnahme des Wahlrechts bedingt gemäß § 269 Satz 1 HGB eine Erläuterung im Bankkonzernanhang.
Derivativer Geschäfts- oder Firmenwert	§ 255 Abs. 4 Satz 1 HGB	Ein teilweiser Ansatz ist ebenfalls zulässig.[556]
Verschmelzungsmehrwert	§ 340i Abs. 1 Satz 2 HGB i.V.m. § 348 Abs. 2 Satz 1 AktG	
Abgrenzungsposten für aktive latente Steuern	§ 340a Abs. 1 HGB i.V.m. § 274 Abs. 2 Satz 1 HGB über § 340i Abs. 2 Satz 1 HGB	Die Inanspruchnahme des Wahlrechts bedingt gemäß § 274 Abs. 2 Satz 2 HGB einen gesonderten Bankkonzernbilanzausweis sowie eine Erläuterung im Bankkonzernanhang.
Rechnungsabgrenzungsposten für Zölle und Verbrauchssteuern	§ 250 Abs. 1 Satz 2 Nr. 1 HGB	
Rechnungsabgrenzungsposten für Umsatzsteuer auf erhaltene Anzahlungen	§ 250 Abs. 1 Satz 2 Nr. 2 HGB	

555 Vgl. hierzu auch Baetge, Bewertungsvorschriften, S. 127; ders., Konzernbilanzen, S. 137; Greth, Konzernbilanzpolitik, S. 130; Harms/Küting, Einheitlichkeit, S. 110; Klein, Konzernbilanzpolitik, S. 247 ff.; Scheld, Konzernbilanzpolitik, S. 202; Scheren, Konzernabschlußpolitik, S. 124; ders., Möglichkeiten, Rn. 120; Steudter, Entscheidungsmodelle, S. 162 f.; Trützschler, Kommentierung § 300, Rn. 42. Da die vorliegenden Wahlrechte zur Beeinflussung des Bankkonzernabschlusses dem Bereich der Einzelabschlußpolitik zuzuordnen sind, wird auf die zahlreichen, diese Thematik diskutierenden Literaturquellen verwiesen; vgl. bspw. Bauer, Grundlagen, S. 282 ff.; Hilke, Bilanzpolitik, S. 81 ff.; Kußmaul/Lutz, Bilanzpolitik, S. 440 ff.; Packmohr, Bilanzpolitik, S. 145 ff.; Pfleger, Praxis 1991, Rdnr. 150 ff.; Waschbusch, Jahresabschlußpolitik, S. 310 ff.; Weber, Möglichkeiten, Rn. 179 f.; Wöhe, Bilanzierung, S. 714 ff.

556 Vgl. Adler/Düring/Schmaltz, Kommentierung § 255, Tz. 274; Ellrott/Schmidt-Wendt, Kommentierung § 255, Anm. 517; Knop/Küting, Kommentierung § 255, Rn. 487. Gräfer, Bilanzanalyse, S. 78, spricht in diesem Zusammenhang bei Aktivierung des Postens von der Möglichkeit der "Bilanzschönung".

Aktivierungswahlrechte	Rechtsgrundlage	Anmerkungen
Rechnungsabgrenzungsposten für Disagios bei Verbindlichkeiten	§ 250 Abs. 3 Satz 1 HGB	Ein teilweiser Ansatz ist ebenfalls zulässig.[557] Die Inanspruchnahme des Wahlrechts bedingt gemäß § 340a Abs. 1 HGB i.V.m. § 268 Abs. 6 HGB über § 340i Abs. 2 Satz 1 HGB einen gesonderten Bankkonzernbilanzausweis oder eine Angabe im Bankkonzernanhang.
Rechnungsabgrenzungsposten für Agios bei Hypothekendarlehen und anderen Forderungen	§ 340i Abs. 2 Satz 1 HGB i.V.m. § 340e Abs. 2 Satz 3 Halbsatz 1 HGB	Die Inanspruchnahme des Wahlrechts bedingt gemäß § 340e Abs. 2 Satz 3 Halbsatz 2 HGB eine planmäßige Auflösung des Postens sowie einen gesonderten Bankkonzernbilanzausweis oder eine gesonderte Angabe im Bankkonzernanhang.
Rechnungsabgrenzungsposten für geringe sowie regelmäßig wiederkehrende belanglose Beträge	GoB	

Tabelle 4: Bilanzansatzwahlrechte der Passivseite im Rahmen der Erstellung der Handelsbilanz II

Passivierungswahlrechte	Rechtsgrundlage	Anmerkungen
Wertaufholungsrücklage	§ 340i Abs. 1 Satz 2 HGB i.V.m. § 58 Abs. 2a Satz 1 AktG[558]	Die Inanspruchnahme des Wahlrechts bedingt gemäß § 58 Abs. 2a Satz 2 AktG für den Rücklagebetrag einen gesonderten Bankkonzernbilanzausweis oder eine Angabe im Bankkonzernanhang.

557 Vgl. Adler/Düring/Schmaltz, Kommentierung § 250, Tz. 85; Schnicke/Bartels-Hetzler, Kommentierung § 250, Anm. 61; Veit, Aktivierungsrecht, S. 524.

558 Für Bankkonzernmutterunternehmen in der Rechtsform einer Gesellschaft mit beschränkter Haftung gilt § 29 Abs. 4 GmbHG; in der Rechtsform einer Kommanditgesellschaft auf Aktien § 278 Abs. 3 AktG i.V.m. § 58 Abs. 2a AktG.

Passivierungswahlrechte	Rechtsgrundlage	Anmerkungen
Sonderposten mit Rücklageanteil	§ 273 HGB i.V.m. § 247 Abs. 3 HGB über § 340i Abs. 2 Satz 1 HGB i.V.m. § 340a Abs. 1 HGB	Die Inanspruchnahme des Wahlrechts bedingt gemäß § 273 Satz 2 Halbsatz 2 HGB Angaben über die Vorschriften der Postenbildung in der Bankkonzernbilanz oder im Bankkonzernanhang sowie gemäß § 340a Abs. 1 HGB i.V.m. § 281 Abs. 2 Satz 2 HGB über § 340i Abs. 2 Satz 1 HGB für Erträge aus der Auflösung und die Einstellungen einen gesonderten Ausweis in der Bankkonzern-GuV oder eine Angabe im Bankkonzernanhang.
Instandhaltungsrückstellungen	§ 249 Abs. 1 Satz 3 HGB	
Pensionsrückstellungen für Altzusagen	§ 249 Abs. 1 Satz 1 HGB i.V.m. Art. 28 Abs. 1 Satz 1 EGHGB	Die Inanspruchnahme des Wahlrechts bedingt gemäß Art. 28 Abs. 2 EGHGB für den Betrag der nicht ausgewiesenen Rückstellungen eine Angabe im Bankkonzernanhang.[559]
Pensionsrückstellungen für mittelbare Verpflichtungen sowie für pensionsrückstellungsähnliche Verpflichtungen	§ 249 Abs. 1 Satz 1 HGB i.V.m. Art. 28 Abs. 1 Satz 2 EGHGB	Die Inanspruchnahme des Wahlrechts bedingt gemäß Art. 28 Abs. 2 EGHGB für den Betrag der nicht ausgewiesenen Rückstellungen eine Angabe im Bankkonzernanhang.
Allgemeine Aufwandsrückstellungen	§ 249 Abs. 2 HGB	
Rechnungsabgrenzungsposten für geringe sowie regelmäßig wiederkehrende belanglose Beträge	GoB	
Fonds für allgemeine Bankrisiken[560]	§ 340i Abs. 2 Satz 1 HGB i.V.m. § 340g Abs. 1 HGB	Die Inanspruchnahme des Wahlrechts bedingt gemäß § 340g Abs. 2 HGB einen gesonderten Ausweis in der Bankkonzern-GuV.

559 Dem Bankkonzern steht mit dem Passivierungswahlrecht des Art. 28 Abs. 1 Satz 1 EGHGB "für Jahrzehnte eine beträchtliche bilanzpolitische Manövriermasse" zur Verfügung; Schulte, Bilanzpolitik, S. 394.

560 Obwohl der Sonderposten nach der Gesetzessystematik den Bewertungsvorschriften des Dritten Titels des Vierten Abschnitts im Dritten Buch des Handelsgesetzbuches zuzuordnen ist, wird dieser Sachverhalt aufgrund des Zusammenhangs in die Tabelle der Ansatzwahlrechte eingestellt.

Die im Bankkonzernabschluß angewandten Bilanzierungsmethoden müssen im Bankkonzernanhang gemäß § 340i Abs. 1 Satz 1 HGB i.V.m. § 313 Abs. 1 Satz 2 Nr. 1 HGB angegeben werden. Ebenfalls sind Abweichungen hiervon anzuzeigen, zu begründen sowie deren Einflußnahme auf die Vermögens-, Finanz- und Ertragslage des Bankkonzerns gesondert darzustellen.[561] Hingegen sind Angaben zu Bilanzierungsmethoden in den Einzelabschlüssen, die im Bankkonzernabschluß abweichend ausgeübt wurden, nicht notwendig.[562]

4.5 Maßnahmen bei der Anpassung der Bewertung

4.5.1 Grundlagen

Die gemäß den Bilanzierungsvorschriften des § 340i Abs. 1 Satz 1 HGB i.V.m. § 300 Abs. 2 HGB in den Weltkonzernabschluß deutscher Bankkonzerne übernommenen Positionen sind nach den auf den Einzelabschluß des Bankkonzernmutterunternehmens anwendbaren Bewertungsmethoden einheitlich zu bewerten.[563]

Damit erlangen die nach dem Recht des Mutterunternehmens anzuwendenden oder anwendbaren Bewertungsregeln bankkonzernweite Geltung. Dies bedeutet, daß ausländische Bewertungsmethoden, sofern sie von den handelsgesetzlichen Methoden abweichen, im Bankkonzernabschluß allgemein keinen Eingang finden.[564]

Dem Grundsatz der einheitlichen Bewertung folgend sind gleiche Sachverhalte nicht mit ungleichen Bewertungsmethoden und ungleiche Sachverhalte nicht mit gleichen Bewertungsmethoden zu behandeln.[565]

---

561 Vgl. § 340i Abs. 1 Satz 1 HGB i.V.m. § 313 Abs. 1 Satz 2 Nr. 3 HGB.

562 Vgl. Adler/Düring/Schmaltz, Kommentierung § 313, Tz. 60. A.A. Ellrott, Kommentierung § 313, Anm. 65.

563 Vgl. § 340i Abs. 1 Satz 1 HGB i.V.m. § 308 Abs. 1 Satz 1 HGB.

564 Vgl. Arbeitskreis "Externe Unternehmensrechnung" der Schmalenbach-Gesellschaft - Gesellschaft für Betriebswirtschaft e.V., Aufstellung, S. 42 f.; Früh/Reinke, Konzernabschluß, S. 142; IDW, Stellungnahme HFA 3/1988, S. 483; IDW (Hrsg.), WP-Handbuch, M, Tz. 239; Lederle, Vereinheitlichung, C 300, Rz. 86 ff.; Schulz, Stetigkeitsgrundsatz, S. 359.

565 Vgl. Adler/Düring/Schmaltz, Kommentierung § 308, Tz. 10 ff.; Dümpel, Grundsatz, S. 99; IDW, Stellungnahme HFA 3/1988, S. 483; Jonas, Konzernabschluß, S. 163;

4.5.2 Bewertungswahlrechte

Die nach dem Recht des Bankkonzernmutterunternehmens zulässigen Bewertungswahlrechte dürfen im Bankkonzernabschluß unabhängig von ihrer Ausübung in den zugrundeliegenden Einzelabschlüssen der Bankkonzernunternehmen sowie in dem Einzelabschluß des Mutterunternehmens neu ausgeübt werden.[566] Im Ergebnis können damit - unter Beachtung des Grundsatzes der Einheitlichkeit und Stetigkeit[567] - im Bankkonzernabschluß differierende Bewertungsmethoden angewandt werden. Sofern sich jedoch bei der Auswahl der einheitlich anzuwendenden Bewertungswahlrechte Abweichungen von den auf den Einzelabschluß der Muttergesellschaft angewandten Bewertungsmethoden ergeben, unterliegen diese einer Angabe- und Begründungspflicht im Bankkonzernanhang.[568]

Nachfolgend werden ergebnis- und strukturbeeinflussende Wahlrechte der Aktiv- und Passivseite für den Weltkonzernabschluß deutscher Bankkonzerne[569] aufgezeigt.[570] Darin enthalten sind auch faktische Bewertungswahlrechte, die dadurch entstehen, daß bestimmte Rechengrößen zur Wertfindung ungewiß sind und unter Beachtung des Grundsatzes der Willkürfreiheit nach

---

Reintges, Bewertung, S. 285; Selchert/Karsten, Konzernabschlußpolitik, S. 842. A.A. Harms/Küting, Einheitlichkeit, S. 110; Scherrer, Kommentierung § 308, Rz. 10.

566 Vgl. § 340i Abs. 1 Satz 1 HGB i.V.m. § 308 Abs. 1 Satz 2 HGB.

567 § 252 Abs. 1 Nr. 6 HGB fordert auch für den Bankkonzernabschluß, die angewandten Bewertungsmethoden beizubehalten. In begründeten Ausnahmefällen kann hiervon abgewichen werden; vgl. § 252 Abs. 2 HGB sowie IDW, Stellungnahme SABI 2/1987, S. 48 ff.

568 Vgl. § 340i Abs. 1 Satz 1 HGB i.V.m. § 308 Abs. 1 Satz 3 HGB.

569 An dieser Stelle werden - der Thematik folgend - Bewertungswahlrechte aufgeführt, die für Bankkonzerne mit einer Kapitalgesellschaft als Bankkonzernmutterunternehmen gelten. Zusätzliche Wahlrechte aufgrund von Vorschriften, die wegen anderer Rechtsformen bestehen, bleiben unberücksichtigt.

570 Vgl. hierzu auch Greth, Konzernbilanzpolitik, S. 131; Harms/Küting, Einheitlichkeit, S. 110; Klein, Konzernbilanzpolitik, S. 252 ff.; Scheld, Konzernbilanzpolitik, S. 204 ff.; Scheren, Konzernabschlußpolitik, S. 130; ders., Möglichkeiten, Rn. 126; Steudter, Entscheidungsmodelle, S. 163 f.

abschlußpolitisch nutzbaren Schätzungen und Ermessensentscheidungen zu erfolgen haben.[571]

Tabelle 5: Bewertungswahlrechte für Aktivposten im Rahmen der Erstellung der Handelsbilanz II

Bewertungswahlrechte für Aktivposten	Rechtsgrundlage	Anmerkungen
Abschreibungsjahre der Aufwendungen für die Ingangsetzung und Erweiterung des Geschäftsbetriebs	§ 340a Abs. 1 HGB i.V.m. § 282 HGB über § 340i Abs. 2 Satz 1 HGB	Tilgung innerhalb von 4 Jahren
Abschreibungsjahre des derivativen Geschäfts- oder Firmenwerts	§ 255 Abs. 4 Satz 2 oder Satz 3 HGB	Tilgung innerhalb von 4 Jahren oder planmäßige Abschreibung über voraussichtliche Nutzungsdauer
Abschreibungsjahre des Verschmelzungsmehrwerts	§ 348 Abs. 2 Satz 2 Halbsatz 2 AktG i.V.m. § 255 Abs. 4 Satz 2 oder Satz 3 HGB über § 340i Abs. 1 Satz 2 HGB	Tilgung innerhalb von 4 Jahren oder planmäßige Abschreibung über voraussichtliche Nutzungsdauer
Ansatzwert für aktive latente Steuern	§ 340a Abs. 1 HGB i.V.m. § 274 Abs. 1 HGB über § 340i Abs. 2 Satz 1 HGB; GoB	Spielräume bei der Festlegung des Steuersatzes
Bestimmung des Umfangs der angesetzten Anschaffungs- und Herstellungskosten für das Anlage- und Umlaufvermögen	§ 253 Abs. 1 Satz 1 HGB i.V.m. § 255 Abs. 1 bis Abs. 3 HGB über § 340i Abs. 2 HGB i.V.m. § 340e Abs. 1 Satz 1 HGB; § 340i Abs. 2 Satz 1 HGB i.V.m. § 340e Abs. 2 Satz 1 HGB; § 340i Abs. 2 Satz 1 HGB i.V.m. § 340f Abs. 1 HGB	Spielräume bei der Höhe des Wertansatzes, bei der Einbeziehung bestimmter Kostenbestandteile und bei der Anwendung verschiedener Kalkulationsmethoden
Bewertungsvereinfachungsverfahren zur Vorratsbewertung	§ 256 HGB Satz 1 HGB; § 256 Satz 2 HGB i.V.m. § 240 Abs. 3 und Abs. 4 HGB über § 340i Abs. 2 Satz 1 HGB i.V.m. § 340e Abs. 1 Satz 2 HGB	Vereinfachungsverfahren: Festbewertung, Gruppenbewertung, Durchschnittsmethode und Verbrauchsfolgeverfahren

571 Vgl. IDW, Stellungnahme HFA 3/1988, S. 483; Schnicke/Kilgert, Kommentierung § 308, Anm. 12; Weirich, Bewertung, S. 79 f. Vgl. in diesem Zusammenhang zur begrifflichen Abgrenzung auch Reintges, Bewertung, S. 283.

Bewertungswahlrechte für Aktivposten	Rechtsgrundlage	Anmerkungen
Festlegung planmäßiger Abschreibungsmethoden	§ 340e Abs. 1 Satz 1 HGB i.V.m. § 253 Abs. 2 Satz 1 und Satz 2 HGB über § 340i Abs. 2 Satz 1 HGB; GoB	Spielräume bei der Wahl der Abschreibungsmethode, bei der Schätzung der Nutzungsdauer, bei der Berücksichtigung des Restbuchwerts und beim Methodenwechsel
Außerplanmäßige Abschreibungen auf Sachanlagen und immaterielle Anlagewerte bei dauernder Wertminderung	§ 340e Abs. 1 Satz 3 HGB i.V.m. § 253 Abs. 2 Satz 3 HGB über § 340i Abs. 2 Satz 1 HGB	§ 277 Abs. 3 Satz 1 HGB kommt bei Inanspruchnahme des Bewertungswahlrechts zur Abschreibung gemäß § 340i Abs. 2 Satz 1 HGB i.V.m. § 340a Abs. 2 Satz 1 HGB nicht zur Anwendung.
Außerplanmäßige Abschreibungen auf Vermögensgegenstände des Umlaufvermögens zur Antizipation zukünftiger Wertschwankungen	§ 340e Abs. 1 Satz 2 HGB i.V.m. § 253 Abs. 3 Satz 3 HGB über § 340i Abs. 2 Satz 1 HGB	§ 277 Abs. 3 Satz 1 HGB kommt bei Inanspruchnahme des Bewertungswahlrechts zur Abschreibung gemäß § 340i Abs. 2 Satz 1 HGB i.V.m. § 340a Abs. 2 Satz 1 HGB nicht zur Anwendung.
Abzinsungssätze für bestimmte unverzinsliche und unterverzinsliche Forderungen des Umlaufvermögens	GoB	Spielräume bei der Wahl des Abzinsungssatzes[572]
Pauschalabschreibungssätze auf Forderungen	§ 340e Abs. 1 Satz 2 HGB i.V.m. § 253 Abs. 3 HGB; GoB über § 340i Abs. 2 Satz 1 HGB	Spielräume bei der Schätzung des Prozentsatzes

572 Vgl. hierzu Wöhe, Bilanzierung, S. 528 ff.

Tabelle 6: Bewertungswahlrechte für Passivposten im Rahmen der Erstellung der Handelsbilanz II

Bewertungswahlrechte für Passivposten	Rechtsgrundlage	Anmerkungen
Rückstellungen für drohende Verluste aus schwebenden Geschäften	§ 249 Abs. 1 Satz 1 HGB; GoB	Spielräume bei der Schätzung des drohenden Verlustes
Ansatzwert für den Fonds für allgemeine Bankrisiken	§ 340i Abs. 2 Satz 1 HGB i.V.m. § 340g Abs. 1 HGB; GoB	Höhe ist betragsmäßig grundsätzlich nicht begrenzt
Ansatzwert für passive latente Steuern	§ 340a Abs. 1 HGB i.V.m. § 274 Abs. 2 HGB über § 340i Abs. 2 Satz 1 HGB; GoB	Spielräume bei der Festlegung des Steuersatzes
Ansatzwert für Pensionsrückstellungen	§ 253 Abs. 1 Satz 2 HGB; GoB	Spielräume bei der Wahl des Zinssatzes zur Barwertermittlung[573]

Die angewandten Bewertungsmethoden müssen im Bankkonzernanhang gemäß § 340i Abs. 1 Satz 1 HGB i.V.m. § 313 Abs. 1 Satz 2 Nr. 1 HGB angegeben werden. Ebenfalls sind Abweichungen der Bewertungsmethoden anzuzeigen, zu begründen sowie deren Einflußnahme auf die Vermögens-, Finanz- und Ertragslage des Bankkonzerns gesondert darzustellen.[574] Dagegen kann auf Ausführungen zu Bewertungsmethoden in den Einzelabschlüssen, von denen im Bankkonzernabschluß abgewichen wurde, verzichtet werden.[575]

4.5.3 Beibehaltungswahlrechte

Der Gesetzgeber hat ferner in § 340i Abs. 1 Satz 1 HGB i.V.m. § 308 Abs. 2 und Abs. 3 HGB vier Beibehaltungswahlrechte kodifiziert, nach denen die Beibehaltung von in Einzelabschlüssen angewandten, aber vom Bankkonzernabschluß abweichenden Bewertungsregeln erlaubt ist.[576]

573 Vgl. zur Bewertung der Pensionsrückstellungen IDW, Stellungnahme HFA 2/1988, S. 404.

574 Vgl. § 340i Abs. 1 Satz 1 HGB i.V.m. § 313 Abs. 1 Satz 2 Nr. 3 HGB.

575 Vgl. Adler/Düring/Schmaltz, Kommentierung § 313, Tz. 60; Ellrott, Kommentierung § 313, Anm. 73; IDW (Hrsg.), WP-Handbuch, M, Tz. 684.

576 Vgl. Schnicke/Kilgert, Kommentierung § 308, Anm. 22 und Anm. 36.

Mit den Möglichkeiten zur Abweichung vom Grundsatz der einheitlichen Bewertung können insgesamt bedeutsame bankkonzernabschlußpolitische Einflußmöglichkeiten eröffnet werden.[577] Generell können Aussagen über die Wirkungsrichtung jedoch nur im konkreten Einzelfall gemacht werden. Ebenso lassen sich keine allgemeinen Aussagen über die Sekundärwirkungen machen. Grundsätzlich gilt allerdings, daß sich im Falle einer Nichtausübung der nachfolgenden Beibehaltungswahlrechte, d.h. die entsprechenden Bewertungsanpassungen werden durchgeführt, der Ergebnisausweis und die Bilanzstruktur der abgeleiteten Handelsbilanz II im Vergleich zum ursprünglichen Ergebnisausweis und zur ursprünglichen Bilanzstruktur verändert. Im allgemeinen sind die Beibehaltungswahlrechte eingeschränkt zeitlich flexibel.

4.5.3.1 Beibehaltungswahlrecht für Bank- und Versicherungsunternehmen

Werden in einen Konzernabschluß Bank- oder Versicherungsunternehmen einbezogen, haben Nichtbankkonzerne nach § 308 Abs. 2 Satz 2 Halbsatz 1 HGB das Beibehaltungswahlrecht, Wertansätze, die auf der Anwendung von kreditinstituts- oder versicherungsspezifischen Bewertungsregeln beruhen, unverändert zu übernehmen. Demgegenüber erfährt die Anwendung des § 308 Abs. 2 Satz 2 Halbsatz 1 HGB über § 340i Abs. 1 Satz 1 HGB für Bankkonzerne eine abweichende Auslegung:

Werden in den Bankkonzernabschluß Unternehmen einbezogen, bei denen es sich um Kreditinstitute im Sinne von § 340 Abs. 1 HGB handelt, wird das Beibehaltungswahlrecht durch die Pflicht der einheitlichen Bewertung gemäß § 340i Abs. 1 Satz 1 HGB i.V.m. § 308 Abs. 1 Satz 1 HGB aufgehoben. Dies bedeutet insbesondere eine nach dem Recht des Bankkonzernmutterunternehmens vorzunehmende Neubewertung für die in den Einzelabschlüssen der Bankunternehmen abweichend bewerteten Einzelwertberichtigungen, Pauschalwertberichtigungen sowie Bonitäts- und Länderrisiken.[578]

---

577 Vgl. Baetge, Konzernbilanzen, S. 149; Schildbach, Konzernabschluß, S. 61.

578 Vgl. Grewe, Kommentierung § 340i/j, Rz. 38 ff.; IDW (Hrsg.), WP-Handbuch, J, Tz. 278 ff.; Krumnow/Sprißler/Bellavite-Hövermann/Kemmer/Steinbrücker, Kommentierung § 340i, j HGB, Rn. 70; Prahl/Naumann, Bankkonzernrechnungslegung, S. 240.

Werden Unternehmen einbezogen, bei denen es sich nicht um Kreditinstitute im Sinne von § 340 Abs. 1 HGB handelt, wird das Beibehaltungswahlrecht ebenfalls aufgehoben. Die entsprechenden Wertansätze nach den allgemeinen handelsrechtlichen Bewertungsvorschriften, ergänzt um mögliche branchenspezifische Regelungen, sind beizubehalten. Dies hat zur Konsequenz, daß die Bildung von Vorsorgereserven für allgemeine Bankrisiken gemäß § 340i Abs. 2 Satz 1 HGB i.V.m. § 340f HGB sowie von Fonds für allgemeine Bankrisiken gemäß § 340i Abs. 2 Satz 1 HGB i.V.m. § 340g HGB auf nichtbankgeschäftliche Aktivitäten unzulässig ist.[579]

Die Bestimmungen lassen gleichwohl Raum für die Ausübung von Beibehaltungswahlrechten. Wertansätze von Versicherungsunternehmen dürfen bei ihrer Konsolidierung im Bankkonzernabschluß beibehalten werden, wenn sie auf den entsprechenden rechtsform- bzw. branchenbedingten Besonderheiten dieses Geschäftszweigs beruhen.[580] Allerdings ist auf die Inanspruchnahme des Wahlrechts im Bankkonzernanhang hinzuweisen.[581]

Gebildete Vorsorgereserven und Fonds für allgemeine Bankrisiken dürfen in den Einzelabschlüssen von Kreditinstituten bei ihrer Konsolidierung ebenfalls beibehalten werden. Zudem besteht die Möglichkeit, diese Posten bei Nichtausübung des Wahlrechts außerdem wahlweise partiell beizubehalten oder vollständig aufzulösen. Überdies lassen sich die Posten wahlweise partiell oder vollständig gegeneinander transformieren:[582] Vorsorgereserven für allgemeine Bankrisiken können in den Fonds für allgemeine Bankrisiken eingestellt werden et vice versa.[583] In diesem Zusammenhang bietet sich gleich-

---

579 Vgl. Adler/Düring/Schmaltz, Kommentierung § 308, Tz. 8; IDW (Hrsg.), WP-Handbuch, J, Tz. 281; Prahl/Naumann, Bankkonzernrechnungslegung, S. 240; Schnicke/Kilgert, Kommentierung § 308, Anm. 4. In bezug auf § 340f HGB ebenso Grewe, Kommentierung § 340i/j, Rz. 47, jedoch einschränkend zu § 340g HGB. Insgesamt a.A. Albers, Bank-Konzernabschluß, S. 95 ff.

580 Vgl. § 340i Abs. 1 Satz 1 HGB i.V.m. § 308 Abs. 2 Satz 2 Halbsatz 1 HGB.

581 Vgl. § 340i Abs. 1 Satz 1 HGB i.V.m. § 308 Abs. 2 Satz 2 Halbsatz 2 HGB. Dabei kann sich der Hinweis auf die Nennung der Anwendung dieser Vorschrift beschränken; vgl. Adler/Düring/Schmaltz, Kommentierung § 308, Tz. 43; Niehus/Scholz, Kommentierung § 308, Rdn. 11; Scherrer, Kommentierung § 308, Rz. 32.

582 Vgl. hierzu und im folgenden Bundesverband deutscher Banken, Bankkonzernbilanzierung, S. 19 f.

583 Sofern die in den Einzelabschlüssen der Kreditinstitute gebildeten Fonds für allgemeine Bankrisiken partiell oder vollständig in Vorsorgereserven für allgemeine Bankrisiken transformiert werden, ist die ebenfalls für den Bankkonzernabschluß geltende Höchst-

falls die Alternative sowohl die Vorsorgereserven als auch den Fonds für allgemeine Bankrisiken im Bankkonzernabschluß unabhängig von deren bzw. dessen Handhabung in den zugrundeliegenden Einzelabschlüssen neu zu bilden. Zuführungen zum Fonds für allgemeine Bankrisiken oder entsprechende Auflösungserträge bedingen einen gesonderten Ausweis in der Bankkonzern-GuV.[584] Die Bildung und Auflösung von Vorsorgereserven evoziert keine Offenlegungsverpflichtungen.[585]

4.5.3.2 Beibehaltungswahlrecht für Bewertungsauswirkungen von untergeordneter Bedeutung

Ein weiteres Wahlrecht läßt ferner den Verzicht auf eine bankkonzerneinheitliche Bewertung zu. Voraussetzung ist, daß die Auswirkung im Falle der Wahlrechtsausübung auf die in § 340i Abs. 1 Satz 1 HGB i.V.m. § 297 Abs. 2 Satz 2 HGB geforderte Vermittlung des den tatsächlichen Verhältnissen entsprechenden Bildes von untergeordneter Bedeutung ist.[586] Für die Beurteilung des hier zu beachtenden Wesentlichkeitsgrundsatzes ist die in das Verhältnis zur Vermögens-, Finanz- und Ertragslage des Bankkonzerns zu setzende Differenz aus dem bankkonzerneinheitlichen Wertansatz und dem Wertansatz im Einzelabschluß maßgebend.[587] Eindeutige Größenkriterien darüber, wann ein Sachverhalt als wesentlich einzustufen ist, existieren jedoch nicht, so daß im konkreten Fall auch an dieser Stelle bankkonzernabschlußpolitisch nutzbare Interpretationsspielräume offenbleiben. Somit erlaubt das Beibehaltungswahlrecht "in vielen Einzelfällen, auf eine Umbewertung relativ kleiner Differenzen in der Handelsbilanz II zu verzichten".[588] Die Inanspruchnahme des Wahlrechts löst keine Angabepflichten im Bankkonzernanhang aus.

---

grenze der Vorsorgereserven zu beachten. Der Betrag der Vorsorgereserven ist auf 4% des Gesamtbetrags der relevanten Vermögenswerte begrenzt; vgl. § 340i Abs. 2 Satz 1 HGB i.V.m. § 340f Abs. 1 Satz 2 HGB.

584 Vgl. § 340i Abs. 2 Satz 1 HGB i.V.m. § 340g Abs. 2 HGB.

585 Vgl. § 340i Abs. 2 Satz 1 HGB i.V.m. § 340f Abs. 4 HGB.

586 Vgl. § 340i Abs. 1 Satz 1 HGB i.V.m. § 308 Abs. 2 Satz 3 HGB.

587 Vgl. Adler/Düring/Schmaltz, Kommentierung § 308, Tz. 44 f.; Arbeitskreis "Externe Unternehmensrechnung" der Schmalenbach-Gesellschaft - Deutsche Gesellschaft für Betriebswirtschaft e.V., Aufstellung, S. 49; Lederle, Vereinheitlichung, C 300, Rz. 118; Pohle, Kommentierung § 308, Rn. 48.

588 Lederle, Vereinheitlichung, C 300, Rz. 119.

4.5.3.3 Beibehaltungswahlrecht in Ausnahmefällen

Darüber hinaus sind Abweichungen von den einheitlichen Bewertungsvorschriften in Ausnahmefällen zulässig.[589] Gesetzlich ungeregelt bleibt, was hierbei konkret unter Ausnahmefällen zu subsumieren ist; die Anwendung dieser Vorschrift soll in besonderen Situationen die Praktikabilität der Konsolidierung gewährleisten.[590] Nach h.M. ist mit dieser Regelung eine restriktive Auslegung verbunden.[591] Zusätzlich besteht für die Abweichungen gemäß § 340i Abs. 1 Satz 1 HGB i.V.m. § 308 Abs. 2 Satz 4 Halbsatz 2 HGB eine Angabe- und Begründungspflicht im Bankkonzernanhang; eine Quantifizierungspflicht ist indessen nicht gegeben. Letztlich besteht für dieses Beibehaltungswahlrecht im Bankkonzernabschluß nur ein geringer abschlußpolitisch nutzbarer Spielraum.

4.5.3.4 Beibehaltungswahlrecht für nur steuerrechtlich zulässige Bewertungen

Nach § 340i Abs. 1 Satz 1 HGB i.V.m. § 308 Abs. 3 Satz 1 HGB können Wertansätze und Sonderposten unverändert in den Bankkonzernabschluß übernommen werden, soweit sie nach steuerrechtlich zulässigen Bewertungsvorschriften ermittelt wurden und wegen des umgekehrten Maßgeblichkeitsprinzips gleichfalls in den zugrundeliegenden Einzelabschlüssen angesetzt worden sind. Diese Vorschrift ist im allgemeinen auch auf ausländische Bankkonzernunternehmen übertragbar, sofern in den landesspezifischen Ge-

---

589 Vgl. § 340i Abs. 1 Satz 1 HGB i.V.m. § 308 Abs. 2 Satz 4 Halbsatz 1 HGB.

590 Vgl. Biener, Konzernrechnungslegung, S. 8. Klassisches Beispiel ist die erstmalige Konsolidierung eines neu erworbenen Tochterunternehmens, für das gleichzeitig gemäß § 340i Abs. 1 Satz 1 HGB i.V.m. § 296 Abs. 1 Nr. 2 HGB die Nichteinbeziehung in den Bankkonzernabschluß erlaubt wird, da die Anpassung an die bankkonzerneinheitliche Bewertung unverhältnismäßig hohe Kosten oder Verzögerungen verursachen könnte; vgl. Adler/Düring/Schmaltz, Kommentierung § 308, Tz. 50; IDW, Stellungnahme HFA 3/1988, S. 484; Pohle, Kommentierung § 308, Rn. 50; Schnicke/Kilgert, Kommentierung § 308, Anm. 32.

591 Vgl. Adler/Düring/Schmaltz, Kommentierung § 308, Tz. 49; Busse von Colbe/Ordelheide, Konzernabschlüsse, S. 111; Früh/Reinke, Konzernabschluß, S. 145; IDW, Stellungnahme HFA 3/1988, S. 484; IDW (Hrsg.), WP-Handbuch, M, Tz. 249; Schildbach, Konzernabschluß, S. 60; Schnicke/Kilgert, Kommentierung § 308, Anm. 31.

setzen ebenso eine umgekehrte Maßgeblichkeit der Handelsbilanz für die Steuerbilanz geregelt ist.[592]

Das Beibehaltungswahlrecht kann für jedes einzubeziehende Bankkonzernunternehmen neu ausgeübt werden. Das Stetigkeitsgebot findet demnach für die Übernahme von Wertansätzen nach steuerrechtlichen Vorschriften keine Anwendung. Zudem ist das Wahlrecht teilbar, mit der Konsequenz nur einzelne steuerrechtliche Wertansätze eines Bankkonzernunternehmens unverändert übernehmen zu können.[593]

Die Ausübung des Beibehaltungswahlrechts bedingt über § 340i Abs. 1 Satz 1 HGB i.V.m. den §§ 308 Abs. 3 Satz 2 und 314 Abs. 1 Nr. 5 HGB umfangreiche Angabe- und Begründungspflichten im Bankkonzernanhang.

Dennoch lassen sich mit dem Wahlrecht "erhebliche, bilanzpolitische Spielräume zur Beeinflussung der Vermögens- und Kapitalstruktur, des Ergebnisausweises sowie der Bilanzsumme"[594] im Bankkonzernabschluß erzielen.

4.6 Maßnahmen bei der Anpassung der Währung

4.6.1 Grundlagen

Der Weltkonzernabschluß deutscher Bankkonzerne ist gemäß § 244 HGB wie der Einzelabschluß "in deutscher Sprache und in Deutscher Mark aufzustellen". Infolgedessen müssen alle in den Bankkonzernabschluß einzubeziehen-

---

592 Vgl. Arbeitskreis "Externe Unternehmensrechnung" der Schmalenbach-Gesellschaft - Deutsche Gesellschaft für Betriebswirtschaft e.V., Aufstellung, S. 47 f.; Busse von Colbe, Bilanzrichtlinie-Gesetzes, S. 769 f.; Früh/Reinke, Konzernabschluß, S. 145; IDW (Hrsg.), WP-Handbuch, M, Tz. 246; Küting/Haeger, Berücksichtigung, S. 1286 f. und S. 1291; Lederle, Vereinheitlichung, C 300, Rz. 109 ff.; Pohle, Kommentierung § 308, Rn. 53 und Rn. 61; Schildbach, Konzernabschluß, S. 60; Wysocki/Wohlgemuth, Konzernrechnungslegung, S. 11. Niehus/Scholz, Kommentierung § 308, Rdn. 15, schließen hingegen eine Übernahme steuerlicher Wertansätze ausländischer Unternehmen aus.

593 Vgl. Adler/Düring/Schmaltz, Kommentierung § 308, Tz. 67; GEFIU, Probleme, Bd. II, S. 42; Schulz, Stetigkeitsgrundsatz, S. 361 f.; Weirich, Bewertung, S. 82.

594 Küting/Haeger, Berücksichtigung, S. 1295. Vgl. ebenso Lederle, Vereinheitlichung, C 300, Rz. 113; Scheren, Konzernabschlußpolitik, S. 126; Schulz, Stetigkeitsgrundsatz, S. 362; Weirich, Bewertung, S. 82.

den Einzelabschlüsse ausländischer Bankkonzernunternehmen auf die einheitliche Bankkonzernberichtswährung umgerechnet werden.[595]

Wenngleich der Währungsumrechnung aufgrund des Weltabschlußprinzips und der Bedeutung der Fremdwährungsgeschäfte eine besondere Relevanz zukommt, hat der Gesetzgeber - entgegen der Vorschrift des § 340h HGB für die Währungsumrechnung im bankbetrieblichen Einzelabschluß[596] - im Rahmen der Bankkonzernabschlußerstellung keine bestimmte Regelung vorgesehen.[597]

Zwar wurde in den Referentenentwürfen zum Bankbilanzrichtlinie-Gesetz vom 17. November 1988, vom 25. August 1989 sowie vom 11. September 1989 die in § 340j RefE HGB vorgesehene Bestimmung zur Währungsumrechnung in den Einzelabschlüssen über § 340l Abs. 2 RefE HGB auch für den Bankkonzernabschluß festgelegt;[598] in der Vorschrift des § 340i Abs. 2 Satz 1 HGB wird jedoch auf § 340h HGB explizit nicht verwiesen, so daß de lege lata keine Anwendung auf den Bankkonzernabschluß zu erfolgen hat.[599] Selbst wenn eine Anwendung - wie in der Literatur teilweise befürwortet wird[600] - stattfindet,

---

595 Über § 328 Abs. 4 HGB erlaubt der Gesetzgeber zudem, den Bankkonzernabschluß auch in Europäischer Währungseinheit aufzustellen.

596 Zur Währungsumrechnung in den bankbetrieblichen Einzelabschlüssen nach § 340h HGB vgl. Bieg, Bilanzierung, B 900, Rz. 252 ff.; Bundesverband deutscher Banken (Hrsg.), Bankbilanzrichtlinie-Gesetz, S. 103 ff.; Gebhardt/Breker, Bilanzierung, S. 1529 ff.; Göttgens/Schmelzeisen, Bankbilanzrichtlinie-Gesetz, S. 72 ff.; Grewe, Kommentierung § 340h, Rz. 1 ff.; Hartung, Währungsumrechnung, S. 755 ff.; IDW, Stellungnahme BFA 3/1995, S. 735 ff.; IDW (Hrsg.), WP-Handbuch, J, Tz. 200 ff.; Krumnow/Sprißler/Bellavite-Hövermann/Kemmer/Steinbrücker, Kommentierung § 340h HGB, Rn. 1 ff.; Kuhner, Erfolgsperiodisierung, S. 1435 ff.; Meyer/Isenmann, Bankbilanzrichtlinie-Gesetz, S. 79 ff.; Naumann, Fremdwährungsumrechnung, S. 1 ff.; Scharpf/Sohler, Jahresabschluß, S. 96 ff.; Schwartze, Neuregelung, S. 21 f.; Treuarbeit AG (Hrsg.), Bankbilanzierung, S. 139 ff. Zur Umrechnung in der Praxis vgl. Böcking/Ernsting/Fitzner/Wagener/Freiling, Umsetzung, S. 461 ff.; C&L Deutsche Revision (Hrsg.), Banken, Tz. 210 ff.

597 Vgl. Büschgen, Finanzmanagement, S. 534.

598 Vgl. Krumnow/Sprißler/Bellavite-Hövermann/Kemmer/Steinbrücker, Kommentierung § 340i, j HGB, Rn. 74.

599 Vgl. C&L Deutsche Revision (Hrsg.), Banken, Tz. 322; Gebhardt/Bergmann, Konzernabschlüsse, Abt. V/7, Rn. 162; IDW (Hrsg.), WP-Handbuch, J, Tz. 284 f.

600 Vgl. Göttgens/Schmelzeisen, Bankbilanzrichtlinie-Gesetz, S. 87; IDW (Hrsg.), WP-Handbuch, J, Tz. 284; Prahl/Naumann, Bankkonzernrechnungslegung, S. 239.

schreibt diese lediglich die Umrechnung von Fremdwährungspositionen in den jeweiligen Einzelabschlüssen fest. Die Währungsumrechnung ganzer auf Fremdwährung lautender Einzelabschlüsse wird damit nach wie vor nicht geregelt.[601]

Die einzige gesetzliche Regelung zur Währungsumrechnung im Bankkonzernabschluß findet sich in § 340i Abs. 1 Satz 1 HGB i.V.m. § 313 Abs. 1 Satz 2 Nr. 2 HGB mit der Verpflichtung, die Grundlagen für die Umrechnung in Deutsche Mark im Bankkonzernanhang anzugeben.

Aufgrund der Komplexität der Währungsumrechnung sowie des Mangels eindeutiger Vorschriften, ist es im folgenden nicht möglich, die Vielzahl vorhandener Wahlrechte und Spielräume in allen Einzelheiten zu diskutieren. Zudem machen die deutschen Bankkonzerne von den abschlußpolitisch nutzbaren Möglichkeiten im Rahmen der Währungsumrechnung i.d.R. nur selten Gebrauch.[602]

4.6.2 Die Wahl der Umrechnungskurse

Das Austauschverhältnis zweier Währungen ist durch den Umrechnungs- bzw. Wechselkurs gekennzeichnet.[603]
Für die Umrechnung der in Fremdwährung aufgestellten Einzelabschlüsse ausländischer Bankkonzernunternehmen liegen indessen zu einem bestimmten Zeitpunkt regelmäßig verschiedene Wechselkurse nebeneinander vor, über deren Auswahl bei jedem zur Anwendung kommenden Umrechnungsverfahren entschieden werden muß.[604]

---

601 Vgl. Krumnow/Sprißler/Bellavite-Hövermann/Kemmer/Steinbrücker, Kommentierung § 340i, j HGB, Rn. 75.

602 Vgl. Albers, Bank-Konzernabschluß, S. 126 f. Im Ergebnis wohl ebenso Krumnow/ Sprißler/Bellavite-Hövermann/Kemmer/Steinbrücker, Kommentierung § 340i, j HGB, Rn. 76.

603 Vgl. Büschgen, Finanzmanagement, S. 92.

604 Vgl. hierzu und im folgenden Adler/Düring/Schmaltz, Kommentierung § 298, Tz. 60; Arbeitskreis "Externe Unternehmensrechnung" der Schmalenbach-Gesellschaft - Deutsche Gesellschaft für Betriebswirtschaft e.V., Aufstellung, S. 53 f.; Arbeitskreis "Weltbilanz" des IDW, Einbeziehung, S. 46 ff.; Busse von Colbe, Währungsumrechnung, S. 78; Busse von Colbe/Ordelheide, Konzernabschlüsse, S. 126 ff.; Bovermann, Umrech-

Zu den in Betracht kommenden zeitpunktbezogenen Wechselkursen zählen einerseits der Devisengeldkurs, der Devisenbriefkurs sowie der Devisenmittelkurs als arithmetisches Mittel aus Geld- und Briefkurs. Aus Praktikabilitätsgründen sollten nach h.M. alle Positionen des ausländischen Einzelabschlusses zum Mittelkurs umgerechnet werden.
Andererseits sind sog. gespaltene Kurse anzutreffen. Hierbei kommen amtliche Transferkurse (bspw. Import-, Export- und Finanzkurse) sowie "graue" oder "schwarze" Kurse als Parallelkurse in Frage. Der Umrechnung sollte der Kurs zugrunde gelegt werden, zu dem der Finanztransfer zwischen der Bankkonzernmutter und den betreffenden Bankkonzernunternehmen hauptsächlich abgewickelt wird.
Daneben besteht vereinzelt auch die Möglichkeit Paritätskurse anzusetzen. "Anstelle von Wechselkursen wird mitunter die Verwendung von Kaufkraftparitäten oder die Umrechnung der ausländischen Abschlüsse in Geldeinheiten gleicher Kaufkraft und deren anschließende Umrechnung zum Tageskurs (restate translate method) empfohlen".[605]

Da die alternativen Umrechnungskurse i.d.R. um Promillesätze differieren, werden sie die Vermögens-, Finanz- und Ertragslage des Bankkonzerns unterschiedlich beeinflussen können. Die Bedeutung der Auswirkungen wird indessen wesentlich vom Anteil der ausländischen Bankkonzernunternehmen an dem Bilanzvolumen des Bankkonzernabschlusses bestimmt.

---

nung, S. 20 ff.; Coenenberg, Jahresabschluß, S. 451; Gebhardt, Vereinheitlichung, C 310, Rz. 30 ff.; IDW (Hrsg.), WP-Handbuch, M, Tz. 264; Langenbucher, Umrechnung, Rn. 1027 ff.; Lück, Umrechnung, S. 26 ff.; Müller, Währungsumrechnung, S. 56 ff.; Scheld, Konzernbilanzpolitik, S. 216 f.; Wortmann, Fremdwährungsumrechnungen, S. 26 f.; Wysocki/Wohlgemuth, Konzernrechnungslegung, S. 243 f. Zu detaillierten Kursangaben im einzelnen vgl. bspw. die Publikationen der Deutschen Bundesbank, Statistische Beihefte zu den Monatsberichten der Deutschen Bundesbank, Reihe 5: Devisenkursstatistik.

605 Busse von Colbe/Ordelheide, Konzernabschlüsse, S. 127; im Original teilweise mit Hervorhebung. Kritisch zur Verwendung von Kaufkraftparitätskursen vgl. Bovermann, Umrechnung, S. 24 ff.

Bedeutsamer für die Währungsumrechnung stellt sich demgegenüber die Bestimmung verschiedener Umrechnungskurse im Zeitablauf dar.[606] Die genannten zeitpunktbezogenen Wechselkurse sind dabei mit diesen Kursen zu kombinieren.
Insbesondere lassen sich zeitraumbezogene Umrechnungskurse unterscheiden in:[607]

- **Stichtagskurs** oder synonym Tageskurs, als aktueller Wechselkurs am jeweiligen Stichtag des Bankkonzernabschlusses;
- **historischer Kurs**, als Wechselkurs, der zum Anschaffungs- bzw. Zugangszeitpunkt der Vermögensgegenstände oder Schulden vorlag;
- **Durchschnittskurs**, als Durchschnittswert, der sich aus Wechselkursen zu verschiedenen Zeitpunkten oder Zeiträumen ergibt.

Die Anwendung der zeitraumbezogenen Umrechnungskurse ist von den zur Wahl stehenden Umrechnungsverfahren determiniert[608] und ergibt sich im einzelnen aus den nachstehenden Ausführungen zu den verschiedenen Verfahren.

4.6.3 Die Wahl der Umrechnungsverfahren

Die Umrechnung von auf Fremdwährung lautenden Einzelabschlüssen ausländischer Unternehmen ist seit Jahrzehnten ein heftig umstrittenes und in Theorie und Praxis teilweise kontrovers diskutiertes Thema der externen Rechnungslegung.[609] Da sich im Ergebnis weder eine gesetzliche Regelung noch im entferntesten Sinne eine h.M. herausgebildet hat,[610] sind eine Vielzahl

606 Vgl. Coenenberg, Jahresabschluß, S. 451; Langenbucher, Umrechnung, Rn. 1039; Müller, Währungsumrechnung, S. 59 f.; Schildbach, Konzernabschluß, S. 118.
607 Vgl. Coenenberg, Jahresabschluß, S. 452; Langenbucher, Umrechnung, Rn. 1040 ff.; Lück, Umrechnung, S. 29; Lück/Jung, Währungsumrechnung, S. 91; Müller, Währungsumrechnung, S. 58; Wortmann, Fremdwährungsumrechnungen, S. 27 f.
608 Vgl. Langenbucher, Umrechnung, Rn. 1039.
609 Vgl. GEFIU, Währungsumrechnung, S. 745.
610 Vgl. Gmelin, Währungsumrechnung, S. 602.

von Verfahren entwickelt worden,[611] die zur Währungsumrechnung im Bankkonzernabschluß herangezogen werden können. In Betracht kommen:

- **(Reine) Stichtagskursmethode**: Bei der Reinform dieser Methode werden alle Abschlußposten der ausländischen Bankkonzernunternehmen einheitlich mit dem Kurs zum Bilanzstichtag umgerechnet.[612] Demzufolge können im Rahmen einer Einperioden-Betrachtung keine Umrechnungsdifferenzen entstehen. Mithin ist die Methode erfolgsneutral. Hingegen können sich im Rahmen einer Mehrperioden-Betrachtung Umrechnungsdifferenzen infolge von Wechselkursänderungen zwischen den jeweiligen Bilanzstichtagen ergeben.[613]
  Grundsätzlich bleibt bei Anwendung dieser Methode die Vermögens-, Finanz- und Ertragsstruktur der zugrundeliegenden ausländischen Einzelabschlüsse auch nach der Umrechnung erhalten.

- **Modifizierte Stichtagskursmethode**: Bei der modifizierten Variante der Stichtagskursmethode erfolgt die Umrechnung des Eigenkapitals generell zu historischen Kursen und die der GuV-Posten mit Durchschnittskursen auf Monats-, Quartals- oder Jahresbasis. Alle verbleibenden Bilanzposten werden zu Stichtagskursen umgerechnet.
  Hierbei können sich bereits im Rahmen der Einperioden-Betrachtung Differenzen aus der Eigenkapitalumrechnung ergeben.

---

611 Vgl. im folgenden grundlegend zu den Verfahren Adler/Düring/Schmaltz, Kommentierung § 298, Tz. 18 ff.; Arbeitskreis "Weltbilanz" des IDW, Einbeziehung, S. 50 ff.; Bönkost, Weltabschlüsse, S. 197 ff.; Bovermann, Umrechnung, S. 36 ff.; Busse von Colbe/Ordelheide, Konzernabschlüsse, S. 133 ff.; Coenenberg, Konzernbilanz, S. 68 ff.; Csik/Schneck, Fremdwährungsumrechnung, S. 296 ff.; Gelhausen/Mujkanovic, Auswertung, S. 1724 f.; IDW, Geänderter Entwurf, S. 666 f.; Jung, Währungsumrechnung, S. 20 ff.; Kirchner, Weltbilanzen, S. 103 ff.; Küting/Weber, Konzernabschluß, S. 142 ff.; Langenbucher, Umrechnung, Rn. 979 ff.; Lück/Jung, Währungsumrechnung, S. 92 ff.; Müller, Umrechnung, S. 848 ff.; Müller, Währungsumrechnung, S. 127 ff.; Ossadnik, Auswirkungen, S. 286 ff.; Ruppert, Währungsumrechnung, S. 143 ff.; Wortmann, Fremdwährungsumrechnungen, S. 29 ff.; Wysocki/Wohlgemuth, Konzernrechnungslegung, S. 235 ff.; Zillessen, Praxis, S. 534 ff.

612 Dabei wird die Methode nicht als Bewertungsvorgang, sondern lediglich als Transformationsvorgang verstanden; vgl. Wysocki, Weltbilanzen, S. 692 f.; Wysocki/Wohlgemuth, Konzernrechnungslegung, S. 240.

613 Vgl. Langenbucher, Umrechnung, Rn. 995; Peemöller/Husmann, Stand, S. 103; Scheren, Konzernabschlußpolitik, S. 133.

- **Zeitbezugsmethode**: Die Methode zielt darauf ab, die zugrundeliegenden ausländischen Einzelabschlüsse so umzurechnen, als wären die darin enthaltenen Geschäftsvorfälle unmittelbar in der Bankkonzernberichtswährung aufgestellt worden. *Busse von Colbe* spricht hierbei von der Währungsumrechnung nach dem Prinzip der Äquivalenz.[614]
  Danach sind in der Bilanz grundsätzlich die Anschaffungswerte mit historischen Kursen, die Tageswerte mit Stichtagskursen, die Zukunftswerte mit Zukunftskursen[615] sowie die Aufwendungen und Erträge mit Durchschnittskursen umzurechnen. Wertänderungen an Vermögensgegenständen werden hingegen mit den gleichen Kursen umgerechnet wie die korrespondierenden Bilanzposten. Zudem ist generell ein Niederstwerttest auszuführen, um die Einhaltung der Bilanzierungs- und Bewertungsgrundsätze zu kontrollieren.[616]
  Die mit dieser Methode zur Anwendung kommenden differenzierten Kurse können zu bilanziellen Umrechnungsdifferenzen sowie zu Umrechnungsdifferenzen in der GuV führen. Im Extremfall kann es bei der Zeitbezugsmethode zu struktur- und ergebnismäßigen Darstellungen im umgerechneten DM-Abschluß kommen, die im Widerspruch zu den wirtschaftlichen Sachverhalten stehen.[617]

614 Vgl. Busse von Colbe, Umrechnung, S. 312; ders., Währungsumrechnung, S. 80 f.; Busse von Colbe/Ordelheide, Konzernabschlüsse, S. 146 ff.

615 Der Zukunftskurs bezeichnet den Wechselkurs, der für den Realisationszeitpunkt erwartet wird; vgl. Busse von Colbe/Ordelheide, Konzernabschlüsse, S. 140; Bovermann, Umrechnung, S. 22; Müller, Währungsumrechnung, S. 147 f. Da deren Verwendung nach Schildbach, Konzernabschluß, S. 118, hingegen unüblich ist, erscheint es zweckgemäß, die Zukunftswerte zum Stichtagskurs umzurechnen; vgl. Ossadnik, Auswirkungen, S. 287.

616 Nach Adler/Düring/Schmaltz, Kommentierung § 298, Tz. 30, führt erst der Niederstwerttest dazu, "daß das Ergebnis einem unmittelbar in (Bank-; d.V.) Konzernwährung aufgestellten Abschluß äquivalent ist". Vgl. ebenso Busse von Colbe, Umrechnung, S. 330. Indes sollte für Verbindlichkeiten analog ein Höchstwerttest durchgeführt werden; vgl. Gebhardt, Vereinheitlichung, C 310, Rz. 40; Gelhausen/Mujkanovic, Auswertung, S. 1724; Hinz, Währungsumrechnung, S. 38. Allerdings kommen solche Tests aus Wirtschaftlichkeitsgründen i.d.R. nicht zur Anwendung; vgl. Langenbucher, Umrechnung, Rn. 992; Müller, Währungsumrechnung, S. 156 f.

617 Vgl. Coenenberg, Konzernbilanz, S. 71.

- **Funktionale Umrechnungsmethode**: Hierbei handelt es sich um ein kombiniertes Verfahren, bei der sowohl die Stichtagskurs- als auch die Zeitbezugsmethode bei der Währungsumrechnung im Bankkonzernabschluß Anwendung finden.
  Entscheidender Punkt dieser Methode ist die Bestimmung der funktionalen Währungseinheit der jeweils zu konsolidierenden Auslandsunternehmen.[618]
  Ausländische Bankkonzernunternehmen, deren Geschäftstätigkeiten eine relative Selbständigkeit aufweisen (foreign entities), sind mit dem Stichtagskurs umzurechnen. Die funktionale Währungseinheit stellt hierbei allgemein die Landeswährung dar. Dagegen sind ausländische Bankkonzernunternehmen, deren Geschäftstätigkeiten einen integrierten Bestandteil der Geschäftstätigkeit des Bankkonzernmutterunternehmens darstellen (foreign operations), nach dem Zeitbezug umzurechnen. Die funktionale Währungseinheit ist dann die Währung der Bankkonzernmutter.
  Sowohl die Entstehung bilanzieller Umrechnungsdifferenzen als auch die von Umrechnungsdifferenzen in der GuV ist möglich.
  Dem bankkonzernabschlußpolitischen Entscheidungsträger werden insgesamt weitgehende Interpretationsspielräume bei der Auslegung der Intensität der wirtschaftlichen Verflechtungen anheimgestellt.[619]

- **Nominal-Sachwert-Methode**: Die Methode hat zum Ziel, die Währungsumrechnung der einzelnen Bilanzposten entsprechend ihrem Charakter vorzunehmen. Ihr Grundgedanke beruht auf der Annahme, daß Nominalwerte direkt und Sachwerte i.d.R. nicht von Kursänderungen betroffen sind. Danach ist auf monetäre Posten (Nominalwerte) der Stichtagskurs anzuwenden. Nicht monetäre Posten (Sachwerte) sind zum historischen Kurs umzurechnen. Gewichtung wird in den bankbetrieblichen Einzelab-

618 Zu möglichen Indikatoren für die Bestimmung der funktionalen Währung vgl. Adler/Düring/Schmaltz, Kommentierung § 298, Tz. 43; Csik/Schneck, Fremdwährungsumrechnung, S. 298; Kubin/Lück, Währungsumrechnungsmethode, S. 364; Langenbucher, Umrechnung, Rn. 1001; ders., Jahresabschlüssen, S. 391; Müller, Währungsumrechnung, S. 177.

619 Vgl. zu diesem Aspekt auch die Auffassung der GEFIU, Währungsumrechnung, S. 747 f.

schlüssen insofern der Anwendung des Stichtagskurses zukommen. Für die Posten der GuV sind die Umrechnungskurse der korrespondierenden Bilanzposten oder die Durchschnittskurse maßgebend.
Im Rahmen der Anwendung der Nominal-Sachwert-Methode können sowohl bilanzielle Umrechnungsdifferenzen als auch Umrechnungsdifferenzen in der GuV entstehen.

- **Fristigkeitsmethode**: Wiederum, dem Charakter der einzelnen Bilanzposten zufolge, werden langfristige Aktiv- und Passivposten inklusive des bilanziellen Eigenkapitals mit dem historischen Kurs, kurzfristige Aktiv- und Passivposten mit dem Stichtagskurs umgerechnet. Für die Posten der GuV sind die Umrechnungskurse der korrespondierenden Bilanzposten sowie die Durchschnittskurse maßgebend.
Mit der Aufwendung dieser Methode können ebenfalls sowohl bilanzielle Umrechnungsdifferenzen als auch Umrechnungsdifferenzen in der GuV entstehen.
Ermessensspielräume beinhaltet die Auslegung der Fristigkeit einzelner Aktiv- und Passivposten.

Die genannten Währungsumrechnungsverfahren können teilweise gegen die in § 340i Abs. 1 Satz 1 HGB i.V.m. § 297 Abs. 2 Satz 2 HGB kodifizierten GoB verstoßen.[620] Dennoch dürfen mangels eindeutiger gesetzlicher Regelungen prinzipiell sämtliche Verfahren im Bankkonzernabschluß zur Anwendung kommen. Aufgrund dessen besteht Methodenwahlfreiheit.[621]

---

620 Vgl. hierzu Bovermann, Umrechnung, S. 72 ff.; Hinz, Währungsumrechnung, S. 34 f.; Ossadnik, Umrechnung, S. 1395 ff.; Ruppert, Währungsumrechnung, S. 148 ff., S. 166 ff., S. 196 ff. und S. 211 ff.; Steinle/Kohl, Währungsumrechnung, S. 362 ff.

621 Vgl. Adler/Düring/Schmaltz, Kommentierung § 298, Tz. 13; Csik/Schneck, Fremdwährungsumrechnung, S. 368; IDW (Hrsg.), WP-Handbuch, M, Tz. 263; Langenbucher, Umrechnung, Rn. 1017; Schnicke/Kilgert, Kommentierung § 308, Anm. 61; Schildbach, Konzernabschluß, S. 117 und S. 132; Wysocki/Wohlgemuth, Konzernrechnungslegung, S. 233. Nach dem ursprünglichen Entwurf des Hauptfachausschusses des IDW, nur die Anwendung der Stichtagskurs- oder Zeitbezugsmethode für die Währungsumrechnung im (Bank-) Konzernabschluß zuzulassen, werden in ihrem geänderten Entwurf ebenfalls grundsätzlich alle Methoden als zulässig erachtet; vgl. IDW, Entwurf, S. 587 sowie IDW, Geänderter Entwurf, S. 666. Vgl. ebenso Arbeitskreis "Externe Unternehmensrechnung" der Schmalenbach-Gesellschaft - Deutsche Gesellschaft für Betriebswirtschaft e.V., Aufstellung, S. 51 f.

Allerdings unterliegt die einmal angewandte Umrechnungsmethode der Methodenstetigkeit und ist demzufolge im Zeitablauf beizubehalten, falls nicht wesentliche Gründe eine Ausnahme rechtfertigen.[622]

Zudem sollten die einzubeziehenden Einzelabschlüsse der ausländischen Bankkonzernunternehmen einheitlich nach einer Methode umgerechnet werden. Dies bedeutet aber keinesfalls, daß nicht mehrere Umrechnungsverfahren im Bankkonzernabschluß Anwendung finden können. Vielmehr sind unter Beachtung des Grundsatzes der Methodeneinheitlichkeit nur vergleichbare Einzelabschlüsse nach einer einheitlichen Methode umzurechnen. Indessen werden länderspezifische Umstände sowie Wirtschaftlichkeitsgründe eine Grundsatzabweichung zulassen können.[623]

4.6.4 Die Behandlung der Umrechnungsdifferenzen

Bei den beschriebenen Verfahren können umrechnungsbedingte Differenzen entstehen, welche im Rahmen der Währungsumrechnung der zugrundeliegenden Einzelabschlüsse ausländischer Bankkonzernunternehmen im allgemeinen aus drei Ursachen resultieren.[624]

Eine Ursache zur Entstehung solcher Differenzen kann darin bestehen, daß die Aktiv- und Passivposten der Bilanz (bewußt) mit voneinander abweichenden Kursen umgerechnet werden und sich dadurch divergierende Ergebnisse in der Bilanz ergeben. Außer bei der Verwendung der reinen Stichtagskursmethode, können diese bilanziellen Differenzen bei allen anderen oben genann-

---

622 Vgl. Arbeitskreis "Externe Unternehmensrechnung" der Schmalenbach-Gesellschaft - Deutsche Gesellschaft für Betriebswirtschaft e.V., Aufstellung, S. 54; Arbeitskreis "Weltbilanz" des IDW, Einbeziehung, S. 90 f.; IDW, Geänderter Entwurf, S. 666; Langenbucher, Umrechnung, Rn. 1021 f.; Müller, Währungsumrechnung, S. 250 f.; Schnicke/Kilgert, Kommentierung § 308, Anm. 61; Weirich, Bewertung, S. 83.

623 Vgl. Adler/Düring/Schmaltz, Kommentierung § 298, Tz. 13; Gebhardt, Vereinheitlichung, C 310, Rz. 183; Langenbucher, Umrechnung, Rn. 1019 f.; IDW, Stellungnahme HFA 3/1988, S. 483.

624 Vgl. Adler/Düring/Schmaltz, Kommentierung § 298, Tz. 46 ff.; C&L Deutsche Revision (Hrsg.), Banken, Tz. 325; Gelhausen/Mujkanovic, Auswertung, S. 1728; Hinz, Währungsumrechnungen, S. 41; Klein, Konzernbilanzpolitik, S. 305 f.; Langenbucher, Umrechnung, Rn. 1044; Lück, Umrechnung, S. 55; Lück/Jung, Währungsumrechnung, S. 95; Müller, Umrechnung, S. 851 f.; Scheld, Konzernbilanzpolitik, S. 228. Ossadnik, Auswirkungen, S. 288; ders. Umrechnung, S. 1394, unterscheidet hingegen in Umrechnungsdifferenzen erster bis vierter Art.

ten Verfahren auftreten. Ferner können sie in der GuV zwischen dem Ergebnis aus den umgerechneten Aufwands- und Ertragspositionen und dem umgerechneten Ergebnis dann entstehen, wenn innerhalb der einzelnen Aufwands- und Ertragsposten unterschiedliche Umrechnungskurse (bewußt) Anwendung finden. Von diesen Differenzen können wiederum bis auf die reine Stichtagskursmethode alle anderen Umrechnungsmethoden betroffen sein. Schließlich ergeben sich Umrechnungsdifferenzen zwischen dem umgerechneten bilanziellen Jahresergebnis und dem Jahresergebnis der umgerechneten GuV bei allen Verfahren, mit Ausnahme der Anwendung der reinen Stichtagskursmethode, wenn den Posten der Bilanz und den Posten der GuV jeweils abweichende Kurse (bewußt) zugrunde gelegt werden.

Im Hinblick auf die Behandlung der bilanziellen Umrechnungsdifferenzen kommen verschiedene Möglichkeiten wahlweise in Betracht, die sich hauptsächlich in ihrer Erfolgswirksamkeit unterscheiden:[625]

- Bei der **erfolgswirksamen** Behandlung ist der Änderungsbetrag der bilanziellen Umrechnungsdifferenz in der GuV entweder als - für diesen Zweck einzurichtenden - Sonderposten oder als "Sonstige betriebliche Aufwendungen"[626] bzw. "Sonstige betriebliche Erträge"[627] auszuweisen. Damit beeinflussen die Differenzen das umgerechnete Jahresergebnis ausländischer Bankkonzernunternehmen.

625 Vgl. im folgenden Adler/Düring/Schmaltz, Kommentierung § 298, Tz. 50 f.; Arbeitskreis "Externe Unternehmensrechnung" der Schmalenbach-Gesellschaft - Deutsche Gesellschaft für Betriebswirtschaft e.V., Aufstellung, S. 61; Arbeitskreis Weltabschlüsse der Schmalenbach-Gesellschaft - Deutsche Gesellschaft für Betriebswirtschaft e.V., Aufstellung, Tz. 116 ff.; Duckstein/Dusemond, Währungsumrechnung, S. 1675; Hinz, Währungsumrechnungen, S. 41 f.; IDW, Geänderter Entwurf, S. 666 f.; IDW (Hrsg.), WP-Handbuch, M, Tz. 269; Küting/Weber, Konzernabschluß, S. 162; Müller, Umrechnung, S. 852; Scheren, Konzernabschlußpolitik, S. 137 f.; Uphues, Währungsumrechnung, S. 77 f.; ders., Konzernabschluß, Sp. 2149 f.; Wortmann, Fremdwährungsumrechnungen, S. 62 f.; Wysocki/Wohlgemuth, Konzernrechnungslegung, S. 245 f. Neben diesen Möglichkeiten haben sich in der Praxis verschiedene Mischformen der Behandlung von Umrechnungsdifferenzen herausgebildet; vgl. Langenbucher, Umrechnung, Rn. 1048 f.; Müller, Währungsumrechnung, S. 229 ff.; Zillessen, Praxis, S. 541 f.

626 Aufwendungen Pos. 6 Formblatt 2 RechKredV bzw. Pos. 12 Formblatt 3 RechKredV.

627 Erträge Pos. 8 Formblatt 2 RechKredV bzw. Pos. 8 Formblatt 3 RechKredV.

- Bei der **erfolgsneutralen** Behandlung ist der Änderungsbetrag der bilanziellen Umrechnungsdifferenzen direkt mit dem Eigenkapital entweder in einem Sonderposten oder in den "anderen Gewinnrücklagen"[628] zu verrechnen.[629] Die GuV wird insofern nicht berührt.
- Bei der **imparitätischen** Behandlung werden bspw. Umrechnungsgewinne entweder als Sonderposten oder als "Rückstellung für Währungsrisiken" eingestellt und neutralisiert. Umrechnungsverluste in Folgeperioden werden dann mit diesem Posten verrechnet.

Hinsichtlich der Behandlung der Umrechnungsdifferenzen in der GuV kommt im allgemeinen nur die erfolgswirksame Verrechnung in Frage. Danach sind sie analog der Behandlung der bilanziellen Umrechnungsdifferenz in der GuV entweder als Sonderposten oder als "Sonstige betriebliche Aufwendungen" bzw. "Sonstige betriebliche Erträge" auszuweisen.[630]

4.6.5 Bewertung der Währungsumrechnung

Im Rahmen der Währungsumrechnung werden dem bankkonzernabschlußpolitischen Entscheidungsträger weitgehende Freiräume überlassen. Aus diesem Grunde erscheint es folgerichtig, die Währungsumrechnung in Abhängigkeit der Auslandsaktivitäten der einzelnen Bankkonzerne als bedeutsames Instrument der Bankkonzernabschlußpolitik einzustufen.[631]
Wenngleich die zielgerichtete Ausnutzung der vielfältigen Wahlrechte und Spielräume beachtliche Konsequenzen auf die Bankkonzernertragslage sowie die Bankkonzernbilanzstruktur zum Ergebnis haben kann,[632] läßt die Kom-

---

628 Pos. P. 12 c) cd) Formblatt 1 RechKredV.

629 Ordelheide, Gefährdung, S. 807 und S. 812, hält hinsichtlich der Gefährdung der nominellen Kapitalerhaltung eine erfolgsneutrale Verrechnung mit den Rücklagen für unzulässig. Vgl. dazu auch Müller, Umrechnung, S. 854.

630 Vgl. IDW, Geänderter Entwurf, S. 667; Langenbucher, Umrechnung, Rn. 1055; Wysocki/Wohlgemuth, Konzernrechnungslegung, S. 245. Die Charakterisierung der Verrechnung als "erfolgswirksam" wird in der Literatur allerdings nicht einheitlich vorgenommen; vgl. hierzu Adler/Düring/Schmaltz, Kommentierung § 298, Tz. 54 sowie Gebhardt/Bergmann, Konzernabschlüsse, Abt. V/7, Rn. 208 ff.

631 Vgl. Busse von Colbe/Ordelheide, Konzernabschlüsse, S. 177. Im Ergebnis wohl ebenso Uphues, Währungsumrechnung, S. 82.

632 Busse von Colbe/Ordelheide, Konzernabschlüsse, S. 177, stellen hierzu fest: "Die Wahl der Umrechnungsmethode für die Bilanz hat erheblichen Einfluß auf den Ausweis von

plexität der Währungsumrechnung generell keine allgemeingültigen Aussagen über ihre Steuerbarkeit zu. Zudem werden die Wirkungsrichtungen und die quantitativen Auswirkungen nur für den spezifischen Einzelfall bestimmbar sein. Im Hinblick auf eine Mehrperioden-Betrachtung darf ferner nicht übersehen werden, daß mögliche Wechselkursschwankungen die bankkonzernabschlußpolitische Zielsetzung u.U. konterkarieren können.

Deshalb ist *Scheren* im übertragenen Sinne für die Bankkonzernrechnungslegung insoweit zuzustimmen, als die Währungsumrechnung in ihrer Funktion als Instrument der Weltkonzernabschlußpolitik deutscher Bankkonzerne nicht überschätzt werden darf.[633]

Die Anwendung der Währungsumrechnungsmethoden ist gemäß § 340i Abs. 1 Satz 1 HGB i.V.m. § 313 Abs. 1 Satz 2 Nr. 2 HGB im Bankkonzernanhang anzugeben. Hinsichtlich der Angabepflichten wird in Anbetracht der dargelegten Methodenvielfalt eine bloße Nennung der Umrechnungsmethoden für unzulässig gehalten. Vielmehr sollte eine zusätzliche Berichterstattung zumindest über die Wahl der Umrechnungskurse sowie die Behandlung der Umrechnungsdifferenzen erfolgen.[634] Informationsumfang und Informationstiefe wird demgegenüber infolge hierzu fehlender gesetzlicher Regelungen stark beeinflußbar sein. Betragsmäßige Auswirkungen sind nicht offenzulegen.[635]

Vermögen, Schulden und Eigenkapital und somit auf die Vermittlung eines den tatsächlichen Verhältnissen entsprechenden Bildes der Vermögenslage des (Bank-; d.V.) Konzerns im Sinne des (§ 340i Abs. 1 Satz 1 HGB i.V.m.; d.V.) § 297 Abs. 2 HGB. Die erfolgswirksame oder erfolgsneutrale Verrechnung der Umrechnungsdifferenzen beeinflußt das (Bank-; d.V.) Konzernergebnis und somit die Vermittlung des Bildes der Ertragslage des (Bank-; d.V.) Konzerns. Die Auswirkungen auf das Bild der Vermögens- und Ertragslage können weit stärker sein als die anderer Konsolidierungswahlrechte"; im Original teilweise mit Hervorhebung. Vgl. ferner zu Spielräumen bei der Wahl der Umrechnungsmethoden auf die Lagedarstellung des (Bank-) Konzerns Ossadnik, Auswirkungen, S. 288 ff. und S. 327 ff. Vgl. daneben die Analyse der einzelnen Umrechnungsmethoden und ihre Auswirkungen auf die (Bank-) Konzernbilanz und (Bank-) Konzern-GuV von Csik/Schneck, Fremdwährungsumrechnung, S. 329 ff.

633 Vgl. Scheren, Konzernabschlußpolitik, S. 140.

634 Vgl. Adler/Düring/Schmaltz, Kommentierung § 313, Tz. 72 ff.; Csik, Kommentierung §§ 313, 314, Rn. 265; Gebhardt/Bergmann, Konzernabschlüsse, Abt. V/7, Rn. 221 ff.; IDW, Geänderter Entwurf, S. 667; IDW (Hrsg.), WP-Handbuch, M, Tz. 690; Lück, Rechnungslegung, S. 194.

635 Vgl. Klein, Konzernbilanzpolitik, S. 308; Scheren, Konzernabschlußpolitik, S. 140. A.A. Adler/Düring/Schmaltz, Kommentierung § 313, Tz. 75; IDW (Hrsg.), WP-Handbuch, M, Tz. 690. Der Arbeitskreis "Externe Unternehmensrechnung" der Schmalenbach-Gesellschaft - Deutsche Gesellschaft für Betriebswirtschaft e.V., Aufstellung, S. 61, hält hin-

4.7 Die bankkonzernabschlußpolitischen Maßnahmen aus dem Blickwinkel einer Bankkonzernrechnungslegung nach IAS

Divergent zu den handelsrechtlichen Bestimmungen geht das IASC davon aus, daß der Bankkonzernabschluß ausschließlich zum Abschlußstichtag des Jahresabschlusses des Bankkonzernmutterunternehmens aufgestellt werden darf.[636] Da sich in den einzelnen Standards keine zu dem § 340i Abs. 1 Satz 1 HGB i.V.m. § 299 Abs. 1 Halbsatz 1 HGB vergleichbare Regelung finden läßt, ist die Aufstellung des Bankkonzernabschlusses auf einen alternativen Stichtag unzulässig. Indessen besteht nach den IAS gleichfalls die Möglichkeit, Abschlüsse von Tochterunternehmen in den Bankkonzernabschluß einzubeziehen, deren Stichtage bis zu drei Monate vor dem Bankkonzernabschlußstichtag liegen. Abschlüsse mit abweichenden Stichtagen dürfen hingegen nur dann einbezogen werden, wenn sich die Erstellung von Zwischenabschlüssen als nicht durchführbar (impracticable) herausstellt.[637] Im Unterschied zu dem im HGB kodifizierten Wahlrecht ist die Einbeziehung von Abschlüssen mit abweichenden Stichtagen insofern von der Interpretation der vom IASC nicht weiter präzisierten mangelnden Durchführbarkeit der Zwischenabschlußerstellung abhängig.[638] Daneben ist es im Gegensatz zu den handelsrechtlichen Vorschriften nicht ausreichend, Auswirkungen bedeutender Geschäftsvorfälle oder sonstiger Ereignisse lediglich anzugeben.[639] Spielräume bei der Aufstellung entsprechender Zwischenabschlüsse werden sich hingegen auch bei der Bankkonzernabschlußerstellung nach internationalen Rechnungslegungsvorschriften eröffnen können, da hierzu in den Normen des IASC gleichfalls keine spezifischen Regelungen vorhanden sind.

---

gegen für wesentliche Umrechnungsdifferenzen deren betragsmäßige Erläuterung für wünschenswert. Dagegen verlangt Ellrott, Kommentierung § 313, Anm. 96, mindestens eine verbale Darstellung der Auswirkungen.

636 Vgl. IAS 27.19 f. sowie IDW (Hrsg.), Rechnungslegung, S. 266.

637 Vgl. IAS 27.20 Satz 2 und Satz 3.

638 Nach Baetge/Schulze, Kommentierung IAS 27, Tz. 101, liegt eine mangelnde Durchführung bzw. Praktikabilität bspw. dann vor, wenn die Beschaffung des erforderlichen Datenmaterials mit unverhältnismäßig hohem Aufwand einhergeht.

639 Vgl. IAS 27.19 Satz 1.

Infolge der generellen Unbedeutendheit der sich im Rahmen der Anpassung der Gliederung nach den Vorschriften der RechKredV eröffnenden bankkonzernabschlußpolitischen Möglichkeiten kann an dieser Stelle sonach von einer weitergehenden Betrachtung der Gliederungsanpassung aus dem Blickwinkel einer Rechnungslegung nach den IAS abgesehen werden. Festzuhalten ist gleichwohl, daß die Regelungen des IASC für die Gliederung des Bankkonzernabschlusses sowie der Bankkonzern-GuV keine Formblattstrenge vorgeben.[640] Vielmehr sind in den einzelnen Standards, insbesondere in der bankkonzernspezifischen Vorschrift des IAS 30,[641] lediglich Gliederungshinweise in Form von bestimmten Mindestangaben enthalten. Diese sind im Vergleich zu den Schemata der RechKredV weniger detailliert und gewähren ferner eine größere Flexibilität.[642]

Nach den Bestimmungen des IASC müssen Bilanzansatz und Bewertung generell bankkonzerneinheitlich sein.[643] Insofern gelten die Anforderungen an die Einheitlichkeit im Gegensatz zu den handelsrechtlichen Vorschriften auch für sämtliche Bilanzierungsmethoden. Die unterschiedliche Ausübung von Ansatzwahlrechten bei gleichgelagerten Sachverhalten ist nicht zulässig. Darüber hinaus sind eine Vielzahl von nach deutschem Recht zulässigen Bilanzansatzwahlrechten im Rahmen einer IASC-Rechnungslegung nicht existent.[644]

640 Vgl. Krumnow, Kommentierung IAS 30, Tz. 28.

641 Vgl. die Bankkonzern-GuV betreffend IAS 30.9 ff. und die Bankkonzernbilanz betreffend IAS 30.18 ff.

642 Vgl. Bellavite-Hövermann/Prahl, Bankbilanzierung, S. 100; IDW (Hrsg.), Rechnungslegung, S. 21; Krumnow, Kommentierung IAS 30, Tz. 13.

643 Vgl. IAS 27.21 Satz 1.

644 Die Normen des Committees sehen insbesondere für die bilanzielle Behandlung von Aufwendungen für die Ingangsetzung und Erweiterung des Geschäftsbetriebs, von derivativen Geschäfts- oder Firmenwerten, von Abgrenzungsposten für aktive latente Steuern sowie für Rechnungsabgrenzungsposten, sofern diese unter den asset-Begriff der internationalen Rechnungslegung fallen, grundsätzlich eine Aktivierungspflicht vor; vgl. hierzu auch die Abbildung 37 von Baukmann/Mandler, Standards, S. 80. Desgleichen sind die Pensionsrückstellungen für Altzusagen und für mittelbare Verpflichtungen sowie für pensionsrückstellungsähnliche Verpflichtungen zu passivieren; vgl. Wollmert/Hofmann/Schwitters, Kommentierung IAS 19, Tz. 134. Instandhaltungsrückstellungen und allgemeine Aufwandsrückstellungen unterliegen einem Passivierungsverbot; vgl. Baukmann/Mandler, Standards, S. 107 ff.; Dörner/Wollmert/Oser, Kommentierung IAS 10, Tz. 17. Sonderposten mit Rücklagenanteil sind nicht zu bilanzieren, da die IAS keinen formalen Zusammenhang zwischen Handels- und Steuerbilanz kennen und

Dies hat zur Konsequenz, daß die nach deutschem Recht bestehenden Möglichkeiten zur Feinsteuerung aus dem Blickwinkel einer Bankkonzernrechnungslegung im Sinne der Vorschriften des IASC stark begrenzt sind. Ein wesentliches Bilanzansatz- und zugleich Bewertungswahlrecht der Passivseite, die Bildung und den Ausweis offener Vorsorgereserven für allgemeine Bankrisiken betreffend, bleibt hingegen gemäß IAS 30.50 bestehen.
Grundsätzlich können auch alle anderen Bewertungswahlrechte der Passivposten weiterhin zur Anwendung kommen.[645] Eine vergleichsweise geringe Beschränkung erfahren zudem die Bewertungswahlrechte für Aktivposten.[646] Von wesentlich größerer bankkonzernabschlußpolitischer Bedeutung ist hingegen, daß die Vorschriften des IASC keine entsprechenden Bestimmungen zu den im deutschen Recht kodifizierten Beibehaltungswahlrechten enthalten. Die Beibehaltungswahlrechte sind insofern nach den IAS nicht zulässig.[647] Lediglich in unwesentlichen Fällen kann nach P.12 i.V.m. F.29 f. von einer einheitlichen Bewertung abgesehen werden.

Die grundlegenden Vorschriften zur Umrechnung von in fremder Währung aufgestellten Jahresabschlüssen hat das IASC in IAS 21 kodifiziert. Entgegen der aus den handelsrechtlichen Bestimmungen resultierenden Wahlfreiheit der Umrechnungsverfahren hat die Währungsumrechnung von ausländischen Jahresabschlüssen gemäß IAS 21.23 allein nach der funktionalen Umrechnungsmethode zu erfolgen.[648] Für die im Rahmen der Anwendung der Methode notwendig vorzunehmenden Abgrenzung von wirtschaftlich selbständi-

---

es zudem auch keinen Hinweis darauf gibt, welcher die Bildung von passiven Wertberichtigungen erlaubt; vgl. Ballwieser, Kommentierung IAS 16, Tz. 62 ff. und Tz. 75; Wollmert, IASC-Rechnungslegung, S. 59. Ebenfalls entfällt das Passivierungswahlrecht für Wertaufholungsrücklagen; vgl. IAS 16.39; IAS 25.32.

645 Vgl. IAS 10.8; IAS 12.46 ff.; IAS 19.46 ff.

646 Vgl. zu deren Vorhandensein IAS 2.17 ff.; IAS 4.5 ff.; IAS 12.46 ff.; IAS 16.16 ff.; IAS 16.43 ff.; IAS 22.42. Abwertungswahlrechte bei zukünftigen Wertschwankungen bestehen dagegen bspw. nicht; vgl. Wollmert, Gegenüberstellung, S. 1472. Vgl. zu den Bewertungswahlrechten ferner Baukmann/Mandler, Standards, S. 85 ff.

647 Hervorzuheben ist in diesem Zusammenhang, daß demzufolge auch die stillen Vorsorgereserven nicht beibehalten werden dürfen. Eine stille Reservenbildung ist nach IAS 30.52 nicht erlaubt.

648 Der Terminus der "funktionalen Umrechnungsmethode" bzw. der "funktionalen Währung" findet allerdings auch im Regelwerk des IASC keine Verwendung.

gen bzw. unselbständigen Unternehmen hat das IASC hingegen lediglich Indizien festgelegt,[649] so daß dem bilanzierenden Entscheidungsträger zumindest hinsichtlich der Klassifikation der Unternehmen weiterhin Interpretationsspielräume offenstehen. Demgegenüber ist die Behandlung von Umrechnungsdifferenzen im Gegensatz zu den fehlenden expliziten Bestimmungen im deutschen Recht nach dem IAS 21 eindeutiger geregelt. Die sich bei der Umrechnung des Abschlusses einer weitgehend selbständigen ausländischen Unternehmung ergebenden Differenzen sind erfolgsneutral zu behandeln.[650] Dagegen sind Währungsdifferenzen, die bei der Umrechnung von Abschlüssen integrierter Teileinheiten auftreten, nach dem benchmark treatment des IAS 21.27 i.V.m. IAS 21.15 grundsätzlich erfolgswirksam zu verrechnen.[651] Als allowed alternative treatment können Umrechnungsdifferenzen auch als Korrektur des Buchwerts behandelt werden, falls sie aus massiven Währungsabwertungen resultieren, gegen die es faktisch keine Möglichkeit der Kurssicherung gibt.[652] Wenngleich auch nach dem Normenwerk des IASC verschiedene Wechselkurse für die Umrechnung herangezogen werden dürfen,[653] ist zu konstatieren, daß die im Rahmen der handelsrechtlichen Währungsumrechnung vorhandenen bankkonzernabschlußpolitisch nutzbaren Freiräume doch insgesamt weitgehend eingeschränkt werden. Darüber hinaus hat das IASC auch umfangreichere Angabepflichten kodifiziert.[654]

---

649 Vgl. IAS 21.26. Zur Auslegung der Indizien vgl. Oechsle/Müller/Wildburger, Kommentierung IAS 21, Tz. 45 ff.

650 Vgl. IAS 21.32.

651 Ausnahmen hiervon bestehen für Umrechnungsdifferenzen die unter die Sonderfälle des IAS 21.27 i.V.m. IAS 21.17 und IAS 21.27 i.V.m. IAS 21.19 fallen.

652 Vgl. IAS 21.27 i.V.m. IAS 21.21. Vgl. hierzu auch Bellavite-Hövermann/Prahl, Bankbilanzierung, S. 68 f.; KPMG Deutsche Treuhand-Gesellschaft (Hrsg.), Standards, S. 131.

653 Vgl. IAS 21.10. Vgl. hierzu auch Oechsle/Müller/Wildburger, Kommentierung IAS 21, Tz. 20.

654 Vgl. IAS 21.42 ff.

4.8 Zusammenfassung der bankkonzernabschlußpolitischen Maßnahmen, deren Wirkungen auf die Zielgrößen und deren Existenz im Rahmen einer Rechnungslegung nach IAS

Im Rahmen der Untersuchung der Handelsbilanzen II als Objekte der Weltkonzernabschlußpolitik deutscher Bankkonzerne kann eine Beeinflussung wiederum mittels der Ausnutzung faktischer und gesetzlich kodifizierter Wahlrechte, der Auslegung unbestimmter Rechtsbegriffe sowie der Nutzbarmachung von Gesetzeslücken erfolgen. Hierbei ist mit sämtlichen dargelegten und dem rechnungslegenden Entscheidungsträger zur Verfügung stehen bankkonzernabschlußpolitischen Maßnahmen eine Einflußnahme auf die Bankkonzernbilanzsumme, das Bankkonzernbilanzergebnis und das Bankkonzernjahresergebnis zu erzielen. Zudem kann mit Hilfe der Abschlußstichtagswahlrechte, des Wahlrechts zur Aufstellung eines Zwischenabschlusses, der Bilanzansatzwahlrechte, der Beibehaltungswahlrechte für Bank- und Versicherungsunternehmen sowie der Währungsumrechnungswahlrechte insbesondere noch der bilanzielle Ausweis der Gewinnrücklagen verändert werden. Lediglich die Spielräume bei der Anpassung der Gliederung haben im allgemeinen keine Auswirkungen auf die in dieser Ausarbeitung untersuchten Kennzahlen des Bankkonzernabschlusses. Indessen sind die möglichen Maßnahmen überwiegend zumindest tendenziell erkennbar.
Analoge, aber i.d.R. vergleichsweise eingeschränkte sowie grundsätzlich extern nachvollziehbare Wirkungen auf die bankkonzernabschlußpolitischen Kennziffern im Rahmen der Anwendung der Normen des IASC bestehen hingegen nur bei der Inanspruchnahme des Wahlrechts zur Aufstellung eines Zwischenabschlusses, der Bilanzansatzwahlrechte, des Beibehaltungswahlrechts hinsichtlich Bewertungsauswirkungen von untergeordneter Bedeutung sowie des Wahlrechts in bezug auf die Behandlung der Währungsumrechnungsdifferenzen und des Umrechnungskurswahlrechts.

Nachfolgend werden die Untersuchungsergebnisse im Überblick tabellarisch dargestellt.

Tabelle 7: Bankkonzernabschlußpolitische Maßnahmen im Rahmen der Erstellung der Handelsbilanzen II

mögliche Maßnahmen	Zielgrößen											
	Bankkonzernbilanzsumme		(bilanzielles) Bankkonzerneigenkapital						Bankkonzernjahresergebnis		Erkennbarkeit im Bankkonzernanhang	
			Bilanzergebnis		Gewinnrücklagen		sonstige Eigenkapitalposten					
	HGB	IAS	HGB	IAS	HGB	IAS	HGB	IAS	HGB	IAS	HGB	IAS
Abschlußstichtagswahlrechte												
• Stichtag des Bankkonzernmutterunternehmens	x		x		x		x		x			
• Stichtag der bedeutendsten Bankkonzernunternehmen	x		x		x		x		x		(x)	
• Stichtag der Mehrzahl der Bankkonzernunternehmen	x		x		x		x		x		(x)	
Wahlrecht zur Aufstellung eines Zwischenabschlusses	x	(x^a)	x	(x^a)	x	(x^a)	x	(x^a)	x	(x^a)	(x)	x^a
Spielräume bei der Anpassung der Gliederung												
Bilanzansatzwahlrechte[655]	x	(x^a)	x	(x^a)	x				x	(x^a)	x	x^a
Bewertungswahlrechte[656]	x	(x^a)	x	(x^a)					x	(x^a)	x	x^a
Beibehaltungswahlrechte bzgl.												
• Bank- und Versicherungsunternehmen	x		x		x				x		(x)	
• Bewertungsauswirkungen von untergeordneter Bedeutung	x	x^a	x	x^a					x	x^a		
• Ausnahmefälle	x		x						x		x	
• steuerrechtlich zulässigen Bewertungen	x		x						x		x	
Wahlrechte bei der Währungsumrechnung bzgl.												
• Umrechnungskurse	x	(x^a)	x	(x^a)	x	(x^a)	x	(x^a)	x	(x^a)	(x)	x^a
• Umrechnungsverfahren	x		x		x		x		x		(x)	
• Behandlung der Umrechnungsdifferenzen	x	(x^a)	x	(x^a)	x	(x^a)	x	(x^a)	x	(x^a)		x^a

Legende: x = Wirkung vorhanden bzw. Erkennbarkeit gegeben; (x) = Erkennbarkeit eingeschränkt gegeben; x^a = Wirkung analog vorhanden bzw. Erkennbarkeit gegeben; (x^a) = Wirkung analog vorhanden, aber vergleichsweise eingeschränkt bzw. Erkennbarkeit eingeschränkt gegeben

655 Betrachtung der Gesamtheit aller möglichen Bilanzansatzwahlrechte.
656 Betrachtung der Gesamtheit aller möglichen Bewertungswahlrechte.

5 Die Konsolidierungsebene als Objekt der Weltkonzernabschlußpolitik deutscher Bankkonzerne

5.1 Die Vollkonsolidierung als Instrument der Weltkonzernabschlußpolitik deutscher Bankkonzerne

Für die Erstellung des Bankkonzernabschlusses müssen alle Einzelabschlüsse der in den Bankkonzernabschluß einzubeziehenden Tochterunternehmen mit dem Einzelabschluß des Bankkonzernmutterunternehmens zusammengefaßt werden. Da hierbei aber eine bloße Summation der einzelnen Abschlußwerte der Bankkonzernunternehmen die Verflechtungen auch zwischen den Unternehmen erfassen würde, müssen Korrekturen in der Weise erfolgen, daß die Einflüsse innerbankkonzernlicher Beziehungen eliminiert werden. Diese Korrekturen tragen der Umsetzung der Einheitstheorie Rechnung und sind Gegenstand der nachfolgenden - unter bankkonzernabschlußpolitischen Aspekten zu untersuchenden - Konsolidierungsmaßnahmen.

5.1.1 Kapitalkonsolidierung

5.1.1.1 Überblick sowie die rechtsformspezifischen Vorschriften für deutsche Bankkonzerne

Im Bankkonzernabschluß treten die Vermögensgegenstände, Schulden, Rechnungsabgrenzungsposten, Bilanzierungshilfen und Sonderposten der vollkonsolidierten Tochterunternehmen an die Stelle der entsprechenden Anteile des Bankkonzernmutterunternehmens.[657] Da hierbei die Beteiligungen des Bankkonzernmutterunternehmens an den Tochterunternehmen, als auch die Eigenkapitalanteile der Tochterunternehmen selbst, ausgewiesen werden, kommt es im Bankkonzernabschluß zu Doppelerfassungen. Ziel der Kapitalkonsolidierung ist es daher, diese Doppelerfassungen, welche infolge bank-

---

657 Vgl. § 340i Abs. 1 Satz 1 HGB i.V.m. § 300 Abs. 1 Satz 2 HGB.

konzerninterner Kapitalverflechtungen bei der Summation der einzelnen Jahresabschlüsse rechnerisch entstehen, zu eliminieren.[658]
Grundsätzlich ist hierzu der Wertansatz der dem Bankkonzernmutterunternehmen gehörenden Anteile an einem in den Bankkonzernabschluß einbezogenen Tochterunternehmen mit dem auf diese Anteile entfallenden Betrag des Eigenkapitals des Tochterunternehmens zu verrechnen.[659]
Da im allgemeinen zwischen dem Beteiligungsbuchwert der Bankkonzernmutter und den konsolidierungspflichtigen Eigenkapitalpositionen der Tochterunternehmen keine betragsmäßige Übereinstimmung besteht,[660] kann aus der Kapitalaufrechnung ein gesondert auszuweisender Unterschiedsbetrag resultieren.[661]

Die Kapitalkonsolidierung stellt im Rahmen der Vollkonsolidierung einen der wichtigsten Vorgänge dar.[662] Nach den Rechnungslegungsvorschriften des HGB zum Bankkonzernabschluß stehen der Kapitalkonsolidierung grundsätzlich zwei völlig verschiedene Konsolidierungskonzeptionen zur Verfügung:

---

658 Vgl. Baetge, Konzernbilanzen, S. 175; Busse von Colbe/Ordelheide, Konzernabschlüsse, S. 191; Küting/Weber, Konzernabschluß, S. 168 f.; Sahner, Bedeutung, S. 723; Schildbach, Konzernabschluß, S. 137 f.; Wysocki/Wohlgemuth, Konzernrechnungslegung, S. 78 f.

659 Vgl. § 340i Abs. 1 Satz 1 HGB i.V.m. § 301 Abs. 1 Satz 1 HGB. In der vorliegenden Untersuchung werden dabei ausschließlich einstufige Bankkonzerne betrachtet, bei denen nur die unmittelbaren Tochterunternehmen konsolidiert werden (sog. Kernkonsolidierung). Die Kapitalkonsolidierung in mehrstufigen Bankkonzernen, wohingegen die Tochterunternehmen ihrerseits wieder Tochterunternehmen haben und diese wieder Tochterunternehmen usw. haben können (sog. Enkelunternehmen, Urenkelunternehmen usw.), werden im folgenden nicht erörtert. Zu deren Kapitalkonsolidierung nach dem Ketten- oder Simultankonsolidierungsverfahren gemäß der analogen Anwendung des § 340i Abs. 1 Satz 1 HGB i.V.m. § 301 HGB vgl. deshalb Adler/Düring/Schmaltz, Kommentierung § 301, Tz. 220 ff.; Baetge, Kapitalkonsolidierung, S. 20 ff.; Busse von Colbe/Ordelheide, Konzernabschlüsse, S. 277 ff.; Ewert/Schenk, Probleme, S. 1 ff.; Förschle, Kommentierung § 301, Anm. 220 ff.; IDW (Hrsg.), WP-Handbuch, M, Tz. 408 ff.; Küting/Weber/Dusemond, Kapitalkonsolidierung, S. 1082 ff.; Scheren, Konzernabschlußpolitik, S. 234 ff.; Weber, Praxis, S. 191 ff.; Weber/Zündorf, Kommentierung § 301, Rn. 237 ff.

660 Vgl. Schindler, Kapitalkonsolidierung, S. 115; Klein, Konzernbilanzpolitik, S. 313.

661 Vgl. § 340i Abs. 1 Satz 1 HGB i.V.m. § 301 Abs. 1 Satz 3 und Abs. 3 Satz 1 HGB.

662 Vgl. Schindler, Kapitalkonsolidierung, S. 114. Busse von Colbe, Aufstellung, S. 298 und Küting, Fragen, S. 192, betrachten die Kapitalkonsolidierung als das "Kernstück" der gesamten Konsolidierung.

- die in § 340i Abs. 1 Satz 1 HGB i.V.m. § 301 HGB geregelte Erwerbsmethode[663] mit den beiden Varianten der Buchwert- und der Neubewertungsmethode
- sowie die in § 340i Abs. 1 Satz 1 HGB i.V.m. § 302 HGB geregelte Methode der Interessenzusammenführung.[664]

Während die Anwendung der Interessenzusammenführungsmethode nur unter bestimmten Voraussetzungen zulässig ist und prinzipiell als Sonderfall der Kapitalkonsolidierung gilt, ist die Kapitalkonsolidierung nach der Erwerbsmethode generell immer durchführbar.[665] Diesem Umstand trägt auch die nachfolgende Gliederungssystematik Rechnung. Die bankkonzernabschlußpolitische Analyse folgt, nach der Bestimmung der konsolidierungspflichtigen Bilanzposten, der chronologischen Abfolge der Erwerbsmethode nach der Erst-, Folge- und Endkonsolidierung. Im Anschluß daran wird der Sonderfall der Konsolidierung nach der Interessenzusammenführungsmethode betrachtet.
Grundsätzlich stellt die Kapitalkonsolidierung eine große Spielwiese für bankkonzernabschlußpolitische Überlegungen dar, beginnend insbesondere mit dem Methodenwahlrecht und gefolgt vom Umfang und der Verteilung stiller Reserven und stiller Lasten sowie von den Maßnahmen bei der Behandlung aktiver und passiver Unterschiedsbeträge.[666]

5.1.1.2 Bestimmung der in die Kapitalkonsolidierung einzubeziehenden Bilanzposten

Im Rahmen der Kapitalkonsolidierung sind die der Bankkonzernmutter gehörenden Anteile mit dem Eigenkapital der einzubeziehenden Tochterunternehmen zu verrechnen. Da die Höhe der in die Kapitalkonsolidierung einzubeziehenden Bilanzposten direkt mit der Größe eines aktiven bzw. passiven Unterschiedsbetrags und dem Umfang zu verteilender stiller Reserven bzw. stiller

---

663 Synonym auch als reine bzw. echte angelsächsische Methode, Purchase-Methode oder Methode der erfolgswirksamen Erstkonsolidierung bezeichnet.

664 Synonym auch als Pooling-of-Interests-Methode bezeichnet.

665 Vgl. Adler/Düring/Schmaltz, Kommentierung § 301, Tz. 1; Ordelheide, Anwendungsbereich, C 401, Rz. 4; Vormbaum/Fleischmann, Kapitalkonsolidierung, S. 137.

666 Vgl. Nahlik, Konzernbilanzrecht, S. 460.

Lasten korreliert,[667] werden im folgenden die möglichen abschlußpolitischen Maßnahmen bei der Bestimmung der einzelnen Bilanzposten dargestellt. Um Wiederholungen zu vermeiden, kann an dieser Stelle auf die Untersuchung des § 340i Abs. 1 Satz 1 HGB i.V.m. § 300 HGB und § 308 HGB für den Ansatz und die Bewertung der Anteile verzichtet und auf die entsprechenden Wahlrechte und Spielräume im Rahmen der Handelsbilanz II verwiesen werden.[668]

5.1.1.2.1 Maßnahmen bei der Bestimmung der dem Bankkonzernmutterunternehmen gehörenden Anteile

Bei den nach § 340i Abs. 1 Satz 1 HGB i.V.m. § 301 Abs. 1 Satz 1 HGB dem Bankkonzernmutterunternehmen gehörenden Anteilen an einem in den Bankkonzernabschluß einzubeziehenden Tochterunternehmen, handelt es sich nicht um solche aus schuldrechtlichen Ansprüchen, sondern gemeinhin um alle gesellschaftsrechtlichen Formen der kapitalmäßigen Beteiligung, unabhängig von deren jeweiligem Bilanzpositionsausweis beim Bankkonzernmutterunternehmen.[669]

Neben den Anteilen, die die Mutterunternehmung unmittelbar hält, sind außerdem indirekte Anteile an einem Tochterunternehmen, die von einem in den Bankkonzernabschluß einbezogenen anderen Tochterunternehmen gehalten werden, konsolidierungspflichtig. Die Zurechnungspflicht ergibt sich aus dem § 271 Abs. 1 HGB i.V.m. § 16 Abs. 4 AktG über § 340i Abs. 2 Satz 1 HGB i.V.m. § 340a Abs. 1 HGB für abhängige Tochterunternehmen im Sinne des § 17

---

667 Vgl. hierzu die Ausführungen ab Gliederungspunkt 5.1.1.3 in diesem Kapitel.

668 Vgl. hierzu die Gliederungspunkte 4.2 ff. in diesem Kapitel. Im Ergebnis stellen Weber/ Zündorf, Abgrenzung, S. 424, fest, daß sich "infolge der Regelungen in §§ 300 und 308 (HGB über § 340i Abs. 1 Satz 1 HGB; d.V.) i.V. mit den beiden zulässigen Methoden der Kapitalkonsolidierung nach der Buchwertmethode und der Neubewertungsmethode gem. (§ 340i Abs. 1 Satz 1 HGB i.V.m.; d.V.) § 301 ... allerdings eine Spanne (ergibt; d.V.), in der sich der Inhalt des Eigenkapitals bewegen kann".

669 Vgl. Adler/Düring/Schmaltz, Kommentierung § 301, Tz. 11; Förschle, Kommentierung § 301, Anm. 16; Weber/Zündorf, Kommentierung § 301, Rn. 15. Einzubeziehende Anteile im Sinne von § 340i Abs. 1 Satz 1 HGB i.V.m. § 301 Abs. 1 Satz 1 HGB können bspw. in folgenden Posten des Bilanzgliederungsschemas des Formblattes 1 der RechKredV enthalten sein: "Aktien und andere nicht festverzinsliche Wertpapiere" (Pos. A. 6), "Beteiligungen" (Pos. A. 7), "Anteile an verbundenen Unternehmen" (Pos. A. 8) oder "Sonstige Vermögensgegenstände" (Pos. A. 15).

AktG und im übertragenen Sinne aus § 340i Abs. 1 Satz 1 HGB i.V.m. § 290 Abs. 3 HGB für gehaltene Anteile von Tochterunternehmen, welche nicht abhängig sind. Dies bedeutet, daß damit alle Anteile an einbezogenen Tochterunternehmen, die einem vollkonsolidierten Unternehmen gehören, der Pflicht zur Konsolidierung unterliegen.[670]

Fraglich ist indessen, wie Anteile an einbezogenen Tochterunternehmen, die in den Bilanzen von gemäß § 340i Abs. 1 Satz 1 HGB i.V.m. § 310 HGB einbezogenen Gemeinschaftsunternehmen und von gemäß § 340i Abs. 1 Satz 1 HGB i.V.m. § 311 HGB einbezogenen assoziierten Unternehmen ausgewiesen sind, behandelt werden müssen. Hierzu findet sich im Gesetz keine explizite Regelung. Um Doppelzählungen des Vermögens im Bankkonzernabschluß zu vermeiden, wird dabei für die Anteile, die von einbezogenen Gemeinschaftsunternehmen gehalten werden, eine Einbeziehung in die Konsolidierung für sachgemäß erachtet.[671] Allerdings sprechen sich *Weber/Zündorf* in diesem Kontext nur für eine quotale Erfassung dieser Anteile - in prozentualer Höhe entsprechend dem Anteil der Bankkonzernmutterunternehmung an dem Gemeinschaftsunternehmen - aus.[672] Gleichwohl kann hierbei eine Konsolidierungspflicht nicht konstatiert werden.[673] Obschon *Busse von Colbe/Ordelheide* ferner auf eine Gleichbehandlung für Anteile, die von Gemeinschaftsunternehmen und solchen, die von assoziierten Unternehmen gehalten werden, hinweisen,[674] negiert das Schrifttum überwiegend eine Konsolidierung von Anteilen an einbezogenen Tochterunternehmen, welche in den Bilanzen von

---

670 Vgl. IDW (Hrsg.), WP-Handbuch, M, Tz. 324. Ergo dürfen Anteile im Besitz über § 340i Abs. 1 Satz 1 HGB i.V.m. § 295 HGB oder § 296 HGB nicht einbezogener Tochterunternehmen der Kapitalkonsolidierung nicht zugerechnet werden; vgl. Förschle, Kommentierung § 301, Anm. 21; Ordelheide, Anwendungsbereich, C 401, Rz. 11; Weber/Zündorf, Erwerbsmethode, S. 299; dies., Kommentierung § 301, Rn. 24.

671 Vgl. Adler/Düring/Schmaltz, Kommentierung § 301, Tz. 20; Busse von Colbe/Ordelheide, Konzernabschlüsse, S. 294; Förschle, Kommentierung § 307, Anm. 8; Weber/Zündorf, Kommentierung § 301, Rn. 24. A.A. Roß, Gemeinschaftsunternehmen, S. 622.

672 Vgl. Weber/Zündorf, Kommentierung § 301, Rn. 24 f.; dies., Kommentierung § 307, Rn. 4.

673 Vgl. Busse von Colbe/Ordelheide, Konzernabschlüsse, S. 294; Förschle, Kommentierung § 307, Anm. 8. Nach Ordelheide, Anwendungsbereich, C 401, Rz. 11, "müssen aber alle jene Anteile an Tochterunternehmen einbezogen werden, die bei Unternehmen des Konsolidierungskreises liegen". Allerdings geht der Autor hierbei nicht explizit auf Gemeinschaftsunternehmen ein.

674 Vgl. Busse von Colbe/Ordelheide, Konzernabschlüsse, S. 294.

einbezogenen assoziierten Unternehmen eingestellt sind.[675] Dies "ist schon deshalb nicht möglich, weil die Anteile nicht als Beteiligung in der Handelsbilanz II ausgewiesen werden".[676]
Baetge schließlich verneint die Konsolidierung solcher Anteile für beide Unternehmensformen, da diese Anteile nicht zu der wirtschaftlichen Einheit Bankkonzern zu rechnen sind.[677]
M.E. wird man daher im Ergebnis - zumindest für bei Gemeinschaftsunternehmen ausgewiesene Anteile an Tochterunternehmen - einem abschlußpolitisch nutzbaren Einbeziehungswahlrecht zustimmen können, ohne dabei dem Tatbestand der Bankkonzernabschlußfälschung zu unterliegen.[678]

Handlungsspielräume ergeben sich weiterhin aus der Zuordnung der dem Bankkonzernmutterunternehmen gehörenden und von den einzubeziehenden Tochterunternehmen ausgegebenen hybriden Finanzinstrumenten. Hierbei wird im Einzelfall zu entscheiden sein, ob bspw. bei Wandelschuldverschreibungen, Genußscheinen, Optionsanleihen und kapitalersetzenden Darlehen Mitgliedschaftsrechte - somit gesellschaftsrechtliche Ansprüche - oder Gläubigerstellungen - somit schuldrechtliche Ansprüche - überwiegen.[679] Die Bedeutung dieser Anteile für die Weltkonzernabschlußpolitik deutscher Bankkonzerne wird indessen dadurch vermindert, weil "bei Kreditinstituten von einer

675 Vgl. Förschle, Kommentierung § 307, Anm. 9; Weber/Zündorf, Kommentierung § 301, Rn. 24.
676 Förschle, Kommentierung § 307, Anm. 9.
677 Vgl. Baetge, Konzernbilanzen, S. 182.
678 In § 340n HGB werden die Vorschriften aufgeführt, deren Zuwiderhandlung eine Ordnungswidrigkeit bedingt. § 301 HGB wird dagegen nicht genannt. Dennoch können Verstöße gegen § 301 HGB Sanktionen zur Folge haben, wenn nach § 340m HGB i.V.m. § 331 Nr. 1 HGB die Verhältnisse im Bankkonzernabschluß unrichtig wiedergegeben oder verschleiert werden. Ferner kann gemäß § 340n Abs. 1 Nr. 2 Buchstabe b) HGB eine Ordnungswidrigkeit aus der Zuwiderhandlung gegen die Normen des § 297 Abs. 2 und Abs. 3 HGB resultieren. Die Verstöße müssen indessen grob sein; vgl. Förschle, Kommentierung § 301, Anm. 250. Dies ist m.E. bei der hier diskutierten Gesetzauslegung prinzipiell nicht gegeben.
679 Vgl. Förschle, Kommentierung § 301, Anm. 16; Krumnow/Sprißler/Bellavite-Hövermann/Kemmer/Steinbrücker, Kommentierung § 340i, j HGB, Rn. 103; Prahl/Naumann, Bankkonzernrechnungslegung, S. 241.

Dominanz des Gläubigerrechts auszugehen und dementsprechend eine Kapitalkonsolidierung abzulehnen"[680] ist.

Ferner ist für die Frage zur Konsolidierungspflicht von Anteilen des Handelsbestandes ebenfalls eine Entscheidung im Einzelfall angebracht. Da diese Anteile aufgrund der Intention ihrer künftigen Weiterveräußerung an bankkonzernfremde Dritte einen kurzfristigen Charakter besitzen, sind sie grundsätzlich aus der Konsolidierung herauszunehmen. Demzufolge sind ausschließlich dauerhaft gehaltene Anteile konsolidierungspflichtig. Die Prüfung und der Nachweis einer Kurzfristigkeit von den im Handelsbestand gehaltenen Anteilen wird indessen nur anhand von Indizien erfolgen können. Als Anhaltspunkt kann hierbei die Auslegung des Einbeziehungswahlrechts von Tochterunternehmen aufgrund intendierter Weiterveräußerungsabsicht gemäß § 340i Abs. 1 Satz 1 HGB i.V.m. § 296 Abs. 1 Nr. 3 HGB, unabhängig von dessen Ausübung, in Betracht gezogen werden.[681] Die sich dabei ergebenden abschlußpolitischen Interpretationsspielräume eröffnen hingegen die bereits genannten Einbeziehungsspielräume.[682]

Schließlich sind Zurechnungsüberlegungen bzgl. der Konsolidierungspflicht von Pensionsgeschäften gemäß § 340i Abs. 2 Satz 1 HGB i.V.m. § 340b HGB anzustellen. Nach § 340i Abs. 1 Satz 1 HGB i.V.m. § 301 Abs. 1 Satz 1 HGB sind alle dem Bankkonzernmutterunternehmen *gehörenden* Anteile in die Konsolidierung einzubeziehen, mithin auch solche, die dem wirtschaftlichen Eigentum der Mutterunternehmung zuzurechnen sind. Aus diesem Grunde sind ebenso Anteile konsolidierungspflichtig, die im Zuge echter Pensionsgeschäfte gemäß § 340b Abs. 2 HGB auf Dritte übertragen worden sind, gleichwohl aber wegen der Rücknahmeverpflichtung über § 340b Abs. 4 Satz 1

---

680 Krumnow/Sprißler/Bellavite-Hövermann/Kemmer/Steinbrücker, Kommentierung § 340i, j HGB, Rn. 103.

681 Vgl. Krumnow/Sprißler/Bellavite-Hövermann/Kemmer/Steinbrücker, Kommentierung § 340i, j HGB, Rn. 103; Prahl/Naumann, Bankkonzernrechnungslegung, S. 241; Schindler, Kapitalkonsolidierung, S. 156; Weber/Zündorf, Kommentierung § 301, Rn. 32. Nach Adler/Düring/Schmaltz, Kommentierung § 301, Tz. 13, ist es für die Konsolidierungspflicht der Anteile "unerheblich, ob sämtliche Anteile dauerhaft gehalten werden oder zum Teil an Dritte weiterveräußert werden sollen".

682 Vgl. Gliederungspunkt 2.3.4.3 in diesem Kapitel.

HGB weiterhin bei dem Pensionsgeber als wirtschaftliches Eigentum in die Bilanz eingestellt werden müssen.[683] Einbeziehungsspielräume ergeben sich vielmehr aus Verträgen über unechte Pensionsgeschäfte gemäß § 340i Abs. 2 Satz 1 HGB i.V.m. § 340b Abs. 3 HGB, da hierbei keine Rücknahmeverpflichtung, sondern lediglich eine Berechtigung zur Rücknahme der Vermögensgegenstände besteht. Damit verliert der Pensionsgeber grundsätzlich den Anspruch auf das wirtschaftliche Eigentum der Pensionsgegenstände. Der Übergang des wirtschaftlichen Eigentums vom Pensionsgeber auf den Pensionsnehmer ist hingegen nicht immer eindeutig abzugrenzen[684] und insofern im Rahmen der Weltkonzernabschlußpolitik deutscher Bankkonzerne entsprechend auslegbar.

5.1.1.2.2 Maßnahmen bei der Bestimmung des konsolidierungspflichtigen Eigenkapitals des Tochterunternehmens

Der Gesetzeswortlaut des § 340i Abs. 1 Satz 1 HGB i.V.m. § 301 Abs. 1 Satz 1 HGB hebt hervor, daß im Rahmen der Kapitalkonsolidierung nur das anteilige Eigenkapital des betreffenden Tochterunternehmens abhängig von der Höhe der Beteiligung des Bankkonzernmutterunternehmens einzubeziehen ist.

Nach Formblatt 1 der RechKredV gelten als Eigenkapital eines Kreditinstituts die folgenden Bilanzposten:[685]

- gezeichnetes Kapital (Pos. P. 12 a),
- Kapitalrücklage (Pos. P. 12 b),
- Gewinnrücklagen (Pos. P. 12 c),
    - gesetzliche Rücklage (Pos. P. 12 ca),
    - Rücklage für eigene Anteile (Pos. P. 12 cb),

683 Vgl. Adler/Düring/Schmaltz, Kommentierung § 301, Tz. 14; Förschle, Kommentierung § 301, Anm. 21; Weber/Zündorf, Kommentierung § 301, Rn. 26.

684 Vgl. Birck/Meyer, Bankbilanz, 5. Teillieferung, S. V 459 ff.; Weber/Zündorf, Kommentierung § 301, Rn. 26.

685 Vgl. hierzu auch § 37 RechKredV i.V.m. § 25 RechKredV. Für einzubeziehende Eigenkapitalposten von Nichtbankunternehmen vgl. die entsprechenden Bestimmungen des § 266 Abs. 3 Buchstabe A HGB.

  - satzungsmäßige Rücklagen (Pos. P. 12 cc),
  - andere Gewinnrücklagen (Pos. P. 12 cd),
- Bilanzgewinn/Bilanzverlust (Pos. P. 12 d).

Bei der Bestimmung des konsolidierungspflichtigen Eigenkapitals sind gleichfalls die auf der Aktivseite eingestellten Korrekturposten zum Eigenkapital sowie auch der zum bilanziellen Eigenkapital gehörende Eigenkapitalanteil des Sonderpostens mit Rücklageanteil zu berücksichtigen.[686] Gerade hierbei lassen sich aufgrund fehlender gesetzlicher Regelungen Einbeziehungsalternativen erschließen.
Nachfolgend werden die Eigenkapitalposten herausgestellt, bei deren Bestimmung i.d.R. Konsolidierungsspielräume vorhanden sind und diese dementsprechend maßgebenden Einfluß auf die Höhe der abzugrenzenden Bankkonzernabschlußgröße Eigenkapital nehmen können.[687]

5.1.1.2.2.1 Ausstehende Einlagen

Die ausstehenden Einlagen auf das gezeichnete Kapital des Bankkonzerntochterunternehmens werden in § 272 Abs. 1 Satz 2 und Satz 3 HGB über § 340i Abs. 2 Satz 1 HGB i.V.m. § 340a Abs. 1 HGB behandelt und lassen sich entsprechend in eingeforderte und nicht eingeforderte ausstehende Einlagen differenzieren. Zu deren Behandlung im Rahmen der Kapitalkonsolidierung hat der Gesetzgeber darüber hinaus keine Regelungen kodifiziert.
In bezug auf die eingeforderten ausstehenden Einlagen hat sich im Schrifttum hingegen eine h.M. herausgebildet, nach welcher die Einlagen entweder wegen ihres genuinen Forderungscharakters in die Schuldenkonsolidierung einzubeziehen oder aber vollständig in der Bankkonzernbilanz in einem "Darunter-Vermerk" der Pos. A. 13 des Formblattes 1 der RechKredV auszuweisen

---

686 Vgl. Adler/Düring/Schmaltz, Kommentierung § 301, Tz. 23; Ordelheide, Anwendungsbereich, C 401, Rz. 21; Weber/Zündorf, Kommentierung § 301, Rn. 43; Zündorf, Quotenkonsolidierung, S. 28.

687 Vgl. Scheren, Konzernabschlußpolitik, S. 190; im Ergebnis wohl ebenso Klein, Konzernbilanzpolitik, S. 351 ff.

sind.[688] Aufgrund dessen ergeben sich keine Spielräume mit Auswirkungen auf das gezeichnete Kapital bzw. Eigenkapital.[689]
Besteht dagegen keine Einforderung, haben die ausstehenden Einlagen den Charakter eines Korrekturpostens zum gezeichneten Kapital. Zur Behandlung dieses Korrekturpostens wird sowohl eine Saldierung der nicht eingeforderten ausstehenden Einlagen mit dem gezeichneten Kapital als auch deren vollständiger Ausweis in der Bankkonzernbilanz unter der Pos. A. 13 des Formblattes 1 der RechKredV für zulässig erachtet.[690]
Folglich bedingt eine Saldierung ein geringeres konsolidierungspflichtiges Kapital sowie eine Verkürzung der Bankkonzernbilanzsumme. Ein alternativer Ausweis in den "Ausstehenden Einlagen auf das gezeichnete Kapital" hätte entsprechend entgegengesetzte Auswirkungen.
Das faktische Wahlrecht sollte dem bankkonzernabschlußpolitischen Entscheidungsträger gleichermaßen unabhängig davon zur Verfügung stehen, ob die nicht eingeforderten ausstehenden Einlagen von bankkonzernfremden Dritten oder von Bankkonzernunternehmen geschuldet werden.[691] Hingegen ist es sowohl zeitlich als auch quantitativ inflexibel.

Berichtspflichten im Bankkonzernanhang über die Inanspruchnahme und Wirkungsweise des Wahlrechts lassen sich im Sinne der Bankkonzernabschlußpolitik nicht unmittelbar aus dem Gesetz ableiten.

---

688 Vgl. Adler/Düring/Schmaltz, Kommentierung § 301, Tz. 245; Förschle, Kommentierung § 301, Anm. 39; IDW (Hrsg.), WP-Handbuch, M, Tz. 396; U.E.C., Erstellung, S. 58; Weber/Zündorf, Kommentierung § 301, Rn. 51; Wysocki/Wohlgemuth, Konzernrechnungslegung, S. 85 f.

689 A.A. Schindler, Kapitalkonsolidierung, S. 176, der sich für eine Saldierung ausstehender Einlagen von Minderheitsgesellschaftern mit dem im Eigenkapital eingestellten Ausgleichsposten für Anteile anderer Gesellschafter ausspricht.

690 Vgl. Adler/Düring/Schmaltz, Kommentierung § 301, Tz. 248; Förschle, Kommentierung § 301, Anm. 39; IDW (Hrsg.), WP-Handbuch, M, Tz. 397; Schindler, Kapitalkonsolidierung, S. 176 f.; Weber/Zündorf, Abgrenzung, S. 426 f.

691 Vgl. Klein, Konzernbilanzpolitik, S. 353. A.A. Busse von Colbe/Ordelheide, Konzernabschlüsse, S. 299, welche nur die Saldierung mit dem gezeichneten Kapital für angemessen erachten.

5.1.1.2.2 Eigene Aktien oder Anteile

Zur Behandlung der eigenen Aktien oder Anteile der Tochterunternehmen im Zuge der Kapitalkonsolidierung hat der Gesetzgeber ebenfalls keine Regelungen kodifiziert. Grundsätzlich weisen die eigenen Anteile und Aktien der Tochterunternehmen einen Doppelcharakter auf; sie "können sowohl kurzfristig realisierbare Vermögenswerte als auch - bei Absicht als Daueranlage und wirtschaftlicher Betrachtung - Korrekturposten zum gezeichneten Kapital sein".[692] Dies hat zur Konsequenz, daß alternativ zwei Varianten ihrer Behandlung zur Disposition stehen:[693] zum einen deren Ausweis in der Bankkonzernbilanz unter Pos. A. 14 des Formblattes 1 der RechKredV sowie zum anderen deren Saldierung mit der Rücklage für eigene Anteile gemäß § 272 Abs. 4 HGB über § 340i Abs. 2 Satz 1 HGB i.V.m. § 340a Abs. 1 HGB. Letztere Aufrechnung bedingt ein geringeres konsolidierungspflichtiges Eigenkapital. Infolge fehlender Regelungen zu Berichtspflichten im Bankkonzernanhang ist eine externe Erkennbarkeit der Eigenkapitalveränderungen nicht gegeben. Die bankkonzernabschlußpolitische Maßnahme wird daneben aber als zeitlich inflexibel und nicht teilbar beurteilt werden müssen.

5.1.1.2.2.3 Sonderposten mit Rücklageanteil und solche für allgemeine Bankrisiken sowie Eigenkapitalsurrogate der 4. KWG-Novelle

Der Sonderposten mit Rücklageanteil[694] setzt sich sowohl aus Eigen- als auch aus Fremdkapitalanteilen zusammen. Obwohl der Gesetzgeber unter dem aufzurechnenden Eigenkapital des Tochterunternehmens lediglich solche Posten aufführt, die unter dieser Bezeichnung in der Bilanz eingestellt sind,[695] spricht er im Rahmen der Kapitalkonsolidierung gemäß § 340i Abs. 1 Satz 1

---

692 IDW (Hrsg.), WP-Handbuch, M, Tz. 398; im Original teilweise mit Hervorhebung. Vgl. ebenso Adler/Düring/Schmaltz, Kommentierung § 301, Tz. 23; Arbeitskreis Weltabschlüsse der Schmalenbach-Gesellschaft - Deutsche Gesellschaft für Betriebswirtschaft e.V., Aufstellung, Tz. 138 f.; Fricke, Rechnungslegung, S. 113; Weber/Zündorf, Abgrenzung, S. 427; Wysocki/Wohlgemuth, Konzernrechnungslegung, S. 82.
693 Vgl. Klein, Konzernbilanzpolitik, S. 351 f.; Scheren, Konzernabschlußpolitik, S. 192.
694 Vgl. § 273 Satz 1 HGB über § 340i Abs. 2 Satz 1 HGB i.V.m. § 340a Abs. 1 HGB.
695 Pos. P. 12 Formblatt 1 RechKredV für Bankunternehmen und entsprechend § 266 Abs. 3 Buchstabe A HGB für Nichtbankunternehmen.

HGB i.V.m. § 301 Abs. 1 HGB nur allgemein von der Einbeziehung des gesamten betriebswirtschaftlichen Eigenkapitals. Demnach müßte zumindest der im Sonderposten vorhandene Eigenkapitalanteil in die Kapitalkonsolidierung einbezogen werden. Daher wird auch in der Literatur ein Wahlrecht für zulässig erachtet,[696] das erlaubt, den Eigenkapitalanteil in die Bankkonzernbilanz unter der Pos. P. 8 "Sonderposten mit Rücklageanteil" des Formblattes 1 der RechKredV einzustellen oder diesen im Rahmen der Kapitalkonsolidierungsmaßnahmen entsprechend eigenkapitalwirksam aufzulösen. Die Nutzung des faktischen Wahlrechts ist im allgemeinen zwar nicht erkennbar, hingegen aber zeitlich inflexibel.

Gleichermaßen besteht für den Sonderposten "Fonds für allgemeine Bankrisiken" gemäß § 340i Abs. 2 Satz 1 HGB i.V.m. § 340g HGB die Problematik der Behandlung im Rahmen der Kapitalkonsolidierung. Ungeachtet seines Eigenkapitalcharakters wird der Sonderposten auf der Passivseite ebenfalls vor den Eigenkapitalpositionen in Pos. P. 11 des Formblattes 1 der RechKredV ausgewiesen. Folgt man allerdings der Gesetzauslegung zum Sonderposten mit Rücklageanteil, so wird man für die Behandlung des Fonds für allgemeine Bankrisiken ein analoges Wahlrecht seiner Behandlung als zulässig erachten können.[697]

Die Bildung und Auflösung dieses Sonderpostens ist für die Bankkonzernabschlußadressaten hingegen völlig transparent, da entsprechende Angaben in der GuV gesondert auszuweisen sind.[698]

---

696 Vgl. Scheren, Konzernabschlußpolitik, S. 193 f.; Schindler, Kapitalkonsolidierung, S. 175; Weber/Zündorf, Kommentierung § 301, Rn. 57 ff. A.A. Förschle, Kommentierung § 301, Anm. 38, der aufgrund strenger Gesetzauslegung des § 266 Abs. 3 Buchstabe A HGB i.V.m. § 272 HGB eine Zuordnung des Sonderpostens mit Rücklageanteil zum bilanziellen Eigenkapital ablehnt und demzufolge kein Wahlrecht konstatiert; vgl. hierzu auch IDW (Hrsg.), WP-Handbuch, M, Tz. 331; Wysocki/Wohlgemuth, Konzernrechnungslegung, S. 84.

697 Krumnow/Sprißler/Bellavite-Hövermann/Kemmer/Steinbrücker, Kommentierung § 340i, j HGB, Rn. 105 und Prahl/Naumann, Bankkonzernrechnungslegung, S. 241, lehnen indessen ebenso eine Zuordnung des Sonderpostens "Fonds für allgemeine Bankrisiken" zum bilanziellen Eigenkapital ab und konstatieren demnach kein Wahlrecht.

698 Vgl. § 340i Abs. 2 Satz 1 HGB i.V.m. § 340g Abs. 2 HGB.

Die Diskussion um die Behandlung der zahlreichen Eigenkapitalsurrogate der 4. KWG-Novelle von den in die Kapitalkonsolidierung einzubeziehenden Bankkonzerntochterunternehmen ist identisch mit der über die Sonderposten. Zwar negieren *Krumnow/Sprißler/Bellavite-Hövermann/Kemmer/Steinbrücker* und *Prahl/Naumann* die anteilige Aufrechnung dieser Surrogate zum konsolidierungspflichtigen Eigenkapital,[699] doch wird auch hier wegen fehlender eindeutiger Vorschriften nur der Gesetzgeber künftig Rechtsklarheit schaffen können.

5.1.1.3 Gestaltungsmöglichkeiten im Rahmen der Erstkonsolidierung

5.1.1.3.1 Die Wahl des Verrechnungszeitpunkts

Für die Verrechnung des Beteiligungsbuchwerts mit dem anteiligen Eigenkapital des Tochterunternehmens kommen gemäß § 340i Abs. 1 Satz 1 HGB i.V.m. § 301 Abs. 2 Satz 1 HGB für die Erstkonsolidierung im allgemeinen folgende Verrechnungszeitpunkte in Betracht:

- Die Verrechnung erfolgt auf der Grundlage der Wertansätze zum Zeitpunkt des Erwerbs der Anteile des Tochterunternehmens.
- Die Verrechnung erfolgt auf der Grundlage der Wertansätze zum Zeitpunkt der erstmaligen Einbeziehung des Tochterunternehmens in den Bankkonzernabschluß.

Die Erstkonsolidierung ist grundsätzlich zum Zeitpunkt des Erwerbs der Anteile durchzuführen. Das Gesetz läßt dennoch aus Vereinfachungsgründen[700] ebenfalls eine Verschiebung der Erstkonsolidierung auf den Zeitpunkt der erstmaligen Einbeziehung zu.
Mit dieser Möglichkeit der Verschiebung des Verrechnungszeitpunkts kann im Falle eines unterjährigen Anteilerwerbs ebenso auf die Aufstellung eines Zwi-

699 Vgl. Krumnow/Sprißler/Bellavite-Hövermann/Kemmer/Steinbrücker, Kommentierung § 340i, j HGB, Rn. 105; Prahl/Naumann, Bankkonzernrechnungslegung, S. 241.
700 Vgl. Biener/Berneke, Bilanzrichtlinien-Gesetz, S. 334; IDW (Hrsg.), WP-Handbuch, M, Tz. 358; Niehus/Scholz, Kommentierung § 301, Rdn. 53; Treuhand-Vereinigung AG (Hrsg.), Rechnungslegung, S. 136.

schenabschlusses wahlweise verzichtet werden, um eine mit möglicherweise beträchtlichen praktischen Problemen und Kosten verbundene rückwirkende Konsolidierung zu vermeiden. Da infolgedessen für die Bestimmung der Wertverhältnisse im Rahmen der Kapitalkonsolidierung der erste Bankkonzernabschlußstichtag, der dem Erwerb der Anteile folgt, herangezogen werden kann,[701] hat der Gesetzgeber hier "dem Wirtschaftlichkeitsprinizip höhere Priorität eingeräumt als der Darstellung der Vermögens-, Finanz- und Ertragslage".[702]

Indem die Wertansätze der zu verrechnenden Größen zum Zeitpunkt des Erwerbs der Anteile eines Tochterunternehmens und dessen erstmaliger Einbeziehung grundsätzlich nicht identisch sind, ermöglicht das Wahlrecht für die Erstkonsolidierung von Tochterunternehmen beträchtliche Einflußmöglichkeiten auf die Darstellung der wirtschaftlichen Situation des Bankkonzerns.[703] Denn unter der Voraussetzung, daß die Wahrscheinlichkeit einer Änderung der Wertansätze mit der Länge der Zeitspanne zunimmt, können sich folglich aufgrund der unterschiedlichen Verrechnungszeitpunkte Verschiebungen ergeben, die bankkonzernabschlußpolitisch um so bedeutsamer einzustufen sind, je größer dabei die Zeitspanne zwischen dem Anteilserwerb und der erstmaligen Einbeziehung des Unternehmens ist.[704]
Sowohl der Betrag als auch die Zusammensetzung der stillen Reserven und stillen Lasten können im Zeitablauf bei dem zu konsolidierenden Tochterunternehmen variieren.[705] Zwischenzeitlich erwirtschaftete Gewinne und Verluste

---

701 Vgl. Busse von Colbe/Ordelheide, Konzernabschlüsse, S. 300; Förschle, Kommentierung § 301, Anm. 149; Ordelheide, Anwendungsbereich, C 401, Rz. 113; Weber/Zündorf, Kommentierung § 301, Rn. 156.

702 Schindler, Kapitalkonsolidierung, S. 182.

703 Vgl. Biener/Schatzmann, Konzern-Rechnungslegung, S. 37; Ordelheide, Anwendungsbereich, C 401, Rz. 114; Sahner/Häger, Konzernbilanzpolitik, S. 412; Scheren, Konzernabschlußpolitik, S. 195; Schulte, Konzernbilanzpolitik, S. 153.

704 Vgl. Förschle, Kommentierung § 301, Anm. 150; Schulte, Konzernbilanzpolitik, S. 156. Wird das Tochterunternehmen "wegen eines bestehenden Einbeziehungswahlrechts oder -verbots (§§ 295 oder 296) nicht im Jahr des Erwerbs in die Konsolidierung einbezogen, sondern in einer späteren Periode, so können zu diesem Zeitpunkt ein völlig anderer Beteiligungsbuchwert und ein vollkommen verändertes Eigenkapital vorliegen"; Weber/Zündorf, Kommentierung § 301, Rn. 156.

705 Vgl. Klein, Konzernbilanzpolitik, S. 316.

des Tochterunternehmens wirken sich unmittelbar auf sein konsolidierungspflichtiges Eigenkapital aus. Demzufolge kommt es ferner zu veränderten aktiven oder passiven Unterschiedsbeträgen mit entsprechenden Konsequenzen auf den Bankkonzernerfolg in den nachfolgenden Perioden.[706] Wird das Tochterunternehmen hingegen auf der Basis der Wertansätze zum Zeitpunkt des Erwerbs der Anteile konsolidiert, gehen die dann erwirtschafteten Gewinne und Verluste in die Rücklagen des Bankkonzerns ein und beeinflussen somit direkt die Höhe des Bankkonzerneigenkapitals.[707] Überdies beeinflussen Abschreibungen auf den Beteiligungsansatz die zu verrechnenden Anteile des Tochterunternehmens.[708]

Eine Besonderheit liegt vor, wenn das Tochterunternehmen in mehreren Tranchen zu verschiedenen Zeitpunkten erworben wurde. In diesem Fall des sukzessiven Erwerbs der Anteile wäre theoretisch nach jedem zusätzlichen Anteilerwerb eine Erstkonsolidierung durchzuführen.[709] Alternativ kann die Einbeziehung des Tochterunternehmens in den Bankkonzernabschluß aber auch zu dem Zeitpunkt erfolgen, zu dem das Unternehmen Tochterunternehmen im Sinne des § 340i Abs. 1 Satz 1 HGB i.V.m. § 290 HGB geworden ist.[710] "Es ist also nicht erforderlich, die Wertverhältnisse zu den jeweiligen Erwerbszeitpunkten zugrunde zu legen und eine rückwirkende Anpassung vor-

706 Vgl. zu den Konsequenzen Schindler, Kapitalkonsolidierung, S. 183 f.; vgl. außerdem auch Sahner/Häger, Konzernbilanzpolitik, S. 412; Weber/Zündorf, Kommentierung § 301, Rn. 156. Biener/Berneke, Bilanzrichtlinien-Gesetz, S. 334, stellen in diesem Zusammenhang hingegen fest: "Soweit dies zu einem passivischen Unterschiedsbetrag führt, wird dieser allerdings ohnehin dem (Bank-; d.V.) Konzerneigenkapital zugeordnet, so daß sich die Abweichung ausgleicht". Möglicherweise sind hierbei ebenso strukturwirksame Effekte zu erzielen, sofern ein Unterschiedsbetrag überhaupt erst entsteht oder vollständig aufgelöst wird.

707 Vgl. Sahner/Häger, Konzernbilanzpolitik, S. 412.

708 Vgl. Ordelheide, Anwendungsbereich, C 401, Rz. 115; Weber/Zündorf, Kommentierung § 301, Rn. 156.

709 Vgl. IDW (Hrsg.), WP-Handbuch, M, Tz. 358; Schindler, Kapitalkonsolidierung, S. 184.

710 Vgl. § 340i Abs. 1 Satz 1 HGB i.V.m. § 301 Abs. 2 Satz 1 HGB. Dieser Zeitpunkt des Beginns des Bankkonzernmutter-Tochter-Verhältnisses ist als Parallele zum Zeitpunkt des Erwerbs der Anteile zu verstehen; vgl. IDW (Hrsg.), WP-Handbuch, M, Tz. 358.

zunehmen".[711] Somit kommt auch im Zuge des sukzessiven Anteilerwerbs gleichfalls eine Verschiebung des Verrechnungszeitpunkts in Betracht.[712]

Liegen zu alternativen Erstkonsolidierungszeitpunkten wertmäßige Änderungen der gemäß § 340i Abs. 1 Satz 1 HGB i.V.m. § 301 Abs. 1 HGB zu verrechnenden Größen vor, kann letztlich je nach Wahl des erstmaligen Verrechnungszeitpunkts Einfluß auf den Erfolgs-, Eigenkapital- und Bilanzsummenausweis im Bankkonzernabschluß genommen werden. Allerdings ist die Wirkungsrichtung der mit der Wahl des Verrechnungszeitpunkts verbundenen Auswirkungen unbestimmt. Gleichfalls lassen sich Aussagen über die Sekundärwirkungen nur im konkreten Einzelfall treffen.

Der gewählte Zeitpunkt für die Erstkonsolidierung ist gemäß § 340i Abs. 1 Satz 1 HGB i.V.m. § 301 Abs. 2 Satz 2 HGB im Bankkonzernanhang anzugeben. Daneben verlangt der Gesetzgeber aber weder explizite Begründungen für die Wahl des zugrunde gelegten Erstkonsolidierungszeitpunkts noch dezidierte Angaben über eventuelle betragsmäßige Veränderungen.[713]
Zudem kann der Verrechnungszeitpunkt für jedes einzubeziehende Tochterunternehmen neu bestimmt werden, so daß diesbezüglich keine sachliche Stetigkeit besteht.[714] Die Wahl der Verrechnungszeitpunkte kann damit unabhängig voneinander ausgeübt werden. Insofern steht dem Bankkonzern das Wahlrecht bei jeder Erstkonsolidierung von Anteilen an verschiedenen Tochterunternehmen erneut zur Verfügung.

---

711 Weber/Zündorf, Kommentierung § 301, Rn. 157.
712 Vgl. IDW (Hrsg.), WP-Handbuch, M, Tz. 358.
713 Vgl. Förschle, Kommentierung § 301, Anm. 155; Scherrer, Kommentierung § 301, Rz. 45.
714 Vgl. Albers, Bank-Konzernabschluß, S. 190; Niehus/Scholz, Kommentierung § 301, Rdn. 50. Allerdings halten Adler/Düring/Schmaltz, Kommentierung § 301, Tz. 123, für die unterschiedliche Ausübung der Verrechnungszeitpunkte "in Fällen von Bedeutung die zusätzliche Erläuterung der Anwendungsbereiche für die gewählten Stichtage notwendig".

5.1.1.3.2 Die Wahl zwischen Buchwert- und Neubewertungsmethode

5.1.1.3.2.1 Darlegung beider Methoden

§ 340i Abs. 1 Satz 1 HGB i.V.m. § 301 Abs. 1 Satz 2 Nr. 1 HGB regelt die **Buchwertmethode** für die Kapitalkonsolidierung. Danach ist das Eigenkapital aus der gegebenenfalls aufbereiteten Handelsbilanz II des einzubeziehenden Tochterunternehmens mit dem Betrag anzusetzen, der dem (Beteiligungs-) Buchwert der in den Bankkonzernabschluß aufzunehmenden Vermögensgegenstände, Schulden, Rechnungsabgrenzungsposten, Bilanzierungshilfen und Sonderposten zum Verrechnungszeitpunkt entspricht. Ein sich ergebender aktiver oder passiver Unterschiedsbetrag aus der Differenz von Beteiligungsbuchwert und anteiligem Eigenkapital ist hierbei den in den einzelnen Vermögensgegenständen und Schulden vorhandenen aufgedeckten stillen Reserven und stillen Lasten zuzuschreiben oder mit diesen zu verrechnen.[715] Verbleibt nach der Verteilung ein aktiver oder passiver Restbetrag, so ist dieser aktivisch als Geschäfts- oder Firmenwert und passivisch als Unterschiedsbetrag aus der Kapitalkonsolidierung in der Bankkonzernbilanz auszuweisen.[716]

§ 340i Abs. 1 Satz 1 HGB i.V.m. § 301 Abs. 1 Satz 2 Nr. 2 HGB regelt die **Neubewertungsmethode** für die Kapitalkonsolidierung. Danach ist das Eigenkapital des einzubeziehenden Tochterunternehmens mit dem Betrag anzusetzen, der dem *beizulegenden* Wert der in den Bankkonzernabschluß aufzunehmenden Vermögensgegenstände, Schulden, Rechnungsabgrenzungsposten, Bilanzierungshilfen sowie Sonderposten zum Verrechnungszeitpunkt entspricht. Bei dieser Methode der Kapitalkonsolidierung erfolgt im Gegensatz zur Buchwertmethode vor der eigentlichen Konsolidierung eine Neubewertung des Eigenkapitals durch die Auflösung sämtlicher stiller Reserven und stiller Lasten in den einzelnen Vermögensgegenständen und Schulden. Die Vollauf-

715 Vgl. § 340i Abs. 1 Satz 1 HGB i.V.m. § 301 Abs. 1 Satz 3 HGB. Zu den Entstehungsursachen eines Unterschiedsbetrags auf der Aktivseite und auf der Passivseite vgl. Adler/Düring/Schmaltz, Kommentierung § 301, Tz. 60; Förschle, Kommentierung § 301, Anm. 75 f.; IDW, (Hrsg.), WP-Handbuch, M, Tz. 333 f. und Tz. 343 f.; Küting/Dusemond/Nardmann, Probleme, S. 7 und S. 15; Weber, Praxis, S. 130 f. und S. 140 f.

716 Vgl. § 340i Abs. 1 Satz 1 HGB i.V.m. § 301 Abs. 3 Satz 1 HGB.

deckung der stillen Reserven und stillen Lasten ist dabei unabhängig von der Beteiligungsquote des Bankkonzernmutterunternehmens.[717] Erst danach kann dann ein Unterschiedsbetrag aus der Verrechnung des Beteiligungsbuchwerts mit dem anteiligen neubewerteten Eigenkapital resultieren. Ein verbleibender Restbetrag ist anschließend, identisch der Buchwertmethode, nach § 340i Abs. 1 Satz 1 HGB i.V.m. § 301 Abs. 3 Satz 1 HGB zu behandeln.

5.1.1.3.2.2 Buchwert- versus Neubewertungsmethode

Gehören der Bankkonzernmutter 100% der Anteile eines Tochterunternehmens, führen die Buchwert- und die Neubewertungsmethode im allgemeinen zum gleichen Ergebnis.[718] Wie noch zu erörtern sein wird, können sich aber dennoch im Einzelfall Abweichungen zwischen beiden Methoden in Abhängigkeit vom Umfang aufzudeckender stiller Lasten ergeben.[719]

Bankkonzernabschlußpolitische Bedeutung erlangen die beiden Methoden dagegen regelmäßig dann, wenn andere Gesellschafter an dem Tochterunternehmen beteiligt sind.
Anteile anderer Gesellschafter - somit die nicht dem Bankkonzernmutterunternehmen gehörenden Anteile an einem konsolidierten Tochterunternehmen - sind nach § 340i Abs. 1 Satz 1 HGB i.V.m. § 307 Abs. 1 Satz 1 HGB unter einer entsprechenden Bezeichnung innerhalb des Bankkonzerneigenkapitals gesondert auszuweisen. In diesen Ausgleichsposten sind auch jene Beträge

---

717 Allerdings dürfen die stillen Reserven nur soweit aufgedeckt werden, damit das durch die Aufdeckung erhöhte, auf den Bankkonzernanteil entfallende Eigenkapital nach der Neubewertung nicht die Anschaffungskosten der Bankkonzernmutterunternehmung für die Anteile an dem einbezogenen Tochterunternehmen überschreitet; vgl. § 340i Abs. 1 Satz 1 HGB i.V.m. § 301 Abs. 1 Satz 4 HGB.

718 Vgl. Baetge, Konzernbilanzen, S. 211; Biener/Schatzmann, Konzern-Rechnungslegung, S. 36; Förschle, Kommentierung § 301, Anm. 126; Ordelheide, Anwendungsbereich, C 401, Rz. 60; Schindler, Kapitalkonsolidierung, S. 180; Weber, Praxis, S. 78. Beide Methoden unterscheiden sich hingegen in ihren Vorgehensweisen der Kapitalkonsolidierung. Zu deren buchungstechnischen Details vgl. Adler/Düring/Schmaltz, Kommentierung § 301, Tz. 41 ff.; IDW (Hrsg.), WP-Handbuch, M, Tz. 329 ff.; Ordelheide, Anwendungsbereich, C 401, passim; Schildbach, Konzernabschluß, S. 151 ff. Für Beispielrechnungen zu den einzelnen Methoden vgl. Weber/Zündorf, Kommentierung § 301, Rn. 107 ff.

719 Vgl. hierzu Gliederungspunkt 5.1.1.3.3.4 in diesem Kapitel.

einzustellen, die bei Anwendung der Kapitalkonsolidierungsmethode gemäß § 301 Abs. 1 Satz 2 Nr. 2 HGB den Anteilen der Minderheitsgesellschafter am Eigenkapital entsprechen.[720] Dementsprechend erhöht sich bei Anwendung der Neubewertungsmethode die Bankkonzernbilanzsumme um die den anderen Gesellschaftern zustehenden anteiligen stillen Reserven. Je nach Bedeutung des Ausgleichspostens kann es zu beträchtlichen Verschiebungen innerhalb der Vermögenslage des Bankkonzerns kommen.[721]
Neben der Verlängerung der Bankkonzernbilanzsumme hat die Anwendung der Neubewertungsmethode auch allgemein einen höheren Eigenkapitalausweis in der Bankkonzernbilanz zur Folge, da die Anteile anderer Gesellschafter dem Eigenkapital des Bankkonzerns zugerechnet werden. Je nach Wahl der Konsolidierungsmethode und je nach Bedeutung der anteiligen stillen Reserven anderer Gesellschafter wird man in dieser Hinsicht die Eigenkapitalausstattung der Bankkonzerne wesentlich gestalten können.[722]

Die Wahl der Konsolidierungsmethode unterliegt allerdings dem Stetigkeitsgrundsatz des § 340i Abs. 1 Satz 1 HGB i.V.m. § 297 Abs. 3 Satz 2 HGB. Die zeitliche Stetigkeit, bei welcher zum Zeitpunkt der Erstkonsolidierung des Tochterunternehmens alle Aktiva und Passiva nach der gleichen Methode zu bewerten sind, ist an dieser Stelle weniger relevant. Entscheidend ist vielmehr, ob ebenfalls die sachliche Stetigkeit eingehalten werden muß, nach der die Wahl einer Konsolidierungsmethode einheitlich für alle Tochterunternehmen anzuwenden ist.
Dem Grundsatz zur Vermittlung des in § 340i Abs. 1 Satz 1 HGB i.V.m. § 297 Abs. 2 Satz 2 HGB geforderten Bildes des Bankkonzerns folgend, sollten für gleichartige Tochterunternehmen die gleichen Konsolidierungsmethoden gelten.[723] Da der Gesetzgeber aber sowohl explizit keine einheitliche Anwendung

720 Vgl. § 340i Abs. 1 Satz 1 HGB i.V.m. § 307 Abs. 1 Satz 2 HGB.
721 Vgl. Küting/Zündorf, Ermittlung, S. 1170 f.; Sahner/Häger, Konzernbilanzpolitik, S. 406 f.; Weber/Zündorf, Kommentierung § 301, Rn. 10.
722 Vgl. Gersenich, Konzernrechnungslegung, S. 236; Müller, Einfluß, S. 243; Scheld, Konzernbilanzpolitik, S. 294.
723 Vgl. Bundesverband deutscher Banken, Bankkonzernbilanzierung, S. 15. Weiterhin vertritt der Bundesverband hierbei die Ansicht, unter Aufwandsgesichtspunkten grundsätzlich der Buchwertmethode den Vorzug zu geben. Dieser Meinung kann aber nur vorbehaltlich einer aktiven Bankkonzernabschlußpolitik zugestimmt werden.

vorschreibt als auch Abweichungen von der angewandten Konsolidierungsmethode in Ausnahmefällen als zulässig erachtet,[724] wird eine Stetigkeit in sachlicher Hinsicht zu umgehen und bankkonzernabschlußpolitisch zu nutzen sein.[725]

Obgleich die angewandte Methode im Bankkonzernanhang anzugeben ist,[726] bedarf es weder einer Begründung ihrer Wahl,[727] noch können eindeutige betragsmäßige Auswirkungen auf die Vermögens-, Finanz- und Ertragslage des Bankkonzerns erkannt werden. Hingegen wird je nach Anwendung einer Konsolidierungsmethode bei Tochterunternehmen mit Anteilen anderer Gesellschafter prinzipiell die Richtung der Beeinflussung des Bankkonzernabschlusses feststellbar sein.[728]

724 Vgl. § 340i Abs. 1 Satz 1 HGB i.V.m. § 297 Abs. 3 Satz 3 HGB. Bankkonzernabschlußpolitische Argumentationen werden solche Ausnahmefälle, insbesondere bei individuellen Strukturen von Tochterunternehmen des banknahen und bankfremden Bereichs, begründen können.

725 Zur Diskussion der Wahlrechtsausübung i.V.m. dem Stetigkeitsgrundsatz vgl. auch Adler/Düring/Schmaltz, Kommentierung § 301, Tz. 44 f.; Arbeitskreis "Externe Unternehmensrechnung" der Schmalenbach-Gesellschaft - Deutsche Gesellschaft für Betriebswirtschaft e.V., Aufstellung, S. 67 f.; Biener/Schatzmann, Konzern-Rechnungslegung, S. 41; IDW (Hrsg.), WP-Handbuch, M, Tz. 11; Ordelheide, Anwendungsbereich, C 401, Rz. 25; Treuhand-Vereinigung AG (Hrsg.), Rechnungslegung, S. 117; Weber/Zündorf, Kommentierung § 301, Rn. 154. Sahner/Häger, Konzernbilanzpolitik, S. 408, konstatieren im Rahmen der Beachtung des Grundsatzes der zeitlichen und sachlichen Stetigkeit, daß "bei jedem erstmalig zu konsolidierenden Tochterunternehmen .. die Wahlrechtsausübung aber von der jeweiligen bilanzpolitischen Zielsetzung abhängig gemacht werden" kann.

726 Vgl. § 340i Abs. 1 Satz 1 HGB i.V.m. § 301 Abs. 1 Satz 5 HGB.

727 Kommen beide Konsolidierungsmethoden im Bankkonzernabschluß zur Anwendung, wird eine Begründung indessen für erforderlich gehalten; vgl. Förschle, Kommentierung § 301, Anm. 120. Der Gesetzgeber schreibt dies allerdings ebenfalls nicht explizit vor.

728 Vgl. Klein, Konzernbilanzpolitik, S. 320.

5.1.1.3.3 Maßnahmen bei der Behandlung stiller Reserven und stiller Lasten

5.1.1.3.3.1 Spielräume bei der Bestimmung von stillen Reserven und stillen Lasten

Die Erstkonsolidierung eines Tochterunternehmens im Bankkonzernabschluß beinhaltet prinzipiell die Aufdeckung der vorhandenen stillen Reserven und stillen Lasten.[729] Dabei wird bei der Buchwertmethode ein nach der Verrechnung des Beteiligungsbuchwerts der Bankkonzernmutter mit dem anteiligen Eigenkapital entstehender Unterschiedsbetrag durch die Aufdeckung der stillen Reserven und stillen Lasten den einzelnen Aktiva und Passiva zugeschrieben. Die Zuschreibung erfolgt insoweit, "als deren Wert höher oder niedriger ist als der bisherige Wertansatz".[730] Bei der Neubewertungsmethode werden hingegen die stillen Reserven und stillen Lasten im Rahmen der Erstellung der Handelsbilanz II vor der Verrechnung des Beteiligungsbuchwerts mit dem anteiligen Eigenkapital aufgelöst. Da hierbei ebenfalls eine tageswertorientierte Neubewertung der Vermögensgegenstände, Schulden, Rechnungsabgrenzungsposten, Bilanzierungshilfen und Sonderposten erfolgt,[731] stimmen die zu ermittelnden Tageswerte zum maßgeblichen Erwerbszeitpunkt

---

729 Vgl. Baetge, Konzernbilanzen, S. 215; Coenenberg, Jahresabschluß, S. 475 ff.; IDW (Hrsg.), WP-Handbuch, M, Tz. 337 und Tz. 352; Klein, Konzernbilanzpolitik, S. 321; Krumnow/Sprißler/Bellavite-Hövermann/Kemmer/Steinbrücker, Kommentierung § 340i, j HGB, Rn. 112. Bestimmte Konstellationen können indessen dazu führen, daß die insgesamt vorhandenen stillen Reserven u.U. nicht vollständig aufgedeckt werden können. Denn übersteigen die stillen Reserven den aktiven Unterschiedsbetrag, entsteht ein Zuordnungsproblem, da die stillen Reserven unter Beachtung des Anschaffungskostenprinzips nur maximal bis zur Höhe des aktiven Unterschiedsbetrags aufgelöst werden dürfen. Zu den Zuordnungskonzepten für stille Reserven vgl. Gliederungspunkt 5.1.1.3.3.2 in diesem Kapitel.

730 § 340i Abs. 1 Satz 1 HGB i.V.m. § 301 Abs. 1 Satz 3 HGB.

731 Vgl. Deutsch, Kapitalkonsolidierung, S. 93; Ordelheide, Kapitalkonsolidierung, S. 240; Schindler, Kapitalkonsolidierung, S. 196; Treuhand-Vereinigung AG (Hrsg.), Rechnungslegung, S. 128. Förschle, Kommentierung § 301, Anm. 60 und Wysocki/Wohlgemuth, Konzernrechnungslegung, S. 93 f., sprechen in diesem Kontext auch von einer Neubewertung der einzelnen Bilanzposten nach den Grundsätzen der Einzelerwerbsfiktion.

bzw. Erstkonsolidierungszeitpunkt[732] bei der Buchwert- und der Neubewertungsmethode überein.

Bankkonzernabschlußpolitische Spielräume resultieren insofern einerseits aus der Problematik der Tageswertfindung, denn in der Bestimmung der Zeitwerte und damit der stillen Reserven und stillen Lasten liegt nach *Adler/Düring/Schmaltz* vielfach das schwierigste Problem der Erstkonsolidierung. Hierzu lassen sich im allgemeinen nur Leitlinien festlegen, die bei der Zeitwertfindung im Einzelfall zu beachten sind.[733] Zwar muß die Wertfindung dem Gebot der Willkürfreiheit entsprechen und sachlichen Überlegungen folgen,[734] doch wird aufgrund fehlender objektiv nachprüfbarer Kriterien die Ermittlung der Zeitwerte durch subjektive und schwer examinierbare Erwägungen stark beeinflußbar sein.

Da die Betragshöhe der stillen Reserven und stillen Lasten mit der Ausweishöhe des Unterschiedsbetrags korreliert, erweist sich die Ausnutzung der Bewertungsspielräume im Rahmen der Erstkonsolidierung zumindest als strukturwirksam und unter bestimmten Voraussetzungen gleichfalls als ergebnis- sowie eigenkapitalwirksam.[735] Die Wirkungsrichtung ist indes unbestimmt.

Mit der Bestimmung der Zeitwerte sind keine Informationspflichten im Bankkonzernanhang verbunden, so daß sich die damit ergebenden Auswirkungen extern nicht nachvollziehbar sind.

---

732 Vgl. § 340i Abs. 1 Satz 1 HGB i.V.m. § 301 Abs. 2 Satz 1 HGB.

733 Vgl. Adler/Düring/Schmaltz, Kommentierung § 301, Tz. 66. Ermessensspielräume sehen ebenfalls Klein, Konzernbilanzpolitik, S. 321; Oessling/Wiesner, Vorschlag, S. 41; Scheren, Konzernabschlußpolitik, S. 214 ff. Zur Diskussion der Wertfindung, deren Leitlinien und mögliche Orientierungshilfen - für Bankkonzerne vordergründig Börsenwerte - vgl. Deutsch, Kapitalkonsolidierung, S. 93 ff.; Förschle, Kommentierung § 301, Anm. 63; Küting/Zündorf, Zurechnungsmodalitäten, S. 1303 ff.; Ordelheide, Anschaffungskostenprinzip, S. 495 ff.; ders., Anwendungsbereich, C 401, Rz. 86 ff.; Treuhand-Vereinigung AG (Hrsg.), Rechnungslegung, S. 128.

734 Vgl. Förschle, Kommentierung § 301, Anm. 60; Otte, Gestaltungsspielräume, S. 103. Letztgenannter Autor verweist dabei auch auf den bei der Neubewertung im angelsächsischen Sprachraum verwendeten Begriff des "fair value". Vgl. ebenso Adler/Düring/Schmaltz, Kommentierung § 301, Tz. 70; Weber/Zündorf, Kommentierung § 301, Rn. 73.

735 Vgl. Klein, Konzernbilanzpolitik, S. 321 f. Zwar verneint Klein eine Ergebnis- und Eigenkapitalwirksamkeit, doch übersieht er dabei die abschlußpolitischen Möglichkeiten bei der Auslegung des § 340i Abs. 1 Satz 1 HGB i.V.m. § 309 Abs. 1 HGB. Vgl. hierzu Gliederungspunkt 5.1.1.4.1 in diesem Kapitel.

Bankkonzernabschlußpolitische Relevanz erlangt andererseits die Frage, inwiefern die Aufdeckung der vorhandenen stillen Reserven prima facie auch die Aufdeckung der stillen Vorsorgereserven für allgemeine Bankrisiken gemäß § 340i Abs. 2 Satz 1 HGB i.V.m. § 340f HGB bei einzubeziehenden Tochterunternehmen[736] betrifft. *Prahl/Naumann* vertreten hierbei die Auffassung, daß im Zuge der Aufdeckung vorhandener stiller Reserven und stiller Lasten bei der Erstkonsolidierung, die bankspezifischen stillen Vorsorgereserven gleichfalls dieser Verpflichtung unterliegen.[737] Da dies hingegen weder unmittelbar aus dem Gesetzestext ableitbar ist noch der Intention des § 340f HGB entspricht, werden m.E. die stillen Vorsorgereserven zu übernehmen sein, ohne dabei dem Tatbestand der Bankkonzernabschlußfälschung zu unterliegen.

An dieser Stelle ist ferner zu konstatieren, daß - unabhängig von den Einzelabschlüssen - bei der Neubewertung stille Vorsorgereserven im Bankkonzernabschluß gebildet und aufgelöst werden können, "soweit dies nach vernünftiger kaufmännischer Beurteilung zur Sicherung gegen die besonderen Risiken des Geschäftszweigs der Kreditinstitute notwendig ist".[738] § 340i Abs. 2 Satz 1 HGB i.V.m. § 340f HGB kodifiziert ergo eine eigenständige stille Vorsorgereservepolitik im Bankkonzernabschluß. Wird hierbei bspw. die Neubildung zur Legung stiller Vorsorgereserven[739] genutzt, führt dies c.p. zum Aus-

---

736 Diese Fragestellung bezieht sich ausschließlich auf Kreditinstitute als Tochterunternehmen des Bankkonzerns. Dies sind - gemäß der ergänzenden Vorschriften für Kreditinstitute des Vierten Abschnitts im Dritten Buch des Handelsgesetzbuches - gemeinhin Unternehmen im Sinne von § 340 Abs. 1 HGB i.V.m. § 1 Abs. 1 KWG.

737 Vgl. Prahl/Naumann, Bankkonzernrechnungslegung, S. 242. Offenbar folgen auch Krumnow/Sprißler/Bellavite-Hövermann/Kemmer/Steinbrücker, Kommentierung § 340i, j HGB, Rn. 113, dieser Meinung. Zurückhaltender IDW (Hrsg.), WP-Handbuch, J, Tz. 286.

738 § 340i Abs. 2 Satz 1 HGB i.V.m. § 340f Abs. 1 Satz 1 HGB.

739 § 340i Abs. 2 Satz 1 HGB i.V.m. § 340f Abs. 1 Satz 2 HGB begrenzt die Höhe der stillen Vorsorgereserven im Bankkonzernabschluß dabei auf 4% des Gesamtbetrags der relevanten Vermögenswerte. Den Bankkonzernen "*steht somit ein Handlungsspielraum zwischen 0 und 4 % der Bemessungsgrundlage zur Verfügung, innerhalb dessen die Legung und die Auflösung von Vorsorgereserven in ihr Belieben gestellt ist*"; Bieg, Bankbetriebslehre, S. 321.

weis eines niedrigeren Jahresüberschusses im Bankkonzernabschluß.[740] *Bieg* stellt in diesem Zusammenhang zutreffend fest, daß die für Abschlußadressaten nicht erkennbare Bildung und Auflösung stiller Vorsorgereserven als Voraussetzung dafür angesehen wird, daß Bankkonzerne ihre Bankkonzernergebnisse glätten können.[741]

Interpretationsspielräume ergeben sich schließlich aus dem gesetzlich nicht explizit geregelten Grundsatz der Wesentlichkeit. Hiernach sollte zwischen den Bereitstellungskosten für Informationen und deren Nutzen zur Beurteilung des Bankkonzerns ein angemessenes Verhältnis bestehen. In diesem Sinne kann eine Aufteilung der vorhandenen stillen Reserven und stillen Lasten unterlassen und der gesamte aktive Unterschiedsbetrag als Geschäfts- oder Firmenwert in den Bankkonzernabschluß eingestellt werden, sofern die stillen Reserven und stillen Lasten von untergeordneter Bedeutung sind.[742]

Die dargelegten Spielräume beeinflussen im Rahmen der Erstkonsolidierung einzelne Bilanzposten im Bankkonzernabschluß und sind mithin sowohl ergebnis- als auch strukturwirksam.

Die Inanspruchnahme der Spielräume ist im allgemeinen nicht erkennbar. Vielmehr erlaubt der Gesetzgeber im Fall der Vorsorgereserven gemäß § 340i Abs. 2 Satz 1 HGB i.V.m. § 340f Abs. 4 HGB überdies einen umfangreichen Verdeckungsschutz, wonach weder die zur Bildung der Vorsorgereserven verwandten Vermögensgegenstände, die Höhe der Vorsorgereserven in der Bankkonzernbilanz, deren Veränderung im Zeitablauf noch deren Verwendung

---

740 Vgl. Albers, Bank-Konzernabschluß, S. 193; Bieg, Vertrauensempfindlichkeit, S. 257 f.; Bundesverband deutscher Banken, Bankkonzernbilanzierung, S. 18; Krumnow/Sprißler/Bellavite-Hövermann/Kemmer/Steinbrücker, Kommentierung § 340i, j HGB, Rn. 115.

741 Vgl. Bieg, Bankbetriebslehre, S. 321. Allerdings beziehen sich dessen Ausführungen ausschließlich auf den Jahresabschluß bzw. die Jahresabschlußpolitik von Kreditinstituten.

742 Vgl. Arbeitskreis "Externe Unternehmensrechnung" der Schmalenbach-Gesellschaft - Deutsche Gesellschaft für Betriebswirtschaft e.V., Aufstellung, S. 78 und S. 35 f. Zum Ausweis und zur Verrechnung des Geschäfts- oder Firmenwerts vgl. die Gliederungspunkte 5.1.1.3.4.1, 5.1.1.3.4.3 und 5.1.1.4.1 in diesem Kapitel.

zur Ergebnisglättung im Bankkonzernanhang oder -lagebericht offengelegt werden muß.

5.1.1.3.3.2 Spielräume bei der Zuordnung stiller Reserven

Übersteigen die insgesamt vorhandenen stillen Reserven den Differenzbetrag aus der Verrechnung der Anteile zuzüglich aufgedeckter stiller Lasten mit dem anteiligen Eigenkapital des Tochterunternehmens, entsteht ein Zuordnungsproblem insofern, da die stillen Reserven unter der Vorschrift zur Beachtung des Anschaffungskostenprinzips nur maximal bis zur Höhe des aktiven Unterschiedsbetrags aufgelöst werden dürfen.[743] Diese Obergrenze resultiert speziell aus den Regelungen des § 340i Abs. 1 Satz 1 HGB i.V.m. § 301 Abs. 1 Satz 3 HGB für die Buchwertmethode sowie des § 340i Abs. 1 Satz 1 HGB i.V.m. § 301 Abs. 1 Satz 4 HGB für die Neubewertungsmethode.
Um die vorhandenen stillen Reserven den einzelnen Bilanzposten zuordnen zu können, sind in der Literatur folgende Zuordnungskonzepte[744] entwickelt worden:[745]

- Konzept der proportionalen Zuordnung stiller Reserven;
- Konzept der Zuordnung nach dem Grad der Bestimmbarkeit des Vorhandenseins stiller Reserven;
- Konzept der Zuordnung nach der Bedeutung der stillen Reserven;

743 Vgl. Arbeitskreis "Externe Unternehmensrechnung" der Schmalenbach-Gesellschaft - Deutsche Gesellschaft für Betriebswirtschaft e.V., Aufstellung, S. 73; Klein, Konzernbilanzpolitik, S. 323 f.; Reige, Fragen, S. 1211 f.; Sahner/Häger, Konzernbilanzpolitik, S. 408 f.; Scheren, Konzernabschlußpolitik, S. 217 f.; Weber, Praxis, S. 117; Weber/Zündorf, Kommentierung § 301, Rn. 109; Wysocki/Wohlgemuth, Konzernrechnungslegung, S. 100.

744 "Es muß also irgendein Verteilungsschlüssel gefunden oder vorgegeben werden, der eine adäquate Zuordnung ermöglicht"; Sahner, Kapitalkonsolidierung, S. 47.

745 Vgl. hierzu ausführlich Adler/Düring/Schmaltz, Kommentierung § 301, Tz. 84 ff.; Baetge, Konzernbilanzen, S. 221; Küting/Weber, Konzernabschluß, S. 232 ff.; Küting/Zündorf, Zurechnungsmodalitäten, S. 1306 ff.; Ordelheide, Anschaffungskostenprinzip, S. 498; ders., Anwendungsbereich, C 401, Rz. 37; Reige, Fragen, S. 1213; Sahner/Häger, Konzernbilanzpolitik, S. 409; Weber, Praxis, S. 118 ff.; Weber/Zündorf, Kommentierung § 301, Rn. 111 ff. Die Auflistung erhebt keinen Anspruch auf Vollständigkeit, da die Zuordnungskonzepte theoretisch kombinier-, variier- und neu konstruierbar sind. Vielmehr handelt es sich hierbei um die wesentlichen in Theorie und Praxis gebrauchten Konzepte.

- Konzept der Zuordnung nach der Liquidierbarkeit;
- Konzept der Zuordnung nach bestimmten Zuordnungsfolgefiktionen (z.B. nach der abnehmenden Rentabilität oder der voraussichtlichen Verweildauer der Vermögensgegenstände);
- Konzept der Zuordnung nach Kostenüberlegungen.

Unter der Voraussetzung, daß die Zuordnung nachprüfbar und nicht willkürlich ist, stehen im Rahmen der Bankkonzernabschlußerstellung aufgrund fehlender gesetzlicher Bestimmungen prinzipiell alle Zurechnungskonzepte zur Verfügung.[746] Dabei wird zusätzlich sowohl die Möglichkeit der Kombination verschiedener Konzepte als auch die Durchbrechung einer Konzeptstetigkeit für jedes einzubeziehende Tochterunternehmen abschlußpolitisch nutzbar sein.
Die Wahl eines Zuordnungskonzepts ist allerdings nicht nur ein formales Problem. Vielmehr kann je nach gewählter Alternative die Verteilung der stillen Reserven zu unterschiedlich starken Verschiebungen in dem Anlage- und Umlaufvermögen der Bankkonzernbilanz führen. Sonach kann mit der Zuordnung bei der Kapitalkonsolidierung einerseits Einfluß auf die Vermögensstruktur und andererseits auch auf die Höhe des Bankkonzernergebnisses genommen werden. Wenngleich die Verteilung der stillen Reserven auf die einzelnen Bilanzposten grundsätzlich ergebnisneutral ist, kann sich die jeweilige Zuordnung in den Folgeperioden indessen als ergebniswirksam erweisen,[747] da die zugeschriebenen stillen Reserven im Bankkonzernabschluß wie die Vermögensgegenstände zu behandeln sind, auf die sie verteilt wurden. Das bedeutet: Werden die stillen Reserven mit Hilfe des entsprechenden Konzeptes bspw. solchen Vermögensgegenständen zugeordnet, deren Veräußerung zeitlich am nächsten liegt, bedingt dies eine relativ frühe Ergebniswirkung in den Folgeperioden mit tendenziell hoher Ergebniskürzung. Werden die stillen Reserven andererseits solchen Vermögensgegenständen zugeordnet, deren Veräußerung zeitlich am weitesten in der Zukunft liegt, bedingt diese Vorge-

746 Vgl. Adler/Düring/Schmaltz, Kommentierung § 301, Tz. 90; Förschle, Kommentierung § 301, Anm. 90; IDW, Stellungnahme SABI 2/1988, S. 623; IDW (Hrsg.), WP-Handbuch, M, Tz. 339 ff.; Reige, Fragen, S. 1213; Scherrer, Kommentierung § 301, Rz. 32.

747 Vgl. Küting/Zündorf, Zurechnungsmodalitäten, S. 1305 f.; Weber/Zündorf, Kommentierung § 301, Rn. 109.

hensweise eine relativ späte und langsame Ergebniswirkung mit entsprechend tendenziell geringerer Ergebniskürzung.[748]

Hinsichtlich der Anhangsangaben zu der Auswahl und den Auswirkungen der Zuordnungskonzepte wird man im Sinne der Bankkonzernabschlußpolitik von einem Angabewahlrecht ausgehen können. Das angewandte Zuordnungskonzept nimmt zwar Einfluß auf die Bilanzierung und Bewertung im Bankkonzernabschluß und sollte daher gemäß § 340i Abs. 1 Satz 1 HGB i.V.m. § 313 Abs. 1 Satz 2 Nr. 1 HGB im Bankkonzernanhang angegeben werden; andererseits besitzen die Zuordnungskonzepte jedoch keine echte Qualität von Bilanzierungs- und Bewertungsmethoden. Aufgrund dessen sind m.E. die Voraussetzungen für eine Publizitätspflicht nicht gegeben.[749] Zu beachten bleibt hingegen, daß die bankkonzernabschlußpolitischen Maßnahmen im Zuge der Zuordnung stiller Reserven als i.d.R. sachlich, zeitlich und quantitativ inflexibel einzustufen sind.

5.1.1.3.3.3 Verteilungsspielräume für stille Reserven im Falle der Existenz von Anteilen anderer Gesellschafter bei der Anwendung der Buchwertmethode

Hält ein Bankkonzernmutterunternehmen eine Beteiligung von weniger als 100% an einem in den Bankkonzernabschluß einzubeziehenden Tochterunternehmen, erfolgt die Verrechnung des Beteiligungsbuchwerts nur gegen das anteilig auf den Bankkonzern entfallende Eigenkapital. Die nicht dem Mutterunternehmen gehörenden Anteile sind dabei gemäß § 340i Abs. 1 Satz 1 HGB i.V.m. § 307 Abs. 1 Satz 1 HGB in einem "Ausgleichsposten für die Anteile der anderen Gesellschafter in Höhe ihres Anteils am Eigenkapital unter entsprechender Bezeichnung innerhalb des Eigenkapitals gesondert auszuweisen".

---

748 Vgl. Klein, Konzernbilanzpolitik, S. 326; Küting/Zündorf, Zurechnungsmodalitäten, S. 1307 ff.

749 Förschle, Kommentierung § 301, Anm. 91 und Ordelheide, Anwendungsbereich, C 401, Rz. 40, sprechen sich hingegen für eine auf die Erstkonsolidierung beschränkte Angabepflicht aus; gegen diese Verpflichtung vgl. IDW, Stellungnahme SABI 2/1988, S. 623; Scheren, Konzernabschlußpolitik, S. 221. Vgl. hierzu weiterhin die Untersuchung von Rammert/Wilhelm, Kapitalkonsolidierung, S. 102 f.

Aus der Existenz der Anteile anderer Gesellschafter resultierend, entsteht ein weiteres nur die Buchwertmethode betreffendes Zuordnungsproblem:[750] § 340i Abs. 1 Satz 1 HGB i.V.m. § 301 Abs. 1 Satz 3 HGB verlangt für die Buchwertmethode lediglich, daß die insgesamt vorhandenen stillen Reserven nur bis zur Höhe des aktiven Unterschiedsbetrags aufgelöst werden dürfen. Indessen geht aus dem Gesetzestext nicht hervor, ob die stillen Reserven im Falle einer Beteiligung unter 100% nach Maßgabe der Beteiligungsquote oder in voller Höhe aufzulösen sind. Zu deren Zuordnung lassen sich nach *Ordelheide* drei verschiedene Methoden anwenden:[751]

(1) *Anteilsmethode*: Die Zuordnung der stillen Reserven erfolgt nur im Ausmaß der der Bankkonzernmutterunternehmung tatsächlich gehörenden Anteile.

(2) *Zuteilungsmethode*: Die Zuordnung der stillen Reserven erfolgt zu 100% bzw. bis maximal zur Höhe des aktiven Unterschiedsbetrags.[752]

(3) *Anteilige Zuteilungsmethode*: Kombination beider Methoden, so daß bei einzelnen Vermögensgegenständen und Schulden einerseits eine quotale, andererseits eine volle Zuordnung der stillen Reserven erfolgen darf.

Obschon sich das Schrifttum überwiegend für die Anwendung der Anteilsmethode ausspricht,[753] wird hier der Auffassung von *Ordelheide* gefolgt, ein generelles Methodenwahlrecht zu konzedieren. Alle drei Methoden sind sowohl mit dem Gesetzeswortlaut als auch mit der Beachtung des Anschaffungsko-

---

750 Vgl. Ordelheide, Anschaffungskostenprinzip, S. 498. Bei der Neubewertungsmethode entsteht das im folgenden zu erörternde Zurechnungsproblem nicht, da sämtliche vorhandenen stillen Reserven, einschließlich solcher, die auf die Anteile anderer Gesellschafter entfallen, bereits bei der Erstellung der Handelsbilanz II in voller Höhe aufgedeckt werden.

751 Vgl. Ordelheide, Anwendungsbereich, C 401, Rz. 50 ff.

752 Sofern der Gesamtbetrag der stillen Reserven den Unterschiedsbetrag übersteigen sollte, entsteht das oben erörterte Zuordnungsproblem; vgl. Gliederungspunkt 5.1.1.3.3.2 in diesem Kapitel.

753 Vgl. Adler/Düring/Schmaltz, Kommentierung § 301, Tz. 75 ff.; Arbeitskreis "Externe Unternehmensrechnung" der Schmalenbach-Gesellschaft - Deutsche Gesellschaft für Betriebswirtschaft e.V., Aufstellung, S. 74; IDW (Hrsg.), WP-Handbuch, M, Tz. 337; Reige, Fragen, S. 1219; Weber/Zündorf, Erwerbsmethode, S. 300; dies., Kommentierung § 301, Rn. 102.

stenprinzips vereinbar[754] und aufgrund dessen im Rahmen der Bankkonzernabschlußpolitik entsprechend zweckdienlich nutzbar. Da alle Methoden zu unterschiedlichen Wertansätzen führen (können), bedingen die Spielräume bei der Methodenwahl strukturwirksame Effekte in der Bankkonzernbilanz bei der Erstkonsolidierung; denn mit der Höhe der aufgedeckten stillen Reserven und deren gezielten Verteilung auf die einzelnen Vermögensgegenstände werden Verschiebungen in der Vermögensstruktur steuerbar. Weiterhin ist das Methodenwahlrecht im Rahmen der Folgekonsolidierung ergebniswirksam, da die Entscheidung für eine Methode direkte Auswirkungen auf den als Geschäfts- oder Firmenwert zu behandelnden aktiven Unterschiedsbetrag hat.[755]

Auch im Zuge der Verteilung der stillen Reserven im Fall von Minderheitsgesellschaftern ist allerdings davon auszugehen, daß das Methodenwahlrecht im allgemeinen gleichgerichtet ausgeübt werden muß. Des weiteren ist es als zeitlich und quantitativ inflexibel zu klassifizieren.

5.1.1.3.3.4 Spielräume bei der Verteilung stiller Lasten

Handlungsspielräume bei der Verteilung vorhandener stiller Lasten ergeben sich, sofern diese einen entstandenen passiven Unterschiedsbetrag übersteigen.

Nach dem Gesetzeswortlaut des § 340i Abs. 1 Satz 1 HGB i.V.m. § 301 Abs. 1 Satz 3 HGB können bei der Buchwertmethode die vorhandenen stillen Lasten lediglich bis maximal zur Höhe der passiven Differenz zugeordnet werden. Folglich wären die stillen Lasten nicht voll aufzudecken, so daß möglicherweise ein anfänglicher passiver Unterschiedsbetrag auch aktive Korrekturen verursachen kann und überdies sogar ein Geschäfts- oder Firmenwert verbleiben könnte. Diese Konstellation würde bei wörtlicher Gesetzauslegung

---

754 Vgl. Ordelheide, Anwendungsbereich, C 401, Rz. 53.

755 Vgl. Adler/Düring/Schmaltz, Kommentierung § 301, Tz. 75. Nach Scheren, Konzernabschlußpolitik, S. 210, kann im Extremfall sogar ein bei anteiliger Aufdeckung von stillen Reserven entstehender Geschäfts- oder Firmenwert völlig verschwinden. Vgl. weiterhin Coenenberg, Jahresabschluß, S. 478 f. sowie die fallweise Argumentation von Klein, Konzernbilanzpolitik, S. 333 f. Zu dem Ausweis verbleibender aktiver Unterschiedsbeträge und deren Gestaltungsmöglichkeiten im Rahmen der Folgekonsolidierung vgl. Gliederungspunkt 5.1.1.4.1 in diesem Kapitel.

bei der Buchwertmethode für die Auflösung der stillen Lasten ein weiteres Zuordnungsproblem bedingen.[756]
Gegen diese Behandlung der stillen Lasten wird jedoch eingewandt, daß sie dem Zweck der Erwerbsmethode widerspricht.[757] Vielmehr sollte unterschieden werden zwischen Wertkorrekturen, die das Eigenkapital des Tochterunternehmens erhöhen, und solchen, die es vermindern. Letztere Korrekturen sind dabei, bevor der zu verteilende Unterschiedsbetrag ermittelt wird, zuerst und in voller Höhe vorzunehmen. Um dem Zweck der Erwerbsmethode entsprechen zu können, wird sich demgemäß gegen eine wörtliche Auslegung der Gesetzesvorschrift ausgesprochen.[758]

In diesem Zusammenhang stellt sich auch die Frage nach der Verfahrensweise beim Auftreten eines passiven Unterschiedsbetrags und gleichzeitiger Existenz stiller Lasten und stiller Reserven. Bei wiederum wörtlicher Gesetzauslegung dürften gemäß § 340i Abs. 1 Satz 1 HGB i.V.m. § 301 Abs. 1 Satz 3 HGB im Rahmen der Buchwertmethode bei einem passiven Unterschiedsbetrag nur stille Lasten und bei einem aktiven Unterschiedsbetrag hingegen nur stille Reserven aufgedeckt werden. Geht man aber dem Zweck der Buchwertmethode zufolge davon aus, daß "die Zuordnung von stillen Rücklagen bzw. stillen Lasten .. nicht auf den absoluten Betrag einer aus der Aufrechnung von Anschaffungskosten gegen das anteilige Eigenkapital resultierenden Differenz begrenzt"[759] sein wird, ist bei einem passiven Unterschiedsbetrag die

756 Vgl. Busse von Colbe/Chmielewicz, Bilanzrichtlinien-Gesetz, S. 336 f.; Klein, Konzernbilanzpolitik, S. 329 f.; Sahner/Häger, Konzernbilanzpolitik, S. 407 f.

757 Vgl. Zündorf, Quotenkonsolidierung, S. 72.

758 Vgl. Ordelheide, Anschaffungskostenprinzip, S. 497; ders., Anwendungsbereich, C 401, Rz. 36; Weber/Zündorf, Kommentierung § 301, Rn. 132. Nach Ordelheide, Anschaffungskostenprinzip, S. 497, basiert diese Vorgehensweise auf "den Grundlagen der Erwerbsmethode im Verein mit der Forderung nach einem den tatsächlichen Verhältnissen entsprechenden Bild, da nur so ein möglichst großer Teil der Vermögensgegenstände und Schulden des Tochterunternehmens zu Werten bezogen auf den Erstkonsolidierungszeitpunkt angesetzt werden kann". Nach Scheren, Konzernabschlußpolitik, S. 207, spricht ferner auch der Grundsatz der Vorsicht für eine solche Gesetzauslegung.

759 Weber/Zündorf, Kommentierung § 301, Rn. 135. Auch das IDW, Stellungnahme SABI 2/1988, S. 622, betont für die Buchwertmethode, "daß unabhängig von der Art des Unterschiedsbetrags (aktiv oder passiv) sowohl stille Reserven als auch stille Lasten zu

Vollaufdeckung der vorhandenen stillen Lasten sowie der stillen Reserven als zulässig zu erachten.[760]

Bei der Neubewertungsmethode ergibt sich diese Problematik nicht. Entsprechend ihrer Technik erfolgt die Neubewertung des Eigenkapitals des Tochterunternehmens durch Aufdeckung der vorhandenen stillen Reserven und stillen Lasten vor seiner Aufrechnung mit dem Beteiligungsbuchwert. Die stillen Reserven und stillen Lasten sind dabei gleichzeitig voll aufzudecken, solange die Restriktion des Anschaffungskostenprinzips gemäß § 340i Abs. 1 Satz 1 HGB i.V.m. § 301 Abs. 1 Satz 4 HGB nicht verletzt wird.[761] Im Ergebnis bedingt diese Vorgehensweise eine jederzeitige Vollaufdeckung der stillen Lasten.[762]

Je nach Gesetzauslegung entstehen bei Anwendung der Buchwertmethode Spielräume in der Verteilung stiller Lasten, mit der Konsequenz, einen zielgerichteten Einfluß auf die Vermögens- und Finanzstruktur sowie auf den Erfolgsausweis des Bankkonzernabschlusses ausüben zu können.[763] Die Wirkungsrichtung läßt sich allerdings nur im konkreten Einzelfall bestimmen.

5.1.1.3.4 Maßnahmen beim bilanziellen Ausweis der Unterschiedsbeträge

Ein nach der Zuschreibung oder Verrechnung stiller Reserven und stiller Lasten bei der Buchwertmethode verbleibender oder ein bei der Verrechnung stiller Reserven und stiller Lasten bei der Neubewertungsmethode entstehen-

---

berücksichtigen sind, da der aufzuteilende Unterschiedsbetrag als Saldogröße aus stillen Reserven und Lasten zu verstehen ist".

760 Vgl. Adler/Düring/Schmaltz, Kommentierung § 301, Tz. 92; Förschle, Kommentierung § 301, Anm. 82.

761 Vgl. Weber/Zündorf, Kommentierung § 301, Rn. 136; Zündorf, Quotenkonsolidierung, S. 87.

762 Vgl. Sahner/Häger, Konzernbilanzpolitik, S. 407; Scheren, Konzernabschlußpolitik, S. 209.

763 Vgl. Scheren, Konzernabschlußpolitik, S. 209; Weber/Zündorf, Kommentierung § 301, Rn. 135.

der Unterschiedsbetrag ist in der Bankkonzernbilanz prinzipiell gesondert auszuweisen.[764]

5.1.1.3.4.1 Ausweis des aktiven Unterschiedsbetrags

Entsteht der Unterschiedsbetrag auf der Aktivseite der Bankkonzernbilanz, so ist er als Geschäfts- oder Firmenwert auszuweisen.[765] Obschon sich der bilanzielle Charakter des Geschäfts- oder Firmenwerts aus dem HGB nicht eindeutig bestimmen läßt,[766] ist dieser, sofern er nicht offen mit den Rücklagen verrechnet wird,[767] innerhalb des immateriellen Anlagevermögens einzustellen[768] sowie im Bankkonzernanlagespiegel aufzunehmen.[769]
Ebenfalls ist dem Wortlaut des § 340i Abs. 1 Satz 1 HGB i.V.m. § 301 Abs. 3 Satz 1 HGB nicht zu entnehmen, ob ferner innerhalb dieser Position ein sepa-

764 Vgl. § 340i Abs. 1 Satz 1 HGB i.V.m. § 301 Abs. 3 Satz 1 HGB.

765 Vgl. § 340i Abs. 1 Satz 1 HGB i.V.m. § 301 Abs. 3 Satz 1 HGB. "Ein Unterschied zwischen Geschäftswert einerseits und Firmenwert andererseits gibt es nicht. Beide Bezeichnungen werden auch einzeln für das verwendet, was der Gesetzgeber unter Geschäfts- oder Firmenwert versteht. Eine synonyme Bezeichnung ist auch Goodwill"; Söffing, Geschäfts- oder Firmenwert, S. 593.

766 Zu dem in der Literatur kontrovers diskutierten Charakter des Geschäfts- oder Firmenwerts als Vermögensgegenstand, Bilanzierungshilfe, "Wert eigener Art" oder Rechnungsabgrenzungsposten vgl. bspw. Adler/Düring/Schmaltz, Kommentierung § 255, Tz. 271 f.; Baetge, Konzernbilanzen, S. 224; Förschle/Kropp, Wechselwirkungen, S. 155; Krumnow/Sprißler/Bellavite-Hövermann/Kemmer/Steinbrücker, Kommentierung § 340i, j HGB, Rn. 167; Küting/Dusemond/Nardmann, Probleme, S. 7; Müller-Dahl, Bilanzierung, S. 277 ff.; Moxter, Probleme, S. 853 ff.; Weber/Zündorf, Kommentierung § 301, Rn. 83 f.

767 Vgl. § 340i Abs. 1 Satz 1 HGB i.V.m. § 309 Abs. 1 Satz 3 HGB. Zu den bankkonzernabschlußpolitischen Spielräumen dieser Verrechnung vgl. Gliederungspunkt 5.1.1.4.1.3 in diesem Kapitel.

768 Im Gegensatz zum Bilanzgliederungsschema des § 266 Abs. 2 HGB in dem für den Geschäfts- oder Firmenwert ein eigener Bilanzposten (Pos. A. I. 2) vorgesehen ist, fehlt in der RechKredV für Bankkonzerne eine entsprechende Position. Der Geschäfts- oder Firmenwert wird hier entsprechend § 37 RechKredV i.V.m. § 2 Abs. 1 Satz 1 RechKredV in der Pos. A. 11 "Immaterielle Anlagewerte" des Formblattes 1 einzustellen sein.

769 Vgl. Adler/Düring/Schmaltz, Kommentierung § 301, Tz. 125; Damm/Zündorf, Fragen, S. 2576; Ordelheide, Folgekonsolidierung, C 402, Rz. 30; IDW, Stellungnahme SABI 2/1988, S. 623; Schindler, Kapitalkonsolidierung, S. 205; Treuhand-Vereinigung AG (Hrsg.), Rechnungslegung, S. 142. Gleichwohl wird mittels der Zuordnung des Geschäfts- oder Firmenwerts zu diesem Posten "keine Aussage über die Qualifizierung des Postens, sondern lediglich über seine Stellung im Gliederungsschema getroffen"; Förschle/Kropp, Wechselwirkungen, S. 155.

rater Ausweis des aktiven Unterschiedsbetrags aus der Kapitalkonsolidierung in Form eines zusätzlichen Postens oder eines "Darunter-Vermerks" erforderlich ist. Wenngleich Artikel 19 Abs. 1 Buchstabe c) der Siebenten EG-Richtlinie dies explizit vorschreibt, besteht dennoch keine Pflicht zum gesonderten Ausweis.[770] Indessen ist die Zusammensetzung des Postens im Bankkonzernanhang zu erläutern.[771]

Da der Ausweis des aktiven Unterschiedsbetrags lediglich die formale Ausgestaltung der Bankkonzernbilanz beeinflussen kann, ist die bankkonzernabschlußpolitische Relevanz als weitgehend unbedeutend einzustufen.

5.1.1.3.4.2 Ausweis des passiven Unterschiedsbetrags

Entsteht der Unterschiedsbetrag auf der Passivseite der Bankkonzernbilanz, so ist er als Unterschiedsbetrag aus der Kapitalkonsolidierung auszuweisen.[772]

Allerdings regelt das Gesetz weder im HGB noch in der RechKredV, an welcher Stelle der Bankkonzernbilanz die bilanzielle Einordnung dieses Postens zu erfolgen hat. Insofern ist hierbei je nach einzelfallabhängiger Entstehungsursache auf den bilanziellen Charakter des passiven Unterschiedsbetrags abzustellen.[773]

Stellt der passive Unterschiedsbetrag einen Kaufpreisabschlag auf zu erwartende ungünstige Ertragsentwicklungen des erworbenen Tochterunternehmens dar, so hat der passive Unterschiedsbetrag den bilanziellen Charakter eines negativen Geschäfts- oder Firmenwerts ("badwill") und kann demnach gesondert unter den Rückstellungen verbucht werden. Resultiert der passive Unterschiedsbetrag dagegen aus einem günstigen Kaufpreis, der unter dem

---

770 Vgl. Adler/Düring/Schmaltz, Kommentierung § 301, Tz. 126; Förschle, Kommentierung § 301, Anm. 161; Treuhand-Vereinigung AG (Hrsg.), Rechnungslegung, S. 142 f. Busse von Colbe, Equitymethode, S. 262, erachtet aufgrund der Gleichartigkeit der aktiven Unterschiedsbeträge eine Zusammenfassung aller Geschäfts- oder Firmenwerte in einem Posten der Bankkonzernbilanz für zulässig.

771 Vgl. § 340i Abs. 1 Satz 1 HGB i.V.m. § 301 Abs. 3 Satz 2 HGB.

772 Vgl. § 340i Abs. 1 Satz 1 HGB i.V.m. § 301 Abs. 3 Satz 1 HGB.

773 Vgl. Adler/Düring/Schmaltz, Kommentierung § 301, Tz. 129; Förschle, Kommentierung § 301, Anm. 163; Gelhausen/Gelhausen, Gedanken, S. 228; IDW (Hrsg.), WP-Handbuch, M, Tz. 344; Lück, Rechnungslegung, S. 115; Otte, Gestaltungsspielräume, S. 103 ff.

Wert des anteiligen Eigenkapitals liegt ("lucky buy"), so hat er eher einen bilanziellen Eigenkapitalcharakter. Infolgedessen kann er innerhalb des Bankkonzerneigenkapitals in einem gesonderten Posten unter den Rücklagen eingestellt[774] oder auch mit den Kapitalrücklagen zusammengefaßt werden, wenn sich der Betrag aus der Vorspalte ergibt. Hat ein passiver Unterschiedsbetrag im Ausnahmefall hingegen den Charakter von Gewinnrücklagen, besteht die Möglichkeit, ihn auch dort einzustellen.[775]

Alternativ ist es auch zulässig, den passiven Unterschiedsbetrag in Abhängigkeit seines bilanziellen Charakters teilweise den Rücklagen und teilweise den Rückstellungen zuzuordnen. Ferner wird der passive Unterschiedsbetrag auch unabhängig seiner Ursachen insgesamt in einem eigenen Posten in der Bankkonzernbilanz nach dem Sonderposten mit Rücklageanteil ausgewiesen werden können. In diesem Fall sind entsprechende Erläuterungen im Bankkonzernanhang notwendig.[776]

Gemäß der jeweiligen Entscheidung zum bilanziellen Ausweis eines passiven Unterschiedsbetrags ist grundsätzlich ein Einfluß auf das Bankkonzerneigenkapital gegeben.[777] Tendenziell läßt sich insofern eine Eigenkapitalerhöhung erzielen. Die Ausweismaßnahmen sind ferner eingeschränkt quantitativ flexibel, d.h. es kann generell je nach bilanziellem Charakter eines passiven Unterschiedsbetrags zwischen betragsmäßig unterschiedlichen Wertansätzen gewählt werden.

5.1.1.3.4.3 Saldierungswahlrecht von aktiven und passiven Unterschiedsbeträgen

§ 340i Abs. 1 Satz 1 HGB i.V.m. § 301 Abs. 3 Satz 3 HGB läßt ein Wahlrecht zur Verrechnung von Unterschiedsbeträgen auf der Aktivseite mit solchen auf

---

774 Vgl. Adler/Düring/Schmaltz, Kommentierung § 301, Tz. 130 f.; Arbeitskreis "Externe Unternehmensrechnung" der Schmalenbach-Gesellschaft - Deutsche Gesellschaft für Betriebswirtschaft e.V., Aufstellung, S. 80 f.; Damm/Zündorf, Fragen, S. 2633; Förschle, Kommentierung § 301, Anm. 163; IDW, Stellungnahme SABI 2/1988, S. 624; IDW (Hrsg.), WP-Handbuch, M, Tz. 344; Lück, Rechnungslegung, S. 115; Scherrer, Kommentierung § 301, Rz. 49; Weber/Zündorf, Kommentierung § 309, Rn. 62.

775 Vgl. Ordelheide, Anwendungsbereich, C 401, Rz. 127.

776 Vgl. Adler/Düring/Schmaltz, Kommentierung § 301, Tz. 132 f.; IDW, Stellungnahme SABI 2/1988, S. 624.

777 Vgl. Scheren, Konzernabschlußpolitik, S. 231.

der Passivseite zu. Demzufolge besteht die Möglichkeit, alle Unterschiedsbeträge aus der Kapitalkonsolidierung in nur einem Posten der Bankkonzernbilanz auszuweisen.
Die Zusammenfassung und Verrechnung aller Unterschiedsbeträge darf nach h.M. indessen ausschließlich zum Zweck des Ausweises vorgenommen werden, da für deren unterschiedliche Abschreibung und Auflösung nach § 340i Abs. 1 Satz 1 HGB i.V.m. § 309 HGB eine getrennte Fortschreibung notwendig ist.[778] Dennoch ist mit dieser Vorgehensweise ein abschlußpolitisch zu erzielender Einfluß auf die wirtschaftliche Lage des Bankkonzerns verbunden,[779] weil sich aufgrund der Verrechnung von aktiven und passiven Unterschiedsbeträgen zumindest die Bankkonzernbilanzsumme verkürzt. Der saldierte bilanzielle Ausweis hat keine Sekundärwirkungen zur Folge.
Eine Saldierung der aktiven und passiven Unterschiedsbeträge ist jedoch insoweit erkennbar, als die verrechneten Beträge im Bankkonzernanhang getrennt auszuweisen sind.[780] Gleichwohl wird damit der Informationsverlust gegenüber einer getrennten Behandlung der Unterschiedsbeträge nicht hinreichend kompensiert werden können, weil die Vielzahl von Einzelangaben im Bankkonzernanhang die Gesamtübersicht stark beeinträchtigen kann.[781]

5.1.1.4 Gestaltungsmöglichkeiten im Rahmen der Folgekonsolidierung

5.1.1.4.1 Maßnahmen bei der Behandlung verbleibender aktiver Unterschiedsbeträge

Die Auflösung und Behandlung eines im Rahmen der Erstkonsolidierung verbleibenden aktiven Unterschiedsbetrags in den Folgeperioden ist in § 340i

---

778 Vgl. Adler/Düring/Schmaltz, Kommentierung § 301, Tz. 138; Arbeitskreis "Externe Unternehmensrechnung" der Schmalenbach-Gesellschaft - Deutsche Gesellschaft für Betriebswirtschaft e.V., Aufstellung, S. 79; Förschle, Kommentierung § 301, Anm. 165; IDW, Stellungnahme SABI 2/1988, S. 625; IDW (Hrsg.), WP-Handbuch, M, Tz. 348.
779 Vgl. Schindler, Kapitalkonsolidierung, S. 209.
780 Vgl. § 340i Abs. 1 Satz 1 HGB i.V.m. § 301 Abs. 3 Satz 3 HGB. Vgl. hierzu auch Scherrer, Kommentierung § 301, Rz. 51 f.
781 Vgl. Kommission Rechnungswesen im Verband der Hochschullehrer für Betriebswirtschaft e.V., Stellungnahme, S. 272.

Abs. 1 Satz 1 HGB i.V.m. § 309 Abs. 1 HGB geregelt. Da gleichzeitig drei Verrechnungsmöglichkeiten zur Wahl stehen, verbirgt sich hinter diesem Bilanzposten ein beträchtliches bankkonzernabschlußpolitisches Aktionspotential. Allein seine Behandlung kann gegebenenfalls das gesamte Bankkonzernabschlußbild fundamental verändern.[782]

5.1.1.4.1.1 Spielräume bei der Abschreibung zu mindestens einem Viertel

§ 340i Abs. 1 Satz 1 HGB i.V.m. § 309 Abs. 1 Satz 1 HGB legt für den Geschäfts- oder Firmenwert im Bankkonzernabschluß eine Abschreibung zu mindestens einem Viertel in jedem folgenden Geschäftsjahr fest. Aufgrund der gesetzlich geregelten Mindestabschreibungshöhe wird die Verteilung des aktiven Unterschiedsbetrags danach auf maximal vier Folgejahre begrenzt. Nicht geregelt ist indessen, ob die Abschreibung bereits im Jahr der Erstkonsolidierung vorgenommen werden darf. Da Satz 1 des § 309 Abs. 1 HGB über § 340i Abs. 1 Satz 1 HGB diese Alternative andererseits auch nicht verneint, hält die Literatur eine solche Wahlmöglichkeit für zulässig.[783] Strittig ist weiterhin, ob der Geschäfts- oder Firmenwert mit unterschiedlich hohen Abschreibungssätzen auf die Geschäftsjahre verteilt werden darf. Wenngleich *Weber/Zündorf* dies mit Verweis auf das Stetigkeitsgebot negieren,[784] läßt dies der Gesetzeswortlaut m.E. eindeutig zu.[785] Daher wird die Abschreibung des verbleibenden aktiven Unterschiedsbetrags nicht nur über einen kürzeren Zeitraum und mit

---

782 Vgl. Küting, Fragen, S. 192; Sahner/Häger, Konzernbilanzpolitik, S. 411; Weber, Praxis, S. 132 sowie die Untersuchung von Weber/Zündorf, Erwerbsmethode, S. 301 f.

783 Vgl. Adler/Düring/Schmaltz, Kommentierung § 309, Tz. 15; Baetge, Konzernbilanzen, S. 225; Förschle, Kommentierung § 309, Anm. 11; IDW, Stellungnahme SABI 2/1988, S. 623; Schildbach, Konzernabschluß, S. 174. Küting/Dusemond/Nardmann, Probleme, S. 7, konstatieren sogar eine Abschreibungspflicht im Jahr der Erstkonsolidierung, sofern "bei einem unterjährigen Erwerb der Anteile die Erstkonsolidierung gem. § 301 Abs. 2 HGB mit den Wertansätzen zum Erwerbszeitpunkt durchgeführt wird", da "in diesem Fall .. die Zeitspanne zwischen Anteilserwerb und Abschlußstichtag bereits als das folgende (Rumpf-)Geschäftsjahr zu interpretieren" ist.

784 Vgl. Weber/Zündorf, Posten, S. 335.

785 Vgl. § 340i Abs. 1 Satz 1 HGB i.V.m. § 309 Abs. 1 Satz 1 HGB, wonach der Geschäfts- oder Firmenwert "zu mindestens einem Viertel" zu tilgen ist.

sich jährlich ändernden Abschreibungshöhen möglich,[786] sondern auch im Rahmen der Erstkonsolidierung oder im ersten Jahr der Folgekonsolidierung in einem Betrag zulässig sein.[787]
Die Abschreibungsmöglichkeiten des Geschäfts- oder Firmenwerts nach § 340i Abs. 1 Satz 1 HGB i.V.m. § 309 Abs. 1 Satz 1 HGB sind teilbar und haben sowohl ergebnis- als auch strukturwirksame Effekte auf den Bankkonzernabschluß. So kann mittels der Variation der Abschreibungshöhe gezielt der Bankkonzernjahresüberschuß einmalig stärker bzw. über die Abschreibungsjahre verteilt weniger stark beeinflußt und damit letztendlich auch das Bankkonzerneigenkapital durch entsprechende Auflösung der bilanziellen Position des Geschäfts- oder Firmenwerts gestaltet werden.
Allerdings werden die Maßnahmen bei der Behandlung eines aktiven Unterschiedsbetrags sowohl aus der grundsätzlich vorzunehmenden Einstellung der entsprechenden Abschreibungsbeträge in den Bankkonzernanlagespiegel als auch im Hinblick auf die Beachtung des § 340i Abs. 1 Satz 1 HGB i.V.m. § 301 Abs. 3 Satz 2 HGB zumindest tendenziell nachvollziehbar sein.

5.1.1.4.1.2 Spielräume bei der planmäßigen Abschreibung

§ 340i Abs. 1 Satz 1 HGB i.V.m. § 309 Abs. 1 Satz 2 HGB sieht für den Geschäfts- oder Firmenwert im Bankkonzernabschluß eine planmäßige Abschreibung über die voraussichtliche Nutzungsdauer vor. Problematisch ist dabei die Determination des Abschreibungszeitraums. Zwar sollte § 340i Abs. 1 Satz 1 HGB i.V.m. § 309 Abs. 1 Satz 2 HGB nicht zur Anwendung kommen, wenn der Abschreibungszeitraum weder geschätzt noch plausibel erörtert werden kann, doch wird aufgrund fehlender objektivierbarer Indikatoren[788] das

786 Weniger als ein Viertel darf aber nur dann abgeschrieben werden, wenn der Restbuchwert diese Grenze unterschreitet. In diesem Fall ist der Restbuchwert zudem in einem Betrag vollständig abzuschreiben.

787 Vgl. Adler/Düring/Schmaltz, Kommentierung § 309, Tz. 17 f.; Förschle, Kommentierung § 309, Anm. 11; GEFIU, Thesen, S. 2553; Scheren, Konzernabschlußpolitik, S. 223; Schwantag/Krämmer, Geschäfts- oder Firmenwert, Sp. 645; Zwingmann, Geschäfts- und Firmenwert, S. 2314. A.A. Weber/Zündorf, Kommentierung § 309, Rn. 17, die einer Vollabschreibung im Rahmen der Erstkonsolidierung widersprechen.

788 Vgl. Moxter, Probleme, S. 857 f.; Niehus, Vor-Bemerkungen, S. 323. Auch Ordelheide, Folgekonsolidierung, C 402, Rz. 33, stellt fest, daß "bestimmte Nutzungsdauern für einen Geschäftswert konkret überhaupt nur schwer oder nicht zu begründen" sind.

Gebot der Willkürfreiheit zu unterlaufen sein. Aus Vereinfachungsgründen wird demzufolge in Anlehnung an die steuerliche Regelung für den Einzelabschluß gemäß § 7 Abs. 1 Satz 3 EStG für eine betriebsgewöhnliche Nutzungsdauer des Geschäfts- oder Firmenwerts von bis zu 15 Jahren plädiert.[789] Andererseits wird gleichermaßen ein Abschreibungszeitraum bis maximal 40 Jahre für angemessen erachtet.[790]

Im Ergebnis wird folglich eine sehr flexible Handhabung und damit ein großer bankkonzernabschlußpolitischer Aktionsradius ermöglicht.[791]

Ebenfalls ist ein beachtlicher abschlußpolitischer Ermessensspielraum bei der Wahl der Abschreibungsmethode sowie der Bestimmung des Abschreibungszeitpunkts gegeben. Obschon nach *Busse von Colbe* nur die lineare Abschreibungsmethode angewendet werden darf,[792] sind, sofern deren Wahl willkürfrei ist und dem Entwertungsverlauf folgt, alle Abschreibungsmethoden als zulässig zu beurteilen.[793]

Da außerdem der Beginn der planmäßigen Abschreibung gesetzlich ungeregelt ist, kann entsprechend abschlußpolitischer Argumentationen die erfolgswirksame Behandlung des Geschäfts- oder Firmenwerts sowohl bereits im

---

789 Vgl. Förschle, Kommentierung § 309, Anm. 15; Niehus, Vor-Bemerkungen, S. 323; Ordelheide, Folgekonsolidierung, C 402, Rz. 33; Schwantag/Krämmer, Geschäfts- oder Firmenwert, Sp. 645; Wysocki/Wohlgemuth, Konzernrechnungslegung, S. 110. Kritisch hierzu Zielke, Behandlung, S. 837.

790 Vgl. Harms/Küting, Anwendungsproblematik, S. 97; IDW, Stellungnahme SABI 2/1988, S. 623; Kirchner, Konzernrechnungslegung, S. 339; Müller, Konzernrechnungslegung, S. 60; Oessling/Wiesner, Vorschlag, S. 41. Die Kommission Rechnungswesen im Verband der Hochschullehrer für Betriebswirtschaft e.V., Stellungnahme, S. 274, halten demgegenüber eine Höchstgrenze von 20 Jahren für angemessen. Küting, Fragen, S. 193, stellt in einer Analyse fest, daß sich die zugrunde gelegten Abschreibungszeiträume zwischen 0 und 40 Jahre bewegen. Allerdings sollten für die Begründung eines über 15 Jahre hinausgehenden Abschreibungszeitraums "besonders hohe Anforderungen" gelten; Förschle, Kommentierung § 309, Anm. 15.

791 Vgl. Scherrer, Kommentierung § 309, Rz. 11; Weber, Praxis, S. 133.

792 Vgl. Busse von Colbe, Kapitalkonsolidierung, Sp. 979.

793 Auch Adler/Düring/Schmaltz, Kommentierung § 309, Tz. 23, folgen nicht diesem restriktiven Standpunkt Busse von Colbes, sondern konstatieren, daß "im allgemeinen .. die lineare Abschreibungsmethode angewendet werden" kann. Vgl. weiterhin Förschle, Kommentierung § 309, Anm. 15; Küting/Dusemond/Nardmann, Probleme, S. 8; Niehus, Vor-Bemerkungen, S. 323.

Zugangsjahr pro rata temporis oder im ersten Jahr der Folgekonsolidierung vorgenommen werden.[794]

Die sich daraus ergebenden bankkonzernabschlußpolitischen Konsequenzen entsprechen denen der Abschreibung zu mindestens einem Viertel gemäß § 340i Abs. 1 Satz 1 HGB i.V.m. § 309 Abs. 1 Satz 1 HGB, jedoch mit dem Unterschied, daß sich sowohl der Einfluß auf das Bankkonzernergebnis als auch auf das Bankkonzerneigenkapital über die Abschreibungsjahre aufgrund geringerer Abschreibungshöhen noch weiter minimieren läßt.

Allerdings werden auch hier die Maßnahmen bei der Behandlung eines aktiven Unterschiedsbetrags sowohl aus der grundsätzlich vorzunehmenden Einstellung der entsprechenden Abschreibungsbeträge in den Bankkonzernanlagespiegel als auch im Hinblick auf die Beachtung des § 340i Abs. 1 Satz 1 HGB i.V.m. § 301 Abs. 3 Satz 2 HGB zumindest tendenziell nachvollziehbar sein.

5.1.1.4.1.3 Wahlrecht zur Verrechnung mit den Rücklagen

Schließlich kodifiziert § 340i Abs. 1 Satz 1 HGB i.V.m. § 309 Abs. 1 Satz 3 HGB für den Geschäfts- oder Firmenwert im Bankkonzernabschluß eine offene Verrechnungsmöglichkeit mit den Rücklagen.[795] Im Unterschied zu den Behandlungsmöglichkeiten des § 340i Abs. 1 Satz 1 HGB i.V.m. § 309 Abs. 1 Satz 1 und Satz 2 HGB handelt es sich hierbei um eine erfolgsneutrale Verrechnung des Geschäfts- oder Firmenwerts.[796]

---

794 Für Adler/Düring/Schmaltz, Kommentierung § 309, Tz. 15, besteht bereits im Zugangsjahr des Geschäfts- oder Firmenwerts eine Verpflichtung zum Beginn einer planmäßigen Abschreibung. Hingegen stellt Scherrer, Kommentierung § 309, Rz. 13, fest, daß der "vor der Erstkonsolidierung ... als Geschäfts- oder Firmenwert interpretierte Unterschiedsbetrag nicht existent" ist und er daher erst "in dem auf die Erstkonsolidierung folgenden Geschäftsjahr" planmäßig abgeschrieben werden darf.

795 Hierbei stehen grundsätzlich alle Rücklagearten des Eigenkapitals für die Verrechnung zur Verfügung; vgl. hierzu Adler/Düring/Schmaltz, Kommentierung § 309, Tz. 35; Biener/Berneke, Bilanzrichtlinien-Gesetz, S. 364; Gelhausen/Gelhausen, Gedanken, S. 227; IDW, Stellungnahme SABI 2/1988, S. 624; IDW (Hrsg.), WP-Handbuch, M, Tz. 350; Treuhand-Vereinigung AG (Hrsg.), Rechnungslegung, S. 145; Weber/Zündorf, Posten, S. 337. Zielke, Behandlung, S. 842 f., sieht indessen bei Anwendung dieser Vorschrift die fundamentalen Grundsätze ordnungsmäßiger (Bank-) Konzernbuchführung sowie die Grundprinzipien der Betriebswirtschaftslehre verletzt.

796 Vgl. Busse von Colbe/Ordelheide, Konzernabschlüsse, S. 235; IDW (Hrsg.), WP-Handbuch, M, Tz. 365; Ordelheide, Folgekonsolidierung, C 402, Rz. 34; Scherrer, Kommen-

Die Rücklagenverrechnung des Geschäfts- oder Firmenwerts bedingt hingegen eine Verminderung des Bankkonzerneigenkapitals und auf diese Weise ebenso eine Verkürzung der Bankkonzernbilanzsumme.[797]
Die bilanzstrukturwirksamen Effekte sind jedoch betragsmäßig erkennbar, da die Verrechnung im Erstkonsolidierungszeitpunkt offen zu erfolgen hat.[798]
Darüber hinaus bestehen aber keine weiteren Angabepflichten im Bankkonzernanhang, so daß sich zumindest in den Folgejahren der mit dem Eigenkapital verrechnete Geschäfts- oder Firmenwert i.d.R. nicht mehr nachvollziehen läßt.[799]

5.1.1.4.1.4 Spielräume bei der Mischung der Auflösungsmöglichkeiten

Der Wortlaut des § 340i Abs. 1 Satz 1 HGB i.V.m. § 309 Abs. 1 HGB erlaubt prinzipiell keine Mischung zwischen erfolgswirksamer und erfolgsneutraler Auflösung des Geschäfts- oder Firmenwerts. Ein Wechsel zwischen den Auflösungsmöglichkeiten wäre ferner auch mit den Grundsätzen des § 340i Abs. 1 Satz 1 HGB i.V.m. § 297 Abs. 2 Satz 2 HGB und § 297 Abs. 3 Satz 2 HGB unvereinbar.[800]
Sind dagegen sachlich begründete Konstellationen für eine differenzierte Behandlung vorhanden, wird ein Methodenwechsel als zulässig zu erachten

---

tierung § 309, Rz. 14. Diese Verrechnungstechnik verhindert daher, "daß die Folgeperioden aus dem goodwill ergebnismäßig belastet werden"; Müller, Einfluß, S. 243. Im Rahmen der Endkonsolidierung wird hingegen eine erfolgswirksame Behandlung in Betracht gezogen werden können; vgl. dazu Gliederungspunkt 5.1.1.5 in diesem Kapitel.

797 Vgl. Adler/Düring/Schmaltz, Kommentierung § 309, Tz. 30; Klein, Konzernbilanzpolitik, S. 337 f.; Küting/Dusemond/Nardmann, Probleme, S. 9; Niehus/Scholz, Kommentierung § 309, Rdn. 7.

798 Vgl. § 340i Abs. 1 Satz 1 HGB i.V.m. § 309 Abs. 1 Satz 3 HGB.

799 Voraussetzung hierfür ist indessen, daß die Verrechnung des Geschäfts- oder Firmenwerts mit den Rücklagen im Erstkonsolidierungszeitpunkt nicht vollständig erfolgt, sondern vielmehr die Möglichkeit einer ratierlichen Verrechnung über mehrere Jahre besteht. Diesbezüglich besteht im Schrifttum noch weitgehend Dissens; vgl. dazu die Ausführungen von Förschle, Kommentierung § 309, Anm. 21 ff., m.w.N.

800 Vgl. Küting, Fragen, S. 195; Ordelheide, Folgekonsolidierung, C 402, Rz. 38; Weber/ Zündorf, Posten, S. 338.

sein.[801] Dies impliziert andererseits eine mögliche Mischung der bankkonzernabschlußpolitischen Effekte aus der erfolgswirksamen und erfolgsneutralen Behandlung des verbleibenden aktiven Unterschiedsbetrags.

Der Wechsel zwischen den verschiedenen Auflösungsmöglichkeiten sollte im Bankkonzernanhang angegeben und begründet werden.[802] Aufgrund fehlender gesetzlicher Regelungen wird die Informationstiefe - entsprechend bankkonzernabschlußpolitischer Erwägungen - indessen stark beeinflußbar sein.

5.1.1.4.2 Maßnahmen bei der Behandlung verbleibender passiver Unterschiedsbeträge

Grundsätzlich ist ein passiver Unterschiedsbetrag erfolgsneutral zu behandeln. In Abhängigkeit seiner Ursachen und genau festgelegten Prämissen *darf* aber eine erfolgswirksame Auflösung eines verbleibenden passiven Unterschiedsbetrags ausnahmsweise im Rahmen der Folgekonsolidierung vorgenommen werden. § 340i Abs. 1 Satz 1 HGB i.V.m. § 309 Abs. 2 HGB konkretisiert hierbei die zwei Voraussetzungen einer erfolgswirksamen Auflösung:

- Der passive Unterschiedsbetrag ist aufzulösen, wenn zum Erwerbszeitpunkt der Anteile oder zum Erstkonsolidierungszeitpunkt eine erwartete ungünstige Ertragsentwicklung des Tochterunternehmens eingetreten ist oder erwartete Aufwendungen angefallen sind.[803]
- Der passive Unterschiedsbetrag ist aufzulösen, wenn am Abschlußstichtag feststeht, daß dieser einem realisierten Gewinn entspricht.[804]

---

801 Dies entspricht auch der Ausnahmeregelung des § 340i Abs. 1 Satz 1 HGB i.V.m. § 297 Abs. 3 Satz 3 HGB. Vgl. allgemein hierzu und zu möglichen und zulässigen Ausnahmefällen Förschle, Kommentierung § 309, Anm. 30 f.; Küting/Dusemond/Nardmann, Probleme, S. 10 f.; Treuhand-Vereinigung AG (Hrsg.), Rechnungslegung, S. 144 f.; Weber, Praxis, S. 136 f.; Weber/Zündorf, Kommentierung § 309, Rn. 33.

802 Vgl. Küting/Dusemond/Nardmann, Probleme, S. 11; Ordelheide, Folgekonsolidierung, C 402, Rz. 38. Dabei sprechen sich die Autoren nicht explizit für eine Anhangsangabepflicht aus. Fraglich bleibt hingegen, inwieweit die Beachtung des § 340i Abs. 1 Satz 1 HGB i.V.m. § 313 Abs. 1 Satz 2 Nr. 3 HGB geboten ist.

803 Vgl. § 340i Abs. 1 Satz 1 HGB i.V.m. § 309 Abs. 2 Nr. 1 HGB.

804 Vgl. § 340i Abs. 1 Satz 1 HGB i.V.m. § 309 Abs. 2 Nr. 2 HGB.

Obwohl bei wörtlicher Gesetzauslegung des § 340i Abs. 1 Satz 1 HGB i.V.m. § 309 Abs. 2 HGB die Verwendung des Wortes "darf" eine Verpflichtung zur Auflösung des Unterschiedsbetrags aus der Kapitalkonsolidierung nicht begründet, verneint das Schrifttum hingegen ein Wahlrecht. Sofern die Auflösungsvoraussetzungen erfüllt sind, wird insbesondere unter Verweis auf die korrekte Darlegung der wirtschaftlichen Situation des Bankkonzerns übereinstimmend ein Gebot der erfolgswirksamen Auflösung konstatiert.[805] Demzufolge ergeben sich bankkonzernabschlußpolitische Spielräume "lediglich aus einer interpretationsweisen Ausfüllung der Auflösungsvoraussetzungen".[806] Bedeutung erlangt in diesem Zusammenhang insbesondere die fehlende Objektivierbarkeit des Zeitpunkts, zu welchem der Unterschiedsbetrag aus der Kapitalkonsolidierung einem realisierten Gewinn entspricht[807] sowie die Verifizierbarkeit der Erwartung nachteiliger Veränderungen der Ertragslage.[808]
Gelingt es im Rahmen der Bankkonzernabschlußpolitik die Auflösungsvoraussetzungen und infolgedessen die ergebniswirksame Auflösung passiver Unterschiedsbeträge entsprechend steuern zu können, stellen die Unterschiedsbeträge damit für den Bankkonzern eine "*Dispositionsreserve zur Verbesserung der Ertragslage in Folgeperioden*"[809] dar.

---

805 Vgl. Arbeitskreis "Externe Unternehmensrechnung" der Schmalenbach-Gesellschaft - Deutsche Gesellschaft für Betriebswirtschaft e.V., Aufstellung, S. 79 f.; Busse von Colbe, Bilanzrichtlinie-Gesetzes, S. 773; IDW, Stellungnahme SABI 2/1988, S. 624; IDW (Hrsg.), WP-Handbuch, M, Tz. 367; Maas/Schruff, Konzernabschluß, S. 242; Ordelheide, Folgekonsolidierung, C 402, Rz. 46; ders., Konzernerfolg, S. 311; Scherrer, Kommentierung § 309, Rz. 20; Treuhand-Vereinigung AG (Hrsg.), Rechnungslegung, S. 146; Weber/Zündorf, Kommentierung § 309, Rn. 63. A.A. Scheren, Konzernabschlußpolitik, S. 232, der eine Auflösungspflicht als nicht begründet konzediert und insofern ein abschlußpolitisch nutzbares Wahlrecht feststellt. Allerdings stellt er sich mit dieser Meinung zudem auch gegen die Begründung des Deutschen Bundestags, Drucksache 10/3440, S. 40, nach welcher der Unterschiedsbetrag unter den genannten Voraussetzungen in der Bankkonzern-GuV auszuweisen ist.

806 Nahe, Konzernbilanzpolitik, S. 243. Vgl. ebenso Weber/Zündorf, Kommentierung § 309, Rn. 66; Zwingmann, Geschäfts- und Firmenwert, S. 2317.

807 Maas/Schruff, Konzernabschluß, S. 242, sehen eine Objektivierbarkeit sogar erst dann als endgültig gegeben, "wenn die Beteiligung an Dritte veräußert worden ist". Vgl. ebenso IDW, Stellungnahme SABI 2/1988, S. 624.

808 Vgl. Adler/Düring/Schmaltz, Kommentierung § 309, Tz. 72; Förschle, Kommentierung § 309, Anm. 46 f.; Schindler, Kapitalkonsolidierung, S. 221 f.; Zwingmann, Geschäfts- und Firmenwert, S. 2317.

809 Nahe, Konzernbilanzpolitik, S. 245. Gleiches gilt mit Bezug auf das Bankkonzerneigenkapital, sofern der passive Unterschiedsbetrag im Eigenkapital einzustellen war; vgl.

Der passiv ausgewiesene Unterschiedsbetrag sowie dessen wesentliche Änderungen gegenüber dem Vorjahr sind hingegen im Bankkonzernanhang zu erläutern.[810]

5.1.1.4.3 Maßnahmen bei der Behandlung der Anteile anderer Gesellschafter

5.1.1.4.3.1 Wahlrecht zur Berücksichtigung von Eigenkapitalkorrekturen im Ausgleichsposten

Sind Anteile anderer Gesellschafter im Bankkonzernabschluß zu berücksichtigen, ist es fraglich, ob Eigenkapitalkorrekturen infolge der Schuldenkonsolidierung, der Zwischenergebniseliminierung, der Aufwands- und Ertragskonsolidierung, der Steuerabgrenzung sowie der Anwendung der Equity-Methode[811] anteilig im Ausgleichsposten Berücksichtigung finden sollen.
Unter dem Aspekt der Einheitstheorie und der Vermittlung eines den tatsächlichen Verhältnissen entsprechenden Bildes der wirtschaftlichen Lage des Bankkonzerns wird die Vornahme dieser Korrekturen im Ausgleichsposten befürwortet; denn nur so läßt sich der auf die Mehrheitsgesellschafter entfallende Ergebnisanteil periodengerecht im Bankkonzernabschluß abbilden.[812]
Auf der anderen Seite werden diese Konsolidierungsvorgänge im Ausgleichsposten explizit abgelehnt.[813]

Scheren, Konzernabschlußpolitik, S. 233. Havermann, Methoden, S. 434, spricht in diesem Zusammenhang von einem "Zuschuß zur Verbesserung der Ertragslage".

810 Vgl. § 340i Abs. 1 Satz 1 HGB i.V.m. § 301 Abs. 3 Satz 2 HGB.

811 Zu den einzelnen Konsolidierungsvorgängen vgl. die Gliederungspunkte 5.1.2 ff. in diesem Kapitel.

812 Vgl. Busse von Colbe, Entwicklungstendenzen, S. 658; Förschle, Kommentierung § 307, Anm. 53; Küting, Problematik, S. 563; Ordelheide, Folgekonsolidierung, C 402, Rz. 61; Weber/Zündorf, Kommentierung § 307, Rn. 11. Zustimmend auch Bruns, Eigenkapitalausweis, C 450, Rz. 45, mit der Einschränkung, daß "diese Art der Konsolidierung ... nicht als allgemeinverbindlicher Grundsatz angesehen werden kann". Diese Verfahrensweise wurde von dem Arbeitskreis Weltabschlüsse der Schmalenbach-Gesellschaft Deutsche Gesellschaft für Betriebswirtschaft e.V., Aufstellung, Tz. 281 f., ebenfalls für aktienrechtlich zulässig erachtet. Allerdings bezieht sich der Arbeitskreis in seinen Ausführungen ausschließlich auf die Zwischenergebniseliminierung.

813 Vgl. Adler/Düring/Schmaltz, Kommentierung § 307, Tz. 38 ff.; Schindler, Ausgleichsposten, S. 589.

Angesichts dieser kontroversen Standpunkte und der bislang fehlenden gesetzlichen Vorgaben wird man ein faktisches Wahlrecht bei der Berücksichtigung von Eigenkapitalkorrekturen im Ausgleichsposten für Anteile anderer Gesellschafter als zulässig erachten können.[814] Insofern besteht die Möglichkeit, die erfolgswirksamen Konsolidierungsunterschiede anteilig dem innerhalb des Eigenkapitals eingestellten Ausgleichsposten zuzuordnen, mit der strukturwirksamen Konsequenz, den Bankkonzerneigenkapitalausweis entsprechend der Konsolidierungsunterschiede beeinflussen zu können.
Wenngleich die Vorgehensweise im Bankkonzernanhang im Rahmen der Erläuterung der Konsolidierungsmethoden genannt werden sollte,[815] wird in Anbetracht fehlender gesetzlicher Regelungen eine Publizität zu umgehen sein. Hingegen ist davon auszugehen, daß das Wahlrecht im allgemeinen Bindungswirkung entfaltet, d.h. es ist bei allen zu berücksichtigenden Eigenkapitalkorrekturen im Ausgleichsposten gleichgerichtet auszuüben.[816]

5.1.1.4.3.2 Wahlrecht zur Verrechnung anteiliger stiller Reserven

Ausgehend von der Annahme, daß im Rahmen der Erstkonsolidierung bei Anwendung der Neubewertungsmethode[817] eine volle Aufdeckung aller vorhandenen, inklusive der auf die anderen Gesellschafter entfallenden stillen Reserven vorgenommen wurde, ist es fraglich, wie im Rahmen der Folgekonsolidierung die Abschreibung auf die stillen Reserven vorzunehmen ist. "Denn auch für die auf Minderheiten entfallenden stillen Reserven gilt, daß sie in Form von Quasi-Zuschreibungen das Schicksal jener Positionen teilen, denen sie zugeschrieben wurden".[818] Aufgrund fehlender gesetzlicher Reglementierungen sind gemeinhin zwei Varianten für die Berücksichtigung der stillen Reserven in Betracht zu ziehen:[819]

---

814 Gleicher Auffassung Klein, Konzernbilanzpolitik, S. 342; Scheren, Konzernabschlußpolitik, S. 238.

815 Vgl. Ordelheide, Folgekonsolidierung, C 402, Rz. 61.

816 Vgl. Klein, Konzernbilanzpolitik, S. 342.

817 Entgegen der Neubewertungsmethode kann bei Anwendung der Buchwertmethode - entsprechend der dem Bankkonzernmutterunternehmen gehörenden Anteile - nur eine quotale Aufdeckung der stillen Reserven und stillen Lasten erfolgen.

818 Küting, Problematik, S. 560.

819 Vgl. im folgenden Adler/Düring/Schmaltz, Kommentierung § 307, Tz. 36; IDW (Hrsg.), WP-Handbuch, M, Tz. 374; Klein, Konzernbilanzpolitik, S. 340; Küting, Problematik, S.

(1) Die anteiligen stillen Reserven werden ergebnisneutral direkt gegen den Ausgleichsposten für Anteile in Fremdbesitz gekürzt, ohne dabei die Bankkonzern-GuV zu berühren.

(2) Die Verrechnung erfolgt ergebniswirksam, indem auch der auf die anderen Gesellschafter entfallende Abschreibungsbetrag in der Bankkonzern-GuV erfaßt wird. Infolgedessen vermindert sich automatisch ebenso der Ausgleichsposten für Anteile in Fremdbesitz.

Die Wahlrechtsausübung sollte uneingeschränkt möglich sein. Zwar ist die Anwendung der erfolgsneutralen Verrechnung strittig, doch wird man vor dem Hintergrund der Gesetzeslücke und dem Verweis auf § 340i Abs. 1 Satz 1 HGB i.V.m. § 309 Abs. 1 Satz 3 HGB[820] diese Variante als zulässig ansehen müssen. Somit besteht im Rahmen der Bankkonzernabschlußpolitik die Möglichkeit, je nach Wahlrechtsausübung das Bankkonzernergebnis tendenziell kürzen zu können. Ferner kommt es zu strukturwirksamen Veränderungen innerhalb des bilanziellen Bankkonzerneigenkapitals.[821] Zudem wird infolge fehlender Publizitätspflichten eine externe Erkennbarkeit hinsichtlich der Vorgehensweise und dessen Auswirkungen bei der Behandlung anteiliger stiller Reserven anderer Gesellschafter im allgemeinen nicht gegeben sein. Jedoch ist auch hier davon auszugehen, daß das Wahlrecht gleichgerichtet auszuüben ist.

5.1.1.5 Gestaltungsmöglichkeiten im Rahmen der Endkonsolidierung

Scheidet ein bisher in die Vollkonsolidierung einbezogenes Tochterunternehmen aus dem Konsolidierungskreis aus,[822] wird im Rahmen der Kapitalkonso-

560 f.; Ordelheide, Folgekonsolidierung, C 402, Rz. 72 ff.; Scheren, Konzernabschlußpolitik, S. 240; Schindler, Ausgleichsposten, S. 591; ders., Kapitalkonsolidierung, S. 215; Weber/Zündorf, Kommentierung § 307, Rn. 9.

820 "Da aufgrund der Vorschrift des § 309 Abs. 1 Satz 3 HGB die Verrechnung des Geschäfts- oder Firmenwertes mit den Rücklagen ausdrücklich gesetzlich erlaubt ist, erscheint es kaum sinnvoll anzunehmen, daß die Verrechnung des auf den anderen Gesellschafter entfallenden Korrekturbetrags mit dem Ausgleichsposten für die Anteile anderer Gesellschafter verboten ist"; Klein, Konzernbilanzpolitik, S. 340 f.

821 Vgl. Scheren, Konzernabschlußpolitik, S. 241.

822 Die nachfolgenden Ausführungen beziehen sich auf die vollständige Veräußerung eines Tochterunternehmens als Ausscheidungsursache. Die mögliche künftige Einbeziehung eines vormals vollkonsolidierten Tochterunternehmens nach der Quotenkonsolidierung,

lidierung prinzipiell eine Endkonsolidierung für notwendig erachtet, um die Vermögens-, Finanz- und Ertragslage des Bankkonzerns gemäß § 340i Abs. 1 Satz 1 HGB i.V.m. § 297 Abs. 3 Satz 1 HGB zutreffend darzustellen.[823] Da andererseits im Gesetz hierzu keine Vorschriften kodifiziert sind, konstatieren *Klein*, *Scheren* und *Steudter* folgerichtig ein Wahlrecht zur Durchführung der Endkonsolidierung.[824]

Im Zuge einer Durchführung der Endkonsolidierung sind weiterhin nachfolgende Aspekte von bankkonzernabschlußpolitischer Relevanz:

- **Behandlung der Geschäfts- oder Firmenwerte**: Wurde im Rahmen der Erst- oder Folgekonsolidierung ein Geschäfts- oder Firmenwert gemäß § 340i Abs. 1 Satz 1 HGB i.V.m. § 309 Abs. 1 Satz 3 HGB erfolgsneutral of-

---

der Equity-Methode oder dem Anschaffungskostenprinzip bedingt ebenfalls ein Ausscheiden aus dem Vollkonsolidierungskreis.

823 Vgl. Adler/Düring/Schmaltz, Kommentierung § 301, Tz. 257; Arbeitskreis "Externe Unternehmensrechnung" der Schmalenbach-Gesellschaft - Deutsche Gesellschaft für Betriebswirtschaft e.V., Aufstellung, S. 82; Elkart/Hundt/Müller, Probleme, S. 54 ff.; Förschle, Kommentierung § 301, Anm. 195 f.; IDW (Hrsg.), WP-Handbuch, M, Tz. 413; Küting, Fragen, S. 229; Ordelheide, Endkonsolidierung, C 403, Rz. 1; ders., Konsolidierungskreis, S. 766; Ordelheide/Pfaff, Entkonsolidierung, Sp. 435; Schindler, Kapitalkonsolidierung, S. 229; Weber, Praxis, S. 217. Weber/Zündorf, Kommentierung § 301, Rn. 261, leiten die Notwendigkeit einer Endkonsolidierung zusätzlich aus dem Grundsatz der Bilanzidentität gemäß § 252 Abs. 1 Nr. 1 HGB ab.

824 Vgl. Klein, Konzernbilanzpolitik, S. 344; Scheren, Konzernabschlußpolitik, S. 246; Steudter, Entscheidungsmodelle, S. 268. Allerdings ist diese Auslegung nicht unstrittig. So wird in einer Vielzahl von Monographien über die Kapitalkonsolidierung die Endkonsolidierung entweder überhaupt nicht diskutiert oder aber eine Pflicht zur Durchführung herausgestellt. Nicht zuletzt wegen fehlender gesetzlicher Regelungen hat sich überdies in der Literatur für den Begriff der "Endkonsolidierung" noch keine einheitliche Schreibweise durchgesetzt. Zwar könnte man aus der Sicht des Bankkonzerns von En*t*konsolidierung des Tochterunternehmens sprechen; vgl. zu dieser Diktion bspw. Arbeitskreis "Externe Unternehmensrechnung" der Schmalenbach-Gesellschaft - Deutsche Gesellschaft für Betriebswirtschaft e.V., Aufstellung, S. 82; Elkart/Hundt/Müller, Probleme, S. 53; Ordelheide/Pfaff, Entkonsolidierung, Sp. 434; Oser, Kapitalkonsolidierung, S. 266; Weber, Praxis, S. 216; doch wird in der vorliegenden Arbeit diese Konsolidierungsart als Pendant zur Erstkonsolidierung mit dem Ausscheiden des Tochterunternehmens aus dem Vollkonsolidierungskreis des Bankkonzerns angesehen und insofern als En*d*konsolidierung bezeichnet. Zur Durchführung bzw. Vorgehensweise der Endkonsolidierung vgl. insbesondere Adler/Düring/Schmaltz, Kommentierung § 301, Tz. 260 ff.; Elkart/Hundt/Müller, Probleme, S. 62 ff.; Ordelheide, Konsolidierungskreis, S. 767 ff.; Ordelheide/Pfaff, Entkonsolidierung, Sp. 435 ff.; Warmbold, Endkonsolidierung, S. 161 ff.

fen mit den Rücklagen verrechnet, besteht bei der Endkonsolidierung wahlweise die Möglichkeit, die erfolgsneutrale Verrechnung beizubehalten oder den Geschäfts- oder Firmenwert als Aufwand zu berücksichtigen (*Oser* spricht in diesem Kontext von der Reaktivierung des Geschäfts- oder Firmenwerts im Rahmen der Endkonsolidierung)[825] und insofern ergebnismindernd aufzulösen.[826]

- **Ausweis in der Bankkonzern-GuV**: Unter Beachtung der Fiktion des Einzelabgangs sind bei der Endkonsolidierung aus dem Abgang des Tochterunternehmens alle Aufwendungen (Abgangswerte der Vermögensgegenstände) und Erträge (Abgangswerte der Schulden, Auflösung von Rückstellungen, Veräußerungserlös der Beteiligung) grundsätzlich getrennt in der Bankkonzern-GuV zu erfassen. Da hierbei der Arbeitsaufwand als unverhältnismäßig hoch angesehen wird, besteht darüber hinaus aus Vereinfachungsgründen das Wahlrecht, die Aufwandsposten aus dem Abgang in der Bankkonzern-GuV zusammengefaßt unter einem gesonderten Aufwandsposten oder in den "Sonstigen betrieblichen Aufwendungen"[827] auszuweisen. Die Ertragsposten sind dann gleichermaßen in einen gesonderten Ertragsposten oder in die "Sonstigen betrieblichen Erträge"[828] einzustellen. Ferner besteht die Möglichkeit, die Aufwendungen und Erträge aus dem Abgang jeweils für ein Tochterunternehmen zu saldieren und den

825 Vgl. Oser, Kapitalkonsolidierung, S. 268.

826 In Ermangelung gesetzlicher Endkonsolidierungsregeln weist die einschlägige Literatur zur Behandlung des Geschäfts- oder Firmenwerts im Rahmen der Endkonsolidierung ein breites Meinungsspektrum (Gebot, Wahlrecht sowie Verbot der erfolgswirksamen Korrektur) auf. Nach dem derzeitigen Stand der Diskussion wird man deshalb m.E. ein konstatiertes Wahlrecht nicht generell ablehnen können. Zwar kann dabei je nach Behandlung des Geschäfts- oder Firmenwerts in Extremsituationen die Ertragslage des Bankkonzerns völlig verzerrt bis unrichtig dargestellt werden, doch wird dies grundsätzlich nicht dem Tatbestand der Bankkonzernbilanzfälschung unterliegen. Künftig wird hierbei nur der Gesetzgeber Rechtsklarheit schaffen können. Vgl. zur Problematik und Diskussion der Behandlung des Geschäfts- oder Firmenwerts bei der Endkonsolidierung Dusemond, Endkonsolidierung, S. 55 ff.; Förschle, Kommentierung § 309, Anm. 24, Küting, Fragen, S. 230 f.; Oser, Kapitalkonsolidierung, S. 266 ff.; Warmbold, Endkonsolidierung, S. 165 ff.

827 Aufwendungen Pos. 6 Formblatt 2 RechKredV bzw. Pos. 12 Formblatt 3 RechKredV.

828 Erträge Pos. 8 Formblatt 2 RechKredV bzw. Pos. 8 Formblatt 3 RechKredV.

Saldo entsprechend in die "Sonstigen betrieblichen Aufwendungen bzw. Erträge" einzustellen.[829]

Sind an dem ausscheidenden Tochterunternehmen Minderheitsgesellschafter beteiligt, so besteht für die Behandlung der Anteile anderer Gesellschafter am Veräußerungserlös ein weiteres Wahlrecht. Einerseits können sie erfolgsneutral aufgelöst oder andererseits unter Sonderausweis als Ergebnis der Minderheitsgesellschafter in der Gewinnverwendung bilanziert werden.[830]

- **Endkonsolidierungszeitpunkt**: Der maßgebliche Endkonsolidierungsstichtag ist grundsätzlich für die Ermittlung des Abgangswerts des Tochterunternehmens auf den Veräußerungszeitpunkt der Anteile zu beziehen, "d.h. auf den Zeitpunkt des Abgangs der Anteile im Sinne der GoB".[831] Da der Abgang der Anteile aber regelmäßig während des Bankkonzerngeschäftsjahres erfolgt, wird genaugenommen die Aufstellung eines Zwischenabschlusses erforderlich. Eine gesetzliche Regelung besteht hierfür indessen nicht. Aus diesem Grunde wird in Analogie zu § 340i Abs. 1 Satz 1 HGB i.V.m. § 301 Abs. 2 Satz 1 HGB aus Vereinfachungsgründen ebenfalls "der letzte Einzelabschluß vor Ausscheiden des Tochterunternehmens zugrunde gelegt"[832] werden können. Gleichfalls dürfte es zulässig sein, den Verrechnungszeitpunkt der Abgangswerte auf den Stichtag des Bankkonzerngeschäftsjahres zu legen, in dem der Abgang der Anteile erfolgt.[833]

829 Vgl. Adler/Düring/Schmaltz, Kommentierung § 301, Tz. 267 f.; Baetge/Herrmann, Probleme, S. 230; Förschle, Kommentierung § 301, Anm. 206; Ordelheide, Konsolidierungskreis, S. 767; Weber/Zündorf, Kommentierung § 301, Rn. 273.

830 Vgl. Scheren, Konzernabschlußpolitik, S. 248.

831 Ordelheide, Endkonsolidierung, C 403, Rz. 27.

832 Ordelheide, Endkonsolidierung, C 403, Rz. 28. Vgl. hierzu auch Adler/Düring/Schmaltz, Kommentierung § 301, Tz. 274 f.; Elkart/Hundt/Müller, Probleme, S. 59; Förschle, Kommentierung § 301, Anm. 208; Weber/Zündorf, Kommentierung § 301, Rn. 263.

833 Vgl. Weber/Zündorf, Kommentierung § 301, Rn. 263. Obschon diese Vereinfachungsgründe gegen den Rechenschaftszweck des Bankkonzernabschlusses verstoßen, begründet Baetge, Konzernbilanzen, S. 422, deren Zulässigkeit damit, "weil an den Verrechnungszeitpunkt für die Endkonsolidierung keine strengeren Maßstäbe angelegt werden dürfen als an den Erstkonsolidierungszeitpunkt".

- **Veräußerungserlös**: Bei der Endkonsolidierung sind sowohl erfolgswirksam durchgeführte Verrechnungen von Unterschiedsbeträgen als auch erfolgswirksam gebildete bzw. aufgelöste Rücklagen, die während der Bankkonzernzugehörigkeit des Tochterunternehmens bei diesem vorgenommen wurden, zu berücksichtigen. Da diese entsprechend mit den Veräußerungserlösen der Anteile zu verrechnen sind, erhöhen bzw. mindern sie im Rahmen der Endkonsolidierung den Bankkonzernerfolg.[834]

Zusammenfassend sind die einzelnen Wahlrechte im Rahmen der Endkonsolidierung als generell ergebnis- und strukturwirksam einzuordnen, wobei die Wirkungsrichtung im allgemeinen unbestimmt ist. Sekundärwirkungen liegen nicht vor.

Berichtspflichten zur Endkonsolidierung und eine damit verbundene Erkennbarkeit der Auswirkungen können sich aus der Bestimmung des § 340i Abs. 1 Satz 1 HGB i.V.m. § 294 Abs. 2 HGB ergeben, nach welcher im Falle von Änderungen des Konsolidierungskreises zusätzliche Angaben im Bankkonzernabschluß, insbesondere im Bankkonzernanhang, aufzunehmen sind, um damit einen sinnvollen Vergleich aufeinanderfolgender Bankkonzernabschlüsse zu ermöglichen.[835] Alternativ können die entsprechenden Beträge des vorhergehenden Bankkonzernabschlusses an die Veränderung angepaßt werden.

Allerdings kommt der § 340i Abs. 1 Satz 1 HGB i.V.m. § 294 Abs. 2 HGB nur dann zur Anwendung, sofern der Einfluß der Änderung auf die Vermögens-, Finanz- und Ertragslage des Bankkonzerns von wesentlicher Bedeutung ist. Dies ist dann der Fall, wenn die Änderung die Vergleichbarkeit der aufeinanderfolgenden Bankkonzernabschlüsse in bezug auf die wirtschaftliche Lage des Bankkonzerns stört.[836] Allgemeingültige Grenzwerte für die Wesentlichkeit der Änderung lassen sich indes nicht festlegen. Auch die Anzahl der aus der Vollkonsolidierung ausscheidenden Tochterunternehmen ist weder absolut noch in der Relation zur Gesamtzahl der konsolidierten Unternehmen von Be-

834 Vgl. hierzu ausführlich Schindler, Kapitalkonsolidierung, S. 229 f.

835 Baetge/Herrmann, Probleme, S. 231, sprechen sich überdies noch für die Darlegung der Angaben gemäß § 340i Abs. 1 Satz 1 HGB i.V.m. § 313 Abs. 2 HGB aus. Eine Verpflichtung hierzu besteht indessen nicht.

836 Vgl. IDW, Stellungnahme HFA 3/1995, S. 697.

deutung. Insofern ist die Beurteilung der Wesentlichkeit primär einzelfallabhängig.[837] Daher besteht im Rahmen bankkonzernabschlußpolitischer Interpretationen auch die Möglichkeit, die Änderungen in der Zusammensetzung der in den Bankkonzernabschluß einbezogenen Unternehmen als unwesentlich auszulegen und die Angabe zusätzlicher Informationen oder die Anpassung der Vorjahreszahlen entsprechend zu vernachlässigen.

5.1.1.6 Gestaltungsmöglichkeiten im Rahmen der Anwendung der Interessenzusammenführungsmethode

Die Kapitalkonsolidierung nach der Methode der Interessenzusammenführung[838] gemäß § 340i Abs. 1 Satz 1 HGB i.V.m. § 302 HGB ist eine Vollkonsolidierungsmethode und darf nur auf Tochterunternehmen des Vollkonsolidierungskreises im Sinne des § 340i Abs. 1 Satz 1 HGB i.V.m. § 290 HGB angewendet werden.[839]

Der Interessenzusammenführungsmethode liegt die Fiktion einer Fusion des Bankkonzernmutterunternehmens mit dem betreffenden Tochterunternehmen zugrunde. Dies bedeutet, daß das Tochterunternehmen nicht zu einer von der Bankkonzernmutter abhängigen Gesellschaft wird, "sondern daß beide Ge-

837 Vgl. Adler/Düring/Schmaltz, Kommentierung § 294, Tz. 18 f.; Albrecht, Kommentierung § 294, Rz. 9; Budde/Seif, Kommentierung § 294, Anm. 21 ff.; Sahner/Kammers, Kommentierung § 294, Rn. 14 f.; Scheren, Konzernabschlußpolitik, S. 249.

838 Zu Grundlagen und zur Entwicklung vgl. Busse von Colbe/Ordelheide, Konzernabschlüsse, S. 308 ff.; Eckes/Weber, Kommentierung § 302, Rn. 1 ff.; Förschle, Kommentierung § 302, Anm. 1 ff.; Hoffmann, Kapitalkonsolidierung, S. 42 ff.; Niehus, EG-Richtlinie, S. 441 ff. An dieser Stelle der Arbeit soll ferner darauf hingewiesen werden, daß die Anwendung der Interessenzusammenführungsmethode in den europäischen sowie in den US-amerikanischen Konzernabschlüssen zu den Ausnahmeerscheinungen gehört. In Deutschland wurde die Methode, soweit ersichtlich, bisher weder in der vergangenen noch in der aktuellen Bankkonzernrechnungslegungspraxis angewendet; vgl. hierzu auch IDW (Hrsg.), WP-Handbuch, M, Tz. 418; Treuarbeit (Hrsg.), Konzernabschlüsse '89, Tz. 110. Auf eine allzu tiefgreifende Analyse dieser Konsolidierungsmethode kann daher im folgenden verzichtet werden.

839 Vgl. Förschle, Kommentierung § 302, Anm. 2; Pfaff, Kapitalkonsolidierung, C 410, Rz. 9; Weber, Kapitalkonsolidierung, Sp. 983.

sellschaften in der zu konsolidierenden Gesellschaft fortleben".[840] Die rechtliche Selbständigkeit des Tochterunternehmens bleibt sonach erhalten.[841]

Die Kapitalkonsolidierung nach der Methode der Interessenzusammenführung kann wahlweise zu den bereits dargelegten Konsolidierungsmethoden des § 340i Abs. 1 Satz 1 HGB i.V.m. § 301 Abs. 1 HGB durchgeführt werden, sofern folgende, restriktiv wirkende, Voraussetzungen kumulativ erfüllt sind:[842]

(1) Das Bankkonzernmutterunternehmen muß mindestens 90% des Nennbetrags oder des rechnerischen Werts der Anteile des Tochterunternehmens, welche nicht eigene Anteile sind, besitzen.

(2) Die Anteile des Tochterunternehmens sind gegen die Ausgabe von Anteilen eines in den Bankkonzernabschluß einbezogenen Unternehmens erworben worden.

(3) Eine eventuell vorgesehene Barzahlung darf nicht mehr als 10% des Nennbetrags oder des rechnerischen Werts der ausgegebenen Anteile übersteigen.

Liegen alle drei Voraussetzungen gemeinsam vor, kann eine vereinfachte Kapitalkonsolidierung vorgenommen werden.[843] Bei der Interessenzusammenführungsmethode wird der Beteiligungsbuchwert des Bankkonzernmutterunternehmens allein mit dem anteiligen gezeichneten Kapital des Tochterunternehmens und weder mit den Rücklagen noch den anderen Eigenkapitalposten verrechnet. Ein sich ergebender Unterschiedsbetrag ist je nachdem von den

---

840 Niehus, EG-Richtlinie, S. 440.

841 Vgl. IDW (Hrsg.), WP-Handbuch, M, Tz. 417; Pfaff, Kapitalkonsolidierung, C 410, Rz. 4.

842 Vgl. § 340i Abs. 1 Satz 1 HGB i.V.m. § 302 Abs. 1 Nr. 1 bis 3 HGB.

843 Vgl. Niehus/Scholz, Kommentierung § 302, Rdn. 2; Treuhand-Vereinigung AG (Hrsg.), Rechnungslegung, S. 156; Weber, Kapitalkonsolidierung, Sp. 987. Zu den Voraussetzungen im einzelnen vgl. Adler/Düring/Schmaltz, Kommentierung § 302, Tz. 12 ff.; Baetge, Konzernbilanzen, S. 236 ff.; Eckes/Weber, Kommentierung § 302, Rn. 7 ff.; Förschle, Kommentierung § 302, Anm. 8 ff.; Hoffmann, Kapitalkonsolidierung, S. 73 ff.; Scherrer, Kommentierung § 302, Rz. 7 ff. Fraglich ist indessen, ob die Voraussetzungen zur Anwendung der Interessenzusammenführungsmethode nur einmalig zum Zeitpunkt der Erstkonsolidierung erfüllt werden müssen und bei deren Wegfall in den Folgeperioden die Methode weiter angewendet werden darf oder nicht; vgl. hierzu Eckes/Weber, Kommentierung § 302, Rn. 10 und Rn. 20; Förschle, Kommentierung § 302, Anm. 47; Pfaff, Kapitalkonsolidierung, C 410, Rz. 158 f.

Rücklagen zu saldieren oder diesen zuzurechnen.[844] Alle anderen Aktiva und Passiva des zu konsolidierenden Tochterunternehmens werden vollständig mit ihren Buchwerten in den Bankkonzernabschluß übernommen. Dementsprechend unterbleibt eine Aufdeckung stiller Reserven und stiller Lasten in den einzelnen Vermögensgegenständen und Schulden des betroffenen Tochterunternehmens. Aufgrund dessen kann ferner ein in den Folgeperioden aufzulösender Geschäfts- oder Firmenwert oder passiver Unterschiedsbetrag nicht entstehen.[845]
Die auf andere Gesellschafter entfallenden Anteile sind gemäß § 340i Abs. 1 Satz 1 HGB i.V.m. § 307 Abs. 1 HGB in der Höhe ihres Anteils am gesamten bilanziellen Eigenkapital des Tochterunternehmens als Ausgleichsposten für Anteile anderer Gesellschafter innerhalb des Bankkonzerneigenkapitals gesondert auszuweisen.[846]

Die Kapitalkonsolidierung gemäß § 340i Abs. 1 Satz 1 HGB i.V.m. § 302 HGB ist somit insgesamt sowohl im Rahmen der Erstkonsolidierung als auch im Rahmen der Folgekonsolidierung ergebnisneutral einzustufen.[847]

Bankkonzernabschlußpolitische Wirkungen der Konsolidierung bei Interessenzusammenführung können sich im Vergleich mit der Erwerbsmethode dabei aus folgenden Aspekten ergeben:[848]

---

844 Vgl. § 340i Abs. 1 Satz 1 HGB i.V.m. § 302 Abs. 2 HGB.

845 Vgl. Eckes/Weber, Kommentierung § 302, Rn. 29; Förschle, Kommentierung § 302, Anm. 40; Küting/Weber, Konzernabschluß, S. 269; Niehus/Scholz, Kommentierung § 302, Rdn. 9; Pfaff, Kapitalkonsolidierung, C 410, Rz. 65; Scherrer, Kommentierung § 302, Rz. 5; Schindler, Kapitalkonsolidierung, S. 254; Vormbaum/Fleischmann, Kapitalkonsolidierung, S. 141.

846 Vgl. Eckes/Weber, Kommentierung § 302, Rn. 32; IDW (Hrsg.), WP-Handbuch, M, Tz. 424 und Tz. 427; Pfaff, Kapitalkonsolidierung, C 410, Rz. 115.

847 "Eine Unterscheidung zwischen Erst- und Folgekonsolidierung hat für die Interessenzusammenführung somit keine praktische Bedeutung"; IDW (Hrsg.), WP-Handbuch, M, Tz. 426. Vgl. weiterhin Adler/Düring/Schmaltz, Kommentierung § 302, Tz. 41; Eckes/Weber, Kommentierung § 302, Rn. 34; Förschle, Kommentierung § 302, Anm. 21; Hoffmann, Kapitalkonsolidierung, S. 218; Schindler, Kapitalkonsolidierung, S. 254.

848 Vgl. hierzu Eckes/Weber, Kommentierung § 302, Rn. 46; Förschle, Kommentierung § 302, Anm. 41 f.; Küting/Weber, Konzernabschluß, S. 276 ff.; Scheren, Konzernabschlußpolitik, S. 243 ff.; Weber, Praxis, S. 204 f.

- die Nichtberücksichtigung der stillen Reserven und stillen Lasten bedingt c.p. eine Kürzung der Bankkonzernbilanzsumme und demgemäß tendenziell eine Verbesserung der Eigenkapitalquote;

- die Ausnutzung der Spielräume bzgl. der Verteilung des Unterschiedsbetrags auf die Rücklagen hat tendenziell strukturwirksame Effekte, da der Gesetzgeber in § 340i Abs. 1 Satz 1 HGB i.V.m. § 302 Abs. 2 HGB offen läßt, ob der Unterschiedsbetrag den Kapital- oder Gewinnrücklagen zuzuordnen ist;[849]

- die Verrechnung eines aktiven Unterschiedsbetrags mit den Rücklagen gemäß § 340i Abs. 1 Satz 1 HGB i.V.m. § 302 Abs. 2 HGB führt tendenziell zu einer Verminderung des Eigenkapitalausweises;

- die Verrechnung eines passiven Unterschiedsbetrags mit den Rücklagen gemäß § 340i Abs. 1 Satz 1 HGB i.V.m. § 302 Abs. 2 HGB führt tendenziell zu einer Erhöhung des Eigenkapitalausweises;

- die Nichtberücksichtigung der stillen Reserven sowie die sofortige Verrechnung des aktiven Unterschiedsbetrags führt in den Folgeperioden tendenziell zu einer Verbesserung der Bankkonzernergebnisse.[850]

Werden die Anteile an einem Tochterunternehmen im Verlauf eines Geschäftsjahres übernommen, bleibt anzumerken, daß - ungeachtet der Erfolgsunwirksamkeit des Konsolidierungsvorgangs der Interessenzusammenführungsmethode - die Bankkonzernmutter das Ergebnis der erworbenen Tochterunternehmung für das ganze Geschäftsjahr dem Bankkonzernabschluß zurechnen kann. Da die Ergebniszurechnung bei Anwendung der Erwerbsmethode im Vergleich dazu frühestens zum Stichtag des Erwerbs beginnt,[851]

---

849 Adler/Düring/Schmaltz, Kommentierung § 302, Tz. 51, schlagen ferner eine differenzierte Behandlung des Unterschiedsbetrags vor. Danach soll der Unterschiedsbetrag entsprechend seines Gewinnentstehungs- oder Gewinnverwendungscharakters sowohl den Kapital- als auch den Gewinnrücklagen zugeteilt werden können. Vgl. hierzu auch Scherrer, Kommentierung § 302, Rz. 13.

850 Nach § 340i Abs. 1 Satz 1 HGB i.V.m. § 309 Abs. 1 Satz 3 HGB besteht diese Möglichkeit hingegen auch für die Erwerbsmethode.

851 Vgl. Adler/Düring/Schmaltz, Kommentierung § 302, Tz. 48; Jonas, Konzernabschluß, S. 235.

kann hierdurch im Ausnahmefall eine beachtliche Verbesserung im Ergebnisausweis des Bankkonzerns erzielt werden. Dies kann nach *Jonas* ein wesentlicher Anreiz zur Wahl der Methode der Interessenzusammenführung sein.[852]

Die Anwendung der Interessenzusammenführungsmethode, die daraus resultierenden Veränderungen der Rücklagen sowie der Name und Sitz der nach dieser Methode konsolidierten Tochterunternehmen sind gemäß § 340i Abs. 1 Satz 1 HGB i.V.m. § 302 Abs. 3 HGB im Bankkonzernanhang anzugeben. Entgegen der Regelung des § 340i Abs. 1 Satz 1 HGB i.V.m. § 301 Abs. 3 Satz 2 HGB bei der Erwerbsmethode bestehen bei der Interessenzusammenführungsmethode keine expliziten Vorschriften zu weitergehenden Erläuterungen des Konsolidierungsunterschieds im Sinne einer Ursachenanalyse. Ferner ist nur der Gesamtbetrag der Rücklagenänderung zu vermerken. Angaben über eine eventuell vorgenommene Aufteilung auf die Kapital- oder Gewinnrücklagen sind nach dem Gesetzeswortlaut nicht zwingend erforderlich.[853] Tendenziell sind die Änderungen im Bankkonzernabschluß jedoch erkennbar.

5.1.1.7 Die bankkonzernabschlußpolitischen Maßnahmen aus dem Blickwinkel einer Bankkonzernrechnungslegung nach IAS

Auch bei der Erstellung von Bankkonzernabschlüssen nach den Vorschriften des IASC sind Kapitalverflechtungen zwischen den Bankkonzernmutterunternehmen und den jeweiligen Tochterunternehmen im Zuge der Kapitalkonsolidierung zu eliminieren.[854] Im Regelfall ist die Einbeziehung von Beteiligungen als Erwerbsvorgang aufzufassen und nach der Erwerbsmethode vorzunehmen.[855] Ab dem Erwerbszeitpunkt sind sämtliche identifizierbaren Vermögenswerte (assets) und Schulden (liabilities) der erworbenen Tochtergesellschaft in den Bankkonzernabschluß zu übernehmen, wenn es wahrscheinlich ist, daß der mit den assets und liabilities verbundene zukünftige ökonomische

852 Vgl. Jonas, Konzernabschluß, S. 235.
853 Vgl. Eckes/Weber, Kommentierung § 302, Rn. 41. A.A. Adler/Düring/Schmaltz, Kommentierung § 302, Tz. 68; IDW (Hrsg.), WP-Handbuch, M, Tz. 673.
854 Vgl. IAS 27.15a i.V.m. IAS 22.
855 Vgl. IAS 22.11; IAS 22.18.

Nutzen dem Bankkonzernmutterunternehmen zufließt oder von ihm abfließt und wenn das erwerbende Bankkonzernmutterunternehmen die Kosten oder den beizulegenden Wert zuverlässig bewerten kann.[856] Nach der deutschen Regelung sind grundsätzlich sämtliche Vermögensgegenstände und Schulden des Tochterunternehmens, soweit diese nach dem Recht des Bankkonzernmutterunternehmens bilanzierungsfähig sind, in den Bankkonzernabschluß zu übernehmen. Sie treten an die Stelle der dem Bankkonzernmutterunternehmen gehörenden Anteile des Tochterunternehmens. Hiernach ergeben sich die Ansatzpunkte der Bankkonzernabschlußpolitik bei der Ermittlung der konsolidierungspflichtigen Anteile insbesondere aus der Abgrenzung der "dem Bankkonzernmutterunternehmen gehörenden Anteile". Da im Normenwerk des IASC eine entsprechende Formulierung nicht enthalten ist, sind die damit verbundenen bankkonzernabschlußpolitischen Ansatzpunkte nicht analog übertragbar.

Die Behandlung der nicht eingeforderten ausstehenden Einlagen auf das gezeichnete Kapital eines Tochterunternehmens ist wie im deutschen Recht auch nach den Vorschriften des IASC nicht explizit geregelt. Die Doppelnatur der ausstehenden Einlagen wird daher auch im Rahmen der Anwendung der internationalen Rechnungslegungsnormen eindeutige Lösungen erschweren können. Da jedoch die definitorischen Voraussetzungen zum Ansatz eines Aktivpostens nicht gegeben sind,[857] lassen sich die handelsrechtlichen Behandlungsalternativen nicht ohne weiteres mit den IASC-Bestimmungen vereinbaren.

Grundsätzlich übereinstimmend ist hingegen die handelsrechtliche Behandlung eigener Anteile. Neben ihrem Ausweis auf der Aktivseite wird im Einklang mit den Normen des IASC gleichfalls eine Verrechnung mit dem Eigenkapital in Betracht kommen können. Allerdings sind eigene Anteile als Anpassungsmaßnahme im Zusammenhang mit dem Eigenkapital gesondert zu zeigen.[858]

---

856 Vgl. IAS 22.27.
857 Vgl. F.53.
858 Vgl. IAS 5.17a; IDW (Hrsg.), Rechnungslegung, S. 168.

Auf die Betrachtung der Handhabung von Sonderposten mit Rücklageanteil im Rahmen der Kapitalkonsolidierung kann an dieser Stelle verzichtet werden, da deren Bildung bzw. Passivierung nach den Vorschriften des IASC nicht zulässig ist.[859] Hingegen ist die Bildung offener Vorsorgereserven für allgemeine Bankrisiken nach IAS 30.50-52 erlaubt. Folgt man der Auffassung *Krumnows*, gehören die allgemeinen Vorsorgereserven gemäß IAS 30.50 allerdings eindeutig zum Eigenkapital,[860] so daß sich in dieser Hinsicht nach den IASC-Vorschriften keine analogen Auslegungsspielräume eröffnen. Andererseits wird für die nicht ausdrücklich geregelte Behandlung der Eigenkapitalsurrogate eine der handelsrechtlichen Auslegung entsprechende Vorgehensweise in Betracht kommen können.

Den Vorschriften des IASC zufolge ist die Erstkonsolidierung stets zum Zeitpunkt des Erwerbs der Anteile vorzunehmen. Im Gegensatz zu den handelsrechtlichen Bestimmungen ist es nach diesen Regelungen nicht zulässig, den Zeitpunkt der erstmaligen Einbeziehung oder den Zeitpunkt, an dem das Unternehmen Tochterunternehmen geworden ist, der erstmaligen Konsolidierung zugrunde zu legen.[861] Die Verlautbarungen des IASC enthalten demzufolge keinen Hinweis auf ein analoges Wahlrecht für den Zeitpunkt der Erstkonsolidierung, wie es der deutsche Gesetzgeber vorsieht.

Für die Verteilung der Anschaffungskosten der Beteiligung auf die gemäß IAS 22.27 bilanzierten identifizierbaren Vermögenswerte und Schulden sehen die Vorschriften des IASC zwei Alternativen vor.[862] Auch diese beiden Behandlungsweisen unterscheiden sich wie die beiden nach deutschem Recht zulässigen Methoden hinsichtlich des Umfangs der aufzudeckenden stillen Reserven und stillen Lasten in Abhängigkeit von der Beteiligungsquote des Bankkonzernmutterunternehmens am Tochterunternehmen. Im Falle eines Beteiligungserwerbs von weniger als 100% der Anteile ist nach der bevorzugten Buchwertmethode (benchmark treatment) die Aufdeckung stiller Reserven

859 Vgl. Fn. 644.
860 Vgl. Krumnow, Kommentierung IAS 30, Tz. 90.
861 Vgl. IAS 22.20; IAS 22.35.
862 Vgl. IAS 22.31-34.

bzw. stiller Lasten auf den beteiligungsproportionalen Anteil begrenzt.[863] Im Rahmen der Anwendung der alternativen (vollständigen) Neubewertungsmethode (allowed alternative treatment) werden die stillen Reserven bzw. stillen Lasten hingegen unabhängig von der Höhe der Beteiligung anderer Gesellschafter vollständig aufgedeckt.[864] Demnach umfaßt der Ausgleichsposten für Anteile anderer Gesellschafter neben dem auf sie entfallenden Anteil am Eigenkapital ebenso die anteiligen stillen Reserven und stillen Lasten. Insofern wird es auch im Zuge der Bankkonzernabschlußerstellung nach den IASC-Vorschriften je nach Methodenwahl infolge der unterschiedlichen Aufdeckung von stillen Reserven und stillen Lasten zu (erheblichen) materiellen Differenzen kommen können.[865]
Gemäß IAS 22.70b ist lediglich die angewandte Methode der Kapitalkonsolidierung anzugeben.

Andererseits sind die Spielräume bei der Bestimmung der stillen Reserven und stillen Lasten im Rahmen der Bankkonzernabschlußerstellung nach internationalen Normen vergleichsweise stark eingeschränkt. Im Gegensatz zum deutschen Recht enthalten die IASC-Vorschriften einerseits ausführliche Regelungen zur Bestimmung der Zeitwerte bzw. beizulegenden Werte der Vermögenswerte und Schulden.[866] Andererseits ist die stille Reservenbildung für allgemeine Bankrisiken - wie bereits dargelegt - nicht erlaubt. Übereinstimmung könnte lediglich insofern vorliegen, daß auch die Aufteilung vorhandener

---

863 Vgl. IAS 22.32. An dieser Stelle ist darauf hinzuweisen, daß das Regelwerk des IASC den Begriff der "Buchwertmethode" nicht verwendet, sondern lediglich von der "Benchmark-Methode" spricht. Allerdings präferiert das Schrifttum diesen Terminus; vgl. Achleitner/Behr, Standards, S. 238; Bellavite-Hövermann/Prahl, Bankbilanzierung, S. 74; KPMG Deutsche Treuhand-Gesellschaft (Hrsg.), Standards, S. 135. Gleichwohl ist die Buchwertmethode nach den IASC-Vorschriften nur bedingt mit der handelsrechtlichen Buchwertmethode gleichzusetzen. Nach Baetge/Siefke, Kommentierung IAS 22, Tz. 94, trifft die Bezeichnung "beteiligungsproportionale Neubewertung" hingegen besser den Charakter der Methode.

864 Ebenfalls kommt der Begriff der "Neubewertungsmethode" in den einzelnen Standards nicht zur Verwendung. Allerdings wird auch dieser Terminus in der Fachliteratur bevorzugt.

865 Vgl. hierzu auch Achleitner/Behr, Standards, S. 238 f.; Baetge/Siefke, Kommentierung IAS 22, Tz. 92 ff.

866 Vgl. IAS 22.38 f.

stiller Reserven und stiller Lasten im allgemeinen unter einem Wesentlichkeitsvorbehalt stehen wird.[867]

Ferner entfallen nach dem Normenwerk des IASC die Spielräume bei der Zuordnung stiller Reserven im Falle eines aktiven Unterschiedsbetrags. Entgegen den handelsrechtlichen Bestimmungen besteht nach den IASC-Regelungen "bei der Aufdeckung stiller Reserven keine Bindung an die Anschaffungskosten der Beteiligung als Wertobergrenze".[868] Stille Reserven und stille Lasten werden entweder vollständig (benchmark treatment) oder anteilig in Höhe der Beteiligungsquote des Bankkonzernmutterunternehmens (allowed alternative treatment) aufgedeckt. Demzufolge kann nach den Vorschriften des IASC kein Zuordnungsproblem für den Fall entstehen, daß der auf die Beteiligung des Mutterunternehmens entfallende Betrag aufdeckbarer stiller Reserven den aktiven Unterschiedsbetrag übersteigt.

Darüber hinaus hebt IAS 22.32 hervor, daß sich die Anschaffungskosten des Bankkonzernmutterunternehmens nur auf den erworbenen prozentualen Anteil der identifizierbaren assets und liabilities beziehen. Als Konsequenz wird danach im Falle eines Unternehmenserwerbs von weniger als 100% der Anteile der Ausgleichsposten für Anteile außenstehender Gesellschafter auf Basis der Buchwerte der Vermögenswerte und Schulden des Tochterunternehmens vor dem Unternehmenserwerb ermittelt. Dieser Vorgehensweise liegt der Gedanke zugrunde, daß der den anderen Gesellschaftern zuzuordnende Anteil nicht in dem Unternehmenserwerb einbezogen war. Dementsprechend sind die Minderheitsgesellschafter rechnerisch nicht an der Aufdeckung der stillen Reserven und stillen Lasten beteiligt.[869] Folglich sind die bankkonzernabschlußpolitischen Spielräume bei der Verteilung stiller Reserven im Falle der Existenz von Anteilen anderer Gesellschafter bei Anwendung der Buchwertmethode im Rahmen einer Bankkonzernabschlußerstellung nach den Vorschriften des IASC nicht gegeben.

867 Vgl. P.12 i.V.m. F.29 f.
868 Baetge/Siefke, Kommentierung IAS 22, Tz. 210.
869 Vgl. Baetge/Siefke, Kommentierung IAS 22, Tz. 94.

Gleichfalls werden, infolge der partiell differierenden Konsolidierungstechnik bei Anwendung der Benchmark-Methode, die im Rahmen der Auslegung des handelsrechtlichen Gesetzestextes hervortretenden Spielräume bei der Verteilung der stillen Lasten nach der Buchwertmethode im allgemeinen nicht analog bestehen.

Der Ausweis der aktiven und passiven Unterschiedsbeträge richtet sich nach dem bilanziellen Charakter, der den Unterschiedsbeträgen zugesprochen wird. Ein sich aus dem Unternehmenserwerb ergebender goodwill stellt nach IAS 22.41 eine Zahlung des Bankkonzernmutterunternehmens dar, mit der das Mutterunternehmen künftigen ökonomischen Nutzen antizipiert. Entgegen der umstrittenen bilanziellen Charakterisierung eines verbleibenden aktiven Unterschiedsbetrags nach den deutschen Rechnungslegungsnormen ist der goodwill gemäß den Vorschriften des IASC somit eindeutig den immateriellen Vermögenswerten zuzuordnen und dementsprechend als asset anzusetzen.[870] Indessen bleibt infolge der weitgehend flexiblen Gliederungsvorschriften des IASC der genaue Ausweisort in der Bankkonzernbilanz gleichermaßen ungeregelt.
Nach beiden Rechtskreisen kann ferner ein Kaufpreisabschlag sowie ein lucky buy als Ursache für die Entstehung eines negativen Unterschiedsbetrags in Frage kommen.[871] Unterschiede ergeben sich allerdings bei dessen bilanzieller Behandlung. IAS 22 sieht hierfür zwei Alternativen vor. Nach der Benchmark-Methode hat zunächst eine proportionale Reduzierung des Unterschiedsbetrags mit den beizulegenden Zeitwerten der erworbenen, nicht monetären Vermögenswerte zu erfolgen.[872] Ein danach eventuell verbleibender Restbetrag ist dann als negativer Unterschiedsbetrag zu bezeichnen und als passiver Rechnungsabgrenzungsposten anzusetzen.[873] Kommt die alternativ zulässige Methode zur Anwendung, ist der gesamte negative Unterschiedsbetrag als Rechnungsabgrenzungsposten zu passivieren.[874] Die sich im Zuge

870 Vgl. F.49a; IAS 22.40.
871 Vgl. Baetge/Siefke, Kommentierung IAS 22, Tz. 226 f.; Risse, Abschluss, S. 195 f.
872 Vgl. IAS 22.49 Satz 1. Das IDW (Hrsg.), Rechnungslegung, S. 293, bezeichnet diese Vorgehensweise als Abstockung.
873 Vgl. IAS 22.49 Satz 2.
874 Vgl. IAS 22.51 Satz 1.

der handelsrechtlichen Bankkonzernabschlußerstellung eröffnenden Ausweisspielräume passiver Unterschiedsbeträge sind nach den IASC-Vorschriften insofern nicht mehr gegeben.
Unzulässig ist überdies auch das handelsrechtliche Verrechnungswahlrecht von aktiven und passiven Beträgen. Der Ausweis der Unterschiedsbeträge hat nach dem Bruttoprinzip in unsaldierter Form zu erfolgen.[875]

In den Folgejahren ist der goodwill gemäß IAS 22.42 im allgemeinen linear über seine voraussichtliche Nutzungsdauer abzuschreiben. Im Gegensatz zu den handelsrechtlichen Bestimmungen, welche für eine nutzungsdauerabhängige Abschreibung keine in Jahren festgelegte Begrenzung enthalten, darf der Abschreibungszeitraum nach den Vorschriften des IASC maximal fünf Jahre betragen. Lediglich in begründeten Ausnahmefällen kann der Zeitraum auf höchstens 20 Jahre ausgedehnt werden.[876] Desgleichen kann bei entsprechender Begründung eine andere als die vorgesehene lineare Abschreibungsmethode zur Anwendung kommen.[877] Obschon sich dem nach internationalen Rechnungslegungsnormen bilanzierenden Entscheidungsträger insofern im Bereich der Bestimmung des Abschreibungszeitraums und der Abschreibungsmethode Spielräume eröffnen, sind diese im Vergleich zu den Spielräumen bei der planmäßigen Abschreibung nach Handelsrecht ungleich eingeschränkter. Zudem hat die Abschreibung des goodwill vom Erwerbszeitpunkt an zu erfolgen.[878] Darüber hinaus sind IAS 22.72 zufolge ausführliche Angaben zur Behandlung des aktiven Unterschiedsbetrags zu machen.
Weiterhin ist das gemäß deutschem Recht vorgesehene Wahlrecht zur offenen Verrechnung des verbleibenden aktiven Unterschiedsbetrags mit den Rücklagen ebenso unvereinbar mit IAS 22 wie das Wahlrecht zur pauschalen Abschreibung zu mindestens einem Viertel. Dies gilt gleichermaßen für die

---

875 Vgl. IDW (Hrsg.), Rechnungslegung, S. 296; Küting/Weber, Konzernabschluß, S. 471. Gidlewitz, Harmonisierung, S. 231, sieht hingegen eine Saldierung bei entsprechender Kenntlichmachung möglicherweise als mit den Anforderungen des IASC vereinbar an.
876 Vgl. IAS 22.42 Satz 3.
877 Vgl. IAS 22.42 Satz 2.
878 Vgl. Baetge/Siefke, Kommentierung IAS 22, Tz. 112; IDW (Hrsg.), Rechnungslegung, S. 293; Küting/Weber, Konzernabschluß, S. 469; Risse, Abschluss, S. 194 f.

handelsrechtlich als zulässig zu betrachtende Mischung der Auflösungsmöglichkeiten.[879]

Anders als im HGB ist nach den IASC-Vorschriften eine erfolgsneutrale Verrechnung des passiven Unterschiedsbetrags nicht zugelassen.[880] Während der verbleibende bzw. gesamte Überschuß gemäß IAS 22 in jedem Fall erfolgswirksam vereinnahmt werden muß, macht das deutsche Recht die erfolgswirksame Auflösung an der Erfüllung bestimmter Voraussetzungen fest. Da sich zu diesen Auflösungsvoraussetzungen ferner keine Entsprechungen in den Ausführungen des IAS 22 finden lassen, können die bankkonzernabschlußpolitischen Maßnahmen bei der Behandlung passiver Unterschiedsbeträge im Rahmen der Anwendung internationaler Rechnungslegungsnormen demnach nicht analog zur Anwendung kommen.

Auch im Normenwerk des IASC ist nicht explizit geregelt, ob andere Konsolidierungsmaßnahmen bei der Bemessung des Ausgleichspostens für Anteile anderer Gesellschafter zu berücksichtigen sind. Wenngleich die einheitstheoretische Ausrichtung des IAS 27 sowie die Forderung nach einer Abbildung der tatsächlichen Verhältnisse im Bankkonzernabschluß ebenso deren Berücksichtigung geboten erscheinen lassen,[881] kann dennoch nach derzeitigem Rechts- und Literaturstand von einer Pflicht zur Vornahme solcher Korrekturen beim Ausgleichsposten nicht ausgegangen werden. Im Ergebnis bleibt damit das handelsrechtlich zulässig zu erachtende bankkonzernabschlußpolitische Wahlrecht zur Berücksichtigung von Konsolidierungsmaßnahmen im Ausgleichsposten auch im Rahmen einer Bankkonzernrechnungslegung nach IAS analog bestehen.

Gleichermaßen nehmen die Vorschriften des IASC keine Stellung zur Behandlung anteiliger stiller Reserven anderer Gesellschafter. Die fehlenden Rege-

---

879 Vgl. Gidlewitz, Harmonisierung, S. 228 f.

880 Vgl. IAS 22.49 für die Behandlung eines passiven Unterschiedsbetrags nach der Benchmark-Methode sowie IAS 22.51 für die Behandlung nach der alternativ zulässigen Methode.

881 Vgl. Baetge/Schulze, Kommentierung IAS 27, Tz. 210 ff.

lungen lassen insofern auch in diesem Kontext eine der handelsrechtlichen Bankkonzernabschlußpolitik entsprechende Vorgehensweise in Betracht kommen.

Die Endkonsolidierung im Zuge der Kapitalkonsolidierung ist im allgemeinen immer dann erforderlich, wenn ein Tochterunternehmen aus dem Konsolidierungskreis ausscheidet. Die hierzu notwendigen Maßnahmen sind auch in den IASC-Vorschriften weitgehend ungeregelt.[882] IAS 27.23 Satz 4 enthält lediglich den Hinweis, daß der Ausscheidungszeitpunkt eines Tochterunternehmens im Falle einer vollständigen Veräußerung der Zeitpunkt ist, an dem das Bankkonzernmutterunternehmen tatsächlich die Beherrschungsmöglichkeit verliert. Wenngleich hierzu die Aufstellung eines Zwischenabschlusses als grundsätzlich notwendig erachtet wird,[883] kann infolge fehlender Bestimmungen von einer Erstellungsverpflichtung nicht unmittelbar ausgegangen werden. Übereinstimmung mit den handelsrechtlich zu vereinbarenden bankkonzernabschlußpolitischen Möglichkeiten besteht auch insofern, als die die Endkonsolidierung betreffenden Ausweisbestimmungen in der Bankkonzern-GuV grundsätzlich unter einem Wirtschaftlichkeitsvorbehalt stehen.[884] Hingegen ist die Endkonsolidierung der Minderheitenanteile erfolgsneutral vorzunehmen.[885] Ferner wird im Rahmen der Endkonsolidierung auch IAS 27.23 Satz 5 zu beachten sein, wonach der Veräußerungserfolg als Differenz zwischen dem Veräußerungserlös und dem Reinvermögen des Tochterunternehmens zu Buchwerten zum Zeitpunkt der Veräußerung zu erfassen ist. Angabepflichten zu Auswirkungen, die sich durch die Veräußerung von Tochterunternehmen auf die Vermögens- und Finanzlage des Bankkonzerns ergeben, resultieren schließlich aus IAS 27.32b/iv.

Abschließend ist zu konstatieren, daß die Erwerbsmethode und die Interessenzusammenführungsmethode sich nach den Vorschriften des IASC gegen-

882 Vgl. KPMG Deutsche Treuhand-Gesellschaft (Hrsg.), Standards, S. 137.
883 Vgl. Baetge/Schulze, Kommentierung IAS 27, Tz. 316.
884 Vgl. F.44.
885 Vgl. Baetge/Schulze, Kommentierung IAS 27, Tz. 316.

seitig ausschließende Alternativen bilden.[886] Dem bilanzierenden Entscheidungsträger steht daher keine Wahlmöglichkeit offen, sich für die Anwendung einer der beiden Methoden zu entscheiden. Im Gegensatz zu den handelsrechtlichen Bestimmungen muß ein Tochterunternehmen nach der Methode der Interessenzusammenführung in den Bankkonzernabschluß einbezogen werden, sofern die spezifischen Anwendungsvoraussetzungen des IAS 22.14 ff. erfüllt sind. Die Einflußmöglichkeiten auf die Vermögens-, Finanz- und Ertragslage des Bankkonzerns, die - unter Beachtung bestimmter Ausübungsvoraussetzungen - mit dem handelsrechtlichen Wahlrecht zwischen der Anwendung der Erwerbs- und der Interessenzusammenführungsmethode verbunden sein können, lassen sich demnach gemäß den Bestimmungen des IAS 22 nicht analog realisieren.

5.1.1.8 Zusammenfassung der bankkonzernabschlußpolitischen Maßnahmen, deren Wirkungen auf die Zielgrößen und deren Existenz im Rahmen einer Rechnungslegung nach IAS

Im Zuge der Untersuchung der Kapitalkonsolidierung bieten sich unter der Verwendung von sachverhaltsdarstellenden Instrumenten eine Vielzahl von Möglichkeiten zur Beeinflussung der relevanten Kennziffern zur Beurteilung der wirtschaftlichen Lage des Bankkonzerns. In diesem Kontext kann der bilanzierende Entscheidungsträger, unter Ausschluß der Spielräume beim Ausweis des aktiven Unterschiedsbetrags sowie der Wahlrechte in bezug auf die Behandlung der Anteile anderer Gesellschafter, mit allen dargelegten bankkonzernabschlußpolitischen Maßnahmen die Höhe der auszuweisenden Bankkonzernbilanzsumme verändern. Ferner kann mit Hilfe der Stichtagswahlrechte im Rahmen der Erstkonsolidierung, des Wahlrechts zwischen der Buchwert- und der Neubewertungsmethode, der Spielräume bei der Bestimmung stiller Reserven und stiller Lasten, der Zuordnungswahlrechte für stille Reserven im Falle des Überschreitens eines aktiven Unterschiedsbetrags, der Verteilungsspielräume für stille Reserven im Falle der Existenz von Minderheitsgesellschaftern bei der Buchwertmethode, der Behandlungsspielräume

886 Vgl. IAS 22.61.

hinsichtlich verbleibender aktiver Unterschiedsbeträge, der Auflösungsspielräume bei der Behandlung verbleibender passiver Unterschiedsbeträge, des Wahlrechts zur Verrechnung anteiliger stiller Reserven, der Wahlrechte und Spielräume bei der Behandlung eines ausscheidenden Tochterunternehmens aus dem Konsolidierungskreis sowie des Wahlrechts zur Anwendung der Interessenzusammenführungsmethode Einfluß auf die Ausweishöhe des Bankkonzerneigenkapitals und des Bankkonzernjahresergebnisses genommen werden. Ohne hingegen das Jahresergebnis zu tangieren, lassen sich ferner mit dem Wahlrecht bei der Bestimmung des konsolidierungspflichtigen Kapitals im Hinblick auf eigene Aktien oder Anteile, mit den Spielräumen beim Ausweis des passiven Unterschiedsbetrags, mit dem Saldierungswahlrecht von aktiven und passiven Unterschiedsbeträgen sowie mit dem Wahlrecht zur Berücksichtigung von Eigenkapitalkorrekturen im Ausgleichsposten ebenfalls Auswirkungen auf das Bankkonzerneigenkapital erzielen. Alleinig die Spielräume beim Ausweis des passiven Unterschiedsbetrags haben keinen Einfluß auf die in dieser Ausarbeitung untersuchten Bankkonzernabschlußkennzahlen.

Weiterhin ist festzuhalten, daß die Beeinflussungsmöglichkeiten der Wahlrechte bei der Bestimmung des konsolidierungspflichtigen Kapitals, des Wahlrechts zwischen der Buchwert- und der Neubewertungsmethode im Hinblick auf die Existenz von Minderheitsgesellschaftern, der Spielräume bei der Bestimmung stiller Reserven und stiller Lasten, der Spielräume bei der planmäßigen Abschreibung im Rahmen der Behandlung verbleibender aktiver Unterschiedsbeträge, der Wahlrechte hinsichtlich der Behandlung der Anteile anderer Gesellschafter sowie der Wahlrechte und Spielräume bei der Behandlung eines ausscheidenden Tochterunternehmens aus dem Konsolidierungskreis im Zuge der Anwendung der Vorschriften des IASC analog vorhanden sind. Allerdings sind eine Vielzahl der möglichen abschlußbeeinflussenden Maßnahmen zumindest tendenziell erkennbar.

Nachfolgend werden die Untersuchungsergebnisse im Überblick tabellarisch dargestellt.

Tabelle 8: Bankkonzernabschlußpolitische Maßnahmen im Rahmen der Kapitalkonsolidierung

mögliche Maßnahmen	Zielgrößen											
	Bankkonzernbilanzsumme		(bilanzielles) Bankkonzerneigenkapital						Bankkonzernjahresergebnis		Erkennbarkeit im Bankkonzernanhang	
			Bilanzergebnis		Gewinnrücklagen		sonstige Eigenkapitalposten					
	HGB	IAS	HGB	IAS	HGB	IAS	HGB	IAS	HGB	IAS	HGB	IAS
Wahlrechte und Spielräume bei der Bestimmung der konsolidierungspflichtigen Anteile	x											
Wahlrechte bei der Bestimmung des konsolidierungspflichtigen Eigenkapitals bzgl.												
• ausstehender Einlagen	x						x					
• eigener Aktien oder Anteile	x	x[a]			x	x[a]						
• Sonderposten mit Rücklageanteil und solchen für allgemeine Bankrisiken sowie Eigenkapitalsurrogate der 4. KWG-Novelle	x	(x[a])					x	(x[a])			(x)	x[a]
Stichtag der Erstkonsolidierung												
• Wahlrecht zwischen Erwerbs- und erstmaligem Einbeziehungszeitpunkt	x		x				x		x		(x)	
• beim Sukzessiverwerb: Wahlrecht zwischen den einzelnen Erwerbszeitpunkten und dem Zeitpunkt, zu dem das Unternehmen Tochterunternehmen geworden ist	x		x				x		x		(x)	
Wahlrecht zwischen Buchwert- und Neubewertungsmethode im Hinblick auf												
• die Existenz von Minderheitsgesellschaftern	x	x[a]	x	x[a]			x	x[a]	x	x[a]	(x)	(x[a])
• Verteilungsspielräume für stille Lasten im Falle des Überschreitens eines passiven Unterschiedsbetrags	x		x				x		x			
Spielräume bei der Bestimmung stiller Reserven und stiller Lasten	x	(x[a])	x	(x[a])			x	(x[a])	x	(x[a])		
Zuordnungswahlrechte für stille Reserven im Falle des Überschreitens eines aktiven Unterschiedsbetrags	x		x						x			

mögliche Maßnahmen	Zielgrößen											
	Bankkonzernbilanzsumme		(bilanzielles) Bankkonzerneigenkapital						Bankkonzernjahresergebnis		Erkennbarkeit im Bankkonzernanhang	
			Bilanzergebnis		Gewinnrücklagen		sonstige Eigenkapitalposten					
	HGB	IAS	HGB	IAS	HGB	IAS	HGB	IAS	HGB	IAS	HGB	IAS
Verteilungsspielräume für stille Reserven im Falle der Existenz von Minderheitsgesellschaftern bei der Buchwertmethode	x		x				x		x			
Spielräume beim Ausweis des aktiven Unterschiedsbetrags											x	
Spielräume beim Ausweis des passiven Unterschiedsbetrags					x		x				(x)	
Saldierungswahlrecht von aktiven und passiven Unterschiedsbeträgen	x				x		x				x	
Behandlung verbleibender aktiver Unterschiedsbeträge												
• Spielräume bei der Abschreibung zu mindestens einem Viertel	x		x						x		(x)	
• Spielräume bei der planmäßigen Abschreibung	x	(x^a)	x	(x^a)					x	(x^a)	(x)	x^a
• Verrechnungswahlrecht mit den Rücklagen	x		x		x						x	
• Spielräume bei der Mischung der Verrechnungsmöglichkeiten in Einzelfällen	x		x		x				x		(x)	
Auflösungsspielräume bei der Behandlung verbleibender passiver Unterschiedsbeträge	x		x				x		x			
Behandlung der Anteile anderer Gesellschafter												
• Wahlrecht zur Berücksichtigung von Eigenkapitalkorrekturen im Ausgleichsposten			x	x^a			x	x^a				
• Wahlrecht zur Verrechnung anteiliger stiller Reserven			x	x^a					x	x^a		
Wahlrechte und Spielräume bei der Behandlung eines ausscheidenden Tochterunternehmens aus dem Konsolidierungskreis	x	(x^a)	x	(x^a)	x	(x^a)	x	(x^a)	x	(x^a)	(x)	x^a
Wahlrecht zur Anwendung der Interessenzusammenführungsmethode bei Erfüllung der Voraussetzungen	x		x		x				x		(x)	

Legende: x = Wirkung vorhanden bzw. Erkennbarkeit gegeben; (x) = Erkennbarkeit eingeschränkt gegeben; x^a = Wirkung analog vorhanden bzw. Erkennbarkeit gegeben; (x^a) = Wirkung analog vorhanden, aber vergleichsweise eingeschränkt bzw. Erkennbarkeit eingeschränkt gegeben

5.1.2 Schuldenkonsolidierung

5.1.2.1 Überblick sowie die rechtsformspezifischen Vorschriften für deutsche Bankkonzerne

Aus einheitstheoretischer Sicht kann ein Bankkonzern keine Forderungen und Verbindlichkeiten gegen sich selbst bilanzieren: ergo können keine Schuldverhältnisse zwischen den in den Vollkonsolidierungskreis einbezogenen Unternehmen existieren.[887]
§ 340i Abs. 1 Satz 1 HGB i.V.m. § 303 Abs. 1 HGB regelt daher, daß Ausleihungen und andere Forderungen, Rückstellungen und Verbindlichkeiten zwischen den in den Bankkonzernabschluß einbezogenen Unternehmen sowie entsprechende aktive und passive Rechnungsabgrenzungsposten im Rahmen der Schuldenkonsolidierung wegzulassen sind.
Unter dem Aspekt einer konsequenten Befolgung der Einheitstheorie sind die Begriffe "Forderungen" und "Verbindlichkeiten" allerdings entsprechend weit auszulegen. Grundsätzlich sind hierbei alle Bilanzposten mit bankkonzerninternem Forderungs- sowie Verbindlichkeitscharakter zu berücksichtigen.[888]

Die Schuldenkonsolidierung erlangt infolge interner Finanzbeziehungen aus Geld- und Kapitalmarktgeschäften speziell in Bankkonzernen größere Bedeutung.[889] Ihr Ausmaß hängt hierbei insbesondere von dem strukturellen Aufbau eines Bankkonzerns sowie dem Grad der geschäftspolitischen Selbständigkeit der einzelnen in- und ausländischen Bankkonzernunternehmen ab.[890]

---

887 Vgl. Adler/Düring/Schmaltz, Kommentierung § 303, Tz. 1; Harms, Kommentierung § 303, Rn. 1; Krumnow/Sprißler/Bellavite-Hövermann/Kemmer/Steinbrücker, Kommentierung § 340i, j HGB, Rn. 129; Küting, Konsolidierungspraxis, S. 167; Mattes, Bankbilanz, S. 75; Wysocki, Prüfungswesen, S. 159 f.; Wysocki/Wohlgemuth, Konzernrechnungslegung, S. 215.

888 Vgl. hierzu im einzelnen Adler/Düring/Schmaltz, Kommentierung § 303, Tz. 5 f.; Budde/Dreissig, Kommentierung § 303, Anm. 6 f.; Fischer, Schuldenkonsolidierung, C 420, Rz. 3; Harms, Kommentierung § 303, Rn. 3 ff.; Schildbach, Konzernabschluß, S. 210 f.; Wohlgemuth, Schuldenkonsolidierung, Abt. V/4, Rn. 3 f.

889 Vgl. Jäger/Vogelsang, Konzernrechnungslegung, S. 421; Köllhofer/Sprißler, Informationswesen, S. 888; Mattes, Bankbilanz, S. 75.

890 Vgl. Werthmöller, Rechnungslegung, S. 140.

5.1.2.2 Maßnahmen bei der Durchführung der Schuldenkonsolidierung

Nach § 340i Abs. 1 Satz 1 HGB i.V.m. § 303 Abs. 2 HGB kann auf die Durchführung der Schuldenkonsolidierung wahlweise verzichtet werden, sofern die wegzulassenden Beträge für die Vermittlung eines den tatsächlichen Verhältnissen entsprechenden Bildes der Vermögens-, Finanz- und Ertragslage des Bankkonzerns von untergeordneter Bedeutung sind. Diese Regelung entspricht der Konkretisierung des Grundsatzes der Wesentlichkeit.[891] Wann in der Einzelbetrachtung allerdings eine Wesentlichkeit zur Schuldenkonsolidierung vorliegt, ist im Gesetz nicht geregelt. Maßgebend bei der Interpretation der Wesentlichkeit ist jedoch die getrennte Betrachtung der Gesamtsumme aller in die Schuldenkonsolidierung einzubeziehenden Aktiv- und Passivposten und nicht deren Differenzbetrag oder deren Einzelbeträge.[892] Der abschlußpolitische Spielraum zur Wahlrechtsausübung wird dadurch indessen nicht eingeschränkt, denn auch für eine solche Betrachtung lassen sich allgemeingültige Grenzwerte der Unwesentlichkeit nicht festlegen.[893] Damit ist in erster Linie wiederum auf die jeweilige Beurteilung der Verhältnisse im Einzelfall abzustellen. Der bankkonzernabschlußpolitische Interpretationsspielraum ist damit ebenso offenkundig.

Überdies wird der Spielraum sogar mit der Möglichkeit zur Vornahme einer teilweisen Schuldenkonsolidierung erweitert. Hierbei werden "alle Forderungen und Verbindlichkeiten zwischen *Tochter*- und *Mutter*unternehmen nach (§

891 Vgl. Busse von Colbe, Bilanzrichtlinie-Gesetzes, S. 775; Deutscher Bundestag, Drucksache 10/4268, S. 115; Harms, Kommentierung § 303, Rn. 56; Wohlgemuth, Schuldenkonsolidierung, Abt. V/4, Rn. 5.

892 Vgl. Biener, Konzernrechnungslegung, S. 11; Coenenberg, Jahresabschluß, S. 524.

893 Vgl. Adler/Düring/Schmaltz, Kommentierung § 303, Tz. 49. Wenig hilfreich und dementsprechend bankkonzernabschlußpolitisch vorteilhaft ist hierbei auch der Interpretationsversuch von Fischer, Schuldenkonsolidierung, C 420, Rz. 98, der feststellt, "daß **wesentlich** alles ist, was der Darstellung der tatsächlichen Verhältnisse des (Bank-; d.V.) Konzerns dient, und daß **unwesentlich** alles ist, was für den Informationsempfänger zur Erreichung dieses Bildes nicht erforderlich ist". Ähnlich äußert sich Wohlgemuth, Schuldenkonsolidierung, Abt. V/4, Rn. 5, nach dem die Schuldenkonsolidierung immer dann von untergeordneter Bedeutung ist, "wenn auf sie verzichtet werden kann, ohne daß dadurch die Aussagefähigkeit des (Bank-; d.V.) Konzernabschlusses erkennbar eingeschränkt wird, weil die Daten, die daraus gewonnen werden, die Beurteilungen und Entscheidungen der Adressaten nicht beeinflussen".

340i Abs. 1 Satz 1 HGB i.V.m.; d.V.) § 303 Abs. 1 (HGB; d.V.) weggelassen .. und in Fällen von untergeordneter Bedeutung Forderungen und Verbindlichkeiten *zwischen* den *Tochter*unternehmen nicht konsolidiert".[894]

Das Wahlrecht zur Durchführung der Schuldenkonsolidierung bei Unwesentlichkeit hat insgesamt struktur- sowie regelmäßig ergebniswirksame Einflüsse auf den Bankkonzernabschluß. Die Ergebniswirksamkeit ergibt sich dabei immer aus der Entstehung von echten Aufrechnungsdifferenzen,[895] falls sich Forderungen und Verbindlichkeiten aufgrund von abweichenden Bewertungs- oder Währungsumrechnungsvorschriften in unterschiedlicher Höhe gegenüberstehen.[896] Liegt der Wertansatz der wegzulassenden Forderungen dabei unter dem der wegzulassenden Verbindlichkeiten (echte passive Aufrechnungsdifferenz) erhöht sich das Bankkonzernergebnis bei Nichtausübung des Wahlrechts, also bei Durchführung der Konsolidierung. Sind die Wertansätze entsprechend umgekehrt (echte aktive Aufrechnungsdifferenz)[897] vermindert sich das Bankkonzernergebnis. Sofern Forderungen und Verbindlichkeiten den gleichen Betrag aufweisen und keine Aufrechnungsdifferenzen entstehen, resultiert daraus lediglich eine Verkürzung der Bankkonzernbilanzsumme.[898] Eine externe Erkennbarkeit dieser Vorgänge ist nicht gegeben, da sich aus den gesetzlichen Regelungen zur Schuldenkonsolidierung keine unmittelbaren Publizitätspflichten ableiten lassen.

---

894 Budde/Dreissig, Kommentierung § 303, Anm. 64.

895 Unechte Aufrechnungsdifferenzen entstehen aus zeitlichen Buchungsunterschieden oder Fehlbuchungen und sind durch Korrekturbuchungen erfolgsneutral zu eliminieren; vgl. Adler/Düring/Schmaltz, Kommentierung § 303, Tz. 33; Budde/Dreissig, Kommentierung § 303, Anm. 50 f.; Prahl/Naumann, Bankkonzernrechnungslegung, S. 243; Wysocki/Wohlgemuth, Konzernrechnungslegung, S. 223 f. Insbesondere bei Bankkonzernen ergeben sich regelmäßig zeitliche Buchungsunterschiede infolge der Wertstellungspraxis bei Kontokorrentverbindungen zwischen den einzelnen Bankkonzernunternehmen; vgl. Albers, Bank-Konzernabschluß, S. 223; Schneweis, Konzernabschlüsse, S. 896 f.

896 Zu den Entstehungsursachen echter Aufrechnungsdifferenzen vgl. Adler/Düring/Schmaltz, Kommentierung § 303, Tz. 35 ff.; Baetge, Konzernbilanzen, S. 263 f.

897 Wobei echte aktive Aufrechnungsdifferenzen die Ausnahme darstellen; vgl. Gross/Schruff/Wysocki, Konzernabschluß, S. 169; Heine, Vorbereitung, S. 149; IDW (Hrsg.), WP-Handbuch, M, Tz. 510; Kußmaul, Grundzüge, S. 360.

898 Vgl. Harms, Kommentierung § 303, Rn. 32 ff.; Lück, Rechnungslegung, S. 126 f.; Steudter, Entscheidungsmodelle, S. 375; Wysocki/Wohlgemuth, Konzernrechnungslegung, S. 225 f.

5.1.2.3 Konsolidierungswahlrecht von Drittschuldverhältnissen

Drittschuldverhältnisse liegen vor, wenn nicht zum Konsolidierungskreis gehörende Drittunternehmen gegenüber verschiedenen in den Bankkonzernabschluß einbezogenen Unternehmen gleichzeitig Forderungen und Verbindlichkeiten haben.[899]

Wenngleich eine Regelung von Drittschuldverhältnissen in § 340i Abs. 1 Satz 1 HGB i.V.m. § 303 Abs. 1 HGB unterbleibt, wird deren Verrechnung im Rahmen der Schuldenkonsolidierung unter dem Aspekt der Einheitstheorie und der Vermittlung eines den tatsächlichen Verhältnissen entsprechenden Bildes der Vermögens-, Finanz- und Ertragslage des Bankkonzerns in der Literatur teilweise befürwortet. Eine Konsolidierungspflicht wird indessen abgelehnt, da sich der Gesetzestext explizit nur auf eine Konsolidierung **zwischen** den in den Bankkonzernabschluß **einbezogenen** Bankkonzernunternehmen bezieht.[900] Da jedoch die Verrechnung aufgrund strenger Gesetzauslegung und der oftmals bestehenden Nachweisproblematik von Drittschuldverhältnissen auch für unzulässig gehalten werden kann,[901] wird man m.E. letztlich einem faktischen Konsolidierungswahlrecht zustimmen müssen.

Die Verrechnung von Drittschuldverhältnissen zwischen den in den Bankkonzernabschluß einbezogenen und nicht einbezogenen Kreditinstituten setzt jedoch - neben den allgemeinen Aufrechnungsvoraussetzungen des § 387 BGB[902] - täglich fällige Forderungen und täglich fällige, keinerlei Bindungen

---

899 Vgl. Adler/Düring/Schmaltz, Kommentierung § 303, Tz. 29; Fischer, Schuldenkonsolidierung, C 420, Rz. 24; Scherrer, Kommentierung § 303, Rz. 24; Wysocki/Wohlgemuth, Konzernrechnungslegung, S. 217. Als Drittunternehmen sind auch die nach § 340i Abs. 1 Satz 1 HGB i.V.m. den §§ 295 und 296 HGB nicht in den Bankkonzernabschluß einbezogenen Tochterunternehmen zu betrachten; vgl. IDW (Hrsg.), WP-Handbuch, M, Tz. 508.

900 Vgl. Adler/Düring/Schmaltz, Kommentierung § 303, Tz. 29 f.; Busse von Colbe/Ordelheide, Konzernabschlüsse, S. 340; Fischer, Schuldenkonsolidierung, C 420, Rz. 24 f.; Gross/Schruff/Wysocki, Konzernabschluß, S. 176; Harms, Kommentierung § 303, Rn. 26; IDW (Hrsg.), WP-Handbuch, M, Tz. 508 f.; Niehus/Scholz, Kommentierung § 303, Rdn. 12; Treuhand-Vereinigung AG (Hrsg.), Rechnungslegung, S. 170.

901 Vgl. Adler/Düring/Schmaltz, Kommentierung § 303, Tz. 30; Wysocki/Wohlgemuth, Konzernabschlüsse, S. 217. Rasch, Konzernrecht, S. 216, verneint indessen grundsätzlich eine Verrechnung.

902 Bei den betreffenden Forderungen und Verbindlichkeiten müssen Gleichartigkeit, Gleichfristigkeit und Gleichwertigkeit vorliegen; vgl. Arbeitskreis "Externe Unternehmensrechnung" der Schmalenbach-Gesellschaft - Deutsche Gesellschaft für Betriebs-

unterliegenden Verbindlichkeiten, Identität von Gläubigern und Schuldnern sowie Identität der Währungen voraus.[903]

Das eingeschränkt zeitlich flexible Wahlrecht zur Konsolidierung von Drittschuldverhältnissen ist den materiellen Instrumenten zuzurechnen. Denn verursachen die aufzurechnenden Bilanzposten echte Aufrechnungsdifferenzen, führt die Durchführung der Konsolidierung zu einer Beeinflussung des Bankkonzernergebnisses. Da hierbei sowohl aktive als auch passive echte Aufrechnungsdifferenzen entstehen können, ist die Wirkungsrichtung indessen unbestimmt. Für den Fall, daß keine echten Aufrechnungsdifferenzen entstehen, führt die Durchführung der Konsolidierung zumindest zu einer Bankkonzernbilanzsummenverkürzung.

Aufgrund des Abweichens von der Vorschrift des § 340i Abs. 1 Satz 1 HGB i.V.m. § 303 Abs. 1 HGB wird nach § 340i Abs. 1 Satz 1 HGB i.V.m. § 313 Abs. 1 Satz 2 Nr. 3 HGB für die Verrechnung von Drittschuldverhältnissen grundsätzlich sowohl eine Angabe- und Begründungspflicht als auch eine Darstellungspflicht ihrer Einflüsse auf die Vermögens-, Finanz- und Ertragslage abgeleitet.[904] Dieser Gesetzauslegung kann an dieser Stelle aber nicht uneingeschränkt gefolgt werden, da die Konsolidierung von Drittschuldverhältnissen nicht unmittelbar aus dem Gesetzeswortlaut des § 340i Abs. 1 Satz 1 HGB i.V.m. § 303 Abs. 1 HGB hervorgeht und insoweit die in § 340i Abs. 1 Satz 1 HGB i.V.m. § 313 Abs. 1 Satz 2 Nr. 3 HGB geforderten Informationen zu Abweichungen von einer Konsolidierungsmethode nicht begründet sind.[905] Damit ist die Wahlrechtsausübung im Bankkonzernanhang prinzipiell nicht erkennbar.

---

wirtschaft e.V., Aufstellung, S. 90; Coenenberg, Jahresabschluß, S. 521; Gross/Schruff/Wysocki, Konzernabschluß, S. 176; Wohlgemuth, Schuldenkonsolidierung, Abt. V/4, Rn. 111; Wysocki, Entwicklung, S. 287 f.

903 Vgl. Birck/Meyer, Bankbilanz, 1. Teillieferung, S. II 139 ff.

904 Vgl. Fischer, Schuldenkonsolidierung, C 420, Rz. 26. Vgl. ferner Busse von Colbe/Ordelheide, Konzernabschlüsse, S. 340.

905 Vgl. Wohlgemuth, Schuldenkonsolidierung, Abt. V/4, Rn. 113, Fn. 166. Vgl. hierzu auch die Argumentation von Küting, Konsolidierungspraxis, S. 177.

5.1.2.4 Konsolidierungsmaßnahmen bei der Behandlung einzelner Bilanzpositionen

5.1.2.4.1 Wahlrecht zur Verrechnung der eingeforderten ausstehenden Einlagen auf das gezeichnete Kapital des Bankkonzernmutterunternehmens

Die Verrechnung der eingeforderten ausstehenden Einlagen auf das gezeichnete Kapital der Bankkonzernmutter ist für die Schuldenkonsolidierung im Gesetz nicht geregelt. Sofern die Voraussetzungen bankkonzerninterner Schuldverhältnisse vorliegen - Einzahlungsansprüche und -verpflichtungen bestehen zwischen dem Bankkonzernmutterunternehmen und den in den Bankkonzernabschluß einbezogenen Unternehmen - kommen wahlweise zwei Möglichkeiten der Verrechnung in Betracht:[906]

(1) Aufrechnung der eingeforderten ausstehenden Einlagen (Forderungen) mit den in den Bilanzen der betreffenden Tochterunternehmen eingestellten Einzahlungsverpflichtungen (Verbindlichkeiten) oder

(2) Aufrechnung der in den Bilanzen der betreffenden Tochterunternehmen eingestellten Einzahlungsverpflichtungen (Verbindlichkeiten) mit den bei diesen Unternehmen auf der Aktivseite ausgewiesenen Beteiligungsbuchwerten (Forderungen).

Das Verrechnungswahlrecht hat entsprechende strukturwirksame Einflüsse auf die Bankkonzernbilanz. Die Wirkungen sind in den Folgeperioden gleichgerichtet.

Im ersten Fall werden die Forderungen mit den Verbindlichkeiten aufgerechnet und die bei den Tochterunternehmen ausgewiesenen Anteile am Bankkonzernmutterunternehmen in der Bankkonzernbilanz unter Pos. A. 14 "Eigene Aktien oder Anteile" des Formblattes 1 der RechKredV gesondert und ungekürzt ausgewiesen.

---

906 Vgl. im folgenden Arbeitskreis Weltabschlüsse der Schmalenbach-Gesellschaft - Deutsche Gesellschaft für Betriebswirtschaft e.V., Aufstellung, Tz. 222 ff.; Busse von Colbe/Ordelheide, Konzernabschlüsse, S. 336 f.; Heine, Vorbereitung, S. 146; Klein, Konzernbilanzpolitik, S. 378 ff.; Scheren, Konzernabschlußpolitik, S. 256 f.

Im zweiten Fall werden hingegen die ausstehenden eingeforderten Einlagen in ungekürzter Höhe in die Bankkonzernbilanz unter dem "Darunter-Vermerk" der Pos. A. 13 "Ausstehende Einlagen auf das gezeichnete Kapital" des Formblattes 1 der RechKredV eingestellt; die Pos. A. 14 des Formblattes 1 der RechKredV wird um die Verbindlichkeiten der Tochterunternehmen vermindert.

Eine besondere Bankkonzernanhangsangabe sieht der Gesetzgeber für diese Vorgänge nicht vor, so daß über die Verrechnung der eingeforderten ausstehenden Einlagen nicht zu berichten ist.

5.1.2.4.2 Spielräume bei Anzahlungen des Sachanlagevermögens

Geleistete und erhaltene Anzahlungen zwischen den in den Bankkonzernabschluß einbezogenen Unternehmen zählen zu den Forderungen und Verbindlichkeiten des § 340i Abs. 1 Satz 1 HGB i.V.m. § 303 Abs. 1 HGB und unterliegen ergo als bankkonzerninterne Schuldverhältnisse generell der Eliminierungspflicht.[907]

Konsolidierungsprobleme ergeben sich aber, wenn die in einem Bilanzposten gemeinsam auszuweisenden "geleisteten Anzahlungen" auf Sachanlagen und "Anlagen im Bau"[908] nicht mehr eindeutig abzugrenzen sind. Für diesen Fall wird in der Literatur die Auffassung vertreten, auf eine Konsolidierung der geleisteten Anzahlungen (wahlweise) zu verzichten "oder die Schuldenkonsolidierung nach dem Betrag zu bemessen, den das empfangende (Bank-; d.V.) Konzernunternehmen als erhaltene Anzahlung passiviert hat".[909]

Die Spielräume innerhalb dieses Bilanzpostens und deren zielgerichtete Einflußnahme auf die Bankkonzernbilanz sind in Anbetracht des weitgehend

907 Vgl. Adler/Düring/Schmaltz, Kommentierung § 303, Tz. 8; Baetge, Konzernbilanzen, S. 255; IDW (Hrsg.), WP-Handbuch, M, Tz. 492; Wohlgemuth, Schuldenkonsolidierung, Abt. V/4, Rn. 57.

908 Vgl. § 266 Abs. 2 Buchstabe A II. Nr. 4 HGB für Nichtbankunternehmen. In Pos. A. 12 des Formblattes 1 der RechKredV erfolgt für Kreditinstitute hingegen überhaupt keine Aufgliederung der Sachanlagen.

909 Wohlgemuth, Prüfung, Sp. 1751. Vgl. weiterhin Adler/Düring/Schmaltz, Kommentierung § 303, Tz. 9; Fischer, Schuldenkonsolidierung, C 420, Rz. 6; Harms, Kommentierung § 303, Rn. 19; Scherrer, Kommentierung § 303, Rz. 12. A.A. Küting, Konsolidierungspraxis, S. 172 f.

nichtbankbetrieblichen Charakters derartiger Schuldverhältnisse hingegen als grundsätzlich unbedeutend einzustufen.

5.1.2.4.3 Spielräume bei Anleihen

Besondere Bedeutung erlangen im Rahmen der Schuldenkonsolidierung Kreditinstitute mit Emissionsrecht.[910] Denn werden von Emissionsinstituten, die zum Konsolidierungskreis gehören, Anleihen begeben und von anderen konsolidierten Bankkonzernunternehmen erworben, zählen diese zu den Forderungen und Verbindlichkeiten des § 340i Abs. 1 Satz 1 HGB i.V.m. § 303 Abs. 1 HGB und unterliegen als bankkonzerninterne Schuldverhältnisse ebenfalls generell der Eliminierungspflicht. Indessen wird eine Konsolidierungspflicht nach Maßgabe bankkonzernabschlußpolitischer Argumentation wahlweise immer dann abzulehnen sein, falls die Anleihen noch an bankkonzernfremde Dritte in Umlauf gebracht werden können. Solange diese Möglichkeit besteht, kann auf eine Konsolidierung verzichtet werden. Die Anleihen sowie die korrespondierenden Aktivposten sind dann in voller Höhe in die Bankkonzernbilanz zu übernehmen.[911]
Andererseits kommt eine Konsolidierung in Betracht, sofern die begebenen Anleihen und deren Erlös anderen konsolidierten Bankkonzernunternehmen gegen die Hereinnahme von Anleihetiteln zur Verfügung gestellt wurden. In diesem Fall ist das bankkonzerninterne Schuldverhältnis als besondere Form der Fremdfinanzierung anzusehen und insofern grundsätzlich konsolidierungspflichtig.[912]

Die Verrechnung von Anleihen löst - sofern sie durchgeführt wird - i.d.R. eine erfolgswirksame Schuldenkonsolidierung aus, da sich aufgrund von Bege-

910 Vgl. Schneweis, Konzernabschlüsse, S. 899. Bei der Ausgabe von Anleihen stellen Girozentralen/Landesbanken, öffentlich-rechtliche Grundkreditanstalten sowie Spezialbanken i.d.R. die größte Emittentengruppe dar.

911 Vgl. Adler/Düring/Schmaltz, Kommentierung § 303, Tz. 17; Birck/Meyer, Bankbilanz, 1. Teillieferung, S. II 278; Busse von Colbe/Ordelheide, Konzernabschlüsse, S. 337 f.; Fischer, Schuldenkonsolidierung, C 420, Rz. 7; Küting, Konsolidierungspraxis, S. 173 f.; Wohlgemuth, Schuldenkonsolidierung, Abt. V/4, Rn. 51 ff.; Wysocki/Wohlgemuth, Konzernrechnungslegung, S. 221.

912 Vgl. Fischer, Schuldenkonsolidierung, C 420, Rz. 8; Wohlgemuth, Schuldenkonsolidierung, Abt. V/4, Rn. 54; Wysocki/Wohlgemuth, Konzernrechnungslegung, S. 222.

bungsdisagios und unterschiedlicher bilanzieller Behandlung der Anleihen bei Emittenten und Gläubigern Forderungen und Verbindlichkeiten regelmäßig in unterschiedlicher Höhe gegenüberstehen.[913] Die Wirkungsrichtung ist hingegen unbestimmt. Ferner kann die Verrechnung zu niedrigeren Ausweisen im Anlagevermögen führen; eine Verkürzung der Bankkonzernbilanzsumme wäre die Folge.

Der wahlweise Verzicht auf die Konsolidierung der Anleihen ist nach *Adler/Düring/Schmaltz* im Bankkonzernanhang unter Angabe des Betrags zu erläutern.[914] Da die Vorschrift des § 340i Abs. 1 Satz 1 HGB i.V.m. § 303 HGB andererseits keine entsprechende Regelung hierfür vorsieht und über die Schuldenkonsolidierung allenfalls im Zuge der allgemeinen Publizitätspflichten über Abweichungen von Konsolidierungsmethoden gemäß § 340i Abs. 1 Satz 1 HGB i.V.m. § 313 Abs. 1 Satz 2 Nr. 3 HGB in Form von Angaben, Begründungen und Darstellungen zu informieren ist, kann m.E. von einer allgemeingültigen Erläuterungspflicht nicht unmittelbar ausgegangen werden.

5.1.2.4.4 Wahlrecht bei der Behandlung der Vorsorge für allgemeine Bankrisiken

Nach § 340f Abs. 1 HGB haben Kreditinstitute zur Bildung von Vorsorgereserven für allgemeine Bankrisiken die Möglichkeit, Teile ihres Umlaufvermögens in den Einzelbilanzen mit einem niedrigeren als dem nach dem strengen Niederstwertprinzip vorgeschriebenen oder zugelassenen Wert anzusetzen.
Um bei der Verrechnung bankkonzerninterner Schuldverhältnisse die sich aus diesen Bewertungsunterschieden ergebenden echten passiven Aufrechnungsdifferenzen zu vermeiden, müßten die Vorsorgereserven im Rahmen der Schuldenkonsolidierung aufgelöst werden. Da zur Berücksichtigung stiller Vorsorgereserven aber keine Verpflichtung besteht,[915] wird man m.E. von einem Auflösungswahlrecht mit entsprechend ergebniswirksamer Einflußmöglichkeit ausgehen können.

---

913 Vgl. Müller, Jahresabschluß, S. 122; Schneweis, Konzernabschlüsse, S. 899.
914 Vgl. Adler/Düring/Schmaltz, Kommentierung § 303, Tz. 17.
915 Vgl. Gliederungspunkt 5.1.1.3.3.1 in diesem Kapitel sowie Albers, Bank-Konzernabschluß, S. 224 f.; Jäger/Vogelsang, Konzernrechnungslegung, S. 423.

Die Inanspruchnahme sowie die Auswirkungen des faktischen Wahlrechts sind nicht erkennbar, da nach § 340i Abs. 2 Satz 1 HGB i.V.m. § 340f Abs. 4 HGB weder im Bankkonzernabschluß noch im Bankkonzernlagebericht Angaben über die Bildung und Auflösung von Vorsorgereserven gemacht werden müssen.

5.1.2.5 Die bankkonzernabschlußpolitischen Maßnahmen aus dem Blickwinkel einer Bankkonzernrechnungslegung nach IAS

Die Bestimmungen zur Schuldenkonsolidierung, zur Zwischenergebniseliminierung sowie zur Aufwands- und Ertragskonsolidierung sind innerhalb des Normenwerks des IASC in nur einer einzigen Vorschrift geregelt. Detaillierte Regelungen zu den einzelnen Konsolidierungsvorgängen liegen aufgrund dessen nicht vor.
Für die Schuldenkonsolidierung bestimmt IAS 27.17 lediglich, daß Ansprüche und Verpflichtungen zwischen einbezogenen Unternehmen in voller Höhe zu eliminieren sind.

Wenngleich diese Vorschrift, im Gegensatz zum deutschen Recht, keine ausdrücklichen Ausnahmen der Schuldenkonsolidierung vorsieht, bedeutet dies nicht unmittelbar, daß es zu gravierenden Differenzen kommen sollte.[916] Grundsätzlich ist daher davon auszugehen, daß auf die Konsolidierung bankkonzerninterner Ansprüche und Verpflichtungen - dem Wesentlichkeitsgrundsatz folgend - in Fällen von untergeordneter Bedeutung verzichtet werden darf.[917] Ebenfalls wird auch ein teilweiser Verzicht auf die Schuldenkonsolidierung in einzelnen unwesentlichen Fällen als zulässig erachtet werden können. Wann die zu eliminierenden Beträge als unwesentlich einzustufen sind, läßt sich ebenso im Rahmen der Bankkonzernabschlußerstellung nach IAS nicht allgemeingültig bestimmen.

---

916 Vgl. Bellavite-Hövermann/Prahl, Bankbilanzierung, S. 75.
917 Vgl. Baetge/Schulze, Kommentierung IAS 27, Tz. 140; IDW (Hrsg.), Rechnungslegung, S. 304; KPMG Deutsche Treuhand-Gesellschaft (Hrsg.), Standards, S. 143.

Die Behandlung von Drittschuldverhältnissen, von ausstehenden Einlagen auf das gezeichnete Kapital, von zusammen mit den Anlagen im Bau aktivierten Anzahlungen des Sachanlagevermögens[918] sowie von bankkonzerninternen Anleihen ist in den Vorschriften des IASC zur Schuldenkonsolidierung ebenfalls nicht konkret geregelt. Vor diesem Hintergrund ist eine Pflicht zur Eliminierung dieser Bilanzpositionen nicht unmittelbar abzuleiten. Vielmehr wird daher auch an dieser Stelle eine den deutschen Regelungen entsprechende wahlweise Konsolidierung der jeweiligen Bilanzposten in Betracht zu ziehen sein.[919] Hingegen ist das sich bei der Behandlung der Vorsorgereserven für allgemeine Bankrisiken im Rahmen der handelsrechtlichen Schuldenkonsolidierung eröffnende bankkonzernabschlußpolitische Wahlrecht nach den Rechnungslegungsnormen des IASC analog nicht gegeben, da die stille Reservenbildung nach IAS nicht erlaubt ist.

Zusammenfassend ist gleichwohl festzuhalten, daß die bankkonzernabschlußpolitischen Wahlrechte und Spielräume der handelsrechtlichen Schuldenkonsolidierung im Zuge der Anwendung der IASC-Vorschriften nur wenig eingeschränkt werden.

5.1.2.6 Zusammenfassung der bankkonzernabschlußpolitischen Maßnahmen, deren Wirkungen auf die Zielgrößen und deren Existenz im Rahmen einer Rechnungslegung nach IAS

Im Rahmen der Analyse der Schuldenkonsolidierung kann eine Beeinflussung der relevanten Bankkonzernabschlußkennzahlen wiederum durch die Ausnutzung faktischer und gesetzlich kodifizierter Wahlrechte, die Auslegung unbestimmter Rechtsbegriffe sowie die Nutzbarmachung von Gesetzeslücken erfolgen. In diesem Kontext kann der bilanzierende Entscheidungsträger mit allen dargelegten bankkonzernabschlußpolitischen Maßnahmen die Höhe der auszuweisenden Bankkonzernbilanzsumme, des Bankkonzerneigenkapitals

918 Auch nach IAS 5.11 besteht die Möglichkeit des nicht getrennten Ausweises der geleisteten Anzahlungen und der Anlagen im Bau unter dem Posten "andere sachgerecht bezeichnete Gruppen von Sachanlagen".

919 Baetge/Schulze, Kommentierung IAS 27, Tz. 122 ff. und Tz. 129, leiten hingegen ein Konsolidierungswahlrecht explizit nur für Drittschuldverhältnisse ab.

und des Bankkonzernjahresergebnisses beeinflussen. Lediglich die Ausübung des Wahlrechts zur Verrechnung der eingeforderten ausstehenden Einlagen auf das gezeichnete Kapital des Bankkonzernmutterunternehmens ist weder ergebnis- noch eigenkapitalwirksam.
Mit Ausnahme des genannten Verrechnungswahlrechts sowie des Wahlrechts hinsichtlich der Behandlung der Vorsorge für allgemeine Bankrisiken ist ferner zu konstatieren, daß die bankkonzernabschlußpolitischen Beeinflussungsmöglichkeiten der handelsrechtlichen Schuldenkonsolidierung ebenso analog im Rahmen der Anwendung der Rechnungslegungsnormen des IASC vorhanden sind.
Eine Darlegung der erzielten Wirkungen im Bankkonzernanhang läßt sich grundsätzlich umgehen.

Nachfolgend werden die Untersuchungsergebnisse im Überblick tabellarisch dargestellt.

Tabelle 9: Bankkonzernabschlußpolitische Maßnahmen im Rahmen der Schuldenkonsolidierung

mögliche Maßnahmen	Zielgrößen											
	Bankkonzernbilanzsumme		(bilanzielles) Bankkonzerneigenkapital						Bankkonzernjahresergebnis		Erkennbarkeit im Bankkonzernanhang	
			Bilanzergebnis		Gewinnrücklagen		sonstige Eigenkapitalposten					
	HGB	IAS	HGB	IAS	HGB	IAS	HGB	IAS	HGB	IAS	HGB	IAS
Wahlrecht zur Durchführung der Konsolidierung bei untergeordneter Bedeutung	x	x^a	x	x^a	x	x^a	x	x^a	x	x^a		
Wahlrecht zur Konsolidierung von Drittschuldverhältnissen	x	x^a	x	x^a					x	x^a		
Wahlrecht zur Verrechnung der eingeforderten ausstehenden Einlagen auf das gezeichnete Kapital des Mutterunternehmens	x	x^a										
Spielräume bei der Behandlung von Anzahlungen des Sachanlagevermögens	x	x^a	x	x^a					x	x^a		
Spielräume bei der Behandlung von Anleihen	x	x^a	x	x^a					x	x^a	(x)	(x^a)
Wahlrecht bei der Behandlung der Vorsorge für allgemeine Bankrisiken	x		x		x				x			

Legende: x = Wirkung vorhanden bzw. Erkennbarkeit gegeben; (x) = Erkennbarkeit eingeschränkt gegeben; x^a = Wirkung analog vorhanden bzw. Erkennbarkeit gegeben; (x^a) = Wirkung analog vorhanden, aber vergleichsweise eingeschränkt bzw. Erkennbarkeit eingeschränkt gegeben

5.1.3 Zwischenergebniseliminierung

5.1.3.1 Überblick sowie die rechtsformspezifischen Vorschriften für deutsche Bankkonzerne

Zwischengewinne und Zwischenverluste, die aus Lieferungen oder Leistungen zwischen den in den Bankkonzernabschluß einbezogenen Unternehmen resultieren, gelten - in konsequenter Umsetzung der Einheitstheorie - so lange als nicht realisiert, bis diese Lieferungen und Leistungen den Konsolidierungskreis verlassen haben. Der Sprung zum bankkonzernexternen Absatzmarkt ist aus Bankkonzernsicht noch nicht vollzogen.

Aufgabe der Zwischenergebniseliminierung ist es aus diesem Grunde, die Wertansätze der zu übernehmenden Vermögensgegenstände um die darin enthaltenen Zwischengewinne und -verluste aus bankkonzerninternen Transaktionen zu berichtigen. Die Ermittlung der zu eliminierenden Zwischengewinne und -verluste erfolgt hierbei in Gegenüberstellung der relevanten Werte der Handelsbilanz II mit den Bankkonzernanschaffungs- und Bankkonzernherstellungskosten.[920]

Gesetzlich geregelt ist die Zwischenergebniseliminierung in § 340i Abs. 1 Satz 1 HGB i.V.m. § 304 HGB.

Zwar ist die Eliminierung von Zwischenergebnissen und deren Verwendung als abschlußpolitisches Instrument für vertikal tief gegliederte Industriekonzerne von weitaus größerer Bedeutung, doch können Zwischengewinne und -verluste durchaus beachtlichen Ausmaßes auch bei Bankkonzernen entstehen, obwohl es im Bankbereich branchentypisch weder Vorratsproduktionen noch aktivierbare Eigenleistungen[921] gibt.[922]

5.1.3.2 Maßnahmen beim Umfang der zu übernehmenden Vermögensgegenstände

Die Zwischenergebniseliminierung ist grundsätzlich auf alle Vermögensgegenstände im Sinne des § 340i Abs. 1 Satz 1 HGB i.V.m. § 304 Abs. 1 HGB verpflichtend anzuwenden.

---

920 Vgl. Adler/Düring/Schmaltz, Kommentierung § 304, Tz. 1 f.; Baetge, Konzernbilanzen, S. 276; Busse von Colbe/Ordelheide, Konzernabschlüsse, S. 349 f.; Coenenberg, Jahresabschluß, S. 505; ders., Konzernbilanz, S. 145; IDW (Hrsg.), WP-Handbuch, M, Tz. 282 f.; Jäger/Vogelsang, Konzernrechnungslegung, S. 424; Kußmaul, Grundzüge, S. 360; Rasch, Konzernrecht, S. 191 f.; Wysocki/Wohlgemuth, Konzernrechnungslegung, S. 174 ff.

921 Zur Bankleistungserstellung von Kreditinstituten vgl. Büschgen, Bankbetriebslehre, S. 311 ff.

922 Vgl. Köllhofer/Sprißler, Informationswesen, S. 889. Insgesamt wird der Zwischenergebniseliminierung im Bankkonzern dennoch nur eine eher untergeordnete Bedeutung eingeräumt; vgl. Jäger/Vogelsang, Konzernrechnungslegung, S. 424 f.; Mattes, Bankbilanz, S. 75; Müller, Jahresabschluß, S. 124 f. Für Nichtbankkonzerne stuft Küting, Konzernrechnungslegung, S. 8042, die Eliminierung der Zwischenergebnisse als wichtiges abschlußpolitisches Instrument ein.

Da diese Vorschrift weitgehend auf den internen Leistungsaustausch von Industriekonzernen ausgelegt ist, bleibt offen, welche Vermögensgegenstände, die ganz oder teilweise auf Lieferungen und Leistungen zwischen in den Bankkonzernabschluß einbezogenen Kreditinstituten beruhen, für eine Zwischenergebniseliminierung in Betracht kommen.
Infolge der bei Kreditinstituten branchenbedingt fehlenden Vorratsproduktion sowie fehlenden aktivierbaren Eigenleistungen, kommen neben bankkonzerninternen Grundstücks- und Beteiligungsveräußerungen, hauptsächlich kreditinstitutsspezifische Handelsaktivitäten - respektive Wertpapiertransaktionen aller Art[923] - für eine Eliminierung der Zwischenergebnisse in Frage, sofern Veräußerungspreis und entsprechender Buchwert differieren.[924]
Überdies scheint es sachgerecht, "unbeschadet des Wortlauts von (§ 340i Abs. 1 Satz 1 HGB i.V.m.; d.V.) § 304 HGB, der von "in den Konzernabschluß zu übernehmenden Vermögensgegenständen" spricht, ... bei Kreditinstituten auch Ansprüche aus nicht bilanzwirksamen Geschäften in den Begriff der Vermögensgegenstände im Sinne der Zwischenergebniseliminierung einzubeziehen. Denn auch der Handel mit derivaten Finanzinstrumenten kann innerhalb des (Bank-; d.V.) Konzerns zu aus Sicht der Einheitstheorie nicht realisierten Zwischenergebnissen führen".[925] Eine Pflicht zur Eliminierung kann hieraus indessen nicht abgeleitet werden; auch deshalb nicht, da bilanzunwirksame Geschäfte nicht in jedem Fall die allgemeinen Voraussetzungen zur Eliminierungspflicht erfüllen.[926]

---

923 Von Bedeutung sind hier insbesondere Restbestände aus Wertpapieremissionen, die ungewollt bei den Emissionsbanken verbleiben können; vgl. Krumnow/Sprißler/Bellavite-Hövermann/Kemmer/Steinbrücker, Kommentierung § 340i, j HGB, Rn. 141. Vgl. ferner Mattes, Bankbilanz, S. 75. Zur Abgrenzung der Handelsaktivitäten von anderen Aktivitäten vgl. Prahl/Naumann, Bilanzierung, S. 732 f.

924 Vgl. Köllhofer/Sprißler, Informationswesen, S. 889; Müller, Jahresabschluß, S. 124 f.; Prahl/Naumann, Bankkonzernrechnungslegung, S. 243; Werthmöller, Rechnungslegung, S. 150 ff. Zu weiteren Ausnahmefällen vgl. Jäger/Vogelsang, Konzernrechnungslegung, S. 424.

925 Göttgens/Schmelzeisen, Bankbilanzrichtlinie-Gesetz, S. 92. Vgl. ebenso Prahl/Naumann, Bankkonzernrechnungslegung, S. 243.

926 Eliminierungspflichtige Vermögensgegenstände müssen grundsätzlich in der Einzelbilanz beim einzubeziehenden Unternehmen aktiviert sein; vgl. hierzu und zu weiteren allgemeinen Voraussetzungen IDW (Hrsg.), WP-Handbuch, M, Tz. 299 ff.; Klein, Zwischenergebniseliminierung, C 430, Rz. 12 ff.; Weber, Kommentierung § 304, Rn. 8 ff.; Wohlgemuth, Zwischenergebniseliminierung, Abt. V/5, Rn. 5 ff. Allerdings können mit

Wenngleich die Zwischenergebniseliminierung bei der Aufstellung von Bankkonzernabschlüssen eine untergeordnete Rolle spielt, sind die vorhandenen Spielräume bei dem Umfang der zu übernehmenden Vermögensgegenstände ergebnisregulierend verwendbar. Denn über die Steuerung der Höhe der Zwischenergebniseliminierung kann Einfluß auf das Bankkonzernergebnis genommen werden. Infolgedessen beeinflussen die erfolgswirksam zu verrechnenden Bewertungsunterschiede ebenso die Höhe des in der Bankkonzernbilanz einzustellenden Bilanzgewinns bzw. -verlustes.
Die Wirkungsrichtung ist indes unbestimmt. Ergibt sich ein eliminierungsfähiger Zwischengewinn, hat dies eine ergebnismindernde Wirkungsrichtung zur Folge. Andererseits tritt bei der Entstehung eliminierungsfähiger Zwischenverluste eine ergebniserhöhende Wirkung ein.

In Abhängigkeit vom Vorliegen von Zwischengewinnen oder -verlusten im Anlage- oder Umlaufvermögen ergeben sich darüber hinaus strukturwirksame Einflüsse auf die Bankkonzernbilanz.[927]

Nach Maßgabe der gesetzlichen Regelungen sind mit der Behandlung der im Zuge der Zwischenergebniseliminierung zu übernehmenden Vermögensgegenstände keine Berichtspflichten im Bankkonzernanhang verbunden. Insofern ist weder eine quantitative noch eine qualitative Erkennbarkeit der Vorgänge gegeben.

5.1.3.3 Maßnahmen beim Wertansatz der zu übernehmenden Vermögensgegenstände

5.1.3.3.1 Einführung

Ein zentrales Problem der Zwischenergebniseliminierung stellt die Ermittlung des Wertansatzes für die zu übernehmenden Vermögensgegenstände dar.

Verweis auf das Vollständigkeitsgebot des § 340i Abs. 1 Satz 1 HGB i.V.m. § 300 Abs. 2 Satz 1 HGB auch nicht aktivierte Vermögensgegenstände zu übernehmen sein.

927 Vgl. Scheren, Konzernabschlußpolitik, S. 283.

Der Wertansatz basiert auf der Ermittlung der Bankkonzernanschaffungskosten gemäß den für alle Kaufleute geltenden Vorschriften des § 255 Abs. 1 HGB oder der Bankkonzernherstellungskosten gemäß den für alle Kaufleute geltenden Vorschriften des § 255 Abs. 2 und Abs. 3 HGB und der darauf vorzunehmenden Abwertungen gemäß § 253 HGB, § 254 HGB sowie § 340i Abs. 2 Satz 1 HGB i.V.m. § 340e HGB.

Infolge branchenbedingter Unterschiede sind für die Wertansätze im Bankkonzern i.d.R. ausschließlich die Bankkonzernanschaffungskosten relevant, da eine Herstellung nur in extremen Ausnahmefällen stattfindet.[928] Dementsprechend kann im weiteren Verlauf dieser Arbeit auf eine Darstellung der Bankkonzernherstellungskosten verzichtet werden.[929]

5.1.3.3.2 Bankkonzernanschaffungskosten

Vermögensgegenstände, die von bankkonzernfremden Dritten erworben und nach ihrem Erwerb ohne Be- oder Verarbeitung an ein anderes Bankkonzernunternehmen weiterveräußert wurden, sind in der Bankkonzernbilanz mit ihren Bankkonzernanschaffungskosten anzusetzen. Bei der Bestimmung der Bankkonzernanschaffungskosten bestehen nach Maßgabe des § 255 Abs. 1 HGB prinzipiell keine Ermessensspielräume. Infolgedessen sind die Bankkonzernhöchstwerte und -mindestwerte identisch und die Bankkonzernanschaffungskosten daher eindeutig bestimmbar.[930] Daraus resultiert für die Zwischenergebniseliminierung, daß sich im Zuge der Ermittlung der Zwischenergebnisse zwei eindeutig determinierte Größen gegenüberstehen: einerseits der zu übernehmende Wert aus der Handelsbilanz II und andererseits der Wert der Bankkonzernanschaffungskosten. Demzufolge werden dem bankkonzernab-

---

928 Vgl. Krumnow/Sprißler/Bellavite-Hövermann/Kemmer/Steinbrücker, Kommentierung § 340i, j HGB, Rn. 139; Werthmöller, Rechnungslegung, S. 154.

929 Vgl. allgemein zu den Konzernherstellungskosten Dusemond, Konzernanschaffungskosten, S. 158 ff. Zu abschlußpolitischen Spielräumen bei den Herstellungskosten im Industriekonzern vgl. Klein, Konzernbilanzpolitik, S. 385 ff.; Scheld, Konzernbilanzpolitik, S. 351 ff.; Scheren, Konzernabschlußpolitik, S. 266 ff.; Steudter, Entscheidungsmodelle, S. 336 ff.

930 Vgl. Adler/Düring/Schmaltz, Kommentierung § 304, Tz. 12 und Tz. 20; Coenenberg, Konzernbilanz, S. 148; Ruhnke, Problematik, S. 5; Weber, Kommentierung § 304, Rn. 45 ff.; Wohlgemuth, Zwischenergebniseliminierung, Abt. V/5, Rn. 31 ff.

schlußpolitischen Entscheidungsträger bei der Bestimmung der eliminierungspflichtigen Beträge keine Interpretationsspielräume anheimgestellt.[931]

Ermessensspielräume können sich aber dennoch aus der Zusammensetzung der Bankkonzernanschaffungskosten ergeben. Zu den Bankkonzernanschaffungskosten gehören generell auch alle Anschaffungsnebenkosten sowie die nachträglichen Anschaffungskosten. Ferner sind Anschaffungspreisminderungen, welche aus Bankkonzernsicht entstanden sind, entsprechend abzusetzen.[932]

Die Aktivierung von Anschaffungsnebenkosten, die aus Anschaffungsgeschäften zwischen einbezogenen Bankkonzernunternehmen resultieren, ist hierbei indessen strittig. Einerseits wird ihre Aktivierungsfähigkeit abgelehnt, da im allgemeinen die Voraussetzungen eines externen Anschaffungsgeschäfts nicht gegeben sind.[933] Andererseits wird ihre Aktivierung mit Verweis auf den Grundsatz der Periodisierung, welcher für den Einzelabschluß gilt, hingegen für erforderlich gehalten.[934] Einbeziehungsspielräume sind dementsprechend offenkundig immanent.

Schließlich ergeben sich abschlußpolitische Ansatzpunkte bei der Interpretation des Nachtrags von Anschaffungskosten. Nachträgliche Anschaffungskosten sind nur dann zu aktivieren, falls sie in direktem Zusammenhang mit dem Anschaffungsgeschäft entstanden sind[935] und bei den entsprechenden Vermögensgegenständen zu einer erheblichen Wertsteigerung geführt haben,[936] "wobei unterschiedliche Auffassungen hinsichtlich der erforderlichen zeitlichen Nähe zum ursprünglichen Beschaffungsvorgang bestehen".[937] *Ellrott/Schmidt-Wendt* vertreten diesbezüglich die Meinung, daß die nachträglichen Aufwen-

---

931 Vgl. Bartels, Zwischenergebniseliminierung, S. 741.
932 Vgl. § 255 Abs. 1 Satz 2 und Satz 3 HGB.
933 Vgl. Biener/Berneke, Bilanzrichtlinien-Gesetz, S. 345 f.; Weber, Kommentierung § 304, Rn. 47.
934 Vgl. Adler/Düring/Schmaltz, Kommentierung § 304, Tz. 19; Busse von Colbe/Ordelheide, Konzernabschlüsse, S. 358 f.
935 Vgl. Adler/Düring/Schmaltz, Kommentierung § 255, Tz. 14; Ellrott/Schmidt-Wendt, Kommentierung § 255, Anm. 22 und Anm. 70; Obermeier, Thesen, S. 409.
936 Vgl. Adler/Düring/Schmaltz, Kommentierung § 255 Tz. 14 und Tz. 42. A.A. Knop/Küting, Kommentierung § 255, Rn. 44.
937 Wohlgemuth, Zwischenergebniseliminierung, Abt. V/5, Rn. 31, m.w.N.

dungen in keinem zeitlichen Bezug zur Anschaffung stehen und infolgedessen auch noch viele Jahre nach dem Erwerb des entsprechenden Vermögensgegenstandes anfallen können.[938] Demgegenüber wird auch der Standpunkt vertreten, nachträgliche Aufwendungen i.d.R. nur dann einrechnen zu dürfen, sofern diese in enger zeitlicher Verbindung zur Anschaffung entstanden sind.[939]
Problematisch ist gleichfalls die Abgrenzung der Erheblichkeit, da sich generell anwendbare valide Kriterien zur Bestimmung einer erheblichen Wertsteigerung nicht festlegen lassen.
Interpretationsspielräume sind damit ebenso offenkundig.

Die abschlußpolitisch nutzbaren Spielräume bei der Ermittlung der Bankkonzernanschaffungskosten können die Höhe des Bankkonzernergebnisses und aufgrund dessen die Höhe des Eigenkapitals der Bankkonzernbilanz beeinflussen: Eine Veränderung der Bankkonzernanschaffungskosten verursacht c.p. auch eine Veränderung der Zwischenergebnisse, da als Zwischenergebnis allgemein die Differenz zwischen dem Wertansatz eines Vermögensgegenstands, wie er sich aus der Handelsbilanz II ergibt und seiner Bewertung aus Sicht des Bankkonzerns zu verstehen ist. Werden die Spielräume in Richtung einer Erhöhung der Bankkonzernanschaffungskosten in Anspruch genommen, bedingt diese Vorgehensweise c.p. eine Verminderung der zu eliminierenden Zwischengewinne bzw. eine Erhöhung der zu eliminierenden Zwischenverluste.[940]
Entsprechende Angaben im Bankkonzernanhang sind nicht zu berücksichtigen.

Abschließend bleibt jedoch festzuhalten, daß sowohl die abschlußpolitischen Spielräume als auch die Auswirkungen auf den Bankkonzernabschluß als eher unbedeutend einzustufen sind.

---

938 Vgl. Ellrott/Schmidt-Wendt, Kommentierung § 255, Anm. 110.
939 Vgl. Niemann/Schmidt, Anschaffungskostenerhöhung, Teil A, Rz. 75.
940 Vgl. Klein, Konzernbilanzpolitik, S. 386 ff.; Wysocki/Wohlgemuth, Konzernrechnungslegung, S. 188 f.

5.1.3.3.3 Sonderposten mit Rücklageanteil bei der Zwischengewinneliminierung

Ermessensspielräume können sich schließlich i.V.m. steuergesetzlichen Regelungen ergeben.
Bei Veräußerungen von Gegenständen des Anlagevermögens innerhalb des Bankkonzerns besteht die Möglichkeit, einen eliminierungspflichtigen Zwischengewinn durch die Bildung eines Sonderpostens mit Rücklageanteil gemäß § 6b EStG im Einzelabschluß des betreffenden Bankkonzernunternehmens ganz oder teilweise zu neutralisieren. Wird diese Möglichkeit der Zwischengewinneutralisierung in Anspruch genommen, stellt sich auf Bankkonzernebene im Rahmen der Zwischenergebniseliminierung die Frage, ob auf eine Eliminierung dieser Zwischengewinne verzichtet werden kann,[941] da andernfalls die gleichzeitige Berücksichtigung der Zwischengewinne sowie die Übernahme des Sonderpostens mit Rücklageanteil in die Bankkonzernbilanz rechnerisch zu einer doppelten Kürzung des Bankkonzernergebnisses führen würde. Im Gesetz gibt es hierzu keine eindeutige Vorschrift. Ebenso hat sich im Schrifttum bisher noch keine h.M. herausgebildet.[942] Somit wird m.E. von einem quantitativ flexiblen Eliminierungswahlrecht auszugehen sein, mit der Konsequenz, das Bankkonzernergebnis verstärkt kürzen und diese Ergebnisse auf die Folgeperioden verlagern zu können. Entsprechend sind die Auswirkungen auf die Höhe des Eigenkapitals der Bankkonzernbilanz.

Eine Pflicht zur Veröffentlichung von Informationen im Bankkonzernanhang über die Behandlung der Zwischengewinne i.V.m. den steuergesetzlichen Vorschriften des § 6b EStG läßt sich aus den handelsrechtlichen Regelungen nicht unmittelbar ableiten. Sonach wird i.d.R. extern nicht erkennbar sein, in-

941 Vorausgesetzt die Zwischengewinne wurden im Einzelabschluß vollständig neutralisiert und der Sonderposten mit Rücklageanteil wurde nicht erfolgswirksam aufgelöst.

942 Zu den einzelnen Auffassungen vgl. Arbeitskreis "Externe Unternehmensrechnung" der Schmalenbach-Gesellschaft - Deutsche Gesellschaft für Betriebswirtschaft e.V., Aufstellung, S. 102 f.; IDW (Hrsg.), WP-Handbuch, M, Tz. 314; Kühr, Konsolidierungsmaßnahmen, S. 80 f.; Küting/Haeger, Zwischenergebniseliminierung, S. 1359 ff.; Weber, Kommentierung § 304, Rn. 56; Wohlgemuth, Zwischenergebniseliminierung, Abt. V/5, Rn. 151 f.

wieweit der Bankkonzernabschluß durch derartige Eliminierungsvorgänge beeinflußt wurde.

5.1.3.4 Durchführungswahlrechte der Zwischenergebniseliminierung

Die Zwischenergebniseliminierung ist grundsätzlich verpflichtend. Allerdings hat der Gesetzgeber Ausnahmen in Form von Wahlrechten kodifiziert, so daß auf eine Eliminierung von Zwischenergebnissen bei Ausübung der Wahlrechte - ganz oder teilweise - verzichtet werden kann.[943]

5.1.3.4.1 Wahlweiser Verzicht zur Durchführung bei Geltung üblicher Marktbedingungen und unverhältnismäßig hohem Aufwand

Wird die Lieferung oder Leistung zu üblichen Marktbedingungen vorgenommen und würde die Ermittlung des anzusetzenden Betrags einen unverhältnismäßig hohen Aufwand erfordern, so kann gemäß § 340i Abs. 1 Satz 1 HGB i.V.m. § 304 Abs. 2 Satz 1 HGB auf die Zwischenergebniseliminierung wahlweise verzichtet werden, vorausgesetzt, daß beide Kriterien gleichzeitig erfüllt sind.[944]

Im wesentlichen wird die Ausübung des Eliminierungswahlrechts durch die Interpretation des unbestimmten Rechtsbegriffs "unverhältnismäßig hoher Aufwand" determiniert werden, da ein Großteil der bankkonzerninternen Lieferungen und Leistungen i.d.R. zu üblichen Marktbedingungen abgewickelt werden können.[945] Unverhältnismäßig hoch sind die Aufwendungen zur Ermittlung des Wertansatzes grundsätzlich dann, wenn sie in einem deutlich erkennbaren Mißverhältnis zu den für die Bankkonzernrechnungslegung insgesamt entstehenden Aufwendungen sowie in keiner angemessenen Relation zu dem daraus resultierenden Informationszuwachs stehen.[946]

---

943 Vgl. IDW (Hrsg.), WP-Handbuch, M, Tz. 303.

944 Vgl. Budde/Dreissig, Kommentierung § 304, Anm. 61; IDW (Hrsg.), WP-Handbuch, M, Tz. 304; Weber, Kommentierung § 304, Rn. 18; Wohlgemuth, Zwischenergebniseliminierung, Abt. V/5, Rn. 13.

945 Vgl. Weber, Kommentierung § 304, Rn. 20. Zum Begriff der "marktüblichen Bedingungen" vgl. Dusemond, Konzernanschaffungskosten, S. 303 ff.

946 Zur Auslegung der Unverhältnismäßigkeit vgl. Weber, Kommentierung § 304, Rn. 23 ff.; Wohlgemuth, Zwischenergebniseliminierung, Abt. V/5, Rn. 16.

Gleichwohl eröffnet die inoperationale Gesetzesformulierung und das Fehlen valider Abgrenzungskriterien dabei einen nicht unerheblichen Gestaltungsspielraum,[947] zumal ein unverhältnismäßig hoher Aufwand sowohl aus unverhältnismäßig hohen Kosten als auch aus unverhältnismäßig hohen Zeitaufwendungen resultieren kann.[948]

Da der § 340i Abs. 1 Satz 1 HGB i.V.m. § 304 Abs. 2 Satz 1 HGB auch generell die kreditinstitutsspezifischen Handelsaktivitäten des Wertpapier- und u.U. des Finanzderivatehandels erfassen kann[949] sowie bei Erfüllung der Anwendungsvoraussetzungen den Verzicht zur Eliminierung wesentlicher Zwischenergebnisse zuläßt, wird, in Abhängigkeit der Dimension von Zwischengewinnen oder -verlusten, das Bankkonzernergebnis entsprechend stark beeinflußt werden können.

Das Wahlrecht zum Verzicht zur Durchführung der Zwischenergebniseliminierung bei Geltung üblicher Marktbedingungen und unverhältnismäßig hohem Aufwand ist daneben zeitlich und quantitativ flexibel.

Die Wahlrechtsausübung ist erkennbar, da der Verzicht zur Zwischenergebniseliminierung im Bankkonzernanhang anzugeben sowie, falls ein wesentlicher Einfluß auf die wirtschaftliche Lage des Bankkonzerns besteht, zu erläutern ist.[950]

---

947 Die Existenz erheblicher Gestaltungsspielräume spiegelt sich auch in der Aussage von Jöris, Probleme, S. 235, wider, wonach "mit dieser Vorschrift der Verzicht auf eine Zwischenerfolgseliminierung eher zur Regel als zur Ausnahme wird". Vgl. hierzu auch Bär, Bilanzierung, S. 227; Pfleger, Praxis 1988, Rdnr. 161; Schruff, Einflüsse, S. 269. A.A. Budde/Dreissig, Kommentierung § 304, Anm. 63.

948 Vgl. Biener/Berneke, Bilanzrichtlinien-Gesetz, S. 347.

949 Vgl. Grewe, Kommentierung § 340i/j, Rz. 61; Prahl/Naumann, Bankkonzernrechnungslegung, S. 243.

950 Vgl. § 340i Abs. 1 Satz 1 HGB i.V.m. § 304 Abs. 2 Satz 2 HGB. Allerdings beinhaltet der Paragraph scheinbar ein Paradoxon bzgl. der Erläuterungspflicht: Auf die Zwischenergebniseliminierung kann verzichtet werden, wenn - neben der Voraussetzung, daß die Lieferungen oder Leistungen zu üblichen Marktbedingungen vorgenommen wurden - die Ermittlung der Zwischenergebnisse einen unverhältnismäßig hohen Aufwand erfordern würde. Für die Feststellung, ob der Verzicht von wesentlichem Einfluß auf die Vermögens-, Finanz- und Ertragslage war, müßten hingegen die nicht eliminierten Zwischenergebnisse bekannt sein. Hierzu wäre wiederum eine Eliminierung der Zwischenergebnisse notwendig, womit die kodifizierte Aufwandsersparnis sinnlos würde; vgl. hierzu auch Scherrer, Kommentierung § 304, Rz. 41. Demzufolge wird die

5.1.3.4.2 Wahlweiser Verzicht zur Durchführung bei untergeordneter Bedeutung

§ 340i Abs. 1 Satz 1 HGB i.V.m. § 304 Abs. 3 HGB kodifiziert ein weiteres Wahlrecht, wonach auf die Zwischenergebniseliminierung verzichtet werden kann, sofern sie für die Darstellung der Vermögens-, Finanz- und Ertragslage des Bankkonzerns von untergeordneter Bedeutung ist.

Für die Auslegung des Wesentlichkeitsgrundsatzes sind wiederum die Verhältnisse des Einzelfalls entscheidend, wobei an dieser Stelle nicht nur allein die Eliminierung des Zwischenergebnisses bei dem einzelnen Vermögensgegenstand zu betrachten, sondern vielmehr auf die Summe aller in Frage stehender Zwischenergebnisse abzustellen ist.[951] Dennoch werden auch hier angesichts fehlender allgemeingültiger Kriterien für eine Wesentlichkeitsgrenze die Spielräume nicht grundlegend eingeschränkt.[952] Darüber hinaus ist das Eliminierungswahlrecht als sachlich und eingeschränkt zeitlich flexibel zu klassifizieren.

Gemeinhin kann daher auch mit Hilfe des wahlweisen Verzichts zur Durchführung der Zwischenergebniseliminierung bei untergeordneter Bedeutung die Vermittlung eines den tatsächlichen Verhältnissen entsprechenden Bildes der wirtschaftlichen Lage des Bankkonzerns beeinträchtigt werden. Denn jede unterlassene Zwischengewinn- oder Zwischenverlusteliminierung hat entsprechende Auswirkungen auf das Bankkonzernergebnis und die Bankkonzernbilanzstruktur zur Folge, so daß die Aussagefähigkeit des Bankkonzernabschlusses in Grenzen abschlußpolitisch steuerbar ist.

Erläuterungspflicht zu umgehen sein; die Inanspruchnahme des Wahlrechts sowie dessen Auswirkungen wären dann nur begrenzt erkennbar.

951 Vgl. Arbeitskreis "Externe Unternehmensrechnung" der Schmalenbach-Gesellschaft - Deutsche Gesellschaft für Betriebswirtschaft e.V., Aufstellung, S. 94; Klein, Zwischenergebniseliminierung, C 430, Rz. 46 ff.; Scherrer, Kommentierung § 304, Rz. 42; Weber, Kommentierung § 304, Rn. 34; Wysocki/Wohlgemuth, Konzernrechnungslegung, S. 185.

952 Vgl. ferner zu möglichen Größenordnungen der Wesentlichkeitsgrenze bei der Zwischenergebniseliminierung Budde/Dreissig, Kommentierung § 304, Anm. 72. Aber auch solche Größenordnungen können "eine auf den Einzelfall abstellende Beurteilung ... jedoch nicht ersetzen"; Wysocki/Wohlgemuth, Konzernrechnungslegung, S. 185.

Publizitätspflichten im Bankkonzernanhang sind mit der Ausübung des Wahlrechts nicht verbunden.

5.1.3.5 Die bankkonzernabschlußpolitischen Maßnahmen aus dem Blickwinkel einer Bankkonzernrechnungslegung nach IAS

Die kurzen, allgemein gehaltenen Bestimmungen des IASC im Hinblick auf die Zwischenergebniseliminierung stehen weitgehendst mit den deutschen Regelungen in Einklang.[953] Hiernach besteht die Notwendigkeit, sämtliche unrealisierten Gewinne aus bankkonzerninternen Transaktionen in voller Höhe zu eliminieren. Dasselbe gilt im allgemeinen auch für unrealisierte Verluste aus bankkonzerninternen Transaktionen, es sei denn, die Aufwendungen können nicht wieder zurückerhalten werden.[954]

Wenngleich in den Vorschriften zur Zwischenergebniseliminierung eine explizite Bezugnahme auf die Bankkonzernanschaffungs- bzw. Bankkonzernherstellungskosten fehlt, ist dennoch anzunehmen, daß auch nach dem Normenwerk des IASC eine Eliminierung von Zwischenergebnissen nur erforderlich ist, soweit die bankkonzerninternen Lieferungen oder Leistungen zu einem Wertansatz in der Handelsbilanz II geführt haben, der von den Bankkonzernanschaffungs- bzw. Bankkonzernherstellungskosten oder einem gebotenen niedrigeren Stichtagswert abweicht.[955] Allerdings ist eine abstrakte Definition der Anschaffungs- bzw. Herstellungskosten ähnlich der deutschen Vorschriften in den Regelungen des IASC nicht enthalten. Ebenfalls fehlen detaillierte Bestimmungen im Hinblick auf die Zusammensetzung der Kosten.[956] In ungeregelten Fragen wird man jedoch - wegen der generellen Übereinstimmung der beiden Systeme im Bereich der Eliminierung von Zwischenergebnissen - auf deutsche Lösungen zurückgreifen können.[957] Soweit sich hiernach bei der Bestimmung der Kostenzusammensetzung Spielräume oder

953 Vgl. Bellavite-Hövermann/Prahl, Bankbilanzierung, S. 75; Gidlewitz, Harmonisierung, S. 235 f.; Risse, Abschluss, S. 229 f.; Schruff, Vereinheitlichung, S. 420.

954 Vgl. IAS 27.17 f.

955 Vgl. IDW (Hrsg.), Rechnungslegung, S. 306.

956 In IAS 2, IAS 16, IAS 18, IAS 23 und IAS 25 finden sich hingegen Einzelregelungen zur Ermittlung sowie einzelne exemplarisch aufgeführte konkrete Bestandteile der Kosten; vgl. Baetge/Schulze, Kommentierung IAS 27, Tz. 145.

957 Vgl. Risse, Abschluss, S. 230.

Wahlrechte ergeben, ist insofern davon auszugehen, daß diese auch einen Einfluß auf die Zwischenergebniseliminierung gemäß IAS 27.17 haben können.

Kein vergleichbarer Einfluß auf die Eliminierung kann hingegen bei der Ermittlung der zu übernehmenden Vermögensgegenstände erzielt werden. Einerseits ist der Begriff des Vermögensgegenstands nach den Bestimmungen des IASC weiter gefaßt als der des Handelsrechts und beinhaltet neben den Bilanzierungshilfen und Rechnungsabgrenzungsposten auch die nach deutschem Recht nicht bilanzierungsfähigen Vermögensgegenstände.[958] Anderseits regelt IAS 32 die Behandlung aller Arten von bilanzwirksamen und bilanzunwirksamen Finanzinstrumenten. Eine entsprechende Vorschrift ist im deutschen Handelsrecht nicht enthalten.

Auf die Betrachtung der Behandlung von Sonderposten mit Rücklageanteil im Rahmen der Zwischenergebniseliminierung kann an dieser Stelle wiederum verzichtet werden, da deren Bildung bzw. Passivierung nach den Vorschriften des IASC nicht erlaubt ist.[959]

Die Eliminierung von Zwischenergebnissen kann in Fällen von untergeordneter Bedeutung unterbleiben.[960] Analog den handelsrechtlichen Vorschriften steht die Pflicht zur Zwischeneliminierung damit gleichfalls unter einem Wesentlichkeitsvorbehalt. Das nach deutschem Recht kodifizierte Wahlrecht zum Verzicht auf die Eliminierung bei Geltung üblicher Marktbedingungen und unverhältnismäßig hohem Aufwand sieht das Regelwerk des IASC hingegen nicht vor. Der Verweis auf die vom IASC im Framework angestellte Wirtschaft-

958 Vgl. Achleitner/Wollmert/van Hulle, Grundlagen, Tz. 21, m.w.N.; Baukmann/Mandler, Standards, S. 72 ff.; Wollmert/Achleitner, Grundlagen, S. 215 f.
959 Vgl. Fn. 644.
960 Vgl. P.12 i.V.m. F.29 f.

lichkeitsabwägung[961] wird indes ein solches Eliminierungswahlrecht begründen können.[962]

5.1.3.6 Zusammenfassung der bankkonzernabschlußpolitischen Maßnahmen, deren Wirkungen auf die Zielgrößen und deren Existenz im Rahmen einer Rechnungslegung nach IAS

Auch im Zuge der Untersuchung der Zwischenergebniseliminierung bieten sich mittels der sachverhaltsdarstellenden Instrumente Möglichkeiten zur Beeinflussung der relevanten Kennzahlen zur Beurteilung der wirtschaftlichen Bankkonzernlage. Dabei läßt sich mit sämtlichen zur Verfügung stehenden Maßnahmen einen Einfluß auf die Ausweishöhe der Bankkonzernbilanzsumme, des Bankkonzerneigenkapitals und des Bankkonzernjahresergebnisses erzielen.

Zudem sind die mit den Wahlrechten und Spielräumen beim Wertansatz der zu übernehmenden Vermögensgegenstände im Hinblick auf die Bankkonzernanschaffungskosten und den Durchführungswahlrechten der Zwischenergebniseliminierung zu erzielenden Wirkungen ebenso analog im Rahmen einer Rechnungslegung nach den Vorschriften des IASC vorhanden.

Mit Ausnahme der Informationspflichten im Falle der Inanspruchnahme des Eliminierungswahlrechts bei der Geltung üblicher Marktbedingungen und unverhältnismäßig hohem Aufwand ist eine Darlegung der struktur- und ergebnisbeeinflussenden Auswirkungen im Bankkonzernanhang im allgemeinen zu umgehen.

Nachfolgend werden die Untersuchungsergebnisse im Überblick tabellarisch dargestellt.

---

961 Vgl. F.44.

962 Vgl. Bellavite-Hövermann/Prahl, Bankbilanzierung, S. 75; GEFIU, Möglichkeiten, S. 1187 f.; Risse, Abschluss, S. 232. A.A. Baetge/Schulze, Kommentierung IAS 27, Tz. 151, m.w.N.; Coenenberg, Jahresabschluß, S. 518; Gidlewitz, Harmonisierung, S. 236.

Tabelle 10: Bankkonzernabschlußpolitische Maßnahmen im Rahmen der Zwischenergebniseliminierung

mögliche Maßnahmen	Zielgrößen											
	Bankkonzernbilanzsumme		(bilanzielles) Bankkonzerneigenkapital						Bankkonzernjahresergebnis		Erkennbarkeit im Bankkonzernanhang	
			Bilanzergebnis		Gewinnrücklagen		sonstige Eigenkapitalposten					
	HGB	IAS	HGB	IAS	HGB	IAS	HGB	IAS	HGB	IAS	HGB	IAS
Spielräume beim Umfang der zu übernehmenden Vermögensgegenstände	x		x						x			
Wahlrechte und Spielräume beim Wertansatz der zu übernehmenden Vermögensgegenstände bzgl.												
• Bankkonzernanschaffungskosten	x	x^a	x	x^a					x	x^a		
• Sonderposten mit Rücklageanteil	x		x				x		x			
Eliminierungswahlrechte der Zwischenergebnisse bei												
• Geltung üblicher Marktbedingungen und unverhältnismäßig hohem Aufwand	x	(x^a)	x	(x^a)					x	(x^a)	x	x^a
• untergeordneter Bedeutung	x	x^a	x	x^a					x	x^a		

Legende: x = Wirkung vorhanden bzw. Erkennbarkeit gegeben; (x) = Erkennbarkeit eingeschränkt gegeben; x^a = Wirkung analog vorhanden bzw. Erkennbarkeit gegeben; (x^a) = Wirkung analog vorhanden, aber vergleichsweise eingeschränkt bzw. Erkennbarkeit eingeschränkt gegeben

5.1.4 Aufwands- und Ertragskonsolidierung

5.1.4.1 Überblick sowie die rechtsformspezifischen Vorschriften für deutsche Bankkonzerne

Bankkonzerninterne Aufwendungen und Erträge sind gemäß § 340i Abs. 1 Satz 1 HGB i.V.m. § 305 Abs. 1 HGB innerhalb der vollkonsolidierten Bankkonzern-GuV aufzurechnen und, falls erforderlich, in andere GuV-Positionen umzugliedern. Die Umsetzung der Einheitstheorie bedingt, daß solche Aufwendungen und Erträge der Bankkonzern-GuV zu eliminieren sind, die auf Transaktionen zwischen in den Bankkonzern einbezogenen Unternehmen be-

ruhen.[963] Somit werden danach generell nur noch Aufwendungen und Erträge aus Geschäften mit bankkonzernexternen Dritten ausgewiesen. Dafür sind einerseits die Innenumsatzerlöse gemäß § 340i Abs. 1 Satz 1 HGB i.V.m. § 305 Abs. 1 Nr. 1 HGB und andererseits die anderen Erträge aus Lieferungen und Leistungen gemäß § 340i Abs. 1 Satz 1 HGB i.V.m. § 305 Abs. 1 Nr. 2 HGB zwischen den Bankkonzernunternehmen zu verrechnen.[964]
Branchentypisch bedingt fällt der Aufrechnungsbedarf überwiegend bei innerbankkonzernlichen Zins- und Provisionszahlungen an.[965]

Die Aufwands- und Ertragskonsolidierung ist i.d.R. erfolgsneutral.[966]
Für die Gliederung der Bankkonzern-GuV ist § 37 RechKredV i.V.m. § 2 Abs. 1 RechKredV maßgebend.

5.1.4.2 Wahlrecht zur Durchführung der Aufwands- und Ertragskonsolidierung

§ 340i Abs. 1 Satz 1 HGB i.V.m. § 305 Abs. 2 HGB kodifiziert ein Wahlrecht, wonach auf die Aufwands- und Ertragskonsolidierung sowohl insgesamt als auch teilweise verzichtet werden kann, sofern die wegzulassenden Beträge für die Darstellung der Vermögens-, Finanz- und Ertragslage des Bankkonzerns von untergeordneter Bedeutung sind. Bei der Auslegung des Wesentlichkeitsgrundsatzes sind wiederum die Verhältnisse des Einzelfalls entscheidend, wobei nicht auf die einzelnen wegzulassenden Beträge abzustellen ist, son-

---

963 Hingegen sind Aufwendungen und Erträge aus Geschäftsbeziehungen mit einbezogenen assoziierten Unternehmen nicht zu verrechnen oder umzugliedern; vgl. auch Gliederungspunkt 5.2.1 in diesem Kapitel.

964 Zur Technik der Aufwands- und Ertragskonsolidierung vgl. bspw. Adler/Düring/Schmaltz, Kommentierung § 305, Tz. 9 ff.; Busse von Colbe/Ordelheide, Konzernabschlüsse, S. 406 ff.; Budde/Dreissig, Kommentierung § 305, Anm. 15 ff.; Coenenberg, Konzernbilanz, S. 190 ff.; IDW (Hrsg.), WP-Handbuch, M, Tz. 561 ff.; Reinhard, Kommentierung § 305, Rn. 9 ff.; Riese, Ertragskonsolidierung, C 470, Rz. 40 ff.; Schildbach, Konzernabschluß, S. 263 ff.

965 Vgl. Köllhofer/Sprißler, Informationswesen, S. 889; Prahl/Naumann, Bankkonzernrechnungslegung, S. 244.

966 Vgl. Krumnow/Sprißler/Bellavite-Hövermann/Kemmer/Steinbrücker, Kommentierung § 340i, j HGB, Rn. 146. Göttgens/Schmelzeisen, Bankbilanzrichtlinie-Gesetz, S. 93, erachten die Konsolidierung als *stets* erfolgsneutral und übersehen dabei aber mögliche Ergebniswirkungen bei der Konsolidierung von Gemeinschaftsunternehmen; vgl. Gliederungspunkt 5.3.3.4 in diesem Kapitel.

dern vielmehr auf deren Summe.[967] Dessenungeachtet werden auch hier aufgrund fehlender allgemeingültiger Kriterien für eine Wesentlichkeitsgrenze die Interpretationsspielräume nicht grundlegend eingeschränkt.

Die Interpretationsspielräume zum vollständigen oder teilweisen Verzicht auf die Aufwands- und Ertragskonsolidierung erweitern auf diese Weise die Ansatzpunkte für die Weltkonzernabschlußpolitik deutscher Bankkonzerne, da mit dem strukturwirksamen, quantitativ flexiblen Durchführungswahlrecht grundsätzlich die Höhe der jeweils betroffenen Aufwands- und Ertragsposten der Bankkonzern-GuV steuerbar ist. Dabei gilt, daß die Aussagekraft der Bankkonzern-GuV um so geringer wird, je mehr auf die Eliminierung der in Frage kommenden Aufwands- und Ertragsverhältnisse verzichtet wird.[968] Mit der Wahlrechtsausübung sind keine Sekundärwirkungen verbunden.

Eine besondere Angabe oder Begründung zum Verzicht auf eine Konsolidierung von Aufwendungen und Erträgen im Bankkonzernanhang ist nach § 340i Abs. 1 Satz 1 HGB i.V.m. § 305 HGB nicht vorgeschrieben. Die Inanspruchnahme des Wahlrechts ist daher extern nicht erkennbar.

5.1.4.3 Konto- versus Staffelform

Die Bankkonzern-GuV kann gemäß § 37 RechKredV i.V.m. § 2 Abs. 1 Satz 1 RechKredV sowohl in Kontoform (Formblatt 2) als auch in Staffelform (Formblatt 3) aufgestellt werden. Beide Dokumentationsformen führen zu gleichen Ergebnissen. Das zeitlich inflexible Wahlrecht beinhaltet aber gewisse, die formale Ausgestaltung betreffende Spielräume, da bei Anwendung der Staffelform die zusätzliche Aufstellung von Zwischensalden verlangt wird. Der Ergebnisausweis der normalen Geschäftstätigkeit (Pos. 19 Formblatt 3

967 Vgl. Adler/Düring/Schmaltz, Kommentierung § 305, Tz. 100; Arbeitskreis "Externe Unternehmensrechnung" der Schmalenbach-Gesellschaft - Deutsche Gesellschaft für Betriebswirtschaft e.V., Aufstellung, S. 105; Küting, Konzernrechnungslegung, S. 8045; Reinhard, Kommentierung § 305, Rn. 7; Riese, Ertragskonsolidierung, C 470, Rz. 34 f.; Scherrer, Kommentierung § 305, Rz. 32; Wysocki/Wohlgemuth, Konzernrechnungslegung, S. 262.

968 Vgl. Meyer, Konzern-Bilanzpolitik, S. 481.

RechKredV) sowie der außerordentliche Ergebnisausweis (Pos. 22 Formblatt 3 RechKredV) erhöhen insofern die Überschaubarkeit.[969]
Die bankkonzernabschlußpolitische Relevanz dieses Wahlrechts ist hingegen generell unbedeutend.

5.1.4.4 Kompensationswahlrechte

Der Gesetzgeber hat für die Aufwands- und Ertragskonsolidierung zwei Kompensationswahlrechte kodifiziert, womit strukturwirksame Effekte innerhalb der Bankkonzern-GuV zu erzielen sind. Der Bankkonzernjahresüberschuß bzw. -fehlbetrag bleibt hiervon unbeeinflußt. Die Wahlrechte sind somit nicht ergebniswirksam.
Die Kompensationswahlrechte können im Bankkonzernabschluß unabhängig von deren Ansatz in den jeweiligen Einzelabschlüssen neu ausgeübt werden.

5.1.4.4.1 Kompensation gemäß § 340i Abs. 2 Satz 1 HGB i.V.m. § 340c Abs. 2 HGB

Nach § 37 RechKredV i.V.m. § 33 Satz 1 RechKredV sind in den Aufwandsposten "Abschreibungen und Wertberichtigungen auf Beteiligungen, Anteile an verbundenen Unternehmen und wie Anlagevermögen behandelte Wertpapiere"[970] sowie in den Ertragsposten "Erträge aus Zuschreibungen zu Beteiligungen, Anteilen an verbundenen Unternehmen und wie Anlagevermögen behandelten Wertpapieren"[971] die Aufwendungen und Erträge des § 340i Abs. 2 Satz 1 HGB i.V.m. § 340c Abs. 2 HGB einzustellen. Diese Aufwendungen und Erträge können dann gemäß § 37 RechKredV i.V.m. § 33 Satz 2 RechKredV und § 340i Abs. 2 Satz 1 HGB i.V.m. § 340c Abs. 2 Satz 1 HGB wahlweise vollständig kompensiert und in einem Posten bilanziert werden. Eine teilweise Saldierung ist gesetzlich unzulässig.[972]

---

969 Vgl. hierzu auch die Ausführungen in Gliederungspunkt 4.3 in diesem Kapitel sowie Förschle, Kommentierung § 275, Anm. 11; Meyer/Isenmann, Bankbilanzrichtlinie-Gesetz, S. 226 ff.
970 Aufwendungen Pos. 8 Formblatt 2 RechKredV bzw. Pos. 15 Formblatt 3 RechKredV.
971 Erträge Pos. 7 Formblatt 2 RechKredV bzw. Pos. 16 Formblatt 3 RechKredV.
972 Vgl. § 37 RechKredV i.V.m. § 33 Satz 3 RechKredV.

Die Ausübung des Kompensationswahlrechts ist in der Bankkonzern-GuV grundsätzlich erkennbar. Andererseits ist die Entwicklung der einzelnen Posten im Bankkonzernanhang nicht nachvollziehbar, da ihre Zusammenfassung mit anderen Bankkonzernanhangsposten legitim ist.[973]

5.1.4.4.2 Kompensation gemäß § 340i Abs. 2 Satz 1 HGB i.V.m. § 340f Abs. 3 HGB

Dieses Kompensationswahlrecht steht im Zusammenhang mit den stillen Vorsorgereserven für allgemeine Bankrisiken gemäß § 340i Abs. 2 Satz 1 HGB i.V.m. § 340f Abs. 1 Satz 1 HGB.

Nach § 37 RechKredV i.V.m. § 32 Satz 1 RechKredV sind in den Aufwandsposten "Abschreibungen und Wertberichtigungen auf Forderungen und bestimmte Wertpapiere sowie Zuführungen zu Rückstellungen im Kreditgeschäft"[974] sowie in den Ertragsposten "Erträge aus Zuschreibungen zu Forderungen und bestimmten Wertpapieren sowie aus der Auflösung von Rückstellungen im Kreditgeschäft"[975] die Aufwendungen und Erträge des § 340i Abs. 2 Satz 1 HGB i.V.m. § 340f Abs. 3 HGB einzustellen. Diese Aufwendungen und Erträge können dann gemäß § 37 RechKredV i.V.m. § 32 Satz 2 RechKredV und § 340i Abs. 2 Satz 1 HGB i.V.m. § 340f Abs. 3 HGB wahlweise vollständig kompensiert und in einem Posten bilanziert werden.[976] Das Wahlrecht besteht unabhängig davon, ob Vorsorgereserven für allgemeine Bankrisiken gebildet oder aufgelöst werden.[977] Eine teilweise Saldierung ist gesetzlich unzulässig.[978]

---

973 Vgl. § 37 RechKredV i.V.m. § 34 Abs. 3 Satz 2 RechKredV.

974 Aufwendungen Pos. 7 Formblatt 2 RechKredV bzw. Pos. 13 Formblatt 3 RechKredV.

975 Erträge Pos. 6 Formblatt 2 RechKredV bzw. Pos. 14 Formblatt 3 RechKredV.

976 Diese Form der Kompensation wird als Überkreuzkompensation bezeichnet; vgl. hierzu Bieg, Bankbetriebslehre, S. 322 ff.; Birck/Meyer, Bankbilanz, 2. Teillieferung, S. IV 42 f.; Bundesverband deutscher Banken (Hrsg.), Bankbilanzrichtlinie-Gesetz, S. 41 und S. 72 f.; C&L Deutsche Revision (Hrsg.), Banken, Tz. 99; Hossfeld, Kompensationsmöglichkeiten, S. 340; Krumnow/Sprißler/Bellavite-Hövermann/Kemmer/Steinbrücker, Kommentierung § 340f HGB, Rn. 56 ff.; Scharpf/Sohler, Jahresabschluß, S. 78 ff.; Treuarbeit AG (Hrsg.), Bankbilanzierung, S. 111 f.; Waschbusch, Jahresabschlußpolitik, S. 399 ff.

977 Vgl. Hossfeld, Kompensationsmöglichkeiten, S. 338.

978 Vgl. § 37 RechKredV i.V.m. § 32 Satz 3 RechKredV.

Die Ausübung des Kompensationswahlrechts ist in der Bankkonzern-GuV im allgemeinen erkennbar. Daneben sind hier ebenfalls keine weiteren Angaben notwendig, so daß für die Bankkonzernabschlußadressaten i.d.R. keine hinreichende Möglichkeit besteht, die bankkonzernbetrieblichen Erfolgsquellen sinnvoll zu ermitteln.[979]

5.1.4.5 Die bankkonzernabschlußpolitischen Maßnahmen aus dem Blickwinkel einer Bankkonzernrechnungslegung nach IAS

Die Verpflichtung zur Aufwands- und Ertragskonsolidierung wird wiederum durch die zentrale Konsolidierungsvorschrift in IAS 27 begründet. Danach sind gemäß IAS 27.17 f. sämtliche bankkonzerninterne Aufwendungen und Erträge einschließlich bankkonzerninterner Dividendenzahlungen sowie sonstiger Gewinnvereinnahmungen in voller Höhe zu eliminieren. Auch diese Regelung des IASC steht in Einklang mit der handelsrechtlichen Verpflichtung zur Konsolidierung aller Aufwendungen und Erträge aus Geschäften zwischen Bankkonzernunternehmen.[980]

Übereinstimmung besteht außerdem insofern, als die Verpflichtung zur Eliminierung aller Auswirkungen bankkonzerninterner Transaktionen unter einen Wesentlichkeitsvorbehalt fällt.[981] Auf die Aufwands- und Ertragskonsolidierung kann danach in Fällen von untergeordneter Bedeutung wahlweise verzichtet werden.[982]

Ebenso sind nach den IASC-Bestimmungen die Aufwendungen und Erträge in der Bankkonzern-GuV so zu erfassen, wie sie sich aus der Sicht der wirtschaftlichen Einheit des Bankkonzerns ergeben würden.[983] In Übereinstimmung mit den Verlautbarungen des IASC ist zu diesem Zweck gleichfalls die

---

979 Vgl. Bieg, Bankbetriebslehre, S. 325; Waschbusch, Jahresabschlußpolitik, S. 401. Vgl. ferner § 340i Abs. 2 Satz 1 HGB i.V.m. § 340f Abs. 4 HGB.

980 Vgl. Bellavite-Hövermann/Prahl, Bankbilanzierung, S. 75; Gidlewitz, Harmonisierung, S. 236; Risse, Abschluss, S. 229; Schruff, Vereinheitlichung, S. 420.

981 Vgl. Baetge/Schulze, Kommentierung IAS 27, Tz. 157.

982 Vgl. P.12 i.V.m. F.29 f.

983 Vgl. Baetge/Schulze, Kommentierung IAS 27, Tz. 154.

Möglichkeit vorhanden, die Aufwands- und Ertragskomponenten wahlweise in der Staffel- oder der Kontoform zu präsentieren.[984]

Hingegen besteht nach den internationalen Rechnungslegungsvorschriften grundsätzlich ein Saldierungsverbot für Aufwendungen und Erträge.[985] Insbesondere ist die nach deutschem Recht erlaubte Überkreuzkompensation nicht zulässig,[986] so daß die bankkonzernabschlußpolitisch nutzbaren Verrechnungswahlrechte in dieser Hinsicht entfallen. Eine Ausnahme vom Verbot der Saldierung besteht nach IAS 30.15 indes für Gewinne und Verluste aus Wertpapieren des Handelsbestandes und des Anlagevermögens sowie für Devisenhandelsaktivitäten.

5.1.4.6 Zusammenfassung der bankkonzernabschlußpolitischen Maßnahmen, deren Wirkungen auf die Zielgrößen und deren Existenz im Rahmen einer Rechnungslegung nach IAS

Im Zuge der Aufwands- und Ertragskonsolidierung bieten sich dem rechnungslegenden Entscheidungsträger grundsätzlich keine Möglichkeiten zur Beeinflussung der in dieser Untersuchung zugrunde gelegten relevanten Kennzahlen zur Beurteilung der Vermögens-, Finanz- und Ertragslage des Bankkonzerns.

---

984 Vgl. Krumnow, Kommentierung IAS 30, Tz. 13.
985 Vgl. IAS 30.13.
986 Vgl. Bellavite-Hövermann/Prahl, Bankbilanzierung, S. 114; Krumnow, Kommentierung IAS 30, Tz. 104.

Tabelle 11: Bankkonzernabschlußpolitische Maßnahmen im Rahmen der Aufwands- und Ertragskonsolidierung

mögliche Maßnahmen	Zielgrößen											
	Bankkonzernbilanzsumme		(bilanzielles) Bankkonzerneigenkapital						Bankkonzernjahresergebnis		Erkennbarkeit im Bankkonzernanhang	
			Bilanzergebnis		Gewinnrücklagen		sonstige Eigenkapitalposten					
	HGB	IAS	HGB	IAS	HGB	IAS	HGB	IAS	HGB	IAS	HGB	IAS
Wahlrecht zur Durchführung der Konsolidierung bei untergeordneter Bedeutung												
Konto- versus Staffelform												
Kompensationswahlrechte gemäß												
• § 340i Abs. 2 Satz 1 HGB i.V.m. § 340c Abs. 2 HGB											(x)	
• § 340i Abs. 2 Satz 1 HGB i.V.m. § 340f Abs. 3 HGB											(x)	

Legende: x = Wirkung vorhanden bzw. Erkennbarkeit gegeben; (x) = Erkennbarkeit eingeschränkt gegeben; x^a = Wirkung analog vorhanden bzw. Erkennbarkeit gegeben; (x^a) = Wirkung analog vorhanden, aber vergleichsweise eingeschränkt bzw. Erkennbarkeit eingeschränkt gegeben

5.1.5 Steuerabgrenzung

5.1.5.1 Überblick sowie die rechtsformspezifischen Vorschriften für deutsche Bankkonzerne

Die Notwendigkeit der Steuerabgrenzung, d.h. der Abgrenzung aktiver bzw. passiver latenter Steuern im Bankkonzern, resultiert aus möglichen Unterschieden zwischen den aufsummierten, tatsächlichen Steueraufwendungen der konsolidierten Unternehmen, die grundsätzlich durch die nationalen steuerbilanzrechtlichen Vorschriften determiniert werden, und einem fiktiven Steueraufwand, der auszuweisen wäre, wenn der Bankkonzern ein einziges Unternehmen und der Bankkonzernerfolg dementsprechend Besteuerungsgrund-

lage wäre. Die bisher zugrunde gelegte Einheitstheorie wird damit um die Annahme der steuerrechtlichen Einheit des Bankkonzerns erweitert.[987]
Als Grundlage der Steuerabgrenzung gelten nur die auf sog. zeitlichen Differenzen (timing differences) basierenden Ergebnisunterschiede, welche sich im Zeitablauf wieder ausgleichen. Zeitlich unbegrenzte (permanent differences) sowie quasi zeitlich unbegrenzte Unterschiede sind nicht Gegenstand der Steuerabgrenzung.[988]

Rechtsgrundlage zur Bilanzierung latenter Steuern im Bankkonzernabschluß bildet der § 340i Abs. 1 Satz 1 HGB i.V.m. § 306 HGB, ergänzt um die Regelungen des § 340a Abs. 1 Satz 1 HGB i.V.m. § 274 HGB über § 340i Abs. 2 Satz 1 HGB zur Steuerabgrenzung im Einzelabschluß. Danach vollzieht sich die Abgrenzung der latenten Steuern in folgenden Stufen:[989]

---

987 Vgl. Busse von Colbe/Ordelheide, Konzernabschlüsse, S. 34; Hintze, Bilanzierung, S. 845; Scherrer, Kommentierung § 306, Rz. 6; Wysocki, Prüfungswesen, S. 211 f.

988 Zu den Abgrenzungen der Differenzen vgl. Debus, Steuern, C 440, Rz. 41 ff.; Hille, Steuern, S. 7 ff.; Jöris, Probleme, S. 239; Wiegand, Bilanzierung, S. 34 ff.; Wysocki/ Wohlgemuth, Konzernrechnungslegung, S. 250 f. Aufgrund fehlender Berücksichtigung der zeitlich unbegrenzten Differenzen weist Küting, Konzernrechnungslegung, S. 8051, darauf hin, daß eine vollständige Kongruenz von Handels- und Steuerbilanz nicht erreicht werden kann.

989 Vgl. hierzu auch die Einteilungen von Adler/Düring/Schmaltz, Kommentierung § 306, Tz. 25; Becker, Abgrenzung, S. 1738; Bömelburg, Prüfung, S. 1251; Coenenberg, Konzernbilanz, S. 207; Debus, Steuern, C 440, Rz. 16; Gross/Schruff/Wysocki, Konzernabschluß, S. 219; Scheren, Konzernabschlußpolitik, S. 331; Schneeloch, Steuern, Sp. 1343 f.; Sigel, Steuern, Sp. 1225 f.; Treuhand-Vereinigung AG (Hrsg.), Rechnungslegung, S. 192 f.; Wysocki/Wohlgemuth, Konzernrechnungslegung, S. 253 f. Auf die Darstellung der mit der Abgrenzung latenter Steuern verbundenen Sonderfälle - deren Behandlung bei abweichenden Stichtagen sowie in Verlustsituation - wird hierbei nicht eingegangen; vgl. dazu Adler/Düring/Schmaltz, Kommentierung § 306, Tz. 41 ff.; Bömelburg, Grundsätze, S. 197 ff.; Debus, Steuern, C 440, Rz. 114 ff.; Haar, Berücksichtigung, S. 142 ff.; Hille, Steuern, S. 72 ff.; Langer, Steuern, S. 53 ff.; Lochner, Steuern, S. 2293 f.; Scheren, Konzernabschlußpolitik, S. 348 f.

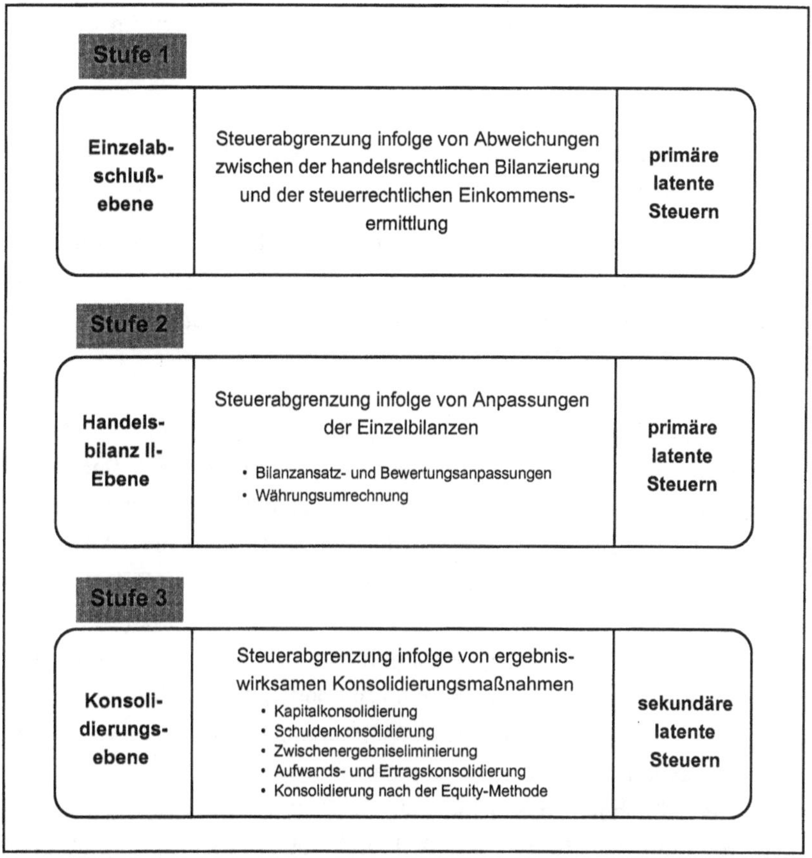

Abbildung 7: Stufen der Steuerabgrenzung im Bankkonzernabschluß

Hierbei kann im folgenden auf eine Untersuchung der Steuerlatenzen auf Einzelabschlußebene verzichtet werden,[990] da diese Gegenstand der Einzelabschlußpolitik sind.

990 Zu Definitionen latenter Steuern sowie deren Zwecke im Einzelabschluß vgl. die Übersichten 1 und 2 in Harms/Küting, Probleme, S. 95 f.

5.1.5.2 Maßnahmen bei der Entstehung latenter Steuern im Bankkonzernabschluß

5.1.5.2.1 Wahlrechte und Spielräume im Rahmen der Aufstellung der Handelsbilanz II

Wahlrechte und Spielräume im Rahmen der Aufstellung der Handelsbilanz II können aus Bilanzierungsmaßnahmen des § 340i Abs. 1 Satz 1 HGB i.V.m. § 300 HGB, aus Bewertungsmaßnahmen des § 340i Abs. 1 Satz 1 HGB i.V.m. § 308 HGB sowie aus der Währungsumrechnung resultieren.

Für sich ergebende Steuerabgrenzungen aus **Bilanzierungs- und Bewertungsmaßnahmen** ist es fraglich, ob diese den in § 340i Abs. 1 Satz 1 HGB i.V.m. § 306 Satz 1 HGB aufgeführten handelsrechtlichen Vorschriften des Vierten Titels zur Vollkonsolidierung zuzuordnen sind oder anderenfalls nach § 340a Abs. 1 Satz 1 HGB i.V.m. § 274 HGB über § 340i Abs. 2 Satz 1 HGB zu berücksichtigen sind. Die Frage ist deshalb von bankkonzernabschlußpolitischer Relevanz, da bei der Abgrenzung latenter Steuern gemäß § 306 HGB für aktive Steuerabgrenzungsposten eine Aktivierungspflicht, für eine Abgrenzung gemäß § 274 HGB hingegen ein Aktivierungswahlrecht besteht. Ferner können sich die anzuwendenden Steuersätze unterscheiden.[991]
Bewertungsmaßnahmen des § 340i Abs. 1 Satz 1 HGB i.V.m. § 308 HGB werden von dem Wortlaut des § 340i Abs. 1 Satz 1 HGB i.V.m. § 306 HGB nicht erfaßt. Steuerabgrenzungen, die auf einer bankkonzerneinheitlichen Bewertung der einzubeziehenden Einzelabschlüsse basieren, sind dementsprechend nach den geltenden Regeln des § 340a Abs. 1 Satz 1 HGB i.V.m. § 274 HGB über § 340i Abs. 2 Satz 1 HGB zu behandeln.[992]

---

991 Vgl. Adler/Düring/Schmaltz, Kommentierung § 306, Tz. 22; Schildbach, Konzernabschluß, S. 305; Selchert, Steuern, S. 38. Zu den unterschiedlichen Steuersätzen auf der Handelsbilanz II- und Konsolidierungsebene vgl. Gliederungspunkt 5.1.5.3.1 in diesem Kapitel.

992 Vgl. Arbeitskreis "Externe Unternehmensrechnung" der Schmalenbach-Gesellschaft - Deutsche Gesellschaft für Betriebswirtschaft e.V., Aufstellung, S. 111; Baumann, Kommentierung § 306, Rn. 10; IDW (Hrsg.), WP-Handbuch, M, Tz. 607; Lederle, Vereinheitlichung, C 300, Rz. 78; Siegel, Steuern, Sp. 1229. A.A. Scherrer, Kommentierung § 306, Rz. 11.

Bilanzierungsmaßnahmen des § 340i Abs. 1 Satz 1 HGB i.V.m. § 300 HGB gehören indessen formell zum Vierten Titel und damit zu den Maßnahmen des § 340i Abs. 1 Satz 1 HGB i.V.m. § 306 HGB. Da die Bilanzierungsmaßnahmen ebenso wie die Bewertungsmaßnahmen die gleichen materiellen Auswirkungen auf den Bankkonzernabschluß haben, erscheint es sachlich nicht gerechtfertigt, die beiden Maßnahmen mit Verweis auf den Gesetzeswortlaut unterschiedlich zu behandeln. Vielmehr ist auch diese Vorschrift Bestandteil zur Ableitung der Handelsbilanz II und demzufolge den Regeln des § 340a Abs. 1 Satz 1 HGB i.V.m. § 274 HGB über § 340i Abs. 2 Satz 1 HGB zu unterwerfen.[993] Gleichwohl besteht hierzu keine Verpflichtung.

Unter Anwendung des § 340a Abs. 1 Satz 1 HGB i.V.m. § 274 HGB über § 340i Abs. 2 Satz 1 HGB läßt sich folglich das Bankkonzernergebnis sowie die Bankkonzernbilanzstruktur gezielt beeinflussen, da der Verzicht auf den Ansatz aktiver latenter Steuern c.p. zu einer Minderung des Bankkonzernergebnisses und ergo zu einer Minderung des Eigenkapitals führt.

Wird das Aktivierungswahlrecht in Anspruch genommen, ist die Abgrenzung der aktiven latenten Steuern grundsätzlich erkennbar. Nach § 340a Abs. 1 Satz 1 HGB i.V.m. § 274 Abs. 2 Satz 2 HGB über § 340i Abs. 2 Satz 1 HGB ist der Abgrenzungsposten gesondert auszuweisen und im Bankkonzernanhang zu erläutern.

Im Rahmen der **Währungsumrechnung** kommt eine Bilanzierung latenter Steuern grundsätzlich in Betracht, sofern ergebniswirksam zu verrechnende zeitliche (Umrechnungs-) Differenzen entstanden sind. Problematisch ist dabei die zeitliche Begrenzung der Ergebnisunterschiede, denn im allgemeinen ist nicht erkennbar, ob sich die Wechselkurse gegenläufig entwickeln und in den nachfolgenden Rechnungsperioden ausgleichen werden.[994] Daher wird die

---

993 Vgl. Adler/Düring/Schmaltz, Kommentierung § 306, Tz. 25; Baumann, Kommentierung § 306, Rn. 10; Debus, Steuern, C 440, Rz. 21 ff. und Rz. 112; IDW (Hrsg.), WP-Handbuch, M, Tz. 607; Wysocki/Wohlgemuth, Konzernrechnungslegung, S. 256. A.A. Siegel, Steuern, Sp. 1229.

994 Vgl. Baumann, Kommentierung § 306, Rn. 17; Schnicke/Fischer, Kommentierung § 306, Anm. 28. Hennig, Bilanzierung, S. 298, spricht in diesem Fall von dem Zufallscharakter der Wechselkursschwankungen.

Auffassung vertreten, solche zeitlichen Differenzen aus Vereinfachungsgründen generell wie quasi permanente zu behandeln.[995] Ferner könnten bei Beteiligungsveräußerungen latente Steuern aus der Währungsumrechnung abzugrenzen sein. Die Steuerabgrenzung sollte aber nur dann erfolgen, wenn die Veräußerungen und damit die Realisation von Umrechnungserfolgen vorhersehbar und beabsichtigt sind.[996]
Insgesamt wird einer (im Einzelfall) vorzunehmenden Einstufung der Währungsumrechnungsdifferenzen als zeitliche Differenzen indessen nicht widersprochen. Ergebniswirksame Auslegungsspielräume zur Bilanzierung latenter Steuern sind dementsprechend offenkundig immanent.[997] Die Wirkungsrichtung der Spielräume ist hingegen unbestimmt.
Über die Abgrenzung latenter Steuern im Rahmen der Währungsumrechnung ist im Bankkonzernanhang grundsätzlich nicht zu berichten.

5.1.5.2.2 Spielräume im Rahmen bankkonzernspezifischer Konsolidierungsvorgänge

Für zeitliche Differenzen, die aus ergebniswirksamen bankkonzernspezifischen Konsolidierungsvorgängen resultieren, sind gemäß § 340i Abs. 1 Satz 1 HGB i.V.m. § 306 Satz 1 HGB latente Steuern im Bankkonzernabschluß (zwingend) abzugrenzen.

Die Möglichkeit einer Steuerabgrenzung von Maßnahmen aus der **Kapitalkonsolidierung** gemäß § 340i Abs. 1 Satz 1 HGB i.V.m. § 301 HGB ist i.d.R. nicht gegeben.[998] Zeitliche Differenzen könnten allerdings bei der Folgekonso-

---

995 Vgl. Debus, Steuern, C 440, Rz. 129; Gross/Schruff/Wysocki, Konzernabschluß, S. 229; Treuhand-Vereinigung AG (Hrsg.), Rechnungslegung, S. 198 f. GEFIU, Probleme, Bd. I, S. 42 und Jöris, Probleme, S. 239, stufen die Umrechnungsdifferenzen sogar als permanente Differenzen ein.

996 Vgl. Arbeitskreis "Externe Unternehmensrechnung" der Schmalenbach-Gesellschaft - Deutsche Gesellschaft für Betriebswirtschaft e.V., Aufstellung, S. 120; Coenenberg/Hille, Steuern, S. 612 f.; Hille, Steuern, S. 129.

997 A.A. Baumann, Kommentierung § 306, Rn. 17, der die Einbeziehung von erfolgswirksamen Währungsumrechnungsdifferenzen in die Steuerabgrenzung insgesamt ablehnt.

998 Vgl. Adler/Düring/Schmaltz, Kommentierung § 306, Tz. 26; Busse von Colbe, Kapitalkonsolidierung, Sp. 978; Hille, Steuern, S. 133; Jöris, Probleme, S. 239; Pfingsten, Steuern, S. 85; Schnicke/Fischer, Kommentierung § 306, Anm. 11; Wysocki, Prüfungswesen, S. 218. Hingegen werden "bei Überbewertung der Aktiva oder Unterbewertung

lidierung aus der erfolgswirksamen Abschreibung aktiver bzw. aus der Auflösung passiver Unterschiedsbeträge entstehen, vorausgesetzt, daß sich ihre Ergebniswirksamkeit vorhersehbar in den nachfolgenden Rechnungslegungsperioden ausgleicht.[999] Dies kommt indessen nur beim Ausscheiden einer Beteiligung aus dem Konsolidierungskreis in Betracht. Da eine Veräußerung oder Liquidation von Anteilen dagegen grundsätzlich nicht absehbar ist, stuft die Literatur solche Ergebnisabweichungen als quasi permanente Differenzen ein. Latente Steuern sind demnach nicht abzugrenzen.[1000] Gleichwohl beinhaltet die Auslegung der Absicht eines Beteiligungsabgangs einen gewissen Ermessensspielraum zur Steuerabgrenzung.[1001] Bereits die Absichtserklärung zur Veräußerung wird dabei u.U. ausreichend sein,[1002] den entsprechenden Ansatz latenter Steuern gemäß § 340i Abs. 1 Satz 1 HGB i.V.m. § 306 HGB zu realisieren. Der Aufbau aktiver latenter Steuern führt zu einer Ergebniserhöhung im Bankkonzernabschluß.

Ein aktiver Steuerabgrenzungsposten ist nach § 340i Abs. 1 Satz 1 HGB i.V.m. § 306 Satz 2 HGB in der Bankkonzernbilanz oder im Bankkonzernanhang gesondert anzugeben. Weitergehende Erläuterungen werden vom Gesetzgeber hingegen nicht gefordert. Insofern ist das Zustandekommen des Postens i.d.R. extern nicht erkennbar.

---

der Passiva des neuen Tochterunternehmens .. im Rahmen der Erstkonsolidierung zusätzliche Abschreibungen oder Rückstellungen erforderlich. Zur Ermittlung des zutreffenden Reinvermögens der neuen (Bank-; d.V.) Konzerngesellschaft werden somit im (Bank-; d.V.) Konzernabschluß Aufwendungen vorgezogen, die in späteren Perioden im Einzelabschluß anfallen. Diese Ergebnisdifferenzen sind zeitlich begrenzt und daher in die Steuerabgrenzung einzubeziehen"; Arbeitskreis "Externe Unternehmensrechnung" der Schmalenbach-Gesellschaft - Deutsche Gesellschaft für Betriebswirtschaft e.V., Aufstellung, S. 118. Vgl. ebenso Baumann, Kommentierung § 306, Rn. 21. Spielräume bei der Steuerabgrenzung für die Weltkonzernabschlußpolitik deutscher Bankkonzerne ergeben sich hierbei im allgemeinen nicht.

999 Dies ist bei passiven Unterschiedsbeträgen nur möglich, sofern sie nach § 340i Abs. 1 Satz 1 HGB i.V.m. § 309 Abs. 2 Nr. 2 HGB aufgelöst wurden; vgl. Debus, Steuern, C 440, Rz. 143 f.

1000 Vgl. Arbeitskreis "Externe Unternehmensrechnung" der Schmalenbach-Gesellschaft - Deutsche Gesellschaft für Betriebswirtschaft e.V., Aufstellung, S. 118 f.; Früh/Reinke; Konzernabschluß, S. 264 f.; Scherrer, Kommentierung § 306, Rz. 18; Schindler, Steuern, S. 1658.

1001 Vgl. Klein, Konzernbilanzpolitik, S. 403; Selchert, Steuern, S. 39; Weber/Zündorf, Kommentierung § 301, Rn. 95. Im Ergebnis wohl ebenso Becker, Abgrenzung, S. 1741 und Busse von Colbe, Konzernabschluß, Sp. 1161 ff.

1002 Vgl. Scheren, Konzernabschlußpolitik, S. 339.

Keine Spielräume bestehen hingegen im Rahmen der **Kapitalkonsolidierung bei Interessenzusammenführung** nach § 340i Abs. 1 Satz 1 HGB i.V.m. § 302 HGB, da aufgrund der Erfolgsneutralität dieser Konsolidierungsmethode Steuerlatenzen nicht entstehen können.

Stehen sich bei der **Schuldenkonsolidierung** nach § 340i Abs. 1 Satz 1 HGB i.V.m. § 303 HGB Forderungen und Verbindlichkeiten aufgrund echter Aufrechnungsdifferenzen in unterschiedlicher Höhe gegenüber, bedingt deren ergebniswirksame Eliminierung eine entsprechende Abgrenzung latenter Steuern,[1003] da sich diese Differenzbeträge in den Folgeperioden regelmäßig vorhersehbar ausgleichen werden.[1004] Ein geringfügiger bankkonzernabschlußpolitischer Spielraum ergibt sich allein in der Auslegung der Zeitspanne, in welcher der Ausgleich vorhersehbar erfolgen muß. Im Einzelfall werden hierbei zeitliche Differenzen als quasi zeitlich unbegrenzte Differenzen zu interpretieren sein.[1005]

Im Rahmen der **Zwischenergebniseliminierung** gemäß § 340i Abs. 1 Satz 1 HGB i.V.m. § 304 HGB wird das Bankkonzernergebnis um die aus Bankkonzernsicht noch nicht realisierten Gewinne und Verluste aus bankkonzerninternen Lieferungen oder Leistungen korrigiert. Die daraus entstehenden Abweichungen sind zeitlich begrenzt und begründen dementsprechend eine Steuerabgrenzung, soweit die zu eliminierenden Zwischengewinne das Umlaufver-

---

1003 Wurden hingegen in bestimmten Fällen Abzinsungen von Forderungen oder Rückstellungsbildungen im Einzelabschluß des betreffenden Bankkonzernunternehmens nicht mit steuerlicher Wirkung vorgenommen, so kommt eine Steuerbetrachtung nach § 340i Abs. 1 Satz 1 HGB i.V.m. § 306 HGB nicht in Betracht, da insoweit der Steueraufwand laut Einzelabschluß bereits dem Bankkonzernergebnis entspricht; vgl. hierzu und zu Beispielen Schnicke/Fischer, Kommentierung § 306, Anm. 6 f.

1004 Vgl. Baumann, Kommentierung § 306, Rn. 26; Debus, Steuern, C 440, Rz. 156 f.; Früh/Reinke, Konzernabschluß, S. 265; GEFIU, Probleme, Bd. I, S. 45; Haar, Berücksichtigung, S. 311; Hille, Steuern, S. 144; Scherrer, Kommentierung § 306, Rz. 19.

1005 Vgl. Scheren, Konzernabschlußpolitik, S. 340. Im Ergebnis wohl ebenso Wysocki/Wohlgemuth, Konzernrechnungslegung, S. 256. Nach Selchert, Steuern, S. 39, besteht keine abschlußpolitische Gestaltungsmöglichkeit.

mögen oder das abnutzbare Anlagevermögen betreffen, da diese mit dem Verkauf bzw. Verbrauch dann aus Bankkonzernsicht realisiert werden.[1006] Infolge der bei Kreditinstituten - wie bereits dargelegt - fehlenden Vorratsproduktion sowie fehlenden aktivierbaren Eigenleistungen, konzentriert sich die Eliminierung der Zwischenergebnisse neben bankkonzerninternen Grundstücks- und Beteiligungsveräußerungen hauptsächlich auf Wertpapiertransaktionen aller Art.

Grundstücks- und Beteiligungsveräußerungen werden entsprechend ihrer Definition dem nicht abnutzbaren Anlagevermögen zugerechnet. Auf ihnen beruhende Ergebnisunterschiede sind i.d.R. insofern langfristiger Art, als erst durch Ausscheiden eines Vermögensgegenstandes aus dem Konsolidierungskreis ein Ausgleich stattfindet. Damit ist indessen nicht zu rechnen. Für daraus resultierende quasi zeitlich unbegrenzte Differenzen ist die Abgrenzung latenter Steuern unzulässig.[1007] Dennoch beinhaltet die Absicht zur Veräußerung wiederum einen gewissen ergebniswirksamen Ermessensspielraum zur Steuerabgrenzung.

Zeitliche Differenzen, die bei der Eliminierung von Zwischenergebnissen aus Wertpapiertransaktionen entstehen und den Handelsbestand bzw. das Umlaufvermögen betreffen, begründen ebenfalls die Abgrenzung latenter Steuern. Allerdings ergeben sich im Wertpapierbereich erhebliche Spielräume, da infolge fehlender gesetzlicher Zuordnungskriterien die Bankkonzerne gemeinhin selbst festlegen, wie sie ihre eigenen Wertpapiere in Umlaufvermögen und in nicht abnutzbares Anlagevermögen aufteilen.[1008]

Aus der **Aufwands- und Ertragskonsolidierung** nach § 340i Abs. 1 Satz 1 HGB i.V.m. § 305 HGB resultiert keine Notwendigkeit zur Steuerabgrenzung, da sie per Saldo das Bankkonzernergebnis i.d.R. nicht beeinflußt.

1006 Vgl. Adler/Düring/Schmaltz, Kommentierung § 306, Tz. 32; Baetge, Konzernbilanzen, S. 457 f.; Baumann, Kommentierung § 306, Rn. 29; Bömelburg, Prüfung, S. 1253 ff.; IDW (Hrsg.), WP-Handbuch, M, Tz. 609; Pfingsten, Steuern, S. 86; Scherrer, Kommentierung § 306, Rz. 20; Schildbach, Konzernabschluß, S. 307 f.

1007 Vgl. Adler/Düring/Schmaltz, Kommentierung § 306, Tz. 33; Bömelburg, Prüfung, S. 1259; IDW (Hrsg.), WP-Handbuch, M, Tz. 609; Scherrer, Kommentierung § 306, Rz. 22.

1008 Vgl. Büschgen, Bankbetriebslehre, S. 757.

Einen Sonderfall stellen indes bankkonzerninterne Gewinnausschüttungen dar. Zwar werden diese nicht explizit in § 340i Abs. 1 Satz 1 HGB i.V.m. § 305 Abs. 1 HGB erfaßt, doch sind sie in konsequenter Befolgung der Einheitstheorie den Konsolidierungsmaßnahmen zu subsumieren.[1009] Bankkonzernabschlußpolitische Spielräume entstehen hier primär,[1010] wenn bei einer periodenverschobenen Gewinnvereinnahmung des Bankkonzernmutterunternehmens, nachträgliche Steuern in der Periode der bankkonzerninternen Gewinnausschüttung anfallen. In der Höhe der Nachsteuern sollte demgemäß eine Steuerabgrenzung erfolgen, damit die Steuerbelastung des Bankkonzerns im Jahr der Gewinnentstehung korrekt ausgewiesen wird.[1011] Eine Verpflichtung für diese Vorgehensweise ist indessen m.E. nicht ableitbar.[1012]
Bei der Einbeziehung assoziierter Unternehmen nach der **Equity-Methode** gemäß § 340i Abs. 1 Satz 1 HGB i.V.m. § 311 HGB und § 312 HGB können ebenfalls zeitliche Ergebnisdifferenzen entstehen, welche eine Abgrenzung latenter Steuern begründen lassen. Die bankkonzernspezifischen Konsolidierungsschritte der Steuerabgrenzung nach § 340i Abs. 1 Satz 1 HGB i.V.m. § 306 Satz 1 HGB nehmen indes keinen direkten Bezug auf die Anwendung der Equity-Methode. Von einem überwiegenden Teil des Schrifttums wird die

---

1009 Vgl. Adler/Düring/Schmaltz, Kommentierung § 306, Tz. 35; Arbeitskreis "Externe Unternehmensrechnung" der Schmalenbach-Gesellschaft - Deutsche Gesellschaft für Betriebswirtschaft e.V., Aufstellung, S. 106; Coenenberg, Konzernbilanz, S. 187; Treuhand-Vereinigung AG (Hrsg.), Rechnungslegung, S. 201.

1010 Gestaltungsmöglichkeiten können sich im Einzelfall auch aus der insgesamt komplexen Buchungsproblematik bankkonzerninterner Gewinnausschüttungen ergeben, denn fraglich ist, inwiefern eine exakte Berechnung überhaupt möglich ist; vgl. Harms/Küting, Steuern, S. 157. Eine gezielte abschlußpolitische Steuerbarkeit läßt sich indessen nur sehr schwer realisieren.

1011 Danach fallen latente Steuern nicht aufgrund zeitlicher Differenzen, sondern wegen unterschiedlicher Steuersätze für ausgeschüttete und vereinnahmte Gewinne an. Vgl. Arbeitskreis "Externe Unternehmensrechnung" der Schmalenbach-Gesellschaft - Deutsche Gesellschaft für Betriebswirtschaft e.V., Aufstellung, S. 116; Gross/Schruff/Wysocki, Konzernabschluß, S. 234; Hille, Steuern, S. 153 ff.; IDW (Hrsg.), WP-Handbuch, M, Tz. 611; Schildbach, Konzernabschluß, S. 310. Vgl. ferner zu einzelnen möglichen Formen bankkonzerninterner Gewinnausschüttungen Baumann, Kommentierung § 306, Rn. 33; Bömelburg, Grundsätze, S. 177 ff.; Schnicke/Fischer, Kommentierung § 306, Anm. 20 ff.

1012 Vgl. hierzu auch Scherrer, Kommentierung § 306, Rz. 25. Im Ergebnis wohl ebenso Adler/Düring/Schmaltz, Kommentierung § 306, Tz. 35; Coenenberg/Hille, Steuern, S. 615.

Erfassung latenter Steuern allerdings für sinnvoll erachtet.[1013] Dagegen wird infolge strenger Gesetzauslegung[1014] sowie der Kompliziertheit der Equity-Methode bei der Erfassung latenter Steuern eine Verpflichtung zur Steuerabgrenzung nicht unmittelbar abgeleitet werden können.[1015] Damit eröffnet die Abgrenzung der latenten Steuern bei der Equity-Methode bankkonzernabschlußpolitische Maßnahmen in Form eines Ausweiswahlrechts.[1016] Ferner gelten die Ausführungen bei der Kapital- und Schuldenkonsolidierung analog. Thesauriert das assoziierte Unternehmen seine Gewinne, bestehen überdies abschlußpolitisch nutzbare Interpretationsmöglichkeiten bei der Auslegung der Zeitspanne in welcher das Unternehmen die Gewinne an die Bankkonzernmutter absehbar ausschüttet, da für die Ermittlung der Steuerlatenzen auf diejenigen Gewinne des assoziierten Unternehmens abzustellen ist, die in vorhersehbarer Zeit ausgeschüttet werden.[1017] Wird eine vorhersehbar beabsichtigte Gewinnausschüttung angenommen, ist über den entsprechenden Ansatz passiver latenter Steuern c.p. eine Minderung des Bankkonzernergebnisses zu erzielen.

5.1.5.3 Maßnahmen bei der Ermittlung des Steuerabgrenzungsbetrags

5.1.5.3.1 Wahl des Steuersatzes

Die gesetzlichen Regelungen der Steuerabgrenzung verzichten auf die Festlegung eines Steuersatzes zur Bewertung latenter Steuern. Gerade für die international in unterschiedlichen Steuergebieten und Steuersystemen tätigen Bankkonzerne stehen infolgedessen eine Vielzahl möglicher gesellschaftsbe-

---

1013 Zu verschiedenen Argumentationen vgl. Baumann, Kommentierung § 306, Rn. 34; Coenenberg/Hille, Steuern, S. 614; Debus, Steuern, C 440, Rz. 27 und Rz. 176; IDW (Hrsg.), WP-Handbuch, M, Tz. 597.

1014 Vgl. Treuhand-Vereinigung AG (Hrsg.), Rechnungslegung, S. 204, die eine Steuerabgrenzung im Rahmen der Equity-Methode deshalb insgesamt ablehnen.

1015 Vgl. Küting/Weber, Konzernabschluß, S. 392 f.

1016 Vgl. auch Debus, Steuern, C 440, Rz. 27 und Rz. 176; Schildbach, Konzernabschluß, S. 312. Im Ergebnis wohl ebenso Zündorf, Quotenkonsolidierung, S. 194 f. A.A. Klein, Konzernbilanzpolitik, S. 403.

1017 Vgl. Baetge, Konzernbilanzen, S. 465; Debus, Steuern, C 440, Rz. 177; Gross/Schruff/Wysocki, Konzernabschluß, S. 236.

zogener Steuersätze zur Auswahl. Die nachfolgende Übersicht stellt die alternativ zur Verfügung stehenden Steuersätze dar:[1018]

Tabelle 12: Anzuwendendes Steuerrecht und alternative Steuersätze zur Bewertung latenter Steuern in den Weltkonzernabschlüssen deutscher Bankkonzerne

Steuerabgrenzung	Anzuwendendes Steuerrecht	Alternative Steuersätze
Handelsbilanz II-Ebene	uneinheitlich, nach jeweils nationalem Recht der einzelnen Bankkonzernunternehmen	• Thesaurierungssteuersatz • Ausschüttungssteuersatz • Mischsteuersatz • Pauschalsteuersatz
Konsolidierungsebene	• uneinheitlich, nach jeweils nationalem Recht der einzelnen Bankkonzernunternehmen oder • einheitlich, nach deutschem Recht des Bankkonzernmutterunternehmens	• Spitzensteuersatz des Bankkonzernmutterunternehmens • Steuersatz des die Steuerabgrenzung auslösenden Bankkonzernunternehmens • Effektive marginale Steuerbelastung des Geschäftsvorfalls • Durchschnittliche Steuerbelastung des konsolidierten Ergebnisses in der gesamten Wirkungsdauer des betreffenden Geschäftsvorfalls • Bankkonzerneinheitlicher Durchschnittssteuersatz

Da prinzipiell jeder Steuersatz zur Anwendung kommen kann,[1019] können sich im Rahmen der Weltkonzernabschlußpolitik deutscher Bankkonzerne beacht-

1018 In Anlehnung an Bömelburg, Grundsätze, S. 225 ff. Die Aufzählung der alternativen Steuersätze ist nicht als abschließend zu betrachten. Vgl. ferner Adler/Düring/Schmaltz, Kommentierung § 306, Tz. 40 i.V.m. dies., Kommentierung § 274, Tz. 23 ff.; Baumann, Kommentierung § 306, Rn. 44; Coenenberg, Konzernbilanz, S. 218 f.; Debus, Steuern, C 440, Rz. 54 f.; Gross/Schruff/Wysocki, Konzernabschluß, S. 218 ff.; Hennig, Bilanzierung, S. 219 ff. und S. 284 ff.; Klein, Konzernbilanzpolitik, S. 405; Scheren, Konzernabschlußpolitik, S. 345 f.; Selchert, Steuern, S. 36 f.; Wiegand, Bilanzierung, S. 240 ff.; Wysocki/Wohlgemuth, Konzernrechnungslegung, S. 251 f. Scherrer, Kommentierung § 306, Rz. 31, lehnt indessen "die Verwendung von unterschiedlichen, für die einzelnen in den (Bank-; d.V.) Konzernabschluß einbezogenen Unternehmen geltenden Steuersätzen" ab.

1019 Vgl. Schnicke/Fischer, Kommentierung § 306, Anm. 43.

liche Spielräume eröffnen. Denn mit der Auswahl eines bestimmten Steuersatzes läßt sich die Wirkung der latenten Steuern auf das Bankkonzernergebnis und die Bankkonzernbilanzstruktur gezielt einsetzen. Hinsichtlich der Darstellung eines möglichst positiven Bankkonzernergebnisses ist, falls die aktiven latenten Steuern die passiven übersteigen, demnach ein verhältnismäßig hoher Steuersatz zu berücksichtigen. Überwiegen die passiven latenten Steuern, kommt indessen ein verhältnismäßig niedriger Steuersatz in Betracht. Soll das Bankkonzernergebnis umgekehrt tendenziell niedriger ausgewiesen werden, ist bei einem aktiven Unterschiedsbetrag ein niedriger bzw. bei einem passiven Unterschiedsbetrag ein hoher Steuersatz auszuwählen.[1020] Zudem erscheint eine exakte Ermittlung der Steuerabgrenzungsposten in internationalen und mehrstufigen Bankkonzernen insgesamt nicht realisierbar;[1021] weitere mögliche Verzerrungen in der Darlegung des Bankkonzernabschlusses sind die Folge.

Gesetzlich ungeregelt ist ferner die Behandlung latenter Steuern bei Steuersatzänderungen im Zeitablauf. Grundsätzlich werden hierbei zwei Methoden diskutiert,[1022] welche im Rahmen der Steuerabgrenzung als zulässig angesehen werden können:[1023]

1020 Vgl. Klein, Konzernbilanzpolitik, S. 405; Scheld, Konzernbilanzpolitik, S. 636; Selchert, Steuern, S. 36.

1021 Vgl. Schindler, Steuern, S. 1660. Harms/Küting, Einheitlichkeit, S. 113, verweisen ebenfalls auf diese Problematik und empfehlen, daß "im Interesse der Wirtschaftlichkeit der Rechnungslegung auf eine Genauigkeit und eine exakte Verwirklichung des Einheitsgrundsatzes verzichtet werden" sollte.

1022 Auf die Darstellung der Net-of-Tax-Methode als dritte Alternative kann verzichtet werden, da diese Methode mit den geltenden Rechnungslegungsvorschriften unvereinbar ist; vgl. hierzu Coenenberg/Hille, Steuern, S. 616 ff.; Hille, Steuern, S. 204 ff.

1023 Vgl. hierzu Debus, Steuern, C 440, Rz. 76 ff. und Rz. 81 ff.; Dusemond, Repetitorium, S. 123; Haar, Berücksichtigung, S. 149 ff.; Hennig, Bilanzierung, S. 95 ff.; Hille, Steuern, S. 165 ff.; Scherrer, Kommentierung § 306, Rz. 32 ff.; Schildbach, Konzernabschluß, S. 314 f.; Wiegand, Bilanzierung, S. 164 ff. Nach Baumann, Kommentierung § 306, Rn. 43, kommt hingegen für die Steuerabgrenzung allein die Liability-Methode in Betracht. Baetge, Konzernbilanzen, S. 466 f., präferiert demgegenüber die Deffered-Methode, ergänzt um eine nachträgliche Anpassung bei Steuersatzänderungen. Eine Kombination beider Methoden erscheint nicht ausgeschlossen; vgl. Pfannschmidt, Ertragssteuern, S. 225.

- **Liability-Methode**: Die Bewertung der Steuerabgrenzung erfolgt mit den künftigen Steuersätzen, die im Jahr des Ausgleichs der zeitlichen Differenzen erwartet werden. Da diese Steuersätze aber bei der Bewertung nicht bekannt sind, wird im allgemeinen der aktuelle Steuersatz zugrunde gelegt. Bei späteren Steuersatzänderungen werden entsprechende Korrekturen vorgenommen.
- **Deferral-Methode**:[1024] Die Bewertung der Steuerabgrenzung erfolgt mit den aktuellen Steuersätzen, ohne Berücksichtigung nachträglicher Steuersatzänderungen.

Beide Methoden führen zu gleichen Ergebnissen, sofern sich der Steuersatz nicht ändert.[1025] Steuersatzänderungen bewirken hingegen unterschiedliche ergebniswirksame Einflußmöglichkeiten auf den Bankkonzernabschluß. Während die Liability-Methode unmittelbar auf diese Änderungen mit der Konsequenz einer sofortigen Ergebnisanpassung reagiert, ist "bei der Deffered-Methode die Steuersatzänderung erst im Jahr der Änderung auch tatsächlich ergebniswirksam".[1026] Die Wirkungsrichtung ist unbestimmt und wiederum davon abhängig, ob aktive oder passive latente Steuern vorliegen.

Im Bankkonzernanhang sollte in sinngemäßer Anwendung des § 340i Abs. 1 Satz 1 HGB i.V.m. § 313 Abs. 1 Satz 2 Nr. 1 HGB die Verwendung der Methode angegeben werden.[1027] Dazu zählen zudem grundsätzlich auch Angaben über den angewandten Steuersatz.[1028] Eine gesetzliche Verpflichtung hierfür kann indessen nicht generell abgeleitet werden.[1029]

1024 Teilweise wird im Schrifttum für den Terminus "Deferral" auch die Diktion "Deffered" oder "Deferred" verwendet.

1025 Vgl. Coenenberg/Hille, Steuern, S. 617; Hennig, Bilanzierung, S. 95. Zu Zahlenbeispielen vgl. Hille, Steuern, S. 170 ff.

1026 Coenenberg/Hille, Steuern, S. 618. Vgl. hierzu auch Debus, Steuern, C 440, Rz. 82; Selchert, Steuern, S. 35. Zu Zahlenbeispielen vgl. Hille, Steuern, S. 180 ff.

1027 Dabei werden möglicherweise auch die Voraussetzungen zur Beachtung des § 340i Abs. 1 Satz 1 HGB i.V.m. § 313 Abs. 1 Satz 2 Nr. 3 HGB greifen können.

1028 Vgl. Adler/Düring/Schmaltz, Kommentierung § 306, Tz. 49; IDW (Hrsg.), WP-Handbuch, M, Tz. 617 und Tz. 687.

1029 Eine Ausnahme stellt lediglich die Erläuterungspflicht des § 340a Abs. 1 Satz 1 HGB i.V.m. § 274 Abs. 2 Satz 2 HGB über § 340i Abs. 2 Satz 1 HGB für aktive Steuerabgrenzungsposten nach § 340a Abs. 1 Satz 1 HGB i.V.m. § 274 Abs. 2 Satz 1 HGB über § 340i Abs. 2 Satz 1 HGB dar.

5.1.5.3.2 Einzel- versus Gesamtermittlung zeitlicher Differenzen

Die Bestimmung der jährlichen Steuerabgrenzungsbeträge kann allgemein in einer Einzel- oder Gesamtermittlung der zeitlichen Differenzen erfolgen.[1030] Nach der Methode der Einzelermittlung werden alle zeitlichen Differenzen gesondert erfaßt, im Zeitablauf bis zu ihren Auflösungen gesondert fortgeführt und hinsichtlich ihrer Steuerwirkungen jährlich gesondert untersucht.[1031]
Bei der Methode der Gesamtermittlung wird hingegen auf die gesamte Differenz zwischen dem Bankkonzernergebnis und der Summe der Einzelergebnisse von den im Bankkonzernabschluß einbezogenen Unternehmen abgestellt. Darin enthaltene permanente bzw. quasi permanente Differenzen müssen nachfolgend herausgerechnet und die verbleibenden zeitlichen Differenzen mit dem entsprechend gewählten Steuersatz multipliziert werden.[1032]

Bei konstantem Steuersatz sind i.d.R. je nach Methodenwahl lediglich strukturwirksame Einflußmöglichkeiten zu erzielen, da die Einzelbewertung den getrennten Ausweis aktiver und passiver latenter Steuern erlaubt. Aus dem Saldo der Gesamtbewertung ergibt sich demgegenüber nur ein (aktiver oder passiver) Steuerabgrenzungsposten.[1033] Mithin verkürzt die Saldierung die Bankkonzernbilanzsumme.

1030 Vgl. Arbeitskreis "Externe Unternehmensrechnung" der Schmalenbach-Gesellschaft - Deutsche Gesellschaft für Betriebswirtschaft e.V., Aufstellung, S. 123; Busse von Colbe/Ordelheide, Konzernabschlüsse, S. 38; Becker, Abgrenzung, S. 1742; Debus, Steuern, C 440, Rz. 91 f.; Hennig, Bilanzierung, S. 79 ff.; Karrenbrock, Steuern, S. 147 f.

1031 Gerade im Weltkonzernabschluß deutscher Bankkonzerne kann die Anzahl zeitlicher Differenzen bei der Einzelermittlung zu Ineffizienzen und hohem Kostenaufwand führen. Ihre Anwendung wird infolgedessen nur bei der Vorlage weniger zeitlicher Differenzen empfohlen; vgl. Arbeitskreis "Externe Unternehmensrechnung" der Schmalenbach-Gesellschaft - Deutsche Gesellschaft für Betriebswirtschaft e.V., Aufstellung, S. 123.

1032 Hierbei werden für die Berechnung der latenten Steuern nach der Methode der Gesamtermittlung zwei Konzepte unterschieden: die Nettomethode (net change method) und die Bruttomethode (gross change method); vgl. Arbeitskreis "Externe Unternehmensrechnung" der Schmalenbach-Gesellschaft - Deutsche Gesellschaft für Betriebswirtschaft e.V., Aufstellung, S. 123; Bömelburg, Grundsätze, S. 221 f.; Hille, Steuern, S. 222 ff.; Jung/Isele/Groß, Rechnungslegung, S. 80.

1033 Entsteht bei der Gesamterfassung der latenten Steuern im Einzelfall kein Saldo, so ist weder ein aktiver noch ein passiver Steuerabgrenzungsposten zu bilden.

Ergebniswirksame Konsequenzen ergeben sich indessen bei Steuersatzänderungen, da die Einzelbetrachtung auf Bewertungsänderungen unmittelbar reagieren kann, während bei der Gesamtbetrachtung "demgegenüber durch die Zusammenfassung von Neubildungen und Auflösungen Glättungen und damit verzögerte Anpassung in den latenten Steuern"[1034] stattfinden. Über die Wirkungsrichtung sind allgemeingültige Aussagen nicht möglich. Die Ausübung des Wahlrechts ist tendenziell erkennbar, da die Angaben des § 340i Abs. 1 Satz 1 HGB i.V.m. § 313 Abs. 1 Satz 2 Nr. 1 HGB im Bankkonzernanhang zu berücksichtigen sein werden. Außerdem ist davon auszugehen, daß das Wahlrecht sachlich inflexibel ist, da auf die einmal zugrunde gelegte Ermittlungsmethode der Grundsatz der zeitlichen Stetigkeit Anwendung findet, mit der Konsequenz, diese im Zeitablauf beizubehalten.[1035]

5.1.5.4 Maßnahmen beim Ausweis latenter Steuern im Bankkonzernabschluß

Schließlich eröffnen auch die verschiedenen Ausweismöglichkeiten der latenten Steuern im Bankkonzernabschluß abschlußpolitisches Aktionspotential.[1036]

Nach § 340i Abs. 1 Satz 1 HGB i.V.m. § 306 HGB ist in den Bankkonzernabschluß entweder ein aktiver oder ein passiver Steuerabgrenzungsposten gesondert einzustellen.[1037] Eine getrennte Bilanzierung desaldierter latenter Steuern ist gesetzlich unzulässig. Dennoch können in der Bankkonzernbilanz Aktiv- und Passivposten latenter Steuern gleichzeitig ausgewiesen werden, sofern entsprechende Steuerlatenzen aus den Einzelbilanzen nach § 340a Abs. 1 Satz 1 HGB i.V.m. § 274 HGB über § 340i Abs. 2 Satz 1 HGB übernommen worden sind.[1038] Der Steuerabgrenzungsposten aus den Konsolidierungsmaßnahmen kann zudem auch wahlweise mit den entstandenen Steu-

---

1034 Selchert, Steuern, S. 35. Vgl. hierzu auch Klein, Konzernbilanzpolitik, S. 406 f.; Steudter, Entscheidungsmodelle, S. 392 f.

1035 Vgl. § 252 Abs. 1 Nr. 6 HGB.

1036 Vgl. Selchert, Steuern, S. 40.

1037 Vgl. Biener/Berneke, Bilanzrichtlinien-Gesetz, S. 355; Debus, Steuern, C 440, Rz. 101; IDW (Hrsg.), WP-Handbuch, M, Tz. 620; Schnicke/Fischer, Kommentierung § 306, Anm. 57.

1038 Vgl. Schnicke/Fischer, Kommentierung § 306, Anm. 31.

erabgrenzungsposten aus den Einzelabschlüssen zusammengefaßt werden,[1039] so daß im Bankkonzernabschluß nur ein aktiver oder passiver Abgrenzungsposten gesondert anzugeben ist. In diesem Fall ist die Ausübung des Saldierungswahlrechts strukturwirksam mit entsprechender bankkonzernbilanzsummenverkürzender Wirkungsrichtung. Über eine derartige Zusammenfassung muß im Bankkonzernanhang nicht berichtet werden.

Offen bleibt, an welcher Stelle in der Bankkonzernbilanz die aktiven Steuerabgrenzungen einzustellen sind. Insofern beinhaltet die fehlende Regelung formale Spielräume. Dagegen sind passive latente Steuern gemäß § 340i Abs. 1 Satz 1 HGB i.V.m. § 306 HGB und § 340a Abs. 1 Satz 1 HGB i.V.m. § 274 Abs. 1 Satz 1 HGB über § 340i Abs. 2 Satz 1 HGB gesondert in den "Steuerrückstellungen"[1040] auszuweisen.

Anstelle des Bankkonzernbilanzausweises erlaubt der Gesetzgeber für den aktiven oder passiven Steuerabgrenzungsposten des § 340i Abs. 1 Satz 1 HGB i.V.m. § 306 HGB sowie den passiven Steuerabgrenzungsposten des § 340a Abs. 1 Satz 1 HGB i.V.m. § 274 Abs. 1 HGB über § 340i Abs. 2 Satz 1 HGB wahlweise eine gesonderte Angabe im Bankkonzernanhang.[1041] Zusätzliche Erläuterungen werden hierbei nicht verlangt. Andererseits ist ein aktiver Steuerabgrenzungsposten nach § 340a Abs. 1 Satz 1 HGB i.V.m. § 274 Abs. 2 HGB über § 340i Abs. 2 Satz 1 HGB sowohl im Bankkonzernabschluß gesondert auszuweisen als auch im Bankkonzernanhang zu erläutern.[1042]

1039 Vgl. § 340i Abs. 1 Satz 1 HGB i.V.m. § 306 Satz 3 HGB. Daran Kritik übend vgl. Harms/Küting, Steuern, S. 149. Vgl. hierzu auch die Ausführungen von Klemm, Saldierung, S. 267 ff., über mögliche Verstöße gegen das Vorsichtsprinzip und den Gläubigerschutzgedanken bei der Saldierung aktiver und passiver latenter Steuern.

1040 Pos. P. 7 b) Formblatt 1 RechKredV.

1041 Vgl. § 340i Abs. 1 Satz 1 HGB i.V.m. § 306 Satz 2 HGB; § 340a Abs. 1 Satz 1 HGB i.V.m. § 274 Abs. 1 Satz 1 HGB über § 340i Abs. 2 Satz 1 HGB.

1042 Vgl. § 340a Abs. 1 Satz 1 HGB i.V.m. § 274 Abs. 2 Satz 2 HGB über § 340i Abs. 2 Satz 1 HGB. Kommt hingegen das Zusammenfassungswahlrecht des § 340i Abs. 1 Satz 1 HGB i.V.m. § 306 Satz 3 HGB zur Anwendung, "ist für einen nach Entstehungsursachen differenzierten Ausweis des aktiven Abgrenzungspostens kein Raum"; Baumann, Kommentierung § 306, Rn. 46.

Gesetzlich ungeregelt ist überdies der Ausweis der latenten Steuern in der Bankkonzern-GuV. Überwiegend wird jedoch deren Zusammenfassung mit den tatsächlichen Steuern in der Position "Steuern vom Einkommen und vom Ertrag"[1043] befürwortet.[1044] Dabei ist eine Saldierung der Aufwendungen und Erträge aus den gebildeten und aufgelösten Steuerabgrenzungen zulässig.[1045] Eine Aufschlüsselung der Steuerposition getrennt nach effektiven und latenten Steuern ist nicht verpflichtend.

5.1.5.5 Die bankkonzernabschlußpolitischen Maßnahmen aus dem Blickwinkel einer Bankkonzernrechnungslegung nach IAS

Die Thematik zur Abgrenzung latenter Steuern in nach den Normen des IASC aufgestellten Abschlüssen wird grundsätzlich im Rahmen des neuen IAS 12 (revised 1996) geregelt. Über IAS 27.4 sind die allgemeinen Bestimmungen des IAS 12 ebenfalls auf Bankkonzernabschlüsse anzuwenden.

Die latente Steuerabgrenzung nach IAS 12 folgt dem bilanzorientierten temporary-Konzept. Als Grundlage der Steuerabgrenzung gelten sonach alle auf temporary differences basierenden Unterschiede, welche aus Abweichungen zwischen steuerlichen und IAS-konformen Wertansätzen resultieren. Dies bedeutet, daß auch solche Differenzen als temporary differences zählen, die nicht erfolgswirksam entstanden sind und sich nicht automatisch oder in einem vorhersehbaren Zeitraum ausgleichen. Das temporary-Konzept des IASC umfaßt damit auch quasi-permanente und Teile der permanenten Differenzen.[1046] Insofern unterscheidet sich die Konzeption der Steuerabgrenzung

1043 Aufwendungen Pos. 12 Formblatt 2 RechKredV bzw. Pos. 23 Formblatt 3 RechKredV.

1044 Vgl. Adler/Düring/Schmaltz, Kommentierung § 306, Tz. 52; Baetge, Konzernbilanzen, S. 472; Baumann, Kommentierung § 306, Rn. 47; Becker, Abgrenzung, S. 1742; GEFIU, Probleme, Bd. I, S. 48; IDW (Hrsg.), WP-Handbuch, M, Tz. 623; Treuhand-Vereinigung AG (Hrsg.), Rechnungslegung, S. 207.

1045 Vgl. Debus, Steuern, C 440, Rz. 37.

1046 Vgl. Arbeitskreis "Externe Unternehmensrechnung" der Schmalenbach-Gesellschaft - Deutsche Gesellschaft für Betriebswirtschaft e.V., Vereinbarkeit, S. 104; Baetge/Schulze, Kommentierung IAS 27, Tz. 160; Baukmann/Mandler, Standards, S. 116; Coenenberg, Jahresabschluß, S. 295; Küting/Weber, Konzernabschluß, S. 479.

nach den IASC-Vorschriften und nach dem Handelsrecht grundlegend voneinander.[1047]

Dies hat zur Konsequenz, daß alle im Rahmen der Währungsumrechnung und der bankkonzernspezifischen Konsolidierungsmaßnahmen auf der Abgrenzung von zeitlichen und quasi zeitlich unbegrenzten Differenzen sowie auf der Auslegung des Auflösungs- bzw. Umkehrungszeitpunkts basierenden Spielräume nach den Grundsätzen des IASC im allgemeinen nicht mehr existent sind.

Ferner sieht IAS 12 im Gegensatz zu den deutschen Vorschriften grundsätzlich für alle temporary differences eine Abgrenzungspflicht vor.[1048] Demzufolge kann für die aus der Bilanz- und Bewertungsanpassung in der IAS-Bilanz II resultierenden aktiven latenten Steuern kein Aktivierungswahlrecht in Anspruch genommen werden.

Des weiteren lassen die IASC-Vorschriften für die Abgrenzung der Steuerlatenzen ausschließlich die Liability-Methode zu.[1049] Das in Deutschland zulässige Wahlrecht zwischen der Liability- und der Deferral-Methode besteht insofern ebenfalls nicht.

Auch im Bankkonzernabschluß nach internationalen Rechnungslegungsvorschriften können unterschiedliche Steuersätze zur Anwendung kommen.[1050] Das Regelwerk des IASC enthält zur Festlegung eines Steuersatzes bei lokal unterschiedlichen Steuersätzen im Bankkonzern, ebenso wie das deutsche Recht, keine expliziten Bestimmungen. Da nach IAS 12.11 für die Ermittlung der temporary difference der Steuerwert eines Vermögensgegenstandes bzw. einer Verbindlichkeit des jeweiligen Bankkonzernunternehmens heranzuzie-

---

1047 Vgl. Baetge/Schulze, Kommentierung IAS 27, Tz. 314; Coenenberg/Hille, Kommentierung IAS 12, Tz. 119.

1048 Vgl. Arbeitskreis "Externe Unternehmensrechnung" der Schmalenbach-Gesellschaft - Deutsche Gesellschaft für Betriebswirtschaft e.V., Vereinbarkeit, S. 106; Coenenberg/Hille, Kommentierung IAS 12, Tz. 120.

1049 Vgl. IAS 12.46 i.V.m. IAS 12.5.

1050 Zu einem Beispiel vgl. Bellavite-Hövermann/Prahl, Bankbilanzierung, S. 96 f.

hen ist, sollte "konsequenterweise auch der jeweilige lokale Steuersatz des betroffenen (Bank-; d.V.) Konzernunternehmens für die Berechnung der latenten Steuerabgrenzung maßgebend"[1051] sein. Vor dem Hintergrund fehlender Vorschriften kann eine Verpflichtung zu dieser Vorgehensweise indessen nicht allgemeingültig abgeleitet werden. Grundsätzlich sollte daher zumindest der durchschnittliche Bankkonzernsteuersatz alternativ Verwendung finden können.

Nach den Ertragssteuernvorschriften des IASC sind die latenten Steuerverpflichtungen von den tatsächlichen Steuerverpflichtungen zu unterscheiden und somit im Bankkonzernabschluß entsprechend gesondert auszuweisen.[1052] Zudem sehen die Bestimmungen im allgemeinen einen Bruttoausweis von aktiven und passiven Steuerabgrenzungsposten vor.[1053] Die nach dem Handelsrecht erlaubte Saldierung ist im Rahmen der Anwendung des IAS 12 folglich unzulässig.

Vor dem Hintergrund des Saldierungsverbots von aktiven und passiven latenten Steuern wird gleichfalls das Wahlrecht zwischen der Einzel- und Gesamterfassung zur Ermittlung der Differenzbeträge nicht mehr in Betracht kommen können, da die Gesamtdifferenzbetrachtung keinen Bruttoausweis der abzugrenzenden Steuern ermöglicht.[1054]

Schließlich enthält IAS 12 eine Vielzahl von Angabe- und Erläuterungspflichten zur Bilanzierung von latenten Steuern, die weit umfangreicher als die ver-

---

1051 Coenenberg/Hille, Kommentierung IAS 12, Tz. 102. Vgl. ebenso Arbeitskreis "Externe Unternehmensrechnung" der Schmalenbach-Gesellschaft - Deutsche Gesellschaft für Betriebswirtschaft e.V., Vereinbarkeit, S. 110.

1052 Vgl. IAS 12.69 Satz 2.

1053 Vgl. Baukmann/Mandler, Standards, S. 116; Bellavite-Hövermann/Prahl, Bankbilanzierung, S. 99; Coenenberg/Hille, Kommentierung IAS 12, Tz. 120; Küting/Weber, Konzernabschluß, S. 479. Die IAS 12.71 ff. lassen einige wenige restriktive Ausnahmen vom unsaldierten Ausweis der Steuerabgrenzungsposten zu. Sofern die Voraussetzungen hierfür gegeben sind, ist eine Anwendung der Ausnahmebestimmungen allerdings geboten.

1054 Vgl. Debus, Steuern, C 440, Rz. 91.

gleichbaren Informationspflichten der handelsrechtlichen Rechnungslegungsvorschriften sind.[1055]

5.1.5.6 Zusammenfassung der bankkonzernabschlußpolitischen Maßnahmen, deren Wirkungen auf die Zielgrößen und deren Existenz im Rahmen einer Rechnungslegung nach IAS

Im Rahmen der Analyse der Steuerabgrenzung bieten sich unter der Verwendung von sachverhaltsdarstellenden Instrumenten eine Vielzahl von Beeinflussungsmöglichkeiten der Kennzahlen zur Beurteilung der wirtschaftlichen Situation des Bankkonzerns. Grundsätzlich läßt sich mit sämtlichen zur Verfügung stehenden Maßnahmen Einfluß auf die Ausweishöhe der Bankkonzernbilanzsumme, des Bankkonzerneigenkapitals und des Bankkonzernjahresergebnisses erzielen. Lediglich die Inanspruchnahme der Wahlrechte und Spielräume hinsichtlich des Ausweises latenter Steuern ist weder ergebnis- noch eigenkapitalwirksam.
Mit Ausnahme der Informationspflichten im Falle der Ausübung von Wahlrechten und Spielräumen im Zuge von Bilanzierungs- und Bewertungsvorgängen sind ferner präzise Ausführungen im Bankkonzernanhang zu erzielten struktur- und ergebnisbeeinflussenden Wirkungen im allgemeinen zu umgehen.
Analoge, aber vergleichsweise eingeschränkte sowie grundsätzlich extern nachvollziehbare Auswirkungen auf die Bankkonzernabschlußkennzahlen im Rahmen der Übernahme der Rechnungslegungsvorschriften des IASC bestehen hingegen nur bei der Ausübung der Steuersatzwahlrechte im Hinblick auf die anzuwendenden gesellschaftsbezogenen Steuersätze.

Nachfolgend werden die Untersuchungsergebnisse im Überblick tabellarisch dargestellt.

1055 Vgl. IAS 12.79 ff.

Tabelle 13: Bankkonzernabschlußpolitische Maßnahmen im Rahmen der Steuerabgrenzung

mögliche Maßnahmen	Zielgrößen											
	Bankkonzernbilanzsumme		(bilanzielles) Bankkonzerneigenkapital						Bankkonzernjahresergebnis		Erkennbarkeit im Bankkonzernanhang	
			Bilanzergebnis		Gewinnrücklagen		sonstige Eigenkapitalposten					
	HGB	IAS	HGB	IAS	HGB	IAS	HGB	IAS	HGB	IAS	HGB	IAS
Wahlrechte und Spielräume beim Ansatz latenter Steuern im Rahmen der Erstellung der Handelsbilanz II aus												
• Bilanzierungs- und Bewertungsvorgängen	x		x						x		x	
• Währungsumrechnung	x		x						x			
Spielräume beim Ansatz latenter Steuern im Rahmen bankkonzernspezifischer Konsolidierungsvorgänge												
• Kapitalkonsolidierung	x		x						x			
• Schuldenkonsolidierung	x		x						x			
• Zwischenergebniseliminierung	x		x						x			
• Aufwands- und Ertragskonsolidierung	x		x						x			
• Equity-Methode	x		x						x			
Steuersatzwahlrechte bzgl.												
• der anzuwendenden gesellschaftsbezogenen Steuersätze	x	(x^a)	x	(x^a)					x	(x^a)	(x)	x^a
• der Anwendung aktueller oder künftiger Steuersätze	x		x						x		(x)	
Einzel- versus Gesamtermittlung zeitlicher Differenzen	x		x						x		(x)	
Wahlrechte und Spielräume beim Ausweis latenter Steuern	x										(x)	

Legende: x = Wirkung vorhanden bzw. Erkennbarkeit gegeben; (x) = Erkennbarkeit eingeschränkt gegeben; x^a = Wirkung analog vorhanden bzw. Erkennbarkeit gegeben; (x^a) = Wirkung analog vorhanden, aber vergleichsweise eingeschränkt bzw. Erkennbarkeit eingeschränkt gegeben

5.2 Die Equity-Methode als Instrument der Weltkonzernabschlußpolitik deutscher Bankkonzerne

An dieser Stelle der Ausarbeitung wird - entgegen der Gesetzessystematik - nachfolgend zunächst die Konsolidierung assoziierter Unternehmen analysiert.

Erst daran anschließend erfolgt die Untersuchung der Behandlung von Gemeinschaftsunternehmen. Dies geschieht in der Absicht, Wiederholungen und zusätzliche Erläuterungen vermeiden zu können.

5.2.1 Überblick sowie die rechtsformspezifischen Vorschriften für deutsche Bankkonzerne

Eine Beteiligung an einem assoziierten Unternehmen im Sinne des § 340i Abs. 1 Satz 1 HGB i.V.m. § 311 Abs. 1 HGB ist nach der Equity-Methode gemäß § 340i Abs. 1 Satz 1 HGB i.V.m. § 312 HGB[1056] in den Bankkonzernabschluß einzubeziehen.[1057] Nach deren Grundkonzeption wird der Beteiligungswertansatz, ausgehend von den historischen Anschaffungskosten, entsprechend der Entwicklung des anteiligen Eigenkapitals des assoziierten Unternehmens im Bankkonzernabschluß jährlich fortgeschrieben. Der Zweck ist, eine zeitkongruente Bewertung der Beteiligung zu ermöglichen.[1058]
Die Konsolidierung nach der Equity-Methode entspricht in wesentlichen Punkten der Kapitalkonsolidierung gemäß § 340i Abs. 1 Satz 1 HGB i.V.m. § 301 HGB, jedoch mit dem Unterschied, daß Vermögensgegenstände, Schulden sowie Aufwendungen und Erträge des assoziierten Unternehmens nicht in die Bankkonzernbilanz übernommen werden, sondern lediglich nur das auf die Beteiligung entfallende Eigenkapital des assoziierten Unternehmens verrechnet wird. Das Ergebnis der einzelnen Konsolidierungsschritte wird in der Bankkonzernbilanz unter einem Posten für Anteile an assoziierten Unternehmen zusammengefaßt.[1059]

1056 Zwar verwendet weder das HGB noch das Bilanzrichtlinien-Gesetz den Begriff der "Equity-Methode", doch hat sich dieser Terminus sowohl in der Theorie als auch in der Praxis durchgesetzt.

1057 Eine Ausnahme hiervon bildet der bereits in Gliederungspunkt 2.5.2.3 in diesem Kapitel angesprochene § 340i Abs. 1 Satz 1 HGB i.V.m. § 311 Abs. 2 HGB.

1058 Zur Grundkonzeption der Equity-Methode vgl. Baetge, Konzernbilanzen, S. 387 f.; Budde/Raff, Kommentierung § 312, Anm. 1 ff.; Hahn, Konzernabschluß, S. 592 f.; Harms/Küting, Equity-Accounting, S. 2150 f.; Havermann, Bilanzierung, S. 234 ff.; IDW (Hrsg.), WP-Handbuch, M, Tz. 428; Schäfer, Bilanzierung, S. 17 f.; Treuhand-Vereinigung AG (Hrsg.), Rechnungslegung, S. 220 f.; Wysocki/Wohlgemuth, Konzernrechnungslegung, S. 158 ff.

1059 Vgl. Baetge, Konzernbilanzen, S. 387 f.; Biener, Rechnungslegung, S. 115 f.; Budde/Raff, Kommentierung § 312, Anm. 3; Gross/Schruff/Wysocki, Konzernabschluß, S. 245; Kenn, EG-Richtlinien, S. 193; Küting, Konzernrechnungslegung, S. 8035; Küting/

Wie bei der Kapitalkonsolidierung wird auch bei der Equity-Methode der Unterschiedsbetrag aus der Kapitalaufrechnung zwischen den Anschaffungskosten der Beteiligung und dem anteiligen Eigenkapital des assoziierten Unternehmens ermittelt. Auf einen verbleibenden Unterschiedsbetrag ist nach § 340i Abs. 1 Satz 1 HGB i.V.m. § 312 Abs. 2 Satz 3 HGB der § 309 HGB entsprechend anzuwenden.[1060]
Das auf die assoziierten Beteiligungen entfallende Ergebnis ist unter einem gesonderten Posten in der Bankkonzern-GuV auszuweisen.[1061]

Da die Equity-Methode eine besondere Technik der Kapitalkonsolidierung darstellt,[1062] bestehen ebenso weitgehende Überschneidungen der bankkonzernabschlußpolitischen Maßnahmen. Im folgenden wird daher auf deren erneute Darstellung verzichtet. Vielmehr werden an dieser Stelle Spielräume und Wahlrechte analysiert, die sich aus den speziell nur auf die Equity-Methode anzuwendenden spezifischen Vorschriften ergeben.
Zudem kann auf eine Analyse der Konsolidierung von Schulden sowie der von Aufwendungen und Erträgen bei Anwendung der Equity-Methode verzichtet werden, da hierfür nach § 340i Abs. 1 Satz 1 HGB i.V.m. § 312 HGB keine gesetzliche Verpflichtung besteht und deren Durchführung überdies grundsätzlich nicht möglich ist.[1063]

Zündorf, Equity-Methode, S. 4; Lück, Rechnungslegung, S. 147. Der Ausweis in der Bankkonzernbilanz kann bspw. als eigenständiger Posten nach Pos. A. 7 Formblatt 1 RechKredV erfolgen. Da sich diese Form der Konsolidierung lediglich in einer Zeile der Bankkonzernbilanz niederschlägt, wird die Equity-Methode dementsprechend auch als kleine Konsolidierung, one-line-consolidation, Konsolidierungsersatz, partielle Konsolidierung oder Minikonsolidierung bezeichnet; vgl. hierzu Harms/Küting, Equity-Accounting, S. 2152; Küting/Zündorf, Equity-Methode, S. 4; Treuhand-Vereinigung AG (Hrsg.), Rechnungslegung, S. 220; Zündorf, Quotenkonsolidierung, S. 24.

1060 Vgl. Klein, Konzernbilanzpolitik, S. 354 f.

1061 Vgl. § 340i Abs. 1 Satz 1 HGB i.V.m. § 312 Abs. 4 Satz 2 HGB.

1062 Vgl. Arbeitskreis "Externe Unternehmensrechnung" der Schmalenbach-Gesellschaft - Deutsche Gesellschaft für Betriebswirtschaft e.V., Aufstellung, S. 134; Meyer, Bilanzierung, S. 242; IDW (Hrsg.), WP-Handbuch, M, Tz. 430.

1063 Vgl. hierzu allgemein Fricke, Rechnungslegung, S. 326 f. Vgl. ferner Budde/Raff, Kommentierung § 312, Anm. 4; Krumnow/Sprißler/Bellavite-Hövermann/Kemmer/Steinbrücker, Kommentierung § 340i, j HGB, Rn. 178; Küting/Zündorf, Kommentierung § 312, Rn. 218 f. Der Arbeitskreis "Externe Unternehmensrechnung" der Schmalenbach-Gesellschaft - Deutsche Gesellschaft für Betriebswirtschaft e.V., Aufstellung, S. 134; Küting/Zündorf, Kommentierung § 312, Rn. 219 und Müller/Lauer, Konsolidie-

5.2.2 Maßnahmen bei der Kapitalaufrechnung

5.2.2.1 Varianten der Equity-Methode

Analog der bei der Vollkonsolidierung nach § 340i Abs. 1 Satz 1 HGB i.V.m. § 301 HGB zulässigen Kapitalkonsolidierungsmethoden läßt § 340i Abs. 1 Satz 1 HGB i.V.m. § 312 Abs. 1 Satz 1 HGB für die Ermittlung des Wertansatzes der Beteiligung an einem assoziierten Unternehmen im Bankkonzernabschluß wahlweise zwei entsprechende Alternativen zu.[1064]

Bei der **Buchwertmethode** nach § 340i Abs. 1 Satz 1 HGB i.V.m. § 312 Abs. 1 Satz 1 Nr. 1 HGB ist die Beteiligung an einem assoziierten Unternehmen in der Bankkonzernbilanz mit dem Buchwert, i.d.R. den Anschaffungskosten, anzusetzen. Ein im Zuge der Kapitalaufrechnung eventuell ermittelter Unterschiedsbetrag zwischen dem Beteiligungsbuchwert und dem anteiligen Eigenkapital des assoziierten Unternehmens ist auf möglicherweise enthaltene stille Reserven und stille Lasten hin zu analysieren. Diese sind anschließend gemäß § 340i Abs. 1 Satz 1 HGB i.V.m. § 312 Abs. 2 Satz 1 HGB den Wertansätzen von Vermögensgegenständen und Schulden des assoziierten Unternehmens insoweit zuzuordnen,[1065] als deren Wert höher oder niedriger ist als der bisherige Wertansatz. Auf einen nach dieser Zuordnung verbleibenden aktiven oder passiven Unterschiedsbetrag ist § 340i Abs. 1 Satz 1 HGB i.V.m. § 309 HGB entsprechend anzuwenden.[1066]

Im Rahmen der erstmaligen Anwendung der Buchwertmethode besteht ferner ein Wahlrecht, den Unterschiedsbetrag in der Bankkonzernbilanz zu vermerken oder im Bankkonzernanhang anzugeben.[1067]

---

rung, C 511, Rz. 166 ff., erachten hingegen eine freiwillige Schuldenkonsolidierung als zulässig und (bedingt) durchführbar.

1064 Der Gesetzgeber betrachtet die beiden Methoden dabei als formal gleichwertig; vgl. Küting/Zündorf, Equity-Methode, S. 4; Weber/Zündorf, Unternehmen, S. 235.

1065 Die Zuordnung erfolgt dabei entsprechend der Kapitalkonsolidierung, jedoch nur in einer statistischen Nebenrechnung; vgl. Havermann, Bilanzierung, S. 236 f.; Pellens, Equity-Methode, Sp. 539.

1066 Vgl. § 340i Abs. 1 Satz 1 HGB i.V.m. § 312 Abs. 2 Satz 3 HGB.

1067 Vgl. § 340i Abs. 1 Satz 1 HGB i.V.m. § 312 Abs. 1 Satz 2 HGB.

Bei der **Kapitalanteilsmethode** nach § 340i Abs. 1 Satz 1 HGB i.V.m. § 312 Abs. 1 Satz 1 Nr. 2 HGB erfolgt der Ansatz der Beteiligung an einem assoziierten Unternehmen in der Bankkonzernbilanz mit dem Betrag, der dem anteiligen Eigenkapital der assoziierten Unternehmung entspricht. Dabei ist das Eigenkapital mit dem Betrag zu veranschlagen, der sich ergibt, wenn die Vermögensgegenstände, Schulden, aktiven und passiven Rechnungsabgrenzungsposten, Bilanzierungshilfen und Sonderposten der assoziierten Unternehmung mit dem Wert angesetzt werden, der ihnen in dem für die Kapitalaufrechnung relevanten Zeitpunkt gemäß § 340i Abs. 1 Satz 1 HGB i.V.m. § 312 Abs. 3 Satz 1 HGB beizulegen ist. Dieser Betrag darf jedoch die Anschaffungskosten für die Anteile an dem assoziierten Unternehmen nicht übersteigen.[1068] Demzufolge kann bei der Anwendung der Kapitalanteilsmethode ein passiver Unterschiedsbetrag - das anteilige Eigenkapital würde die Anschaffungskosten der Beteiligung überschreiten - gemeinhin nicht entstehen.[1069] Da die stillen Reserven und stillen Lasten, analog der Neubewertungsmethode bei der Kapitalkonsolidierung, bereits in einer Handelsbilanz II vor der Kapitalaufrechnung aufgedeckt werden, stellt ein sich ergebender aktiver Unterschiedsbetrag - die Anschaffungskosten der Beteiligung überschreiten das anteilige Eigenkapital - einen (anteiligen) Geschäfts- oder Firmenwert dar.[1070] Dieser ist gemäß § 340i Abs. 1 Satz 1 HGB i.V.m. § 312 Abs. 1 Satz 3 Halbsatz 2 HGB in der Hauptspalte der Bankkonzernbilanz gesondert auszuweisen oder wahlweise im Bankkonzernanhang anzugeben.

1068 Vgl. § 340i Abs. 1 Satz 1 HGB i.V.m. § 312 Abs. 1 Satz 3 HGB. Der Wortlaut entspricht in etwa dem der Neubewertungsmethode im Rahmen der Kapitalkonsolidierung gemäß § 340i Abs. 1 Satz 1 HGB i.V.m. § 301 Abs. 1 Satz 2 Nr. 2 und Satz 4 HGB.

1069 Vgl. Küting/Zündorf, Equity-Methode, S. 7; Müller/Lauer, Konsolidierung, C 511, Rz. 44; Niehus, Equity-Bewertung, Abt. V/3, Rn. 70. Eine Ausnahme hiervon begründet sich demgegenüber dann, "wenn vor der erstmaligen Anwendung der Equity-Methode eine außerplanmäßige Abschreibung auf die Beteiligung vorgenommen worden ist oder in der Zeit zwischen dem Erwerb und dem späteren Stichtag der Kapitalaufrechnung Gewinne thesauriert worden sind"; IDW (Hrsg.), WP-Handbuch, M, Tz. 458. Vgl. ebenso Adler/Düring/Schmaltz, Kommentierung § 312, Tz. 61; Budde/Raff, Kommentierung § 312, Anm. 35; Busse von Colbe, Equitymethode, S. 258; Hahn, Konzernabschluß, S. 595.

1070 Vgl. Adler/Düring/Schmaltz, Kommentierung § 312, Tz. 15; Busse von Colbe/Ordelheide, Konzernabschlüsse, S. 486; IDW (Hrsg.), WP-Handbuch, M, Tz. 458; Niehus, Equity-Bewertung, Abt. V/3, Rn. 70; Wöhe, Bilanzierung, S. 998.

Für die Fortführung eines Unterschiedsbetrags in den Folgejahren ist § 340i Abs. 1 Satz 1 HGB i.V.m. § 309 HGB entsprechend anzuwenden.[1071]

Die angewandte Methode ist gemäß § 340i Abs. 1 Satz 1 HGB i.V.m. § 312 Abs. 1 Satz 4 HGB im Bankkonzernanhang anzugeben.

5.2.2.2 Buchwert- versus Kapitalanteilsmethode

Bankkonzernabschlußpolitische Relevanz erlangt die Gegenüberstellung beider Methoden primär im Hinblick auf die Behandlung einer sich ergebenden Differenz aus der Aufrechnung der Anschaffungskosten der Beteiligung und dem anteiligen bilanziellen Eigenkapital des assoziierten Unternehmens.[1072]

Zunächst unterscheiden sich die Buchwert- und die Kapitalanteilsmethode im Hinblick auf die Höhe des Wertansatzes der Beteiligung. Für diesen Fall ist zu konstatieren, daß der Beteiligungsbuchwert bei Anwendung der Buchwertmethode auch den anteiligen Geschäfts- oder Firmenwert enthält, während dieser Geschäfts- oder Firmenwert im Rahmen der Kapitalanteilsmethode als eigenständiger Posten in den Bankkonzernabschluß zu übernehmen ist.[1073]

Gleichermaßen unterscheiden sich die Verfahren in bezug auf die Höhe des Unterschiedsbetrags, da dieser im Rahmen der Buchwertmethode die anteiligen aufgedeckten stillen Reserven enthält, während er bei der Kapitalanteilsmethode dem gesondert auszuweisenden Geschäfts- oder Firmenwert entspricht.[1074]

1071 Vgl. § 340i Abs. 1 Satz 1 HGB i.V.m. § 312 Abs. 2 Satz 3 HGB.

1072 In den meisten Fällen liegt eine solche Differenz auch in der Praxis vor; vgl. IDW (Hrsg.), WP-Handbuch, M, Tz. 430 und Übersicht 5 von Weber/Zündorf, Unternehmen, S. 238.

1073 Vgl. Gschrei, Beteiligungen, S. 199; IDW (Hrsg.), WP-Handbuch, M, Tz. 460; Klein, Konzernbilanzpolitik, S. 363 f.; Küting/Zündorf, Equity-Methode, S. 10; Weber/Zündorf, Unternehmen, S. 236.

1074 Vgl. IDW (Hrsg.), WP-Handbuch, M, Tz. 460; Küting/Zündorf, Kommentierung § 312, Rn. 174; Weber/Zündorf, Unternehmen, S. 236.

Ein weiterer formaler Einfluß auf den Bankkonzernabschluß besteht hinsichtlich der Ausweisform des Unterschiedsbetrags. Dieser ist nach § 340i Abs. 1 Satz 1 HGB i.V.m. § 312 Abs. 1 Satz 2 HGB bei erstmaliger Anwendung der Buchwertmethode wahlweise in der Bankkonzernbilanz zu vermerken oder im Bankkonzernanhang anzugeben. Für die Kapitalanteilsmethode bestimmt § 340i Abs. 1 Satz 1 HGB i.V.m. § 312 Abs. 1 Satz 3 Halbsatz 2 HGB den Unterschiedsbetrag bei erstmaliger Anwendung in der Hauptspalte der Bankkonzernbilanz gesondert auszuweisen. Das vom Gesetzgeber hier ebenfalls vorgesehene Ausweiswahlrecht im Bankkonzernanhang ist indessen nicht unbestritten. Denn würde der Geschäfts- oder Firmenwert allein im Bankkonzernanhang angegeben werden, hätte dies einen entsprechenden Fehlbetrag in der Bankkonzernbilanz zur Folge. Konsolidierungstechnisch kommt insofern grundsätzlich nur ein gesonderter Ausweis in der Hauptspalte der Bankkonzernbilanz in Betracht.[1075] Im Rahmen der Aktivierung ist ein weiteres - im Gesetzestext nicht explizit genanntes - Ausweiswahlrecht in Betracht zu ziehen. Danach wird der aktive Unterschiedsbetrag aus der Kapitalanteilsmethode neben seinem gesonderten Ausweis in der Hauptspalte der Bankkonzernbilanz ebenfalls in eine gemeinsame Sammelposition aller zu verbuchender Geschäfts- oder Firmenwerte eingestellt werden können. Bei Anwendung letzterer Alternative wäre hingegen der Unterschiedsbetrag im Bankkonzernanhang aufzugliedern.[1076]

Im Ergebnis kann damit festgehalten werden, daß beide Methoden - neben der Möglichkeit zur unterschiedlichen formellen Beeinflußbarkeit des Bankkonzernabschlusses - zu gleichen materiellen Wirkungen auf die Bankkonzernbilanzstruktur und das Bankkonzernergebnis führen.

Übersteigt indessen das anteilige bilanzielle Eigenkapital des assoziierten Unternehmens die Anschaffungskosten der Beteiligung, kann daraus ein wei-

---

1075 Vgl. Gross/Schruff/Wysocki, Konzernabschluß, S. 250; Küting/Zündorf, Equity-Methode, S. 7; Scheren, Konzernabschlußpolitik, S. 301 f.

1076 Vgl. GEFIU, Entwurf, S. 1706; Hahn, Konzernabschluß, S. 595.

terer Unterschied zwischen der Buchwert- und der Kapitalanteilsmethode mit möglicherweise ergebniswirksamen Einflüssen resultieren.[1077]
Nach der Buchwertmethode ist ein passiver Unterschiedsbetrag ebenfalls gemäß § 340i Abs. 1 Satz 1 HGB i.V.m. § 312 Abs. 1 Satz 2 HGB in der Bankkonzernbilanz zu vermerken oder im Bankkonzernanhang aufzuführen. "Allerdings ist eine Angabe in der Bilanz selbst ... wenig sinnvoll, da dieser Betrag selbst nicht in der (Bank-; d.V.) Konzernbilanz enthalten ist".[1078] Grundsätzlich ist der passive Unterschiedsbetrag somit lediglich im Bankkonzernanhang anzugeben. Gleichwohl ist er in den Folgeperioden weiterzuführen. Soweit die Bedingungen des § 340i Abs. 1 Satz 1 HGB i.V.m. § 309 Abs. 2 HGB erfüllt sind, kann der passive Unterschiedsbetrag daher auch im Rahmen der Folgekonsolidierung ergebniserhöhend aufgelöst werden.[1079] Die Vereinnahmung erfolgt durch entsprechende Erhöhung des Wertansatzes der Beteiligung. Liegt hingegen ein Thesaurierungsfall vor, kommt gleichfalls eine erfolgsneutrale Verrechnung des passiven Unterschiedsbetrags mit den Gewinnrücklagen des Bankkonzerns und gleichzeitiger Erhöhung des Beteiligungsbuchwerts in Betracht.[1080]

Nach der Kapitalanteilsmethode wird bei strenger Gesetzauslegung ein passiver Unterschiedsbetrag nicht entstehen können, da nach § 340i Abs. 1 Satz 1 HGB i.V.m. § 312 Abs. 1 Satz 3 Halbsatz 1 HGB das anteilige Eigenkapital die Anschaffungskosten der Beteiligung nicht überschreiten darf. Deshalb kann hierbei weder ein passiver Unterschiedsbetrag ausgewiesen noch im Rahmen der Folgekonsolidierung ergebnisbeeinflussend aufgelöst werden. Ein Sonderfall besteht jedoch in bestimmten Thesaurierungs- oder außerordentlichen Abschreibungsfällen, bei der das anteilige Eigenkapital ausnahmsweise ohne Neubewertung von Anfang an die Anschaffungskosten der Beteiligung übersteigt. Für einen aus dieser Konstellation entstehenden passiven Unterschiedsbetrag würde eine Ausweispflicht und gegebenenfalls, soweit die Be-

---

1077 Vgl. Klein, Konzernbilanzpolitik, S. 364.

1078 IDW (Hrsg.), WP-Handbuch, M, Tz. 448. Vgl. ebenso Küting/Zündorf, Equity-Methode, S. 6; Niehus, Equity-Bewertung, Abt. V/3, Rn. 133.

1079 Vgl. § 340i Abs. 1 Satz 1 HGB i.V.m. § 312 Abs. 2 Satz 3 HGB.

1080 Vgl. Adler/Düring/Schmaltz, Kommentierung § 312, Tz. 53; Niehus, Equity-Bewertung, Abt. V/3, Rn. 118.

dingungen des § 340i Abs. 1 Satz 1 HGB i.V.m. § 309 Abs. 2 HGB im Rahmen der Folgekonsolidierung erfüllt sind, eine ergebniswirksame Auflösung resultieren. Voraussetzung wäre allerdings, daß dieser Ausnahmefall nicht mit einer Verletzung des Anschaffungskostenprinzips einhergeht. Nach *Busse von Colbe* läßt sich eine derartige Verletzung ausschließen, sofern der Passivposten als Wertberichtigung ausgelegt wird.[1081] Andererseits bleibt offen, ob in diesem Fall und bei strenger Auslegung des § 340i Abs. 1 Satz 1 HGB i.V.m. § 312 Abs. 1 Satz 3 HGB der beizulegende Wert nicht entsprechend vermindert werden muß, damit gemäß des Gesetzestextes ein passiver Unterschiedsbetrag erst gar nicht entstehen kann, "oder ob in solchen Fällen die Buchwertmethode anzuwenden ist".[1082]

Schließlich wird eine Saldierung mehrerer aktiver und passiver Unterschiedsbeträge zu je einem aktiven und passiven Unterschiedsbetrag für zulässig erachtet. Obschon diese Vorgehensweise grundsätzlich nur zu bejahen ist, soweit die Wertansätze verschiedener assoziierter Unternehmen, deren Unterschiedsbeträge in die Saldierung einbezogen werden sollen, methodengleich ermittelt wurden, wird dieser Argumentation im Rahmen der Bankkonzernabschlußpolitik nicht verpflichtend Folge zu leisten sein.[1083]

Von Bedeutung für die Bilanzierungsspielräume ist weiterhin die Frage, ob aufgrund der singularischen Formulierung des § 340i Abs. 1 Satz 1 HGB i.V.m. § 312 Abs. 1 Satz 1 HGB, beide Methoden - falls mehr als ein einzubeziehendes assoziiertes Unternehmen vorliegt - zugleich verwendet werden dürfen oder ob nach der Wahl einer Methode diese ausnahmslos einheitlich

1081 Vgl. Busse von Colbe, Equitymethode, S. 258. Für Niehus, Equity-Bewertung, Abt. V/3, Rn. 122, stellt sich hingegen erst überhaupt nicht die Frage nach der Gültigkeit des Anschaffungskostenprinzips.

1082 Maas/Schruff, Konzernabschluß, S. 241; hier aber auf die Neubewertungsmethode des § 301 HGB der Kapitalkonsolidierung bezogen. Allerdings besitzt diese Ausführung ebenfalls für die Kapitalanteilsmethode Gültigkeit; vgl. ebenda, S. 245 f., insbesondere S. 246, Fn. 123.

1083 Vgl. hierzu Arbeitskreis "Externe Unternehmensrechnung" der Schmalenbach-Gesellschaft - Deutsche Gesellschaft für Betriebswirtschaft e.V., Aufstellung, S. 137; Budde/Raff, Kommentierung § 312, Anm. 40; IDW (Hrsg.), WP-Handbuch, M, Tz. 448; Niehus, Equity-Bewertung, Abt. V/3, Rn. 134.

für alle assoziierten Unternehmen verwendet werden muß. Wenngleich eine einheitliche Ausübung des Wahlrechts wünschenswert wäre, wird im Zuge der Bankkonzernabschlußpolitik im Erstjahr der Konsolidierung jeweils ein Wahlrecht zwischen der Anwendung der Buchwertmethode und der Anwendung der Kapitalanteilsmethode als zulässig erachtet werden können.[1084] Daher gilt ein Wahlrecht für jedes einzelne einzubeziehende assoziierte Unternehmen.

Die angewandte Methode ist nach § 340i Abs. 1 Satz 1 HGB i.V.m. § 312 Abs. 1 Satz 4 HGB im Bankkonzernanhang anzugeben, jedoch ist eine darüber hinausgehende Begründung für die Wahl einer Methode gesetzlich nicht erforderlich. Eine einmal durchgeführte Methode sollte hingegen gemäß des Grundsatzes der Stetigkeit im Zeitablauf beibehalten werden.[1085]

5.2.3 Maßnahmen bei der bankkonzerneinheitlichen Bilanzierung und Bewertung

Die Aussagefähigkeit eines Bankkonzernabschlusses ist insbesondere dann gewährleistet, wenn die Einzelabschlüsse aller einbezogenen Unternehmen nach den gleichen Bewertungsmethoden erstellt worden sind.[1086] Infolgedessen verlangt der Gesetzgeber, daß gleiche Sachverhalte grundsätzlich nicht ungleich behandelt werden sollen.

§ 340i Abs. 1 Satz 1 HGB i.V.m. § 312 Abs. 5 Satz 1 HGB kodifiziert dagegen ein Wahlrecht, den Einzelabschluß des assoziierten Unternehmens mit den auf den Bankkonzernabschluß angewandten Bewertungsmethoden[1087] anzu-

---

1084 Vgl. Budde/Raff, Kommentierung § 312, Anm. 40; Küting/Zündorf, Kommentierung § 312, Rn. 175. A.A. Adler/Düring/Schmaltz, Kommentierung § 312, Tz. 17, soweit gleiche Sachverhalte vorliegen; ferner Busse von Colbe, Equitymethode, S. 259; Treuhand-Vereinigung AG (Hrsg.), Rechnungslegung, S. 222.

1085 Vgl. § 340i Abs. 1 Satz 1 HGB i.V.m. § 297 Abs. 3 Satz 2 HGB.

1086 Vgl. Lück, Rechnungslegung, S. 151; U.E.C., Erstellung, S. 65.

1087 Obschon der Gesetzgeber hier von angewandten Bewertungsmethoden spricht, ist davon auszugehen, daß sich die Vorschrift auf anwendbare Bewertungsmethoden bezieht, da ansonsten die Einzelabschlüsse von assoziierten Unternehmen strengeren Anforderungen unterliegen würden als die von Bankkonzerntochterunternehmen gemäß § 340i Abs. 1 Satz 1 HGB i.V.m. § 308 Abs. 1 Satz 1 HGB; vgl. hierzu insbesondere Scheren, Konzernabschlußpolitik, S. 307 f., m.w.N.; ferner Niehus, Equity-Bewertung, Abt. V/3, Rn. 82; Stobbe, Bewertung, S. 1835.

passen, sofern die Vermögensgegenstände oder Schulden des assoziierten Unternehmens nach abweichenden Methoden bewertet worden sind. Obwohl diese Regelung im Zusammenhang mit § 340i Abs. 1 Satz 1 HGB i.V.m. § 308 HGB betrachtet werden muß, demgemäß die Bewertung nach einheitlichen, durch das Bankkonzernmutterunternehmen determinierten Methoden zu erfolgen hat, verdeutlicht der Gesetzgeber zugleich, daß es sich hierbei um eine "Kann-Vorschrift" handelt.[1088]
Dies hat zur Folge, daß die (abweichenden) Wertansätze in den originären Einzelabschlüssen der einzubeziehenden assoziierten Unternehmen beibehalten werden können.[1089]

Obschon das Wahlrecht einerseits eine Arbeitserleichterung bei der Ermittlung des Equity-Werts darstellen soll, eröffnet der Gesetzgeber auf diese Weise andererseits u.U. nicht unerhebliche bankkonzernabschlußpolitisch nutzbare Möglichkeiten.[1090]
Als Anwendungsbereich für die wahlweise Anpassung an die bankkonzerneinheitliche Bewertung sind dabei gemäß § 340i Abs. 1 Satz 1 HGB i.V.m. § 312 Abs. 5 Satz 1 HGB nachfolgende Sachverhalte relevant:[1091]

1088 Vgl. Müller/Lauer, Konsolidierung, C 511, Rz. 26. Der § 312 Abs. 5 Satz 1 HGB basiert auf der Transformation des Artikels 33 Abs. 3 der Siebenten EG-Richtlinie in deutsches Recht. Der Gesetzgeber hatte hierbei auch nach Satz 3 die Möglichkeit - konform zu § 308 HGB für voll zu konsolidierende Tochterunternehmen - die Anpassung an (bank-) konzerneinheitliche Bewertungsmethoden vorzuschreiben. Mit dem kodifizierten Anpassungswahlrecht hat der Gesetzgeber aber den Umständen der geringeren Einflußmöglichkeiten und größeren Informationsbeschaffungsproblemen bei assoziierten Unternehmen Rechnung getragen; vgl. dazu auch Adler/Düring/Schmaltz, Kommentierung § 312, Tz. 129; Budde/Raff, Kommentierung § 312, Anm. 75; Havermann, Equity-Bewertung, S. 318; Küting/Zündorf, Kommentierung § 312, Rn. 193 ff.

1089 Vorausgesetzt es ist dabei "sichergestellt .., daß in der Bilanz (des assoziierten Unternehmens; d.V.), die der Equitybewertung zugrunde gelegt wird, die deutschen GoB eingehalten sind; das kann notfalls durch eine Ergänzungsrechnung erreicht werden"; Busse von Colbe, Bilanzrichtlinie-Gesetzes, S. 778; vgl. zu dieser Thematik auch Pellens, Anwendung, S. 698 f.

1090 Vgl. Kirsch, Equity-Methode, S. 50.

1091 Vgl. Budde/Raff, Kommentierung § 312, Anm. 76; Scheren, Konzernabschlußpolitik, S. 308 f.; Scherrer, Kommentierung § 312, Rz. 51; Treuhand-Vereinigung AG (Hrsg.), Rechnungslegung, S. 232.

- Ermittlung des Unterschiedsbetrags zwischen dem Beteiligungsbuchwert und dem anteiligen Eigenkapital des assoziierten Unternehmens sowie die Zuordnung eines sich ergebenden Unterschiedsbetrags für die Erstkonsolidierung im Rahmen der Buchwertmethode;
- Ermittlung des Unterschiedsbetrags zwischen dem Buchwert der Beteiligung und dem anteiligen neubewerteten Eigenkapital für die Erstkonsolidierung im Rahmen der Kapitalanteilsmethode;
- Ermittlung der Höhe der Unterschiedsbeträge in der Folgekonsolidierung;
- Ermittlung des anteiligen Jahresergebnisses des assoziierten Unternehmens.

Die aufgeführten Sachverhalte werden alle bestimmt von der Bewertungsmethode, die der Ermittlung des Wertansatzes einer Beteiligung an einem assoziierten Unternehmen zugrunde gelegt wird. Wendet das assoziierte Unternehmen in seinem Jahresabschluß vom Bankkonzernabschluß abweichende Bewertungsmethoden an, können abweichend bewertete Vermögensgegenstände und Schulden an die im Bankkonzernabschluß angewandten Bewertungsmethoden angepaßt werden.[1092] Die Durchführung solcher Bewertungsanpassungen beeinflußt bei Anwendung der Buchwertmethode automatisch die Höhe des sich aus der Kapitalaufrechnung ergebenden aktiven oder passiven Unterschiedsbetrags oder bei Anwendung der Kapitalanteilsmethode die Höhe des (anteiligen) Geschäfts- oder Firmenwerts.[1093] Das Anpassungswahlrecht hat insofern unmittelbare Auswirkungen auf das Anlagevermögen und die Bankkonzernbilanzsumme zur Folge. Die Wirkungsrichtung ist indessen unbestimmt. Ferner wirken sich die Bewertungsanpassungen für die Ermittlung des anteiligen Jahresergebnisses des assoziierten Unternehmens im Rahmen der Folgekonsolidierung gemäß § 340i Abs. 1 Satz 1 HGB i.V.m. § 312 Abs. 2 HGB auch unmittelbar auf die Höhe des zu übernehmenden Ergebnisses aus. Damit erweist sich das Anpassungswahlrecht in den Folgejahren auch als grundsätzlich ergebniswirksam.

1092 Vgl. § 340i Abs. 1 Satz 1 HGB i.V.m. § 312 Abs. 5 Satz 1 HGB.
1093 Vgl. IDW (Hrsg.), WP-Handbuch, M, Tz. 449; Klein, Konzernbilanzpolitik, S. 366.

Bei der weiteren bankkonzernabschlußpolitischen Betrachtung des § 340i Abs. 1 Satz 1 HGB i.V.m. § 312 Abs. 5 HGB fällt auf, daß der Gesetzgeber die Anwendung einheitlicher Bilanzansatzvorschriften, wie sie nach § 340i Abs. 1 Satz 1 HGB i.V.m. § 300 Abs. 2 HGB für die Vollkonsolidierung vorgeschrieben sind, nicht explizit kodifiziert hat. Da sich demgegenüber aber auch keine erkennbaren Hinweise für eine gesetzlich bewußte Unterscheidung zwischen den Bilanzansatz- und Bewertungsvorschriften finden lassen, wird für den § 340i Abs. 1 Satz 1 HGB i.V.m. § 312 Abs. 5 HGB, analog zur einheitlichen Bewertung, ein Anpassungswahlrecht zur Vereinheitlichung des Bilanzansatzes als zulässig erachtet.[1094]
Die Anpassung an bankkonzerneinheitliche Ansatzmethoden führt, entsprechend den Ausführungen zur Anpassung der Bewertungsmethoden, zu gleichen Wirkungen auf die Höhe des Ergebnisses, die Höhe des Eigenkapitals sowie den Aussagegehalt des Bankkonzernabschlusses.[1095] Somit ist auch dieses Anpassungswahlrecht als ergebnis- und strukturwirksam einzuordnen.

Erfolgt bei Anwendung abweichender Methoden im Einzelabschluß des assoziierten Unternehmens keine Anpassung an die bankkonzerneinheitlichen Bilanzansatz- und Bewertungsmethoden, ist dies gemäß § 340i Abs. 1 Satz 1 HGB i.V.m. § 312 Abs. 5 Satz 2 HGB im Bankkonzernanhang anzugeben.[1096] Eine darüber hinausgehende Auskunftspflicht zur Begründung einer Nichtanpassung oder deren Auswirkung auf die Vermögens-, Finanz- und Ertragslage des Bankkonzerns wird vom Gesetzgeber nicht verlangt.[1097]

1094 Vgl. Baetge, Konzernbilanzen, S. 407; Budde/Raff, Kommentierung § 312, Anm. 77; Busse von Colbe/Ordelheide, Konzernabschlüsse, S. 480; IDW (Hrsg.), WP-Handbuch, M, Tz. 450; Kirsch, Equity-Methode, S. 50; Küting/Zündorf, Kommentierung § 312, Rn. 191 f.; Müller/Lauer, Konsolidierung, C 511, Rz. 27; Treuhand-Vereinigung AG (Hrsg.), Rechnungslegung, S. 232. Havermann, Fragen, S. 51, charakterisiert in diesem Zusammenhang die Vorschrift als nicht geglückte Abstimmung.

1095 Vgl. Budde/Raff, Kommentierung § 312, Anm. 77; IDW (Hrsg.), WP-Handbuch, M, Tz. 450.

1096 Im allgemeinen werden die Publizitätspflichten nicht nur für die Erstkonsolidierung gelten, sondern ebenso für die Folgekonsolidierung beachtet werden müssen.

1097 Vgl. Adler/Düring/Schmaltz, Kommentierung § 312, Tz. 146; Budde/Raff, Kommentierung § 312, Anm. 85; Emmerich/Sonnenschein, Konzernrecht, S. 556; Scherrer, Kommentierung § 312, Rz. 53.

5.2.4 Maßnahmen bei der Zwischenergebniseliminierung

Kommt die Equity-Methode zur Anwendung, ist es notwendig die aus internen Geschäftsbeziehungen zwischen assoziierten Unternehmen mit anderen in den Bankkonzernabschluß einbezogenen Unternehmen entstandenen Gewinne und Verluste zu eliminieren, da diese innerhalb des Bankkonzernverbundes als noch nicht realisiert angesehen werden. Die Vorschriften zur Zwischenergebniseliminierung im Rahmen der Equity-Methode regelt der § 340i Abs. 1 Satz 1 HGB i.V.m. § 312 Abs. 5 Satz 3 und Satz 4 HGB. Darin wird auf die entsprechende Anwendung zur Behandlung der Zwischenergebnisse im Rahmen der Vollkonsolidierung gemäß § 340i Abs. 1 Satz 1 HGB i.V.m. § 304 HGB verwiesen.[1098]

Für die Zwischenergebniseliminierung kommen bei ihrer Anwendung folgende bankkonzerninterne Geschäftsbeziehungen in Betracht:[1099]

- Upstream-Lieferungen oder -Leistungen,
- Downstream-Lieferungen oder -Leistungen,
- Satelitten-Lieferungen oder -Leistungen.

Allerdings ist es fraglich, ob sämtliche Lieferungs- oder Leistungsrichtungen der Eliminierungsvorschrift unterliegen. Die analoge Anwendung des § 304 Abs. 1 HGB über § 340i Abs. 1 Satz 1 HGB i.V.m. § 312 Abs. 5 Satz 3 HGB

1098 Vgl. Gliederungspunkt 5.1.3 in diesem Kapitel sowie die dort konzedierten allgemeinen bankkonzernabschlußpolitischen Spielräume bei der Behandlung von Zwischenergebnissen. Im Rahmen der Anwendung der Equity-Methode wird für den Begriff der "Zwischenergebniseliminierung" oftmals auch der der "Verbundergebniseliminierung" verwendet; vgl. bspw. Harms/Küting, Equity-Accounting, S. 2175 f.; Küting/Zündorf, Praxis, S. 875 f.; Müller/Lauer, Konsolidierung, C 511, Rz. 116 ff.; Schruff, Einflüsse, S. 297. Die Autoren differenzieren die beiden Termini dahingehend, daß sich die Verbundergebniseliminierung auf die Ausschaltung interner Geschäftsbeziehungen zwischen den im Bankkonzernabschluß konsolidierten Unternehmen und assoziierten Unternehmen sowie zwischen den einzelnen assoziierten Unternehmen untereinander bezieht. Die Zwischenerfolgseliminierung bezieht sich dagegen nur auf die Geschäfte der vollkonsolidierten Unternehmen. Der Gesetzgeber verwendet den Terminus der Verbundergebniseliminierung hingegen nicht.

1099 Vgl. Budde/Raff, Kommentierung § 312, Anm. 91; GEFIU, Probleme, Bd. I, S. 54 f.; Gschrei, Beteiligungen, S. 209; Haase, Zwischenerfolgseliminierung, S. 1704; Müller/Lauer, Konsolidierung, C 511, Rz. 118 ff.

setzt bei der Behandlung von Zwischenergebnissen voraus, daß die zu übernehmenden Vermögensgegenstände, die ganz oder teilweise auf Lieferungen oder Leistungen assoziierter Unternehmen beruhen, in der Bankkonzernbilanz so anzusetzen sind, als wenn die in den Bankkonzernabschluß einbezogenen Unternehmen mit den assoziierten Unternehmen auch rechtlich ein einziges Unternehmen bilden würden. Die Zwischenergebniseliminierungspflicht betrifft insofern ausschließlich die in den Bankkonzernabschluß zu übernehmenden Vermögensgegenstände.[1100]

Danach unterliegen Bestände aus **upstream**- bzw. Aufwärts-Geschäftsbeziehungen, d.h. aus Lieferungen oder Leistungen von assoziierten Unternehmen an voll oder anteilmäßig konsolidierte Bankkonzernunternehmen, bei entsprechender analogen Anwendung des § 304 Abs. 1 HGB grundsätzlich der Pflicht zur Zwischenergebniseliminierung. Diese Liefer- oder Leistungsrichtung bedingt einen Ansatz der Bestände in der Bankkonzernbilanz und einen Ausweis der Zwischenergebnisse im Einzelabschluß des assoziierten Unternehmens.[1101]

Im Gegensatz dazu werden Bestände aus **downstream**- bzw. Abwärts-Geschäftsbeziehungen, d.h. Lieferungen oder Leistungen von voll oder anteilmäßig konsolidierten Unternehmen an assoziierte Unternehmen, von der entsprechenden Anwendung des Gesetzestextes nicht erfaßt. Demzufolge ist davon auszugehen, daß solche Bestände nicht der Pflicht zur Zwischenergebniseliminierung unterliegen, da hier die Vermögensgegenstände nicht in den Bankkonzernabschluß übernommen werden, sondern beim assoziierten Unternehmen verbleiben.[1102] Ungeachtet der Gesetzesformulierung wird ande-

---

1100 Vgl. Havermann, Equity-Bewertung, S. 319.

1101 Da aber die nach der Equity-Methode zu behandelnden assoziierten Unternehmen lediglich mit dem anteiligen Eigenkapital, nicht aber mit den Vermögensgegenständen selbst in der Bankkonzernbilanz ausgewiesen werden, erfordert dies eine gegenüber der Voll- bzw. Quotenkonsolidierung variierte Technik der Verrechnung von Zwischenergebnissen; vgl. hierzu ausführlich Küting/Zündorf, Equity-Methode, S. 15 ff., m.w.N. Vgl. weiterhin Albers, Bank-Konzernabschluß, S. 277 ff.; Zündorf, Quotenkonsolidierung, S. 173 ff.; Müller/Lauer, Konsolidierung, C 511, Rz. 151 ff.

1102 Vgl. Havermann, Equity-Bewertung, S. 319; IDW (Hrsg.), WP-Handbuch, M, Tz. 467; Kirsch, Equity-Methode, S. 52; Küting/Zündorf, Kommentierung § 312, Rn. 199; Sah-

rerseits eine Zwischenergebniseliminierung aus downstream-Geschäften dennoch für notwendig erachtet. In diesem Kontext wird darauf hingewiesen, daß die Betrachtung des § 304 Abs. 1 HGB über § 340i Abs. 1 Satz 1 HGB i.V.m. § 312 Abs. 5 Satz 3 HGB, der nur die Eliminierung von upstream-Geschäftsbeziehungen fordert, zu eng und formalistisch ist. Zudem wird in anderen Rechtsordnungen regelmäßig eine Pflicht zur Eliminierung von Zwischenergebnissen aus downstream-Geschäften vorgesehen.[1103] Da insofern zu dieser Thematik im Fachschrifttum noch überwiegend Dissens besteht, wird aus bankkonzernabschlußpolitischer Perspektive m.E. davon auszugehen sein, eine downstream-Eliminierung wahlweise durchführen zu können.[1104]

Ebenfalls unterliegen **Satelitten**-Geschäftsbeziehungen, d.h. Lieferungen oder Leistungen zwischen den assoziierten Unternehmen des Bankkonzerns, nicht der gesetzlichen Pflicht zur Zwischenergebniseliminierung. Ein Ausweis der Vermögensgegenstände in der Bankkonzernbilanz findet auf keinen Fall statt. Überdies kann der Bankkonzern i.d.R. derartige Lieferungs- oder Leistungsbeziehungen nur unzureichend beeinflussen, so daß Geschäftsbeziehungen zwischen assoziierten Unternehmen im allgemeinen wie Geschäftsbeziehungen zwischen fremden Dritten zu behandeln sind.[1105]
Hingegen hat sich auch für die Behandlung von Geschäften zwischen assoziierten Unternehmen noch keine abschließende einheitliche Meinung im Schrifttum herausgebildet.[1106] Ein im Rahmen der Weltkonzernabschlußpolitik

---

ner/Häger, Zwischenerfolgseliminierung, S. 1783; Zündorf, Quotenkonsolidierung, S. 176.

1103 Vgl. hierzu Budde/Raff, Kommentierung § 312, Anm. 100 ff.; Busse von Colbe/Ordelheide, Konzernabschlüsse, S. 495; Müller/Lauer, Konsolidierung, C 511, Rz. 121. Busse von Colbe, Bilanzrichtlinie-Gesetzes, S. 778, kommt in seiner Betrachtung des Regierungsentwurfes zur Zwischenergebniseliminierung bei der Equity-Methode gemäß § 293 RegE HGB ebenfalls zu der Konklusion einer verpflichtenden Eliminierung für Bestände aus downstream-Geschäften.

1104 Vgl. Küting/Zündorf, Kommentierung § 312, Rn. 202. Im Ergebnis wohl ebenso Scheren, Konzernabschlußpolitik, S. 313.

1105 Vgl. Adler/Düring/Schmaltz, Kommentierung § 312, Tz. 154; Budde/Raff, Kommentierung § 312, Anm. 107; Everling, Konzernrechnungslegung, S. 134; Haase, Zwischenerfolgseliminierung, S. 1704; Müller/Lauer, Konsolidierung, C 511, Rz. 123; Schäfer, Bilanzierung, S. 294; Wohlgemuth, Zwischenergebniseliminierung, Abt. V/5, Rn. 126.

1106 Gross/Schruff/Wysocki, Konzernabschluß, S. 261, schließen eine Eliminierung von Zwischenergebnissen aus Satelitten-Geschäften nicht grundsätzlich aus. Busse von

deutscher Bankkonzerne zu nutzendes Eliminierungswahlrecht kann aus diesem Grunde nicht grundsätzlich ausgeschlossen werden.

Weiterhin lassen sich die in § 340i Abs. 1 Satz 1 HGB i.V.m. § 304 Abs. 2 und Abs. 3 HGB kodifizierten und bankkonzernabschlußpolitisch nutzbaren Vereinfachungen zur Behandlung von Zwischenergebnissen ebenso auf die Zwischenergebniseliminierung der Equity-Methode anwenden.[1107] So kann auf eine Eliminierung verzichtet werden, wenn die Lieferung oder Leistung zu marktüblichen Konditionen vorgenommen worden ist und zugleich unverhältnismäßig hoher Ermittlungsaufwand entstehen würde oder die Zwischenergebnisse von untergeordneter Bedeutung sind.[1108]

Schließlich enthalten die gesetzlichen Regelungen des § 340i Abs. 1 Satz 1 HGB i.V.m. § 312 Abs. 5 HGB weitere abschlußpolitische Spielräume.
Danach kann eine Zwischenergebniseliminierung unterbleiben, sofern für deren Beurteilung die erforderlichen maßgeblichen Sachverhalte nicht verfügbar sind.[1109] Wenngleich der Gesetzgeber damit den Problemen der Informationsbeschaffungsmöglichkeiten bei assoziierten Unternehmen Rechnung tragen wollte,[1110] eröffnete er auf diese Weise aber zudem einen Interpretationsspielraum in bezug auf die Festlegung der notwendigen Informationstiefe.[1111]
Ferner besteht ein Wahlrecht, die Zwischenergebnisse vollständig oder - nach Maßgabe der Beteiligungsquote an dem assoziierten Unternehmen - anteilig zu eliminieren.[1112] Die Intention der Gesetzgebung, besonders bei relativ

---

Colbe/Ordelheide, Konzernabschlüsse, S. 495, halten sie hingegen bei strenger Gesetzauslegung sogar für verpflichtend.

1107 Vgl. § 340i Abs. 1 Satz 1 HGB i.V.m. § 312 Abs. 5 Satz 3 HGB.

1108 Vgl. § 304 Abs. 2 Satz 1 und Abs. 3 HGB über § 340i Abs. 1 Satz 1 HGB i.V.m. § 312 Abs. 5 Satz 3 HGB. Zu Einzelheiten vgl. Gliederungspunkt 5.1.3.4 in diesem Kapitel.

1109 Vgl. § 340i Abs. 1 Satz 1 HGB i.V.m. § 312 Abs. 5 Satz 3 HGB.

1110 Vgl. Budde/Raff, Kommentierung § 312, Anm. 93; Bühner/Hille, Anwendungsprobleme, S. 263; Havermann, Equity-Bewertung, S. 319; Müller/Lauer, Konsolidierung, C 511, Rz. 126 ff.; Oessling/Wiesner, Vorschlag, S. 43.

1111 Vgl. Scheren, Konzernabschlußpolitik, S. 312.

1112 Vgl. § 340i Abs. 1 Satz 1 HGB i.V.m. § 312 Abs. 5 Satz 4 HGB. Offen bleibt hierbei, ob das Wahlrecht ebenfalls auf Tochterunternehmen und/oder Gemeinschaftsunternehmen, die als assoziierte Unternehmen behandelt und in den Bankkonzernabschluß

geringen Beteiligungsquoten durch die anteilige Eliminierung, Verzerrungen des Bankkonzernergebnisses zu vermeiden,[1113] ermöglicht der Abschlußpolitik andererseits, das Wahlrecht entsprechend ergebnisbeeinflussend anzuwenden. Die Inanspruchnahme des Wahlrechts, die Eliminierung der Zwischenergebnisse auf den beteiligungsproportionalen Anteil zu beschränken, hat - im Gegensatz zur vollständigen Eliminierung - für den Fall der Eliminierung von Zwischengewinnen eine tendenzielle Erhöhung des Bankkonzernergebnisses und für den Fall der Eliminierung von Zwischenverlusten eine tendenzielle Verminderung des Bankkonzernergebnisses zur Konsequenz.

Die genannten Wahlrechte und Vereinfachungen der Eliminierung von Zwischenergebnissen bei der Equity-Methode verändern - sofern Zwischengewinne bzw. -verluste entstanden sind - insgesamt den Wertansatz der Vermögensgegenstände im Bankkonzernabschluß. Demzufolge ist die Zwischenergebniseliminierung grundsätzlich als ergebnis- und bilanzstrukturwirksam einzustufen. Die einzelnen Maßnahmen werden von den Bankkonzernabschlußadressaten im allgemeinen nicht nachvollziehbar sein. Lediglich die Wahlrechtsausübung des § 304 Abs. 2 Satz 1 HGB über § 340i Abs. 1 Satz 1 HGB i.V.m. § 312 Abs. 5 Satz 3 HGB ist im Bankkonzernanhang anzugeben und, sofern deren Einfluß auf die wirtschaftliche Lage des Bankkonzerns wesentlich ist, zu erläutern.[1114] Dabei bietet der unbestimmte Rechtsbegriff der "Wesentlichkeit" auch an dieser Stelle weitere Interpretationsmöglichkeiten.[1115]

---

einbezogen werden, angewendet werden darf. Obschon das IDW (Hrsg.), WP-Handbuch, M, Tz. 470; Roll, Wahlmöglichkeiten, S. 2341 und Sahner/Häger, Zwischenerfolgseliminierung, S. 1782, dieses verneinen, kann dem nach Gesetzeslage nicht zweifelsfrei zugestimmt werden. Ungeklärt bleibt weiterhin, ob die Möglichkeit der Wahlrechtsausübung für alle genannten Arten der Lieferungs- oder Leistungsrichtungen besteht. Da hierzu ebenfalls keine eindeutige Regelung im Gesetzestext vorliegt, wird an dieser Stelle der Auffassung von Müller/Lauer, Konsolidierung, C 511, Rz. 139, gefolgt, eine unabhängig von der Lieferungs- und Leistungsrichtung quotale Eliminierung zuzulassen. Vgl. zu dieser Thematik auch Fricke, Rechnungslegung, S. 270 ff.; Schäfer, Bilanzierung, S. 298 ff.

1113 Vgl. Coenenberg, Jahresabschluß, S. 520; IDW (Hrsg.), WP-Handbuch, M, Tz. 470; Küting/Zündorf, Kommentierung § 312, Rn. 212.

1114 Vgl. § 304 Abs. 2 Satz 2 HGB über § 340i Abs. 1 Satz 1 HGB i.V.m. § 312 Abs. 5 Satz 3 HGB.

1115 Vgl. hierzu auch die Erläuterungen in Fn. 950.

5.2.5 Maßnahmen bei der Erfassung latenter Steuern

Steuerabgrenzungen zur Berücksichtigung zeitlicher Differenzen können bei Anwendung der Equity-Methode prinzipiell durch periodenverschobene Gewinnausschüttungen oder anteilig eliminierte Zwischenergebnisse hervorgerufen werden.[1116] Die Erfassungspflicht von latenten Steuern ergibt sich allerdings nach § 340i Abs. 1 Satz 1 HGB i.V.m. § 306 HGB explizit nur für Konsolidierungsmaßnahmen, die nach den handelsrechtlichen Vorschriften des Vierten Titels zur Vollkonsolidierung vorgenommen worden sind. Da die in § 340i Abs. 1 Satz 1 HGB i.V.m. § 312 HGB geregelte Equity-Methode jedoch außerhalb dieser Vorschriften liegt, besteht keine Pflicht zur Steuerabgrenzung.[1117]

Gleichwohl wird aber im Interesse eines periodengerechten Erfolgsausweises eine freiwillige Erfassung latenter Steuern in Betracht zu ziehen sein.[1118] Demgemäß erhöht dieses Wahlrecht im Bankkonzernabschluß den struktur- und ergebnispolitischen Spielraum.[1119] Die Wirkungsrichtung ist indes davon abhängig, ob aktive oder passive latente Steuern vorliegen.

1116 Vgl. ausführlich Busse von Colbe/Ordelheide, Konzernabschlüsse, S. 498 ff.; Küting/Zündorf, Equity-Methode, S. 20 f.; dies., Kommentierung § 312, Rn. 220 ff.

1117 Vgl. Baumann, Kommentierung § 306, Rn. 34; Bentler, Grundsätze, S. 58 f.; Busse von Colbe/Ordelheide, Konzernabschlüsse, S. 498; Coenenberg, Jahresabschluß, S. 541; Küting/Weber, Konzernabschluß, S. 392; Zündorf, Quotenkonsolidierung, S. 194. A.A. Arbeitskreis "Externe Unternehmensrechnung" der Schmalenbach-Gesellschaft - Deutsche Gesellschaft für Betriebswirtschaft e.V., Aufstellung, S. 143. Wenngleich § 340i Abs. 1 Satz 1 HGB i.V.m. § 312 Abs. 5 Satz 3 HGB auf die Zwischenergebniseliminierung des § 304 HGB im Vierten Titel verweist, kann daraus ebenfalls keine Erfassungspflicht zur Steuerabgrenzung auf Zwischenergebnisse abgeleitet werden; vgl. Küting/Zündorf, Kommentierung § 312, Rn. 225; Zündorf, Quotenkonsolidierung, S. 194. A.A. Busse von Colbe/Ordelheide, Konzernabschlüsse, S. 500.

1118 Vgl. Adler/Düring/Schmaltz, Kommentierung § 306, Tz. 7; Baumann, Kommentierung § 306, Rn. 34; Debus, Steuern, C 440, Rz. 27; Küting/Zündorf, Equity-Methode, S. 21; Scheren, Konzernabschlußpolitik, S. 319 f.; Schnicke/Fischer, Kommentierung § 306, Anm. 15.

1119 Aufgrund dessen spricht sich Bentler, Grundsätze, S. 63, gegen eine freiwillige Erfassung latenter Steuern aus. Kein Wahlrecht besteht weiterhin für Klein, Konzernbilanzpolitik, S. 403.

5.2.6 Maßnahmen bei dem zugrunde zu legenden Einzelabschluß des assoziierten Unternehmens

§ 340i Abs. 1 Satz 1 HGB i.V.m. § 312 Abs. 6 Satz 1 HGB zufolge, ist für die Einbeziehung assoziierter Unternehmen jeweils deren letzter Einzelabschluß zugrunde zu legen. Der zuletzt offiziell verfügbare Einzelabschluß[1120] ist auch dann zugrunde zu legen, falls dieser nicht auf den Stichtag des Bankkonzernabschlusses aufgestellt ist. Mit dieser Regelung besteht die Möglichkeit, sofern der Abschlußstichtag um mehr als drei Monate von dem Stichtag des Bankkonzernabschlusses abweicht, auf die Aufstellung eines Zwischenabschlusses zu verzichten.[1121] Da der Gesetzgeber zudem keinen weiteren zeitlichen Rahmen festlegt, besteht in Ausnahmefällen sogar die Möglichkeit des Abweichens der Stichtage um mehr als 12 Monate.[1122]

Wird dieser Spielraum bei Anwendung der Equity-Methode konsequent ausgenutzt, können "periodenfremde Elemente in den (Bank-; d.V.) Konzernabschluß eingehen, die zu einer Verfälschung der Aussagefähigkeit führen".[1123] Denn sofern die Stichtage nicht identisch sind, werden die anteiligen Jahresergebnisse der jeweiligen assoziierten Unternehmen nicht in dem Jahr der Bankkonzernerfolgsrechnung ausgewiesen, in dem sie auch tatsächlich erwirtschaftet wurden. Davon betroffen sind folglich auch die regelmäßigen Fortschreibungen des Equity-Wertansatzes um mögliche anteilige Eigenkapitalveränderungen, wie Gewinne, Verluste und Gewinnausschüttungen.[1124]

Sonach eröffnen sich abschlußpolitische Möglichkeiten, mit denen Einfluß auf die wirtschaftliche Lage des Bankkonzerns genommen werden kann. Aussa-

---

1120 Dabei ist es aufgrund fehlender gesetzlicher Regelungen unerheblich, ob der betreffende Einzelabschluß des assoziierten Unternehmens auch geprüft wurde; vgl. GEFIU, Thesen, S. 1987. Allerdings "darf der zugrunde gelegte Jahresabschluß nicht ein Entwurf sein, sondern es muß sich dabei um die Fassung handeln, die mit hinreichender Wahrscheinlichkeit von den zuständigen Organen festgestellt wird"; IDW (Hrsg.), WP-Handbuch, M, Tz. 477. Vgl. ebenso Niehus, Equity-Bewertung, Abt. V/3, Rn. 98.

1121 § 340i Abs. 1 Satz 1 HGB i.V.m. § 299 HGB gilt dementsprechend nicht für die Equity-Methode; vgl. Adler/Düring/Schmaltz, Kommentierung § 312, Tz. 181; Budde/Raff, Kommentierung § 312, Anm. 115 f.; GEFIU, Thesen, S. 1987; Küting/Zündorf, Equity-Methode, S. 15.

1122 Vgl. Maas/Schruff, Stichtage, S. 6.

1123 Harms/Küting, Konsolidierung, S. 442.

1124 Vgl. Harms/Küting, Konsolidierung, S. 441.

gen über die Wirkungsrichtung der Stichtagsabweichung auf das Bankkonzernergebnis, das Eigenkapital, das Anlagevermögen sowie die Bilanzsumme sind hingegen unbestimmt und können nur im konkreten Einzelfall gemacht werden. Dies gilt auch im Hinblick auf allgemeingültige Aussagen über die Sekundärwirkungen.
Das faktische Wahlrecht bzgl. des zugrunde zu legenden Abschlusses an einer assoziativen Beteiligung dürfte indes nur bei erstmaliger Einbeziehung in den Bankkonzernabschluß bestehen. Die Auswirkungen, welche aus den Stichtagsabweichungen resultieren, sind grundsätzlich nicht erkennbar.

5.2.7 Die bankkonzernabschlußpolitischen Maßnahmen aus dem Blickwinkel einer Bankkonzernrechnungslegung nach IAS

Nach dem Regelwerk des IASC sind Anteile an assoziierten Unternehmen im Bankkonzernabschluß als langfristige Vermögensgegenstände in einem gesonderten Posten auszuweisen[1125] und nach der Equity-Methode zu bilanzieren.[1126]

Im Rahmen der Ermittlung des Wertansatzes der Beteiligung an einem assoziierten Unternehmen über die Equity-Methode läßt IAS 28.6 allerdings nur ein mit der Buchwertmethode verwandtes Verfahren zu. Die nach deutschem Recht erlaubte alternative Anwendung der Kapitalanteilsmethode ist sonach nicht gestattet. Dementsprechend entfällt nach IAS 28 das Methodenwahlrecht.

Sofern assoziierte Unternehmen in ihren Einzelabschlüssen abweichende Bewertungsmethoden anwenden, weist das IASC darauf hin, daß in vielen Fällen für Zwecke des Bankkonzernabschlusses grundsätzlich sachgerechte Berichtigungen vorzunehmen sind.[1127] Diese Vorschrift hat hingegen lediglich Empfehlungscharakter; eine Verpflichtung zur Anwendung bankkonzerneinheitlicher Rechnungslegungsmethoden wird daraus nicht abgeleitet werden

---

1125 Vgl. IAS 28.28.
1126 Vgl. IAS 28.8.
1127 Vgl. IAS 28.20 Satz 2.

können.[1128] Darüber hinaus bleibt der Inhalt und das Ausmaß der Berichtigungen ungeregelt. Zudem stellt das IASC heraus, daß auf Anpassungen, die nicht durchführbar sind, verzichtet werden kann. Diese Umstände bedingen jedoch im allgemeinen eine Offenlegungspflicht im Bankkonzernanhang.[1129] Im Ergebnis kann damit festgehalten werden, daß weder nach den handelsrechtlichen Bestimmungen noch nach den Vorschriften des IASC eine bankkonzerneinheitliche Bewertung notwendig ist. Bei abweichenden Bewertungsmethoden wird in IAS 28.20 indes "etwas weiter gegangen als im Handelsrecht, indem angemessene Anpassungen an die (bank-; d.V.) konzerneinheitlichen Methoden gefordert werden".[1130] Daneben beschränkt sich die Offenlegungspflicht in beiden Rechtssystemen lediglich auf die Angabe, daß die Bewertung nicht angepaßt wurde.

Entgegen der im Handelsrecht vorgesehenen Verpflichtung zur Eliminierung von Zwischenergebnissen bei assoziierten Unternehmen, wird dieser Konsolidierungsprozeß in IAS 28 nicht explizit gefordert. Da andererseits IAS 28.16 in allgemeiner Form auf die Methodik der Vollkonsolidierung verweist, wird eine Durchführung der Zwischenergebniseliminierung als zulässig angesehen werden können.[1131] Infolge des damit bestehenden faktischen Eliminierungswahlrechts kann insofern an dieser Stelle auf eine weitere Untersuchung der Geltung üblicher Marktbedingungen und unverhältnismäßig hohen Aufwendungen, der untergeordneten Bedeutung sowie der Verfügbarkeit der maßgeblichen Sachverhalte zur Umgehung der Zwischenergebniseliminierung verzichtet werden. Gleichwohl ist davon auszugehen, daß auch die damit verbundenen bankkonzernabschlußpolitischen Wahlrechte und Spielräume analog zur Verfügung stehen würden.[1132] Im Zuge einer Eliminierung von Zwischenergebnissen bleibt nach IAS 28.16 weiterhin offen, ob diese voll-

---

1128 Vgl. Baetge/Bruns, Kommentierung IAS 28, Tz. 159; Gidlewitz, Harmonisierung, S. 243.

1129 Vgl. IAS 28.20 Satz 3.

1130 Baetge/Bruns, Kommentierung IAS 28, Tz. 344.

1131 Vgl. IDW (Hrsg.), Rechnungslegung, S. 331; Küting/Weber, Konzernabschluß, S. 486; Pellens, Rechnungslegung, S. 434. A.A. Wollmert, IASC-Rechnungslegung, S. 79, der diese Möglichkeit als nicht gegeben sieht sowie Baetge/Bruns, Kommentierung IAS 28, Tz. 287, die indessen eine Pflicht zur Zwischenergebniseliminierung ableiten.

1132 Vgl. hierzu auch die Ausführungen in Gliederungspunkt 5.1.3.5 in diesem Kapitel.

ständig oder anteilig zu eliminieren sind. Sonach dürfte es nicht grundsätzlich ausgeschlossen sein, ein dem handelsrechtlichen Wortlaut entsprechendes Wahlrecht in Betracht zu ziehen. Die mit dem deutschen Recht in Einklang stehende Vorgehensweise, lediglich auf die Eliminierung von Zwischengewinnen aus upstream-Geschäftsbeziehungen abzustellen, ist mit den Bestimmungen des IASC indessen unvereinbar.[1133] Hingegen kann ein im Rahmen der Aufstellung von Bankkonzernabschlüssen nach IAS zu nutzendes Eliminierungswahlrecht von Zwischenergebnissen aus Satelitten-Geschäftsbeziehungen m.E. infolge fehlender Regelungen nicht grundsätzlich negiert werden.

Unterschiede zwischen HGB und IAS lassen sich auch in bezug auf die Abgrenzung latenter Steuern bei der Equity-Methode erkennen. Nach den handelsrechtlichen Vorschriften wird eine Steuerabgrenzung nur explizit für die Vollkonsolidierung geregelt. Aus sachlichen Gründen ist aber eine entsprechende freiwillige Erfassung latenter Steuern im Rahmen der Equity-Methode begründbar. Demgegenüber ist in IAS 28.25 i.V.m. IAS 12 für latente Steuern, die aus der Anwendung der Equity-Methode resultieren, eine generelle Abgrenzungspflicht vorgeschrieben. Ein mit den handelsrechtlichen Vorschriften vergleichbares Ansatzwahlrecht für Steuerlatenzen aus der Equity-Methode besteht nach den Regelungen des IASC in dieser Hinsicht nicht.

Übereinstimmung besteht dagegen insofern, als dem rechnungslegenden Entscheidungsträger unabhängig vom Rechtskreis die Möglichkeit offensteht, für die Einbeziehung assoziierter Unternehmen mit Stichtagsabweichungen auf die Erstellung eines Zwischenabschlusses verzichten zu können. Zwar empfiehlt das IASC generell bei voneinander abweichenden Bilanzstichtagen des Anteilseigners und des assoziierten Unternehmens einen Zwischenabschluß zu erstellen und nur darauf zu verzichten, falls dies undurchführbar sein sollte,[1134] doch hat diese Empfehlung keinen Verbindlichkeitscharakter.[1135]

1133 Vgl. Baetge/Bruns, Kommentierung IAS 28, Tz. 291. Nach den IAS wird eine Unterscheidung von downstream- und upstream-Geschäftsbeziehungen bei der Zwischenergebniseliminierung nicht vorgenommen; vgl. Pellens, Rechnungslegung, S. 454.

1134 Vgl. IAS 28.18.

5.2.8 Zusammenfassung der bankkonzernabschlußpolitischen Maßnahmen, deren Wirkungen auf die Zielgrößen und deren Existenz im Rahmen einer Rechnungslegung nach IAS

Wiederum ist zu konstatieren, daß sich ebenso im Rahmen der Anwendung der Equity-Methode eine Vielzahl von sachverhaltsdarstellenden Instrumenten nutzen läßt, mit deren Inanspruchnahme die Bankkonzernbilanzsumme, das Bankkonzerneigenkapital sowie das Bankkonzernjahresergebnis beeinflußt werden können. In diesem Kontext kann der rechnungslegende Entscheidungsträger mit allen diskutierten bankkonzernabschlußpolitischen Maßnahmen einen Einfluß auf die wesentlichen Kennzahlen des Bankkonzernabschlusses ausüben. Alleinig die Ausübung des Wahlrechts zwischen der Buchwert- und der Kapitalanteilsmethode im Hinblick auf die Behandlung des Beteiligungsansatzes und des Geschäfts- oder Firmenwerts hat keine Auswirkungen auf die in dieser Ausarbeitung untersuchten Größen.
Mit Ausnahme des Wahlrechts zwischen der Buchwert- und der Kapitalanteilsmethode, der Eliminierungswahlrechte und -spielräume im Zuge der Zwischenergebniseliminierung aus downstream-Geschäftsbeziehungen sowie des Erfassungswahlrechts latenter Steuern läßt sich ferner festhalten, daß die bankkonzernabschlußpolitischen Beeinflussungsmöglichkeiten im Rahmen der Anwendung der im Handelsgesetz geregelten Equity-Methode grundsätzlich ebenso analog im Falle eines Übergangs auf die Rechnungslegungsvorschriften des IASC vorhanden sind.
Eine Darlegung der erzielten Wirkungen im Bankkonzernanhang läßt sich zudem größtenteils umgehen.

Nachfolgend werden die Untersuchungsergebnisse im Überblick tabellarisch dargestellt.

1135 Vgl. Baetge/Bruns, Kommentierung IAS 28, Tz. 61 und Tz. 239.

Tabelle 14: Bankkonzernabschlußpolitische Maßnahmen im Rahmen der Anwendung der Equity-Methode

mögliche Maßnahmen	Zielgrößen											
	Bankkonzernbilanzsumme		(bilanzielles) Bankkonzerneigenkapital						Bankkonzernjahresergebnis		Erkennbarkeit im Bankkonzernanhang	
			Bilanzergebnis		Gewinnrücklagen		sonstige Eigenkapitalposten					
	HGB	IAS	HGB	IAS	HGB	IAS	HGB	IAS	HGB	IAS	HGB	IAS
Wahlrecht zwischen Buchwert- und Kapitalanteilsmethode im Hinblick auf												
• die Behandlung des Beteiligungsansatzes und des Geschäfts- oder Firmenwerts											(x)	
• die Behandlung eines passiven Unterschiedsbetrags	x		x		x				x		(x)	
Wahlrecht zur Anpassung von Bilanzierung und Bewertung	x	x^a	x	x^a					x	x^a	(x)	(x^a)
Eliminierungswahlrechte und -spielräume der Zwischenergebnisse												
• aus downstream-Geschäftsbeziehungen	x		x						x			
• aus Satelliten-Geschäftsbeziehungen	x	x^a	x	x^a					x	x^a		
• bei Geltung üblicher Marktbedingungen und unverhältnismäßig hohem Aufwand	x	(x^a)	x	(x^a)					x	(x^a)	x	x^a
• bei untergeordneter Bedeutung	x	x^a	x	x^a					x	x^a		
• bzgl. Verfügbarkeit der maßgeblichen Sachverhalte	x	x^a	x	x^a					x	x^a		
• bzgl. der Höhe der Eliminierung	x	x^a	x	x^a					x	x^a		
Erfassungswahlrecht latenter Steuern	x		x						x			
Wahlrecht beim zugrunde zu legenden Einzelabschluß	x	x^a	x	x^a	x				x	x^a		

Legende: x = Wirkung vorhanden bzw. Erkennbarkeit gegeben; (x) = Erkennbarkeit eingeschränkt gegeben; x^a = Wirkung analog vorhanden bzw. Erkennbarkeit gegeben; (x^a) = Wirkung analog vorhanden, aber vergleichsweise eingeschränkt bzw. Erkennbarkeit eingeschränkt gegeben

5.3 Die Quotenkonsolidierung als Instrument der Weltkonzernabschlußpolitik deutscher Bankkonzerne

5.3.1 Überblick sowie die rechtsformspezifischen Vorschriften für deutsche Bankkonzerne

Die Konsolidierungstechnik zur Einbeziehung von Gemeinschaftsunternehmen entspricht nach § 340i Abs. 1 Satz 1 HGB i.V.m. § 310 Abs. 2 HGB generell in allen Vorschriften der Vollkonsolidierung,[1136] jedoch mit der Besonderheit, daß die Gemeinschaftsunternehmen nur nach Maßgabe der Kapitalanteile, welche dem Bankkonzernmutterunternehmen gehören, quotal einbezogen werden dürfen.[1137] Dies bedeutet, daß alle Aktiv- und Passivposten sowie alle Aufwendungen und Erträge des einzubeziehenden Gemeinschaftsunternehmens nicht vollständig, sondern nur gemäß der ermittelten Anteilsquote des Bankkonzerns zu berücksichtigen sind.[1138] Lediglich die Regelungen des § 340i Abs. 1 Satz 1 HGB i.V.m. den §§ 302 und 307 HGB kommen nicht zur Anwendung, da sie mit der Grundkonzeption der Quotenkonsolidierung als nicht vereinbar gelten.

Aus der Übernahme der Vorschriften zur Vollkonsolidierung läßt sich ableiten, daß grundsätzlich sämtliche konstatierten bankkonzernabschlußpolitischen Aktionen bei der Vollkonsolidierung im übertragenen Sinne auch bei der Quotenkonsolidierung zur Verfügung stehen.[1139]

1136 Der § 340i Abs. 1 Satz 1 HGB i.V.m. § 310 Abs. 2 HGB verweist auf die §§ 297 bis 301, 303 bis 306, 308 sowie 309 HGB. Zu beachten ist, daß ebenfalls an dieser Stelle der den Inhalt und die Form des Konzernabschlusses bestimmende § 298 Abs. 1 und 2 HGB aufgrund des § 340i Abs. 2 Satz 2 HGB für Bankkonzerne nicht angewendet werden darf.

1137 Vgl. § 340i Abs. 1 Satz 1 HGB i.V.m. § 310 Abs. 1 HGB.

1138 Vgl. Havermann, Rechnungslegung, S. 81; Herrnberger, Quotenkonsolidierung, C 500, Rz. 11; IDW (Hrsg.), WP-Handbuch, M, Tz. 517; Treuhand-Vereinigung AG (Hrsg.), Rechnungslegung, S. 162. Die unmittelbaren und mittelbaren, dem Bankkonzern gehörenden Kapitalanteile berechnen sich i.d.R. nach § 290 Abs. 1 HGB i.V.m. § 271 Abs. 1 Satz 4 HGB und § 16 Abs. 2 und Abs. 4 AktG über § 340i Abs. 1 Satz 2 HGB. Danach ist die Anteilsquote der errechnete Prozentsatz des Gesamtnennbetrags der dem Bankkonzern gehörenden Anteile an dem Gemeinschaftsunternehmen zum Nennkapital des Gemeinschaftsunternehmens.

1139 So auch Klein, Konzernbilanzpolitik, S. 373; Scheld, Konzernbilanzpolitik, S. 366; Scheren, Konzernabschlußpolitik, S. 323. Dementsprechend werden die bankkon-

Zudem treten neben den bisher dargelegten Gestaltungsmöglichkeiten noch weitere quotenkonsolidierungsspezifische Spielräume und Wahlrechte hinzu. Diese sollen nachfolgend erörtert werden.

5.3.2 Quotenkonsolidierung versus Equity-Methode

Wie bereits dargelegt wird im allgemeinen für jedes einzubeziehende Gemeinschaftsunternehmen einzeln entschieden werden können, ob die Quotenkonsolidierung oder die Konsolidierung nach der Equity-Methode angewandt werden soll.
Im Gegensatz zur Quotenkonsolidierung werden bei der Equity-Methode "jedoch nicht die anteiligen Vermögensgegenstände und Schulden, Aufwendungen und Erträge gesondert ausgewiesen, sondern als Netto-Betrag der diese repräsentierende anteilige Beteiligungswert".[1140] Die Vorgehensweise führt bei Anwendung der Equity-Methode grundsätzlich zu einer betragsmäßigen Beeinflussung nur einer Position in der Bankkonzernbilanz und in der Bankkonzern-GuV.
Tendenziell hat dieser Sachverhalt bei Anwendung der Quotenkonsolidierung vergleichsweise eine Verlängerung der Bankkonzernbilanzsumme zur Konsequenz.[1141] Zudem kann konstatiert werden, daß im Rahmen der Konsolidierung nach der Equity-Methode das Finanzanlagevermögen durch den Beteiligungsansatz in der Bankkonzernbilanz im Vergleich zur Quotenkonsolidierung höher ausgewiesen wird. Da mit der Anwendung "der Quotenkonsolidierung die Vermögensgegenstände anteilmäßig in den (Bank-; d.V.) Konzernabschluß übernommen werden, kann es - im Vergleich zur Equity-Methode - zu

---

zernabschlußpolitischen Spielräume nicht erneut erörtert. Hinzuweisen verbleibt gleichwohl auf die Übersicht von Zündorf, Quotenkonsolidierung, S. 208, zur Darstellung von konzernbilanzpolitischen Spielräumen im Rahmen der Quotenkonsolidierung.

1140 IDW (Hrsg.), WP-Handbuch, M, Tz. 429.

1141 Vgl. hierzu sowie zu Auswirkungen auf in Relation zur Bankkonzernbilanzsumme stehende Kennzahlen der Bankkonzernabschlußanalyse Harms/Knischewski, Quotenkonsolidierung, S. 1357 f.; Herrnberger, Quotenkonsolidierung, C 500, Rz. 46 ff.; Klein, Konzernbilanzpolitik, S. 376; Küting, Quotenkonsolidierung, S. 811; o.V., Gemeinschaftsunternehmen, S. 27; Riebell, Konzernbilanzanalyse, S. 233; Scheld, Konzernbilanzpolitik, S. 560; Scheren, Konzernabschlußpolitik, S. 325; Schindler, Konsolidierung, S. 163; Sigle, Quotenkonsolidierung, S. 331; Zündorf, Quotenkonsolidierung, S. 202.

erheblichen Verschiebungen zwischen dem Anlage- und dem Umlaufvermögen in der (Bank-; d.V.) Konzernbilanz kommen".[1142] Gleichfalls wird die anteilmäßige Konsolidierung in Abhängigkeit der jeweiligen Finanzierungsstruktur der einzubeziehenden Unternehmen den Eigenkapital- und Fremdkapitalausweis im Bankkonzernabschluß beeinflussen können.
Ferner werden die in der Bankkonzern-GuV ausgewiesenen Aufwendungen und Erträge bei Anwendung der Quotenkonsolidierung insgesamt höher sein, während demgegenüber im Rahmen der Konsolidierung nach der Equity-Methode lediglich das Ergebnis aus assoziierten Unternehmen in einer Position ausgewiesen wird. Auswirkungen auf den Bankkonzernjahresüberschuß sind indessen nur dann möglich, sofern bei gleichgerichteter Ausübung der Wahlrechte innerhalb der Konsolidierungsmethoden Differenzen aus der bei der Quotenkonsolidierung vorzunehmenden erfolgswirksamen Schuldenkonsolidierung oder Zwischenergebniseliminierung resultieren.[1143]

Wenngleich die bankkonzernabschlußpolitischen Konsequenzen in Abhängigkeit der zugrundeliegenden Datenkonstellationen des jeweils zur Diskussion stehenden Unternehmens stark variieren können, werden mit der Wahl zur Durchführung der Quotenkonsolidierung insgesamt deutliche Volumeneffekte in der Bankkonzernbilanz und in der Bankkonzern-GuV zu erzielen sein.[1144]

Indessen ist die einmal angewandte Konsolidierungsmethode nach dem Stetigkeitsgebot gemäß § 340i Abs. 1 Satz 1 HGB i.V.m. § 297 Abs. 3 Satz 2 HGB im Zeitablauf beizubehalten. Ferner sind die Pflichtangaben des § 340i Abs. 1 Satz 1 HGB i.V.m. § 313 Abs. 2 Nr. 2 und Nr. 3 HGB im Bankkonzernanhang zu berücksichtigen. Die Berichterstattungspflichten beinhalten hingegen keine Kenntlichmachung solcher Unternehmen, die zwar als Gemeinschaftsunternehmen gelten, aber infolge der Nichtausübung des Wahl-

---

1142 Zündorf, Quotenkonsolidierung, S. 202.
1143 Vgl. Harms/Knischewski, Quotenkonsolidierung, S. 1358 f.; Klein, Konzernbilanzpolitik, S. 376; Scheld, Konzernbilanzpolitik, S. 569; Scheren, Konzernabschlußpolitik, S. 325 f.; Sigle, Quotenkonsolidierung, S. 331 f.; Weber, Praxis, S. 210; Zündorf, Quotenkonsolidierung, S. 203.
1144 Vgl. Scheren, Konzernabschlußpolitik, S. 326.

rechts zur Quotenkonsolidierung nach der Equity-Methode einbezogen werden.[1145]

Ungeachtet der abschlußpolitischen Möglichkeiten hängen deren Auswirkungen für den Bankkonzernabschluß entscheidend von der Struktur der Unternehmensgruppe ab. Die bankkonzernabschlußpolitische Tragweite wird hierbei um so größer sein, je höher der Anteil von Gemeinschaftsunternehmen an der Gesamtheit aller einbezogenen Unternehmen im Bankkonzernabschluß ist.[1146]

5.3.3 Weitere bankkonzernabschlußpolitische Entscheidungsfelder im Rahmen der Quotenkonsolidierung

Nachstehend werden noch vier abschlußpolitische Entscheidungsfelder erörtert. Da diese für die Weltkonzernabschlußpolitik deutscher Bankkonzerne m.E. eher von untergeordneter Bedeutung sind, kann deren Darstellung relativ kurz erfolgen.

5.3.3.1 Quoten- versus Vollkonsolidierung

Der Gesetzgeber wollte mit der anteilmäßigen Konsolidierung ausschließlich eine Alternative zur Equity-Methode schaffen. Dennoch besteht für den Bankkonzern theoretisch zusätzlich die abschlußpolitisch zu erzielende Möglichkeit, zwischen einer Quoten- oder Vollkonsolidierung zu wählen.[1147]
Bei der Quotenkonsolidierung werden - wie bereits erörtert - die Abschlußwerte der Gemeinschaftsunternehmen nur entsprechend der Kapitalanteile, die dem Bankkonzern gehören, quotal einbezogen. Die auf fremde Gesellschafter entfallenden Aktiva und Passiva werden dagegen nicht berücksichtigt.[1148]

1145 Vgl. Baetge, Konzernbilanzen, S. 363.
1146 Vgl. Harms/Knischewski, Quotenkonsolidierung, S. 1357.
1147 Vgl. Gliederungspunkt 2.4.2 in diesem Kapitel.
1148 Vgl. Baetge, Konzernbilanzen, S. 358; Budde/Suhrbier, Kommentierung § 310, Anm. 60; IDW (Hrsg.), WP-Handbuch, M, Tz. 518; Küting/Weber, Konzernabschluß, S. 358. Dementsprechend wurde in § 340i Abs. 1 Satz 1 HGB i.V.m. § 310 Abs. 2 HGB der § 307 HGB nicht aufgenommen.

Werden demgegenüber die Gemeinschaftsunternehmen als Tochterunternehmen ausgewiesen, sind die Abschlußwerte im Rahmen der Vollkonsolidierung mit den Kapitalanteilen fremder Gesellschafter in voller Höhe in den Bankkonzernabschluß zu übernehmen. Obwohl diese Anteile dann nach § 340i Abs. 1 Satz 1 HGB i.V.m. § 307 Abs. 1 HGB in einem Ausgleichsposten in Höhe ihres Anteils am Eigenkapital unter entsprechender Bezeichnung innerhalb des Eigenkapitals gesondert ausgewiesen werden müssen,[1149] wird der Fremdeinfluß nur undifferenziert dargestellt. Dies wird verstärkt, je gewichtiger der Ausgleichsposten im Vergleich zum Eigenkapital und zur Bilanzsumme des Bankkonzerns ist.[1150]
Zudem bedingen die bei der Vollkonsolidierung noch zusätzlich enthaltenen Anteile anderer Gesellschafter an dem Gemeinschaftsunternehmen einen vergleichsweise höheren Ausweis der Vermögensgegenstände und Schulden sowie der Aufwendungen und Erträge im Bankkonzernabschluß. Demgemäß ist insgesamt mit der Anwendung der Vollkonsolidierung ein Volumeneffekt in der Bankkonzernbilanz und in der Bankkonzern-GuV zu erzielen. Tendenziell wird die Bankkonzernbilanzsumme entsprechend verlängert.[1151]
Weiterhin erfolgt bei der Quotenkonsolidierung gemeinhin keine vollständige Ausschaltung sämtlicher interner Geschäftsbeziehungen zwischen dem Bankkonzern und dem Gemeinschaftsunternehmen, mit der Konsequenz, daß die wirtschaftliche Lage des Bankkonzerns im Vergleich zur Vollkonsolidierung möglicherweise verzerrt dargestellt werden kann.[1152]

Bankkonzernabschlußpolitische Relevanz erlangt die Wahlmöglichkeit hingegen i.d.R. nur bei erstmaliger Einbeziehung des Gemeinschaftsunternehmens, da der Gesetzgeber die Beachtung des Stetigkeitsgebots bei Anwendung der

1149 Weitere zusätzliche Aufschlüsselungen und Angaben sind darüber hinaus nicht erforderlich, können jedoch freiwillig erfolgen; vgl. auch Ordelheide, Anwendungsbereich, C 401, Rz. 45.

1150 Vgl. Eisele/Rentschler, Gemeinschaftsunternehmen, S. 319; Herrnberger, Quotenkonsolidierung, C 500, Rz. 55; Ordelheide, Anwendungsbereich, C 401, Rz. 46.

1151 Vgl. Schindler, Konsolidierung, S. 163.

1152 Vgl. Herrnberger, Quotenkonsolidierung, C 500, Rz. 56; Küting, Konzernrechnungslegung, S. 8034.

Konsolidierungsmethode gemäß § 340i Abs. 1 Satz 1 HGB i.V.m. § 297 Abs. 3 Satz 2 HGB verlangt.
Aufgrund fehlender kodifizierten Berichterstattungspflichten wird - zum Vorteil für die Weltkonzernabschlußpolitik deutscher Bankkonzerne - im allgemeinen nicht festzustellen sein, inwiefern für ein Gemeinschaftsunternehmen die Vollkonsolidierung oder die Quotenkonsolidierung angewendet wurde.[1153]

5.3.3.2 Beibehaltungswahlrecht in Ausnahmefällen

Grundsätzlich besteht für die anteilmäßige Konsolidierung eine Verpflichtung zur einheitlichen Bewertung.[1154]
Allerdings kann dem Beibehaltungswahlrecht in Ausnahmefällen gemäß § 340i Abs. 1 Satz 1 HGB i.V.m. § 308 Abs. 2 Satz 4 Halbsatz 1 HGB[1155] im Rahmen der Quotenkonsolidierung u.U. eine größere Bedeutung zukommen, da eine Bewertungsanpassung entgegen dem Vorliegen der gemeinsamen Leitung nicht immer durchführbar ist.[1156] Die Ausnahme beruht auf der Möglichkeit, daß Gemeinschaftsunternehmen mit mehreren Gesellschafterunternehmen jeweils zusätzliche Handelsbilanz II-Abschlüsse erstellen müßten und diese Verfahrensweise eine nicht zumutbare Arbeitsbelastung darstellen würde.[1157]
Mit Inanspruchnahme des Wahlrechts sind bestimmte Offenlegungspflichten im Bankkonzernanhang verbunden.[1158] Auswirkungen auf die wirtschaftliche Lage des Bankkonzerns brauchen indes nicht angegeben zu werden, da solche Informationspflichten die zusätzliche Arbeit machen würden, die mittels der Ausnahmevorschrift verhindert werden sollen.[1159]
Wenngleich das Ausnahmewahlrecht nicht als grundsätzliches Wahlrecht zur Bewertungsanpassung interpretiert werden darf, ist die ansonsten restriktive

1153 Vgl. Zündorf, Quotenkonsolidierung, S. 211.
1154 Vgl. § 310 Abs. 2 HGB i.V.m. § 308 HGB über § 340i Abs. 1 Satz 1 HGB.
1155 Vgl. Gliederungspunkt 4.5.3.3 in diesem Kapitel.
1156 Vgl. Arbeitskreis "Externe Unternehmensrechnung" der Schmalenbach-Gesellschaft - Deutsche Gesellschaft für Betriebswirtschaft e.V., Aufstellung, S. 127; Sigle, Kommentierung § 310, Rn. 74.
1157 Vgl. Sigle, Kommentierung § 310, Rn. 74.
1158 Vgl. § 310 Abs. 2 HGB i.V.m. § 308 Abs. 2 Satz 4 Halbsatz 2 HGB über § 340i Abs. 1 Satz 1 HGB.
1159 Vgl. Sigle, Kommentierung § 310, Rn. 74.

Auslegung dieser Regelung nach Maßgabe abschlußpolitischer Argumentation u.U. zu umgehen.
Mittels der Ausübung des Wahlrechts, in Ausnahmefällen auf die einheitliche Bewertung zu verzichten, kann i.d.R. Einfluß auf die Struktur und auf das Ergebnis des Bankkonzernabschlusses genommen werden, denn eine Bewertungsanpassung hat prinzipiell entsprechende betragsmäßige Änderungen der quotal einzubeziehenden Aktiva und Passiva sowie Aufwendungen und Erträge des Gemeinschaftsunternehmens zur Folge. Allgemeine Aussagen über die Wirkungsrichtung lassen sich jedoch nicht treffen.
Das Beibehaltungswahlrecht in Ausnahmefällen ist ferner als eingeschränkt zeitlich flexibel zu betrachten, denn soweit in den Folgeperioden weiterhin die entsprechenden Voraussetzungen gegeben sind, kann das Wahlrecht auch noch in den nachfolgenden Perioden in Anspruch genommen werden.

5.3.3.3 Maßnahmen bei der Aufwands- und Ertragskonsolidierung von Gemeinschaftsunternehmen

Im Rahmen der Aufwands- und Ertragskonsolidierung werden für gewöhnlich alle Aufwendungen und Erträge von in den Konsolidierungskreis einbezogenen Gemeinschaftsunternehmen in Höhe der Beteiligungsquote des Bankkonzernmutterunternehmens anteilig eliminiert. Die verbleibenden Beträge sind entsprechend in der Bankkonzern-GuV auszuweisen.[1160]
Dementgegen wird in Einzelfällen auch eine volle Eliminierung von einzelnen oder sämtlichen Aufwendungen und Erträgen anteilmäßig konsolidierter Gemeinschaftsunternehmen nicht ausgeschlossen. Die daraus resultierenden Möglichkeiten zur Beeinflussung des Bankkonzernergebnisses eröffnen sich insbesondere bei:

- der Aufwands- und Ertragskonsolidierung von sog. Betriebsstätten-Gemeinschaftsunternehmen. Um eine Aufblähung der Bankkonzern-GuV bei quotaler Einbeziehung dieser Unternehmensform zu vermeiden, wird die

1160 Vgl. Arbeitskreis "Externe Unternehmensrechnung" der Schmalenbach-Gesellschaft - Deutsche Gesellschaft für Betriebswirtschaft e.V., Aufstellung, S. 105; Budde/Dreissig, Kommentierung § 305, Anm. 3; Herrnberger, Quotenkonsolidierung, C 500, Rz. 11; Reinhard, Kommentierung § 305, Rn. 50; Scherrer, Kommentierung § 310, Rz. 26; Sigle, Kommentierung § 310, Rn. 105.

Eliminierung aller bankkonzerninternen Aufwendungen und Erträge mit den Betriebsstätten-Gemeinschaftsunternehmen befürwortet.[1161] Die abschlußpolitische Relevanz dieses faktischen Wahlrechts ist für Bankkonzerne indessen generell wenig bedeutsam.

- der Aufwands- und Ertragskonsolidierung von Beteiligungserträgen anteilig konsolidierter Gemeinschaftsunternehmen, die im Bankkonzern vereinnahmt wurden. Entgegen der quotalen Verrechnung von Aufwendungen und Erträgen wird bei diesen Beteiligungserträgen deren Eliminierung in voller Höhe gefordert, "damit im Ergebnis des (Bank-; d.V.) Konzernabschlusses der quotale Anteil am Jahresüberschuß des Gemeinschaftsunternehmens verbleibt".[1162] Eine Pflicht zur vollständigen Eliminierung ist hingegen aufgrund fehlender eindeutiger Vorschriften nicht gegeben.[1163]

5.3.3.4 Wahlrecht zur Behandlung der Zwischenergebnisse von Gemeinschaftsunternehmen

Grundsätzlich sind Zwischengewinne und Zwischenverluste, die aus bankkonzerninternen Geschäftsbeziehungen resultieren, in Höhe der Quote, mit der die jeweiligen Gemeinschaftsunternehmen konsolidiert werden, zu eliminieren.[1164] Indessen wird für Bestände bei einem im Bankkonzernabschluß vollkonsolidierten Unternehmen, die auf Lieferungen quotal einbezogener Betriebsstätten-Gemeinschaftsunternehmen beruhen, eine vollständige Eliminierung der Zwischenergebnisse für zulässig erachtet. Begründet wird diese Vorgehensweise mit Verweis auf eine analog bestehende Wahlrechtsmöglichkeit im Rahmen der Equity-Methode gemäß § 340i Abs. 1 Satz 1 HGB i.V.m. § 312 Abs. 5 Satz 4 HGB. Diese Auslegung ist strittig.[1165] Schließt man

---

1161 Vgl. ausführlich Herrnberger, Quotenkonsolidierung, C 500, Rz. 13 und Rz. 20 f. Adler/Düring/Schmaltz, Kommentierung § 310, Tz. 45, lehnen diese Vorgehensweise dagegen ab.

1162 Sigle, Quotenkonsolidierung, S. 329. Vgl. ders., Kommentierung § 310, Rn. 109.

1163 A.A. Adler/Düring/Schmaltz, Kommentierung § 310, Tz. 46.

1164 Vgl. § 310 Abs. 2 HGB i.V.m. § 304 Abs. 1 HGB über § 340i Abs. 1 Satz 1 HGB.

1165 Vgl. hierzu Adler/Düring/Schmaltz, Kommentierung § 310, Tz. 41; Budde/Suhrbier, Kommentierung § 310, Anm. 66; Herrnberger, Quotenkonsolidierung, C 500, Rz. 20 und Rz. 24; Krumnow/Sprißler/Bellavite-Hövermann/Kemmer/Steinbrücker, Kommentierung § 340i, j HGB, Rn. 176; Schruff, Quotenkonsolidierung, Sp. 1593; Sigle, Kom-

sich bspw. der Auffassung von *Krumnow/Sprißler/Bellavite-Hövermann/Kemmer/Steinbrücker* an, hat dies zur Konsequenz, daß Zwischenergebnisse sowohl voll als auch quotal mit dem Bankkonzernergebnis verrechnet werden können. Je nachdem, ob die Zwischenergebniseliminierung insgesamt zu einer Eliminierung von Zwischengewinnen oder von Zwischenverlusten führt, wird das Bankkonzernergebnis bei Vorliegen eines Zwischengewinns im Zuge der Anwendung der vollen Zwischenergebniskonsolidierung tendenziell niedriger ausgewiesen als im Zuge der Anwendung der quotalen Zwischenergebniskonsolidierung. Eine analoge Wirkung ergibt sich für den Fall, daß ein Zwischenverlust vorliegt. Mithin hat die volle oder quotale Eliminierung gleichfalls entsprechende Auswirkungen auf das Eigenkapital und die Bilanzsumme der Bankkonzernbilanz.
Publizitätspflichten lassen sich aus den gesetzlichen Vorschriften nicht ableiten. Eine externe Erkennbarkeit ist damit gemeinhin nicht gegeben.

5.3.4 Die bankkonzernabschlußpolitischen Maßnahmen aus dem Blickwinkel einer Bankkonzernrechnungslegung nach IAS

Auch nach den IASC-Vorschriften besteht - wie bereits erörtert - das Wahlrecht, Gemeinschaftsunternehmen im Wege der Quotenkonsolidierung oder mittels der Equity-Methode einzubeziehen. Als Benchmark-Methode wird nach IAS 31.25 allerdings die Quotenkonsolidierung bevorzugt.[1166] Im Zuge der Anwendung der quotalen Konsolidierung sind alle Aktiva und Passiva sowie alle Aufwendungen und Erträge der jointly controlled entity entsprechend des beteiligungsproportionalen Anteils des beteiligten Unternehmens im Bankkonzernabschluß zu berücksichtigen.[1167]

Unzulässig ist es dagegen, die zugrundeliegenden Anteile in Einzelfällen wahlweise vollständig zu konsolidieren, da das Normenwerk des IASC ein unter gemeinschaftlicher einheitlicher Leitung stehendes Gemeinschaftsunter-

---

mentierung § 310, Rn. 100; ders., Quotenkonsolidierung, S. 328; Zündorf, Quotenkonsolidierung, S. 166.

1166 Zur Begründung der Bevorzugung der Quotenkonsolidierung vgl. IAS 31.26 und IAS 31.33.

1167 Vgl. IAS 31.27 Satz 1 und Satz 2.

nehmen nicht kennt. Vielmehr ist eine jointly controlled entity von dem Zeitpunkt an, ab dem es die Voraussetzungen eines Tochterunternehmens erfüllt, nach den Bestimmungen zur Vollkonsolidierung gemäß IAS 27 zu behandeln.[1168]

IAS 31 beinhaltet keine gesonderten Anforderungen an die bankkonzerneinheitliche Bewertung. Das IASC weist lediglich in allgemeiner Form auf Parallelen der Quotenkonsolidierung zur Vollkonsolidierung hin.[1169] Dem steht insofern nicht entgegen, in Ausnahmefällen, konform dem handelsrechtlich kodifizierten Beibehaltungswahlrecht, auf eine bankkonzerneinheitliche Bewertung verzichten zu können.

Für die Konsolidierung von Aufwendungen und Erträge sind nach IAS 31.17 im allgemeinen ebenfalls die Bestimmungen zur Vollkonsolidierung analog anzuwenden. Lediglich in bezug auf die Eliminierung von Zwischenergebnissen sieht IAS 31 spezifische Bestimmungen vor.[1170] Allerdings sind hierbei auch die sich im Rahmen der handelsrechtlichen Rechnungslegung eröffnenden Regelungslücken im Hinblick auf Konsolidierungsmaßnahmen zu bestimmten Einzel- bzw. Sonderfällen, weder in IAS 27 noch in IAS 31 geregelt. Es sollte daher nicht ausgeschlossen sein, sich bei der Behandlung derartiger Fälle an die im handelsrechtlichen Schrifttum geäußerten Auffassungen anzulehnen und demgemäß die entsprechenden Wahlrechte als analog zulässig zu erachten.

5.3.5 Zusammenfassung der bankkonzernabschlußpolitischen Maßnahmen, deren Wirkungen auf die Zielgrößen und deren Existenz im Rahmen einer Rechnungslegung nach IAS

Im Rahmen der Untersuchung der Quotenkonsolidierung bieten sich mittels der sachverhaltsdarstellenden Instrumente gleichfalls Möglichkeiten zur Beeinflussung der relevanten Kennziffern für die Beurteilung der wirtschaftlichen

---

1168 Vgl. IAS 31.37.
1169 Vgl. IAS 31.27 Satz 3.
1170 Vgl. IAS 31.39 f.

Bankkonzernlage. Dabei läßt sich mit allen erörterten Maßnahmen einen Einfluß auf die Ausweishöhe der Bankkonzernbilanzsumme, des Bankkonzernbilanzergebnisses und des Bankkonzernjahresergebnisses ausüben. Zudem kann mit Hilfe des Wahlrechts zur Anwendung der Equity-Methode sowie der Wahlmöglichkeit zur Vollkonsolidierung insbesondere noch der bilanzielle Ausweis der Gewinnrücklagen beeinflußt werden.

Daneben sind, abgesehen von der Wahlmöglichkeit zur Vollkonsolidierung, die im handelsrechtlichen Bankkonzernabschluß zu erzielenden Wirkungen ebenso analog im Zuge einer Rechnungslegung nach den Bestimmungen des IASC vorhanden.

Ferner ist eine ausführliche Darlegung der struktur- und ergebnisbeeinflussenden Auswirkungen im Bankkonzernanhang im allgemeinen nicht verpflichtend.

Nachfolgend werden die Untersuchungsergebnisse im Überblick tabellarisch dargestellt.

Tabelle 15: Bankkonzernabschlußpolitische Maßnahmen im Rahmen der Quotenkonsolidierung

mögliche Maßnahmen	Zielgrößen											
	Bankkonzernbilanzsumme		(bilanzielles) Bankkonzerneigenkapital						Bankkonzernjahresergebnis		Erkennbarkeit im Bankkonzernanhang	
			Bilanzergebnis		Gewinnrücklagen		sonstige Eigenkapitalposten					
	HGB	IAS	HGB	IAS	HGB	IAS	HGB	IAS	HGB	IAS	HGB	IAS
Wahlrecht zur Anwendung der Equity-Methode	x	x^a	x	x^a	x	x^a	x	x^a	x	x^a	(x)	(x^a)
Wahlmöglichkeit zur Vollkonsolidierung	x		x		x		x		x			
Wahlrecht zum Verzicht auf Bewertungsanpassungen in Ausnahmefällen	x	x^a	x	x^a					x	x^a	(x)	x^a
Wahlrecht zur anteiligen oder vollen Behandlung von Aufwendungen und Erträge in Einzelfällen	x	x^a	x	x^a					x	x^a		
Wahlrecht zur anteiligen oder vollen Behandlung von Zwischenergebnissen in Einzelfällen	x	x^a	x	x^a					x	x^a		

Legende: x = Wirkung vorhanden bzw. Erkennbarkeit gegeben; (x) = Erkennbarkeit eingeschränkt gegeben; x^a = Wirkung analog vorhanden bzw. Erkennbarkeit gegeben; (x^a) = Wirkung analog vorhanden, aber vergleichsweise eingeschränkt bzw. Erkennbarkeit eingeschränkt gegeben

6 Der Bankkonzernanhang als Objekt der Weltkonzernabschlußpolitik deutscher Bankkonzerne

6.1 Überblick sowie die rechtsformspezifischen Vorschriften für deutsche Bankkonzerne

Der Bankkonzernanhang ist gemäß § 340i Abs. 1 Satz 1 HGB i.V.m. § 297 Abs. 1 HGB notwendiger Bestandteil des Weltkonzernabschlusses deutscher Bankkonzerne.

Seine Aufstellung stellt im allgemeinen keine bloße Aggregation aller Anhänge der in den Bankkonzernabschluß einbezogenen Unternehmen dar, sondern richtet sich vielmehr nach folgenden Vorschriften:

- § 340i Abs. 1 Satz 1 HGB i.V.m. den §§ 313 und 314 HGB,[1171] als zentrale Vorschriften des Bankkonzernabschlusses,
- verschiedene Bankkonzernanhangsangaben nach § 340i Abs. 1 Satz 1 HGB i.V.m. den §§ 290 bis 312 HGB,
- § 340i Abs. 1 Satz 2 HGB i.V.m. Vorschriften, die rechtsformspezifische Angaben verlangen, soweit die Eigenart des Bankkonzernabschlusses keine Abweichung bedingt,
- § 340i Abs. 2 Satz 1 HGB i.V.m. entsprechenden Vorschriften zum Einzelabschluß, soweit die Eigenart des Bankkonzernabschlusses keine Abweichung bedingt,
- § 340j Abs. 2 HGB,
- verschiedene Anhangsangaben nach § 37 RechKredV i.V.m. den §§ 1 bis 36 sowie dem § 39 Abs. 4 und Abs. 5 RechKredV, soweit die Eigenart des Bankkonzernabschlusses keine Abweichung bedingt.

Die vorrangige Aufgabe des Bankkonzernanhangs liegt in der Vermittlung des in § 340i Abs. 1 Satz 1 HGB i.V.m. § 297 Abs. 2 Satz 2 HGB geforderten Bildes.

Der Bankkonzernanhang ist eigenständiges Gestaltungsobjekt innerhalb der Weltkonzernabschlußpolitik deutscher Bankkonzerne. Die abschlußpolitischen Möglichkeiten der Bankkonzernanhangsgestaltung beschränken sich im Rahmen seiner Aufstellung ausschließlich auf eine zielgerichtete Angaben-, Ausweis-, Aufgliederungs-, Erläuterungs-, Darstellungs- und Begründungspolitik.[1172] Der abschlußpolitische Nutzen ist infolgedessen am größten, wenn der

---

1171 Mit Ausnahme des § 314 Abs. 1 Nr. 1, Nr. 3 und Nr. 6 Buchstabe c HGB; vgl. § 340i Abs. 2 Satz 2 HGB. An Stelle des § 314 Abs. 1 Nr. 1 HGB tritt § 9 RechKredV und § 35 Abs. 6 RechKredV; an Stelle des § 314 Abs. 1 Nr. 3 HGB tritt § 34 Abs. 2 Nr. 1 RechKredV und an Stelle des § 314 Abs. 1 Nr. 6 Buchstabe c HGB tritt § 34 Abs. 2 Nr. 2 RechKredV.

1172 Die Vorschriften zum Bankkonzernanhang verlangen differenzierte Anforderungen an die Berichterstattung. Dabei konkretisiert die Aufteilung die unterschiedliche Qualität und Quantität der Informationsausprägungen. Vgl. hierzu Gliederungspunkt 6.2 im zweiten Kapitel sowie die dort angegebene Literatur.

Unterschied zwischen realer Abbildung und (legaler) Abbildungsmanipulation nicht erkennbar ist.[1173]
Eine Ergebnisbeeinflussung läßt sich mithin nicht erzielen.

6.2 Aufstellungsmaßnahmen

Der Bankkonzernanhang ist gemäß § 340i Abs. 1 Satz 1 HGB i.V.m. § 297 Abs. 2 Satz 1 HGB klar und übersichtlich aufzustellen ist. Ferner sind die Forderungen und Verbindlichkeiten nach ihrer Fristigkeit zu gliedern.[1174] Daneben sind keine weiteren Vorschriften über Form oder Aufbau kodifiziert. Entgegen der dennoch geforderten zweckgerichteten Reihenfolge der Anhangsangaben, nachvollziehbaren Textaufbereitung sowie Strukturierung der Sachzusammenhänge,[1175] besteht gleichwohl ein Gestaltungsfreiraum der Anhangsaufstellung.
Zudem bleibt vielfach ungeregelt, inwiefern die Angabepflichten betragsmäßig oder verbal darzustellen sind. Betragsangaben dürfen dabei gerundet werden. Dies ist indessen nur zulässig, sofern in der Bankkonzernbilanz und in der Bankkonzern-GuV in gleicher Weise verfahren wurde. Allerdings können die Rundungen im Bankkonzernanhang großzügiger erfolgen. Wertangaben lassen sich demzufolge bspw. in der Bilanz und der GuV in DM, im Anhang hingegen in TDM angeben.[1176]

Die Art der Darstellung läßt sich ferner mit optischen Gestaltungsinstrumenten beeinflussen, um auf diese Weise die Informationsaufnahme der Bankkonzernabschlußadressaten in gewissen Grenzen steuern zu können.[1177]

1173 Vgl. Waschbusch, Funktion, S. 796.

1174 Vgl. § 340i Abs. 2 Satz 1 HGB i.V.m. § 340d HGB und § 37 RechKredV i.V.m. § 9 RechKredV. Die Verpflichtung zur Fristengliederung ist seit dem 01. Januar 1998 rechtskräftig.

1175 Vgl. Adler/Düring/Schmaltz, Kommentierung § 297, Tz. 13; Baetge/Kirsch, Kommentierung § 297, Rn. 20; Budde/Lust, Kommentierung § 297, Anm. 8; Gzuk, Konzernanhang, C 600, Rz. 22; Selchert/Karsten, Gliederung, S. 1258.

1176 Vgl. Ellrott, Kommentierung § 284, Anm. 28.

1177 Vgl. Waschbusch, Funktion, S. 795. Vgl. ferner zur Manipulation kognitiver Prozesse mittels Bild- und Graphikinformationen Kroeber-Riel, Informationsüberlastung, S. 488.

Überdies findet das Stetigkeitsgebot zur Darstellungsform oder Darstellungsgliederung i.d.R. keine verpflichtende Anwendung.[1178]

Ein Wahlrecht zur Gestaltung des Bankkonzernanhangs legitimiert außerdem § 340i Abs. 1 Satz 1 HGB i.V.m. § 298 Abs. 3 Satz 1 HGB. Danach darf der Bankkonzernanhang mit dem Anhang des Einzelabschlusses des Bankkonzernmutterunternehmens zusammengefaßt werden. Das aus Vereinfachungsgründen[1179] zulässige Wahlrecht beeinflußt dabei primär die Klarheit und Übersichtlichkeit der Berichterstattung. Die Inanspruchnahme des Wahlrechts bedingt jedoch die gemeinsame Offenlegung beider Abschlüsse.[1180]

In § 340i Abs. 1 Satz 1 HGB i.V.m. § 313 Abs. 3 HGB ist darüber hinaus eine Schutzklausel kodifiziert, wonach die in § 340i Abs. 1 Satz 1 HGB i.V.m. § 313 Abs. 2 HGB verlangten Angaben unterbleiben dürfen, sofern mit erheblichen Nachteilen für ein zum Konsolidierungskreis gehörendes Unternehmen oder ein in § 340i Abs. 1 Satz 1 HGB i.V.m. § 313 Abs. 2 HGB bezeichnetes Unternehmen gerechnet werden muß. Interpretationsspielraum resultiert hierbei aus der nach vernünftiger kaufmännischer Beurteilung festzustellenden Erheblichkeit der Nachteile. Damit eröffnet sich u.U. eine abschlußpolitische Möglichkeit, bestimmte zum Bankkonzern gehörende Unternehmen oder Beteiligungen nicht aufführen zu müssen.[1181] Wird die Schutzklausel in Anspruch genommen, ist ihre Anwendung im Bankkonzernanhang anzugeben.[1182] Auf die Art der unterlassenen Angaben braucht dagegen nicht hingewiesen zu werden.

1178 Vgl. Biener/Berneke, Bilanzrichtlinien-Gesetz, S. 377; Csik, Kommentierung §§ 313, 314, Rn. 410. A.A., mit Verweis auf den für die Einzelabschlüsse geltenden § 265 Abs. 1 Satz 1 HGB, Adler/Düring/Schmaltz, Kommentierung § 313, Tz. 31; Ellrott, Kommentierung § 313, Anm. 19 und Anm. 40. Der Arbeitskreis "Externe Unternehmensrechnung" der Schmalenbach-Gesellschaft - Deutsche Gesellschaft für Betriebswirtschaft e.V., Aufstellung, S. 158 sowie Birck/Meyer, Bankbilanz, 5. Teillieferung, S. IX 1, konstatieren hingegen keine verpflichtende Anwendung des Stetigkeitsgebots, befürwortet aber gleichwohl seine Beachtung.

1179 Vgl. Deutscher Bundesrat, Drucksache 163/85, S. 37.

1180 Vgl. § 340i Abs. 1 Satz 1 HGB i.V.m. § 298 Abs. 3 Satz 2 HGB.

1181 Vgl. Gzuk, Konzernanhang, C 600, Rz. 60.

1182 Vgl. § 340i Abs. 1 Satz 1 HGB i.V.m. § 313 Abs. 3 Satz 2 HGB.

Es können ebenfalls Angaben unterlassen werden, sofern sie die sonstigen Bankkonzernbeteiligungen betreffen und ihre Auswirkungen auf die Vermittlung eines den tatsächlichen Verhältnissen entsprechenden Bildes der wirtschaftlichen Lage des Bankkonzerns gemäß § 340i Abs. 1 Satz 1 HGB i.V.m. § 297 Abs. 2 Satz 2 HGB von untergeordneter Bedeutung sind.[1183]

Andererseits besteht Spielraum mit der Berücksichtigung gesetzlich nicht geforderter aber zugelassener freiwilliger Zusatzangaben,[1184] Einfluß auf die Aussagekraft und Transparenz des Bankkonzernanhangs zu nehmen.
Zusätzlich erlaubt der Gesetzgeber, einige verpflichtende Angaben wahlweise in der Bankkonzernbilanz bzw. Bankkonzern-GuV oder im Bankkonzernanhang machen zu dürfen. Insofern lassen sich folgende Wahlpflichtangaben unterscheiden:[1185]

Tabelle 16: Wahlpflichtangaben im Bankkonzernanhang

Wahlpflichtangaben	Rechtsgrundlage
Angabe der Mitzugehörigkeit eines Bankkonzernbilanzpostens zu einem anderen Posten der Bankkonzernbilanz	§ 340a Abs. 1 HGB i.V.m. § 265 Abs. 3 Satz 1 HGB über § 340i Abs. 2 Satz 1 HGB
gesonderte Angabe eines einbezogenen Gewinn- oder Verlustvortrags	§ 340a Abs. 1 HGB i.V.m. § 268 Abs. 1 Satz 2 Halbsatz 2 HGB über § 340i Abs. 2 Satz 1 HGB
Angabe nach § 250 Abs. 3 HGB aktivierter Disagios	§ 340a Abs. 1 HGB i.V.m. § 268 Abs. 6 HGB über § 340i Abs. 2 Satz 1 HGB

1183 Vgl. § 340i Abs. 1 Satz 1 HGB i.V.m. § 313 Abs. 2 Nr. 4 Satz 2 HGB.

1184 Vgl. Adler/Düring/Schmaltz, Kommentierung § 313, Tz. 43 ff.; Biener/Berneke, Bilanzrichtlinien-Gesetz, S. 377 f.; Csik, Kommentierung §§ 313, 314, Rn. 4; Gzuk, Konzernanhang, C 600, Rz. 148. Vgl. ferner zu freiwilligen aber nicht GoB-konformen Angaben Niehus, Angaben, S. 93 ff.

1185 Vgl. Adler/Düring/Schmaltz, Kommentierung § 313, Tz. 56; Baetge, Konzernbilanzen, S. 499 ff.; Coenenberg, Jahresabschluß, S. 548 ff.; ders., Konzernbilanz, S. 229 ff.; Ellrott, Kommentierung § 313, Anm. 42; Früh/Reinke, Konzernabschluß, S. 281 ff.; Gzuk, Konzernanhang, C 600, Rz. 93 ff.; IDW (Hrsg.), WP-Handbuch, J, Tz. 258 und Tz. 290; Niehus/Scholz, Kommentierung § 314, Rdn. 19; Scheren, Konzernabschlußpolitik, S. 362 f.; Schildbach, Konzernabschluß, S. 346; Treuarbeit AG (Hrsg.), Bankbilanzierung, S. 156 f. und S. 183; Treuhand-Vereinigung AG (Hrsg.), Rechnungslegung, S. 259 f.; Waschbusch, Funktion, S. 796 ff.

Wahlpflichtangaben	Rechtsgrundlage
Angabe der Vorschriften, nach denen ein Sonderposten mit Rücklageanteil gebildet worden ist	§ 340a Abs. 1 HGB i.V.m. § 273 Satz 2 Halbsatz 2 HGB über § 340i Abs. 2 Satz 1 HGB
gesonderte Angabe der Rückstellung für latente Steuern	§ 340a Abs. 1 HGB i.V.m. § 274 Abs. 1 Satz 1 HGB über § 340i Abs. 2 Satz 1 HGB
Angabe der Vorschriften, nach denen Wertberichtigungen gebildet worden sind[1186]	§ 340a Abs. 1 HGB i.V.m. § 281 Abs. 1 Satz 2 HGB über § 340i Abs. 2 Satz 1 HGB
Angabe und Begründung des Betrags, der im Geschäftsjahr allein nach steuerrechtlichen Vorschriften vorgenommenen Abschreibungen, getrennt nach Anlage- und Umlaufvermögen[1187]	§ 340a Abs. 1 HGB i.V.m. § 281 Abs. 2 Satz 1 HGB über § 340i Abs. 2 Satz 1 HGB
Angabe der Erträge aus der Auflösung von Sonderposten mit Rücklageanteil sowie der Einstellungen in Sonderposten mit Rücklageanteil[1188]	§ 340a Abs. 1 HGB i.V.m. § 281 Abs. 2 Satz 2 HGB über § 340i Abs. 2 Satz 1 HGB
Angaben zur sinnvollen Vergleichbarkeit des Bankkonzernabschlusses bei wesentlicher Änderung der Zusammensetzung der in den Bankkonzernabschluß einbezogenen Unternehmen	§ 340i Abs. 1 Satz 1 HGB i.V.m. § 294 Abs. 2 Satz 1 HGB
Angabe besonderer Vorgänge bei Einbeziehung von Unternehmen mit abweichenden Abschlußstichtagen	§ 340i Abs. 1 Satz 1 HGB i.V.m. § 299 Abs. 3 HGB
Angabe eines aktiven oder passiven Steuerabgrenzungspostens aus der Konsolidierung	§ 340i Abs. 1 Satz 1 HGB i.V.m. § 306 Satz 2 HGB
Angabe besonderer Vorgänge bei Einbeziehung von Gemeinschaftsunternehmen mit abweichenden Abschlußstichtagen	§ 310 Abs. 2 HGB i.V.m. § 299 Abs. 3 HGB über § 340i Abs. 1 Satz 1 HGB
Angabe des Unterschiedsbetrags bei erstmaliger Anwendung der Buchwertmethode im Rahmen des Beteiligungsansatzes von assoziierten Unternehmen	§ 340i Abs. 1 Satz 1 HGB i.V.m. § 312 Abs. 1 Satz 2 HGB
Angabe des Unterschiedsbetrags bei erstmaliger Anwendung der Kapitalanteilsmethode im Rahmen des Beteiligungsansatzes von assoziierten Unternehmen	§ 340i Abs. 1 Satz 1 HGB i.V.m. § 312 Abs. 1 Satz 3 Halbsatz 2 HGB

1186 Die Angabe braucht nach § 340i Abs. 2 Satz 1 HGB i.V.m. § 340f Abs. 2 Satz 2 HGB nicht gemacht zu werden, soweit die Vorsorgereserven für allgemeine Bankrisiken nach § 340i Abs. 2 Satz 1 HGB i.V.m. § 340f Abs. 1 HGB betroffen sind.

1187 Vgl. Fn. 1186.

1188 Vgl. Fn. 1186.

Wahlpflichtangaben	Rechtsgrundlage
gesonderte Angabe eines Disagios bei Ansatz einer Forderung zum Nennbetrag und niedrigerem Auszahlungsbetrag oder niedrigeren Anschaffungskosten	§ 340i Abs. 2 Satz 1 HGB i.V.m. § 340e Abs. 2 Satz 2 Halbsatz 2 HGB
gesonderte Angabe eines Agios bei Ansatz einer Forderung zum Nennbetrag und höheren Auszahlungsbetrag oder höheren Anschaffungskosten	§ 340i Abs. 2 Satz 1 HGB i.V.m. § 340e Abs. 2 Satz 3 Halbsatz 2 HGB
Angabe von Beträgen der Wertaufholungsrücklagen	§ 340i Abs. 1 Satz 2 HGB i.V.m. § 58 Abs. 2a Satz 2 AktG
Angabe zu Einstellungen in und zu Entnahmen aus den Kapital- und Gewinnrücklagen[1189]	§ 340i Abs. 1 Satz 2 HGB i.V.m. § 152 Abs. 2 und Abs. 3 AktG
Angabe zur Verwendung des Bankkonzernergebnisses[1190]	§ 340i Abs. 1 Satz 2 HGB i.V.m. § 158 Abs. 1 Satz 2 AktG
Angabe von bestimmten Unterposten in der Reihenfolge der betroffenen Unterposten	§ 37 RechKredV i.V.m. § 3 Satz 2 RechKredV
Angabe von nachrangigen Vermögensgegenständen in der Reihenfolge der betroffenen Posten oder Unterposten	§ 37 RechKredV i.V.m. § 4 Abs. 2 Satz 2 RechKredV
Angabe des Gesamtbetrags der sonstigen finanziellen Verpflichtungen	§ 34 Abs. 1 Satz 2 RechKredV i.V.m. § 285 Nr. 3 HGB über § 37 RechKredV

6.3 Die bankkonzernabschlußpolitischen Maßnahmen aus dem Blickwinkel einer Bankkonzernrechnungslegung nach IAS

Nach dem Rahmenkonzept des IASC ist der Anhang (notes) gleichfalls ein integrativer Bestandteil des Bankkonzernabschlusses.[1191] Wenngleich die dort offenzulegenden Angaben weit über die Anforderungen der handelsrechtlichen Publizitätspflichten hinausgehen, ist der nach internationalen Rech-

1189 Aufgrund der fehlenden Ausschüttungsbemessungsfunktion des Bankkonzernabschlusses ist es fraglich, ob die Wahlangabe bei Rücklagenbewegungen grundsätzlich verpflichtend ist. Es erscheint insofern zulässig, auf die Darstellung dieser Veränderungen im Bankkonzernabschluß verzichten zu können und die entsprechenden Angaben lediglich freiwillig offenzulegen; vgl. hierzu auch Adler/Düring/Schmaltz, Kommentierung § 298, Tz. 193, m.w.N.

1190 In bezug auf eine verpflichtende Darstellung der Gewinnverwendungsrechnung wird auf die Erläuterung in Fn. 1189 sowie auf Adler/Düring/Schmaltz, Kommentierung § 298, Tz. 196 f., m.w.N., verwiesen.

1191 Vgl. F.7 Satz 2; IAS 1.2.

nungslegungsnormen mit dem nach deutschen Recht aufgestellte Bankkonzernanhang vergleichbar.[1192] Insofern kommen dem Anhang nach IASC-Vorschriften ebenfalls Angabe-, Ausweis-, Aufgliederungs-, Erläuterungs-, Darstellungs- und Begründungsfunktionen in bezug auf die Bankkonzernbilanz und die Bankkonzern-GuV zu.

Entsprechend dem deutschen Recht enthalten auch die Bestimmungen des IASC keine expliziten Vorschriften über die Form oder Gliederung der notes. In den einzelnen Standards werden lediglich die verschiedenen Offenlegungspflichten geregelt, welche im Bankkonzernanhang enthalten sein müssen, so daß die Gestaltungsfreiräume im Zuge der Anhangserstellung nach IAS bestehenbleiben.

Hingegen findet sich für das handelsrechtlich kodifizierte Wahlrecht zur Zusammenfassung von Bankkonzernanhang und Anhang des Bankkonzernmutterunternehmens sowie für die Schutzklausel zur Abwehr möglicher Risiken keine Entsprechung in den Bestimmungen des IASC. Die bankkonzernabschlußpolitischen Alternativen, die sich aus diesen Regelungen ableiten lassen, entfallen daher zur Beeinflussung des nach IAS aufgestellten Bankkonzernanhangs.

Andererseits besteht auch nach den IASC-Vorschriften die Möglichkeit, eine Vielzahl von Pflichtangaben wahlweise in der Bankkonzernbilanz bzw. -GuV oder im Bankkonzernanhang zu machen. Zudem bleibt für einige angabepflichtige Informationen der Ausweisort unbestimmt, so daß der nach internationalen Vorschriften bilanzierende Bankkonzern vergleichsweise weitgehend flexibel über den Umfang der Bankkonzernanhangsangaben entscheiden kann.[1193] Obwohl insbesondere die in der RechKredV geregelten Wahlpflichtangaben keine direkte Entsprechung in den Normen des IASC finden, kom-

---

1192 Vgl. Arbeitskreis "Externe Unternehmensrechnung" der Schmalenbach-Gesellschaft - Deutsche Gesellschaft für Betriebswirtschaft e.V., Vereinbarkeit, S. 8; Baetge/Schulze, Kommentierung IAS 27, Tz. 230; Bellavite-Hövermann/Prahl, Bankbilanzierung, S. 114.

1193 Vgl. Bellavite-Hövermann/Prahl, Bankbilanzierung, S. 114.

men die nach deutschem Recht vorgesehenen Ausweiswahlrechte in weiten Teilen auch analog im Rahmen der Bankkonzernabschlußerstellung nach den Vorschriften des IASC in Betracht. Hiervon ausgenommen sind bspw. die handelsrechtlichen Wahlpflichtangaben im Hinblick auf die Sonderposten mit Rücklagenanteil oder die Unterschiedsbeträge bei Anwendung der Kapitalanteilsmethode im Rahmen des Beteiligungsansatzes von assoziierten Unternehmen, da derartige Posten bzw. Beträge im Zuge der internationalen Rechnungslegung nicht entstehen können.

7 Exkurs: Der Bankkonzernlagebericht als Objekt der Weltkonzernlageberichtspolitik deutscher Bankkonzerne

7.1 Überblick sowie die rechtsformspezifischen Vorschriften für deutsche Bankkonzerne

Der Bankkonzernlagebericht ist nicht integrativer Bestandteil des Bankkonzernabschlusses, sondern wird zusätzlich zu diesem aufgestellt.[1194] Per definitionem ist er danach nicht Gegenstand der Weltkonzernabschlußpolitik deutscher Bankkonzerne. Allerdings wird der Lagebericht ebenfalls zur Gesamtbeurteilung der Vermögens-, Finanz- und Ertragslage des Bankkonzerns herangezogen.[1195] Zudem werden Angaben verlangt, die aus Bankkonzernsicht teilweise "recht kritisch als potentiell schädlich angesehen werden"[1196] können. Dies kann z.B. die möglicherweise als nachteilig zu beurteilende Darlegung von nach dem Schluß des Bankkonzerngeschäftsjahres eingetretenen Vorgänge von besonderer Bedeutung oder die Darlegung der voraussichtlichen Entwicklung betreffen.[1197] Hieran wird deutlich, daß auch der Bankkonzernlagebericht Gestaltungsobjekt werden kann, um die als negativ erachteten Ein-

1194 Krumnow/Sprißler/Bellavite-Hövermann/Kemmer/Steinbrücker, Kommentierung § 340i, j HGB, Überschrift zu Rn. 201, sprechen in diesem Kontext von einer obligatorischen Ergänzung des Bankkonzernabschlusses.
1195 Vgl. Adler/Düring/Schmaltz, Kommentierung § 315, Tz. 12; Ellrott, Kommentierung § 315, Anm. 9; Lück, Kommentierung § 315, Rn. 14; Treuhand-Vereinigung AG (Hrsg.), Rechnungslegung, S. 279; Wysocki/Wohlgemuth, Konzernrechnungslegung, S. 335.
1196 Weber, Möglichkeiten, Rn. 169.
1197 Vgl. § 340i Abs. 1 Satz 1 HGB i.V.m. § 315 Abs. 2 Nr. 1 und Nr. 2 HGB.

flüsse von dem jeweiligen betroffenen Bankkonzern fernzuhalten.[1198] Daher werden im Rahmen dieses Exkurses bankkonzernlageberichtspolitische Einflußmöglichkeiten nachfolgend kurz dargelegt.

§ 340i Abs. 1 Satz 1 HGB i.V.m. § 315 Abs. 1 HGB legt für den Bankkonzernlagebericht den Mindestinhalt der zu publizierenden Daten fest.[1199] Ergänzend treten Einzelangaben nach der Sollvorschrift des § 340i Abs. 1 Satz 1 HGB i.V.m. § 315 Abs. 2 HGB hinzu.

Die Berichterstattung hat unter Beachtung der Grundsätze ordnungsmäßiger Bankkonzernlageberichterstattung zu erfolgen.[1200]

7.2 Aufstellungsmaßnahmen

Wenngleich der verpflichtende Mindestinhalt des Bankkonzernlageberichts für gewöhnlich nicht zur lageberichtspolitischen Disposition steht, findet sich in den maßgebenden Gesetzesvorschriften weder eine genaue inhaltliche Konkretisierung noch eine klare Begriffsabgrenzung des "Geschäftsverlaufs" und der "Lage" des Bankkonzerns.[1201] Des weiteren besteht ein gewisser Spielraum bei der Berücksichtigung zusätzlicher Angaben. Gegenstand solcher Angaben können bspw. Bankkonzern-Sozialberichte, Bankkonzern-Kennzahlenanalysen sowie Bankkonzern-Substanzerhaltungsrechnungen sein.[1202] Um-

---

1198 Vgl. Weber, Möglichkeiten, Rn. 169.

1199 Spätestens auf das nach dem 31. Dezember 1998 beginnende Bankkonzerngeschäftsjahr ist im Bankkonzernlagebericht zusätzlich auch auf die Risiken der zukünftigen Entwicklung einzugehen; vgl. Art. 2 Nr. 5 KonTraG und Art. 12 KonTraG. Diese zusätzlichen Ausführungen werden für die Vermittlung eines den tatsächlichen Verhältnissen entsprechenden Bildes der Lage des Bankkonzerns als wichtig und unabdingbar angesehen; vgl. Deutscher Bundestag, Drucksache 13/9712, S. 26.

1200 Die Grundsätze ordnungsmäßiger Bankkonzernlageberichterstattung entsprechen dabei i.d.R. den für die Anwendung des § 289 HGB abgeleiteten Grundsätzen ordnungsmäßiger Lageberichterstattung; vgl. zu diesen Grundsätzen insbesondere Baetge/Fischer/Paskert, Lagebericht, S. 16 ff.; Krawitz, Kommentierung § 289, Rz. 24 ff.

1201 Vgl. Ellrott, Kommentierung § 315, Anm. 13 i.V.m. ders., Kommentierung § 289, Anm. 15 ff.; Lück, Kommentierung § 315, Rn. 38 ff.; Scherrer, Kommentierung § 315, Rz. 7 ff.

1202 Vgl. Baetge/Fischer/Paskert, Lagebericht, S. 49; Biener/Berneke, Bilanzrichtlinien-Gesetz, S. 394; Coenenberg, Konzernbilanz, S. 239; Ellrott, Kommentierung § 315, Anm. 25.

fang und Tiefe der freiwilligen Berichterstattung ist grundsätzlich nicht geregelt.

Fraglich ist indessen, ob die Darstellung des Geschäftsverlaufs und der Lage des Bankkonzerns auf Grundlage der konsolidierten oder aller Bankkonzernunternehmen zu erfolgen hat. Die Berichterstattung hat zwar generell auch die Unternehmen zu umfassen, die aufgrund des § 340i Abs. 1 Satz 1 HGB i.V.m. den §§ 295 und 296 HGB nicht einbezogen wurden; eine gesetzliche Verpflichtung hierzu kann indessen nicht abgeleitet werden. Ebenso ist die Einbeziehung der Gemeinschaftsunternehmen sowie die der assoziierten Unternehmen in die Berichterstattung zur Beurteilung des Bankkonzerns in seiner Gesamtheit nicht zwingend. Vielmehr ist an dieser Stelle insgesamt deren Einflußnahme auf den Geschäftsverlauf und die Lage des Bankkonzerns entscheidend.[1203]

Ferner erweitert die Gesetzesfassung des § 340i Abs. 1 Satz 1 HGB i.V.m. § 315 Abs. 2 HGB das bankkonzernlageberichtspolitische Aktionspotential.[1204] Zwar ist mit der Formulierung der Regelung als *Soll*vorschrift nach h.M. kein Berichterstattungswahlrecht verbunden, gleichwohl bewirkt deren Fassung einen größeren Beurteilungsspielraum. Im Grundsatz besteht daher eine Pflicht zur Berichterstattung nur für den Fall, daß Sachverhalte vorliegen, die nach vernünftiger kaufmännischer Beurteilung einen bedeutenden Informationswert für die Bankkonzernabschlußadressaten aufweisen.[1205] Wiederum hat

---

1203 Vgl. zu dieser Fragestellung Adler/Düring/Schmaltz, Kommentierung § 315, Tz. 15; Arbeitskreis "Externe Unternehmensrechnung" der Schmalenbach-Gesellschaft - Deutsche Gesellschaft für Betriebswirtschaft e.V., Aufstellung, S. 175; Busse von Colbe/Ordelheide, Konzernabschlüsse, S. 536; Ellrott, Kommentierung § 315, Anm. 9 f.; Gzuk, Konzernlagebericht, C 610, Rz. 2; IDW (Hrsg.), WP-Handbuch, M, Tz. 733; Kanngiesser, Konzernlagebericht, Sp. 1041 f.; Lück, Kommentierung § 315, Rn. 9 f.; Schildbach, Konzernabschluß, S. 353.

1204 Unwesentlich sind hierfür allerdings die in § 340i Abs. 1 Satz 1 HGB i.V.m. § 315 Abs. 2 Nr. 3 HGB geforderten Angaben zum Forschungs- und Entwicklungsbereich des Bankkonzerns, da diesen im Rahmen der bankkonzernbetrieblichen Tätigkeitsgebiete eine eher untergeordnete Bedeutung zukommt.

1205 Vgl. Adler/Düring/Schmaltz, Kommentierung § 315, Tz. 20; Ellrott, Kommentierung § 315, Anm. 16 i.V.m. ders., Kommentierung § 289, Anm. 26; IDW (Hrsg.), WP-Handbuch, M, Tz. 734; Lück, Kommentierung § 315, Rn. 36; Räuber, Lagebericht, S. 1288 f.; Riebell, Konzernbilanzanalyse, S. 236; Selchert, Warnfunktion, S. 988; Treuhand-

der Gesetzgeber keine allgemeingültigen Kriterien für eine Wesentlichkeitsgrenze kodifiziert, so daß die Beurteilung über das Vorliegen bedeutender Informationen jeweils einzelfallabhängig vorzunehmen sein wird. Zudem soll der Bankkonzernlagebericht auf die zu berichtenden Sachverhalte lediglich *eingehen*;[1206] eine ausführliche Berichterstattung ist damit nicht verbunden. Die Betrachtung der Vorschrift läßt erkennen, daß dem rechnungslegenden Entscheidungsträger damit die Möglichkeit einer Einflußnahme auf den Informationsumfang und die Informationstiefe der geforderten Angaben eröffnet wird.

Obgleich eine Schutzklausel für den Bankkonzernlagebericht gesetzlich nicht geregelt ist, brauchen bankkonzerninterne Einzelheiten mit berechtigtem Geheimhaltungsinteresse im Bankkonzernlagebericht nicht offengelegt zu werden.[1207] Die Grenzen legitimer Geheimhaltung sind wegen fehlender Legaldefinition nur schwer operationalisierbar.

Fehlende Vorschriften zur formalen Gestaltungsart und Gestaltungsweise der Bankkonzernlageberichterstattung[1208] ermöglichen zudem gewisse Spielräume hinsichtlich der Darstellung und Transparenz der offenzulegenden Informationen.

Neben dem bankkonzernanhangskonformen Zusammenfassungswahlrecht des Bankkonzernlageberichts mit dem Lagebericht des Mutterunternehmens,[1209] werden dem lageberichtspolitischen Entscheidungsträger außerdem

---

Vereinigung AG (Hrsg.), Rechnungslegung, S. 280 f. Hingegen wird von Emmerich/Künnemann, Lagebericht, S. 146 und Maul, Lagebericht, S. 190, ein Wahlrecht befürwortet.

1206 Vgl. § 340i Abs. 1 Satz 1 HGB i.V.m. § 315 Abs. 2 HGB.

1207 Vgl. Clemm/Reittinger, Prüfung, S. 499 f.; IDW (Hrsg.), WP-Handbuch, F, Tz. 669; Krumnow/Sprißler/Bellavite-Hövermann/Kemmer/Steinbrücker, Kommentierung § 340i, j HGB, Rn. 202; Lück, Kommentierung § 315, Rn. 30 f.

1208 Vgl. Gzuk, Konzernlagebericht, C 610, Rz. 25.

1209 Vgl. § 315 Abs. 3 HGB i.V.m. § 298 Abs. 3 HGB über § 340i Abs. 1 Satz 1 HGB.

weitgehende Ermessensspielräume der im wesentlichen verbalen Darstellung anheimgestellt.[1210]

"Somit bleibt ... die Verkehrsauffassung und das pflichtgemäße Ermessen der Geschäftsleitung entscheidend für die Inhaltsbestimmung der Berichterstattung".[1211]
Deshalb läßt sich auch der Bankkonzernlagebericht gezielt als Mittel der Bankkonzernpolitik einsetzen.

7.3 Die bankkonzernlageberichtspolitischen Maßnahmen aus dem Blickwinkel einer Bankkonzernrechnungslegung nach IAS

Im Regelwerk des IASC ist eine gesonderte Bankkonzernlageberichterstattung nicht vorgesehen, so daß eine Betrachtung der bankkonzernlageberichtspolitischen Maßnahmen aus dem Blickwinkel einer Bankkonzernrechnungslegung nach IAS unterbleiben kann.
Festzuhalten bleibt gleichwohl, daß auch im Zuge eines nach internationalen Normen aufgestellten Bankkonzernabschlusses auf Ereignisse von besonderer Bedeutung, die nach dem Schluß des Bankkonzerngeschäftsjahres eingetreten sind, hinzuweisen ist.[1212] Im Gegensatz zu den handelsrechtlichen Bestimmungen handelt es sich hierbei allerdings nicht um eine Sollvorschrift. Informationsumfang und -tiefe der geforderten Angaben zu Ereignissen nach dem Bilanzstichtag sind aber gleichfalls ungeregelt und sonach beeinflußbar.

1210 Im Ergebnis wohl ebenso Clemm/Reittinger, Prüfung, S. 504 f.; Räuber, Lagebericht, S. 1285.
1211 Räuber, Lagebericht, S. 1286; vgl. hierzu ebenso Gzuk, Konzernlagebericht, C 610, Rz. 5.
1212 Vgl. IAS 10.28.

Fünftes Kapitel

Schlußbetrachtung

"Jede Bilanz ist bilanzpolitisch, d.h. interessenbezogen gestaltet; die eo ipso richtige oder wahre Bilanz ist eine Illusion".[1213] Diese Feststellung von *Kappler* trifft desgleichen auch auf die externe Rechnungslegung deutscher Bankkonzerne zu und läßt sich zur Veranschaulichung der Ergebnisse dieser Untersuchung heranziehen. Denn obgleich dem Bankkonzernabschluß als gesetzlich normiertes Informationsinstrument die Vermittlung eines den tatsächlichen Verhältnissen entsprechenden Bildes der Vermögens-, Finanz- und Ertragslage des Bankkonzerns zukommt und seine Erstellung nach den Grundsätzen ordnungsmäßiger Buchführung, Bilanzierung und Konsolidierung zu erfolgen hat, ist damit weder die Bankkonzernbilanzstruktur noch das Bankkonzernjahresergebnis eindeutig determiniert. Vielmehr wird die Abbildung der wirtschaftlichen Lage regelmäßig als Produkt bankkonzernabschlußpolitischer Erwägungen angesehen werden können.

Im Rahmen der Bankkonzernabschlußpolitik stellen die deutschen Bankkonzerne mittels ihrer externen Berichterstattung insofern nicht zwangsläufig die tatsächlichen ökonomischen Verhältnisse, sondern vielmehr ihre eignen bzw. die von ihnen erwarteten Vorstellungen von der wirtschaftlichen Lage des Bankkonzerns dar.[1214] Die nachstichtagsbezogene Beeinflussung der zu publizierenden Bankkonzernrechnungslegungsdaten wird dabei im allgemeinen als Voraussetzung zur Erreichung publizitäts- und finanzpolitischer Zielsetzungen angesehen. Die Bankkonzernabschlußpolitik leistet demzufolge einen Beitrag zur Optimierung der ihr sachlich vorgelagerten Publizitäts- und Finanzpolitik.
Zur Realisierung dieser Optimierung geht es in der Bankkonzernabschlußpolitik - verstanden als die bewußte und zweckorientierte Beeinflussung der Bankkonzernbilanz, der Bankkonzern-GuV sowie des Bankkonzernanhangs - insbesondere darum, bestimmte Zielgrößen legal zu beeinflussen. Als wesent-

1213 Kappler, Informationsverhalten, S. 108.
1214 Vgl. Waschbusch, Jahresabschlußpolitik, S. 434.

liche Zielgrößen wurden in diesem Zusammenhang die Bankkonzernbilanzsumme, das bilanzielle Bankkonzerneigenkapital sowie das Bankkonzernjahresergebnis herausgestellt.
Im Verlauf dieser Untersuchung hat sich gezeigt, daß dem bankkonzernabschlußpolitischen Entscheidungsträger eine Vielzahl von (gesetzlichen und faktischen) Wahlrechten und Spielräumen zur Verfügung stehen, mit denen Einfluß auf die genannten Zielgrößen und damit letztlich auf die Darstellung der ökonomischen Situation des Bankkonzerns genommen werden kann. Wenngleich mit den vom Gesetzgeber geforderten Informationspflichten im Bankkonzernanhang, die mit der Inanspruchnahme bestimmter Instrumente verbunden sind, Einschränkungen der Bankkonzernabschlußpolitik einhergehen, kann festgehalten werden, daß diese oftmals nur die Richtung und Tendenz der Maßnahmen sichtbar machen und quantitative Auswirkungen i.d.R. nicht offengelegt werden müssen.

Im Rahmen der Diskussion der Weltkonzernabschlußpolitik deutscher Bankkonzerne wurde versucht, die Wirkung, Erkennbarkeit, Flexibilität und Durchsetzbarkeit der jeweiligen bankkonzernabschlußpolitischen Maßnahmen zu vermitteln. Eine pauschalisierte Quantifizierung oder Gewichtung der einzelnen Instrumente nach deren Bedeutung für die Bankkonzernabschlußpolitik mußte unterbleiben, da die Anwendung des Instrumentariums i.d.R. immer von der spezifischen Situation und Zielverfolgung der einzelnen Bankkonzerne determiniert wird. Eine sinnvolle Bankkonzernabschlußpolitik wird vor diesem Hintergrund nur mit einer auf den jeweiligen Einzelfall abstellenden Bankkonzernabschlußplanung durchführbar sein. Dabei ist zusätzlich in Betracht zu ziehen, daß die Bankkonzernabschlußpolitik neben möglichen Primäreffekten stets auch eine Vielzahl von Sekundärwirkungen hervorrufen kann, welche ungewollte Folgen verursachen können und in das Entscheidungskalkül mit einbezogen werden müssen.

Zusammenfassend ist festzuhalten, daß die deutschen Rechnungslegungsvorschriften weitgehende bankkonzernabschlußpolitische Möglichkeiten zur Einflußnahme auf die Darstellung der Vermögens-, Finanz- und Ertragslage des Bankkonzerns zulassen. Besonderes Augenmerk lag demzufolge auf einer umfassenden Systematisierung und Analyse des Instrumentariums der Weltkonzernabschlußpolitik deutscher Bankkonzerne, mit dessen Hilfe der bankkonzernabschlußpolitische Entscheidungsträger in die Lage versetzt wird, Einflußmaßnahmen auf die konsolidierte Rechnungslegung zu erkennen und auszuüben.

Im Zuge der anhaltenden Globalisierung der Wirtschaft ist allerdings ferner festzustellen, daß eine zunehmende praktische Relevanz der IAS für die deutsche Bankkonzernrechnungslegung zu erwarten ist. Den globalen Publizitätsanforderungen kann mittels der deutschen Bankkonzernabschlüsse gewöhnlich nicht hinreichend Rechnung getragen werden. Zudem steht die internationale Bilanzwelt deutschen Bankkonzernabschlüssen im allgemeinen eher skeptisch gegenüber. Begründet wird diese Haltung nicht zuletzt mit den nach deutschen Rechnungslegungsvorschriften vorhandenen und im Verlauf dieser Untersuchung offenbar gewordenen, weitreichenden und vielfältigen Einflußmöglichkeiten auf die externe Bankkonzernberichterstattung.
Vor diesem Hintergrund wurden die Instrumente der handelsrechtlichen Bankkonzernabschlußpolitik aus dem Blickwinkel einer Rechnungslegung nach den Bestimmungen des IASC betrachtet. Bei der Gegenüberstellung der Normenwerke des deutschen Gesetzgebers und des IASC konnte für eine relativ große Anzahl von handelsrechtlichen Wahlrechten und Spielräumen festgestellt werden, daß diese nicht im Sinne der IASC-Vorschriften ausgeübt werden können. Hingegen bestehen aber auch Instrumente, die faktisch zu vergleichbaren Auswirkungen auf den Bankkonzernabschluß führen. Dessenungeachtet lassen die Publikationen des IASC eine deutliche Tendenz erkennen, Wahlrechte und Spielräume abzubauen bzw. nur noch eingeschränkt zuzulassen, um damit letztlich die Vergleichbarkeit und den Aussagegehalt konsolidierter Abschlüsse zu verbessern. Zudem ist bei einer Bankkonzernabschlußerstellung nach IAS darauf zu achten, daß im Vergleich zu den deutschen Bestimmungen im allgemeinen wesentlich ausführlichere Berichterstattungspflichten im Bankkonzernanhang Berücksichtigung finden müssen. Inso-

fern ist zu konstatieren, daß die zahlreichen bankkonzernabschlußpolitischen Wahlrechte und Spielräume des deutschen Rechnungslegungsrechts im Sinne der Bestimmungen des IASC nicht unwesentlich eingeschränkt werden.

Mit einem gemäß den IASC-Normen erstellten Bankkonzernabschluß wird aber gerade im Hinblick auf die für deutsche Bankkonzerne wichtige Vertrauenserhaltung mehr Erklärungsaufwand betrieben werden müssen. Einerseits ist die aus der Rechnungslegung nach IAS - infolge der Begrenzung abschlußpolitischer Gestaltungsmöglichkeiten - u.U. resultierende stärkere Schwankung der Ergebnisse und andererseits die größere Transparenz der Bewertungsvorgänge den (deutschen) Abschlußadressaten plausibel darzulegen. Eine stille Nivellierung von Risikoschwankungen wird i.d.R. nicht mehr realisierbar sein.[1215]

Wenngleich die internationale Ausrichtung der Bankkonzernrechnungslegung mit "gläsernen" Bankkonzernabschlüssen zumindest für deutsche Mutterunternehmen börsennotierter Bankkonzerne weiter fortschreiten wird, ist in diesem Kontext jedoch abschließend darauf hinzuweisen, daß unabhängig davon, ob die zunehmende Verwendung der IASC-Vorschriften die Zukunft der deutschen Bankkonzernrechnungslegung darstellen wird, letztendlich immer zu bedenken gilt, daß der Aussagegehalt sowie die Qualität der externen Bankkonzernberichterstattung nicht alleine von den jeweiligen zur Anwendung kommenden Rechnungslegungsnormen, sondern desgleichen vom Verhalten des bilanzierenden Entscheidungsträgers abhängig ist.

1215 Vgl. Buhleier/Helmschrott, Weg, S. 779; Hartwig, Weg, S. 1.

Anhang

Anhang 1: Systematisierung der deutschen Bankkonzerne nach Art und Umfang der Bankgeschäfte der Bankkonzernmutterunternehmen[1]

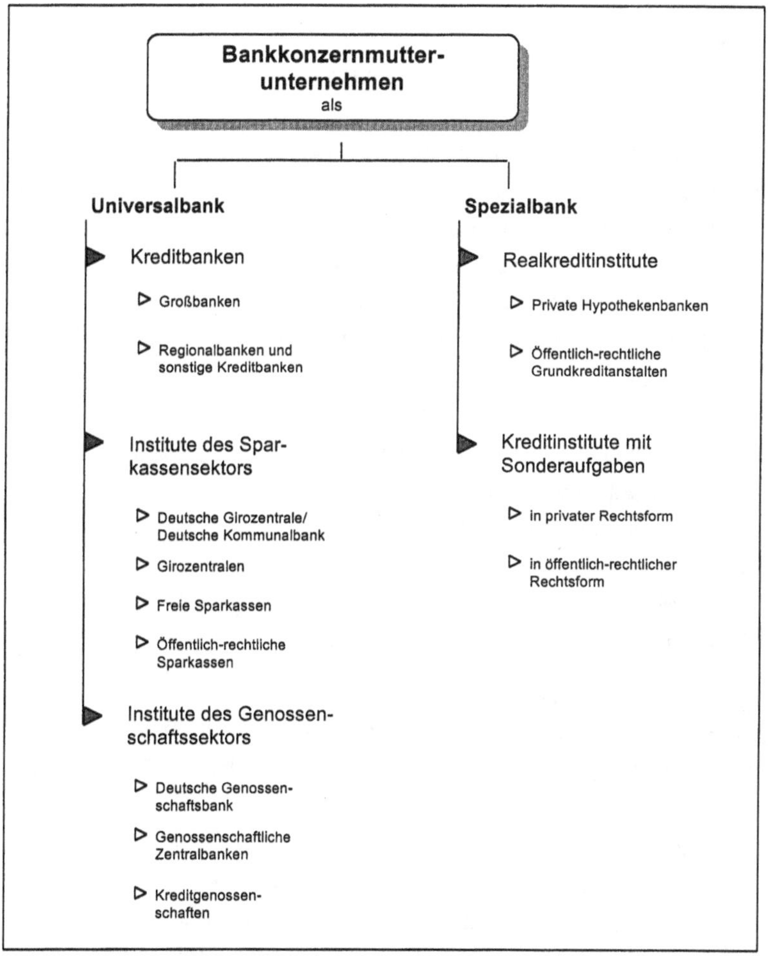

1 Zur Systematisierung der Kreditinstitute vgl. Büschgen, Bankbetriebslehre, S. 51 ff.; Deutsche Bundesbank (Hrsg.), Verzeichnis, S. 38 ff. sowie die Liste der Kreditinstitute gemäß Art. 3 Abs. 7 und Art. 10 Abs. 2 der Richtlinie 77/780/EWG (Stand vom 31. Dezember 1994) - Fünfzehnte Aufl. vom 30. September 1996, ABl. EG Nr. C 286, S. 1 f. und S. 4 f.

Anhang 2: Verzeichnis der einen konsolidierten Abschluß erstellenden deutschen Bankkonzernmutterunternehmen klassifiziert nach Bankengruppen (Stand: 30. September 1997)[1]

Kreditbanken (15)[2]

- **Großbanken (3)**
  1) Commerzbank AG, Frankfurt am Main
  2) Deutsche Bank AG, Frankfurt am Main
  3) Dresdner Bank AG, Frankfurt am Main
- **Regionalbanken und sonstige Kreditbanken (12)**
  4) Allgemeine Privatkundenbank AG, Hannover
  5) Baden-Württembergische Bank AG, Stuttgart
  6) Bankgesellschaft Berlin AG, Berlin
  7) Bayerische Hypotheken- und Wechsel-Bank AG, München[3]
  8) Bayerische Vereinsbank AG, München[3]
  9) BfG Bank AG, Frankfurt am Main
  10) BHF-BANK AG, Frankfurt am Main
  11) Opel Bank GmbH, Rüsselsheim
  12) Sal. Oppenheim jr. & Cie. KGaA, Köln
  13) Trinkaus & Burkhardt KGaA, Düsseldorf
  14) Vereins- und Westbank AG, Hamburg
  15) M.M. Warburg & CO KGaA, Hamburg

Institute des Sparkassensektors (14)

- **Deutsche Girozentrale -Deutsche Kommunalbank (1)**
  16) Deutsche Girozentrale -Deutsche Kommunalbank-, Frankfurt am Main
- **Girozentralen (8)**
  17) Bayerische Landesbank Girozentrale, München
  18) Hamburgische Landesbank Girozentrale, Hamburg
  19) Landesbank Hessen-Thüringen Girozentrale, Frankfurt am Main/Erfurt
  20) Landesbank Rheinland-Pfalz, Mainz
  21) Landesbank Schleswig-Holstein Girozentrale, Kiel

22) Norddeutsche Landesbank Girozentrale, Hannover

23) Südwestdeutsche Landesbank Girozentrale, Stuttgart

24) Westdeutsche Landesbank Girozentrale, Düsseldorf

- **Freie Sparkassen (1)**

25) Die Sparkasse in Bremen, Bremen

- **Öffentlich-rechtliche Sparkassen (4)**

26) Kreissparkasse Böblingen, Böblingen

27) Kreissparkasse Esslingen-Nürtingen, Esslingen

28) Kreissparkasse Göppingen, Göppingen

29) Landesgirokasse öffentliche Bank und Landessparkasse, Stuttgart

Institute des Genossenschaftssektors (5)

- **Deutsche Genossenschaftsbank (1)**

30) DG BANK Deutsche Genossenschaftsbank, Frankfurt am Main

- **Genossenschaftliche Zentralbanken (3)**

31) GZB-Bank Genossenschaftliche Zentralbank AG, Stuttgart

32) SGZ-Bank Südwestdeutsche Genossenschafts-Zentralbank AG, Frankfurt am Main

33) WGZ-Bank Westdeutsche Genossenschafts-Zentralbank eG, Düsseldorf

- **Kreditgenossenschaften (1)**

34) GrundkreditBank eG, Berlin

Realkreditinstitute (5)

- **Private Hypothekenbanken (3)**

35) Deutsche Genossenschafts-Hypothekenbank AG, Hamburg

36) Deutsche Pfandbrief- und Hypothekenbank AG, Wiesbaden

37) Frankfurter Hypothekenbank Centralboden AG, Frankfurt am Main

- **Öffentlich-rechtliche Grundkreditanstalten (2)**

38) Landeskreditbank Baden-Württemberg, Karlsruhe

39) Westdeutsche Immobilienbank, Mainz

Kreditinstitute mit Sonderaufgaben (5)

- **in privater Rechtsform (2)**

40) Deutsche Postbank AG, Bonn

41) IKB Deutsche Industriebank AG, Düsseldorf

- **in öffentlicher Rechtsform (3)**

42) Bayerische Landesanstalt für Aufbaufinanzierung, München

43) DSL Bank Deutsche Siedlungs- und Landesrentenbank, Bonn/Berlin

44) Landwirtschaftliche Rentenbank Frankfurt am Main, Frankfurt am Main

---

1 Zur Auflistung deutscher Banken, die einen Bankkonzernabschluß erstellen vgl. Verlag Hoppenstedt GmbH (Hrsg.), Banken-Jahrbuch, S. B 73 ff. In diesem Kontext ist darauf hinzuweisen, daß es kurz- bis mittelfristig zu einigen Fusionen bei den aufgeführten Bankkonzernmutterunternehmen kommen wird. Geplant ist bspw. eine Fusion der Bayerischen Hypotheken- und Wechsel-Bank AG und der Bayerischen Vereinsbank AG, der Bankgesellschaft Berlin AG und der Norddeutschen Landesbank Girozentrale oder der Südwestdeutschen Landesbank Girozentrale, der Landeskreditbank Baden-Württemberg und der Landesgirokasse öffentliche Bank und Landessparkasse.

2 In den Klammern steht die Zahl der deutschen Bankkonzernmutterunternehmen je Bankengruppe.

3 Das Bankkonzernmutterunternehmen ist auch als Realkreditinstitut tätig.

Anhang 3: Bilanzsumme, Jahresergebnis und (bilanzielles) Eigenkapital der deutschen Bankkonzerne[1]

Bank-konzern-Nr.[2]	Bankkonzernbilanzsumme in Mio. DM		Bankkonzernjahresergebnis in Mio. DM		(bilanzielles) Bankkonzern-eigenkapital in Mio. DM	
	31.12.1995	31.12.1996	31.12.1995	31.12.1996	31.12.1995	31.12.1996
1)	404.167,0	448.003,0	979,0	1.214,0	12.316,0	13.513,0
2)[3]	721.665	886.090	2.120	2.218	28.043	29.690
3)	484.482,1	561.163,0	1.208,7	1.579,9	12.793,5	15.222,0
	1.610.314,1	*1.895.256,0*	*4.307,7*	*5.011,9*	*53.152,5*	*58.425,0*
4)	6.632,8	7.217,6	15,5	15,9	304,0	317,6
5)	25.821,2	30.201,7	65,9	66,8	952,1	969,4
6)	281.553,4	337.457,9	476,0	47,2	8.675,7	8.346,3
7)	207.607,1	235.552,1	572,7	522,7	8.679,3	8.829,4
8)	356.543,3	403.581,3	656,5	868,9	10.312,5	10.829,0
9)	66.239,8	69.932,8	189,8	144,7	2.584,9	2.630,4
10)	64.923,6	74.144,3	187,4	177,7	3.267,1	3.300,2
11)	11.336,2	11.572,3	182,3	125,2	963,0	744,1
12)	29.677,6	35.216,8	60,6	60,3	1.253,4	1.256,7
13)	16.528,3	18.677,6	60,4	75,5	733,5	872,6
14)	28.919,6	30.982,3	74,9	71,9	1.143,9	1.330,4
15)	5.859,5	7.236,9	23,6	18,4	399,0	403,1
	1.101.642,4	*1.261.773,6*	*2565,6*	*2195,2*	*39.268,4*	*39.829,2*
16)	96.190,7	105.885,5	58,2	55,6	1.493,2	1.515,3
	96.190,7	*105.885,5*	*58,2*	*55,6*	*1.493,2*	*1.515,3*
17)	318.446,8	360.501,9	452,1	453,8	8.330,8	9.038,5
18)	85.498,3	100.586,1	52,7	61,6	2.017,9	2.049,5
19)	157.191,5	174.807,7	114,9	140,9	2.332,3	2.537,6
20)	66.371,9	75.343,7	94,7	99,5	1.172,7	1.241,0
21)	93.227,5	105.481,4	101,0	103,1	2.690,4	2.854,3
22)	208.940,6	229.606,1	150,2	185,4	5.376,9	5.745,9
23)	150.203,6	170.124,0	180,0	205,0	2.736,9	2.891,9
24)	428.622,0	470.788,9	520,2	735,5	12.656,8	12.592,2
	1.508.502,2	*1.687.239,8*	*1665,8*	*1984,8*	*37.314,7*	*38.950,9*
25)	15.353,1	15.668,0	14,7	22,1	620,8	640,6
	15.353,1	*15.668,0*	*14,7*	*22,1*	*620,8*	*640,6*
26)	9.085,9	9.403,5	22,2	31,0	337,9	306,9
27)	11.564,9	12.250,8	28,3	32,4	447,7	480,5
28)	7.517,4	8.062,0	18,6	18,7	298,0	316,8
29)[5]	-	38.490,2	-	138,3	-	1.765,0
	28.168,2	*68.206,5*	*69,1*	*220,4*	*1083,6*	*2.869,2*
30)	291.221,4	331.781,9	184,6	346,9	5.707,3	5.857,1
	291.221,4	*331.781,9*	*184,6*	*346,9*	*5.707,3*	*5.857,1*

Bank-konzern-Nr.[4]	Bankkonzernbilanzsumme in Mio. DM		Bankkonzernjahresergebnis in Mio. DM		(bilanzielles) Bankkonzern-eigenkapital in Mio. DM	
	31.12.1995	31.12.1996	31.12.1995	31.12.1996	31.12.1995	31.12.1996
31)[5]	-	36.944,4	-	51,0	-	1.060,5
32)	47.517,6	57.932,6	137,0	103,9	1.921,6	1.993,2
33)	53.431,2	59.850,2	140,4	108,7	1.463,2	1.584,4
	122.026	*158.971,4*	*122.026*	*122.078*	*122.026*	*123.087,5*
34)[6]	9.534,8	-	8,2	-	341,3	-
	9.534,8	-	*8,2*	-	*341,3*	-
35)	61.419,8	72.638,9	60,0	65,0	1.052,6	1.093,6
36)	151.216,4	172.099,9	141,4	186,1	2.578,2	2.711,3
37)	93.361,1	97.240,9	301,8	239,7	2.810,6	3.010,7
	80.489,4	*72.638,9*	*76,4*	*65*	*1.735,2*	*1.093,6*
38)[5]	-	133.634,7	-	426,1	-	4.250,0
39)	1.409,2	6.669,9	-14,4	-0,9	487,1	737,1
	1.409,2	*169.879,8*	*-14,4*	*304,7*	*487,1*	*4.104,3*
40)	99.220,6	106.787,9	226,3	-1.256,3	4.317,8	3.104,4
41)[7]	44.842,7	46.264,7	135,9	144,8	2.060,5	2.099,9
	2.818,4	*176.549,7*	*-28,8*	*303,8*	*974,2*	*4.841,4*
42)	24.129,7	26.504,0	51,3	39,6	1.326,0	1.401,0
43)	80.717,8	104.859,1	37,0	37,3	927,5	952,3
44)	58.590,7	66.602,5	52,0	54,0	1.055,0	1.096,0
	71.790,8	*249.318,4*	*158,4*	*488,2*	*4.360,7*	*8.342,3*
	5.152.090,5	*5.941.125,5,0*	*131.433,4*	*9.334*	*270.411,6*	*284.186*

1 Quelle der Zahlenangaben: Verlag Hoppenstedt GmbH (Hrsg.), Banken-Jahrbuch, passim sowie eigene Recherchen.

2 Zu den Bankkonzern-Nr. vgl. Anhang 2.

3 Zahlenangaben auf Basis eines nach IASC-Vorschriften erstellten Bankkonzernabschlusses.

4 Zu den Bankkonzern-Nr. vgl. Anhang 2.

5 Erstmals wurde für das Geschäftsjahr 1996 ein Bankkonzernabschluß erstellt.

6 Zahlenangaben nur für das Geschäftsjahr 1995 verfügbar.

7 Geschäftsjahr: 1.4.-31.3.; die nachfolgenden Angaben beziehen sich insofern auf den Bankkonzernabschluß zum 31. März 1996 bzw. zum 31. März 1997.

Anhang 4: Gliederungsschema der Bankkonzernbilanz nach dem Formblatt 1 der RechKredV (Aktivseite)[1]

Aktivseite
1. Barreserve a) Kassenbestand b) Guthaben bei Zentralnotenbanken darunter: bei der Deutschen Bundesbank c) Guthaben bei Postgiroämtern 2. Schuldtitel öffentlicher Stellen und Wechsel, die zur Refinanzierung bei Zentralnotenbanken zugelassen sind a) Schatzwechsel und unverzinsliche Schatzanweisungen sowie ähnliche Schuldtitel öffentlicher Stellen darunter: bei der Deutschen Bundesbank refinanzierbar b) Wechsel darunter: bei der Deutschen Bundesbank refinanzierbar 3. Forderungen an Kreditinstitute[2] a) täglich fällig b) andere Forderungen 4. Forderungen an Kunden[2] darunter: durch Grundpfandrechte gesichert Kommunalkredite 5. Schuldverschreibungen und andere festverzinsliche Wertpapiere a) Geldmarktpapiere aa) von öffentlichen Emittenten ab) von anderen Emittenten b) Anleihen und Schuldverschreibungen ba) von öffentlichen Emittenten bb) von anderen Emittenten darunter: beleihbar bei der Deutschen Bundesbank c) eigene Schuldverschreibungen (unter Angabe des Nennbetrags) 6. Aktien und andere nicht festverzinsliche Wertpapiere 7. Beteiligungen darunter: an Kreditinstituten 8. Anteile an verbundenen Unternehmen darunter: an Kreditinstituten 9. Treuhandvermögen darunter: Treuhandkredite 10. Ausgleichsforderungen gegen die öffentliche Hand einschließlich Schuldverschreibungen aus deren Umtausch 11. Immaterielle Anlagewerte 12. Sachanlagen 13. Ausstehende Einlagen auf das gezeichnete Kapital darunter: eingefordert 14. Eigene Aktien oder Anteile (unter Angabe des Nennbetrags) 15. Sonstige Vermögensgegenstände 16. Rechnungsabgrenzungsposten[2] 17. Nicht durch Eigenkapital gedeckter Fehlbetrag Summe der Aktiva

1 Abweichungen des Gliederungsschemas für Bausparkassen bleiben unberücksichtig, da innerhalb dieser Bankengruppe kein konsolidierter Abschluß erstellt wird.

2 Realkreditinstitute haben den Posten abweichend zu untergleidern; vgl. hierzu die Endnoten des Formblattes 1 der RechKredV.

Anhang 5: Gliederungsschema der Bankkonzernbilanz nach dem Formblatt 1 der RechKredV (Passivseite)[1]

Passivseite

1. Verbindlichkeiten gegenüber Kreditinstituten[2]
   a) täglich fällig
   b) mit vereinbarter Laufzeit oder Kündigungsfrist
2. Verbindlichkeiten gegenüber Kunden[2]
   a) Spareinlagen
      aa) mit gesetzlicher Kündigungsfrist
      ab) mit vereinbarter Kündigungsfrist
   b) andere Verbindlichkeiten
      ba) täglich fällig
      bb) mit vereinbarter Laufzeit oder Kündigungsfrist
3. Verbriefte Verbindlichkeiten[2]
   a) begebene Schuldverschreibungen
   b) andere verbriefte Verbindlichkeiten
      darunter: Geldmarktpapiere
      eigene Akzepte und Solawechsel im Umlauf
4. Treuhandverbindlichkeiten
   darunter: Treuhandkredite
5. Sonstige Verbindlichkeiten
6. Rechnungsabgrenzungsposten[2]
7. Rückstellungen
   a) Rückstellungen für Pensionen und ähnliche Verpflichtungen
   b) Steuerrückstellungen
   c) andere Rückstellungen
8. Sonderposten mit Rücklageanteil
9. Nachrangige Verbindlichkeiten
10. Genußrechtskapital
    darunter: vor Ablauf von zwei Jahren fällig
11. Fonds für allgemeine Bankrisiken
12. Eigenkapital
    a) gezeichnetes Kapital[3]
    b) Kapitalrücklage
    c) Gewinnrücklagen[4]
       ca) gesetzliche Rücklage
       cb) Rücklage für eigene Anteile
       cc) satzungsmäßige Rücklagen
       cd) andere Gewinnrücklagen
    d) (Bankkonzern-) Bilanzgewinn/Bilanzverlust

Summe der Passiva

Posten unter dem Strich:

1. Eventualverbindlichkeiten
   a) Eventualverbindlichkeiten aus weitergegebenen Wechseln
   b) Verbindlichkeiten aus Bürgschaften und Gewährleistungsverträgen
   c) Haftung aus der Bestellung von Sicherheiten für fremde Verbindlichkeiten
2. Andere Verpflichtungen
   a) Rücknahmeverpflichtungen aus unechten Pensionsgeschäften
   b) Plazierungs- und Übernahmeverpflichtungen
   c) Unwiderrufliche Kreditzusagen

---

1 Abweichungen des Gliederungsschemas für Bausparkassen bleiben unberücksichtig, da innerhalb dieser Bankengruppe kein konsolidierter Abschluß erstellt wird.

2 Realkreditinstitute haben den Posten abweichend zu untergleidern; vgl. hierzu die Endnoten des Formblattes 1 der RechKredV.

3 Genossenschaften haben an Stelle des gezeichneten Kapital den Betrag der Geschäftsguthaben der Genossen auszuweisen.

4 Genossenschaften haben an Stelle der Gewinnrücklagen die Ergebnisrücklagen auszuweisen und in die Unterposten ca) "gesetzliche Rücklage" und cb) "andere Ergebnisrücklagen" zu untergleidern.

Anhang 6: Gliederungsschema der Bankkonzern-GuV nach dem Formblatt 2 der RechKredV (Kontoform)[1]

Aufwendungen	Erträge
1. Zinsaufwendungen	1. Zinserträge aus a) Kredit- und Geldmarktgeschäften b) festverzinslichen Wertpapieren und Schuldbuchforderungen
2. Provisionsaufwendungen	2. Laufende Erträge aus a) Aktien und anderen nicht festverzinslichen Wertpapieren b) Beteiligungen[2] c) Anteilen an verbundenen Unternehmen
3. Nettoaufwand aus Finanzgeschäften	3. Erträge aus Gewinngemeinschaften, Gewinnabführungs- oder Teilgewinnabführungsverträgen
4. Allgemeine Verwaltungsaufwendungen a) Personalaufwand aa) Löhne und Gehälter ab) Soziale Abgaben und Aufwendungen für Altersversorgung und für Unterstützung darunter: Altersversorgung b) andere Verwaltungsaufwendungen	4. Provisionserträge
5. Abschreibungen und Wertberichtigungen auf immaterielle Anlagewerte und Sachanlagen	5. Nettoertrag aus Finanzgeschäften
6. Sonstige betriebliche Aufwendungen	6. Erträge aus Zuschreibungen zu Forderungen und bestimmten Wertpapieren sowie aus der Auflösung von Rückstellungen im Kreditgeschäft
7. Abschreibungen und Wertberichtigungen auf Forderungen und bestimmte Wertpapiere sowie Zuführungen zu Rückstellungen im Kreditgeschäft	7. Erträge aus Zuschreibungen zu Beteiligungen, Anteilen an verbundenen Unternehmen und wie Anlagevermögen behandelten Wertpapieren
8. Abschreibungen und Wertberichtigungen auf Beteiligungen, Anteile an verbundenen Unternehmen und wie Anlagevermögen behandelte Wertpapiere	8. Sonstige betriebliche Erträge
9. Aufwendungen aus Verlustübernahme	9. Erträge aus der Auflösung von Sonderposten mit Rücklageanteil
10. Einstellungen in Sonderposten mit Rücklageanteil	10. Außerordentliche Erträge
11. Außerordentliche Aufwendungen	11. Erträge aus Verlustübernahme
12. Steuern vom Einkommen und vom Ertrag	12. (Bankkonzern-) Jahresfehlbetrag
13. Sonstige Steuern, soweit nicht unter Posten 6 ausgewiesen	
14. Auf Grund einer Gewinngemeinschaft, eines Gewinnabführungsoder eines Teilgewinnabführungsvertrags abgeführte Gewinne	
15. (Bankkonzern-) Jahresüberschuß	
Summe der Aufwendungen	Summe der Erträge

1. (Bankkonzern-) Jahresüberschuß/Jahresfehlbetrag
2. Gewinnvortrag/Verlustvortrag aus dem Vorjahr
3. Entnahmen aus der Kapitalrücklage
4. Entnahmen aus Gewinnrücklagen
   a) aus der gesetzlichen Rücklage
   b) aus der Rücklage für eigene Anteile
   c) aus satzungsmäßigen Rücklagen
   d) aus anderen Gewinnrücklagen
5. Entnahmen aus Genußrechtskapital
6. Einstellungen in Gewinnrücklagen
   a) in die gesetzliche Rücklage
   b) in die Rücklage für eigene Anteile
   c) in satzungsmäßige Rücklagen
   d) in andere Gewinnrücklagen
7. Wiederauffüllung des Genußrechtskapitals
8. (Bankkonzern-) Bilanzgewinn/Bilanzverlust

1 Abweichungen des Gliederungsschemas für Bausparkassen bleiben unberücksichtig, da innerhalb dieser Bankengruppe kein konsolidierter Abschluß erstellt wird.

2 Kreditgenossenschaften und genossenschaftliche Zentralbanken haben den Unterposten b) um die Worte "und aus Geschäftsguthaben bei Genossenschaften" zu ergänzen.

Anhang 7: Gliederungsschema der Bankkonzern-GuV nach dem Formblatt 3 der RechKredV (Staffelform)[1]

1. Zinserträge aus
   a) Kredit- und Geldmarktgeschäften
   b) festverzinslichen Wertpapieren und Schuldbuchforderungen
2. Zinsaufwendungen
3. Laufende Erträge aus
   a) Aktien und anderen nicht festverzinslichen Wertpapieren
   b) Beteiligungen[2]
   c) Anteilen an verbundenen Unternehmen
4. Erträge aus Gewinngemeinschaften, Gewinnabführungs- oder Teilgewinnabführungsverträgen
5. Provisionserträge
6. Provisionsaufwendungen
7. Nettoertrag oder Nettoaufwand aus Finanzgeschäften
8. Sonstige betriebliche Erträge
9. Erträge aus der Auflösung von Sonderposten mit Rücklageanteil
10. Allgemeine Verwaltungsaufwendungen
    a) Personalaufwand
       aa) Löhne und Gehälter
       ab) Soziale Abgaben und Aufwendungen für Altersversorgung und für Unterstützung
           darunter: Altersversorgung
    b) andere Verwaltungsaufwendungen
11. Abschreibungen und Wertberichtigungen auf immaterielle Anlagewerte und Sachanlagen
12. Sonstige betriebliche Aufwendungen
13. Abschreibungen und Wertberichtigungen auf Forderungen und bestimmte Wertpapiere sowie Zuführungen zu Rückstellungen im Kreditgeschäft
14. Erträge aus Zuschreibungen zu Forderungen und bestimmten Wertpapieren sowie aus der Auflösung von Rückstellungen im Kreditgeschäft
15. Abschreibungen und Wertberichtigungen auf Beteiligungen, Anteile an verbundenen Unternehmen und wie Anlagevermögen behandelte Wertpapiere
16. Erträge aus Zuschreibungen zu Beteiligungen, Anteilen an verbundenen Unternehmen und wie Anlagevermögen behandelten Wertpapieren
17. Aufwendungen aus Verlustübernahme
18. Einstellungen in Sonderposten mit Rücklageanteil
19. Ergebnis der normalen Geschäftstätigkeit
20. Außerordentliche Erträge
21. Außerordentliche Aufwendungen
22. Außerordentliches Ergebnis
23. Steuern vom Einkommen und vom Ertrag
24. Sonstige Steuern, soweit nicht unter Posten 12 ausgewiesen
25. Erträge aus Verlustübernahme
26. Auf Grund einer Gewinngemeinschaft, eines Gewinnabführungs- oder eines Teilgewinnabführungsvertrags abgeführte Gewinne
27. (Bankkonzern-) Jahresüberschuß/Jahresfehlbetrag
28. Gewinnvortrag/Verlustvortrag aus dem Vorjahr
29. Entnahmen aus der Kapitalrücklage
30. Entnahmen aus Gewinnrücklagen
    a) aus der gesetzlichen Rücklage
    b) aus der Rücklage für eigene Anteile
    c) aus satzungsmäßigen Rücklagen
    d) aus anderen Gewinnrücklagen
31. Entnahmen aus Genußrechtskapital
32. Einstellungen in Gewinnrücklagen
    a) in die gesetzliche Rücklage
    b) in die Rücklage für eigene Anteile
    c) in satzungsmäßige Rücklagen
    d) in andere Gewinnrücklagen
33. Wiederauffüllung des Genußrechtskapitals
34. (Bankkonzern-) Bilanzgewinn/Bilanzverlust

1 Abweichungen des Gliederungsschemas für Bausparkassen bleiben unberücksichtig, da innerhalb dieser Bankengruppe kein konsolidierter Abschluß erstellt wird.

2 Kreditgenossenschaften und genossenschaftliche Zentralbanken haben den Unterposten b) um die Worte "und aus Geschäftsguthaben bei Genossenschaften" zu ergänzen.

Literaturverzeichnis

Achleitner, A.-K./Behr, G.: (Standards)
International Accounting Standards. Ein Lehrbuch zur internationalen Rechnungslegung, Düsseldorf 1998.

Achleitner, A.-K./Wollmert, P./van Hulle, K.: (Grundlagen)
Grundlagen der Bilanzierung, der Bewertung und des Ausweises; in: Rechnungslegung nach International Accounting Standards (IAS). Kommentar auf der Grundlage des deutschen Bilanzrechts; Hrsg. Baetge, J./Dörner, D./Kleekämper, H./Wollmert, P., Stuttgart 1997, Teil A, Kap. III.

Adler, H./Düring, W./Schmaltz, K.: (Kommentierung § 255)
Rechnungslegung und Prüfung der Unternehmung. Kommentar zum HGB, AktG, GmbHG, PublG nach den Vorschriften des Bilanzrichtlinien-Gesetzes; neu bearbeitet von Forster, K.-H./Goerdeler, R./Lanfermann, J./Müller, H.-P./Siepe, G./Stolberg, K., 6. Aufl., Teilband 1, Stuttgart 1995.

Adler, H./Düring, W./Schmaltz, K.: (Kommentierung § 290, § 295, § 296, § 297, § 298, § 299, § 300, § 301, § 302, § 303, § 304, § 305, § 306, § 307, § 308, § 309, § 310, § 311, § 312, § 313 und § 315; Vorbemerkungen zu §§ 290-315)
Rechnungslegung und Prüfung der Unternehmung. Kommentar zum HGB, AktG, GmbHG, PublG nach den Vorschriften des Bilanzrichtlinien-Gesetzes; neu bearbeitet von Forster, K.-H./Goerdeler, R./Lanfermann, J./Müller, H.-P./Siepe, G./Stolberg, K., 6. Aufl., Teilband 3, Stuttgart 1996.

Adler, H./Düring, W./Schmaltz, K.: (Kommentierung § 18 AktG)
Rechnungslegung und Prüfung der Unternehmung. Kommentar zum HGB, AktG, GmbHG, PublG nach den Vorschriften des Bilanzrichtlinien-Gesetzes; neu bearbeitet von Forster, K.-H./Goerdeler, R./Lanfermann, J./Müller, H.-P./Siepe, G./Stolberg, K., 6. Aufl., Teilband 4, Stuttgart 1996.

Adler, H./Düring, W./Schmaltz, K.: (Kommentierung § 243 und § 250)
Rechnungslegung und Prüfung der Unternehmung. Kommentar zum HGB, AktG, GmbHG, PublG nach den Vorschriften des Bilanzrichtlinien-Gesetzes; neu bearbeitet von Forster, K.-H./Goerdeler, R./Lanfermann, J./Müller, H.-P./Siepe, G./Stolberg, K./Weirich, S., 5. Aufl., Sammelordner I für § 243-263, 10. Teillieferung, Stuttgart 1992.

Adler, H./Düring, W./Schmaltz, K.: (Kommentierung § 264, § 271 und § 274)
Rechnungslegung und Prüfung der Unternehmung. Kommentar zum HGB, AktG, GmbHG, PublG nach den Vorschriften des Bilanzrichtlinien-Gesetzes; neu bearbeitet von Forster, K.-H./Goerdeler, R./Lanfermann, J./Müller, H.-P./Siepe, G./Stolberg, K./Weirich, S., 5. Aufl., Sammelordner II für § 264-289, 10. Teillieferung, Stuttgart 1992.

Albers, M.: (Bank-Konzernabschluß)
Der Bank-Konzernabschluß: eine Analyse der sich aufgrund der EG-Bankbilanzrichtlinie ändernden Vorschriften zur Aufstellung des Konzernabschlusses von Kreditinstituten, Diss., Frankfurt am Main; Bern; New York; Paris 1991.

Albrecht, W. (Kommentierung § 290)
Kommentierung des § 290 HGB; in: Bonner Handbuch Rechnungslegung; Textsammlung, Einführung, Kommentierung, Bd. II, Fach 4; Hrsg. Albrecht, W./Hofbauer, M. A./Grewe, W./Kupsch, P./Scherrer, G., Bonn 1986, Stand: Mai 1995.

Albrecht, W.: (Kommentierung § 294)
Kommentierung des § 294 HGB; in: Bonner Handbuch Rechnungslegung; Textsammlung, Einführung, Kommentierung, Bd. II, Fach 4; Hrsg. Albrecht, W./Hofbauer, M. A./Grewe, W./Kupsch, P./Scherrer, G., Bonn 1986, Stand: Mai 1995.

Albrecht, W.: (Kommentierung § 296)
Kommentierung des § 296 HGB; in: Bonner Handbuch Rechnungslegung; Textsammlung, Einführung, Kommentierung, Bd. II, Fach 4; Hrsg. Albrecht, W./Hofbauer, M. A./Grewe, W./Kupsch, P./Scherrer, G., Bonn 1986, Stand: Mai 1995.

Albrecht, W.: (Kommentierung § 297)
Kommentierung des § 297 HGB; in: Bonner Handbuch Rechnungslegung; Textsammlung, Einführung, Kommentierung, Bd. II, Fach 4; Hrsg. Albrecht, W./Hofbauer, M. A./Grewe, W./Kupsch, P./Scherrer, G., Bonn 1986, Stand: Mai 1995.

Albrecht, W.: (Kommentierung § 299)
Kommentierung des § 299 HGB; in: Bonner Handbuch Rechnungslegung; Textsammlung, Einführung, Kommentierung, Bd. II, Fach 4; Hrsg. Albrecht, W./Hofbauer, M. A./Grewe, W./Kupsch, P./Scherrer, G., Bonn 1986, Stand: Mai 1995.

Andrä, B. O.: (Zielhierarchie)
Die Zielhierarchie des Betriebs. Versuch einer Darstellung der Eigenschaften eines rationalen Zielsystems erwerbswirtschaftlich orientierter Betriebe, Diss., Bern; Frankfurt am Main 1975.

Arbeitskreis "Externe Unternehmensrechnung" der Schmalenbach-Gesellschaft - Deutsche Gesellschaft für Betriebswirtschaft e.V.: (Aufstellung)
Aufstellung von Konzernabschlüssen; Hrsg. Busse von Colbe, W./Müller, E./Reinhard, H., ZfbF, Sonderheft 21, 2. Aufl., Düsseldorf; Frankfurt am Main 1989.

Arbeitskreis "Externe Unternehmensrechnung" der Schmalenbach-Gesellschaft - Deutsche Gesellschaft für Betriebswirtschaft e.V.: (Vereinbarkeit) Vereinbarkeit internationaler Konzernrechnungslegung mit handelsrechtlichen Grundsätzen; Hrsg. Busse von Colbe, W./Seeberg, T., ZfbF, Sonderheft 39, Düsseldorf; Frankfurt am Main 1997.

Arbeitskreis Weltabschlüsse der Schmalenbach-Gesellschaft - Deutsche Gesellschaft für Betriebswirtschaft e.V.: (Aufstellung) Aufstellung internationaler Konzernabschlüsse, ZfbF, Sonderheft 9, Wiesbaden 1979.

Arbeitskreis "Weltbilanz" des IDW: (Einbeziehung) Die Einbeziehung ausländischer Unternehmen in den Konzernabschluß ("Weltabschluß"), Düsseldorf 1977.

Bär, G.: (Bilanzierung) Die Bilanzierung konzerninterner Vermögensbewegungen, Frankfurt am Main 1984.

Bäsch, H.: (Jahresabschlußanalyse) Jahresabschlußanalyse bei Universalbanken: Grenzen und Möglichkeiten im Lichte neuer Rechnungslegungsvorschriften, Diss., Wiesbaden 1992.

Baetge, J.: (Bewertungsvorschriften) Die neuen Ansatz- und Bewertungsvorschriften, WPg, H. 5, 40. Jg., 1987, S. 126-134.

Baetge, J.: (Kapitalkonsolidierung) Kapitalkonsolidierung nach der Erwerbsmethode im mehrstufigen Konzern; in: Rechnungslegung im Wandel. Festschrift für Wolfgang Dieter Budde; Hrsg. Förschle, G./Kaiser, K./Moxter, A., München 1995, S. 19-42.

Baetge, J.: (Konzernbilanzen) Konzernbilanzen, 2. Aufl., Düsseldorf 1995.

Baetge, J./Ballwieser, W.: (Probleme) Probleme einer rationalen Bilanzpolitik, BFuP, H. 6, 29. Jg., 1978, S. 511-530.

Baetge, J./Bruns, C.: (Kommentierung IAS 28) Kommentierung der IASC-Standards; in: Rechnungslegung nach International Accounting Standards (IAS). Kommentar auf der Grundlage des deutschen Bilanzrechts; Hrsg. Baetge, J./Dörner, D./Kleekämper, H./Wollmert, P., Stuttgart 1997, Teil B, IAS 28.

Baetge, J./Fey, D./Fey, G.: (Kommentierung § 243) Kommentierung des § 243 HGB; in: Handbuch der Rechnungslegung. Kommentar zur Bilanzierung und Prüfung; Bd. Ia; Hrsg. Küting, K./Weber, C.-P., 4. Aufl., Stuttgart 1995.

Baetge, J./Fischer, T. R./Paskert, D.: (Lagebericht) Der Lagebericht. Aufstellung, Prüfung und Offenlegung, Stuttgart 1989.

Baetge, J./Herrmann, D.: (Probleme)
Probleme der Endkonsolidierung im Konzernabschluß, WPg, H. 7, 48. Jg., 1995, S. 225-232.

Baetge, J./Kirsch, H.-J.: (Kommentierung § 297)
Kommentierung des § 297 HGB; in: Handbuch der Konzernrechnungslegung. Kommentar zur Bilanzierung und Prüfung; Hrsg. Küting, K./Weber, C.-P., Stuttgart 1989.

Baetge, J./Schulze, D.: (Kommentierung IAS 27)
Kommentierung der IASC-Standards; in: Rechnungslegung nach International Accounting Standards (IAS). Kommentar auf der Grundlage des deutschen Bilanzrechts; Hrsg. Baetge, J./Dörner, D./Kleekämper, H./Wollmert, P., Stuttgart 1997, Teil B, IAS 27.

Baetge, J./Siefke, M.: (Kommentierung IAS 22)
Kommentierung der IASC-Standards; in: Rechnungslegung nach International Accounting Standards (IAS). Kommentar auf der Grundlage des deutschen Bilanzrechts; Hrsg. Baetge, J./Dörner, D./Kleekämper, H./Wollmert, P., Stuttgart 1997, Teil B, IAS 22.

Baetge, J./Thiele, S.: (Pflicht)
Konzernbilanzrecht, Teil A: Die Pflicht zur Aufstellung eines Konzernabschlusses, BBK, Nr. 21, Fach 18, 1994, S. 501-512.

Baetge, J./Thiele, S.: (Abgrenzung)
Konzernbilanzrecht, Teil B: Die Abgrenzung des Konsolidierungskreises, BBK, Nr. 6, Fach 18, 1995, S. 513-524.

Ballwieser, W.: (Grundsätze)
Grundsätze ordnungsmäßiger Buchführung und neues Bilanzrecht, ZfB, Ergänzungsheft 1, 1987, S. 3-24.

Ballwieser, W.: (Kommentierung IAS 16)
Kommentierung der IASC-Standards; in: Rechnungslegung nach International Accounting Standards (IAS). Kommentar auf der Grundlage des deutschen Bilanzrechts; Hrsg. Baetge, J./Dörner, D./Kleekämper, H./Wollmert, P., Stuttgart 1997, Teil B, IAS 16.

Bamberg, G./Coenenberg, A. G.: (Entscheidungslehre)
Betriebswirtschaftliche Entscheidungslehre, 8. Aufl., München 1994.

Bartels, P.: (Zwischenergebniseliminierung)
Zwischenergebniseliminierung und konzerneinheitliche Bewertung. Zur Nichtexistenz eines eliminierungsfähigen Zwischenergebnisses, WPg, H. 23, 44. Jg., 1991, S. 739-746.

Bauer, J.: (Grundlagen)
Grundlagen einer handels- und steuerrechtlichen Rechnungspolitik der Unternehmung, Diss., Wiesbaden 1981.

Bauer, W.-D.: (EG-Bankbilanzrichtlinie)
Die EG-Bankbilanzrichtlinie und ihre Auswirkungen auf die Bilanzierungsvorschriften der deutschen Kreditinstitute, WM, Nr. 29, 41. Jg., 1987, S. 861-868.

Baukmann, D./Mandler, U.: (Standards)
International Accounting Standards. IAS und HGB im Konzernabschluß, München; Wien 1997.

Baumann, K.-H.: (Kommentierung § 306)
Kommentierung des § 306 HGB; in: Handbuch der Konzernrechnungslegung. Kommentar zur Bilanzierung und Prüfung; Hrsg. Küting, K./Weber, C.-P., Stuttgart 1989.

Baumann, K.-H./Seeberg, T.: (Konzernabschluß)
Konzernabschluß, Prüfung der einbezogenen Einzelabschlüsse; in: Handwörterbuch der Revision; Hrsg. Coenenberg, A. G./Wysocki, K. v., 2. Aufl., Stuttgart 1992, Sp. 1021-1029.

Becker, W.: (Abgrenzung)
Abgrenzung latenter Steuern im Rahmen der Konzernrechnungslegung, DB, H. 34, 44. Jg., 1991, S. 1737-1742.

Bellavite-Hövermann, Y./Prahl, R.: (Bankbilanzierung)
Bankbilanzierung nach IAS: Leitfaden für eine internationale Konzernbilanzierung, Stuttgart 1997.

Bender, K.: (Bankenbeteiligungen)
Die Bankenbeteiligungen aus der Sicht des Konzernrechts, Düsseldorf 1979.

Bentler, M.: (Grundsätze)
Grundsätze ordnungsmäßiger Bilanzierung für die Equitymethode, Diss., Wiesbaden 1991.

Bernhard, W.: (Konzerne)
Man hat die Konzerne übersehen, F.A.Z., Nr. 46, 24. Februar 1997, S. 18.

Berthel, J.: (Unternehmungssteuerung)
Zielorientierte Unternehmungssteuerung. Die Formulierung operationaler Zielsysteme, Stuttgart 1973.

Betz, W.: (Bankbilanzrichtlinie)
Die Bankbilanzrichtlinie der Europäischen Gemeinschaft, Bankfachklasse, H. 9, 11. Jg., 1989, S. 3-8.

BGH: (II ZR 119/86)
Urteil vom 9.2.1987 - II ZR 119/86, AG, H. 11, 32. Jg., 1987, S. 344-348.

Bidlingmaier, J./Schneider, D. J. G.: (Ziele)
Ziele, Zielsysteme und Zielkonflikte; in: Handwörterbuch der Betriebswirtschaft; Bd. 3; Hrsg. Grochla, E./Wittmann, W., 4. Aufl., Stuttgart 1976, Sp. 4731-4740.

Bieg, H.: (Auswirkungen)
Auswirkungen der Bankbilanzrichtlinie der Europäischen Gemeinschaften auf die Einzelabschlüsse von Kreditinstituten - Grundlagen und Bilanzaufbau -, ZfbF, H. 1, 40. Jg., 1988, S. 3-31.

Bieg, H.: (Bankbetriebslehre)
Bankbetriebslehre in Übungen, München 1992.

Bieg, H.: (Bilanzierung)
Bilanzierung von Kreditinstituten; in: Beck'sches Handbuch der Rechnungslegung; Loseblatt-Ausgabe; Hrsg. Castan, E./Heymann, G./Müller, E./Ordelheide, D./Scheffler, E., München 1987, Stand: Oktober 1996, Bd. I, B 900.

Bieg, H.: (Instrumente)
Die Instrumente der Jahresabschlußpolitik (Teil I), (Teil II) und (Teil III), StB, 44. Jg., 1993, H. 5, S. 178-182, H. 6, S. 216-221, H. 7, S. 252-257.

Bieg, H.: (Vertrauensempfindlichkeit)
Erfordert die Vertrauensempfindlichkeit des Kreditgewerbes bankenspezifische Bilanzierungsvorschriften? (Teil I), WPg, H. 10, 39. Jg., 1986, S. 257-263.

Bieg, H.: (Finanzierungsregeln)
Finanzierungsregeln, WiSt, H. 10, 12. Jg., 1983, S. 491-496.

Bieg, H.: (Kommentierung § 271)
Kommentierung des § 271 HGB; in: Handbuch der Rechnungslegung, Kommentar zur Bilanzierung und Prüfung, Bd. Ia; Hrsg. Küting, K./Weber, C.-P., 4. Aufl., Stuttgart 1995.

Bieg, H.: (Ziele)
Ziele der Jahresabschlußpolitik, StB, H. 3, 44. Jg., 1993, S. 96-103.

Bieg, H.: (Beteiligungsposition)
Zur Beteiligungsposition im Jahresabschluß von Kreditinstituten nach Verabschiedung des Bilanzrichtlinien-Gesetzes und der Bankbilanzrichtlinie; in: Bankrisiken und Bankrecht: Fritz Philipp zum 60. Geburtstag; Hrsg. Gerke, W., Wiesbaden 1988, S. 87-103.

Biener, H.: (Bankbilanzrichtlinie)
Die Bankbilanzrichtlinie der EG, Der Langfristige Kredit, H. 2, 39. Jg., 1988, S. 40-42.

Biener, H.: (Konzernrechnungslegung)
Die Konzernrechnungslegung nach der Siebenten Richtlinie des Rates der Europäischen Gemeinschaften über den Konzernabschluß, DB, Beilage Nr. 19 zu H. 35, 1983.

Biener, H.: (Rechnungslegung)
Die Rechnungslegung der Kreditinstitute. Eine Zusammenstellung der für Kreditinstitute des privaten und öffentlichen Rechts geltenden Gesetze, Vorschriften und Richtlinien sowie der für ihre Rechnungslegung bedeutsamen Richtlinien der EG und eine Einführung, Köln 1989.

Biener, H.: (IAS)
Können die IAS als GoB in das deutsche Recht eingeführt werden?; in: Rechnungslegung, Prüfung und Beratung: Herausforderungen für den Wirtschaftsprüfer, Festschrift zum 70. Geburtstag von Professor Dr. Rainer Ludewig; Hrsg. Baetge, J./Börner, D./Forster, K.-H./Schruff, L., Düsseldorf 1996, S. 85-115.

Biener, H.: (Möglichkeiten)
Möglichkeiten und Grenzen der Harmonisierung der Rechnungslegung, Der Schweizer Treuhänder, H. 1/2, 67. Jg., 1993, S. 13-20.

Biener, H.: (Öffnung)
Öffnung des deutschen Rechts für internationale Konzernabschlüsse?; in: Globale Finanzmärkte: Konsequenzen für Finanzierung und Unternehmensrechnung; Kongreß-Dokumentation / 49. Deutscher Betriebswirtschafter-Tag 1995; Hrsg. Schmalenbach-Gesellschaft - Deutsche Gesellschaft für Betriebswirtschaft e.V., Stuttgart 1996, S. 113-120.

Biener, H./Berneke, W.: (Bilanzrichtlinien-Gesetz)
Bilanzrichtlinien-Gesetz: Textausgabe des Bilanzrichtlinien-Gesetzes vom 19.12.1985 (Bundesgesetzbl. I S. 2355); mit Bericht des Rechtsausschusses des Deutschen Bundestages, Regierungsentwürfe mit Begründung, EG-Richtlinien mit Begründung, Entstehung und Erläuterung des Gesetzes, Düsseldorf 1986.

Biener, H./Schatzmann, J.: (Konzern-Rechnungslegung)
Konzern-Rechnungslegung. 7. EG-Richtlinie des Rates vom 13. Juni 1983 aufgrund von Artikel 54 Absatz 3 Buchstabe g des Vertrages über den konsolidierten Abschluß (83/349/EWG). Erläuterungen zur 7. EG-Richtlinie (Konzernbilanzrichtlinie) sowie eine synoptische Darstellung der Entstehung der Richtlinie und weitere Materialien, Düsseldorf 1983.

Birck, H.: (Bilanzpolitik)
Bilanzpolitik der Sparkassen und Banken; in: Vorträge für Sparkassenprüfer (1962); Hrsg. Deutscher Sparkassen- und Giroverband e.V., Stuttgart 1963, S. 81-105.

Birck, H.: (Maßnahmen)
Maßnahmen der Bilanzstrukturpolitik bei Kreditinstituten, WPg, H. 15/16, 22. Jg., 1969, S. 440-447.

Birck, H./Meyer, H.: (Bankbilanz, 1. Teillieferung)
Die Bankbilanz. Aufstellung, Struktur, Gliederung und Bewertung in den Jahresabschlüssen der Kreditinstitute nach Handels- und Steuerrecht einschließlich Bilanz- und Reservepolitik. Handkommentar, 1. Teillieferung, 3. Aufl., Wiesbaden 1976.

Birck, H./Meyer, H.: (Bankbilanz, 2. Teillieferung)
Die Bankbilanz. Aufstellung, Struktur, Gliederung und Bewertung in den Jahresabschlüssen der Kreditinstitute nach Handels- und Steuerrecht einschließlich Bilanz- und Reservepolitik. Handkommentar, 2. Teillieferung, 3. Aufl., Wiesbaden 1977.

Birck, H./Meyer, H.: (Bankbilanz, 3. Teillieferung)
Die Bankbilanz. Aufstellung, Struktur, Gliederung und Bewertung in den Jahresabschlüssen der Kreditinstitute nach Handels- und Steuerrecht einschließlich Bilanz- und Reservepolitik. Handkommentar, 3. Teillieferung, 3. Aufl., Wiesbaden 1979.

Birck, H./Meyer, H.: (Bankbilanz, 5. Teillieferung)
Die Bankbilanz. Aufstellung, Struktur, Gliederung und Bewertung in den Jahresabschlüssen der Kreditinstitute nach Handels- und Steuerrecht einschließlich Bilanz- und Reservepolitik. Handkommentar, 5. Teillieferung, 3. Aufl., Wiesbaden 1989.

Bitz, M./Schneeloch, D./Wittstock, W.: (Jahresabschluß)
Der Jahresabschluß; Rechtsvorschriften, Analyse, Politik, 2. Aufl., München 1995.

Böcking, H.-J./Ernsting, I./Fitzner, V./Wagener, H./Freiling, A.: (Umsetzung)
Zur praktischen Umsetzung der Bankbilanzrichtlinie in den Jahresabschlüssen 1993 deutscher Kreditinstitute, WPg, H. 14, 48. Jg., 1995, S. 461-467.

Bömelburg, P.: (Grundsätze)
Grundsätze ordnungsmäßiger Abschlußprüfung für latente Steuern im Konzernabschluß unter besonderer Berücksichtigung von Rechnungslegungsaspekten, Diss., München 1993.

Bömelburg, P.: (Prüfung)
Prüfung latenter Steuern und Zwischenergebniseliminierung, BB, H. 18, 49. Jg., 1994, S. 1250-1259.

Bönkost, K. J.: (Weltabschlüsse)
Weltabschlüsse multinationaler Konzerne, Diss., München 1980.

Börner, D./Krawitz, N.: (Steuerbilanzpolitik)
Steuerbilanzpolitik. Eine entscheidungsorientierte Analyse der Wahlrechte zur steuerlichen Gewinnermittlung. Darstellung, Kontrollfragen, Fallstudien und Musterlösungen, Herne; Berlin 1977.

Bormann, M.: (Harmonisierung)
Internationale Harmonisierung der Rechnungslegung, RIW, H. 1, 42. Jg., 1996, S. 35-44.

Born, K.: (Rechnungslegung)
Rechnungslegung international: Konzernabschlüsse nach IAS, US-GAAP, HGB und EG-Richtlinien, Stuttgart 1997.

Bouffier, W.: (Bilanzpolitik)
Bilanzpolitik; in: Handwörterbuch der Betriebswirtschaftslehre; Bd. I; Hrsg. Seischab, H./Schwantag, K., 3. Aufl., Stuttgart 1956, Sp. 1143-1153.

Bovermann, B.: (Umrechnung)
Die Umrechnung der Jahresabschlüsse ausländischer Tochterunternehmen für den Weltabschluß in der EG unter dem Aspekt seiner Informationsfunktion, Diss., Frankfurt am Main; Bern; New York; Paris 1988.

Brackert, G.: (Grundsatzfragen)
Grundsatzfragen der Konzernrechnungslegung von Finanzkonglomeraten; in: Internationale Wirtschaftsprüfung, Festschrift zum 65. Geburtstag von Professor Dr. Dr. h. c. Hans Havermann; Hrsg. Lanfermann, J., Düsseldorf 1995, S. 65-82.

Brosset, M.: (Bankverflechtungen)
Multinationale Bankverflechtungen - Joint Ventures und Partnerschaften, Diss., Bamberg 1983.

Bruns, H.-G.: (Eigenkapitalausweis)
Eigenkapitalausweis; in: Beck'sches Handbuch der Rechnungslegung; Loseblatt-Ausgabe; Hrsg. Castan, E./Heymann, G./Müller, E./Ordelheide, D./Scheffler, E., München 1987, Stand: Oktober 1996, Bd. II, C 450.

Budde, W. D./Dreissig, E.: (Kommentierung § 303)
Kommentierung des § 303 HGB; in: Beck'scher Bilanz-Kommentar: Der Jahresabschluß nach Handels- und Steuerrecht; Konzernabschluß, Prüfung, Offenlegung; §§ 238 bis 339 HGB; bearb. von Budde, W. D./Clemm, H./Ellrott, H./Förschle, G./Schnicke, C., 3. Aufl., München 1995.

Budde, W. D./Dreissig, E.: (Kommentierung § 304)
Kommentierung des § 304 HGB; in: Beck'scher Bilanz-Kommentar: Der Jahresabschluß nach Handels- und Steuerrecht; Konzernabschluß, Prüfung, Offenlegung; §§ 238 bis 339 HGB; bearb. von Budde, W. D./Clemm, H./Ellrott, H./Förschle, G./Schnicke, C., 3. Aufl., München 1995.

Budde, W. D./Dreissig, E.: (Kommentierung § 305)
Kommentierung des § 305 HGB; in: Beck'scher Bilanz-Kommentar: Der Jahresabschluß nach Handels- und Steuerrecht; Konzernabschluß, Prüfung, Offenlegung; §§ 238 bis 339 HGB; bearb. von Budde, W. D./Clemm, H./Ellrott, H./Förschle, G./Schnicke, C., 3. Aufl., München 1995.

Budde, W. D./Lust, P.: (Kommentierung § 297)
Kommentierung des § 297 HGB; in: Beck'scher Bilanz-Kommentar: Der Jahresabschluß nach Handels- und Steuerrecht; Konzernabschluß, Prüfung, Offenlegung; §§ 238 bis 339 HGB; bearb. von Budde, W. D./Clemm, H./Ellrott, H./Förschle, G./Schnicke, C., 3. Aufl., München 1995.

Budde, W. D./Lust, P.: (Kommentierung § 298)
Kommentierung des § 298 HGB; in: Beck'scher Bilanz-Kommentar: Der Jahresabschluß nach Handels- und Steuerrecht; Konzernabschluß, Prüfung, Offenlegung; §§ 238 bis 339 HGB; bearb. von Budde, W. D./Clemm, H./Ellrott, H./Förschle, G./Schnicke, C., 3. Aufl., München 1995.

Budde, W. D./Lust, P.: (Kommentierung § 299)
Kommentierung des § 299 HGB; in: Beck'scher Bilanz-Kommentar: Der Jahresabschluß nach Handels- und Steuerrecht; Konzernabschluß, Prüfung, Offenlegung; §§ 238 bis 339 HGB; bearb. von Budde, W. D./Clemm, H./Ellrott, H./Förschle, G./Schnicke, C., 3. Aufl., München 1995.

Budde, W. D./Raff, I.: (Kommentierung § 243)
Kommentierung des § 243 HGB; in: Beck'scher Bilanz-Kommentar: Der Jahresabschluß nach Handels- und Steuerrecht; Konzernabschluß, Prüfung, Offenlegung; §§ 238 bis 339 HGB; bearb. von Budde, W. D./Clemm, H./Ellrott, H./Förschle, G./Schnicke, C., 3. Aufl., München 1995.

Budde, W. D./Raff, I.: (Kommentierung § 311)
Kommentierung des § 311 HGB; in: Beck'scher Bilanz-Kommentar: Der Jahresabschluß nach Handels- und Steuerrecht; Konzernabschluß, Prüfung, Offenlegung; §§ 238 bis 339 HGB; bearb. von Budde, W. D./Clemm, H./Ellrott, H./Förschle, G./Schnicke, C., 3. Aufl., München 1995.

Budde, W. D./Raff, I.: (Kommentierung § 312)
Kommentierung des § 312 HGB; in: Beck'scher Bilanz-Kommentar: Der Jahresabschluß nach Handels- und Steuerrecht; Konzernabschluß, Prüfung, Offenlegung; §§ 238 bis 339 HGB; bearb. von Budde, W. D./Clemm, H./Ellrott, H./Förschle, G./Schnicke, C., 3. Aufl., München 1995.

Budde, W. D./Seif, F. T.: (Kommentierung § 294)
Kommentierung des § 294 HGB; in: Beck'scher Bilanz-Kommentar: Der Jahresabschluß nach Handels- und Steuerrecht; Konzernabschluß, Prüfung, Offenlegung; §§ 238 bis 339 HGB; bearb. von Budde, W. D./Clemm, H./Ellrott, H./Förschle, G./Schnicke, C., 3. Aufl., München 1995.

Budde, W. D./Seif, F. T.: (Kommentierung § 295)
Kommentierung des § 295 HGB; in: Beck'scher Bilanz-Kommentar: Der Jahresabschluß nach Handels- und Steuerrecht; Konzernabschluß, Prüfung, Offenlegung; §§ 238 bis 339 HGB; bearb. von Budde, W. D./Clemm, H./Ellrott, H./Förschle, G./Schnicke, C., 3. Aufl., München 1995.

Budde, W. D./Seif, F. T.: (Kommentierung § 296)
Kommentierung des § 296 HGB; in: Beck'scher Bilanz-Kommentar: Der Jahresabschluß nach Handels- und Steuerrecht; Konzernabschluß, Prüfung, Offenlegung; §§ 238 bis 339 HGB; bearb. von Budde, W. D./Clemm, H./Ellrott, H./Förschle, G./Schnicke, C., 3. Aufl., München 1995.

Budde, W. D./Suhrbier, H.: (Kommentierung § 310)
Kommentierung des § 310 HGB; in: Beck'scher Bilanz-Kommentar: Der Jahresabschluß nach Handels- und Steuerrecht; Konzernabschluß, Prüfung, Offenlegung; §§ 238 bis 339 HGB; bearb. von Budde, W. D./Clemm, H./Ellrott, H./Förschle, G./Schnicke, C., 3. Aufl., München 1995.

Bühner, W./Hille, K.: (Anwendungsprobleme)
Anwendungsprobleme der Equity-Methode für die Konzernrechnungslegung in der EG, WPg, H. 3, 33. Jg., 1980, S. 261-266.

Bürge, A./Ohlund, E.: (Standards)
International Accounting Standards - Neueste Entwicklungen, Der Schweizer Treuhänder, H. 4, 67. Jg., 1993, S. 165-170.

Büschgen, H. E.: (Bankbetriebslehre)
Bankbetriebslehre. Bankgeschäfte und Bankmanagement, 4. Aufl., Wiesbaden 1993.

Büschgen, H. E.: (Bankmarketing)
Bankmarketing, Düsseldorf 1995.

Büschgen, H. E.: (Ordnung)
Die marktwirtschaftliche Ordnung - Steuerungsprinzip im gesamten Kreditwesen, ZfgK, H. 24, 32. Jg., 1979, S. 1168-1174.

Büschgen, H. E.: (Kapitalbeschaffung)
Globale Kapitalbeschaffung, Mitteilungen und Berichte, Nr. 71, 25. Jg., 1994, S. 17-54.

Büschgen, H. E.: (Finanzmanagement)
Internationales Finanzmanagement, 3. Aufl., Frankfurt am Main 1997.

Büschgen, H. E.: (Wettbewerb)
Wettbewerb zwischen Universalbanken, Mitteilungen und Berichte, Nr. 30, 10. Jg., 1979, S. 1-21.

Buhleier, C./Helmschrott, H.: (Weg)
Auf dem Weg zu den Weltstandards bei der Konzernrechnungslegung? Zur Anwendbarkeit der IAS und US-GAAP, BB, H. 15, 52. Jg., 1997, S. 775-779.

Bundesverband deutscher Banken: (Bankkonzernbilanzierung)
Bankkonzernbilanzierung nach neuem Recht. Thesen des Ausschusses für Bilanzierung des Bundesverbandes deutscher Banken zu Grundsatzfragen des Konzernabschlusses von Kreditinstituten, WPg, H. 1, 47. Jg., 1994, S. 11-20.

Bundesverband deutscher Banken (Hrsg.): (Bankbilanzrichtlinie-Gesetz)
Bankbilanzrichtlinie-Gesetz, Arbeitsmaterialien zur Anwendung von Bilanzrichtlinie-Gesetz und Rechnungslegungsverordnung, Köln 1993.

Burger, A.: (Jahresabschlußanalyse)
Jahresabschlußanalyse, München; Wien 1995.

Busse von Colbe, W.: (Aufstellung)
Aufstellung internationaler Konzernabschlüsse - Ein Bericht aus dem Arbeitskreis Weltabschlüsse - in: Rechnungslegung nach neuem Recht. Grachter Symposion zur Rechnungslegung nach der 4. EG-Richtlinie und Jahrestagung 1979 der Schmalenbach-Gesellschaft - Deutsche Gesellschaft für Betriebswirtschaft, ZGR, Sonderheft 2; Hrsg. Bierich, M./Busse von Colbe, W./Laßmann, G./Lutter, M., Berlin; New York, 1980, S. 287-306.

Busse von Colbe, W.: (Bemessungsgrundlage)
Der Konzernabschluß als Bemessungsgrundlage für die Gewinnverwendung; in: Bilanz- und Konzernrecht, Festschrift zum 65. Geburtstag von Dr. Dr. h. c. Reinhard Goerdeler; Hrsg. Havermann, H., Düsseldorf 1987, S. 61-77.

Busse von Colbe, W.: (Bilanzrichtlinie-Gesetzes)
Der Konzernabschluß im Rahmen des Bilanzrichtlinie-Gesetzes, ZfbF, H. 9, 37. Jg., 1985, S. 761-782.

Busse von Colbe, W.: (Kapitalgesellschaften)
Deutsche Kapitalgesellschaften auf dem Wege zur Internationalisierung ihrer Rechnungslegung, Der Schweizer Treuhänder, H. 6, 69. Jg., 1995, S. 551-560.

Busse von Colbe, W.: (Equitymethode)
Die Equitymethode zur Bewertung von Beteiligungen im Konzernabschluß - Eine wichtige Neuerung für das deutsche Bilanzrecht; in: Zukunftsaspekte der anwendungsorientierten Betriebswirtschaftslehre: Erwin Grochla zum 65. Geburtstag gewidmet; Hrsg. Gaugler, E./Meissner, H. G./Thom, N., Stuttgart 1986, S. 249-266.

Busse von Colbe, W.: (Kapitalkonsolidierung)
Kapitalkonsolidierung, Erwerbsmethode, Prüfung der; in: Handwörterbuch der Revision; Hrsg. Coenenberg, A. G./Wysocki, K. v., 2. Aufl., Stuttgart 1992, Sp. 970-982.

Busse von Colbe, W.: (Konzernabschluß)
Konzernabschluß; in: Handwörterbuch des Rechnungswesens (HWR); Hrsg. Chmielewicz, K./Schweitzer, M., 3. Aufl., Stuttgart 1993, Sp. 1145-1168.

Busse von Colbe, W.: (Entwicklungstendenzen)
Neuere Entwicklungstendenzen in der Konzernrechnungslegung, WPg, H. 23/24, 31. Jg., 1978, S. 652-660.

Busse von Colbe, W.: (Umrechnung)
Umrechnung der Abschlüsse ausländischer Konzernunternehmen nach dem Zeitbezug oder zum Stichtagskurs?; in: Planung und Rechnungswesen in der Betriebswirtschaftslehre, Festgabe für Gert von Kortzfleisch zum 60. Geburtstag; Hrsg. Bergner, H., Berlin 1981, S. 311-329.

Busse von Colbe, W.: (Währungsumrechnung)
Währungsumrechnung unter dem Einfluß neuer Rechnungslegungsvorschriften; in: Konzernrechnungslegung und -prüfung. Vorträge und Diskussionen zum neuen Recht; Hrsg. Baetge, J., Düsseldorf 1990, S. 73-96.

Busse von Colbe, W.: (Anpassung)
Zur Anpassung der Rechnungslegung von Kapitalgesellschaften an internationale Normen, BFuP, H. 4, 47. Jg., 1995, S. 373-391.

Busse von Colbe, W./Chmielewicz, K.: (Bilanzrichtlinien-Gesetz)
Das neue Bilanzrichtlinien-Gesetz, DBW, H. 3, 46. Jg., 1986, S. 289-347.

Busse von Colbe, W./Ordelheide, D.: (Konzernabschlüsse)
Konzernabschlüsse: Rechnungslegung für Konzerne nach betriebswirtschaftlichen Grundsätzen und gesetzlichen Vorschriften, 6. Aufl., Wiesbaden 1993.

C&L Deutsche Revision (Hrsg.): (Banken)
Banken und Bankkonzerne in Deutschland: Jahresabschlüsse 1993; Ausweis - Bewertung - Berichterstattung; Ergebnisse einer Untersuchung von Einzel- und Konzernabschlüssen deutscher Banken. Verf. Wagener, H./Böcking, H.-J./Freiling, A./Ernsting, I./Fitzner, V., Düsseldorf 1994.

Christian, C.-J./Waschbusch, G.: (Auswirkungen)
Auswirkungen der EG-Bankbilanzrichtlinie auf die zukünftige Konzernrechnungslegung deutscher Kreditinstitute, BB, H. 34, 42. Jg., 1987, S. 2335-2339.

Christians, V. C.: (Zahlungsverkehrsinstrumente)
Neue Zahlungsverkehrsinstrumente - Eine Untersuchung über mögliche Auswirkungen ihres Einsatzes auf das Mengengeschäft der Kreditinstitute, Diss., Frankfurt am Main 1985.

Clemm, H.: (Bilanzpolitik)
Bilanzpolitik und Ehrlichkeits- ("true and fair view"-) Gebot, WPg, H. 12, 42. Jg., 1989, S. 357-366.

Clemm, H./Reittinger, W.: (Prüfung)
Die Prüfung des Lageberichts im Rahmen der jährlichen Abschlußprüfung von Kapitalgesellschaften, BFuP, H. 6, 32. Jg., 1980, S. 439-513.

Clemm, H./Wenzel, H. J.: (Konzernbilanzpolitik)
Überlegungen zur Konzernbilanzpolitik - Wesen und Zweck, Spielräume und Grenzen -, BFuP, H. 4, 38. Jg., 1986, S. 341-356.

Coenenberg, A. G.: (Konzernbilanz)
Die Konzernbilanz nach neuem Handelsrecht, Düsseldorf 1989.

Coenenberg, A. G.: (Jahresabschluß)
Jahresabschluß und Jahresabschlußanalyse: Grundfragen der Bilanzierung nach betriebswirtschaftlichen, steuerrechtlichen und internationalen Grundsätzen, 16. Aufl., Landsberg; Lech 1997.

Coenenberg, A. G./Hille, K.: (Kommentierung IAS 12)
Kommentierung der IASC-Standards; in: Rechnungslegung nach International Accounting Standards (IAS). Kommentar auf der Grundlage des deutschen Bilanzrechts; Hrsg. Baetge, J./Dörner, D./Kleekämper, H./Wollmert, P., Stuttgart 1997, Teil B, IAS 12.

Coenenberg, A. G./Hille, K.: (Steuern)
Latente Steuern im Einzel- und Konzernabschluß, DBW, H. 4, 39. Jg., 1979, S. 601-621.

Csik, A.: (Kommentierung §§ 313, 314)
Kommentierung der §§ 313, 314 HGB; in: Handbuch der Konzernrechnungslegung. Kommentar zur Bilanzierung und Prüfung; Hrsg. Küting, K./Weber, C.-P., Stuttgart 1989.

Csik, A./Schneck, A.: (Fremdwährungsumrechnung)
Fremdwährungsumrechnung in einem Weltabschluß (Teil I), (Teil II) und (Teil III), WPg, 36. Jg., 1983, H. 10, S. 293-299, H. 11, S. 329-338, H. 12, S. 361-368.

Cyert, R. M./March, J. G.: (theory)
A behavioral theory of the firm, Englewood Cliffs, New Jersey 1963.

Damm, U./Zündorf, H.: (Fragen)
Offene Fragen zur Konzernbilanz nach dem Entwurf eines Transformationsgesetzes zur 7. EG-Richtlinie (I) und (II), DB, 37. Jg., 1984, H. 50, S. 2573-2578, H. 51/52, S. 2631-2634.

Debus, C.: (Steuern)
Latente Steuern; in: Beck'sches Handbuch der Rechnungslegung; Loseblatt-Ausgabe; Hrsg. Castan, E./Heymann, G./Müller, E./Ordelheide, D./Scheffler, E., München 1987, Stand: Oktober 1996, Bd. II, C 440.

Deutsch, E.: (Kapitalkonsolidierung)
Kapitalkonsolidierung, Wien 1994.

Deutsche Bank AG: (Geschäftsbericht)
Geschäftsbericht 1995; Hrsg. Bereich Kommunikation der Deutschen Bank, Frankfurt am Main 1996.

Deutsche Bundesbank (Hrsg.): (Verzeichnis)
Verzeichnis der Kreditinstitute und ihrer Verbände sowie der Treuhänder für Kreditinstitute in der Bundesrepublik Deutschland; Bankgeschäftliche Informationen 2, abgeschlossen am 31. Dezember 1996, Frankfurt am Main 1997.

Deutscher Bundesrat: (Drucksache 163/85)
Entwurf eines Gesetzes zur Durchführung der Siebenten und Achten Richtlinie des Rates der Europäischen Gemeinschaften zur Koordination des Gesellschaftsrechts, Drucksache 163/85, 12.04.1985.

Deutscher Bundesrat: (Drucksache 257/85)
Entwurf eines Gesetzes zur Durchführung der Vierten Richtlinie des Rates der Europäischen Gemeinschaften zur Koordinierung des Gesellschaftsrechts (Bilanzrichtlinie-Gesetz), Drucksache 257/85, 03.06.1983.

Deutscher Bundestag: (Drucksache 13/9909)
Beschlußempfehlung und Bericht des Rechtsausschusses (6. Ausschuß) zu dem Gesetzentwurf der Bundesregierung - Drucksache 13/7141 - Entwurf eines Gesetzes zur Verbesserung der Wettbewerbsfähigkeit deutscher Konzerne an internationalen Kapitalmärkten und zur Erleichterung der Aufnahme von Gesellschafterdarlehen (Kapitalaufnahmeerleichterungsgesetz - KapAEG), Drucksache 13/9909, 12.02.1998.

Deutscher Bundestag: (Drucksache 10/4268)
Beschlußempfehlung und Bericht des Rechtsausschusses (6. Ausschuß) zu den von der Bundesregierung eingebrachten 10/317 und 10/3440, Drucksache 10/4268, 18.11.1985.

Deutscher Bundestag: (Drucksache 11/6275)
Entwurf eines Gesetzes zur Durchführung der Richtlinie des Rates der Europäischen Gemeinschaften über den Jahresabschluß und den konsolidierten Abschluß von Banken und anderen Finanzinstituten (Bankbilanzrichtlinie-Gesetz), Drucksache 11/6275, 19.01.1990.

Deutscher Bundestag: (Drucksache 10/3440)
Entwurf eines Gesetzes zur Durchführung der Siebenten und Achten Richtlinie des Rates der Europäischen Gemeinschaften zur Koordinierung des Gesellschaftsrecht, Drucksache 10/3440, 03.06.1985.

Deutscher Bundestag: (Drucksache 13/9712)
Entwurf eines Gesetzes zur Kontrolle und Transparenz im Unternehmensbereich (KonTraG), Drucksache 13/9712, 28.01.1998.

Deutscher Bundestag: (Drucksache 13/7141)
Entwurf eines Gesetzes zur Verbesserung der Wettbewerbsfähigkeit deutscher Konzerne an internationalen Kapitalmärkten und zur Erleichterung der Aufnahme von Gesellschafterdarlehen (Kapitalaufnahmeerleichterungsgesetz - KapAEG), Drucksache 13/7141, 06.03.1997.

Deutscher Bundestag: (Drucksache 7/5221)
Vorschlag einer 7. Richtlinie auf Grund von Artikel 54 Abs. g des EWG-Vertrages für den Konzernabschluß - Unterrichtung durch die Bundesregierung, Drucksache 7/5221, 19.05.1976.

Dietl, R.: (Ausübung)
Zur Ausübung von gesetzlich eingeräumten Konsolidierungswahlrechten im Konzernabschluß, Diss., Frankfurt am Main; Bern; New York; Paris 1992.

Dörner, D./Wollmert, P./Oser, P.: (Kommentierung IAS 10)
Kommentierung der IASC-Standards; in: Rechnungslegung nach International Accounting Standards (IAS). Kommentar auf der Grundlage des deutschen Bilanzrechts; Hrsg. Baetge, J./Dörner, D./Kleekämper, H./Wollmert, P., Stuttgart 1997, Teil B, IAS 10.

Duckstein, G./Dusemond, M.: (Währungsumrechnung)
Aus der Währungsumrechnung resultierende Eigenkapitaldifferenzen in einem international tätigen Konzern, DB, H. 34, 48. Jg., 1995, S. 1673-1687.

Dümpel, U.: (Grundsatz)
Der Grundsatz der einheitlichen Bewertung im Konzern und seine Problematik insbesondere bei Einbeziehung ausländischer Tochterunternehmen in den Weltabschluß, Diss., Krefeld 1991.

Dusemond, M.: (Bilanzierung)
Bilanzierung und Bewertung im Konzernabschluß, DB, H. 11, 49. Jg., 1996, S. 537-543.

Dusemond, M.: (Konzernanschaffungskosten)
Die Konzernanschaffungs- und Konzernherstellungskosten nach § 304 HGB: Ermittlung, Bewertung sowie Informationsbeschaffung auf der Grundlage einer eigenständigen Konzernkostenrechnung, Stuttgart 1994.

Dusemond, M.: (Endkonsolidierung)
Endkonsolidierung und erfolgsneutrale Verrechnung des Geschäfts- oder Firmenwerts, DB, H. 2, 50. Jg., 1997, S. 53-57.

Dusemond, M.: (Repetitorium)
Repetitorium zum neuen Konzernrecht: Latente Steuern, Teil 10, Bilanz & Buchhaltung, H. 3, 38. Jg., 1992, S. 119-124.

Dusemond, M.: (Aufstellungspflicht)
Zur Aufstellungspflicht von Konzernabschlüssen und Konzernlageberichten. Eine Darstellung unter besonderer Berücksichtigung der kreditinstitutsspezifischen Vorschriften, BB, H. 29, 49. Jg., 1994, S. 2034-2042.

Eckes, B./Weber, C.-P.: (Kommentierung § 302)
Kommentierung des § 302 HGB; in: Handbuch der Konzernrechnungslegung. Kommentar zur Bilanzierung und Prüfung; Hrsg. Küting, K./Weber, C.-P., Stuttgart 1989.

Eilenberger, G.: (Rechnungswesen)
Betriebliches Rechnungswesen: Einführung in Grundlagen - Jahresabschluß, Kosten- und Leistungsrechnung, 7. Aufl., München; Wien 1995.

Eisele, W./Rentschler, R.: (Gemeinschaftsunternehmen)
Gemeinschaftsunternehmen im Konzernabschluß, BFuP, H. 4, 41. Jg., 1989, S. 309-324.

Eisolt, D.: (Überlegungen)
Aktuelle Überlegungen zu befreienden Konzernabschlüssen nach § 292 HGB, BB, H. 22, 50. Jg., 1995, S. 1127-1132.

Elkart, W./Hundt, K.-H./Müller, K.: (Probleme)
Probleme der Entkonsolidierung; in: Aktuelle Fachbeiträge aus Wirtschaftsprüfung und Beratung: Festschrift zum 65. Geburtstag von Professor Dr. Hans Luik; Hrsg. Schitag Ernst & Young-Gruppe, Stuttgart 1991, S. 53-89.

Ellrott, H.: (Kommentierung § 284)
Kommentierung des § 284 HGB; in: Beck'scher Bilanz-Kommentar: Der Jahresabschluß nach Handels- und Steuerrecht; Konzernabschluß, Prüfung, Offenlegung; §§ 238 bis 339 HGB; bearb. von Budde, W. D./Clemm, H./Ellrott, H./Förschle, G./Schnicke, C., 3. Aufl., München 1995.

Ellrott, H.: (Kommentierung § 289)
Kommentierung des § 289 HGB; in: Beck'scher Bilanz-Kommentar: Der Jahresabschluß nach Handels- und Steuerrecht; Konzernabschluß, Prüfung, Offenlegung; §§ 238 bis 339 HGB; bearb. von Budde, W. D./Clemm, H./Ellrott, H./Förschle, G./Schnicke, C., 3. Aufl., München 1995.

Ellrott, H.: (Kommentierung § 313)
Kommentierung des § 313 HGB; in: Beck'scher Bilanz-Kommentar: Der Jahresabschluß nach Handels- und Steuerrecht; Konzernabschluß, Prüfung, Offenlegung; §§ 238 bis 339 HGB; bearb. von Budde, W. D./Clemm, H./Ellrott, H./Förschle, G./Schnicke, C., 3. Aufl., München 1995.

Ellrott, H.: (Kommentierung § 315)
Kommentierung des § 315 HGB; in: Beck'scher Bilanz-Kommentar: Der Jahresabschluß nach Handels- und Steuerrecht; Konzernabschluß, Prüfung, Offenlegung; §§ 238 bis 339 HGB; bearb. von Budde, W. D./Clemm, H./Ellrott, H./Förschle, G./Schnicke, C., 3. Aufl., München 1995.

Ellrott, H./Schmidt-Wendt, D.: (Kommentierung § 255)
Kommentierung des § 255 HGB; in: Beck'scher Bilanz-Kommentar: Der Jahresabschluß nach Handels- und Steuerrecht; Konzernabschluß, Prüfung, Offenlegung; §§ 238 bis 339 HGB; bearb. von Budde, W. D./Clemm, H./Ellrott, H./Förschle, G./Schnicke, C., 3. Aufl., München 1995.

Emmerich, G.: (Grundfragen)
Grundfragen der Rechnungslegung westdeutscher Bankbetriebe im Interessengegensatz der Beteiligten; in: Bankbetriebliches Lesebuch. Ludwig Mülhaupt zum 65. Geburtstag; Hrsg. Deppe, H.-D., Stuttgart 1978, S. 115-136.

Emmerich, G./Künnemann, M.: (Lagebericht)
Zum Lagebericht der Kapitalgesellschaft, WPg, H. 6, 39. Jg., 1986, S. 145-152.

Emmerich, V./Sonnenschein, J.: (Konzernrecht)
Konzernrecht: das Recht der verbundenen Unternehmen bei Aktiengesellschaft, GmbH, Personengesellschaften und Genossenschaft, 5. Aufl., München 1993.

Engels, W.: (Bankenbeteiligung)
Bankenbeteiligung an Industrieunternehmen, Berlin 1978.

Enke, R.: (Bilanzierung)
Bilanzierung von Beteiligungen nach der Equity-Methode, Diss., Berlin 1977.

Everling, W.: (Konzernrechnungslegung)
Konzernrechnungslegung: Mutter- und Tochterunternehmen im neuem Recht, Herne; Berlin 1990.

Ewert, R./Schenk, G.: (Probleme)
Offene Probleme bei der Kapitalkonsolidierung im mehrstufigen Konzern, BB, Beilage 14 zu H. 20, 1993.

Faißt, L.: (Bilanzpolitik)
Bilanzpolitik öffentlicher Sparkassen, Sparkasse, H. 13, 81. Jg., 1964, S. 195-199.

Ferk, H.: (Abschlußprüfung)
Abschlußprüfung von ausländischen Tochtergesellschaften deutscher Konzerne, DB, H. 7, 46. Jg., 1993, S. 337-340.

Fischer, A./Haller, A.: (Bilanzpolitik)
Bilanzpolitik zum Zwecke der Gewinnglättung, ZfB, H. 1, 63. Jg., 1993, S. 35-59.

Fischer, H.: (Schuldenkonsolidierung)
Schuldenkonsolidierung; in: Beck'sches Handbuch der Rechnungslegung; Loseblatt-Ausgabe; Hrsg. Castan, E./Heymann, G./Müller, E./Ordelheide, D./Scheffler, E., München 1987, Stand: Oktober 1996, Bd. II, C 420.

Fliess, O.: (Konzernabschluß)
Konzernabschluß in Großbritannien: Grundlagen, Stufenkonzeption und Kapitalkonsolidierung, Diss., Frankfurt am Main; Bern; New York; Paris 1991.

Förschle, G.: (Kommentierung § 275)
Kommentierung des § 275 HGB; in: Beck'scher Bilanz-Kommentar: Der Jahresabschluß nach Handels- und Steuerrecht; Konzernabschluß, Prüfung, Offenlegung; §§ 238 bis 339 HGB; bearb. von Budde, W. D./Clemm, H./Ellrott, H./Förschle, G./Schnicke, C., 3. Aufl., München 1995.

Förschle, G.: (Kommentierung § 300)
Kommentierung des § 300 HGB; in: Beck'scher Bilanz-Kommentar: Der Jahresabschluß nach Handels- und Steuerrecht; Konzernabschluß, Prüfung, Offenlegung; §§ 238 bis 339 HGB; bearb. von Budde, W. D./Clemm, H./Ellrott, H./Förschle, G./Schnicke, C., 3. Aufl., München 1995.

Förschle, G.: (Kommentierung § 301)
Kommentierung des § 301 HGB; in: Beck'scher Bilanz-Kommentar: Der Jahresabschluß nach Handels- und Steuerrecht; Konzernabschluß, Prüfung, Offenlegung; §§ 238 bis 339 HGB; bearb. von Budde, W. D./Clemm, H./Ellrott, H./Förschle, G./Schnicke, C., 3. Aufl., München 1995.

Förschle, G.: (Kommentierung § 302)
Kommentierung des § 302 HGB; in: Beck'scher Bilanz-Kommentar: Der Jahresabschluß nach Handels- und Steuerrecht; Konzernabschluß, Prüfung, Offenlegung; §§ 238 bis 339 HGB; bearb. von Budde, W. D./Clemm, H./Ellrott, H./Förschle, G./Schnicke, C., 3. Aufl., München 1995.

Förschle, G.: (Kommentierung § 307)
Kommentierung des § 307 HGB; in: Beck'scher Bilanz-Kommentar: Der Jahresabschluß nach Handels- und Steuerrecht; Konzernabschluß, Prüfung, Offenlegung; §§ 238 bis 339 HGB; bearb. von Budde, W. D./Clemm, H./Ellrott, H./Förschle, G./Schnicke, C., 3. Aufl., München 1995.

Förschle, G.: (Kommentierung § 309)
Kommentierung des § 309 HGB; in: Beck'scher Bilanz-Kommentar: Der Jahresabschluß nach Handels- und Steuerrecht; Konzernabschluß, Prüfung, Offenlegung; §§ 238 bis 339 HGB; bearb. von Budde, W. D./Clemm, H./Ellrott, H./Förschle, G./Schnicke, C., 3. Aufl., München 1995.

Förschle, G./Glaum, M./Mandler, U.: (US-GAAP)
US-GAAP, IAS und HGB: Ergebnisse einer Umfrage unter deutschen Rechnungslegungsexperten, BFuP, H. 4, 47. Jg., 1995, S. 392-413.

Förschle, G./Kroner, M./Mandler, U.: (Rechnungslegung)
Internationale Rechnungslegung: US-GAAP, HGB und IAS, Bonn 1994.

Förschle, G./Kropp, M.: (Wechselwirkungen)
Wechselwirkungen zwischen Handels- und Steuerbilanz beim Anlagevermögen nach dem Bilanzrichtlinien-Gesetz, WPg, H. 6, 39. Jg., 1986, S. 152-161.

Forster, K.-H.: (Bilanzpolitik)
Bilanzpolitik und Bilanzrichtlinie-Gesetz - welche Freiräume bleiben noch?, BB, H. 1, 38. Jg., 1983, S. 32-37.

Forster, K.-H./Gross, G.: (Probleme)
Probleme der Rechnungslegung und Prüfung von Kreditinstituten in den Stellungnahmen des Bankenfachausschusses des IDW; in: Beiträge zur Bankaufsicht, Bankbilanz und Bankprüfung: unter Berücksichtigung der Dritten KWG-Novelle, Dr. Walter Scholz zum 65. Geburtstag; Hrsg. Forster, K.-H., Düsseldorf 1985, S. 49-67.

Freericks, W.: (Bilanzierungsfähigkeit)
Bilanzierungsfähigkeit und Bilanzierungspflicht in Handels- und Steuerbilanz, Berlin 1976.

Freidank, C.-C.: (Rechnungslegungspolitik)
Entscheidungsmodelle der Rechnungslegungspolitik. Computergestützte Lösungsvorgänge für Kapitalgesellschaften vor dem Hintergrund des Bilanzrichtlinien-Gesetzes, Stuttgart 1990.

Freidank, C.-C.: (Zielsetzungen)
Zielsetzungen und Instrumente der Bilanzpolitik bei Aktiengesellschaften, DB, H. 7, 35. Jg., 1982, S. 337-343.

Fricke, G.: (Rechnungslegung)
Rechnungslegung für Beteiligungen nach der Anschaffungskostenmethode und nach der Equity-Methode, Bochum 1983.

Friedrich, B. H.: (Problematik)
Die Problematik der Erstellung aussagefähiger Weltabschlüsse unter Berücksichtigung der in der Praxis angewandten Konsolidierungsmethoden, Diss., Augsburg 1974.

Frings, E.-W.: (Handelsbilanz)
Die Handelsbilanz II. Rechtsvergleichende Darstellung für die konsolidierte Weltbilanz; Hrsg. Price Waterhouse GmbH, Stuttgart 1994.

Früh, H.-J./Reinke, R.: (Konzernabschluß)
Handbuch zum Konzernabschluß der GmbH. Ein Leitfaden zur Konsolidierungspraxis; Hrsg. KPMG Treuverkehr AG, Düsseldorf 1990.

Gebhardt, G.: (Vereinheitlichung)
Vereinheitlichung der Recheneinheit durch Währungsumrechnung; in: Beck'sches Handbuch der Rechnungslegung; Loseblatt-Ausgabe; Hrsg. Castan, E./Heymann, G./Müller, E./Ordelheide, D./Scheffler, E., München 1987, Stand: Oktober 1996, Bd. II, C 310.

Gebhardt, G./Bergmann, J.: (Konzernabschlüsse)
Internationale Konzernabschlüsse; in: HdJ: Handbuch des Jahresabschlusses in Einzeldarstellungen; Abt. V/7; Loseblatt-Ausgabe; Hrsg. Wysocki, K. v./Schulze-Osterloh, J., Köln 1984, Stand: November 1995.

Gebhardt, G./Breker, N.: (Bilanzierung)
Bilanzierung von Fremdwährungstransaktionen im handelsrechtlichen Einzelabschluß - unter Berücksichtigung von § 340h HGB, DB, H. 30, 44. Jg., 1991, S. 1529-1538.

GEFIU: (Probleme)
Ausgewählte Probleme bei der Anwendung des Bilanzrichtlinien-Gesetzes vom Arbeitskreis "Rechnungslegungsvorschriften der EG-Kommission" der Gesellschaft für Finanzwirtschaft in der Unternehmensführung e.V. (GEFIU), Stuttgart, Bd. I von 1986, Bd. II von 1987.

GEFIU: (Möglichkeiten)
Möglichkeiten und Grenzen der Anpassung deutscher Konzernabschlüsse an die Rechnungslegungsgrundsätze des International Accounting Standards Committee (IASC) - Stellungnahme des Arbeitskreises "Rechnungslegungsvorschriften der EG-Kommission" der Gesellschaft für Finanzwirtschaft in der Unternehmensführung e.V. (GEFIU), (Teil I) und (Teil II), DB, 48. Jg., 1995, H. 23, S. 1137-1143, H. 24, S. 1185-1191.

GEFIU: (Thesen)
Thesen zu ausgewählten Problemen bei der Anwendung des Bilanzrichtlinien-Gesetz - Stellungnahme des Arbeitskreises "Rechnungslegungsvorschriften der EG-Kommission" der Gesellschaft für Finanzwirtschaft in der Unternehmensführung e.V. (GEFIU) - (Teil I) und (Teil II), DB, 39. Jg., 1986, H. 39, S. 1985-1987, H. 50, S. 2553-2556.

GEFIU: (Währungsumrechnung)
Währungsumrechnung im Einzel- und Konzernabschluß - Stellungnahme des Arbeitskreises "Rechnungslegungsvorschriften der EG-Kommission" der Gesellschaft für Finanzwirtschaft in der Unternehmensführung e.V. (GEFIU) zum Arbeitspapier des Accounting Advisory Forums der EG-Kommission vom Juli 1992 -, DB, H. 15, 46. Jg., 1993, S. 745-748.

GEFIU: (Entwurf)
Zum Entwurf eines Gesetzes zur Durchführung der 7. und 8. EG-Richtlinie zur Koordinierung des Gesellschaftsrechts - Stellungnahme des Arbeitskreises "Rechnungslegungsvorschriften der EG-Kommission" der Gesellschaft für Finanzwirtschaft in der Unternehmensführung e.V. (GEFIU) -, DB, H. 33, 38. Jg., 1985, S. 1705-1707.

Gelhausen, W./Gelhausen, H. F.: (Gedanken)
Gedanken zur Behandlung des Eigenkapitals im Konzernabschluß; in: Rechnungslegung: Entwicklungen bei der Bilanzierung und Prüfung von Kapitalgesellschaften, Festschrift zum 65. Geburtstag von Professor Dr. Dr. h. c. Karl-Heinz Forster; Hrsg. Moxter, A./Müller, H.-P./Windmöller, R./Wysocki, K. v., Düsseldorf 1992, S. 215-233.

Gelhausen, W./Mujkanovic, R.: (Auswertung)
Auswertung zur Währungsumrechnung im Konzernabschluß, DStR, H. 44, 35. Jg., 1995, S. 1724-1730.

Gerke, W./Philipp, F.: (Bankbilanzen)
Bankbilanzen, Einführung in die externe Rechnungslegung der Kreditinstitute (Teil 1), Frankfurt am Main 1983.

Gersenich, C. W.: (Konzernrechnungslegung)
Konzernrechnungslegung in der Bundesrepublik Deutschland, Belgien und den Niederlanden, Diss., Bergisch Gladbach; Köln 1993.

Gidlewitz, H.-J.: (Harmonisierung)
Internationale Harmonisierung der Konzernrechnungslegung unter besonderer Berücksichtigung der Vereinbarkeit der Bestimmungen des IASC und des HGB, Diss., Frankfurt am Main; Berlin; Bern; New York; Paris; Wien 1996.

Girke, W./Kopplin, B.: (Beteiligungspolitik)
Beteiligungspolitik deutscher Kreditinstitute am Beispiel der Bayerischen Hypotheken- und Wechsel-Bank und der Westdeutschen Landesbank, Berlin 1977.

Glaum, M./Mandler, U.: (Rechnungslegung)
Rechnungslegung auf globalen Kapitalmärkten: HGB, IAS und US-GAAP, Wiesbaden 1996.

Gmelin, H. J.: (Währungsumrechnung)
Währungsumrechnung im Einzel- und Konzernabschluß, WPg, H. 20, 40. Jg., 1987, S. 597-605.

Goebel, A.: (HGB)
Die Konzernrechnungslegung nach HGB, IAS und US-GAAP, DB, H. 50, 48. Jg., 1995, S. 2489-2492.

Goebel, A.: (Konzernrechnungslegung)
Konzernrechnungslegung nach International Accounting Standards, DB, H. 49, 47. Jg., 1994, S. 2457-2464.

Goebel, A.: (Möglichkeiten)
Möglichkeiten und Probleme einer Anwendung der International Accounting Standards - Anpassungsstrategien für deutsche Konzerne -, DStR, H. 27, 33. Jg., 1995, S. 1037-1039.

Goebel, A./Fuchs, M.: (Anwendung)
Die Anwendung der International Accounting Standards in den Konzernabschlüssen deutscher Kapitalgesellschaften, DB, H. 31, 48. Jg., 1995, S. 1521-1527.

Göttgens, M./Schmelzeisen, H.-M.: (Bankbilanzrichtlinie-Gesetz)
Bankbilanzrichtlinie-Gesetz; Hrsg. Wollert-Elmendorff Deutsche Industrie-Treuhand GmbH Wirtschaftsprüfungsgesellschaft, 2. Aufl., Düsseldorf 1992.

Gräfer, H.: (Bilanzanalyse)
Bilanzanalyse: eine Einführung mit Aufgaben und Lösungen, 6. Aufl., Herne; Berlin 1994.

Gräfer, H.: (Ziele)
Ziele, Instrumente und Grenzen der Bilanzpolitik, WiSt, H. 8, 10. Jg., 1981, S. 353-358.

Gräfer, H./Scheld, G.: (Konzernrechnungslegung)
Konzernrechnungslegung, 2. Aufl., Hamburg 1994.

Greth, M.: (Konzernbilanzpolitik)
Konzernbilanzpolitik, Diss., Wiesbaden 1996.

Grewe, W.: (Kommentierung § 340h)
Kommentierung des § 340h HGB; in: Bonner Handbuch Rechnungslegung; Textsammlung, Einführung, Kommentierung, Bd. III, Fach 4; Hrsg. Albrecht, W./Hofbauer, M. A./Grewe, W./Kupsch, P./Scherrer, G., Bonn 1986, Stand: Mai 1995.

Grewe, W.: (Kommentierung § 340i/j)
Kommentierung des § 340i/j HGB; in: Bonner Handbuch Rechnungslegung; Textsammlung, Einführung, Kommentierung, Bd. III, Fach 4; Hrsg. Albrecht, W./Hofbauer, M. A./Grewe, W./Kupsch, P./Scherrer, G., Bonn 1986, Stand: Mai 1995.

Gross, G./Schruff, L./Wysocki, K. v.: (Konzernabschluß)
Der Konzernabschluß nach neuem Recht. Aufstellung - Prüfung - Offenlegung, 2. Aufl., Düsseldorf 1987.

Großfeld, B.: (Generalnorm)
Generalnorm; in: Handwörterbuch unbestimmter Rechtsbegriffe im Bilanzrecht des HGB; Hrsg. Leffson, U./Rückle, D./Großfeld, B., Köln 1986, S. 192-204.

Grund, M.: (Entwicklung)
Internationale Entwicklung und Bilanzrecht - Reform oder Resignation?, DB, H. 26, 49. Jg., 1996, S. 1293-1296.

Gschrei, M. J.: (Beteiligungen)
Beteiligungen im Jahresabschluß und Konzernabschluß, Diss., Heidelberg 1990.

Gzuk, R.: (Konzernanhang)
Konzernanhang; in: Beck'sches Handbuch der Rechnungslegung; Loseblatt-Ausgabe; Hrsg. Castan, E./Heymann, G./Müller, E./Ordelheide, D./Scheffler, E., München 1987, Stand: Oktober 1996, Bd. II, C 600.

Gzuk, R.: (Konzernlagebericht)
Konzernlagebericht; in: Beck'sches Handbuch der Rechnungslegung; Loseblatt-Ausgabe; Hrsg. Castan, E./Heymann, G./Müller, E./Ordelheide, D./Scheffler, E., München 1987, Stand: Oktober 1996, Bd. II, C 610.

Haar, A.: (Berücksichtigung)
Die Berücksichtigung latenter Steuern in den Jahresabschlüssen internationaler Konzerne, Diss., Bamberg 1981.

Haase, K. D.: (Zwischenerfolgseliminierung)
Zur Zwischenerfolgseliminierung bei Equity-Bilanzierung, BB, H. 26, 40. Jg., 1985, S. 1702-1706.

Haeger, B./Zündorf, H.: (Abgrenzung)
Abgrenzung des Konsolidierungskreises nach der wirtschaftlichen Zugehörigkeit, DB, H. 36, 44. Jg., 1991, S. 1841-1848.

Hagenmüller, K. F./Jacob, A.-F.: (Bankbetrieb)
Der Bankbetrieb. Bd. 3. Rechnungswesen, Bankpolitik, 5. Aufl., Wiesbaden 1988.

Hahn, K.: (Konzernabschluß)
Konzernabschluß und Bilanzrichtlinien-Gesetz: Die Konsolidierung nach der Equity-Methode, WiSt, H. 12, 16. Jg., 1987, S. 589-596.

Halbinger, J.: (Erfolgsausweispolitik)
Erfolgsausweispolitik. Eine empirische Untersuchung zum bilanzpolitischen Verhalten deutscher Aktiengesellschaften, Berlin; Bielefeld; München 1980.

Haller, A.: (Rolle)
Die Rolle des International Accounting Standards Committee bei der weltweiten Harmonisierung der externen Rechnungslegung, DB, H. 26/27, 46. Jg., 1993, S. 1297-1305.

Hansen, H.: (Konzernabschlüsse)
Konzernabschlüsse 1993 der fünf größten Aktienbanken, AG, H. 6, 38. Jg., 1993, S. R 187-R 192.

Harder, U.: (Bilanzpolitik)
Bilanzpolitik. Wesen und Methoden der taktischen Beeinflussung von handels- und steuerrechtlichen Jahresabschlüssen, Wiesbaden 1962.

Harms, J. E.: (Kommentierung § 303)
Kommentierung des § 303 HGB; in: Handbuch der Konzernrechnungslegung. Kommentar zur Bilanzierung und Prüfung; Hrsg. Küting, K./Weber, C.-P., Stuttgart 1989.

Harms, J. E./Knischewski, G.: (Quotenkonsolidierung)
Quotenkonsolidierung versus Equity-Methode im Konzernabschluß - Ein bilanzpolitisches Entscheidungsproblem -, DB, H. 26, 38. Jg., 1985, S. 1353-1359.

Harms, J. E./Küting, K.: (Equity-Accounting)
Equity-Accounting im Konzernabschluß, BB, H. 35/36, 37. Jg., 1982, S. 2150-2161.

Harms, J. E./Küting, K.: (Konsolidierung)
Konsolidierung bei unterschiedlichen Bilanzstichtagen nach künftigem Recht, BB, H. 7, 40. Jg., 1985, S. 432-442.

Harms, J. E./Küting, K.: (Steuern)
Latente Steuern im Konzernabschluß, ZfB, H. 2, 51. Jg., 1981, S. 146-164.

Harms, J. E./Küting, K.: (Perspektiven)
Perspektiven der Konzernbesteuerung. Einheitsbesteuerung versus Einzelbesteuerung, BB, H. 8, 37. Jg., 1982, S. 445-455.

Harms, J. E./Küting, K.: (Probleme)
Probleme latenter Steuern im Entwurf des Bilanzrichtlinie-Gesetzes, BB, H. 2, 40. Jg., 1985, S. 94-101.

Harms, J. E./Küting, K.: (Anwendungsproblematik)
Zur Anwendungsproblematik der angelsächsischen Methode der Kapitalkonsolidierung im Rahmen der 7. EG-Richtlinie, AG, H. 4, 25. Jg., 1980, S. 93-100.

Harms, J. E./Küting, K.: (Einheitlichkeit)
Zur Einheitlichkeit der Bewertung im Konzern nach künftigem Bilanzrecht. Aufgabe oder Einschränkung des Maßgeblichkeitsprinzip?, BB, H. 2, 39. Jg., 1984, S. 105-114.

Hartle, J.: (Grundlagen)
Grundlagen und Grundsätze des Konzernabschlusses; in: Beck'sches Handbuch der Rechnungslegung; Loseblatt-Ausgabe; Hrsg. Castan, E./Heymann, G./Müller, E./Ordelheide, D./Scheffler, E., München 1987, Stand: Oktober 1996, Bd. II, C 10.

Hartung, W.: (Währungsumrechnung)
Zur Währungsumrechnung in Bankbilanzen, RIW, H. 9, 37. Jg., 1991, S. 755-763.

Hartwig, D.: (Weg)
Steiniger Weg zur gläsernen Bank, Börsen-Zeitung, Nr. 59, 23. März 1996, S. 1.

Hauschildt, J.: (Bilanzanalyse)
Bilanzanalyse, Bilanzkritik und Bilanzpolitik; in: Handwörterbuch der Wirtschaftswissenschaft (HdWW), Bd. I; Hrsg. Albers, W./Born, K. E./Dürr, E./Hesse, H./Kraft, A./Lampert, H./Rose, K./Rupp, H.-H./Scherf, H./Schmidt, K./Wittmann, W., Stuttgart; New York; Tübingen; Göttingen 1977, S. 659-670.

Hauschildt, J.: (Bilanzpolitik)
Bilanzpolitik und Finanzierung; in: Handwörterbuch der Finanzwirtschaft; Hrsg. Büschgen, H. E., Stuttgart 1976, Sp. 190-199.

Havermann, H.: (Equity-Bewertung)
Die Equity-Bewertung von Beteiligungen, WPg, H. 11, 40. Jg., 1987, S. 315-320.

Havermann, H.: (Handelsbilanz)
Die Handelsbilanz II - Zweck, Inhalt und Einzelfragen ihrer Erstellung -; in: Handelsrecht und Steuerrecht, Festschrift für Georg Döllerer; Hrsg. Knobbe-Keuk, B./Klein, F./Moxter, A., Düsseldorf 1988, S. 185-203.

Havermann, H.: (Methoden)
Methoden der Bilanzierung von Beteiligungen (einschließlich der "equity"-Methode); in: Rechnungslegung und Prüfung in internationaler Sicht. Bericht über den 11. Internationalen Accountants-Kongreß München 1977, 10. bis 14. Oktober; Hrsg. IDW, Düsseldorf, 1978, S. 405-442.

Havermann, H.: (Fragen)
Offene Fragen der Konzernrechnungslegung; in: Bericht über die Fachtagung 1986 des Instituts der Wirtschaftsprüfer in Deutschland e.V., 27. Juni 1986 in Düsseldorf/Neuss, 21. Generalthema: Übergang auf das neue Bilanzrecht; Hrsg. IDW, Düsseldorf 1986, S. 43-51.

Havermann, H.: (Rechnungslegung)
Rechnungslegung im Wandel. Nationale und internationale Entwicklungstendenzen ausgewählter Bereiche; Diss., Köln 1980.

Havermann, H.: (Bilanzierung)
Zur Bilanzierung von Beteiligungen an Kapitalgesellschaften in Einzel- und Konzernabschlüssen, WPg, H. 9, 28. Jg., 1975, S. 233-242.

Hayn, S.: (Standards)
Die International Accounting Standards - Ihre grundlegende Bedeutung für die internationale Harmonisierung der Rechnungslegung sowie die Darstellung wesentlicher Unterschiede zu den einzelgesellschaftlichen Normen des HGB - (Teil I), WPg, H. 21, 47. Jg., 1994, S. 713-721.

Heine, K.-H.: (Vorbereitung)
Vorbereitung und Aufstellung des Konzernabschlusses (Teil II), WPg, H. 6, 20. Jg., 1967, S. 146-154.

Heinen, E.: (Zielsystem)
Das Zielsystem der Unternehmung - Grundlagen betriebswirtschaftlicher Entscheidungen, 3. Aufl., Wiesbaden 1976.

Heinhold, M.: (Bilanzpolitik)
Bilanzpolitik; in: Handwörterbuch der Betriebswirtschaft, Teilband 1 A-H; Hrsg. Wittmann, W./Kern, W./Köhler, R./Küpper, H.-U./Wysocki, K. v., 5. Aufl., Stuttgart 1993, Sp. 525-542.

Heinhold, M.: (Wesen)
Bilanzpolitik. Wesen, Ziele und Stellung in der Unternehmensplanung, WiSt, H. 8, 13. Jg., 1984, S. 388-392.

Heinhold, M.: (Instrumente)
Instrumente der unternehmerischen Bilanzpolitik, WiSt, H. 9, 13. Jg., 1984, S. 449-454.

Hennig, B.: (Bilanzierung)
Bilanzierung latenter Steuern, Bochum 1982.

Herrhausen, A.: (Zielvorstellungen)
Zielvorstellungen und Gestaltungsmöglichkeiten einer Langfristplanung in Kreditinstituten, Bank-Betrieb, Nr. 10, 11. Jg., 1971, S. 353-359.

Herrnberger, K.: (Quotenkonsolidierung)
Quotenkonsolidierung von Gemeinschaftsunternehmen; in: Beck'sches Handbuch der Rechnungslegung; Loseblatt-Ausgabe; Hrsg. Castan, E./Heymann, G./Müller, E./Ordelheide, D./Scheffler, E., München 1987, Stand: Oktober 1996, Bd. II, C 500.

Heydemann, B./Koenen, S.: (Abgrenzung)
Die Abgrenzung des Konsolidierungskreises bei Kapitalgesellschaften in Theorie und Praxis, DB, H. 45, 45. Jg., 1992, S. 2253-2260.

Hilke, W.: (Bilanzpolitik)
Bilanzpolitik, 4. Aufl., Wiesbaden 1995.

Hille, K.: (Steuern)
Latente Steuern im Einzel- und Konzernabschluß, Frankfurt am Main; Bern 1982.

Hintze, S.: (Bilanzierung)
Zur Bilanzierung latenter Steuern im Konzernabschluß, DB, H. 17, 43. Jg., 1990, S. 845-850.

Hinz, M.: (Währungsumrechnung)
Währungsumrechnung im Rahmen der Konzernabschlußerstellung, RIW, H. 1, 40. Jg., 1994, S. 33-43.

Hoch, G.: (Bilanzpolitik)
Bilanzpolitik und neues Rechnungslegungsrecht, Bilanz & Buchhaltung, H. 4, 33. Jg., 1987, S. 129-138.

Hoffmann, I.: (Kapitalkonsolidierung)
Die Kapitalkonsolidierung bei Interessenzusammenführung gemäß § 302 HGB. Darstellung und Analyse der Interessenzusammenführungs-Methode im Vergleich zur Kapitalkonsolidierung nach der Buchwertmethode und zur aktienrechtlichen Verschmelzung durch Aufnahme, Diss., Bergisch Gladbach; Köln 1992.

Hoffmann-Becking, M./Rellermeyer, K.: (Gemeinschaftsunternehmen)
Gemeinschaftsunternehmen im neuen Recht der Konzernrechnungslegung; in: Bilanz- und Konzernrecht, Festschrift zum 65. Geburtstag von Dr. Dr. h. c. Reinhard Goerdeler; Hrsg. Havermann, H., Düsseldorf 1987, S. 199-220.

Hossfeld, C.: (Kompensationsmöglichkeiten)
Die Kompensationsmöglichkeiten in der Gewinn- und Verlustrechnung von Kreditinstituten nach der Transformation der EG-Bilanzrichtlinie, WPg, H. 11, 46. Jg., 1993, S. 337-344.

IASC (Hrsg.): (Standards 1997)
International Accounting Standards 1997. Deutsche Fassung, Stuttgart 1998.

IASC (Hrsg.): (International Accounting Standards)
International Accounting Standards 1997. The full text of all International Accounting Standards extant at 1 January 1997 and current Exposure Drafts, London 1997.

IDW: (2. Stellungnahme)
2. Stellungnahme zur Transformation der 7. EG-Richtlinie, WPg, H. 7, 38. Jg., 1985, S. 189-194.

IDW: (Entwurf)
Entwurf einer Verlautbarung des HFA "Zur Währungsumrechnung im Jahres- und Konzernabschluß", WPg, H. 21, 37. Jg., 1984, S. 585-588.

IDW: (Geänderter Entwurf)
Hauptfachausschuß: Geänderter Entwurf einer Verlautbarung zur Währungsumrechnung im Jahres- und Konzernabschluß, WPg, H. 23, 39. Jg., 1986, S. 664-667.

IDW: (Stellungnahme HFA 1/1993)
Hauptfachausschuß Stellungnahme HFA 1/1993: Zur Bilanzierung von Joint Ventures, WPg, H. 14, 46. Jg., 1993, S. 441-444.

IDW: (Stellungnahme HFA 2/1988)
Hauptfachausschuß Stellungnahme HFA 2/1988: "Pensionsverpflichtungen im Jahresabschluß", WPg, H. 13, 41. Jg., 1988, S. 403-405.

IDW: (Stellungnahme HFA 3/1988)
Hauptfachausschuß Stellungnahme HFA 3/1988: Einheitliche Bewertung im Konzernabschluß, WPg, H. 16, 41. Jg., 1988, S. 483-485.

IDW: (Stellungnahme HFA 3/1995)
Hauptfachausschuß Stellungnahme HFA 3/1995: Konzernrechnungslegung bei Änderung des Konsolidierungskreises, WPg, H. 20, 48. Jg., 1995, S. 697-698.

IDW: (Stellungnahme HFA 4/1988)
Hauptfachausschuß Stellungnahme HFA 4/1988: Konzernrechnungslegung bei unterschiedlichen Abschlußstichtagen, WPg, H. 23, 41. Jg., 1988, S. 682-683.

IDW: (Stellungnahme SABI 1/1988)
Sonderausschuß Bilanzrichtlinien-Gesetz (SABI) Stellungnahme SABI 1/1988: Zur Aufstellungspflicht für einen Konzernabschluß und zur Abgrenzung des Konsolidierungskreises, WPg, H. 11, 41. Jg., 1988, S. 340-346.

IDW: (Stellungnahme SABI 2/1988)
Sonderausschuß Bilanzrichtlinien-Gesetz (SABI) Stellungnahme SABI 2/1988: Behandlung des Unterschiedsbetrags aus der Kapitalkonsolidierung, WPg, H. 21, 41. Jg., 1988, S. 622-625.

IDW: (Stellungnahme SABI 2/1987)
Sonderausschuß Bilanzrichtlinie-Gesetz Stellungnahme SABI 2/1987: Zum Grundsatz der Bewertungsstetigkeit (§ 252 Abs. 1 Nr. 6 HGB) und zu den Angaben bei Abweichungen von Bilanzierungs- und Bewertungsmethoden (§ 284 Abs. 2 Nr. 3 HGB), WPg, H. 12, 41. Jg., 1988, S. 48-50.

IDW: (Stellungnahme BFA 3/1995)
Stellungnahme BFA 3/1995: Währungsumrechnung bei Kreditinstituten, WPg, H. 21, 48. Jg., 1995, S. 735-737.

IDW: (Transformation)
Zur Transformation der EG-Richtlinie über den Jahresabschluß und den konsolidierten Abschluß von Banken und anderen Finanzinstituten, WPg, H. 18, 40. Jg., 1987, S. 525-531.

IDW (Hrsg.): (Rechnungslegung)
Rechnungslegung nach International Accounting Standards. Praktischer Leitfaden für die Aufstellung IAS-konformer Jahres- und Konzernabschlüsse in Deutschland, Düsseldorf 1995.

IDW (Hrsg.): (WP-Handbuch)
WP-Handbuch, Handbuch für Rechnungslegung, Prüfung und Beratung, Bd. I, 11. Aufl., Düsseldorf 1996.

Jäger, W.: (Bankenpublizität)
Der Stand der Bankenpublizität im Spiegel der Geschäftsberichte. Eine empirische Untersuchung der Geschäftsberichte von Aktienbanken der Jahre 1968-1971, Diss., München 1976.

Jäger, W./Vogelsang, M.: (Konzernrechnungslegung)
Konzernrechnungslegung von Aktienbanken (Teil II), WPg, H. 16, 26. Jg., 1973, S. 421-428.

Jöris, H.: (Probleme)
Probleme bei der Aufstellung und Prüfung des Konzernabschlusses; in: Bericht über die Fachtagung 1985 des Instituts der Wirtschaftsprüfer in Deutschland e.V., 23. bis 25. Oktober 1985 in Frankfurt/Main, Generalthema: Unternehmensfinanzierung heute - Eine Herausforderung für Unternehmer und Berater -; Hrsg. IDW, Düsseldorf 1985, S. 231-247.

Jonas, H. H.: (Konzernabschluß)
Der Konzernabschluß: Grundlagen und Anwendung in der Praxis nach neuem Handelsrecht, Stuttgart 1986.

Jung, U.: (Währungsumrechnung)
Währungsumrechnung im Konzernabschluß. Zur Ableitung von Grundsätzen ordnungsmäßiger Währungsumrechnung, Marburg 1991.

Jung, W./Isele, H./Groß, C.: (Rechnungslegung)
Rechnungslegung in den USA im Vergleich zu den deutschen Rechnungslegungsvorschriften; in: Rechnungslegung, Prüfung, Wirtschaftsrecht und Steuern in den USA; Hrsg. Sonnemann, E., Wiesbaden 1989, S. 53-94.

Kanngiesser, S.: (Konzernlagebericht)
Konzernlagebericht, Prüfung; in: Handwörterbuch der Revision; Hrsg. Coenenberg, A. G./Wysocki, K. v., 2. Aufl., Stuttgart 1992, Sp. 1040-1048.

Kappler, E.: (Informationsverhalten)
Das Informationsverhalten der Bilanzadressaten. Ein Beitrag zu einer sozialwissenschaftlich fundierten Theorie der Unternehmenspolitik durch Bilanzinformationen; Habilitationsschrift, München 1972.

Karrenbrock, H.: (Steuern)
Latente Steuern in Bilanz und Anhang, Diss., Düsseldorf 1991.

Kaven, J.-P.: (Konzepte)
Strategische Konzepte bayerischer Großbanken, ZfgK, H. 15, 47. Jg., 1994, S. 744-747.

Kenn, F. W.: (EG-Richtlinie)
EG-Richtlinie und Konzernabschluss der Banken in der BRD, Der Schweizer Treuhänder, H. 5, 62. Jg., 1988, S. 189-194.

Kerth, A./Wolf, J.: (Bilanzanalyse)
Bilanzanalyse und Bilanzpolitik, 2. Aufl., München; Wien 1993.

Kirchner, C.: (Konzernrechnungslegung)
Konzernrechnungslegung in Europa. Rechnungslegungspraxis und die Probleme der Neuregelung durch die 7. gesellschaftsrechtliche Richtlinie der EG, AG, H. 12, 26. Jg., 1981, S. 325-341.

Kirchner, C.: (Weltbilanzen)
Weltbilanzen. Probleme der internationaler Konzernrechnungslegung, Diss., Wiesbaden 1978.

Kirsch, H.-J.: (Equity-Methode)
Die Equity-Methode im Konzernabschluß, Diss., Düsseldorf 1990.

Kirsch, H.-J.: (Standards)
International Accounting Standards, WiSt, H. 11, 25. Jg., 1996, S. 581-582.

Kleber, H.: (Kommentierung IAS 31)
Kommentierung der IASC-Standards; in: Rechnungslegung nach International Accounting Standards (IAS). Kommentar auf der Grundlage des deutschen Bilanzrechts; Hrsg. Baetge, J./Dörner, D./Kleekämper, H./Wollmert, P., Stuttgart 1997, Teil B, IAS 31.

Kleekämper, H.: (Aktivitäten)
Aktivitäten und Tendenzen im IASC; in: IASC-Rechnungslegung. Beiträge zu aktuellen Problemen; Hrsg. Dörner, D./Wollmert, P., Düsseldorf 1995, S. 99-127.

Kleekämper, H.: (Rechnungslegung)
Rechnungslegung aus der Sicht des IASC; in: Die deutsche Rechnungslegung vor dem Hintergrund internationaler Entwicklungen. Vorträge und Diskussionen aus nationaler und internationaler Sicht zum 10. Münsterischen Tagesgespräch: "Haben die deutschen Rechnungslegungsvorschriften noch eine Chance?"; Hrsg. Baetge, J., Düsseldorf 1994, S. 41-65.

Kleekämper, H./Kuhlewind, A.-M.: (Organisation)
Organisation, Entwicklung und Bedeutung des IASC; in: Rechnungslegung nach International Accounting Standards (IAS). Kommentar auf der Grundlage des deutschen Bilanzrechts; Hrsg. Baetge, J./Dörner, D./Kleekämper, H./Wollmert, P., Stuttgart 1997, Teil A, Kap. I.

Klein, A./Partsch, F.: (Bedeutung)
Bedeutung und Besonderheiten handelsrechtlicher Jahresabschlußpolitik für Banken, ÖBA, H. 12, 42. Jg., 1994, S. 939-947.

Klein, G.: (Zwecke)
Zwecke des Konzernabschlusses; in: Handbuch der Konzernrechnungslegung. Kommentar zur Bilanzierung und Prüfung; Hrsg. Küting, K./Weber, C.-P., Stuttgart 1989, Kap. II, Rn. 844-910.

Klein, H.-D.: (Konzernbilanzpolitik)
Konzernbilanzpolitik, Diss., Heidelberg 1989.

Klein, K.-G.: (Zwischenergebniseliminierung)
Zwischenergebniseliminierung; in: Beck'sches Handbuch der Rechnungslegung; Loseblatt-Ausgabe; Hrsg. Castan, E./Heymann, G./Müller, E./Ordelheide, D./Scheffler, E., München 1987, Stand: Oktober 1996, Bd. II, C 430.

Klemm, U.: (Saldierung)
Verstößt die Saldierung aktiver und passiver latenter Steuern gegen das Vorsichtsprinzip?, WPg, H. 10, 37. Jg., 1984, S. 267-270.

Kloock, J.: (Bilanzpolitik)
Bilanzpolitik und Maßgeblichkeitsprinzip aus handelsrechtlicher Sicht, BFuP, H. 2, 41. Jg., 1989, S. 141-158.

Knop, W./Küting, K.: (Kommentierung § 255)
Kommentierung des § 255; in: Handbuch der Rechnungslegung, Kommentar zur Bilanzierung und Prüfung, Bd. Ia; Hrsg. Küting, K./Weber, C.-P., 4. Aufl., Stuttgart 1995.

Köllhofer, D.: (Beteiligungen)
Beteiligungen im Jahresabschluß der Kreditinstitute, Die Bank, H. 9, o.Jg., 1977, S. 13-19.

Köllhofer, D./Sprißler, W.: (Informationswesen)
Informationswesen und Kontrolle im Bankbetrieb; in: Geld-, Bank- und Börsenwesen; Hrsg. Kloten, N./Stein, J. H. v., 39. Aufl., Stuttgart 1993, S. 782-910.

Kofahl, G.: (Bilanzierungspolitik)
Bilanzierungspolitik, WPg, H. 23, 9. Jg., 1956, S. 541-554.

Kohl, R.: (Kompetenz)
Die Kompetenz zur Bildung von Gewinnrücklagen im Aktienkonzern. Eine Untersuchung unter Einfluß methodologischer und rechtshistorischer Aspekte, Diss., Berlin 1991.

Kolbeck, R.: (Planung)
Bankbetriebliche Planung. Planungsmöglichkeiten bei Kreditbanken, Sparkassen und Kreditgenossenschaften, Wiesbaden 1971.

Kommission Rechnungswesen im Verband der Hochschullehrer für Betriebswirtschaft e.V.: (Stellungnahme)
Stellungnahme zur Umsetzung der 7. EG-Richtlinie (Konzernabschluß-Richtlinie), DBW, H. 3, 45. Jg., 1985, S. 267-276.

KPMG Deutsche Treuhand-Gesellschaft (Hrsg.): (Standards)
International Accounting Standards. Eine Einführung in die Rechnungslegung nach den Grundsätzen des IASC, 2. Aufl., Düsseldorf 1996.

Krag, H.: (Grundsätze)
Grundsätze ordnungsmäßiger Bankbilanzierung und Bankbilanzpolitik, Diss., Wiesbaden 1971.

Krag, J./Müller, H.: (Zweckmäßigkeit)
Zur Zweckmäßigkeit von Teilkonzernabschlüssen der 7. EG-Richtlinie für Minderheitsgesellschafter, BB, H. 5, 40. Jg., 1985, S. 307-312.

Krawitz, N.: (Abgrenzung)
Die Abgrenzung des Konsolidierungskreises - Gesetzliche Regelungen, empirische Befunde und theoretische Schlußfolgerungen -, WPg, H. 9, 49. Jg., 1996, S. 342-357.

Krawitz, N.: (Kommentierung § 289)
Kommentierung des § 289 HGB; in: Bonner Handbuch Rechnungslegung; Textsammlung, Einführung, Kommentierung, Bd. II, Fach 4; Hrsg. Albrecht, W./Hofbauer, M. A./Grewe, W./Kupsch, P./Scherrer, G., Bonn 1986, Stand: Mai 1995.

Krayenbühl, T. E.: (Konkurrenzbeobachtung)
Konkurrenzbeobachtung im Bankwesen, ZfgK, H. 21, 35. Jg., 1982, S. 961-962.

Krehl, H.: (Konzernbilanzanalyse)
Konzernbilanzanalyse: Viele Vorschriften - Viel Arbeit - Viel Nutzen?, BFuP, H. 4, 41. Jg., 1989, S. 355-372.

Kremkow, K.-D.: (Grundlagen)
Grundlagen bankbetrieblicher Rechnungslegung. Bilanzaufgaben und -vorschriften einer zukunftsbezogenen an den Interessen der Adressaten orientierten Rechnungslegung von Bankbetrieben, Diss., Berlin 1980.

Kroeber-Riel, W.: (Informationsüberlastung)
Weniger Informationsüberlastung durch Bildkommunikation. Zur Verwendung von Bildern in kommerziellen Kommunikationssystemen, WiSt, H. 10, 16. Jg., 1987, S. 485-489.

Kropff, B.: (Aktiengesetz)
Aktiengesetz - Textausgabe des Aktiengesetzes vom 6.9.1965 und des Einführungsgesetzes zum Aktiengesetz vom 6.9.1965 mit Begründung des Regierungsentwurfs und dem Bericht des Rechtsausschusses des Deutschen Bundestags, Düsseldorf 1965.

Krumnow, J.: (Bilanzierung)
Auch in der Bilanzierung Globalität beweisen - International Accounting Standards schaffen erweiterte Transparenz der Rechnungslegung für Banken, Börsen-Zeitung, Nr. 39, 24. Februar 1996, S. 5.

Krumnow, J.: (Bankenrechnungslegung)
Europäische Bankenrechnungslegung in Deutschland, ZfgK, H. 11, 46. Jg., 1993, S. 506-515.

Krumnow, J.: (IAS-Rechnungslegung)
IAS-Rechnungslegung für Banken, Die Bank, H. 7, o.Jg., 1996, S. 396-403.

Krumnow, J.: (Kommentierung IAS 30)
Kommentierung der IASC-Standards; in: Rechnungslegung nach International Accounting Standards (IAS). Kommentar auf der Grundlage des deutschen Bilanzrechts; Hrsg. Baetge, J./Dörner, D./Kleekämper, H./Wollmert, P., Stuttgart 1997, Teil B, IAS 30.

Krumnow, J.: (Konzerne)
Konzerne können nicht global handeln und provinziell bilanzieren, Handelsblatt, Nr. 40, 26. Februar 1996, S. 18.

Krumnow, J./Sprißler, W./Bellavite-Hövermann, Y./Kemmer, M./Steinbrücker, H.: (Einführung; Kommentierung § 340f HGB, § 340h HGB und § 340i, j HGB)
Rechnungslegung der Kreditinstitute: Kommentar zum Bankbilanzrichtlinie-Gesetz und zur RechKredV, Stuttgart 1994.

Kruse, H. W.: (Grundsätze)
Grundsätze ordnungsmäßiger Buchführung. Rechtsnatur und Bestimmung, 3. Aufl., Köln 1978.

Kubin, K. W./Lück, W.: (Währungsumrechnungsmethode)
Zur funktionalen Währungsumrechnungsmethode in internationalen Konzernabschlüssen. Anmerkungen zum Grundsatz Nr. 52 des FASB, BFuP, H. 4, 36. Jg., 1984, S. 357-383.

Kuck, H.: (Kreditinstitute)
Die 100 größten deutschen Kreditinstitute, Die Bank, H. 8, o.Jg., 1996, S. 506-507.

Kühnberger, M.: (Bedeutung)
Zur Bedeutung internationaler Rechnungslegungsstandards für deutsche Unternehmen, RIW, H. 7, 42. Jg., 1996, S. 566-576.

Kühr, M.: (Konsolidierungsmaßnahmen)
Erfolgswirksame und erfolgsneutrale Konsolidierungsmaßnahmen; in: Der konsolidierte Abschluß unter Berücksichtigung der 4. und der 7. EG-Richtlinie; Hrsg. Kempe, H. H., Würzburg; Wien 1983, S. 71-91.

Küting, K.: (Fragen)
Aktuelle Fragen der Kapitalkonsolidierung (Teil I) und (Teil II), DStR, 33. Jg., 1995, H. 5, S. 192-196, H. 6, S. 229-234.

Küting, K.: (Herausforderung)
Das neue Bilanzrecht: Eine Herausforderung an die deutsche Bilanzierungspraxis - 30 Thesen zum neuen Bilanzrecht -, DB, H. 1, 40. Jg., 1987, S. 1-10.

Küting, K.: (Bilanzrecht)
Das neue europäische Bilanzrecht, WPK-Mitt., H. 4, 31. Jg., 1992, S. 145-152.

Küting, K.: (Quotenkonsolidierung)
Die Quotenkonsolidierung nach der 7. EG-Richtlinie. Anwendungsprobleme und kritische Würdigung, BB, H. 13, 38. Jg., 1983, S. 804-814.
Küting, K.: (Plädoyer)
Ein erneutes Plädoyer für eine Einheitsbesteuerung - Fortschrittliches Konzernrechnungswesen als Grundlage einheitlicher Konzernbesteuerung -, DB, H. 10, 43. Jg., 1990, S. 489-497.
Küting, K.: (Konsolidierungspraxis)
Konsolidierungspraxis. Grundsätze ordnungsmäßiger Konsolidierung und die Konsolidierungspraxis deutscher Konzerne, 2. Aufl., Berlin 1981.
Küting, K.: (Konzernrechnungslegung)
Konzernrechnungslegung nach neuem Recht. Eine Einführung, BBK, Fach 14, 1988, Nr. 17, S. 8009-8024, Nr. 18, S. 8025-8040, Nr. 19, S. 8041-8054.
Küting, K.: (Abgrenzung)
Zur Abgrenzung des Konsolidierungsbereichs gemäß § 329 Abs. 2 AktG (II), WISU, H. 9, 4. Jg., 1975, S. 429-430.
Küting, K.: (Problematik)
Zur Problematik des Ausgleichspostens für Anteile in Fremdbesitz im Rahmen des zukünftigen Konzernbilanzrechts, ZfB, H. 6, 54. Jg., 1984, S. 548-568.
Küting, K./Dusemond, M./Nardmann, B.: (Probleme)
Ausgewählte Probleme der Kapitalkonsolidierung in Theorie und Praxis, BB, Beilage 8 zu H. 14, 1994.
Küting, K./Haeger, B.: (Berücksichtigung)
Die Berücksichtigung steuerrechtlich bedingter Sachverhalte im Konzernabschluß. Eine kritische Analyse des § 308 Abs. 3 HGB, BB, H. 19, 42. Jg., 1987, S. 1285-1295.
Küting, K./Haeger, B.: (Zwischenergebniseliminierung)
Zwischenergebniseliminierung und steuerrechtlich bedingte Wertansätze im Rahmen der Konzernrechnungslegung, BB, H. 20, 42. Jg., 1987, S. 1359-1362.
Küting, K./Hayn, S.: (Konzernabschluß)
Der internationale Konzernabschluß als Eintrittskarte zum weltweiten Kapitalmarkt, BB, H. 13, 50. Jg., 1995, S. 662-672.
Küting, K./Hayn, S.: (Unterschiede)
Unterschiede zwischen den Rechnungslegungsvorschriften von IASC und SEC/FASB vor dem Hintergrund einer internationalisierten Rechnungslegung in Deutschland (Teil I), DStR, H. 41, 33. Jg., 1995, S. 1601-1604.
Küting, K./Kaiser, T.: (Bilanzpolitik)
Bilanzpolitik in der Unternehmenskrise, BB, Beilage 2 zu H. 3, 1994.

Küting, K./Köthner, R./Zündorf, H.: (Kommentierung § 311)
Kommentierung des § 311 HGB; in: Handbuch der Konzernrechnungslegung. Kommentar zur Bilanzierung und Prüfung; Hrsg. Küting, K./Weber, C.-P., Stuttgart 1989.
Küting, K./Weber, C.-P.: (Konzernabschluß)
Der Konzernabschluß: Lehrbuch und Fallstudie zur Praxis der Konzernrechnungslegung, 4. Aufl., Stuttgart 1997.
Küting, K./Weber, C.-P.: (Bilanzanalyse)
Die Bilanzanalyse: Lehrbuch zur Beurteilung von Einzel- und Konzernabschlüssen, 3. Aufl., Stuttgart 1997.
Küting, K./Weber, C.-P.: (Bilanzierung)
Internationale Bilanzierung: Rechnungslegung in den USA, Japan und Europa, Herne; Berlin 1994.
Küting, K./Weber, C.-P./Dusemond, M.: (Kapitalkonsolidierung)
Kapitalkonsolidierung im mehrstufigen Konzern, BB, H. 16, 46. Jg., 1991, S. 1082-1090.
Küting, K./Zündorf, H.: (Equity-Methode)
Die Equity-Methode im deutschen Bilanzrecht, BB, Beilage 7 zu H. 21, 1986.
Küting, K./Zündorf, H.: (Ermittlung)
Die Ermittlung der Minderheitsanteile im Rahmen der Buchwert- und der Neubewertungsmethode des künftigen Bilanzrechts, BB, H. 18, 40. Jg., 1985, S. 1166-1173.
Küting, K./Zündorf, H.: (Praxis)
Die Praxis des Equity-Accounting. Erste Erfahrungen mit dem neuen Bilanzrecht, BB, H. 13, 43. Jg., 1988, S. 872-881.
Küting, K./Zündorf, H.: (Handelsbilanz)
Handelsbilanz I und II; in: Lexikon der Rechnungslegung und Abschlußprüfung; Hrsg. Lück, W., 2. Aufl., Marburg 1989, S. 348-351.
Küting, K./Zündorf, H.: (Kommentierung § 312)
Kommentierung des § 312 HGB; in: Handbuch der Konzernrechnungslegung. Kommentar zur Bilanzierung und Prüfung; Hrsg. Küting, K./Weber, C.-P., Stuttgart 1989.
Küting, K./Zündorf, H.: (Zurechnungsmodalitäten)
Zurechnungsmodalitäten stiller Reserven im Rahmen der Kapitalkonsolidierung nach künftigem Konzernbilanzrecht, BB, H. 20, 40. Jg., 1985, S. 1302-1310.
Kuhner, C.: (Erfolgsperiodisierung)
Erfolgsperiodisierung bei Fremdwährungsgeschäften mit "besonderer Deckung" nach § 340h HGB, DB, H. 29, 45. Jg., 1992, S. 1435-1439.
Kupsch, P.: (Unternehmungsziele)
Unternehmungsziele, Stuttgart; New York 1979.

Kußmaul, H.: (Grundzüge)
Grundzüge der Konzernrechnungslegung (Teil I) und (Teil IV), StB, 45. Jg., 1994, H. 6, S. 233-238, H. 9, S. 359-362.

Kußmaul, H.: (Kennzahlen)
Kennzahlen und Kennzahlensysteme - ihre Möglichkeiten und Grenzen für die externe Analyse des Jahresabschlusses (Teil I) und (Teil II), StB, 35. Jg., 1984, H. 5, S. 145-159, H. 6, S. 191-201.

Kußmaul, H./Lutz, R.: (Grundlagen)
Grundlagen der Bilanzpolitik, WiSt, H. 7, 22. Jg., 1993, S. 342-347.

Kußmaul, H./Lutz, R.: (Instrumente)
Instrumente der Bilanzpolitik. Systematisierungsmöglichkeiten und Bewertungskriterien, WiSt, H. 8, 22. Jg., 1993, S. 399-403.

Kußmaul, H./Lutz, R.: (Bilanzpolitik)
Instrumente der Bilanzpolitik. Wichtige Aktionsparameter der Bilanzierung und Bewertung, WiSt, H. 9, 22. Jg., 1993, S. 440-445.

Lange, S.: (Wahl)
Die Wahl des Konsolidierungsstichtages, DStR, H. 21, 31. Jg., 1993, S. 774-778.

Lange, S.: (Vereinheitlichung)
Vereinheitlichung des Bilanzstichtags; in: Beck'sches Handbuch der Rechnungslegung; Loseblatt-Ausgabe; Hrsg. Castan, E./Heymann, G./Müller, E./Ordelheide, D./Scheffler, E., München 1987, Stand: Oktober 1996, Bd. II, C 320.

Langenbucher, G.: (Jahresabschlüssen)
Die Umrechnung von Jahresabschlüssen - Die neue Stellungnahme No. 52 des FASB -, DB, H. 8, 35. Jg., 1982, S. 389-394.

Langenbucher, G.: (Umrechnung)
Umrechnung von Fremdwährungsabschlüssen; in: Handbuch der Konzernrechnungslegung. Kommentar zur Bilanzierung und Prüfung; Hrsg. Küting, K./Weber, C.-P., Stuttgart 1989, Kap. II, Rn. 969-1144.

Langer, K.: (Steuern)
Steuern im Konzernabschluß unter besonderer Berücksichtigung der Konsolidierung von Verlustvorträgen; in: Das Rechnungswesen im Konzern: intern - extern; Hrsg. Küting, K./Weber, C.-P., Stuttgart 1995, S. 53-66.

Lederle, H.: (Vereinheitlichung)
Vereinheitlichung der Bilanzinhalte; in: Beck'sches Handbuch der Rechnungslegung; Loseblatt-Ausgabe; Hrsg. Castan, E./Heymann, G./Müller, E./Ordelheide, D./Scheffler, E., München 1987, Stand: Oktober 1996, Bd. II, C 300.

Leffson, U.: (Bild)
Bild der tatsächlichen Verhältnisse; in: Handwörterbuch unbestimmter Rechtsbegriffe im Bilanzrecht des HGB; Hrsg. Leffson, U./Rückle, D./Großfeld, B., Köln 1986, S. 94-105.

Leffson, U.: (Grundsätze)
Die Grundsätze ordnungsmäßiger Buchführung, 7. Aufl., Düsseldorf 1987.

Leffson, U./Rückle, D./Großfeld, B. (Hrsg.): (Handwörterbuch)
Handwörterbuch unbestimmter Rechtsbegriffe im Bilanzrecht des HGB, Köln 1986.

Liener, G.: (Unternehmen)
Internationale Unternehmen brauchen eine globalisierte Rechnungslegung, ZfB, H. 3, 62. Jg., 1992, S. 269-292.

Lochner, S.: (Steuern)
Latente Steuern im Einzel- und Konzernabschluß, BB, H. 33, 45. Jg., 1990, S. 2289-2300.

Lorson, P.: (Arten)
Handelsbilanzrecht; Teil B: Arten, Bestandteile und Funktionen des Jahresabschlusses, BBK, Nr. 10, Fach 18, 1994, S. 309-320.

Lück, W.: (Umrechnung)
Die Umrechnung der Jahresabschlüsse ausländischer Konzerngesellschaften und die Behandlung von Umrechnungsdifferenzen für die Aufstellung internationaler Konzernabschlüsse, Düsseldorf 1974.

Lück, W.: (Kommentierung § 315)
Kommentierung des § 315 HGB; in: Handbuch der Konzernrechnungslegung. Kommentar zur Bilanzierung und Prüfung; Hrsg. Küting, K./Weber, C.-P., Stuttgart 1989.

Lück, W.: (Materiality)
Materiality in der internationalen Rechnungslegung. Das pflichtgemäße Ermessen des Abschlußprüfers und der Grundsatz der Wesentlichkeit, Wiesbaden 1975.

Lück, W.: (Rechnungslegung)
Rechnungslegung im Konzern, Stuttgart 1994.

Lück, W./Jung, U.: (Währungsumrechnung)
Währungsumrechnung im Konzernabschluß, WISU, H. 2, 17. Jg., 1988, S. 91-97.

Maas, U./Schruff, W.: (Konzernabschluß)
Der Konzernabschluß nach neuem Recht (Teil I) und (Teil II), WPg, 39. Jg., 1986, H. 8, S. 201-210, H. 9, S. 237-246.

Maas, *U./Schruff, W.:* (Stichtage)
Unterschiedliche Stichtage im künftigen Konzernabschluß? - Eine Stellungnahme zur Transformation von Art. 27 der 7. EG-Richtlinie -, WPg, H. 1, 38. Jg., 1985, S. 1-6.

Macharzina, K.: (Unternehmensführung)
Unternehmensführung: das internationalen Managementwissen; Konzepte - Methoden - Praxis, 2. Aufl., Wiesbaden 1995.

Malt, F.: (Zusammenhang)
Der überperiodische Zusammenhang zwischen der Bildung und Auflösung stiller Reserven in Bilanzen von Kreditinstituten, Kredit und Kapital, 2. Jg., 1969, S. 306-327.

Marettek, A.: (Ermessensspielräume)
Ermessensspielräume bei der Bestimmung wichtiger aktienrechtlicher Wertansätze, WiSt, H. 11, 5. Jg., 1976, S. 515-520.

Marker, H. F.: (Bilanzfälschung)
Bilanzfälschung und Bilanzverschleierung. Eine Untersuchung zur historischen Entwicklung der Begriffe in Gesetzgebung, Rechtsprechung und Literatur, Düsseldorf 1970.

Mattes, H.: (Bankbilanz)
Die konsolidierte Bankbilanz als Instrument der Konzernpolitik, Neue Betriebswirtschaft, o.Jg., 1971, S. 71-77.

Maul, K.-H.: (Lagebericht)
Der Lagebericht nach der 4. EG-Richtlinie und dem Entwurf des Bilanzrichtlinie-Gesetzes, WPg, H. 7, 37. Jg., 1984, S. 187-193.

Maul, K.-H.: (Bußgeldvorschriften)
Straf- und Bußgeldvorschriften; Zwangsgelder; in: Handbuch der Konzernrechnungslegung. Kommentar zur Bilanzierung und Prüfung; Hrsg. Küting, K./Weber, C.-P., Stuttgart 1989, Kap. II, Rn. 1622-1712.

Mellerowicz, K.: (Unternehmenspolitik)
Unternehmenspolitik; Bd. III: Operative Teilpolitiken und Konzernführung, 4. Aufl., Freiburg im Breisgau 1978.

Menn, B.-J.: (Übernahme)
Was bedeutet die Übernahme der IAS für deutsche Unternehmen? Warum - Wie - Wieweit - Wohin; in: Globale Finanzmärkte: Konsequenzen für Finanzierung und Unternehmensrechnung; Kongreß-Dokumentation / 49. Deutscher Betriebswirtschafter-Tag 1995; Hrsg. Schmalenbach-Gesellschaft - Deutsche Gesellschaft für Betriebswirtschaft e.V., Stuttgart 1996, S. 121-135.

Merkle, E.: (Formeln)
Betriebswirtschaftliche Formeln und Kennzahlen und deren betriebswirtschaftliche Relevanz, WiSt, H. 7, 11. Jg., 1982, S. 325-330.

Meyer, C.: (Bilanzierung)
Bilanzierung nach Handels- und Steuerrecht unter Einschluß der Konzernrechnungslegung; Darstellung, Kontrollfragen, Aufgaben, Lösungen, 9. Aufl., Herne; Berlin 1992.

Meyer, C.: (Bankbilanz)
Die Bankbilanz als finanzielles Führungsinstrument, 3. Aufl., Bern; Stuttgart 1991.

Meyer, C.: (Konzern-Bilanzpolitik)
Konzern-Bilanzpolitik - Versuch einer systematischen Darstellung, BFuP, H. 9, 24. Jg., 1972, S. 471-484.

Meyer, C./Isenmann, S.: (Bankbilanzrichtlinie-Gesetz)
Bankbilanzrichtlinie-Gesetz. Ein Handbuch für den Jahresabschluß, Stuttgart 1993.

Möhlmann, T./Diethard, K.: (Operationalisierung)
Zur Operationalisierung der "untergeordneten Bedeutung" in der Konzernrechnungslegung, BB, H. 4, 51. Jg., 1996, S. 205-211.

Moxter, A.: (Probleme)
Bilanzrechtliche Probleme beim Geschäfts- oder Firmenwert; in: Festschrift für Johannes Semler zum 70. Geburtstag am 28. April 1993, Unternehmen und Unternehmensführung im Recht; Hrsg. Bierich, M./Hommelhoff, P./Kropff, B., Berlin; New York 1993, S. 853-861.

Moxter, A.: (Einfluß)
Der Einfluß der Publizitätsvorschriften auf das unternehmerische Verhalten; Habilitationsschrift, Köln; Opladen 1962.

Müller, E.: (Einfluß)
Der Einfluß des Bilanzrichtlinie-Gesetzes auf die Daten zur Steuerung eines Konzerns, DB, H. 5, 38. Jg., 1985, S. 241-247.

Müller, E.: (Konzernrechnungslegung)
Konzernrechnungslegung deutscher Unternehmungen auf der Basis der 7. EG-Richtlinie, DBW, H. 1, 37. Jg., 1977, S. 53-65.

Müller, E.: (Pflicht)
Pflicht zur Equity-Bewertung und Kreis der Equity-Unternehmen; in: Beck'sches Handbuch der Rechnungslegung; Loseblatt-Ausgabe; Hrsg. Castan, E./Heymann, G./Müller, E./Ordelheide, D./Scheffler, E., München 1987, Stand: Oktober 1996, Bd. II, C 510.

Müller, E./Lauer, C. E.: (Konsolidierung)
Konsolidierung im Rahmen der Equity-Methode; in: Beck'sches Handbuch der Rechnungslegung; Loseblatt-Ausgabe; Hrsg. Castan, E./Heymann, G./Müller, E./Ordelheide, D./Scheffler, E., München 1987, Stand: Oktober 1996, Bd. II, C 511.

Müller, H.: (Umrechnung)
Die Umrechnung der Jahresabschlüsse ausländischer Tochterunternehmen nach dem Prinzip der Wertäquivalenz, RIW, H. 11, 33. Jg., 1987, S. 847-857.

Müller, H.: (Jahresabschluß)
Jahresabschluß der Kreditinstitute; in: Bankbetriebslehre (2), 4. Hauptteil: Rechnungswesen, Bd. III der Bank-Enzyklopädie aus dem Unterrichts- und Nachschlagewerk der Bankakademie, Wiesbaden 1975, S. 73-146.

Müller, K.: (Währungsumrechnung)
Die Währungsumrechnung im Rahmen der internationalen Konzernrechnungslegung. Zur Entwicklung von Grundsätzen ordnungsmäßiger Währungsumrechnung und eines darauf aufbauenden Umrechnungsvorschlages unter Berücksichtigung der derzeitigen internationalen Diskussion, Frankfurt am Main; Bern; New York 1985.

Müller-Dahl, F. P.: (Bilanzierung)
Die Bilanzierung des Goodwill - betriebswirtschaftlich sowie handels- und steuerrechtlich unter Berücksichtigung des Vorentwurfs eines Bilanzrichtlinie-Gesetzes, BB, H. 5, 36. Jg., 1981, S. 274-284.

Münstermann, H.: (Bilanzen)
Konsolidierte Bilanzen deutscher Konzerne; in: Konzernbilanzen; Hrsg. Käfer, K./Münstermann, H., Zürich 1958, S. 41-53.

Nahe, O.: (Konzernbilanzpolitik)
Konzernbilanzpolitik beim Engagement an einem notleidenden Unternehmen - Aspekte der besonderen Unternehmenssituation und der Sanierung -, Diss., Hamburg 1991.

Nahlik, W.: (Konzernbilanzrecht)
Konzernbilanzrecht für das Kreditgeschäft, Die Bank, H. 8, o.Jg., 1990, S. 455-463.

Nahlik, W.: (Instrumente)
Möglichkeiten der Bilanzpolitik. Instrumente zur Ergebnissteuerung, Bankkaufmann, H. 6, o.Jg., 1989, S. 37-40.

Nahlik, W.: (Praxis)
Praxis der Jahresabschlußanalyse: Recht, Risiko, Rentabilität, Wiesbaden 1989.

Naumann, T. K.: (Fremdwährungsumrechnung)
Fremdwährungsumrechnung von Bankbilanzen nach neuem Recht, Düsseldorf 1992.

Neth, M.: (Berechnung)
Die Berechnung der Herstellungskosten als bilanzpolitisches Mittel, Düsseldorf 1971.

Niehus, R. J.: (EG-Richtlinie)
Die 7. EG-Richtlinie und die "Pooling-of-Interests"-Methode einer konsolidierten Rechnungslegung - Zugleich eine Besprechung von "Accounting for acquisitions and mergers" -, WPg, H. 15/16, 36. Jg., 1983, S. 437-446.

Niehus, R. J.: (Equity-Bewertung)
Die Equity-Bewertung; in: HdJ: Handbuch des Jahresabschlusses in Einzeldarstellungen; Abt. V/3; Loseblatt-Ausgabe; Hrsg. Wysocki, K. v./Schulze-Osterloh, J., Köln 1984, Stand: November 1995.

Niehus, R. J.: (Angaben)
Freiwillige nicht GoB-konforme Angaben im Anhand und der Bestätigungsvermerk des Abschlußprüfers, WPg, H. 4, 41. Jg., 1988, S. 93-101.

Niehus, R. J.: (Heterogenität)
Heterogenität eines Konzernunternehmens als Grund für die Nicht-Einbeziehung von Tochterunternehmen in den Konzernabschluß?, DB, H. 17, 41. Jg., 1988, S. 869-873.

Niehus, R. J.: (Konzernrechnungslegung)
Konzernrechnungslegung im Übergang, ZfB, Ergänzungsheft 1, 1987, S. 275-298.

Niehus, R. J.: ("Materiality")
"Materiality" ("Wesentlichkeit") - Ein Grundsatz der Rechnungslegung auch im deutschen Handelsrecht?, WPg, H. 1, 34. Jg., 1981, S. 1-14.

Niehus, R. J.: (Vor-Bemerkungen)
Vor-Bemerkungen zu einer Konzernbilanzrichtlinie (Teil II). Die 7. EG-Richtlinie und einige Probleme der Konsolidierungstechnik nach zukünftigem Recht, WPg, H. 12, 37. Jg., 1984, S. 320-326.

Niehus, R. J./Scholz, W.: (Kommentierung § 300)
Kommentierung des § 300 HGB; in: Handelsgesetzbuch (ohne Seerecht); Kommentar, Bd. 3, Drittes Buch §§ 238-342; Hrsg. Emmerich, V./Herrmann, H./Honsell, T./Horn, N./Jung, W./Niehus, R. J./Otto, H./Sonnenschein, J., Berlin; New York 1989.

Niehus, R. J./Scholz, W.: (Kommentierung § 301)
Kommentierung des § 301 HGB; in: Handelsgesetzbuch (ohne Seerecht); Kommentar, Bd. 3, Drittes Buch §§ 238-342; Hrsg. Emmerich, V./Herrmann, H./Honsell, T./Horn, N./Jung, W./Niehus, R. J./Otto, H./Sonnenschein, J., Berlin; New York 1989.

Niehus, R. J./Scholz, W.: (Kommentierung § 302)
Kommentierung des § 302 HGB; in: Handelsgesetzbuch (ohne Seerecht); Kommentar, Bd. 3, Drittes Buch §§ 238-342; Hrsg. Emmerich, V./Herrmann, H./Honsell, T./Horn, N./Jung, W./Niehus, R. J./Otto, H./Sonnenschein, J., Berlin; New York 1989.

Niehus, R. J./Scholz, W.: (Kommentierung § 303)
Kommentierung des § 303 HGB; in: Handelsgesetzbuch (ohne Seerecht); Kommentar, Bd. 3, Drittes Buch §§ 238-342; Hrsg. Emmerich, V./Herrmann, H./Honsell, T./Horn, N./Jung, W./Niehus, R. J./Otto, H./Sonnenschein, J., Berlin; New York 1989.

Niehus, R. J./Scholz, W.: (Kommentierung § 308)
Kommentierung des § 308 HGB; in: Handelsgesetzbuch (ohne Seerecht); Kommentar, Bd. 3, Drittes Buch §§ 238-342; Hrsg. Emmerich, V./Herrmann, H./Honsell, T./Horn, N./Jung, W./Niehus, R. J./Otto, H./Sonnenschein, J., Berlin; New York 1989.

Niehus, R. J./Scholz, W.: (Kommentierung § 309)
Kommentierung des § 309 HGB; in: Handelsgesetzbuch (ohne Seerecht); Kommentar, Bd. 3, Drittes Buch §§ 238-342; Hrsg. Emmerich, V./Herrmann, H./Honsell, T./Horn, N./Jung, W./Niehus, R. J./Otto, H./Sonnenschein, J., Berlin; New York 1989.

Niehus, R. J./Scholz, W.: (Kommentierung § 311)
Kommentierung des § 311 HGB; in: Handelsgesetzbuch (ohne Seerecht); Kommentar, Bd. 3, Drittes Buch §§ 238-342; Hrsg. Emmerich, V./Herrmann, H./Honsell, T./Horn, N./Jung, W./Niehus, R. J./Otto, H./Sonnenschein, J., Berlin; New York 1989.

Niehus, R. J./Scholz, W.: (Kommentierung § 314)
Kommentierung des § 314 HGB; in: Handelsgesetzbuch (ohne Seerecht); Kommentar, Bd. 3, Drittes Buch §§ 238-342; Hrsg. Emmerich, V./Herrmann, H./Honsell, T./Horn, N./Jung, W./Niehus, R. J./Otto, H./Sonnenschein, J., Berlin; New York 1989.

Niemann, W./Schmidt, A.: (Anschaffungskostenerhöhung)
Anschaffungskostenerhöhung, nachträgliche; in: Beck'sches Steuerberater-Handbuch 1996/97; Gesamtverantwortung Pelka, J./Niemann, W., München 1996, Teil A, Rz. 75-78.

Nolte, E.-D.: (Grundzüge)
Grundzüge der Bankenrichtlinie - Die EG-Rechnungslegungsvorschriften für Kreditinstitute und Finanzinstitute -, WPg, H. 19, 40. Jg., 1987, S. 561-572.

Nordmeyer, A.: (Einbeziehung)
Die Einbeziehung von Joint Ventures in den Konzernabschluß, WPg, H. 10, 47. Jg., 1994, S. 301-311.

o.V.: (Fusionskarussell)
Das Fusionskarussell im Finanzgewerbe dreht sich immer schneller, F.A.Z., Nr. 55, 06. März 1998, S. 23.

o.V.: (Bank)
Deutsche Bank wächst in neue Dimension, F.A.Z., Nr. 42, 19. Februar 1998, S. 17.

o.V.: (Unternehmen)
Deutschlands größte Unternehmen in Zahlen, F.A.Z., 39. Folge, Nr. 155, 08. Juli 1997, S. B 2.

o.V.: (Bankenjahr)
Die fünf Großen hoffen auf ein besseres Bankenjahr 1995, F.A.Z., Nr. 184, 10. August 1995, S. 15.

o.V.: (Gemeinschaftsunternehmen)
Gemeinschaftsunternehmen erscheinen nur unvollkommen in der Bilanz, F.A.Z., Nr. 73, 26. März 1996, S. 27.

o.V.: (Erfolgserlebnisse)
Großbanken. Erfolgserlebnisse im Ausland - Einbrüche im operativen Geschäft, ZfgK, H. 8, 49. Jg., 1996, S. 345-348.

o.V.: (Großbanken)
Großbanken. Gute Erträge und hohe Risikovorsorge, ZfgK, H. 9, 47. Jg., 1994, S. 407-410.

o.V.: (Übernahmephantasien)
Übernahmephantasien treiben die Bank-Aktien mehr als gute Zahlen, F.A.Z., Nr. 84, 11. April 1997, S. 21.

Obermeier, A.: (Thesen)
Thesen zum anschaffungsnahen Aufwand, DStR, H. 13, 28. Jg., 1990, S. 409-411.

Odenwald, O.: (Aufstellungspflichten)
Aufstellungspflichten des Konzernabschlusses; in: Beck'sches Handbuch der Rechnungslegung; Loseblatt-Ausgabe; Hrsg. Castan, E./Heymann, G./Müller, E./Ordelheide, D./Scheffler, E., München 1987, Stand: Oktober 1996, Bd. II, C 200.

Odenwald, O.: (Konsolidierungskreis)
Konsolidierungskreis; in: Beck'sches Handbuch der Rechnungslegung; Loseblatt-Ausgabe; Hrsg. Castan, E./Heymann, G./Müller, E./Ordelheide, D./Scheffler, E., München 1987, Stand: Oktober 1996, Bd. II, C 210.

Oechsle, E./Müller, K./Wildburger, D.: (Kommentierung IAS 21)
Kommentierung der IASC-Standards; in: Rechnungslegung nach International Accounting Standards (IAS). Kommentar auf der Grundlage des deutschen Bilanzrechts; Hrsg. Baetge, J./Dörner, D./Kleekämper, H./Wollmert, P., Stuttgart 1997, Teil B, IAS 21.

Oessling, H.-P./Wiesner, P. M.: (Vorschlag)
Zum Vorschlag einer siebten EG-Richtlinie über die Konzernrechnungslegung (Teil II), AG, H. 2, 22. Jg., 1977, S. 40-44.

Oppermann, M.: (Weltbilanz)
Die Weltbilanz als Informationsinstrument für externe Interessen, DB, H. 45, 26. Jg., 1973, S. 2201-2205.

Ordelheide, D.: (Anschaffungskostenprinzip)
Anschaffungskostenprinzip im Rahmen der Erstkonsolidierung, DB, H. 10, 39. Jg., 1986, S. 493-499.

Ordelheide, D.: (Anwendungsbereich)
Anwendungsbereich und Erstkonsolidierung; in: Beck'sches Handbuch der Rechnungslegung; Loseblatt-Ausgabe; Hrsg. Castan, E./Heymann, G./Müller, E./Ordelheide, D./Scheffler, E., München 1987, Stand: Oktober 1996, Bd. II, C 401.

Ordelheide, D.: (Bilanzansatz)
Bilanzansatz und Bewertung im Konzernabschluß, WPg, H. 19, 38. Jg., 1985, S. 509-518.

Ordelheide, D.: (Konzern)
Der Konzern als Gegenstand betriebswirtschaftlicher Forschung, BFuP, H. 4, 38. Jg., 1986, S. 293-312.

Ordelheide, D.: (Konsolidierungskreis)
Endkonsolidierung bei Ausscheiden eines Unternehmens aus dem Konsolidierungskreis, BB, H. 12, 39. Jg., 1986, S. 766-772.

Ordelheide, D.: (Endkonsolidierung)
Endkonsolidierung nach der Erwerbsmethode; in: Beck'sches Handbuch der Rechnungslegung; Loseblatt-Ausgabe; Hrsg. Castan, E./Heymann, G./Müller, E./Ordelheide, D./Scheffler, E., München 1987, Stand: Oktober 1996, Bd. II, C 403.

Ordelheide, D.: (Folgekonsolidierung)
Folgekonsolidierung nach der Erwerbsmethode; in: Beck'sches Handbuch der Rechnungslegung; Loseblatt-Ausgabe; Hrsg. Castan, E./Heymann, G./Müller, E./Ordelheide, D./Scheffler, E., München 1987, Stand: Oktober 1996, Bd. II, C 402.

Ordelheide, D.: (Gefährdung)
Gefährdung der Nominalkapitalerhaltung durch die Währungsumrechnung von Auslandsinvestitionen, ZfbF, H. 10, 46. Jg., 1994, S. 795-818.

Ordelheide, D.: (Internationalisierung)
Internationalisierung der Rechnungslegung deutscher Unternehmen, WPg, H. 15, 49. Jg., 1996, S. 545-552.

Ordelheide, D.: (Kapitalkonsolidierung)
Kapitalkonsolidierung nach der Erwerbsmethode - Zur Umsetzung der 7. EG-Richtlinie in deutsches Recht - (Teil I), WPg, H. 9, 37. Jg., 1984, S. 237-245.

Ordelheide, D.: (Konzernerfolg)
Kapitalkonsolidierung und Konzernerfolg, WPg, H. 11, 40. Jg., 1987, S. 309-315.

Ordelheide, D./Pfaff, D.: (Entkonsolidierung)
Entkonsolidierung und Übergangskonsolidierung, Prüfung der; in: Handwörterbuch der Revision; Hrsg. Coenenberg, A. G./Wysocki, K. v., 2. Aufl., Stuttgart 1992, Sp. 434-446.

Oser, P.: (Kapitalkonsolidierung)
Erfolgsneutral verrechnete Geschäfts- oder Firmenwerte aus der Kapitalkonsolidierung im Lichte der Entkonsolidierung - Zugleich ein Plädoyer für die Aufgabe des Verrechnungswahlrechts nach § 309 Abs. 1 Satz 3 HGB -, WPg, H. 1, 48. Jg., 1995, S. 266-275.

Ossadnik, W.: (Auswirkungen)
Auswirkungen der Umrechnung von Fremdwährungsabschlüssen auf die Lagedarstellung des Konzerns (Teil I) und (Teil II), WPg, 44. Jg., 1991, H. 10, S. 285-294, H. 11, S. 327-332.

Ossadnik, W.: (Materiality)
Materiality als Grundsatz externer Rechnungslegung, WPg, H. 2, 48. Jg., 1995, S. 33-42.

Ossadnik, W.: (Umrechnung)
Umrechnung von Fremdwährungsposten bei der Konzern-Rechnungslegung, DStR, H. 38, 32. Jg., 1994, S. 1393-1397.

Otte, H.-H.: (Gestaltungsspielräume)
Gestaltungsspielräume bei der Erwerbskonsolidierung nach § 301 HGB. Einige Aspekte zur Darstellung der Vermögens- und Ertragslage, BB, H. 2, 49. Jg., 1988, S. 100-105.

Otte, H.-H.: (Notwendigkeit)
Notwendigkeit und Ausgestaltung einer Konzernbuchführung nach neuem Recht, BB, H. 10, 49. Jg., 1988, S. 661-666.

Packmohr, A.: (Bilanzpolitik)
Bilanzpolitik und Bilanzmanagement: Leitlinie für die optimale Gestaltung des Jahresabschlusses mit Checkliste der bilanzpolitischen Aktivitäten, Köln 1984.

Peemöller, V. H.: (Bilanzanalyse)
Bilanzanalyse und Bilanzpolitik: Einführung in die Grundlagen; Rechnungslegung, Jahresabschluß, Bilanzierung und Bewertung, Bilanzpolitik, Bilanzanalyse, Analyseinstrumente, Wiesbaden 1993.

Peemöller, V. H./Husmann, R.: (Stand)
Stand und Entwicklung der Währungsumrechnung ausgewählter Konzerne in Deutschland, DB, H. 3, 49. Jg., 1996, S. 101-107.

Pelka, J.: (Konzernbuchführung)
Konzernbuchführung: Von der Notwendigkeit eines eigenen Konzernbuchwerks zum integrierten Rechnungswesen des Konzerns, Stuttgart 1994.

Pellens, B.: (Informationswert)
Der Informationswert von Konzernabschlüssen. Eine empirische Untersuchung deutscher Börsengesellschaften, Diss., Wiesbaden 1989.

Pellens, B.: (Anwendung)
Die Anwendung der Equity-Methode auf ausländische assoziierte Mutterunternehmen (Teil I), DB, H. 14, 43. Jg., 1990, S. 679-702.

Pellens, B.: (Equity-Methode)
Equity-Methode; in: Handwörterbuch des Rechnungswesens (HWR); Hrsg. Chmielewicz, K./Schweitzer, M., 3. Aufl., Stuttgart 1993, Sp. 537-544.

Pellens, B.: (Rechnungslegung)
Internationale Rechnungslegung, Stuttgart 1997.

Pfaff, D.: (Kapitalkonsolidierung)
Kapitalkonsolidierung nach der Interessenzusammenführungsmethode; in: Beck'sches Handbuch der Rechnungslegung; Loseblatt-Ausgabe; Hrsg. Castan, E./Heymann, G./Müller, E./Ordelheide, D./Scheffler, E., München 1987, Stand: Oktober 1996, Bd. II, C 410.

Pfannschmidt, A.: (Ertragssteuern)
Ertragssteuern im Konzernabschluß, ZfB, Ergänzungsheft 1, 1990, S. 219-246.

Pfingsten, H.-D.: (Steuern)
Latente Steuern; in: Erste Erfahrungen mit den neuen Rechnungslegungsvorschriften. Stellungnahmen auf dem Deutschen Betriebswirtschaftertag 1988; Hrsg. Busse von Colbe, W./Reinhard, H., Stuttgart 1990, S. 83-88.

Pfleger, G.: (Praxis 1988)
Die neue Praxis der Bilanzpolitik: Gestaltungsmöglichkeiten in der Handels- und Steuerbilanz nach der Bilanzreform, 3. Aufl., Freiburg im Breisgau 1988.

Pfleger, G.: (Praxis 1991)
Die neue Praxis der Bilanzpolitik: Strategien und Gestaltungsmöglichkeiten im handels- und steuerrechtlichen Jahresabschluß, 4. Aufl., Freiburg im Breisgau 1991.

Piltz, K.: (Bilanzpolitik)
Bilanzpolitik heute; in: Erste Erfahrungen mit den neuen Rechnungslegungsvorschriften. Stellungnahmen auf dem Deutschen Betriebswirtschaftertag 1988; Hrsg. Busse von Colbe, W./Reinhard, H., Stuttgart 1990, S. 1-19.

Pohle, K.: (Kommentierung § 308)
Kommentierung des § 308 HGB; in: Handbuch der Konzernrechnungslegung. Kommentar zur Bilanzierung und Prüfung; Hrsg. Küting, K./Weber, C.-P., Stuttgart 1989, Kap. I, Rn. 182-208.

Pougin, E.: (Bilanzpolitik)
Bilanzpolitik; in: Schriften zur Unternehmensführung, Bd. 10, Bilanzpolitik und Bilanztaktik; Hrsg. Jacob, H., Wiesbaden, 1969, S. 5-28.

Prahl, R.: (Vorschriften)
Die neuen Vorschriften des Handelsgesetzbuches für Kreditinstitute (Teil II), WPg, H. 15, 44. Jg., 1991, S. 438-445.

Prahl, R./Naumann, T. K.: (Bankkonzernrechnungslegung)
Bankkonzernrechnungslegung nach neuem Recht: Grundsätzliche Konzepte, wichtige Vorschriften zum Übergang und andere ausgewählte Einzelfragen, WPg, H. 8, 46. Jg., 1993, S. 235-246.

Prahl, R./Naumann, T. K.: (Bilanzierung)
Zur Bilanzierung von portfolio-orientierten Handelsaktivitäten der Kreditinstitute, WPg, H. 23, 44. Jg., 1991, S. 729-739.

Räuber, D.: (Lagebericht)
Der Lagebericht. Diskrepanz zwischen Erwartung und Rechtswirklichkeit, BB, H. 19, 49. Jg., 1988, S. 1285-1292.

Rammert, S./Wilhelm, H.: (Kapitalkonsolidierung)
Die Kapitalkonsolidierung in der Bilanzierungspraxis deutscher Konzerne (Teil I), WPg, H. 4, 44. Jg., 1991, S. 98-104.

Rasch, H.: (Konzernrecht)
Deutsches Konzernrecht, 5. Aufl., Köln; Berlin; Bonn; München 1974.

Reifner, U.: (Reform)
Die Reform des Bankbilanzrechts 1993, NJW, H. 2, 46. Jg., 1993, S. 89-95.

Reige, J.: (Fragen)
Offene Fragen der Erstkonsolidierung bei der Erwerbsmethode nach Paragr. 301 HGB, BB, H. 18, 47. Jg., 1987, S. 1211-1219.

Reinhard, H.: (Kommentierung § 305)
Kommentierung des § 305 HGB; in: Handbuch der Konzernrechnungslegung. Kommentar zur Bilanzierung und Prüfung; Hrsg. Küting, K./Weber, C.-P., Stuttgart 1989.

Reintges, H.: (Bewertung)
Die einheitliche Bewertung im Konzernabschluß, WPg, H. 10, 40. Jg., 1987, S. 282-288.

Reuß, H. VII. Prinz: (Diskussion)
Zur Diskussion um den § 10a des Vorentwurfs für eine KWG-Novelle: "Konsolidierung" oder "Zusammenfassung" des Eigenkapitals, Die Bank, H. 11, o.Jg., 1983, S. 506-509.

Riebell, C.: (Konzernbilanzanalyse)
Die Konzernbilanzanalyse nach neuem Recht (Teil I), B.Bl., H. 5, 39. Jg., 1990, S. 231-237.

Riese, J.: (Ertragskonsolidierung)
Aufwands- und Ertragskonsolidierung; in: Beck'sches Handbuch der Rechnungslegung; Loseblatt-Ausgabe; Hrsg. Castan, E./Heymann, G./Müller, E./Ordelheide, D./Scheffler, E., München 1987, Stand: Oktober 1996, Bd. II, C 470.

Risse, A.: (Abschluss)
Ein Abschluss nach den International Accounting Standards für deutsche Konzerne, Diss., Wiesbaden 1996.

Risse, A.: (Standard-Setting)
Standard-Setting beim IASC: Mitwirkungsmöglichkeiten aus deutscher Sicht, RIW, H. 10, 41. Jg., 1995, S. 830-834.

Rixen, H.-H.: (Änderung)
Änderung der Rechnungslegungsvorschriften für Kreditinstitute durch das Bankbilanzrichtlinie-Gesetz, WM, Nr. 20, 45. Jg., 1991, S. 841-844.

Rixen, H.-H.: (Bankbilanzierung)
Bankbilanzierung nach neuem Recht, WM, Nr. 3, 42. Jg., 1988, S. 77-81.

Rixen, H.-H.: (EG-Bankbilanzrichtlinie)
EG-Bankbilanzrichtlinie transformiert, Die Bank, H. 11, o.Jg., 1990, S. 638-642.

Rohardt, M.: (Publizität)
Publizität von "zusätzlichen Angaben" im Jahresabschluß von Kreditinstituten vor dem Hintergrund einer Internationalisierung der Rechnungslegung, WPg, H. 6, 49. Jg., 1996, S. 213-225.

Rolfes, G.: (Gemeinschaftsunternehmen)
Gemeinschaftsunternehmen - Ziele ihrer Erreichung sowie ihre betriebswirtschaftlichen und rechtlichen Probleme, Bochum 1979.

Roll, H.-D.: (Wahlmöglichkeiten)
Die Wahlmöglichkeiten bei der Konsolidierung von Gemeinschaftsunternehmen, BB, H. 34, 42. Jg., 1987, S. 2339-2341.

Roß, N.: (Gemeinschaftsunternehmen)
Gemeinschaftsunternehmen als Gesellschafterunternehmen im Konzernabschluß - Zur Methode und zur Quote der Einbeziehung der Beteiligungsgesellschaft -, WPg, H. 18, 48. Jg., 1995, S. 617-624.

Rost, P.: (Harmonisierungsprozeß)
Der internationale Harmonisierungsprozeß der Rechnungslegung: Theorie, Praxis, Perspektiven, Diss., Frankfurt am Main; Bern; New York; Paris 1991.

Ruffert, D.: (Verordnung)
Verordnung bringt zahlreiche Neuregelungen, B.Bl., H. 2, 41. Jg., 1992, S. 122-123.

Ruhnke, K.: (Konzernbuchführung)
Konzernbuchführung, Düsseldorf 1995.

Ruhnke, K.: (Problematik)
Zur Problematik der Bestimmung der Konzernherstellungskosten; Diskussionsbeiträge des Fachbereichs Wirtschaftswissenschaft der Universität - Gesamthochschule - Duisburg, Duisburg 1990.

Ruppert, B.: (Währungsumrechnung)
Währungsumrechnung im Konzernabschluß, Diss., Düsseldorf 1993.

Sahner, F.: (Bedeutung)
Die Bedeutung des Einheitsgrundsatzes für den Konzernabschluß im Aktiengesetz und in der 7. EG-Richtlinie, ZfbF, H. 8, 33. Jg., 1981, S. 711-736.

Sahner, F.: (Kapitalkonsolidierung)
Kapitalkonsolidierung nach der 7. EG-Richtlinie; in: Der konsolidierte Abschluß unter Berücksichtigung der 4. und der 7. EG-Richtlinie; Hrsg. Kempe, H. H., Würzburg; Wien 1983, S. 38-70.

Sahner, F./Gersenich, C.: (Unternehmen)
Assoziierte Unternehmen und Equity-Bewertung, ZfB, Ergänzungsheft 1, 1990, S. 175-218.

Sahner, F./Häger, M.: (Konzernbilanzpolitik)
Konzernbilanzpolitik im Rahmen der Kapitalkonsolidierung gem. § 301 HGB, DB, H. 8, 41. Jg., 1988, S. 405-412.

Sahner, F./Häger, M.: (Zwischenerfolgseliminierung)
Zur Zwischenerfolgseliminierung beim Beteiligungsansatz "at equity", BB, H. 26, 43. Jg., 1988, S. 1780-1784.

Sahner, F./Kammers, H.: (Zugehörigkeit)
Abgrenzung des Konsolidierungskreises nach der wirtschaftlichen Zugehörigkeit, DB, H. 36, 44. Jg., 1991, S. 1841-1848.

Sahner, F./Kammers, H.: (Abgrenzung)
Die Abgrenzung des Konsolidierungskreises nach der 7. EG-Richtlinie im Vergleich zum Aktiengesetz 1965 - Ein Fortschritt? (Teil I) und (Teil II), DB, 36. Jg., 1983, H. 41, S. 2149-2153, H. 42, S. 2209-2212.

Sahner, F./Kammers, H.: (Kommentierung § 294)
Kommentierung des § 294 HGB; in: Handbuch der Konzernrechnungslegung. Kommentar zur Bilanzierung und Prüfung; Hrsg. Küting, K./Weber, C.-P., Stuttgart 1989.

Sahner, F./Kammers, H.: (Kommentierung § 295)
Kommentierung des § 295 HGB; in: Handbuch der Konzernrechnungslegung. Kommentar zur Bilanzierung und Prüfung; Hrsg. Küting, K./Weber, C.-P., Stuttgart 1989.

Sahner, F./Kammers, H.: (Kommentierung § 296)
Kommentierung des § 296 HGB; in: Handbuch der Konzernrechnungslegung. Kommentar zur Bilanzierung und Prüfung; Hrsg. Küting, K./Weber, C.-P., Stuttgart 1989.

Sandig, C.: (Bilanzpolitik)
Bilanzpolitik; in: Handwörterbuch des Rechnungswesens; Hrsg. Kosiol, E., Stuttgart 1970, Sp. 231-238.

Schäfer, H.: (Bilanzierung)
Bilanzierung von Beteiligungen an assoziierten Unternehmen nach der Equity-Methode: Untersuchung über die Anwendbarkeit der Equity-Methode in der Bundesrepublik Deutschland, Diss., Thun; Frankfurt am Main 1982.

Scharpf, P./Sohler, A.: (Jahresabschluß)
Jahresabschluß nach dem Bilanzrichtlinie-Gesetz: Bilanz, GuV und Anhang; Hrsg. Schitag, Ernst & Young, Düsseldorf 1992.

Scheibe-Lange, I.: (Vorstellungen)
Gewerkschaftliche Vorstellungen zur Rechnungslegung, Prüfung und Publizität, WPg, H. 23/24, 32. Jg., 1979, S. 641-650.

Scheld, G. A.: (Konzernbilanzpolitik)
Konzernbilanzpolitik: quantitative Wirkungen der Konzernabschlußparameter auf die Konzernbilanzstruktur und das Konzernergebnis, Diss., Frankfurt am Main; Berlin; Bern; New York; Paris; Wien 1994.

Scheren, M.: (Konzernabschlußpolitik)
Konzernabschlußpolitik: Möglichkeiten und Grenzen einer zielorientierten Gestaltung von Konzernabschlüssen, Stuttgart 1993.

Scheren, M.: (Möglichkeiten)
Möglichkeiten und Grenzen der Konzernbilanzpolitik; in: Handbuch der Konzernrechnungslegung. Kommentar zur Bilanzierung und Prüfung; Hrsg. Küting, K./Weber, C.-P., Stuttgart 1989, Kap. I, Rn. 79-181.

Scherrer, G.: (Kommentierung § 300)
Kommentierung des § 300 HGB; in: Bonner Handbuch Rechnungslegung; Textsammlung, Einführung, Kommentierung, Bd. II, Fach 4; Hrsg. Albrecht, W./Hofbauer, M. A./Grewe, W./Kupsch, P./Scherrer, G., Bonn 1986, Stand: Mai 1995.

Scherrer, G.: (Kommentierung § 301)
Kommentierung des § 301 HGB; in: Bonner Handbuch Rechnungslegung; Textsammlung, Einführung, Kommentierung, Bd. II, Fach 4; Hrsg. Albrecht, W./Hofbauer, M. A./Grewe, W./Kupsch, P./Scherrer, G., Bonn 1986, Stand: Mai 1995.

Scherrer, G.: (Kommentierung § 302)
Kommentierung des § 302 HGB; in: Bonner Handbuch Rechnungslegung; Textsammlung, Einführung, Kommentierung, Bd. II, Fach 4; Hrsg. Albrecht, W./Hofbauer, M. A./Grewe, W./Kupsch, P./Scherrer, G., Bonn 1986, Stand: Mai 1995.

Scherrer, G.: (Kommentierung § 303)
Kommentierung des § 303 HGB; in: Bonner Handbuch Rechnungslegung; Textsammlung, Einführung, Kommentierung, Bd. II, Fach 4; Hrsg. Albrecht, W./Hofbauer, M. A./Grewe, W./Kupsch, P./Scherrer, G., Bonn 1986, Stand: Mai 1995.

Scherrer, G.: (Kommentierung § 304)
Kommentierung des § 304 HGB; in: Bonner Handbuch Rechnungslegung; Textsammlung, Einführung, Kommentierung, Bd. II, Fach 4; Hrsg. Albrecht, W./Hofbauer, M. A./Grewe, W./Kupsch, P./Scherrer, G., Bonn 1986, Stand: Mai 1995.

Scherrer, G.: (Kommentierung § 305)
Kommentierung des § 305 HGB; in: Bonner Handbuch Rechnungslegung; Textsammlung, Einführung, Kommentierung, Bd. II, Fach 4; Hrsg. Albrecht, W./Hofbauer, M. A./Grewe, W./Kupsch, P./Scherrer, G., Bonn 1986, Stand: Mai 1995.

Scherrer, G.: (Kommentierung § 306)
Kommentierung des § 306 HGB; in: Bonner Handbuch Rechnungslegung; Textsammlung, Einführung, Kommentierung, Bd. II, Fach 4; Hrsg. Albrecht, W./Hofbauer, M. A./Grewe, W./Kupsch, P./Scherrer, G., Bonn 1986, Stand: Mai 1995.

Scherrer, G.: (Kommentierung § 308)
Kommentierung des § 308 HGB; in: Bonner Handbuch Rechnungslegung; Textsammlung, Einführung, Kommentierung, Bd. II, Fach 4; Hrsg. Albrecht, W./Hofbauer, M. A./Grewe, W./Kupsch, P./Scherrer, G., Bonn 1986, Stand: Mai 1995.

Scherrer, G.: (Kommentierung § 309)
Kommentierung des § 309 HGB; in: Bonner Handbuch Rechnungslegung; Textsammlung, Einführung, Kommentierung, Bd. II, Fach 4; Hrsg. Albrecht, W./Hofbauer, M. A./Grewe, W./Kupsch, P./Scherrer, G., Bonn 1986, Stand: Mai 1995.

Scherrer, G.: (Kommentierung § 310)
Kommentierung des § 310 HGB; in: Bonner Handbuch Rechnungslegung; Textsammlung, Einführung, Kommentierung, Bd. II, Fach 4; Hrsg. Albrecht, W./Hofbauer, M. A./Grewe, W./Kupsch, P./Scherrer, G., Bonn 1986, Stand: Mai 1995.

Scherrer, G.: (Kommentierung § 311)
Kommentierung des § 311 HGB; in: Bonner Handbuch Rechnungslegung; Textsammlung, Einführung, Kommentierung, Bd. II, Fach 4; Hrsg. Albrecht, W./Hofbauer, M. A./Grewe, W./Kupsch, P./Scherrer, G., Bonn 1986, Stand: Mai 1995.

Scherrer, G.: (Kommentierung § 312)
Kommentierung des § 312 HGB; in: Bonner Handbuch Rechnungslegung; Textsammlung, Einführung, Kommentierung, Bd. II, Fach 4; Hrsg. Albrecht, W./Hofbauer, M. A./Grewe, W./Kupsch, P./Scherrer, G., Bonn 1986, Stand: Mai 1995.

Scherrer, G.: (Kommentierung § 315)
Kommentierung des § 315 HGB; in: Bonner Handbuch Rechnungslegung; Textsammlung, Einführung, Kommentierung, Bd. II, Fach 4; Hrsg. Albrecht, W./Hofbauer, M. A./Grewe, W./Kupsch, P./Scherrer, G., Bonn 1986, Stand: Mai 1995.

Schierenbeck, H.: (Bankmanagement)
Ertragsorientiertes Bankmanagement: Controlling in Kreditinstituten, 4. Aufl., Wiesbaden 1994.

Schierenbeck, H./Hölscher, R.: (Konzernabschluß)
Der handelsrechtliche Konzernabschluß und das bankaufsichtsrechtliche Zusammenfassungsverfahren, DBW, H. 1, 48. Jg., 1988, S. 45-61.

Schildbach, T.: (Konzernabschluß)
Der handelsrechtliche Konzernabschluß, 4. Aufl., München; Wien 1996.

Schildbach, T.: (Überlegungen)
Überlegungen zu Grundlagen einer Konzernrechnungslegung (Teil I), WPg, H. 6, 42. Jg., 1989, S. 157-164.

Schimann, G.: (Bilanzierung)
Bilanzierung und Bewertung von Beteiligungen im Jahresabschluß von Kreditinstituten, WPg, H. 14, 31. Jg., 1978, S. 393-402.

Schindler, J.: (Ausgleichsposten)
Der Ausgleichsposten für die Anteile anderer Gesellschafter nach § 307 HGB, WPg, H. 21, 39. Jg., 1986, S. 588-596.

Schindler, J.: (Kapitalkonsolidierung)
Kapitalkonsolidierung nach dem Bilanzrichtlinien-Gesetz, Frankfurt am Main; Bern; New York 1986.

Schindler, J.: (Konsolidierung)
Konsolidierung von Gemeinschaftsunternehmen: Ein Beitrag zu § 310 HGB, BB, H. 3, 42. Jg., 1987, S. 158-166.

Schindler, J.: (Steuern)
Latente Steuern im konsolidierten Abschluß nach der Konzernbilanzrichtlinie, BB, H. 26, 39. Jg., 1984, S. 1654-1660.

Schmidt, F.: (Bilanzpolitik)
Bilanzpolitik deutscher Aktiengesellschaften: Empirische Analysen des Gewinnglättungsverhaltens, Wiesbaden 1979.

Schneeloch, D.: (Steuern)
Latente Steuern; in: Handwörterbuch des Rechnungswesens (HWR); Hrsg. Chmielewicz, K./Schweitzer, M., 3. Aufl., Stuttgart 1993, Sp. 1339-1346.

Schneeloch, D.: (Vermeidung)
Zur Vermeidung von Nachteilen nach dem Bilanzrichtlinien-Gesetz, DStR, H. 24, 24. Jg., 1986, S. 807-814.

Schneweis, L.: (Konzernabschlüsse)
Konzernabschlüsse von Banken, ZfgK, H. 18, 26. Jg., 1973, S. 895-900.

Schnicke, C./Bartels-Hetzler, S.: (Kommentierung § 250)
Kommentierung des § 250 HGB; in: Beck'scher Bilanz-Kommentar: Der Jahresabschluß nach Handels- und Steuerrecht; Konzernabschluß, Prüfung, Offenlegung; §§ 238 bis 339 HGB; bearb. von Budde, W. D./Clemm, H./Ellrott, H./Förschle, G./Schnicke, C., 3. Aufl., München 1995.

Schnicke, C./Fischer, N.: (Kommentierung § 306)
Kommentierung des § 306 HGB; in: Beck'scher Bilanz-Kommentar: Der Jahresabschluß nach Handels- und Steuerrecht; Konzernabschluß, Prüfung, Offenlegung; §§ 238 bis 339 HGB; bearb. von Budde, W. D./Clemm, H./Ellrott, H./Förschle, G./Schnicke, C., 3. Aufl., München 1995.

Schnicke, C./Gutike, H.-J.: (Kommentierung § 271)
Kommentierung des § 271 HGB; in: Beck'scher Bilanz-Kommentar: Der Jahresabschluß nach Handels- und Steuerrecht; Konzernabschluß, Prüfung, Offenlegung; §§ 238 bis 339 HGB; bearb. von Budde, W. D./Clemm, H./Ellrott, H./Förschle, G./Schnicke, C., 3. Aufl., München 1995.

Schnicke, C./Kilgert, T.: (Kommentierung § 290)
Kommentierung des § 290 HGB; in: Beck'scher Bilanz-Kommentar: Der Jahresabschluß nach Handels- und Steuerrecht; Konzernabschluß, Prüfung, Offenlegung; §§ 238 bis 339 HGB; bearb. von Budde, W. D./Clemm, H./Ellrott, H./Förschle, G./Schnicke, C., 3. Aufl., München 1995.

Schnicke, C./Kilgert, T.: (Kommentierung § 308)
Kommentierung des § 308 HGB; in: Beck'scher Bilanz-Kommentar: Der Jahresabschluß nach Handels- und Steuerrecht; Konzernabschluß, Prüfung, Offenlegung; §§ 238 bis 339 HGB; bearb. von Budde, W. D./Clemm, H./Ellrott, H./Förschle, G./Schnicke, C., 3. Aufl., München 1995.

Scholtissek, W.: (view)
True and fair view im Vereinigten Königreich und in der Bundesrepublik Deutschland, RIW, H. 12, 32. Jg., 1986, S. 966-970.

Scholz, G.: ("Konzern")
Der "Konzern" nach dem revidierten Aktienrecht, Der Schweizer Treuhänder, H. 4, 68. Jg., 1994, S. 295-302.

Schruff, W.: (Vereinheitlichung)
Die internationale Vereinheitlichung der Rechnungslegung nach den Vorschlägen des IASC -Gefahr oder Chance für die deutsche Bilanzierung?-, BFuP, H. 4, 45. Jg., 1993, S. 400-426.

Schruff, W.: (Einflüsse)
Einflüsse der 7. EG-Richtlinie auf die Aussagefähigkeit des Konzernabschlusses, Berlin 1984.

Schruff, W.: (Quotenkonsolidierung)
Quotenkonsolidierung, Prüfung der; in: Handwörterbuch der Revision; Hrsg. Coenenberg, A. G./Wysocki, K. v., 2. Aufl., Stuttgart 1992, Sp. 1587-1594.

Schubert, W.: (Konzern)
Konzern als Zusammenschlußform; in: Handbuch der Konzernrechnungslegung. Kommentar zur Bilanzierung und Prüfung; Hrsg. Küting, K./Weber, C.-P., Stuttgart 1989, Kap. II, Rn. 1-155.

Schubert, W./Küting, K.: (Unternehmungszusammenschlüsse)
Unternehmungszusammenschlüsse, München 1981.

Schülen, W.: (Grundsätze)
Grundsätze ordnungsmäßiger Buchführung - Quellen und Auslegungskompetenzen -; in: 50 Jahre Wirtschaftsprüferberuf. Bericht über die Jubiläumsfachtagung vom 21. bis 23. Oktober 1981 in Berlin, Düsseldorf 1981, S. 71-82.

Schulte, J.: (Konzernbilanzpolitik)
Konzernbilanzpolitik bei erstmaliger Einbeziehung von Tochterunternehmen, DB, H. 4, 47. Jg., 1994, S. 153-162.

Schulte, J.: (Rechnungslegung)
Rechnungslegung und Aktienkursentwicklung. Erklärung und Prognose von Aktienrenditen durch Einzel- und Konzernabschlußdaten, Diss., Wiesbaden 1996.

Schulte, K.-W.: (Bilanzpolitik)
Bilanzpolitik und Publizitätsverhalten deutscher Aktiengesellschaften: Derzeitige Praxis und erwartete Auswirkungen des Bilanzrichtlinien-Gesetzes, Bergisch Gladbach; Köln 1986.

Schulz, U.: (Stetigkeitsgrundsatz)
Der Stetigkeitsgrundsatz im Konzernabschluß, WPg, H. 13, 43. Jg., 1990, S. 357-369.

Schulze zur Wiesch, D. W.: (Bilanzpolitik)
Bilanzpolitik durch Sachverhaltsgestaltung - Tendenzen und Grenzen; in: 50 Jahre Wirtschaftsprüferberuf. Bericht über die Jubiläumsfachtagung vom 21. bis 23. Oktober 1981 in Berlin, Düsseldorf 1981, S. 61-70.

Schwantag, K./Krämmer, V.: (Geschäfts- oder Firmenwert)
Geschäfts- oder Firmenwert, Prüfung; in: Handwörterbuch der Revision; Hrsg. Coenenberg, A. G./Wysocki, K. v., 2. Aufl., Stuttgart 1992, Sp. 636-649.

Schwartze, A.: (Neuregelung)
Die Neuregelung der deutschen Bankenrechnungslegung nach den Vorgaben der EG, AG, H. 1, 38. Jg., 1993, S. 12-24.

Selchert, F. W.: (Steuern)
Latente Steuern in der Konzernabschlußpolitik, DStR, H. 1, 32. Jg., 1994, S. 34-40.

Selchert, F. W.: (Warnfunktion)
Wird die Warnfunktion des Abschlußprüfers nach dem Bilanzrichtlinie-Gesetz ausgeweitet?, DB, H. 19, 38. Jg., 1985, S. 981-988.

Selchert, F. W./Baukmann, D.: (Bedeutung)
Die untergeordnete Bedeutung von Tochterunternehmen im Konsolidierungskreis. Zur Wahlrechtsausübung nach § 296 Abs. 2 HGB, BB, H. 19, 48. Jg., 1993, S. 1325-1332.

Selchert, F. W./Karsten, J.: (Inhalt)
Inhalt und Gliederung des Anhangs, BB, H. 29, 40. Jg., 1985, S. 1889-1894.

Selchert, F. W./Karsten, J.: (Gliederung)
Inhalt und Gliederung des Konzernanhangs, BB, H. 19, 41. Jg., 1986, S. 1258-1264.

Selchert, F. W./Karsten, J.: (Konzernabschlußpolitik)
Konzernabschlußpolitik und Konzerneinheitlichkeit, DB, H. 17, 42. Jg., 1989, S. 837-843.

Selchert, F. W./Ortmann, M.: (Bilanzpolitik)
Bilanzpolitik in der Personenhandelsgesellschaft (I) und (II), WISU, 22. Jg., 1993, H. 7, S. 605-609, H. 8/9, S. 694-700.

Serve, U.: (Notwendigkeit)
Die Notwendigkeit zur Modifikation der Grundsätze ordnungsmäßiger Buchführung im Rahmen der Konzernrechnungslegung, WPg, H. 21, 46. Jg., 1993, S. 653-662.

Sieben, G./Barion, H.-J./Maltry, H.: (Bilanzpolitik)
Bilanzpolitik; in: Handwörterbuch des Rechnungswesens (HWR); Hrsg. Chmielewicz, K./Schweitzer, M., 3. Aufl., Stuttgart 1993, Sp. 229-239.

Sieben, G./Haase, K. D.: (Jahresabschlußrechnung)
Die Jahresabschlußrechnung als Informations- und Entscheidungsrechnung (Teil I), WPg, H. 3, 24. Jg., 1971, S. 53-57.

Siebourg, P.: (Kommentierung § 290)
Kommentierung des § 290 HGB; in: Handbuch der Konzernrechnungslegung. Kommentar zur Bilanzierung und Prüfung; Hrsg. Küting, K./Weber, C.-P., Stuttgart 1989.

Siebourg, P.: (Aufstellung)
Pflicht zur Aufstellung des Konzernabschlusses und Abgrenzung des Konsolidierungskreises; in: Konzernrechnungslegung und -prüfung. Vorträge und Diskussionen zum neuen Recht; Hrsg. Baetge, J., Düsseldorf 1990, S. 37-61.

Siegel, T.: (Steuern)
Latente Steuern im Konzernabschluß, Prüfung; in: Handwörterbuch der Revision; Hrsg. Coenenberg, A. G./Wysocki, K. v., 2. Aufl., Stuttgart 1992, Sp. 1224-1236.

Siegel, T.: (Wahlrecht)
Wahlrecht; in: Handwörterbuch unbestimmter Rechtsbegriffe im Bilanzrecht des HGB; Hrsg. Leffson, U./Rückle, D./Großfeld, B., Köln 1986, S. 417-427.

Sielaff, M.: (Bilanzpolitik)
Bilanzpolitik aus der Sicht des Unternehmens - einige Gedanken über Theorie und Praxis (einschließlich Konzernbilanzpolitik), BFuP, H. 3, 29. Jg., 1977, S. 230-251.

Sigle, H.: (Quotenkonsolidierung)
Betriebswirtschaftliche Aspekte der Quotenkonsolidierung, ZfB, Ergänzungsheft 1, 1987, S. 321-337.

Sigle, H.: (Kommentierung § 310)
Kommentierung des § 310 HGB; in: Handbuch der Konzernrechnungslegung. Kommentar zur Bilanzierung und Prüfung; Hrsg. Küting, K./Weber, C.-P., Stuttgart 1989.

Söffing, G.: (Geschäfts- oder Firmenwert)
Der Geschäfts- oder Firmenwert; in: Handelsrecht und Steuerrecht, Festschrift für Georg Döllerer; Hrsg. Knobbe-Keuk, B./Klein, F./Moxter, A., Düsseldorf 1988, S. 593-614.

Spieth, E.: (Fragen)
Ausgewählte Fragen zur Jahresabschlußprüfung von Kreditinstituten; in: Bankbilanzierung und Bankprüfung; Hrsg. Sonnemann, E., Wiesbaden 1988, S. 67-99.

Spremann, K./Bamberg, G.: (Bilanzpolitik)
Bilanzpolitik, Mehrperioden-Diversifikation und kapitaltheoretische Unternehmenswerte, ZfB, H. 12, 51. Jg., 1981, S. 1204-1222.

Staks, H.: (Aussagefähigkeit)
Aussagefähigkeit des neuen Konzernabschlusses; in: Handbuch der Konzernrechnungslegung. Kommentar zur Bilanzierung und Prüfung, Stuttgart 1989, Kap. I, Rn. 209-284.

Stein, H.-G.: (Rechnungswesen)
Das Rechnungswesen im Spannungsfeld externer und interner Anforderungen; in: Konzernmanagement: Rechnungswesen und Controlling; Hrsg. Küting, K./Weber, C.-P., Stuttgart 1993, S. 11-43.

Stein, H.-G.: (Ziele)
Ziele und Maßnahmen der Konzernbilanzpolitik, ZfbF, H. 11, 45. Jg., 1993, S. 973-993.

Stein, J. H. v.: (Beteiligungen)
Beteiligungen und Beteiligungspolitik; in: Geld-, Bank- und Börsenwesen; Hrsg. Kloten, N./Stein, J. H. v., 39. Aufl., Stuttgart 1993, S. 750-757.

Steinbach, A.: (Grundsätze)
Grundsätze ordnungsmäßiger Bilanzierung für die Konzernrechnungslegung, Köln 1976.

Steinle, K./Kohl, H. W.: (Währungsumrechnung)
Die Währungsumrechnung im Weltabschluß, DB, H. 9, 28. Jg., 1975, S. 361-367.

Steudter, A.: (Entscheidungsmodelle)
Entscheidungsmodelle der Konzernabschlußgestaltung: die bilanzpolitische Gestaltung des handelsrechtlichen Konzernabschlusses aus entscheidungstheoretischer Sicht, Diss., Bergisch Gladbach; Köln 1992.

Stobbe, T.: (Bewertung)
Die konzerneinheitliche Bewertung, DB, H. 36, 39. Jg., 1986, S. 1833-1840.

Strobel, W.: (Neuerungen)
Neuerungen des Handelsbilanzrechts in Richtung auf internationale Normen, BB, H. 31, 51. Jg., 1996, S. 1601-1607.

Strobel, W.: (Begriff)
Zum Begriff des Konsolidierungskonzerns nach neuem und altem Konzernbilanzrecht, DB, H. 5, 40. Jg., 1987, S. 237-245.

Süchting, J.: (Bankmanagement)
Bankmanagement, 3. Aufl., Stuttgart 1992.

Theisen, M. R.: (Konzern)
Der Konzern. Betriebswirtschaftliche und rechtliche Grundlagen der Konzernunternehmung, Stuttgart 1991.

Treuarbeit (Hrsg.): (Konzernabschlüsse '89)
Konzernabschlüsse '89. Ausweis, Gestaltung, Berichterstattung. Ergebnisse einer Untersuchung von 100 großen Konzernen, Düsseldorf 1990.

Treuarbeit AG (Hrsg.): (Bankbilanzierung)
Bankbilanzierung ab 1993. Kommentierung der neuen Vorschriften für die Rechnungslegung der Kreditinstitute, Frankfurt am Main 1992.

Treuhand-Vereinigung AG (Hrsg.): (Rechnungslegung)
Rechnungslegung im Konzern nach dem Bilanzrichtlinien-Gesetz, Frankfurt am Main 1987.

Trützschler, K.: (Kommentierung § 299)
Kommentierung des § 299 HGB; in: Handbuch der Konzernrechnungslegung. Kommentar zur Bilanzierung und Prüfung; Hrsg. Küting, K./Weber, C.-P., Stuttgart 1989.

Trützschler, K.: (Kommentierung § 300)
Kommentierung des § 300 HGB; in: Handbuch der Konzernrechnungslegung. Kommentar zur Bilanzierung und Prüfung; Hrsg. Küting, K./Weber, C.-P., Stuttgart 1989.

Trützschler, K.: (Kommentierung § 308)
Kommentierung des § 308 HGB; in: Handbuch der Konzernrechnungslegung. Kommentar zur Bilanzierung und Prüfung; Hrsg. Küting, K./Weber, C.-P., Stuttgart 1989.

Trützschler, K.: (Konsolidierungsgrundsätze)
Konsolidierungsgrundsätze; in: Handbuch der Konzernrechnungslegung. Kommentar zur Bilanzierung und Prüfung; Hrsg. Küting, K./Weber, C.-P., Stuttgart, 1989, Kap. II, Rn. 911-968.

U.E.C.: (Erstellung)
Erstellung und Prüfung des Konzernabschlusses. Handbuch für Studium und Praxis; ausgearbeitet von der Kommission für Buchprüfung der U.E.C., Düsseldorf 1977.

Uphues, P.: (Währungsumrechnung)
Währungsumrechnung; in: Erste Erfahrungen mit den neuen Rechnungslegungsvorschriften. Stellungnahmen auf dem Deutschen Betriebswirtschaftertag 1988; Hrsg. Busse von Colbe, W./Reinhard, H., Stuttgart 1990, S. 77-82.

Uphues, P.: (Konzernabschluß)
Währungsumrechnung im Konzernabschluß; in: Handwörterbuch des Rechnungswesens (HWR); Hrsg. Chmielewicz, K./Schweitzer, M., 3. Aufl., Stuttgart 1993, Sp. 2143-2151.

Veit, K.-R.: (Aktivierungswahlrecht)
Das Aktivierungswahlrecht für ein Disagio - eine Bilanzierungshilfe?, BB, H. 8, 44. Jg., 1989, S. 524-527.

Verlag Hoppenstedt GmbH (Hrsg.): (Banken-Jahrbuch)
Banken-Jahrbuch. Kreditinstitute und Finanzierungsgesellschaften in der Bundesrepublik Deutschland 1998, 17. Ausgabe, Darmstadt 1997.

Volk, G.: (Jahresabschluß)
Jahresabschluß und Information: zur formalen Struktur des Jahresabschlusses einer Kapitalgesellschaft, Diss., Heidelberg 1990.

Vormbaum, H./Fleischmann, J.: (Kapitalkonsolidierung)
Kapitalkonsolidierung bei Mutter- und Tochterunternehmen nach dem Bilanzrichtliniengesetz, WISU, H. 3, 16. Jg., 1987, S. 137-141.

Warmbold, S.: (Endkonsolidierung)
Die Endkonsolidierung vollkonsolidierter Tochterunternehmen in der handelsrechtlichen Konzernrechnungslegung unter Berücksichtigung der konzeptionellen Grundlagen und der Generalnorm, Diss., Frankfurt am Main; Berlin; Bern; New York; Paris; Wien 1995.

Waschbusch, G.: (Jahresabschlußpolitik)
Die handelsrechtliche Jahresabschlußpolitik der Universalbanken: Ziele - Daten - Instrumente, Diss., Stuttgart 1992.

Waschbusch, G.: (Ziele)
Die Ziele der handelsrechtlichen Jahresabschlußpolitik, WiSt, H. 5, 22. Jg., 1993, S. 235-239.

Waschbusch, G.: (Funktion)
Funktion, Inhalt und Aufbau des Anhangs von Kreditinstituten nach den neuen Rechnungslegungsvorschriften, DB, H. 16, 46. Jg., 1993, S. 793-802.

Weber, C.-P.: (Kapitalkonsolidierung)
Kapitalkonsolidierung, Interessenzusammenführung, Prüfung der; in: Handwörterbuch der Revision; Hrsg. Coenenberg, A. G./Wysocki, K. v., 2. Aufl., Stuttgart 1992, Sp. 983-988.

Weber, C.-P.: (Möglichkeiten)
Möglichkeiten der Bilanzpolitik; in: Handbuch der Rechnungslegung: Kommentar zur Bilanzierung und Prüfung; Hrsg. Küting, K./Weber, C.-P., 3. Aufl., Stuttgart 1990, Kap. I, Rn. 159-191.

Weber, C.-P.: (Praxis)
Praxis der Kapitalkonsolidierung im internationalen Vergleich, Stuttgart 1991.

Weber, C.-P./Zündorf, H.: (Unternehmen)
Assoziierte Unternehmen im neuen Bankkonzernbilanzrecht, DB, H. 5, 48. Jg., 1995, S. 233-238.

Weber, C.-P./Zündorf, H.: (Posten)
Der Posten "Geschäfts- oder Firmenwert" im Konzernabschluß, DB, H. 7, 42. Jg., 1989, S. 333-340.
Weber, C.-P./Zündorf, H.: (Erwerbsmethode)
Die Erwerbsmethode im Konzernabschluß von Kreditinstituten, BB, H. 6, 50. Jg., 1995, S. 297-304.
Weber, C.-P./Zündorf, H.: (Kommentierung § 301)
Kommentierung des § 301 HGB; in: Handbuch der Konzernrechnungslegung. Kommentar zur Bilanzierung und Prüfung; Hrsg. Küting, K./Weber, C.-P., Stuttgart 1989.
Weber, C.-P./Zündorf, H.: (Kommentierung § 307)
Kommentierung des § 307 HGB; in: Handbuch der Konzernrechnungslegung. Kommentar zur Bilanzierung und Prüfung; Hrsg. Küting, K./Weber, C.-P., Stuttgart 1989.
Weber, C.-P./Zündorf, H.: (Kommentierung § 309)
Kommentierung des § 309 HGB; in: Handbuch der Konzernrechnungslegung. Kommentar zur Bilanzierung und Prüfung; Hrsg. Küting, K./Weber, C.-P., Stuttgart 1989.
Weber, C.-P./Zündorf, H.: (Abgrenzung)
Zur Abgrenzung der Eigenkapitalgröße im Rahmen der Kapitalkonsolidierung, AG, H. 12, 34. Jg., 1989, S. 420-430.
Weber, H.: (Kommentierung § 304)
Kommentierung des § 304 HGB; in: Handbuch der Konzernrechnungslegung. Kommentar zur Bilanzierung und Prüfung; Hrsg. Küting, K./Weber, C.-P., Stuttgart 1989.
Wegener, H.: (Gestaltungsmöglichkeiten)
Bilanzpolitische Gestaltungsmöglichkeiten beim handelsrechtlichen Jahresabschluß von Kreditinstituten, ÖBA, H. 12, 28. Jg., 1980, S. 434-447.
Weirich, S.: (Bewertung)
Die Bewertung im Konzernabschluß nach neuem Recht, WPg, H. 3/4, 40. Jg., 1987, S. 77-85.
Werthmöller, T.: (Rechnungslegung)
Konsolidierte Rechnungslegung deutscher Banken als Informations- und Überwachungsinstrument externer Adressaten, Diss., Köln 1984.
Wiegand, K.: (Bilanzierung)
Bilanzierung latenter Steuern im Einzel- und Konzernabschluß, Diss., Stuttgart 1990.
Wittgen, R.: (Bilanzgestaltung)
Die publizitätsorientierte Bilanzgestaltung von Aktienbanken, ZfB, H. 11, 35. Jg., 1965, S. 724-737.

Wittstock, J.: ("Window-dressing")
"Window-dressing" in Bankbilanzen, Kredit und Kapital, 5. Jg., 1972, S. 206-227.

Wöhe, G.: (Steuerbilanzpolitik)
Bemerkungen zur Steuerbilanzpolitik, BFuP, H. 3, 29. Jg., 1977, S. 216-229.

Wöhe, G.: (Bilanzierung)
Bilanzierung und Bilanzpolitik. Betriebswirtschaftlich - Handelsrechtlich - Steuerrechtlich. Mit einer Einführung in die verrechnungstechnischen Grundlagen, 8. Aufl., München 1992.

Wöhe, G.: (Überblick)
Überblick über die Konzernbesteuerung; in: Handbuch der Konzernrechnungslegung. Kommentar zur Bilanzierung und Prüfung; Hrsg. Küting, K./Weber, C.-P., Stuttgart 1989, Kap. II, Rn. 156-205.

Wohlgemuth, M.: (Schuldenkonsolidierung)
Die Schuldenkonsolidierung; in: HdJ: Handbuch des Jahresabschlusses in Einzeldarstellungen; Abt. V/4; Loseblatt-Ausgabe; Hrsg. Wysocki, K. v./Schulze-Osterloh, J., Köln 1984, Stand: November 1995.

Wohlgemuth, M.: (Zwischenergebniseliminierung)
Die Zwischenergebniseliminierung; in: HdJ: Handbuch des Jahresabschlusses in Einzeldarstellungen; Abt. V/5; Loseblatt-Ausgabe; Hrsg. Wysocki, K. v./Schulze-Osterloh, J., Köln 1984, Stand: November 1995.

Wohlgemuth, M.: (Prüfung)
Schuldenkonsolidierung, Prüfung der; in: Handwörterbuch der Revision; Hrsg. Coenenberg, A. G./Wysocki, K. v., 2. Aufl., Stuttgart 1992, Sp. 1747-1757.

Wolff, G. J.: (Konzernrechnungslegung)
Externe Konzernrechnungslegung - Stand, Ausblick, Internationalisierung -; in: Konzernmanagement: Rechnungswesen und Controlling; Hrsg. Küting, K./Weber, C.-P., Stuttgart 1993, S. 95-109.

Wollmert, P.: (IASC-Rechnungslegung)
IASC-Rechnungslegung. Synopse zu den handelsrechtlichen Vorschriften; Hrsg. Schitag Ernst & Young, Deutsche Allgemeine Treuhand AG, Stuttgart 1995.

Wollmert, P.: (Gegenüberstellung)
Synoptische Gegenüberstellung IAS - HGB; in: Rechnungslegung nach International Accounting Standards (IAS). Kommentar auf der Grundlage des deutschen Bilanzrechts; Hrsg. Baetge, J./Dörner, D./Kleekämper, H./Wollmert, P., Stuttgart 1997, Teil C, S. 1449-1503.

Wollmert, P./Achleitner, A.-K.: (Konzeption)
Konzeption der IAS-Rechnungslegung; in: Rechnungslegung nach International Accounting Standards (IAS). Kommentar auf der Grundlage des deutschen Bilanzrechts; Hrsg. Baetge, J./Dörner, D./Kleekämper, H./Wollmert, P., Stuttgart 1997, Teil A, Kap. II.

Wollmert, P./Achleitner, A.-K.: (Grundlagen)
Konzeptionelle Grundlagen der IAS-Rechnungslegung (Teil I), WPg, H. 7, 50. Jg., 1997, S. 209-222.

Wollmert, P./Hofmann, J./Schwitters, J.: (Kommentierung IAS 19)
Kommentierung der IASC-Standards; in: Rechnungslegung nach International Accounting Standards (IAS). Kommentar auf der Grundlage des deutschen Bilanzrechts; Hrsg. Baetge, J./Dörner, D./Kleekämper, H./Wollmert, P., Stuttgart 1997, Teil B, IAS 19.

Wollmert, P./Oser, P.: (IAS-Abschluß)
Der IAS-Abschluß als befreiender Konzernabschluß; in: Rechnungslegung nach International Accounting Standards (IAS). Kommentar auf der Grundlage des deutschen Bilanzrechts; Hrsg. Baetge, J./Dörner, D./Kleekämper, H./Wollmert, P., Stuttgart 1997, Teil A, Kap. V.

Wortmann, H.: (Fremdwährungsumrechnungen)
Fremdwährungsumrechnungen im Konzernabschluß unter besonderer Berücksichtigung von Hochinflationsländern, Diss., Wien 1992.

Wysocki, K. v.: (Buch)
Das Dritte Buch des HGB 1985 und die Grundsätze ordnungsmäßiger Konzernrechnungslegung, WPg, H. 7, 39. Jg., 1986, S. 177-181.

Wysocki, K. v.: (Entwicklung)
Die Entwicklung der Konzernbilanz aus den Einzelbilanzen der in den Konzernabschluß einbezogenen Unternehmen nach § 331 AktG, WPg, H. 11, 19. Jg., 1966, S. 281-292.

Wysocki, K. v.: (Konzernabschluß)
Konzernabschluß: Aufstellungs- und Einbeziehungspflichten nach neuem Recht, ZfbF, H. 3/4, 39. Jg., 1987, S. 274-281.

Wysocki, K. v.: (Weltbilanzen)
Weltbilanzen als Planungsobjekte und Planungsinstrumente multinationaler Unternehmen, ZfbF, 23. Jg., 1971, S. 682-700.

Wysocki, K. v.: (Prüfungswesen)
Wirtschaftliches Prüfungswesen: Materialien zur Vorbereitung auf die Berufsexamina wirtschaftsprüfender und -beratender Berufe, Bd. II: Aufstellung und Prüfung des Konzernabschlusses, München; Wien 1996.

Wysocki, K. v.: (Bilanzpolitik)
Zur Bilanzpolitik bei rückläufiger Konjunktur, StuW, H. 1, 59. Jg., 1982, S. 44-50.

Wysocki, K. v.: (Equity-Methode)
Zur Equity-Methode nach §§ 311 und 312 HGB; in: Konzernrechnungslegung und -prüfung. Vorträge und Diskussionen zum neuen Recht; Hrsg. Baetge, J., Düsseldorf 1990, S. 105-128.

Wysocki, K. v./Wohlgemuth, M.: (Konzernrechnungslegung)
Konzernrechnungslegung, 4. Aufl., Düsseldorf 1996.

Zielke, W.: (Behandlung)
Zur Behandlung des Goodwill im Konzernabschluß; in: Internationale Wirtschaftsprüfung: Festschrift zum 65. Geburtstag von Professor Dr. Dr. h. c. Hans Havermann; Hrsg. Lanfermann, J., Düsseldorf 1995, S. 829-842.

Zillessen, W.: (Praxis)
Zur Praxis der Währungsumrechnung deutscher Konzerne. Ergebnisse einer empirischen Untersuchung, bewertet unter besonderer Berücksichtigung der aktuellen Entwicklung in den USA, DBW, H. 4, 42. Jg., 1982, S. 533-552.

ZKA: (Transformation)
Transformation der EG-Bankbilanzrichtlinie, Die Bank, H. 8, o.Jg., 1988, S. 452-454.

Zündorf, H.: (Quotenkonsolidierung)
Quotenkonsolidierung versus Equity-Methode, Stuttgart 1987.

Zündorf, H.: (Begriff)
Zum Begriff des Gemeinschaftsunternehmens in § 310 HGB, BB, H. 28, 42. Jg., 1987, S. 1910-1918.

Zwingmann, L.: (Geschäfts- und Firmenwert)
Der Geschäfts- und Firmenwert sowie der Unterschiedsbetrag aus der Kapitalkonsolidierung im Konzernabschluß, BB, H. 33, 49. Jg., 1994, S. 2314-2318.

Zwingmann, L.: (Einbeziehung)
Zur Einbeziehung von Tochterunternehmen in den Konzernabschluß - Kritik an den Vorschriften der §§ 295 und 296 HGB, DStR, H. 42, 32. Jg., 1994, S. 1547-1552.

FSC
www.fsc.org
MIX
Papier | Fördert
gute Waldnutzung
FSC® C083411

Kolibri 360 GmbH
Ferdinand-Jühlke-Straße 7
99095 Erfurt, Deutschland
produktsicherheit@kolibri360.de

Druck:
CPI Druckdienstleistungen GmbH
im Auftrag der
Kolibri 360 GmbH
Ferdinand-Jühlke-Str. 7
99095 Erfurt